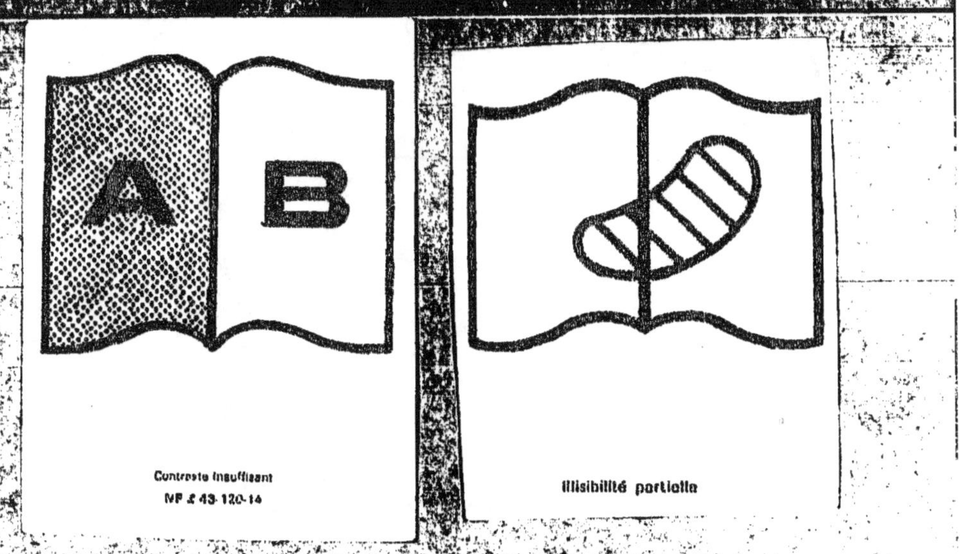

Valable pour tout ou partie
du document reproduit

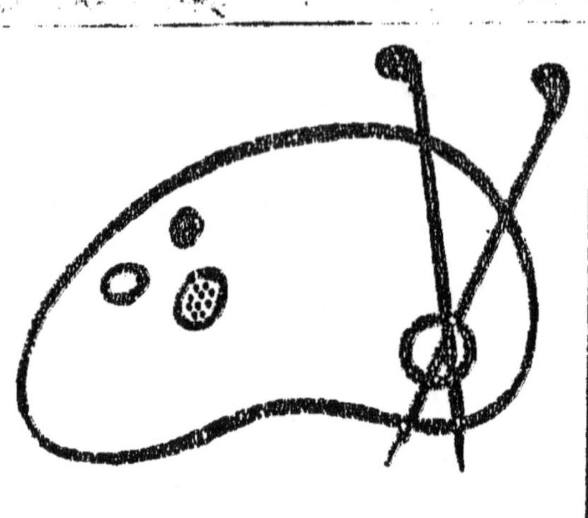

Couvertures supérieure et inférieure en couleur

LETTRES

DE

W. A. MOZART

TRADUCTION COMPLÈTE

AVEC UNE INTRODUCTION ET DES NOTES

PAR

HENRI DE CURZON

PARIS

LIBRAIRIE HACHETTE ET Cie

79, BOULEVARD SAINT-GERMAIN, 79

1888

16709. — PARIS, IMPRIMERIE A. LAHURE
9, Rue de Fleurus, 9

LETTRES

DE

W. A. MOZART

Z
11033

16700. — PARIS, IMPRIMERIE A. LAHURE
9, Rue de Fleurus, 9

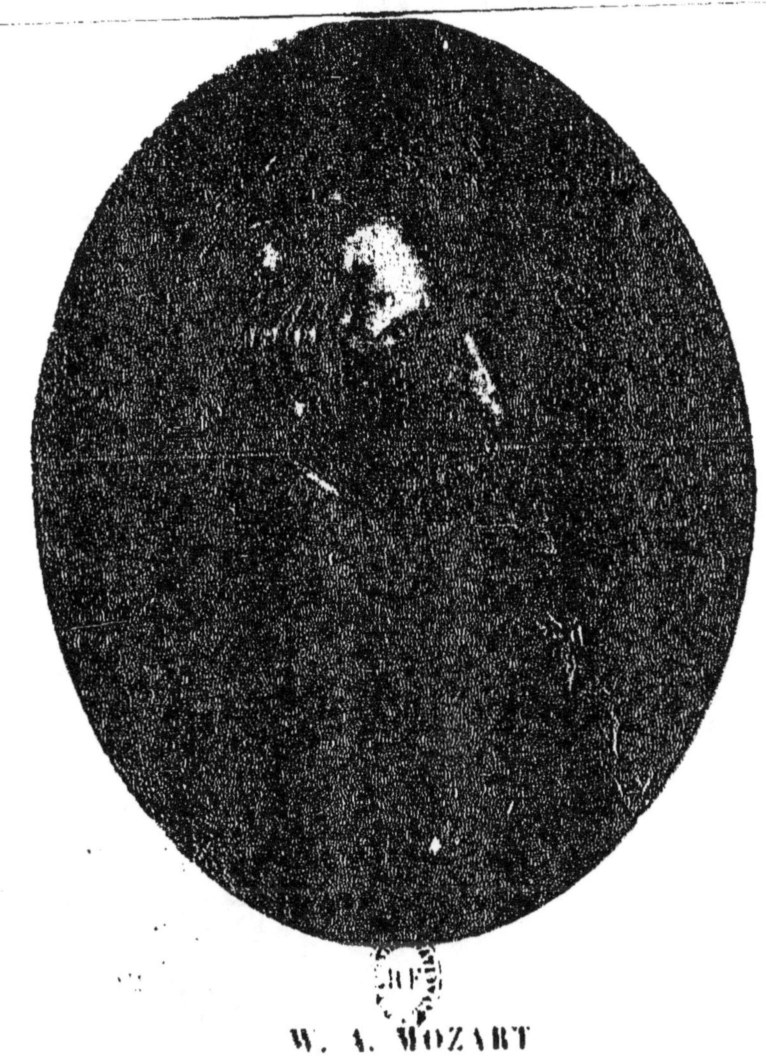

RF

W. A. MOZART

REPRODUCTION DU PORTRAIT ORIGINAL DE TISCHBEIN

1790

Par l'autorisation des propriétaires de l'original, MM. C.-A.-J. André
à Offenbach-sur-le-Main

Tous droits réservés

LETTRES

DE

W. A. MOZART

TRADUCTION COMPLÈTE

AVEC UNE INTRODUCTION ET DES NOTES

PAR

HENRI DE CURZON

DEPOT LEGAL
Seine
N° 3609
1888

PARIS
LIBRAIRIE HACHETTE ET Cie
79, BOULEVARD SAINT-GERMAIN, 79

1888

Tous droits réservés

A MA MÈRE

Permettez-moi de vous dédier cette traduction que notre commune admiration pour le génie de Mozart nous a fait entreprendre. — Vous ne voulez pas que je fasse connaître tout ce que je vous dois dans ce travail : il ne me reste donc d'autre moyen que ce simple hommage pour vous en exprimer ma bien vive reconnaissance.

H. DE C.

INTRODUCTION

La traduction que nous offrons aujourd'hui au public est, dans sa majeure partie, une œuvre nouvelle.

En effet, la seule publication qui ait eu pour but de faire connaître la correspondance de Mozart dans notre pays est tellement incomplète, tellement défectueuse, qu'elle n'a pu donner à ses lecteurs qu'une faible idée de l'intérêt des lettres originales. Nous voulons parler de la *Vie d'un Artiste chrétien* publiée par l'abbé Goschler en 1857[1]. Sous ce titre un peu prétentieux, Goschler a simplement traduit les lettres de Mozart parues dans l'ouvrage bien connu du conseiller G. N. von Nissen[2]. Ce dernier, ayant épousé la veuve de Mozart en 1809, avait eu le premier entre les mains toute la correspondance de l'illustre compositeur et de sa famille; il en usa très librement, supprimant beaucoup de choses, modifiant la rédaction et allant même, parfois, jusqu'à intervertir l'ordre des phrases. — Sur ce texte déjà si insuffisant, Goschler a fait une traduction plus insuffisante encore; les contresens y abondent et les difficultés y sont éludées par la suppression des phrases, ou par quelque invention de pure fantaisie.

1. « Mozart, vie d'un artiste chrétien au XVIIIe siècle ». Douniol, 1857, 1 vol. in-12. Avec les lettres de Mozart, on a donné un certain nombre de lettres de son père, également incomplètes.

2. « Mozart's Biographie ». Leipzig, 1828, avec un supplément, 2 vol. petit in-8°.

Or, dès cette époque on savait, en Allemagne, à quoi s'en tenir sur la valeur des extraits de Nissen. En 1856 avait commencé de paraître le magnifique ouvrage d'Otto Jahn [1]. Ce célèbre érudit, un des savants allemands les plus renommés et les plus estimés sous le rapport du caractère comme de la science, avait consacré de nombreuses années à l'étude approfondie de la vie de Mozart et de ses œuvres. A son tour, il avait pu dépouiller la plus grande partie des papiers que Nissen avait eus entre les mains et qui se trouvaient, depuis quelques années, réunis à Salzbourg aux « Archives de Mozart ». Les collections particulières s'étaient ouvertes devant lui : lettres, autographes musicaux, documents de famille, traditions orales, publications récentes et anciennes, tout fut examiné par lui avec le soin et l'impartialité du véritable historien. Ses patientes et sagaces recherches jetèrent une vive lumière sur la vie de Mozart et firent raison de toutes les erreurs amoncelées autour de ce grand nom.

Ce fut un événement pour le monde artistique. La France n'y resta pas étrangère. Nous citerons surtout le travail que M. J. Weber fit paraître dans la *Revue Germanique* (août, octobre et novembre 1860, mars 1861). Dans cinq articles fort intéressants, l'éminent critique rendit compte de l'ouvrage de Jahn et remit sous son vrai jour la vie de Mozart, en traduisant des passages de plusieurs lettres jusqu'alors inconnues.

On ne peut trop regretter que Jahn n'ait pas fait lui-même une édition complète des lettres de Mozart, car plusieurs de ces lettres ont disparu et ne nous sont plus

1. « W. A. Mozart ». Leipzig, Breitkopf et Härtel, 1856 (l'introduction est signée : novembre 1855), 4 vol. in-12, avec portraits et facsimilé. — La deuxième édition, que nous avons suivie, est de 1867, 2 gros vol. in-8°.

connues que par ses extraits. Mais, quelques années plus tard, le professeur L. von Nohl entreprit de combler cette lacune[1]. En 1864 il fit paraître la première édition de son recueil, qui comprenait toute la collection du *Mozarteum* de Salzbourg et beaucoup d'autres lettres communiquées par des particuliers. Dans la seconde édition (1877) il eut le bonheur d'en pouvoir ajouter quelques nouvelles. C'est cette dernière édition qui a servi de base à notre travail; mais nous l'avons collationnée de très près avec le texte de Jahn toutes les fois que cela a été possible, — ce qui nous a permis de rectifier quelques erreurs, et de rétablir certains passages et certains post-scriptum[2] non retrouvés par Nohl ou considérés par lui comme insignifiants. Nous y avons joint quelques documents officiels et deux lettres complètes, l'une publiée par Nissen et admise par Jahn, l'autre communiquée directement à Jahn[3].

Tel qu'il est, notre recueil contient 300 lettres : Nohl n'en avait donné que 283, et Goschler 122 seulement, qui ne sont, presque toutes, que des fragments.

Nous espérions que depuis la dernière édition de Nohl, quelques lettres nouvelles auraient été retrouvées; mais nous n'avons reçu à cet égard, du *Mozarteum*, que des réponses négatives. Tous les autographes signalés aux conservateurs des archives, depuis cette époque, ne sont que les originaux des lettres déjà communiquées à Jahn et à Nohl et dispersées dans les collections particulières[4].

1. « Mozarts Briefe ». Leipzig, Breitkopf et Härtel, 1864, 1 vol. in-8°. — Deuxième édition, 1877.

2. Les post-scriptum, dont il s'agit ici sont parfois de véritables lettres, courtes ou longues, ajoutées par Mozart enfant aux lettres de son père.

3. Nous avons supprimé une lettre reconnue apocryphe, et donnée par Nohl à titre de curiosité (Nohl, p. 441).

4. Nous adressons ici, à M. Joh. Ev. Engl, secrétaire de la Fonda-

Afin d'augmenter l'intérêt de ce recueil, nous avons ajouté au texte, des notes sur les faits, les personnes et les choses; elles rendront intelligibles toutes les allusions contenues dans les lettres et feront mieux connaître Mozart et le milieu dans lequel il vivait. — La table alphabétique des noms, placée à la fin du volume, donnera, sur les personnes, quelques renseignements de plus.

Enfin, un dernier point nous a paru offrir un véritable intérêt. On connaît le grand « catalogue chronologique et thématique des œuvres de Mozart » dû au chevalier L. von Köchel[1]. Jahn avait conçu le dessein de faire lui-même ce catalogue qui est comme le complément naturel de son livre; mais, ayant appris que Köchel y travaillait depuis longtemps déjà, il se mit en relation avec lui et bientôt se forma entre eux une étroite amitié. Leurs lumières et leurs travaux réunis nous ont valu un ouvrage devenu classique en Allemagne. Il nous a paru extrêmement intéressant pour les musiciens français et pour tous ceux qui sont, comme nous, admirateurs passionnés de Mozart, de citer les numéros de ce catalogue à côté de chacune des œuvres dont parlent les lettres. — Afin de ne pas multiplier les notes, fatigantes pour ceux des lecteurs que la question intéresse peu, nous n'avons mis qu'un simple numéro dans le texte. Un index musical, placé à la fin du volume, rappelle ces numéros et

tion Internationale (*International Stiftung*) du *Mozarteum*, nos remerciements pour les informations qu'il a bien voulu nous faire parvenir.

1. « Chronologisch-thematisches Verzeichniss sämmtlicher Tonwerke W. A. Mozart's ». Leipzig, 1862. Breitkopf et Härtel, 1 gros vol. in-4°.

On sait que Mozart n'avait pas numéroté lui-même ses œuvres. Cet usage ne s'est guère répandu parmi les compositeurs que depuis Beethoven et Weber.

y ajoute tous les renseignements qui s'y rapportent. Pour l'indication de ces numéros, comme pour toutes les notes, nous avons puisé dans Jahn, dont nous avons étudié page par page le volumineux ouvrage, sachant que ses renseignements méritent la plus entière confiance.

Les lettres de Mozart sont extrêmement intéressantes sous plusieurs rapports : elles nous font connaître Mozart tel qu'il est réellement, nature ouverte, affectueuse, très ardente, très impressionnable, subissant facilement les influences des gens et des choses; — et elles sont pleines de détails musicaux sur ses propres œuvres et celles de ses contemporains, et d'appréciations sur la musique, au point de vue de la composition ou de l'exécution. — Il n'y faut pas chercher la perfection du style ; les redites, les tournures familières y abondent; les plaisanteries y sont parfois un peu risquées et dans le goût salzbourgeois du temps, lequel passait pour assez béotien ; mais le tour en est plein d'originalité, d'esprit et de naturel. Écrites presque toutes à son père ou à sa sœur, elles ont l'abandon de la plus stricte intimité. Les récits sont vivants, piquants; Mozart y met ses personnages en scène, répète textuellement leurs paroles, dans la langue où ils les ont dites, dépeint leur air, leurs gestes, — le tout vivement et en courant, et non sans une assez forte pente à la raillerie[1].

C'est cet ensemble si personnel que nous avons souhaité rendre dans notre traduction, et, pour y parvenir, il nous a semblé que le meilleur moyen était une scrupuleuse

1. Il paraît, à ce que nous dit Jahn, que cette disposition était propre à tous les Mozart.

fidélité. Il est si difficile de ne pas mettre du sien quand on entre dans la voie des interprétations ! Et alors ce n'est plus Mozart lui-même, c'est un Mozart de fantaisie qui est présenté au public. Nous ne nous sommes donc permis de rien arranger, de rien omettre ; nous n'avons esquivé aucune des difficultés résultant de l'emploi d'expressions vieillies ou particulières à la localité ; nous avons essayé de traduire même les plaisanteries d'enfant et de leur conserver leur cachet original.

Il ne peut être question, ici, d'écrire la biographie de Mozart ; le livre si attrayant de M. V. Wilder[1] est entre toutes les mains et nous ne saurions mieux faire que d'y renvoyer le lecteur ; d'ailleurs, les renseignements biographiques indispensables trouveront tout naturellement leur place dans les notes jointes au texte. Pourtant quelques explications préliminaires nous semblent utiles à donner ici.

Wolfgang Amadé Mozart est né à Salzbourg le 27 janvier 1756, le dernier des sept enfants de Léopold Mozart, maître de chapelle de l'archevêque de Salzbourg. Il survécut seul avec une sœur, Marianne, de quatre ans plus âgée que lui et très remarquablement douée, elle aussi, pour la musique. — On sait quel excellent musicien fut Léopold Mozart ; nul n'était plus capable de cultiver les dispositions de ses enfants, et l'on a souvent fait remarquer le bonheur que l'incomparable génie de Mozart avait eu de tomber en de telles mains. Mozart a dû à son père de faire, tout jeune, les études les plus complètes et les plus fortes, sans que la libre expansion de ses dons naturels ait jamais été entravée.

1. « Mozart, l'homme et l'artiste ». Paris, Charpentier, 1880, 1 vol. in-8° (2e et 3e éditions, in-12).

En 1762, à l'âge de six ans, il jouait du piano, improvisait, composait et écrivait ses compositions ; sa sœur, âgée de dix ans, jouait à livre ouvert les morceaux de piano les plus difficiles. Les parents se décidèrent alors à entreprendre avec eux une série de voyages : en Allemagne (1762-1763); — en Belgique (1763); — à Paris (1763-64, 1766); — à Londres (1764-65); — en Hollande (1765-66). — Au mois de novembre 1766 ils revinrent définitivement à Salzbourg, ayant excité partout la plus vive admiration, et jusqu'en 1770, sauf un séjour de quelques mois à Vienne en 1767-68, il ne fut plus question de voyages, mais d'études sérieuses.

La correspondance de Mozart s'ouvre avec une période de trois voyages faits en Italie (1770, 1771, 1772). Ce ne sont encore, généralement, que des post-scriptum, parfois assez étendus, ajoutés aux lettres de son père, et adressés à sa mère et à sa sœur; — de vraies lettres d'enfant, toutes naïves, exubérantes de vie, de gaieté, d'imaginations folles et comiques, mêlées de mots brouillés, lettres interverties, exclamations, phrases italiennes ou françaises, patois salzbourgeois, tout ce qui lui vient au courant de la plume. Çà et là, de très judicieuses réflexions sur la musique ou les exécutants, ou un mot sur son travail; mais quant à ses succès, quant à l'enthousiasme inouï qu'il excite partout, c'est affaire à son père d'en parler : il ne paraît pas même y songer. Et cependant c'est à ce moment qu'il est élu membre de l'Académie philharmonique de Bologne par le P. Martini et les plus habiles contrepointistes, qu'il reçoit du Pape l'ordre de l'Éperon d'Or, qu'il va d'ovation en ovation, les grands seigneurs le fêtant à l'envi, et les foules se pressant tellement dans les églises où il doit jouer, qu'on a grand'peine à lui frayer un passage.

Ce contraste donne du charme et de l'intérêt à ses premières lettres. On est touché de penser que tandis qu'il écrivait de si joyeux badinages, l'enfant composait des opéras, des symphonies, des morceaux de toute espèce, avec la sérieuse application d'un homme fait[1].

Nous retrouvons la même gaieté dans les lettres datées de Vienne (1773) — et encore dans celles de Munich (1775); Mozart fait alors représenter son opéra *La finta giardiniera*, et il en rend compte à sa mère.

En 1777 s'ouvre une nouvelle période dans la correspondance. Depuis 1772 l'archevêque Sigismond de Schrattenbach a été remplacé par le prince Hieronymus Colloredo, au grand mécontentement des Salzbourgeois[2]. Avec lui, plus d'avenir possible pour Mozart. Son père voudrait le faire connaître, entreprendre quelques nouveaux voyages avec lui : la permission lui en est refusée; mais elle est accordée à Wolfgang... sous forme de congé. Cependant le père, inquiet de voir ce jeune homme, si inexpérimenté, errer tout seul dans le monde, se décide à laisser sa mère partir avec lui. Tous deux séjournent dans plusieurs villes d'Allemagne, et se rendent ensuite à Paris (24 mars 1778), où la pauvre femme meurt. — Mozart revient en Allemagne. Après plusieurs étapes et des efforts infructueux pour trouver une situation, il rentre à Salzbourg, au service de l'archevêque, dans le courant de l'été 1779.

Le Mozart que nous montre cette nouvelle série de lettres, n'est plus un enfant ; toutefois c'est un très jeune homme que les difficultés matérielles de la vie n'ont

1. Léopold Mozart, préoccupé de l'extrême tension d'esprit de son fils, demandait à ses amis de Salzbourg, comme une bonne œuvre, de lui écrire des lettres gaies et drôles.

2. On sait que Salzbourg était une principauté épiscopale.

jamais préoccupé. Confiant et généreux, il croit aisément à la bienveillance et donne sans compter son temps et ses œuvres ; mais sa nature impressionnable ressent vivement les moindres froissements et se laisse facilement influencer par les idées et les sentiments de ses amis. L'équilibre ne s'est pas fait encore ; les sages conseils de son père lui sont toujours nécessaires et il les sollicite dans de libres épanchements qui retracent fidèlement toutes ses impressions mobiles, en bien ou en mal. C'est ce qu'il ne faut pas perdre de vue en lisant les lettres écrites de Paris, lettres évidemment trop remplies d'injustes récriminations à l'adresse de la France et des Parisiens. En arrivant à Paris, Mozart retrouvait un petit cercle de compatriotes, venus pour y chercher fortune comme lui, vivant entre eux et jugeant très peu favorablement notre pays ; il avoue lui-même n'être que l'écho de leurs pensées à cet égard, et croit de bonne foi tout ce qu'il en entend dire. Le baron Grimm, à qui son père lui avait recommandé de témoigner une entière confiance, et qui s'en montra si peu digne, se moquait tout le premier des Français.

Le trop célèbre critique avait pris parti pour Piccinni dans la fameuse querelle des Gluckistes et des Piccinnistes qui passionnait alors le monde de la musique, et il eût voulu pousser Mozart du côté des Italiens ; mais le jeune maître voyait plus haut, et lui résista énergiquement. La pression de Grimm et son irritation croissante devant le manque de docilité de celui qu'il considérait toujours comme un enfant, n'eurent d'autre résultat que de l'amener à se renfermer de plus en plus en lui-même.

1. Gluck venait de quitter Paris au moment où Mozart y arrivait ; c'est une chose qu'il convient de remarquer.

D'autre part, la saison d'été était défavorable pour se faire connaître; les semaines s'écoulaient sans apporter les résultats qu'il avait espérés. La mort de sa mère vint encore aggraver une situation déjà si précaire. Que de causes de tristesse, de déceptions, de découragement! Et comme il est facile alors d'être accessible aux pensées d'amertume et de voir les gens et les choses sous un jour faux ou exagéré!...

D'ailleurs, ne l'oublions pas, c'est à son père, c'est dans l'intimité la plus absolue qu'il écrit; il ne ménage rien, il lui confie au jour le jour toutes ses impressions, parce qu'il sait qu'avec son père cela ne tire pas à conséquence. Il lui a parlé, il lui parlera de même, à l'occasion, de ses concitoyens et de ses compatriotes; toujours prêt, du reste, à revenir sur ses jugements et à les modifier. N'est-ce pas le fait de tout esprit jeune, à la fois passionné et droit? — Peu à peu, l'expérience le rendit plus clairvoyant : un revirement commençait à se produire dans son esprit à la fin de son séjour à Paris, et il eût voulu y rester encore, lorsque les ordres formels de son père le rappelèrent à Salzbourg.

Achevons rapidement la série de ses voyages. Au mois de novembre de l'année suivante (1780) nous retrouvons Mozart à Munich, où il a été appelé pour la composition et la représentation de son opéra *Idomeneo*. Dans une série de lettres des plus intéressantes, il rend minutieusement compte à son père de tous les détails de son travail. — Son séjour se prolonge jusqu'au moment (mars 1781) où l'archevêque de Salzbourg, alors à Vienne, mande auprès de lui ses meilleurs musiciens dont il veut se faire honneur. Révolté par les indignes traitements qu'il reçoit, Mozart brise définitivement sa chaîne et commence à vivre seul et de ses propres ressources. — Le 4 août 1782, il épouse Constance Weber.

Mozart était dès lors définitivement fixé à Vienne. Au printemps de 1785, son père vint passer quelque temps auprès de lui. Jusqu'alors leur correspondance avait été très assidue, surtout avant le mariage de Wolfgang; mais à dater de cette époque elle se ralentit un peu. En outre, la plupart des lettres ont été détruites. Voici la raison que la sœur de Mozart a cru pouvoir en donner : Léopold Mozart s'était fait recevoir dans la franc-maçonnerie pendant ce séjour à Vienne, et lui qui, auparavant, avait conservé si soigneusement tout ce qui lui venait de son fils, aurait désormais fait disparaître la plupart des lettres qu'il en recevait, à cause des allusions qu'elles pouvaient contenir. Il avait toujours été d'un caractère assez craintif, et sa défiante prudence a plus d'une fois entravé la carrière de son fils. On ne peut trop déplorer les scrupules qui nous privent de tant de sources précieuses pour cette période active de la vie de Mozart. — Il mourut deux ans après, le 28 mai 1787.

En dehors des lettres de Mozart à son père, à sa sœur et à sa femme, bien peu sont parvenues jusqu'à nous. Presque aucun de ses nombreux amis ne paraît avoir songé à garder sa correspondance. Il ne reste guère que les lettres si précieuses adressées de Prague au comte G. de Jacquin (janvier 1787), au moment où l'on y donnait *les Noces de Figaro*, et celles d'octobre et novembre de la même année qui parlent des premières représentations de *Don Juan*.

Disons enfin un mot des lettres de Mozart à sa femme. Les premières, — avril et mai 1789 — nous font connaître une tournée musicale entreprise avec le prince

Lichnowsky. Mozart visite Prague, Dresde, Leipzig, Berlin, et se fait entendre partout, avec le plus grand succès, mais sans trouver les ressources qu'il espérait. — Un second voyage, entrepris dans le même but, à la fin de septembre 1790, l'amène à Francfort pour le couronnement de l'empereur Léopold II. Il revient par Munich, en novembre, sans avoir mieux réussi que la première fois. — Enfin nous avons une série de lettres de l'été 1791, datées de Vienne et adressées à Baden, ville d'eaux située aux environs. Malheureusement, un grand nombre de lettres de cette époque ont dû être détruites, car, d'après celles qui restent, on voit que Mozart écrivait presque tous les jours.

Rien n'est plus tendre et plus aimable que cette correspondance. L'amour, la vive sollicitude pour la santé et pour le bonheur de Constance s'y montrent à chaque page, et son mari le lui dit de la manière la plus charmante. Il la veut heureuse et gaie, et ne recule devant aucun sacrifice pour sa santé et son bien-être; il l'encourage, la console, lui parle sans cesse d'espérance, ne se plaignant de rien pour son propre compte;... et l'on se sent navré quand on sait qu'à cette même époque, malade, réduit aux abois par une misère de plus en plus poignante, qu'un travail acharné ne réussissait pas à conjurer, il se voyait contraint de solliciter les prêts, les secours d'un ami dévoué, et, ne pouvant en obtenir assez, de s'adresser aux usuriers qui achèvent sa ruine!

Ainsi s'écoulèrent les derniers mois de cette vie si courte et pourtant si remplie. Car Mozart, dont de tels soucis n'avaient pu réussir à abattre l'âme courageuse et dévouée, dont l'esprit était plus serein et plus lucide que jamais, qui venait de composer *la Flûte enchantée* et travaillait à son *Requiem*, Mozart sentait ses forces l'abandonner chaque jour. Quelques semaines après le retour de sa femme auprès de lui, le 5 décembre 1791, à l'âge de trente-cinq ans, il succomba enfin ; il s'éteignit, brisé dans cette lutte incessante contre le besoin, au moment où le succès éclatant de son dernier opéra lui ouvrait enfin de meilleures perspectives d'avenir[1].

1. La noblesse hongroise venait de fonder en sa faveur une souscription annuelle de 1000 florins, et, d'Amsterdam, on lui promettait un revenu plus élevé encore, s'il s'engageait à composer quelques morceaux, spécialement pour les souscripteurs de cette rente. — Il faut lire, dans les pages émues du si remarquable ouvrage de Jahn, le récit touchant de cette fin prématurée qui enleva brusquement Mozart, à l'apogée de son génie.

NOTE PRÉLIMINAIRE

Tous les mots imprimés en *italiques* dans le texte sont dans la langue même que Mozart a employée, sauf indications contraires.

Pour les noms de personnes et de lieux, nous n'avons mis en note du texte que les explications nécessaires à l'intelligence de la lettre. Le lecteur pourra trouver quelques détails de plus à la *Table alphabétique* qui termine l'ouvrage.

K —, suivi d'un n° (indication que nous avons placée à la suite de chaque œuvre de Mozart citée dans les lettres), répond au *Catalogue thématique* de Köchel. Un *index* spécial, placé à la fin du volume, reproduit ces mêmes numéros dans leur ordre, accompagnés d'explications plus complètes.

En tête des lettres :

M —, indique que l'autographe original est conservé au Mozarteum de Salzbourg, fondation internationale comprenant une école ou Conservatoire de Musique, et un Musée où se trouvent réunis de nombreuses lettres, des portraits, des souvenirs divers de Mozart et de sa famille.

B. V.—, indique les lettres qui sont actuellement à la Bibliothèque de la Cour, à Vienne.

Nissen —, désigne celles qui n'ont été publiées que dans l'ouvrage de Nissen sur Mozart.

O. Jahn —, indique celles publiées pour la première fois par Jahn, et de plus, un * est placé en tête des passages (complétant le texte imprimé par Nohl ou par Nissen) qui ne se trouvent que dans l'ouvrage de Jahn.

Les lettres qui ne portent pas d'indications sont dispersées dans les collections particulières.

PREMIER VOYAGE D'ITALIE

Décembre 1769-28 mars 1771.

(AVEC SON PÈRE)

WIRGEL, VÉRONE, MILAN, BOLOGNE, ROME, NAPLES, VENISE, INSPRUCK.

LETTRES DE MOZART

I

A UNE INCONNUE

Salzbourg, 1769.

Amie,

Pardonnez-moi si je prends la liberté de vous importuner par ces quelques lignes ; mais comme vous avez dit hier que vous compreniez tout, et que je pourrais même vous écrire en latin ce que je voudrais, je n'ai pu résister au désir téméraire de vous écrire ici quelques lignes composées de divers mots latins. Quand vous les aurez lues, ayez la bonté de m'envoyer la réponse par un domestique des Hagenauer[1], car notre servante ne peut attendre. (Mais il faudra aussi me répondre par une lettre.)

Cuperem scire, de qua causa, a quam plurimis adolescentibus otium usque adeo æstimatur, ut ipsi se nec verbis, nec verberibus ab hoc sinant abduci[2].

WOLFGANG MOZART.

1. Amis intimes de la famille Mozart.

2. « Je désirerais savoir pour quelle cause l'oisiveté a tellement de prix aux yeux de la plupart des jeunes gens, que les remontrances et les châtiments sont impuissants à les en arracher. »

2 [O. JAHN][1]

A SA SŒUR

Wirgel, 12 décembre 1769.

Ma très chère sœur[2] !

Nous sommes, grâce à Dieu, très heureusement arrivés à Wirgel. Pour dire la vérité, je dois ajouter aussi que c'est bien gai de voyager et qu'il ne fait pas du tout froid, et qu'il fait aussi chaud dans notre carrosse que dans une chambre. Comment va le mal de gorge? Ce Monsieur, notre *scie*, est-il venu le jour même de notre départ? Si tu vois M. Schiedenhofen, dis-lui que je chante sans cesse : « Tralaliera, tralaliera, » et dis-lui qu'il n'est plus nécessaire de mettre du sucre dans la soupe maintenant que je ne suis plus à Salzbourg. — A Lover, nous avons dîné et dormi chez M. de Helmreich qui en est le préfet. Sa femme est une bonne dame; c'est la sœur de M. Moll. J'ai faim, j'ai grande envie de manger. Porte-toi bien. Adieu.

WOLFGANG MOZART.

P. S. Mes compliments à tous mes bons amis, à M. Haguenauer (le marchand), à sa femme, à ses fils et à ses filles, à Mme Rosa et à son mari, à MM. Adlgasser et Spitzeder. Demande pour moi à M. Hornung[3] s'il ne lui est pas arrivé encore une fois de croire que c'était moi qui étais au lit au lieu de toi?

1. Cette lettre ne se trouve que dans Jahn. Elle était alors en possession de M. Boilly, à Paris.

2. Toute la lettre à sa sœur est en italien. Léopold Mozart et son fils avaient quitté Salzbourg au commencement de décembre. Ils passèrent par Wirgel, par Insprück, où Wolfgang se fit entendre dans un concert le 14 décembre, par Roveredo, Vérone, etc.

3. Adlgasser était organiste de la cathédrale. Spitzeder venait de chanter à Salzbourg le rôle de « don Polidoro » dans l'opéra de Mozart *la Finta Simplice* (K. 51), Hornung, celui de « don Cassandro ».

A SA MÈRE

Bien chère maman !

Mon cœur est tout ravi de joie parce que je m'amuse tant à ce voyage !... parce qu'il fait si chaud dans la voiture !... et parce que notre cocher est un brave garçon qui nous conduit bien vite dès que la route le permet tant soit peu. Papa doit déjà avoir fait à maman la description du voyage. Le motif pour lequel j'écris à maman, c'est de lui montrer que je connais mes devoirs et que je suis avec le plus profond respect son

fidèle fils,

WOLFGANG MOZART.

3 (NISSEN)

A SA SŒUR

Verona, 7 Gennajo 1770.

Sœur chérie !

Ma lettre a été[1] très courte parce que j'ai attendu en vain une réponse : mais aussi j'avais des raisons pour cela, puisque je n'avais pas encore reçu ta lettre. — Ici s'arrête le lourdaud allemand et commence le lourdaud italien[2] : *Tu es plus forte en italien que je ne me l'étais imaginé. Dis-moi pourquoi tu n'as pas assisté à la comédie qu'ont jouée ces Messieurs ? — En ce moment nous entendons continuellement un opéra intitulé « Il Ruggiero[3] ». — Oronte, père de Bradamante, est un prince : c'est M. Afferi, habile chanteur baryton, mais*

1. Littéralement « j'ai eu ». Mais cette phrase très confuse n'a un sens qu'en admettant que ce « j'ai eu » signifie non « la lettre que j'ai reçue », mais « que j'ai écrite ».
2. Tout ce qui est en italique dans cette lettre est en italien dans l'original.
3. Musique de Hasse, texte de Métastase.

tendu quand il piaule dans le haut en voix de fausset ; pas tant, pourtant, que *Tibaldi*[1], à Vienne. — *Bradamante, amoureuse de Ruggiero* (elle doit épouser Leone, mais elle ne veut pas), *est une pauvre baronne qui a éprouvé un grand malheur*, . *mais je ne sais lequel. Elle joue* sous un nom étranger, ... mais je ne sais pas ce nom. *Elle a une voix passable et sa tournure ne serait pas mal*, ... mais *elle détonne en diable. — Ruggiero, prince riche et amoureux de Bradamante, est un musico*[2]. *Il chante un peu à la manière de Manzuoli*[3] *et a une voix forte et très belle. Il est déjà âgé ; il a cinquante-cinq ans*, mais un gosier toujours flexible. *Leone* doit épouser *Bradamante;* il est *richissime;* s'il l'est hors de la scène, c'est ce que j'ignore.

La femme d'Afferi a une très belle voix, mais il y a un tel bourdonnement dans la salle qu'on n'entend rien. Le rôle d'Irène est joué par une sœur de Lolli, le grand violoniste que nous avons entendu à Vienne. Elle a une voix rude *et attaque toujours* un quart d'heure trop *tôt ou trop tard. Ganno est représenté par un Monsieur dont je ne sais pas le nom : c'est la première fois qu'il joue.* — Dans chaque entr'acte, un ballet. Il y a là un bon danseur qui s'appelle *Monsieur Rœssler;* c'est un Allemand, et il danse très bien. — La dernière fois que nous avons été à l'Opéra (c'est-à-dire, pas tout à fait la dernière fois), nous avons fait monter M. Rœssler dans notre *loge* (car nous avons la libre disposition de la loge de M. Carlotti[4] et la clef) et nous avons causé avec lui.

A propos, tout le monde se travestit en ce moment, et ce qui est très commode, c'est que, lorsqu'on a un masque pardessus son chapeau, on a le privilège de ne pas retirer son

1. Tibaldi, ténor appelé à Vienne, en 1767-68, par Glück, pour chanter le rôle d'Admète dans *Alceste*. La famille Mozart était à ce moment à Vienne.

2. Le *musico* ou *primo uomo* est un sopraniste.

3. Célèbre sopraniste que Mozart avait connu à Londres (1764-65) et qui lui avait donné quelques leçons de chant. Mozart, enfant, avait une voix faible, mais charmante, qu'il conduisait avec beaucoup de goût. Il la perdit au moment de la mue, en Italie.

4. Le marquis Carlotti, auquel Mozart avait été recommandé.

chapeau quand quelqu'un vous salue et on n'appelle personne par son nom, mais on dit toujours : *Votre serviteur très humble, seigneur masque. Cospetto di Bacco !* voilà qui est enlevant ! Mais ce qui est le plus curieux, c'est que nous nous couchons à sept heures et demie !... *Si tu devines ceci, je dirai certainement que tu es la mère de tous les devins.* — Baise pour moi la main de maman, et toi je t'embrasse mille fois et t'assure que je resterai toujours ton frère bien sincère.

Portez-vous bien et aimez-moi toujours [1].

4 (Nissen)

A SA SŒUR.

Milan, 26 janvier 1770.

Je me réjouis de tout mon cœur que tu te sois tellement amusée à la course en traîneau dont tu me parles dans ta lettre, et je te désire mille occasions de divertissement, afin que tu passes ta vie bien gaiement. Mais il y a une chose qui me fâche, c'est que tu aies laissé M. de Mölk [2] soupirer et souffrir ainsi, indéfiniment, et que tu ne sois pas allée en traîneau avec lui, pour te faire verser par lui. Combien de mouchoirs n'aura-t-il pas trempés de ses larmes, ce jour-là, à cause de toi !... Il est vrai qu'auparavant il aura pris trois demi-onces de tartre, qui auront expulsé l'effroyable impureté d'entrailles dont il est doué. — Je ne sais rien de nouveau, si ce n'est que M. Gellert, le poète de Leipzig, est mort, et qu'après sa mort il n'a plus fait aucune poésie. — Juste avant de commencer cette lettre j'ai terminé mon air du *Demetrio* qui commence ainsi : « *Misero tu non sei...* etc. » [K. app. 2.]

L'opéra [que nous avons entendu] à Mantoue [3] est joli.

1. Ceci est en français.
2. Amoureux de Marianne Mozart alors âgée de dix-huit ans.
3. Où ils étaient arrivés le 10 janvier et restèrent jusque vers le 24.

On a joué *Demetrio*. La *prima donna* chante bien, mais sans faire aucun mouvement, et quand on ne la regarde pas jouer, mais seulement chanter, on croirait qu'elle ne chante pas, car elle ne peut ouvrir la bouche et gémit tous les sons : ce qui, du reste, n'est pas une nouveauté pour nous. — La *seconda donna* a une tournure de grenadier, avec une voix puissante ; et vraiment elle ne chante pas mal, étant donné qu'elle joue pour la première fois. — Le *primo uomo*, le *musico*, chante très bien, mais il a une voix inégale. Il se nomme Caselli. — Le *secondo uomo* est déjà vieux et ne me plaît pas. — Le ténor s'appelle Ottini : il ne chante pas mal, mais soutient mal les sons, comme tous les ténors italiens. C'est notre excellent ami. — Comment le second ténor se nomme, c'est ce que je ne sais pas. Il est encore jeune, mais n'a rien d'extraordinaire. — *Primo ballerino*, bon ; — *prima ballerina*, bonne, et l'on dit qu'elle n'est pas du tout « chien » ; mais je ne l'ai pas vue de près. Les autres, comme tout le monde. Il y a là un *grotesco* qui saute très bien, mais qui n'écrit pas comme moi : c'est-à-dire comme les pourceaux grognent.

L'orchestre n'est pas mauvais. A Crémone, il est bon, et le premier violon se nomme Spagnoletta. La *prima donna* n'est pas mal ; elle est déjà âgée, à ce que je crois, ... et comme un chien. Elle ne chante pas si bien qu'elle joue. C'est la femme d'un violoniste qui fait sa partie dans l'orchestre, et elle s'appelle Masci. L'opéra était *la Clemenza di Tito*. — La *seconda donna* n'est pas chien sur la scène ; jeune, mais rien d'extraordinaire. — *Primo uomo*, *musico*, Cicognani : une jolie voix et un beau *cantabile*. Les deux autres castrats sont jeunes et passables. — Le ténor se nomme : ... *non lo so* [1]. Il a une tournure agréable et ressemble tout à fait à Le Roi, de Vienne. — *Ballerino primo*, bon et un grand chien. Il y avait là une danseuse qui n'a pas mal dansé et, ce qui n'est pas un *capo d'opera* [2], elle n'est chien

1. « Je ne le sais pas. »
2. « Un chef-d'œuvre », une chose extraordinaire.

ni hors la scène, ni sur la scène. — Les autres, comme tout le monde. — Il y a aussi un *grotesco* qui, à chaque saut, laisse échapper....

De Milan, je ne puis vraiment pas t'écrire grand'chose. Nous ne sommes pas encore allés au théâtre. Nous avons entendu dire que l'opéra n'a pas réussi. Le *primo uomo*, Aprile, chante bien et a une voix belle et égale. Nous l'avons entendu dans une église où l'on célébrait justement une grande fête. Madame Picinelli, de Paris, qui a chanté à notre concert[1], joue dans l'opéra. M. Pick, qui dansait à Vienne, danse maintenant ici. L'opéra se nomme *Didone abbandonata*[2] et sera bientôt laissé de côté. M. Piccinni, qui écrit le prochain opéra, est ici. J'ai entendu dire que son opéra s'appelle *Cesare in Egitto.*

WOLFGANG DE MOZART,

Seigneur de Hochenthal, ami de la ligue du Nombre[3].

5 (B. V.)

A SA SOEUR

(*Post-scriptum*[4].)

Milan, 10 février 1770.

Quand on parle de la truie, elle arrive en courant[5]. — Je me porte bien, Dieu en soit loué et béni, et je puis à peine attendre l'heure où je recevrai une réponse de vous. Je baise la main de maman, et j'envoie à ma sœur une marque de petite vérole... un baiser... et je reste le même... mais qui?... Le même farceur. Wolfgang, en Allemagne, Amadeo, en Italie,

DE MORZANTINI.

1. En 1764 (premier voyage de Mozart à Paris).
2. De Jomelli.
3. Mozart aimait beaucoup le calcul.
4. La plupart des lettres suivantes ne sont que des *post-scriptum* ajoutés aux lettres du père de Mozart.
5. Les Français diraient : « Quand on parle du loup, on en voit la queue ».

6 [Nissen]

A SA SŒUR

(*Post-scriptum.*)

Milan, 17 février 1770.

Et me voilà, moi aussi! Je suis tout à vous! — Toi, Mariannette, je me réjouis fort de ce que tu te sois si effroyablement... amusée. Dis à Ursule, la bonne d'enfants, que je crois toujours lui avoir rendu tous les *Lieder*. Mais en tout cas si, absorbé par mes importantes et hautes pensées vers l'Italie, je les ai emportés par mégarde, je ne manquerai pas, quand je les trouverai, de les insérer dans ma lettre... *Addio*, enfants, portez-vous bien. Je baise mille fois les mains de maman, et à toi j'envoie mille gros baisers sur ta merveilleuse figure de cheval. *Per fare il fine*, je suis ton, etc.

7 [M]

(*Post-scriptum.*)

Milan, Mardi gras, 1770.

..... Et moi j'embrasse maman et toi. Les *affaires* me font perdre la tête; il m'est impossible d'en écrire plus long.

8 [Nissen]

A SA SŒUR

Milan, 3 mars 1770.

Cara sorella mia,

Je me réjouis du fond du cœur que tu te sois tant amusée; mais tu crois peut-être que je ne me suis pas amusé, moi! Oh! que si! Je ne puis compter combien de fois. Je crois vraiment que nous avons été six ou sept fois à l'opéra, et ensuite au bal qui commence après l'opéra, comme à Vienne, mais avec cette différence qu'à Vienne la danse se passe avec plus d'ordre.

Nous avons vu aussi la *chiccherata* et la *facchinata*. — La *facchinata* est une mascarade très belle à voir, parce que beaucoup de gens se costument en portefaix (*facchini*) ou en garçons d'auberge. Il y avait une barque remplie de monde et beaucoup de personnes allaient à pied. 4 à 6 orchestres de trompettes et de timbales, et aussi quelques orchestres de violons et autres instruments. La *chiccherata* est aussi une mascarade. Les Milanais appellent *chicchere* ce que nous appelons *petits-maîtres*, ou éventés. Ils étaient tous à cheval; c'était très joli.

Je suis maintenant aussi content d'apprendre que M. de Aman[1] va mieux, que j'avais été affligé en entendant dire qu'il lui était arrivé malheur. — Quel travestissement portait Mme Rosa? et M. de Mölk? et M. de Schiedenhofen?... Je t'en prie, écris-le-moi, si tu le sais : tu me feras un très grand plaisir. — Baise pour moi les mains de maman 1 000 000 000 000 de fois. Mes compliments à tous nos bons amis, et à toi mille compliments de la part de... si tu l'attrapes, tu l'auras ! et de *Don Casarella*, tout particulièrement de par derrière[2].

9 [M]

(*Post-scriptum*.)

Milan, 13 mars 1770.

*Je vous fais mes compliments et j'embrasse maman et ma sœur des millions de fois, et je me porte bien, Dieu soit loué : *addio*.

1. Ami de Mozart, mais beaucoup plus âgé que lui.

2. Cette plaisanterie, traduite en partie à l'aide d'une explication de Nissen, n'a pas de sens; on en retrouvera fréquemment d'analogues dans les premières lettres, car Mozart les aimait fort; nous ne pouvons que les traduire littéralement.

10 (Nissen)

A SA SŒUR

Bologne [1], 24 mars 1770.

O ma diligente sœur,

J'ai pensé qu'ayant été si longtemps paresseux, il n'y aurait pas de mal à être de nouveau un petit moment appliqué. Tous les jours de poste, quand les lettres d'Allemagne arrivent, le boire et le manger me semblent bien meilleurs. Je t'en prie, écris-moi qui chante dans les oratorios. Dis-moi aussi quels en sont les titres, — et si les menuets de Haydn [2] te plaisent, — et s'ils sont meilleurs que les premiers.

Je me réjouis du fond du cœur que M. de Aman soit rétabli. Dis-lui, je te prie, qu'il prenne beaucoup de précautions; il ne lui faut pas de secousse violente : dis-le-lui, je t'en prie! — Mais dis-lui aussi comme je pense souvent à toi, lorsque nous avons joué à faire les ouvriers à Triebenbach; et comme alors il représentait le nom de Schrattenbach [3] au moyen du sac à plomb et en faisant *ch* [4]....

Et dis-lui aussi que je pense souvent à ces mots qu'il m'a plusieurs fois répétés alors : « Nous couperons-nous en deux? » Et je lui répondais chaque fois : « Et comment nous raccommoderons-nous? »

Prochainement je t'enverrai un menuet que M. Pick a dansé au théâtre, et qu'ensuite tout le monde a dansé au bal de l'Opéra, à Milan, — rien que pour que tu voies comme les gens dansent lentement ici. Le menuet, en lui-même, est très beau. Il vient de Vienne, naturellement, et par conséquent il

1. Arrivés à Bologne le 24 mars (en passant par Lodi [15 mars] et Parme).
2. Michel Haydn, organiste à Salzbourg, frère du grand Haydn.
3. Nom de l'archevêque de Salzbourg (Sigismond de Schrattenbach).
4. C'est-à-dire en faisant couler peu à peu le plomb brillant, comme un petit ruisseau, et en imitant l'eau qui coule par le son prolongé de *ch*...; c'était comme une représentation du nom de *Schrattenbach*, parce que *bach* veut dire *ruisseau* et *schratt* est le mot patois de *schrott*, *gros plomb de chasse*.

est certainement de Teller ou de Starzer. Il a beaucoup de notes, pourquoi? Parce que c'est un menuet de théâtre, qui se danse lentement. Mais, du reste, les menuets de Milan, et en général tous les menuets italiens, sont très chargés de notes, ont un mouvement lent et beaucoup de mesures. Par exemple, la première partie a 16 mesures, et la seconde 20, ou même 24.

A Parme, nous avons fait la connaissance d'une cantatrice, et nous l'avons entendue chanter admirablement, dans sa propre maison : c'est la célèbre Bastardella, qui a : 1° une belle voix; 2° un gosier ravissant; 3° une hauteur de voix incroyable. Elle a chanté en ma présence les sons et les *passages* suivants :

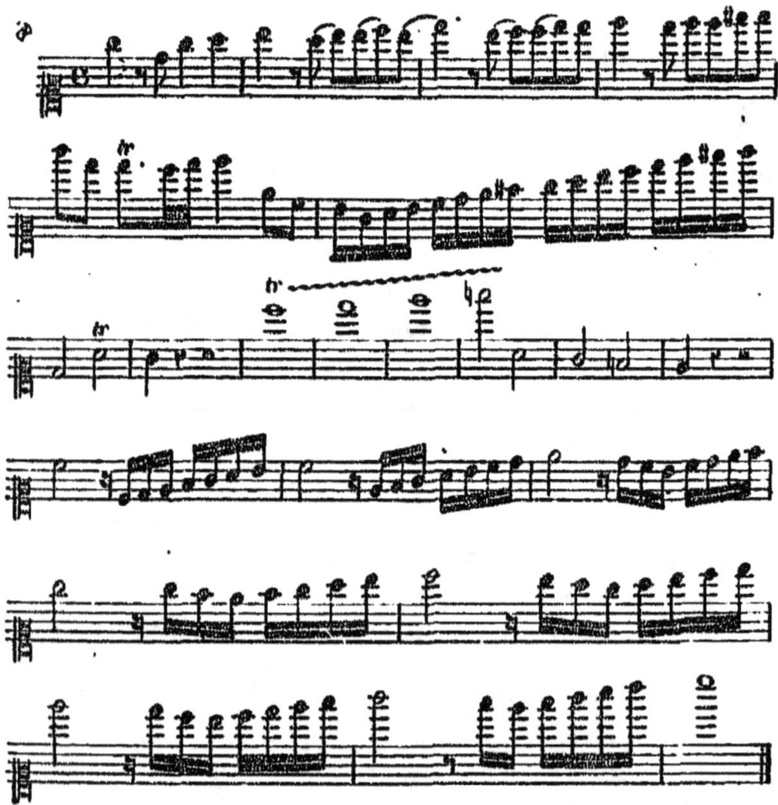

11 (NISSEN)

(*Post-scriptum.*)

Rome, 14 avril 1770.

Je suis, Dieu soit loué, en bonne santé, ainsi que ma misérable plume, et j'embrasse maman et Nannerl mille ou 1000 fois. Je souhaiterais seulement que ma sœur fût à Rome, car cette ville lui plairait certainement à cause de la symétrie harmonieuse de l'église Saint-Pierre et de beaucoup d'autres choses à Rome. — On voit passer dans la rue les plus belles fleurs : c'est papa qui me le dit à l'instant. — Je suis un fou, c'est connu. — Oh! je suis dans une détresse! Il n'y a qu'un seul lit dans notre logement, et maman peut aisément se figurer que je n'ai aucun repos à côté de papa. [Aussi] je me réjouis d'entrer dans un nouveau logement. — Ah! voilà que je viens de dessiner saint Pierre avec ses clefs, saint Paul avec son épée, et saint Luc avec ma sœur, etc., etc. — J'ai eu l'honneur de baiser le pied de saint Pierre à *S. Pietro*, et comme j'ai le malheur d'être trop petit, on m'a soulevé à sa hauteur, moi en personne, votre vieux

WOLFGANG MOZART.

12 (NISSEN)

A SA SŒUR

Rome, 21 avril 1770.

Cara sorella mia,

S'il te plaît,... tu retrouveras bien les règles d'arithmétique, puisque c'est toi-même qui les as rédigées; moi, je les ai perdues et ne sais plus ce qu'elles sont devenues; c'est pourquoi je te prie de me les copier avec de nouveaux exemples et de me les envoyer ici.

Manzuoli est en pourparlers avec les Milanais pour chanter

dans mon opéra[1]. Dans cette intention il m'a chanté, à Florence, quatre ou cinq airs, et quelques-uns de moi [K. 77, 78, 79] que j'ai dû composer à Milan[2], parce qu'on n'avait encore rien entendu de ma façon en fait de musique dramatique et qu'on voulait voir si je suis capable d'écrire un opéra. — Manzuoli demande 1000 ducats. On ne sait pas non plus avec certitude si la Gabrielli viendra. Quelques personnes disent que c'est la De Amicis, — que nous allons voir à Naples, — qui chantera. Je voudrais bien que ce fût elle et Manzuoli qui jouassent : nous aurions là deux bonnes connaissances, deux bons amis à nous. — On ne connaît pas encore le livret. J'en ai recommandé un de Métastase à Don Ferdinand[3] et à M. de Troger.

J'ai en ce moment sur le métier l'air : « *Se ardire e speranza* ». [K. 82.]

13 (NISSEN)

A SA SŒUR

Rome, 25 avril 1770.

Ma chère sœur[4],

Je t'assure que, tous les jours de poste, j'attends avec une impatience incroyable quelque lettre de Salzbourg. — Hier nous sommes allés à San Lorenzo, où nous avons entendu les vêpres; ce matin, à la grand'messe et ce soir aux secondes vêpres, parce que c'est la fête de Notre-Dame du Bon-Conseil. — Ces jours-ci nous avons été au Campidoglio[5] et

1. *Mitridate rè di Ponte.*
2. Ce fut dans une brillante soirée donnée par le comte Firmiani, et où assistaient entre autres le duc de Modène et sa fille, et le cardinal-archevêque de Milan, que Mozart fut appelé à donner cette preuve de sa science. Le lendemain, il reçut une tabatière contenant 20 *gigliati* (environ 200 francs), et les œuvres de Métastase. — Mais le principal résultat de cette soirée fut l'invitation faite à Mozart de composer l'opéra de la prochaine saison.
3. Intendant du comte Firmiani, gouverneur de Milan.
4. Toute cette lettre est en italien, sauf la dernière phrase.
5. Le Capitole.

nous avons vu beaucoup de belles choses. Si je voulais écrire tout ce que j'ai vu, ce feuillet n'y suffirait pas. — J'ai joué dans deux concerts et demain je jouerai dans un autre. — Aussitôt après le repas nous jouons au *Potsch*[1]; c'est un jeu que j'ai appris ici, et quand je reviendrai à la maison je te l'apprendrai. — Dès que j'aurai fini cette lettre, je terminerai une symphonie que j'ai commencée. Mon air est achevé, et j'ai une symphonie [K. 81] chez le copiste, ... qui est mon père, parce que nous n'avons pas voulu la donner à copier : on la volerait.

WOLFGANG, en Allemagne,
AMADEO MOZART, en Italie.

Rome, capitale du monde, le 25 avril 1770, — dans l'année à venir 1771.

Derrière comme devant et double au milieu.

14 (M)

(Post-scriptum.)

Rome, 28 avril 1770.

* Je baise le visage de ma sœur et les mains de maman. Je n'ai encore vu ni scorpions ni araignées; on n'en parle ni n'en entend aucunement parler. Maman reconnaîtra sûrement mon écriture? qu'elle me l'écrive bien vite, sans cela je vais mettre mes noms là, au bas.

15 (M)

(Post-scriptum.)

Rome, 2 mai 1770.

* Je me porte bien, grâce à Dieu; je baise les mains de maman, et la figure, le nez, la bouche et le cou de ma sœur et ma mauvaise plume et ..... s'il est propre.

WOLGANGO MOZART[2].

1. Mozart veut dire « boccia », jeu italien.
2. Mozart quitta Rome le 8 mai, passa par Capoue et arriva à Naples quelques jours après.

16 [NISSEN]

A SA SŒUR

Naples, 19 mai 1770.

C. S. M[1].

Je te prie de m'écrire bien vite et tous les jours de poste. Je te remercie de m'avoir envoyé ces histoires[2] d'arithmétique, et je te prie, si jamais tu veux avoir un mal de tête, de m'en envoyer encore quelques-unes. Pardonne-moi d'écrire si mal, mais la raison c'est que, moi aussi, j'ai un peu mal à la tête. — Le 12e menuet de Haydn, que tu m'as envoyé, me plaît beaucoup, et tu en as composé la basse d'une façon incomparable et sans la moindre faute. Je t'en prie, essaie souvent pareille chose.

Que maman n'oublie pas de faire nettoyer les deux fusils. — Écris-moi comment va M. le canari. Chante-t-il encore?.. Siffle-t-il encore?.. Sais-tu pourquoi je pense au canari? C'est qu'il y en a un dans notre antichambre qui fait : *G'seis* comme le nôtre. — *A propos*, je pense que M. Jean[3] a bien reçu la lettre de félicitations que nous avons eu l'intention de lui écrire. Si pourtant il ne l'a pas reçue, je lui dirai de vive voix, à Salzbourg, ce qui aurait dû s'y trouver. — Hier, nous avons mis nos habits neufs : nous étions beaux comme des anges. — Mes compliments à Nandl, et qu'elle prie assidûment pour moi. — C'est le 30 qu'on commencera de donner l'opéra que Jomelli est en train de composer[4]. — Nous avons vu la reine et le roi[5] à la messe de la chapelle de la cour, à Portici;... et nous avons vu aussi le Vésuve! Naples est une belle ville, mais populeuse comme Vienne et

1. La première phrase est en italien mêlée de quelques mots allemands *C. S. M.* : « *Cara sorella mia.* »
2. « *Rechenhistorie* », expression enfantine.
3. J. Hagenauer, ami de Mozart, qui s'était fait prêtre.
4. « *Armida abbandonata* ».
5. Ferdinand IV et Marie-Caroline, fille de l'impératrice Marie-Thérèse

Paris. De Londres, ou de Naples, au point de vue de l'insolence du peuple, je ne sais si ce n'est pas Naples qui l'emporte; car les gens du peuple, les *lazzaroni*, ont ici leur propre gouverneur qui reçoit chaque mois, du roi, 25 *ducati d'argento*, rien que pour les maintenir dans l'ordre.

La De Amicis chante dans l'opéra. Nous sommes allés la voir chez elle. — C'est Caffaro qui compose le second opéra; Ciccio di Majo, le troisième; et on ne sait pas qui, le quatrième. — Va assidûment à Mirabell[1] pour chanter les Litanies, va entendre le *Regina cœli* ou le *Salve Regina*, et dors bien, et ne fais pas de mauvais rêves. — Mes féroces compliments à M. de Schiedenhofen, *tralaliera*, *tralaliera !*... Et dis-lui qu'il faut qu'il apprenne à jouer sur le piano le menuet en canon[2] pour ne pas l'oublier; qu'il s'en occupe bientôt afin de me procurer un jour le plaisir de l'accompagner. — Fais aussi mes compliments à tous nos autres bons amis et amies, et reste en bonne santé, et ne t'avise pas de mourir, afin de pouvoir encore m'écrire une lettre, et que je t'en écrive une autre, et ainsi de suite jusqu'à extinction. Moi, je suis de ceux qui veulent agir jusqu'à ce qu'enfin il n'y ait plus moyen de rien faire. En attendant, je prétends rester

W. M.

17 [M]

(*Post-scriptum.*)

Naples, 22 mai 1770.

* Je me porte bien, grâce à Dieu, et je baise les mains de maman et vous embrasse mille fois toutes deux.

1. Mirabell était le château de l'archevêque de Salzbourg.

2. « Repetitor Minuett » ce pourrait être le menuet pour piano K. 94 où la même phrase passe d'une partie à l'autre.

18 (Nissen.)

A SA SŒUR

Naples, 29 mai 1770[1].

Avant-hier, nous sommes allés à la répétition de l'opéra de M. Jomelli qui est très bien écrit et me plaît vraiment. M. Jomelli nous a parlé et a été très aimable. — Nous avons été aussi dans une église pour entendre de la musique très belle, de M. Ciccio di Majo. Lui aussi nous a parlé et a été très poli. — Mme De Amicis chante à merveille. Nous sommes, grâce à Dieu, en très bonne santé, et moi particulièrement quand arrive une lettre de Salzbourg. — Je vous prie de m'écrire tous les jours de poste, quand même vous n'auriez rien à me dire; seulement je voudrais tant recevoir une lettre tous les jours de poste! — Ce ne serait pas une mauvaise idée, si tu m'écrivais quelquefois une petite lettre en italien....

19 (Nissen.)

A SA SŒUR

Naples, 5 juin 1770[2].

Aujourd'hui le Vésuve fume beaucoup. Tonnerre et éclairs!... Aujourd'hui nous avons dîné chez M. Doll : c'est un compositeur allemand et un brave homme. — Maintenant, je vais commencer à décrire ma vie. Vers neuf heures, quelquefois même dix heures, je m'éveille, et puis nous sortons, et puis nous déjeunons dans un restaurant; et après le repas nous écrivons, puis nous sortons, puis nous dînons : mais que mangeons-nous? Les jours gras, un demi-poulet, ou bien un petit morceau de rôti; les jours maigres, un petit pois-

1. Lettre en italien.

2. Cette lettre est toute mêlée de patois salzbourgeois, d'allemand, d'italien et de français.

son. Et puis nous allons dormir. *Est-ce que vous avez compris?* — Parle-moi donc en salzbourgeois, car c'est bien plus distingué.

Nous sommes, grâce à Dieu, en bonne santé, mon père et moi. J'espère que maman et toi vous vous portez bien aussi. — Naples et Rome sont deux villes de dormeurs. — Une belle lettre! Pas vrai?... — Écris-moi et ne sois pas si paresseuse, autrement tu recevras de moi quelques coups de bâton. *Quel plaisir! Je te casserai la tête!* — Je me réjouis déjà des portraits[1], et suis curieux de voir quel air ils ont; s'ils me plaisent, je me ferai peindre, moi aussi, ainsi que mon père. — Jeune fille, dis-moi un peu, où es-tu allée, hein?

L'opéra, qu'on joue ici, est de Jomelli; il est beau, mais trop sage et trop suranné pour le théâtre. La De Amicis chante d'une façon incomparable, comme aussi Aprile, qui a chanté à Milan. Les danses sont misérablement pompeuses. Le théâtre est beau. — Le roi est grossièrement élevé, à la napolitaine, et tout le temps de l'opéra il est debout sur un tabouret, afin de paraître un tantinet plus grand que la reine. La reine est belle et gracieuse, car elle m'a bien salué six fois, au Môle[2], de la manière la plus aimable.

* Je baise la main de maman.

20 [Nissen]

(Post-scriptum.)

Naples, 16 juin 1770.

Je suis encore en vie, moi aussi, et sans cesse joyeux, comme de tout temps, et je voyage avec plaisir. Maintenant, moi aussi, j'ai navigué sur la mer Méditerranée! — Je baise la main de maman, et j'embrasse Nannerl mille fois, et suis votre fils le niais et votre frère le nigaud.

1. Les portraits de sa mère et de sa sœur.
2. Promenade publique de Naples.

21 [NISSEN]

A SA SŒUR

(*Post-scriptum.*)

Rome, 7 juillet 1770[1].

C. S. M.

J'ai été fort surpris de voir que tu sais si bien composer. En un mot, l'air est beau. Essaie plus souvent d'écrire quelque chose. Envoie-moi bientôt les six autres menuets de Haydn.

Mademoiselle, j'ai l'honneur d'être votre très humble serviteur et frère,

Chevalier[2] de MOZART.

22 [NISSEN]

A SA MÈRE

(*Post-scriptum.*)

Bologne[3], 21 juillet 1770.

J'envoie mes compliments à maman pour sa fête, et je souhaite qu'elle vive encore beaucoup de siècles et qu'elle conserve toujours sa bonne santé. Je le demande sans cesse à Dieu; et je prie tous les jours, et je continuerai de prier tous les jours pour vous deux. Il m'est impossible de lui offrir autre chose que quelques clochettes de Lorette, des cierges, des bonnets et de la gaze, que je lui apporterai à mon retour. En attendant, je dis adieu à maman, je lui baise mille fois les mains, et resterai jusqu'à la mort

Son fidèle fils.

1. Retour à Rome le 25 juin. La voiture de poste ayant versé, Léop. Mozart sauva son fils en se blessant assez grièvement à la jambe.

2. Mozart venait de recevoir du pape Clément XIV la croix de l'ordre de l'Éperon d'or. C'est celle qu'avait aussi reçue Gluck.

3. Léop. Mozart et son fils quittèrent Rome le 10 juillet, et arrivèrent à Bologne le 20 juillet, ayant traversé Civitta-Castellana, Loretto et Sinigaglia. Le comte Pallavicini les invita, en août, à venir à sa campagne, « la Croce del Biacco », près de Bologne, les installa dans de magnifiques chambres, mit tous ses domestiques à leur disposition. Léop. Mozart reçut tous les soins que réclamait encore sa blessure, tandis que Wolfgang se liait d'amitié avec le jeune comte qui était de son âge, jouait du piano parlait trois langues, etc. Ce séjour se prolongea jusqu'au 1er octobre.

23 (Nissen

A SA SŒUR

(*Post-scriptum.*)[1] 21 juillet 1770.

Je te souhaite que Dieu te conserve toujours en bonne santé, te laisse vivre encore cent ans, et te fasse mourir quand tu auras mille ans. J'espère que tu apprendras à me mieux connaître dans l'avenir, et qu'ensuite... tu me jugeras comme il te plaira. — Je n'ai pas le temps de t'écrire beaucoup; ma plume n'est pas meilleure qu'une corne, non plus que celui qui la dirige. Le titre de l'opéra, que je dois composer pour Milan, n'est pas encore connu. — Notre hôtesse de Rome m'a fait cadeau des « Mille et une Nuits » en italien : c'est très amusant à lire.

24 (Nissen)

(*Post-scriptum.*)[2] Bologne, 28 juillet 1770.

C. S. M.

Je dois avouer que je suis extrêmement content que vous nous ayez envoyé les portraits. Ils me plaisent beaucoup.

25

A SA SŒUR

(*Post-scriptum.*) Bologne, 4 août 1770.

Je regrette de tout mon cœur que Mlle Marthe soit toujours si malade, et je prie tous les jours pour sa guérison. Dis-lui de ma part de ne pas trop se remuer, et de manger courageusement des mets salés.

A propos, as-tu remis ma lettre à Robinigsiegerl[3]? Tu ne m'en dis rien. Je t'en prie, quand tu le verras, dis-lui qu'il n'aille pas s'aviser de m'oublier!... Il m'est impossible

1. En italien, excepté la dernière phrase de la lettre qui est en allemand.
2. En italien.
3. Sigmund Robinig, ami de Mozart.

d'écrire mieux, parce que ma plume est une plume à écrire la musique et non les lettres. — Voilà les cordes de mon violon remises, et j'en joue tous les jours. Je ne dis cela que parce qu'une fois maman a désiré savoir si je continue à jouer du violon. — J'ai eu sûrement plus de six fois l'honneur d'aller tout seul dans les églises et d'assister à de magnifiques offices. — Avec tout cela, j'ai déjà composé six symphonies italiennes [K. 81, 84, 95-98], sans compter les airs [K. 77, 78, 79, 82, 83, 88], qui sont certainement au nombre de cinq ou six, outre un motet.

M. Deibl vient-il souvent? Vous honore-t-il toujours de ses amusants *discours?*... Et le noble M. Karl de Vogt, daigne-t-il toujours écouter vos insupportables voix? — Il faut que M. de Schiedenhofen t'aide assidûment à écrire des menuets, sans cela il n'aura pas de sucre.

Mon devoir serait, si le temps me le permettait, d'importuner MM. de Mölk et de Schiedenhofen de quelques lignes de ma façon; mais comme il me manque pour cela le plus nécessaire, je les prie de m'excuser, et de permettre que je remette cet honneur à plus tard.

Commencements de plusieurs *cassations*[1] :

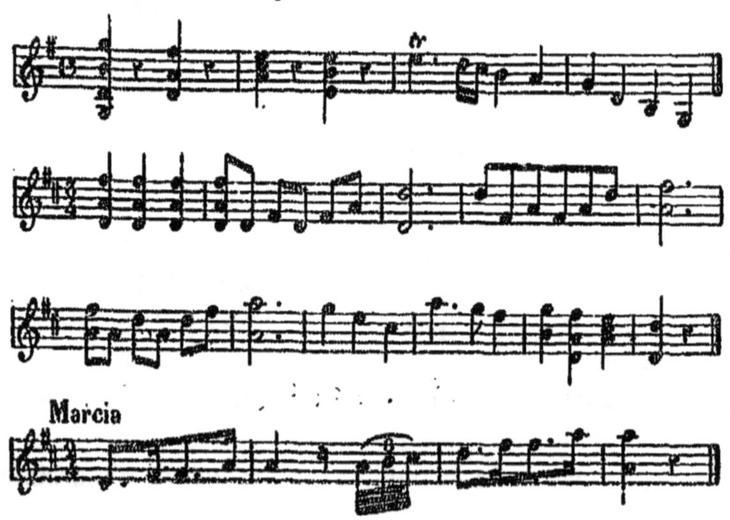

1. Les *cassations* sont des suites d'orchestre dans le genre des sérénades et

Voilà ton désir satisfait. Mais j'ai peine à croire que [celle dont tu me parles] soit une des miennes; car qui donc aurait l'audace de donner, comme étant de lui, une composition écrite par le fils du maître de chapelle, ... et cela quand la mère et la sœur sont présentes? — *Addio!* Adieu! Ma seule récréation consiste actuellement à faire des pas anglais, des cabrioles et des pirouettes.

L'Italie est le pays du sommeil; on y dort toujours.

Addio, porte-toi bien.

* Mes compliments à tous nos bons amis et amies. Je baise la main de maman.

26 (Nissen)

A SA MÈRE

(*Post-scriptum.*)

Bologne, 21 août 1770.

Moi aussi, je suis encore en vie et même très joyeux. Aujourd'hui la fantaisie m'a pris d'aller à âne; car c'est la coutume en Italie, et j'ai pensé qu'il fallait, moi aussi, en essayer. — Nous avons l'honneur de fréquenter un certain Dominicain[1] qui est regardé comme un saint; pour moi, je ne le crois guère, car il prend souvent une tasse de chocolat pour son déjeuner, et tout de suite après un bon verre de fort vin d'Espagne. J'ai eu moi-même l'honneur de dîner avec ce saint homme; il a bu beaucoup de vin et, pour finir, un plein verre de vin fort; il a pris, en outre, deux bonnes tranches de melon, des pêches, des poires, cinq tasses de café, toute une assiettée de clous de girofle et deux pleines assiettées de lait aux citrons. Peut-être avait-il des raisons pour agir ainsi, mais je ne crois pas, ce serait vraiment trop; et puis il prend encore beaucoup de choses à son goûter, l'après-midi.

des divertissements. On les jouait généralement la nuit, en plein air. — Les cassations citées ici par Mozart ne se trouvent pas dans Köchel.

1. Allemand, de la Bohême (écrit Léop. Mozart).

27 [M]

(*Post-scriptum.*)

Bologne, 8 septembre 1770.

Pour ne pas manquer à mes devoirs je veux aussi écrire quelques mots. Je vous prie de m'écrire de quelles confréries je fais partie et de me faire savoir les prières d'obligation. — En ce moment, je lis Télémaque; j'en suis déjà à la seconde partie. — Sur ce, adieu. Mes baise-mains à maman.

28 [Nissen]

A SA SŒUR

Bologne, 22 septembre 1770.

J'espère que maman se porte bien ainsi que toi. Je voudrais bien que tu répondisses désormais plus exactement à mes lettres, car enfin c'est bien plus facile de répondre à quelque chose que de trouver de soi-même quelque chose de nouveau à dire!

Les six menuets de Haydn me plaisent plus que les douze premiers. Nous avons dû les jouer souvent à la comtesse [1], et nous souhaiterions être en position d'introduire en Italie la manière allemande des menuets, car leurs menuets durent ici presque aussi longtemps que des symphonies tout entières. — Pardonne-moi si j'écris si mal. Je pourrais mieux faire, mais je me dépêche.

29 [Nissen]

A SA MÈRE

(*Post-scriptum.*)

Bologne, 29 septembre 1770.

Pour que la lettre soit un peu plus remplie, je veux y

1. La comtesse Pallavicini.

ajouter quelques mots, moi aussi. Je suis peiné du fond du cœur de la maladie si longue dont souffre la pauvre Mlle Marthe et qu'elle est obligée de supporter avec tant de patience! J'espère qu'avec l'aide de Dieu elle se remettra; sinon, il ne faut pas tant s'affliger, car la volonté de Dieu est toujours la meilleure, et Dieu sait mieux que nous s'il vaut mieux être en ce monde ou en l'autre. Mais il faut qu'elle se console en pensant qu'elle peut encore revoir le beau temps après la pluie.

30 (Nissen)

A SA SŒUR

(*Post-scriptum*.)

Bologne [1], 6 octobre 1770.

Je me réjouis du fond du cœur que tu te sois tant amusée et j'aurais voulu en prendre ma part. — J'espère que Mlle Marthe va aller mieux. — Aujourd'hui j'ai tenu l'orgue chez les Dominicains. — Présente mes souhaits de bonheur aux Hagenauer et dis-leur que je désire de tout mon cœur qu'ils vivent assez longtemps pour voir le Jubilé du père Dominique [2], afin que nous puissions encore être heureux tous ensemble. — Mes souhaits de bonheur à toutes les Thérèse [3], et mes compliments à tous nos amis de la maison et du dehors. — Je désirerais bien pouvoir entendre bientôt les symphonies de Berchtesgadner, et y faire ma partie de trompette ou de fifre. — J'ai entendu et vu la grande fête de S. Petronius, à Bologne. C'était beau, mais long, et il a fallu faire venir des trompettes de Lucques pour la fanfare; ils l'ont abominablement jouée.

1. Les Mozart étaient revenus à Bologne depuis le 1er.
2. Le père Dominique Hagenauer était entré au couvent et c'est pour sa première messe que Mozart avait composé la messe en *ut* majeur [K. 66], octobre 1769. — Le *Jubilé*, fête du 25e ou 50e anniversaire de son ordination.
3. A cause du 15 octobre, fête de sainte Thérèse.

31 (M.)

A SA MÈRE

(*Post-scriptum.*)

Milan, 20 octobre 1770.

Ma chère maman,

Je ne puis pas en écrire long parce que les doigts me font très mal à force d'écrire des récitatifs. Je supplie maman de prier pour moi, afin que l'opéra[1] marche bien et que nous puissions ensuite être de nouveau heureux tous ensemble. Je baise mille fois la main de maman; et, quant à ma sœur, j'aurais beaucoup de choses à lui dire; mais quoi?... Il n'y a que Dieu et moi qui le sachions. Si c'est la volonté de Dieu, comme je l'espère, je pourrai bientôt le lui faire connaître de vive voix. En attendant, je l'embrasse mille fois. — Mes compliments à tous nos bons amis et amies. — Nous avons perdu la bonne Marthe, mais, avec l'aide de Dieu, nous la retrouverons dans une vie plus heureuse.

32 (NISSEN.)

A SA SŒUR

(*Post-scriptum.*)

Milan, 27 octobre 1770.

Sœur chérie,

Tu sais que je suis un grand bavard et que je t'ai quittée comme tel : eh bien! maintenant je suis contraint de m'exprimer surtout par signes, car le fils de la maison [où nous sommes] est sourd-muet. — A présent j'ai à écrire pour mon opéra. Je suis vraiment peiné de ne pouvoir te faire le menuet que tu désires, mais, si Dieu le veut, peut-être l'auras-tu, ainsi que moi-même, à Pâques. — Je ne puis, ni ne sais en écrire plus long. Adieu et prie pour moi.

1. « Mitridate Rè di Ponte. »

33 (NISSEN)

A SA SŒUR

(*Post-scriptum.*)

Milan, 3 novembre 1770.

Petite sœur chérie de mon cœur,

Je vous remercie, maman et toi, de vos sages souhaits, et je brûle du désir de vous revoir bientôt toutes deux, à Salzbourg. — Pour ce qui est de ton compliment de fête, je puis te dire que je me serais presque imaginé que c'était M. Martinelli qui t'avait rédigé ton souhait en italien; mais comme tu es toujours la sœur bien avisée, tu as su arranger les choses avec tant d'esprit, en plaçant juste au-dessous de ton compliment italien les compliments de M. Martinelli écrits de la même main, que je n'ai pu m'en apercevoir. Et, à l'instant, je viens de dire à papa : « Ah! si je pouvais avoir autant d'intelligence et d'esprit que ma sœur! » — A quoi papa a répondu : « Oui, c'est vrai! » — Et moi, j'ai repris : « J'ai sommeil. » — Et voilà papa qui me dit : « Cesse [d'écrire]. » — *Addio*, prie Dieu pour que l'opéra marche bien.

Je suis ton frère,

W. M.

dont les doigts sont fatigués d'écrire.

34 (M)

A SA SŒUR

(*Post-scriptum.*)

Milan, 1er décembre 1770.

Sœur chérie,

Il y a si longtemps que je n'ai écrit, que j'ai pensé à apaiser ton chagrin ou ton extrême faim par ces quelques lignes. — *Papa vous aura fait savoir que nous avons eu l'honneur de faire la connaissance du baron Rietheim*. — En ce moment, j'ai beaucoup à écrire et à travailler pour mon opéra. J'espère qu'avec l'aide de Dieu, tout ira bien. *Addio*, porte-toi bien. Je suis comme toujours ton frère fidèle,

WOLFGANG MOZART.

* *P.-S.* Baise pour moi les mains de maman; mes compliments à tous nos bons amis et amies.

35 (M)

A SA SOEUR.

(*Post-scriptum.*)

Milan, 12 janvier 1771.

Sœur chérie,

Il y a longtemps que je n'ai plus écrit, parce que j'étais occupé de mon opéra. Mais comme j'ai le temps maintenant, je veux mieux remplir mon devoir. L'opéra plaît [1], Dieu en soit béni et loué. Le théâtre est plein tous les soirs, ce qui cause l'étonnement général, et beaucoup de personnes disent que depuis qu'elles sont à Milan, elles n'ont jamais vu la salle si remplie pour un opéra nouveau. — Je suis en bonne santé, ainsi que papa, grâce à Dieu, et j'espère qu'à Pâques je pourrai tout vous raconter de vive voix, à maman et à toi. — *Addio*, mes baise-mains à maman. — *A propos!* le copiste est venu hier chez nous et il nous a dit qu'il venait de recevoir l'ordre de copier mon opéra pour la cour

1. « Mitridate Rè di Ponto » avait été représenté à Milan, pour la première fois, le 26 décembre 1770.

Personnages :

MITRIDATE, tenore.	G. D'ETTORE.
ASPASIA, soprano	BERNASCONI (signora)
SIFARE, sopraniste	BENEDETTI
FARNACE, contraltiste.	Gius. CICOGNANI.
ISMENE, soprano	Anna Fr. VARESE.
MARZIO, tenore.	BESSANO.
ARBATE, sopraniste.	P. MUSCHIETTI.

de Lisbonne. — Portez-vous bien, *Mademoiselle* ma sœur chérie. J'ai l'honneur d'être et de rester, à dater d'à présent jusque dans l'éternité, votre frère fidèle.

36 (M)

A SA SŒUR

(*Post-scriptum*)

Venise, 13 février 1771[1].

Sœur chérie,

Tu auras déjà appris par papa que je suis en bonne santé. Je ne sais rien d'autre à écrire que mes baise-mains à maman. Adieu.

A M. JEAN HAGENAUER

13 di feb. 1771[2].

A Monsieur Jean.

La signora « perle » vous révère extrêmement, ainsi que toutes les autres « perles », et je vous assure qu'elles sont toutes amoureuses de vous, et elles espèrent que vous les prendrez toutes pour femmes, comme font les Turcs, afin de les contenter toutes les six. J'écris ceci dans la maison de M. Wider qui est un galant homme, comme vous me l'avez écrit. Hier, nous avons enterré le carnaval chez lui ; nous y avons soupé, puis dansé, et enfin nous sommes allés avec les « perles » au *ridotto nuovo* qui me plaît beaucoup. — Quand je suis chez M. Wider et que je regarde par la fenêtre, je vois la maison que vous avez habitée quand vous étiez à Venise. — Je ne sais rien de neuf. Venise me plaît beau-

1. Pendant le mois de janvier L. Mozart, et son fils firent un petit voyage à Turin ; ils étaient de retour à Milan le 31 janvier et en repartaient presque aussitôt pour Venise, où ils restèrent jusqu'au 12 mars.

2. Lettre en italien, jointe à la précédente, et adressée à son ami Jean Hagenauer, qui avait habité quelque temps auprès de la famille Wider et l'aimait beaucoup. — Léop. Mozart et son fils furent reçus dans la maison des Wider avec beaucoup d'empressement et de cordialité. — M. Wider était négociant.

coup. — Mes compliments à votre père, à votre mère et à vos frères et sœurs, et à tous mes amis et amies. Adieu.

WOLFGANGO AMADEO MOZART.

37 (M.)

A SA SŒUR

(*Post-scriptum*)

Venise, 20 février 1771.

Je vis encore, moi aussi, et suis en bonne santé, grâce à Dieu. La De Amicis a joué ici, à *S. Benedetto*. Dis à M. Jean que les « perles » Wider parlent toujours de lui, surtout Mlle Catherine, et disent qu'il faut qu'il revienne bientôt à Venise pour subir *l'attaca*, c'est-à-dire être jeté par terre assis, afin de devenir un vrai Vénitien. Elles ont voulu me le faire, à moi aussi, et s'y sont mises toutes les sept, et pourtant elles n'ont pas réussi à me jeter par terre!... *Addio*. * Mes baise-mains à maman et compliments de nous deux à tous nos bons amis et amies *.

Porte-toi bien... *Amen*.

38 (M.)

(*Post-scriptum*.)

Inspruck, 25 mars 1771.

* Je baise la main de maman, et toi, je t'embrasse mille fois. Je me porte bien, grâce à Dieu. *Addio*. J'espère vous revoir et vous parler bientôt en personne. Mes compliments à tous nos bons amis et amies.

39 (M.)

(*Post-scriptum*.)

* Je n'ai pas le temps d'en écrire long. Nos compliments à tous nos bons amis. J'embrasse maman et Nannerl plusieurs dizaines de mille fois. *Addio*[1].

1. Retour à Salzbourg le 28 mars 1771 (par Padoue, Vicence, Vérone).

SECOND VOYAGE D'ITALIE

13 août 1771. — Décembre 1771.

(AVEC SON PÈRE)

—

VÉRONE, MILAN.

40 (M)[1]

A SA SŒUR

(*Post-scriptum.*)

Vérone, 18 août 1771.

Sœur chérie,

Je n'ai pas dormi plus d'une demi-heure, car le sommeil après le repas ne me va pas. Tu peux espérer, croire, penser, être d'avis, t'attacher au ferme espoir, trouver bon, te figurer, te représenter, vivre dans la conviction, que nous sommes en bonne santé; mais certainement je puis t'en donner la nouvelle. — *Il faut que je me dépêche. *Addio.* Mes compliments à tous nos bons amis et amies*. — Présente pour moi mon souhait de bon voyage à M. de Heffner; demande-lui s'il n'a pas vu Annamindl[2].

**Addio.* Porte-toi bien. Mes baise-mains à maman. Quelle belle écriture!...

WOLFGANG.

41 (M)

A SA SŒUR

(*Post-scriptum.*)

Milan, 24 août 1771.

Sœur chérie,

Nous avons eu une terrible chaleur pendant la route, et une poussière impertinente nous a tellement tourmentés que nous serions sûrement morts étouffés et épuisés, si nous n'avions pas eu trop d'esprit pour cela. Voilà tout un mois,

1. Départ de Salzbourg le 13 août, retour vers le 15 décembre. A peine arrivé à Salzbourg, en mars 1771, L. Mozart avait reçu du comte Firmian, de Vérone, une invitation de l'impératrice Marie-Thérèse, bien flatteuse pour Wolfgang. A l'occasion des fêtes du mariage de l'archiduc Ferdinand avec Marie-Béatrice d'Este, qui devaient avoir lieu à Milan, en octobre, Wolfgang était chargé de composer la sérénade théâtrale d'*Ascanio in Alba*. Ce fut le motif de ce second voyage.

2. Jeune fille plus âgée que Wolfgang et qu'il aimait.

au dire des Milanais, qu'il n'a plu ici. Aujourd'hui il a commencé de tomber quelques gouttes, mais maintenant le soleil brille de nouveau et il fait très chaud. Ce que tu m'as promis (tu sais bien quoi, ô ma chérie!), tiens-le bien, je t'en prie! je t'en serai extrêmement obligé. — *La princesse a été récemment indisposée; je ne sais rien d'autre de nouveau. Écris-moi quelque chose de nouveau, toi! Mes compliments à tous nos bons amis et amies, et mes baise-mains à maman*. — Voici que je souffle de chaleur!... Voici que j'ouvre brusquement mon justaucorps!... *Addio*, porte-toi bien.

WOLFGANG.

Au-dessus de nous il y a un violoniste; au-dessous, il y en a un autre; à côté de nous, un maître de chant en train de donner une leçon, et dans la dernière chambre, vis-à-vis de nous, un *hautbois*. Voilà qui est amusant pour composer! Voilà qui vous inspire des idées!

42 (M)

A SA SŒUR

(*Post-scriptum.*)

Milan, 31 août 1771.

Sœur chérie,

Nous sommes en bonne santé, grâce à Dieu. J'ai déjà mangé à ton intention beaucoup de bonnes poires, de pêches et de melons. Mon seul amusement est de causer par signes avec le muet, car je sais le faire dans la *perfection*. M. Hasse[1] est arrivé hier; nous irons le voir aujourd'hui. Le livret de la sérénade[2] [K. 111] n'est parvenu ici que jeudi dernier. Je ne sais pas grand' chose à écrire.

Je t'implore encore pour celui dans l'esprit duquel il

1. Célèbre compositeur d'opéras. On dit qu'en entendant les œuvres du jeune Mozart il s'écria : « Ce jeune garçon nous fera tous oublier ! »

2. *Ascanio in Alba.*

ne peut plus y avoir autre chose[1].... Tu me comprends bien!...* Compliments de la part de M. Germani, mais surtout de sa femme, qui a tant envie de vous connaître! Compliments de M. et Mme d'Aste, ainsi que de moi, à tous nos bons amis. Je baise les mains de maman. *Addio.*

WOLFGANG.

43 (NISSEN)

A SA SŒUR

(*Post-scriptum.*)

Milan, 13 septembre 1771.

J'écris seulement pour... écrire. Mais cela m'est pénible parce que je suis très enrhumé et entrepris. — Dis à Mlle W. de Mölk que je me réjouis fort à la pensée de retourner à Salzbourg, afin de pouvoir obtenir encore, pour mes menuets, un présent pareil à celui que j'ai reçu à son concert. Elle le sait, du reste, déjà.

44 (M)

A SA SŒUR

(*Post-scriptum.*)

Milan, 21 septembre 1771.

Je vais bien, Dieu soit loué! Mais je ne puis écrire beaucoup : 1° je ne sais pas quoi dire; 2° les doigts me font trop mal à force d'écrire. — * Adieu. Je baise les mains de maman *. — Je donne souvent mon coup de sifflet... et personne ne me répond!... — Il ne manque plus que deux airs à la sérénade, après quoi j'aurai fini. — * Mes compliments à tous nos bons amis *. — Je n'ai plus envie de retourner à Salzbourg; j'ai peur de devenir fou, moi aussi[2].

WOLFGANG.

1. La jeune fille qu'il aimait allait se marier (note de Jahn).
2. On lui avait parlé de plusieurs cas de folie arrivés à Salzbourg.

45 [M]

A SA SŒUR

(*Post-scriptum.*)

Milan, 5 octobre, 1771.

Moi aussi je suis bien portant, Dieu soit béni! Mais j'ai toujours sommeil. * Nous avons été deux fois chez le comte Castelbareo et il était présent à ma première répétition au théâtre. Je ne sais rien de neuf, si ce n'est que le jour qui vient il y aura, de nouveau, répétition....* — Tout ce que j'avais encore à écrire, papa me l'a enlevé de la plume; autrement dit : il l'a déjà écrit. — Mme Gabrielli est ici; nous irons la voir prochainement afin de connaître toutes les cantatrices remarquables. **Addio*, porte-toi bien. Mes compliments à tous nos bons amis.

WOLFGANG.

46 [M]

A SA SŒUR

(*Post-scriptum.*)

Milan, 26 octobre 1771.

Sœur chérie,

Je me porte bien, moi aussi, Dieu soit loué! Mon travail étant terminé, j'ai plus de temps pour écrire; seulement je n'ai rien à dire, car papa a déjà tout écrit. Je ne sais rien de neuf, si ce n'est que les n°s 58, 59, 60, 61, 62 de la loterie sont sortis, et que, par conséquent, si nous avions pris ces numéros, nous aurions gagné; mais comme nous n'avons pas mis à la loterie, nous n'avons ni gagné ni perdu, et nous nous sommes moqués des gens. — Des deux airs de la sérénade[1] qui ont été bissés, l'un a été chanté par Manzuoli,

1. *Ascanio in Alba* [K. 111] avait été donné le 17 octobre 1771.

Rôles :

ASCANIO, mezzo-sopraniste....	MANZUOLI.
VENERE, soprano............	Signora FALCHINI.
SILVIA, soprano............	S^a^. GIRELLI.
ACESTE, tenore	TIBALDI.
FAUNO, sopraniste............	SOLZI.

l'autre par la *prima donna* Girelli. J'espère que tu t'amuseras bien à Triebenbach, soit au tir, soit (si le temps le permet) à la promenade. — * Nous allons partir pour l'Opéra. Mes compliments à tous nos bons amis. Le baron Dupin vient souvent chez cette demoiselle qui joue du piano, et ainsi nous nous voyons souvent. Mes baise-mains à maman. Adieu, je suis, comme toujours, ton frère fidèle,

WOLFGANG.

P. S. — Pardonne cette sauvage écriture, je me dépêche.

47 [NISSEN]

(*Post-scriptum.*)

Milan, 2 novembre 1771.

Papa dit que M. Kirschbaumer a certainement fait son voyage avec profit et observation, et nous pouvons certifier qu'il s'est conduit d'une manière très raisonnable. Il peut certainement rendre un meilleur compte de son voyage que quelques-uns de ses amis, dont l'un n'a pas bien pu voir Paris, parce que les maisons y sont trop hautes.

C'est aujourd'hui qu'on donne l'opéra de Hasse[1], mais, comme papa ne sort pas, je ne puis y aller. Heureusement, je sais presque tous les airs par cœur, et ainsi je puis les entendre et tout voir en pensée à la maison.

48 [M]

(*Post-scriptum.*)

Milan, 9 novembre 1771.

* Je baise la main de maman. Mes compliments à tous nos bons amis. Je remercie bien à la hâte tous ceux qui m'ont félicité; je le ferai mieux de vive voix. Adieu.

WOLFGANG.

1. *Ruggiero*, que Mozart avait entendu à Vérone (janvier 1770). Léop. Mozart écrit à sa femme : « J'en suis fâché, mais la sérénade de Wolfgang a tellement écrasé l'opéra de Hasse, que je ne puis dire à quel point. »

49

A SA SŒUR

(*Post-scriptum.*)

Milan, 24 novembre 1771.

Sœur chérie,

M. de Alfen est à Milan et toujours le même qu'à Vienne et qu'à Paris. — Je sais encore quelque chose de neuf : M. Manzuoli, qui a toujours été regardé et considéré par tout le monde comme le plus avisé des castrats, a donné, dans ses vieux jours, un échantillon de sa déraison et de son orgueil. Il s'était engagé à chanter à l'Opéra pour 500 *gigliati* d'appointements, et comme, dans le contrat, il n'avait pas été question de la sérénade, il a voulu exiger 500 *gigliati* de plus, soit 1000 en tout. La cour ne lui en a donné que 700 et une belle tabatière en or. Il me semble que c'était bien suffisant! Mais lui, en vrai castrat qu'il est, a rendu les 700 *gigliati* et la tabatière, et a quitté le pays sans rien du tout. Je ne sais pas quelle issue aura cette affaire : une mauvaise, je crois. — Je ne sais rien de plus. Mes baise-mains à maman. Compliments à tous nos bons amis et amies. *Addio*, porte-toi bien. Je suis ton vrai et fidèle frère,

WOLFGANG.

50 [M]

(*Post-scriptum.*)

Milan, 30 novembre 1771.

J'écris ces deux lignes pour que vous ne croyiez pas que je suis malade. — *Adieu, je baise la main de maman. Mes compliments à tous mes bons amis*. — J'ai vu pendre aujourd'hui quatre coquins sur la place de la cathédrale. On pend ici comme à Lyon.

TROISIÈME VOYAGE D'ITALIE

24 octobre 1772. — 24 mars 1773.

(AVEC SON PÈRE)

—

MILAN.

51 (M)[1]

A SA SŒUR

(Post-scriptum.)

Botzen, 28 octobre 1772.

Nous voici déjà à Botzen!... Déjà?... Seulement?... J'ai faim, j'ai soif, j'ai sommeil, je ne suis pas en train de travailler[2], mais je me porte bien. A Hall[3], nous avons vu le couvent, et j'y ai joué de l'orgue. — Si tu vois Nadernannerl, dis-lui que j'ai causé avec M. Brindl (son amoureux), et qu'il m'a chargé de ses compliments pour elle. — J'espère que tu auras tenu ta promesse, et que tu auras été dimanche dernier chez D. N. — Adieu. Écris-moi quelque chose de nouveau.

Botzen, cette porcherie.

Voici une poésie de quelqu'un qui était enragé contre Botzen, comme un renard endiablé :

S'il faut que je retourne à Botzen
J'aime mieux me taper le .....

52

A SA MÈRE ET SA SŒUR

Milan, 7 novembre 1772.

Ne vous effrayez pas de trouver mon écriture au lieu de celle de papa; en voici les raisons : 1° nous sommes chez M. d'Aste, et M. le baron Christiani[4] est ici; de sorte que

1. Départ de Salzbourg, 24 octobre 1772 ; retour le 24 mars 1773. — Mozart revenait à Milan pour composer son opéra, comme il y avait été invité dès son premier voyage, après l'éclatant succès de *Mitridate rè di Ponte.*

2. Ce qui ne l'empêcha pas de composer un quatuor « pour se désennuyer », écrit son père.

3. Hall, aux environs d'Inspruck. Mozart et son père y visitèrent le couvent de femmes, dont la comtesse Lodron leur fit les honneurs.

4. Le baron, capitaine Christiani, avait été élevé à Salzbourg où il avait pris des leçons de violon de L. Mozart.

papa et lui ont tant à causer ensemble qu'il serait impossible à papa de trouver le temps d'écrire; et 2° il est trop... paresseux.

Nous sommes arrivés ici le 4, dans l'après-midi, et nous nous portons bien. — Tous nos bons amis sont à la campagne ou à Mantoue, excepté M. d'Aste et sa femme qui me chargent de leurs compliments pour vous et pour ma sœur. — M. Misliweczeck[1] est encore ici. — De la guerre d'Italie, dont on parle tant en Allemagne, et des fortifications des citadelles de ce pays, il n'y a pas un mot de vrai. — Pardonnez-moi ma mauvaise écriture.

Quand vous nous écrivez, mettez tout simplement notre nom sur la lettre, car ce n'est pas l'habitude ici, comme en Allemagne, de porter partout les lettres; il faut aller les retirer soi-même de la poste, et nous y allons tous les jours de poste. Ici, rien de nouveau; c'est de Salzbourg que nous attendons des nouvelles. — Nous espérons que vous aurez reçu notre lettre de Botzen. Je ne sais plus quoi dire; ainsi je vais terminer. Nos compliments à tous nos bons amis et amies. Nous embrassons maman 1,000,000 de fois (je n'ai pas emporté plus de zéros avec moi); je baise la main de maman, — et quant à ma sœur, j'aime mieux la serrer dans mes bras *in persona* qu'en imagination.

Sœur chérie[2],

J'espère que tu seras allée voir la dame que tu sais bien. Je te prie, si tu la vois, de lui faire mes compliments. J'espère, et n'en doute pas, que tu es en bonne santé. J'ai oublié de t'annoncer que nous avons trouvé ici M. Belardo, ce danseur que nous avons connu à La Haye et à Amsterdam, celui qui attaqua avec son épée le danseur M. Neri, parce qu'il croyait que c'était à cause de lui qu'on lui refusait l'autorisation de danser au théâtre. — Adieu, ne m'oublie pas; je suis toujours ton frère fidèle.

1. Compositeur d'opéras, alors célèbre, né à Prague en 1735.
2. La lettre est en italien.

53 (NISSEN)

A SA SŒUR

(*Post-scriptum.*)

Milan, 21 novembre 1772.

Je te remercie,... tu sais bien pourquoi. Il m'est impossible d'écrire à M. de Heffner. Si tu le vois, fais-lui lire ce qui suit; je le prie de s'en contenter en attendant :

« Je ne prendrai pas en mauvaise part que mon ami, qui ne vaut pas cher, ne m'ait pas répondu. Aussitôt qu'il aura plus de temps, certainement, sans doute, sans hésitation, assurément, exactement,... il me répondra. »

54 (M.)

A SA SŒUR

(*Post-scriptum.*)

Milan, 28 novembre 1772.

Nous félicitons tous deux M. de Aman. Mais dis-lui, de ma part, que je suis contrarié qu'il m'en ait toujours fait un secret, quand je lui parlais de Mlle sa fiancée. Je l'aurais cru plus franc !... *J'ai des compliments à vous faire de la part de M. et Mme de Germani; ils regrettent bien de n'être pas près de vous*.

Encore une chose : dis de ma part à M. de Aman que, s'il a l'intention de faire une belle noce, il faut qu'il attende gentiment notre retour, afin que ce qu'il m'a promis se réalise, c'est-à-dire que je danserais à son mariage. *Adieu, mes baise-mains à maman, compliments à tous nos bons amis*. — Dis à M. Leitgeb[1] de venir hardiment à Milan, car il s'y ferait certainement honneur,... mais promptement. Je t'en prie, dis-le-lui, car cela me tient à cœur. *Adieu.*

1. Cor, au service de la cour de Salzbourg

55 (M)

A SA SŒUR

(*Post-scriptum.*)

Milan, 5 décembre 1772.

Je n'ai plus que quatorze morceaux à composer et j'aurai fini[1]. Il est vrai que le terzetto et le duetto peuvent compter pour quatre morceaux. Il m'est impossible d'écrire beaucoup, car je ne sais rien à dire; et, en second lieu, ne je sais pas ce que j'écris, toutes mes pensées étant concentrées sur mon opéra, et je cours le danger de t'écrire un air tout entier, en place de mots. — *J'ai des compliments de M. et Mme de Germani à envoyer à maman, à toi et à M. Adlgasser*. — J'ai appris ici un nouveau jeu qui s'appelle : *Mercante in fiera*[2]. Dès que je reviendrai à la maison, nous le jouerons. J'ai appris aussi un nouveau langage avec Mme d'Aste; il est facile à parler, difficile à écrire, quoique cela puisse aller; mais il est un peu... enfantin. Ce sera assez bon pour Salzbourg. — Mes compliments à notre belle Nandl et au canari, car ces deux-là sont, avec toi, les êtres les plus innocents de la maison. — Je pense que Fischietti[3] commencera bientôt à travailler à son *opera buffa* (en allemand, opéra extravagant). *Addio*. Je baise la main de maman.

1. L'opéra de *Lucio Silla* (K. 135) fut représenté pour la première fois à Milan, le 26 décembre 1772.

Personnages :

Lucio Silla, tenore..........	Bassano Morgnoni.
Giunia, prima donna........	De Amicis.
Cecilio, sopraniste...........	Rauzzini.
Lucio Cinna, soprano	Felicita Suarti.
Celia, soprano	D. Mienci.
Aufidio, tenore...............	Gius. Onofrio.

2. « Marchand en foire ».
3. Compositeur d'opéras médiocres.

56 (M.)

A SA SŒUR

Milan, 18 décembre 1772[1].

J'espère que tu te portes bien, ma chère sœur. Quand tu recevras cette lettre, ma chère sœur, ce soir-là même, ma chère sœur, mon opéra paraîtra sur la scène. Pense à moi, ma chère sœur, et fais tous tes efforts, ma chère sœur, pour te figurer que tu le vois et que tu l'entends aussi, ma chère sœur. Il est vrai que c'est difficile, car il est déjà onze heures, sans cela je crois, sans aucun doute, qu'il fait plus clair en plein jour qu'à Pâques.

Ma chère sœur, nous dînons demain chez M. Mayer; et pourquoi? Que crois-tu?... Devine!.. C'est parce qu'il nous a invités. — La répétition de demain se fera sur le théâtre même. Mais l'*impresario, signore* Cassiglioni, m'a prié de ne le dire à personne, sans cela tout le monde y accourrait, et c'est ce que nous ne voulons pas. Ainsi, mon enfant, je te prie de n'en parler à personne, mon enfant, sans cela trop de monde voudrait y venir, mon enfant.

A propos, sais-tu déjà l'aventure qui s'est passée ici?... Je vais te la raconter. Nous sommes sortis aujourd'hui de chez le comte Firmian pour retourner chez nous; en arrivant dans notre rue, nous avons ouvert la porte de notre maison et... que penses-tu bien qui soit arrivé?... Nous sommes entrés.

Adieu, mon poumon! Je t'embrasse, mon foie, et suis, comme toujours, mon estomac, ton indigne frère (*frater*),

WOLFGANG.

Oh! je t'en prie, je t'en prie, ma chère sœur, ça me démange,... gratte-moi!

1. Cette folle lettre a été écrite dans la joie exubérante que donnait à Mozart l'heureux achèvement de son opéra. Il s'est amusé à tourner la page au bout de

57 [M]

A SA SŒUR

(*Post-scriptum.*)

Milan, 9 janvier 1773.

*Lorsque tu verras Mme d'Aste, M. de Troger, M. et Mme de Germani, je te prie de leur faire mes compliments. Je vous adresse ceux de MM. de Schiedenhofen, Hafner et autres bons amis en chair et en os, particulièrement de Mme la chancelière [1].

Je ne sais rien de neuf, si ce n'est que le comte Saurau est devenu chanoine de la cathédrale. *Addio.*

58 [M]

A SA SŒUR

(*Post-scriptum.*)

Milan, 16 janvier 1773.

*J'ai [2] à composer, pour le *primo uomo* [3], un motet qui doit être chanté demain chez les Théatins [K. 165]. Je vous prie de vous bien porter. Porte-toi bien, *addio!*

Je bien de rien de mes compliments nos amis.
suis fâché ne savoir neuf à tous bons Adieu.
Mes baise-mains Je t'embrasse
à maman. mille fois
et suis comme toujours ton frère fidèle [4].

chaque ligne, de sorte que les lignes sont toutes « tête-bêche ». Autour de la page le père a écrit quatre lignes formant un cadre, avec un cœur enflammé et un oiseau qui s'envole ; de son bec sortent ces paroles (rimées en allemand) :

Vole vers mon enfant,
Soit en arrière, soit en avant.

1. La plaisanterie de cette lettre consiste en ce que les premières personnes nommées sont à Milan et les autres à Salzbourg.
2. Tous les mots de cette phrase sont brouillés.
3. Rauzzini qui chantait alors le rôle de Cecilio dans *Lucio Silla*.
4. Mots brouillés.

59 (M)

A SA SŒUR

(*Post-scriptum.*)[1]

Milan, 23 janvier 1773.

'M. et Mme d'Aste, et M. et Mme Germani, M. Misliweckzek, Mme de Amicis, m'ont ordonné de vous écrire et de vous signifier leurs compliments et leurs respects'. — Je te prie de dire de ma part à M. Jean Haguenauer, de ne pas douter que j'irai sûrement voir, à ce magasin d'armes, s'il y en a une comme il la désire, et que certainement, dès que je l'aurai trouvée, je l'emporterai avec moi à Salzbourg. Je suis fâché que M. Leitgeb soit parti si tard de Salzbourg : il ne verra plus mon opéra, et peut-être ne nous trouvera-t-il plus nous-mêmes, si ce n'est en voyage.

Hier soir a eu lieu la première répétition, avec orchestre du second opéra; mais je n'ai entendu que le premier acte, parce que, comme il était déjà tard, je suis parti au second. Dans cet opéra, il y aura, sur la scène, 24 cavaliers et tout un monde de figurants; ce sera miracle s'il n'arrive pas quelque accident. La musique me plaît; je ne sais encore si elle plaira au public, parce qu'aux premières répétitions on ne laisse assister que les personnes du théâtre. J'espère que demain mon père pourra sortir. Ce soir, il fait un temps abominable. — Mme Teyber[2] est en ce moment à Bologne. Elle jouera à Turin, au carnaval prochain; et l'année d'après à Naples. — 'Mes respects à tous nos amis. Baise pour moi les mains de maman. Je ne sais rien de plus. Adieu.

Pardonne ma mauvaise écriture; ma plume ne vaut pas une corne.

1. Lettre en italien.
2. Élisabeth Teyber, *prima donna*, fille d'un violoniste de Vienne.

VOYAGE DE VIENNE

18 juillet - septembre 1773.

(AVEC SON PÈRE)

60 [M][1]

A SA SŒUR

(*Post-scriptum*, au crayon.)

Vienne, 12 août 1773.

* Aujourd'hui nous avons rencontré dans la rue M. Edelbach, qui nous a présenté vos compliments et qui vous offre ses respects à toi et à ta mère. Adieu.

W. M.

(**Hodiè*[2] *nous avons begegnet per strada Dominum Edelbach, welcher uns di voi compliments ausgericht hat, et qui sich tibi et ta mère empfehlen lässt. Addio.*)

61 [M]

A SA SŒUR

(*Post-scriptum.*)

Vienne, 14 août 1773.

J'espère, ô ma reine, que tu jouis du plus haut degré possible de bonne santé, et que de temps à autre, ou plutôt parfois, ou mieux encore quelquefois, ou encore mieux *qualque voltu*, comme disent les Italiens, tu daigneras me consacrer quelques-unes de tes importantes et profondes pensées; de ces pensées, ô reine, qui jaillissent en tous temps du jugement si admirable et si sûr que tu possèdes, avec la beauté, dans un degré si éminent, *que, — quoiqu'on n'exige, dans un âge si tendre et chez une femme, presque aucune des qualités ci-dessus nommées*, — tu remplis de confusion les hommes faits et même les vieillards. Adieu.

WOLFGANG MOZART.

(Voilà quelque chose de bien tourné!)

1. Ce voyage, entrepris pendant une absence de l'archevêque, n'amena aucun résultat avantageux pour Mozart.

2. Cette phrase étant courte, nous la donnons telle quelle, comme un échantillon de ce qui se retrouve dans d'autres lettres.

62 (M)

A SA SŒUR

(Post-scriptum.)

Vienne, 21 août 1773.

Si l'on contemple la faveur du temps et qu'en même temps on n'oublie pas complètement la considération due au soleil, alors il est bien certain que je me porte bien, grâce à Dieu. — Mais la seconde proposition sera tout à fait différente : au lieu de soleil nous mettrons lune, et au lieu de faveur, art, et ainsi quiconque sera doué du moindre bon sens naturel, conclura que je suis un fou, parce que tu es ma sœur. — Comment se porte *Miss Bimbes*[1]? Je te prie de lui dire toutes sortes de choses de ma part. *Mes compliments à tous nos bons amis. J'en ai à vous adresser de M. et Mme de Mesmer, Prean, Grill, Saliet, Steigentesch, Stephanie, Sepherl, Mlle Franzel, pour maman, pour toi et pour M. de Schiedenhofen*. — J'ai aussi mille souvenirs à vous envoyer de la part de M. Kreibich[2], que nous avons connu d'abord à Presbourg puis à Vienne; comme aussi de Sa Majesté l'Impératrice, de Mme Fischer, du Prince Kaunitz.

Gidda[3], GNAGFLOW TRAZOM.

Neiw, ned 12 tsugua 3771.

63 (M)

(Post-scriptum.)

Vienne, 8 septembre 1773.

*Le petit Wolfgang n'a pas le temps d'écrire, car il n'a rien

1. Petite chienne de Mozart (Bimbes ou Bimberl).
2. Kreibich ou Greibich, premier violon du quatuor de Joseph II.
3. « Addio, Wolfgang Mozart. Wien, den 21 August 1773 » (à rebours).

à faire; il tourne autour de la chambre comme un chien qui cherche ses puces.

P. S. Voici comment est mon lit : = *Basso* =

64 [M]

A SA SŒUR

(*Post-scriptum.*)

Vienne, 15 septembre 1773.

Nous sommes en bonne santé, grâce à Dieu. Cette fois nous avons pris le temps de t'écrire, malgré nos affaires. Nous espérons que tu te portes bien aussi. — La mort du docteur Niderls nous a bien affligés. Nous t'affirmons que peu s'en faut que nous n'ayons pleuré, criaillé, bramé et geint. Nos compliments à tous les bons esprits qui louent le seigneur Dieu, et à tous nos bons amis et amies. Et par la présente, nous te continuons notre gracieuse bienveillance.

Vienne, de notre résidence.

WOLFGANG.

A M. DE HEFFNER[1]

J'espère que nous vous retrouverons encore à Salzbourg,
[ô ami de peu de prix.
J'espère que vous serez en bonne santé et ne serez pas
[pour moi une araignée ennemie.
Sans cela je serai pour vous une mouche, ou même une
[punaise ennemie.
Ainsi je vous conseille de faire de meilleure poésie
Sans cela je n'entrerai pas dans la cathédrale de Salzbourg
[de toute ma vie.

1. Wolfgang a sans doute envoyé la pièce suivante à son ami Heffner pour se moquer de ses mauvais vers. Nous l'avons reproduite aussi exactement que possible. Il n'y a aucun rhytme et les phrases sont mises uniquement pour amener une consonnance quelconque.

Car je suis bien *capax* d'aller à Constan-
Tinople si connue de tant de gens;
Et alors nous ne nous verrons plus, mais enfin
On donne de l'avoine aux chevaux qui ont faim,
Bonne santé à vous,
Sans cela je deviendrais fou.
Je suis en tous temps
Et pour l'éternité, à partir d'à présent,

W. A. M.

VOYAGE DE MUNICH

6 décembre 1774. — 7 mars 1775.

(AVEC SON PÈRE)

65 [M][1]

(*Post-scriptum.*)

Munich, 16 décembre 1774.

[2] J'ai mal aux dents[2].

Johannes Chrisostomus Wolfgangus Ama Deus Sigismundus Mozartus, Mariae Annae Mozartae matri et sorori, ac amicis omnibus, præsertimque pulchris virginibus, ac freillibus gratiosisque freillibus[3],

S : P : D :

66 [M]

A SA SŒUR

(*Post-scriptum.*)

Munich, 28 décembre 1774.

Ma sœur chérie,

Je t'en prie n'oublie pas, avant ton départ, de tenir la promesse que tu m'as faite, c'est-à-dire de faire la visite que tu sais... car j'ai mes raisons pour cela. Je te prie de présenter là-bas mes compliments,... mais de la manière la plus expressive... et la plus tendre;... et... oh!... Mais je n'ai pas lieu de tant me tourmenter; je connais bien ma sœur! La tendresse, c'est précisément sa qualité propre. Je suis convaincu qu'elle fera tout son possible pour me procurer une satisfaction, et par intérêt.... — Voilà qui est quelque peu méchant!... Nous nous disputerons à ce sujet, à Munich. Adieu.

1. L. Mozart partit avec son fils pour Munich le 6 décembre 1774 et revint le 7 mars 1775. — Ils furent reçus dans la maison du chanoine Pernat qui les combla d'attentions. — Le but de ce voyage était de faire représenter l'opéra de la *Finta giardiniera*.

2. Ces mots sont écrits successivement en encre noire et rouge et au crayon.

3. Tel est bien le texte publié par Jahn.

67 [M]

A SA SŒUR

(*Post-scriptum.*)

Munich, 30 décembre 1774.

Je présente mes compliments à *Roxelane* et l'invite à prendre le thé, ce soir, avec le Sultan. — Bien des choses à Mlle Mizerl, s'il te plaît. Il ne faut pas qu'elle doute de mon amour; elle est toujours présente devant mes yeux, dans son ravissant *négligé*. J'ai vu ici beaucoup de jolies jeunes filles, mais je n'ai pas rencontré une pareille beauté. — Que ma sœur n'oublie pas d'emporter avec elle les variations sur le *Menuet d'Exaudé*, de Eckart, et mes variations sur le menuet de Fischer. — Hier, je suis allé à la comédie « La mode d'après la gestion d'un ménage ». On l'a très bien jouée. — Mes compliments à tous nos bons amis et amies. J'espère que tu feras.... Adieu!

Il faut espérer que je te verrai bientôt à Munich. J'ai des compliments à te faire de la part de Mme de Durst. — Est-ce vrai que Hagenauer est devenu professeur de sculpture à Vienne? — *M. de Mölk l'a écrit au père Wasenau, car ce dernier m'a lu la lettre. *Adieu**. Je baise les mains de maman, et sur ce je finis, pour aujourd'hui. Tiens-toi bien chaudement en voyage, je t'en prie! sans cela tu pourrais bien passer tes quinze jours à la maison, à transpirer derrière le poêle; qui t'en préservera?... Je ne veux pas m'échauffer; voici qu'il commence à y avoir des éclairs[1].

Je suis comme toujours, *ton frère.

Munich, le 1774*, 30 anno décembre.

1. Tous les verbes de cette phrase sont amenés pour rimer entre eux; ce qui explique l'incohérence des idées.

68 (M)

A SA MÈRE

Munich, 11 janvier 1775.

Nous nous portons tous les trois[1] très bien, grâce à Dieu. Il m'est impossible d'écrire beaucoup, car je dois aller dans un instant à la répétition. Demain, répétition générale, et le vendredi 13, première représentation de mon opéra! Que maman ne s'inquiète pas : tout ira bien. — Cela me fait beaucoup de peine de penser que maman suspecte les intentions du comte Seeau[2], car c'est certainement un bon et aimable homme, et il a plus de savoir-vivre que beaucoup de ses pareils à Salzbourg. * Hier, nous sommes allés au bal masqué*. — M. de Mölk a été si étonné et a fait tant de signes de croix à l'*opera seria*, quand il l'a entendu, que nous en étions tout confus, car chacun voyait clairement par là, qu'il n'a jamais rien vu de sa vie hors Salzbourg et Inspruck. — *Addio.*

* Je baise les mains de maman.

WOLFGANG.

69 (M)

A SA MÈRE

Munich, 14 janvier 1775.

Dieu soit loué! C'est hier, 13, que mon opéra[3] a été donné pour la première fois, et il a si bien réussi qu'il m'est im-

1. Marianne était venue rejoindre son père et son frère à Munich, et elle habitait avec une jeune veuve, Mme de Durst.
2. Intendant des théâtres, à Munich.
3. *La Finta giardiniera*, K. 196.

Personnages :

PODESTA, tenore buffo..........	?
SANDRINA, soprano..............	ROSA MANSERVISI.
BELFIORE (Il contino), tenore buffo.	ROSSI.
ARMINDA, soprano (2e donna)....	?
RAMIRO, sopraniste.............	Tommaso CONSOLI.
SERPETTA, soprano..............	?
NARDO, basso...................	?

possible de décrire à maman le bruit qu'on a fait. D'abord toute la salle était tellement bondée de monde que beaucoup de personnes ont dû s'en retourner. — Après chaque air, il y avait une effrayante explosion d'applaudissements et de cris de : *Viva maestro!* — Son Altesse, la princesse Électrice, et la princesse douairière (qui étaient *vis-à-vis* de moi), me disaient aussi *bravo!* — Quand l'opéra fut terminé, pendant l'intervalle de repos qui s'écoule jusqu'au commencement du ballet, ce ne furent qu'applaudissements et bravos, cessant parfois un moment pour reprendre de plus belle et ainsi de suite. Après cela, je suis allé avec papa dans une certaine salle par où le prince Électeur et toute la cour devaient passer, et j'ai baisé la main de Leurs Altesses Royales le prince Électeur et la princesse Électrice et des autres Altesses, qui ont toutes été très affables. — Aujourd'hui, dès le matin, Sa Grandeur, le prince évêque de Chiemsee, a envoyé quelqu'un ici pour me féliciter de ce que l'opéra a réussi auprès de tous d'une manière si exceptionnelle.

Quant à notre retour, il ne peut avoir lieu de si tôt, et il ne faut pas que maman le désire, car maman sait bien comme il fait bon souffler un peu[1]!... Nous reviendrons toujours assez tôt à... — Et puis il y a une raison sérieuse et urgente, c'est que mon opéra sera donné de nouveau vendredi prochain, et que je suis indispensable pour la bonne exécution,... sans cela, on ne le reconnaîtrait plus... car les choses se passent ici d'une manière bien curieuse. — * Je baise mille fois les mains de maman. Mes compliments à tous nos bons amis. Mes respects à M. Andretter; je lui demande pardon de ne pas lui avoir encore répondu, mais il m'a été impossible d'en trouver le temps; je le ferai prochainement *. *Adieu.* Mille baisers à *Bimberl.*

1. Mozart supportait de plus en plus difficilement la servitude de son service auprès de l'archevêque de Salzbourg, et aurait voulu ne plus revenir.

70 [M]

A SA MÈRE[1]

(Post-scriptum.)

[Munich, 18 janvier 1775[2].]

Ma chère sœur,

Qu'y puis-je, si 7 heures et quart viennent de sonner?... Ce n'est pas non plus la faute de papa. Maman apprendra le reste par ma sœur. Mais maintenant il ne serait pas bon de se mettre en route, car l'archevêque ne s'arrêtera pas longtemps ici... On prétend même qu'il ne restera ici que jusqu'à ce qu'il parte... Je regrette seulement qu'il ne voie pas la première *redoute*[3]. ' Mes compliments au baron Zeman et à tous nos bons amis. Je te prie de baiser les mains de maman. Adieu. Je vais tout de suite t'aller chercher'.

Ton fidèle,

FRANZ du Saignement de nez.

Milan, 5 mai 1756.

71 [B V]

AU P. MARTINI, A BOLOGNE

Salzbourg, 4 septembre 1776 [4].

Très révérend père et maître,
Mon très estimé maître,

La vénération, l'estime et le respect que je porte à votre révérendissime personne me pressent de venir vous importuner par la présente lettre, et de vous envoyer un faible échantillon de ma musique, la soumettant à votre souverain jugement. J'ai écrit l'année passée, au carnaval, un *opéra*

1. Encore une folle lettre où la date, la signature, etc., sont inventées à plaisir. Marianne était encore à Munich, prenant part, avec son frère et son père, à tous les amusements du carnaval, et la lettre était adressée à sa mère
2. Date donnée par Jahn.
3. Le bal public.
4. Lettre en italien.

bouffe (*la Finta giardiniera*) à Munich en Bavière. Peu de jours avant mon départ de cette ville, Son Altesse, le prince Électeur, a désiré entendre quelque chose de ma musique de contrepoint. J'ai donc été obligé d'écrire ce motet à la hâte, afin qu'on eût le temps de copier la partition pour Son Altesse, et de transcrire les parties, pour pouvoir exécuter le morceau le dimanche suivant, à l'offertoire de la grand' messe[1].

Très cher et très estimé père et maître, je vous prie bien instamment de m'en dire votre opinion, franchement et sans réserve. Nous sommes en ce monde pour nous efforcer d'apprendre toujours, pour nous éclairer les uns les autres au moyen des conversations, et pour nous appliquer à faire de plus en plus progresser les sciences et les arts. Que de fois, oh! que de fois, je sens le désir d'être plus près de vous afin de pouvoir m'entretenir avec votre révérendissime Paternité! Je vis dans un pays où la musique fait très peu fortune, bien que, en dehors de ceux qui nous ont quittés, nous ayons encore d'excellents professeurs, et particulièrement des compositeurs ayant beaucoup de fond, de savoir et de goût.

Pour le théâtre, nous sommes en peine par manque de chanteurs. Nous n'avons pas de castrats, et nous n'en pourrions avoir facilement, car ils veulent être bien payés, et la générosité n'est pas notre défaut. — Je m'amuse, en ce moment, à écrire de la musique de chambre et d'église. Nous avons ici deux autres excellents contrepointistes : MM. Haydn et Adlgasser. Mon père est maître de chapelle à la cathédrale et cela me donne occasion d'écrire de la musique d'église autant que je le veux. D'autre part, mon père a déjà trente-six ans de service à cette cour, et, sachant que notre archevêque ne peut ni ne veut voir des gens avancés en âge, il ne prend pas son affaire à cœur, et il s'est remis à la littérature qui est, d'ailleurs, son étude favorite.

Notre musique d'église est très différente de celle d'Italie

1. Offertoire *Misericordias Domini*, en *ré* min., K. 122. (Voy. Jahn, I, 160.)

et le devient de plus en plus : ainsi une messe avec *Kyrie*, *Gloria*, *Credo*, sonate à l'Épître, offertoire ou motet, *Sanctus* et *Agnus Dei*, même la messe la plus solennelle, celle que le prince dit lui-même, ne doit pas durer plus de trois quarts d'heure. Il faut une étude particulière pour ce genre de composition, d'autant plus qu'on exige que ce soit une messe à grand orchestre, avec trompettes de guerre, timbales, etc.

Ah! pourquoi sommes-nous si éloignés l'un de l'autre, bien cher maître et père! J'aurais tant de choses à vous dire! Je salue respectueusement tous ces messieurs de l'Académie philharmonique[1]. Je me recommande toujours à vos bonnes grâces et ne cesse de m'affliger de me voir si loin de la personne que j'aime, que je vénère et que j'estime le plus au monde, votre Paternité révérendissime, dont je proteste être toujours le très humble et très dévoué serviteur,

WOLFGANG AMADE MOZART.

Si vous daignez me répondre, veuillez mettre sur l'adresse : à Salzbourg par Trente.

72

PÉTITION A L'ARCHEVÊQUE DE SALZBOURG, POUR OBTENIR SON CONGÉ

Sur la pétition est écrit :

« A Sa Grandeur l'archevêque de Salzbourg, etc....

Pétition très humble et très obéissante de Wolfgang Amade Mozart, *m. p.* »

Puis, au crayon, de la main de l'archevêque : « *Ex Decr*^{o} *Cels*^{mi} *P*^{ncii}, 28 *Augusti* 1777. Pour la Chambre des comptes, avec ceci : c'est qu'après l'Évangile le père et le fils ont la permission d'aller chercher fortune ailleurs. »

Cette dure réponse resta sans effet par rapport au père, qui garda toujours sa position. Quant à Wolfgang, nous verrons avec quelle joie

1. Mozart était membre de cette Académie de Bologne.

il échappa à cette servitude, et comme il rentra à contre-cœur au service de l'archevêque, en 1779, pour obéir à son père.

Cette pétition a été découverte par l'archiviste de Salzbourg, M. Fréd. Pirckmayer, dans les comptes du receveur général et de la trésorerie archiépiscopale, et publiée dans le XVIe vol. des *Communications pour servir à l'histoire de Salzbourg*, et ensuite dans un tirage à part intitulé : *Pour servir à l'histoire de la vie de Mozart* (Salzbourg, 1876).

Août 1777.

A Sa Grandeur, Monseigneur le prince du saint Empire romain, et très gracieux prince et souverain de ce pays.

Puissé-je ne pas importuner Votre Grandeur en lui décrivant en détail notre triste situation ! Mon père l'a fait connaître très humblement à V. G., en tout honneur et conscience et avec une entière sincérité, dans une pétition qu'il lui a respectueusement adressée le 14 mars de cette année. — Mais comme il ne s'en est pas suivi de la part de V. G. la décision favorable que nous avions tant espérée, mon père aurait très humblement supplié V. G., dès le mois de juin, de nous accorder la grâce de faire un voyage de quelques mois pour nous aider de nouveau un peu à nous tirer d'affaire, s'il n'avait plu à V. G. d'ordonner que l'orchestre, au complet, se tînt prêt pour le prochain passage de Sa Majesté l'Empereur. — Plus tard, mon père a très humblement demandé cette permission, mais V. G. la lui a refusée, et a daigné exprimer l'opinion que moi, en tout cas (qui ne suis, du reste, qu'à demi au service de V. G.), je pourrais bien voyager seul. — Notre situation est pressante. Mon père se décida à me faire partir seul ; mais à cela aussi V. G. daigna faire encore quelques objections.

Très gracieux souverain et seigneur !... Nos parents s'efforcent de mettre leurs enfants en état de pouvoir gagner eux-mêmes leur pain : et ils le doivent dans leur propre intérêt et dans celui de l'État. Plus les enfants ont reçu de talents de Dieu, plus ils sont tenus d'en faire usage, afin d'améliorer la situation de leurs parents et la leur, d'aider leurs parents et de pourvoir à leur propre avancement et à leur avenir. L'Évangile nous enseigne qu'il faut faire valoir les talents. Ainsi, devant Dieu, je suis en conscience obligé de témoigner, selon mes forces, ma reconnaissance à mon père qui emploie sans relâche toutes ses heures à mon éducation ; je dois alléger son fardeau, et désormais travailler pour moi et pour ma sœur, et je serais bien fâché qu'elle eût consacré tant d'heures au piano, si elle n'en devait faire aucun emploi utile.

Que V. G. me permette donc de lui demander très respectueusement mon congé; car je suis obligé de profiter du mois d'automne dans lequel nous allons entrer, pour n'être pas interrompu [dans mon voyage] par les mois froids de la mauvaise saison, qui le suivront bientôt. V. G. ne prendra pas en mauvaise part ma très humble prière, puisqu'Elle a daigné me dire, il y a trois ans, lorsque je lui ai demandé la permission de faire un voyage à Vienne, que je n'avais rien à espérer auprès d'Elle, et que je ferais mieux de chercher fortune ailleurs. Je remercie V. G. avec le plus profond respect pour toutes les grâces que j'en ai reçues, et dans l'espoir flatteur de pouvoir la servir, dans mon âge mûr, avec plus de succès qu'à présent, je me recommande à sa haute faveur et à sa grâce.

De V. G., mon très gracieux souverain et seigneur,

Le plus humble et le plus obéissant [serviteur].

WOLFGANG AMADE MOZART.

VOYAGE EN ALLEMAGNE

23 septembre 1777. — 14 mars 1778.

(AVEC SA MÈRE)

WASSERBOURG, MUNICH, AUGSBOURG.

73 [M]

A SON PÈRE[1]

Undecima hora noctis[*]. Wasserbourg, 23 septembre 1777.

Mon très cher père,

Nous sommes, grâce à Dieu, arrivés heureusement à Waging, puis à Stain, à Ferbertsheim et à Wasserbourg. Maintenant une petite description de voyage. Dès la porte de la ville[2], il nous a fallu attendre près d'un quart d'heure jusqu'à ce qu'on nous l'eût complètement ouverte, parce qu'on était en train d'y travailler. — Devant Schinn, nous avons rencontré un grand nombre de vaches dont l'une était singulière en ce qu'elle n'avait qu'un seul côté[3], ce que nous n'avons encore jamais vu. — A Schinn, enfin, nous avons aperçu une voiture arrêtée et *ecce*... voilà notre postillon qui se met à crier : « Ici on change de chevaux. » — « Soit ! » répondis-je. — Maman et moi nous bavardions ensemble, lorsqu'un gros monsieur s'approcha de la voiture : Je reconnus aussitôt sa *symphonie*[4]; c'était un marchand de Memmingen. Il me considéra attentivement un bon moment et dit enfin : « Et mais ! ... vous êtes M. Mozart ! » — « Pour vous servir. Je vous reconnais bien aussi, mais je ne sais pas votre nom. Je vous ai vu, il y a un an, à la musique de Mirabell[5]. » — Là-dessus, il me découvrit son nom, ... que j'ai oublié, grâce à Dieu. Mais j'en ai retenu un autre, peut-

1. Le 23 septembre, de grand matin, Wolfgang, libre et joyeux, quitta Salzbourg avec sa mère, ayant secoué le joug de l'archevêque. Le but de cette tournée musicale était de gagner de l'argent, de se faire connaître et de trouver une position. Les voyageurs partaient dans leur propre voiture, ce qui était alors la manière de voyager des gens comme il faut; de relais en relais, chevaux et postillon étaient changés.

2. De Salzbourg.

3. C'est-à-dire l'un bombé, l'autre plat, monstruosité qui se présente quelquefois.

4. L'ensemble de sa personne.

5. Palais de l'archevêque de Salzbourg.

être encore plus important! Lorsque je l'ai vu à Salzbourg, il avait un jeune homme avec lui; et maintenant il était accompagné d'un frère de ce jeune homme qui est de Memmingen et se nomme M. de Unhold. Ce jeune monsieur me pria, si c'était possible, de venir à Memmingen. — Nous avons chargé ces messieurs de 100 000 compliments pour papa et ma sœur, *la canaglia*, et ils nous ont promis de s'acquitter eux-mêmes de la commission.

Ce relais [à Schinn] m'a bien contrarié, car j'aurais voulu pouvoir remettre au postillon une lettre de Waging. Sans compter que nous eûmes l'honneur, après avoir mangé un morceau à Waging, d'être traînés jusqu'à Stain par les mêmes chevaux avec lesquels nous avions déjà roulé une heure et demie. — A Waging, je suis allé seul un instant chez M. le curé; il a ouvert de grands yeux, ne sachant rien de toute notre histoire.

Depuis Stain nous avons voyagé avec un postillon d'un flegme absolument effrayant, c'est-à-dire *N. B.* pour conduire les chevaux; nous pensions ne jamais atteindre le relais. — Enfin, pourtant, nous sommes arrivés. (Maman dort déjà à moitié, *N. B.* pendant que j'écris ceci.)

De Ferbertsheim à Wasserbourg, tout a bien marché. *Viviamo come i principi*[1], et rien ne nous manque que papa. Allons! Dieu le veut ainsi. Tout s'arrangera bien. J'espère que papa est en bonne santé et aussi joyeux que moi. Je me suis mis tout à fait à mon affaire; je suis un autre papa et je fais bien attention à tout. Je me suis aussi tout de suite offert à payer les postillons, car enfin je puis mieux que maman parler avec ces gaillards-là. — A Wasserbourg, chez Stern, on est servi d'une manière incomparable. Je trône ici comme un prince. Il y a une demi-heure (maman était justement allée...), le garçon a frappé à ma porte, et s'est informé de toutes sortes de choses : je lui ai répondu avec toute ma gravité... tel que je suis dans mon portrait.

1. « Nous vivons comme des princes ».

Il faut que je finisse. Maman est déjà complètement déshabillée.

Nous prions tous deux papa de faire bien attention à sa santé, de ne pas sortir de trop bonne heure, le matin, de ne pas se faire de chagrin, de bien rire, d'être gai et toujours joyeux en pensant que si le Mufti H. C.[1] n'est qu'un misérable, Dieu, du moins, est compatissant, miséricordieux et charitable.

Je baise les mains de papa 1000 fois, et j'embrasse ma sœur *canaglia* aussi souvent que ... j'ai déjà pris du tabac aujourd'hui. — Je crois que j'ai oublié mes diplômes[2] à la maison. Je vous prie de me les envoyer promptement.

Ma plume est grossière, et moi, je ne suis pas poli.

74 (M)

A SON PÈRE

Munich, 26 septembre 1777.

Nous sommes arrivés heureusement à Munich, le 24, à quatre heures et demie du soir. Ce qui m'a tout d'abord paru fort nouveau, c'est que notre voiture a dû aller à la douane, escortée par un grenadier, la baïonnette au bout du fusil. La première personne de connaissance qui nous a rencontrés en voiture, c'est M. Consoli[3]; il m'a tout de suite reconnu et a eu une joie indescriptible en me voyant. Dès le jour suivant il est venu chez moi. — Je ne puis assez exprimer la joie de M. Albert[4]; c'est, vraiment, un parfait honnête homme et notre très bon ami. Depuis mon arrivée jusqu'au souper, je suis resté au piano : M. Albert n'était pas encore rentré; enfin il arriva et nous sommes descendus ensemble

1. L'archevêque de Salzbourg, Hieronymus Colloredo.
2. Les diplômes des Académies de musique de Bologne et de Vérone.
3. Tommaso Consoli, castrat, engagé au théâtre de Munich. Il a chanté dans *il Rè pastore* et dans *la Finta giardiniera* de Mozart.
4. Aubergiste de l'*Aigle noir*, homme si instruit qu'on l'avait surnommé « le savant aubergiste ». — C'est chez lui que descendirent Mozart et sa mère.

pour souper. Là j'ai trouvé M. Siver et un certain secrétaire, son ami intime. Tous deux vous font leurs compliments. Nous nous sommes mis tard au lit, bien fatigués du voyage, et pourtant nous nous sommes levés dès sept heures; mais mes cheveux étaient dans un tel désordre que je n'ai pu me rendre chez le comte Seeau avant dix heures et demie. — Quand j'arrivai, j'appris qu'il était parti pour la chasse. Patience ! — Je voulus alors aller chez le chanoine Bernard, mais il est parti pour la campagne avec le baron Schmid.

J'ai trouvé M. Bellval très affairé; il m'a fait mille compliments. — Pendant le dîner, Rossi[1] est arrivé; puis, à deux heures, Consoli, et à trois heures Becke[2] et M. de Bellval. — J'ai rendu visite à Mme de Durst, qui demeure aux Franciscains. A six heures, j'ai fait une petite promenade avec M. Becke.

Il y a ici un certain professeur, M. Huber, dont vous vous souviendrez peut-être mieux que moi. Il dit qu'il m'a vu et entendu chez le jeune M. de Mesmer, à Vienne, la dernière fois que nous y sommes allés. — Il n'est ni trop grand ni trop petit, pâle, des cheveux gris, et il ressemble de *physionomie* à M. Unterbereiter; c'est, lui aussi, un *vice-intendant du théâtre*. Son travail consiste à parcourir les comédies qu'on veut représenter, à les corriger, les gâter, y ajouter, y retrancher, ou les mettre au rebut. Il vient tous les soirs chez Albert et cause très souvent avec moi.

Aujourd'hui, vendredi 26, j'ai été, à huit heures et demie, chez le comte Seeau. Voiçi comment les choses se sont passées : j'entrais dans la maison juste au moment où Mme Niesser, l'actrice, en sortait; elle me dit : « Vous voulez sûrement voir le comte? » — « Oui. » — « Il est encore dans son jardin; Dieu sait quand il viendra! » — Je lui demandai où se trouve son jardin. « Eh bien! dit-elle, j'ai aussi à lui parler, nous ferons route ensemble. » — A peine

1. Rossi, ténor à Munich, a écrit pour Mozart les paroles de la cantate italienne *Davidde penitente*, et a joué le rôle de *Belfiore* dans *la Finta giardiniera*.
2. Becke, flûtiste de la cour de Bavière.

étions-nous sortis de la porte de la ville, que nous vîmes le comte venir à nous. Lorsqu'il fut à une douzaine de pas de nous, il me reconnut et m'appela par mon nom. Il a été très aimable et savait déjà ce qui m'est arrivé. Nous montâmes l'escalier tout seuls et lentement ; je lui fis brièvement mes confidences. Il me dit que je n'avais qu'à aller tout droit demander une audience à Son Altesse le prince Électeur, et, dans le cas où je ne l'obtiendrais pas, je devais exposer mon affaire par écrit. Je le suppliai de tenir tout ceci secret : il me le promit. Quand je lui dis qu'il manquait vraiment ici un compositeur de mérite, il répondit : « Je le sais bien ! »

Après cela, je suis allé chez l'évêque de Chiemsee[1] et j'ai passé une demi-heure avec lui. Je lui ai tout raconté et il m'a promis de faire tout son possible dans cette affaire. Il partait à une heure pour Nymphenbourg[2] et m'a promis qu'il parlerait de moi à Son Altesse la princesse-Électrice. La cour revient ici dimanche soir. — M. Jean Kronner a été nommé vice-directeur des concerts, et cela, grâce à un propos fort incivil. Il a fait exécuter deux symphonies de sa composition (*Dio mene liberi !...*)[3]. Le prince Électeur lui demanda : « Est-ce vraiment toi qui as composé cela ? » — « Oui, Votre Altesse ». — « Qui t'a enseigné à composer ? » — « Un maître d'école en Suisse. On fait tant d'embarras de l'art de composer ! Ce maître d'école m'en a pourtant plus appris que tous nos compositeurs d'ici ne sauraient le faire ! »

Aujourd'hui le comte de Schönborn est arrivé ici avec sa femme qui est une sœur de l'archevêque[4]. J'étais justement au spectacle. M. Albert a dit, dans la conversation, que je suis ici, et a raconté que j'ai quitté le service de l'archevêque. Ils en ont été, tous deux, fort étonnés et n'ont *absolument* pas voulu croire que je n'aie reçu, par mois, que

1. Comte de Zeil, envoyé en ambassade à Munich ; grand protecteur de Mozart.
2. Résidence du prince Électeur de Bavière, Maximilien III.
3. « Dieu m'en délivre ! »
4. De Salzbourg.

12 florins 30 kr.[1] de bienheureuse mémoire! — Ils m'auraient volontiers parlé, mais ils ne s'arrêtaient que pour changer de chevaux, et je ne les retrouvai plus. — Maintenant permettez-moi de m'informer de vous et de votre santé. J'espère, ainsi que maman, que vous allez bien tous deux. — Je suis toujours dans ma plus belle humeur; mon cœur est léger comme une plume, depuis que je suis hors de ces chicanes! J'ai même déjà engraissé.

75 (M)

A SON PÈRE

Munich, 29 et 30 septembre 1777.

.....[2] C'est vrai! beaucoup de bons amis, mais malheureusement la plupart ne pouvant rien ou peu de chose. — Je suis allé hier, à dix heures et demie, chez le comte Seeau, mais je l'ai trouvé beaucoup plus grave et moins naturel que la première fois. Ce n'était pourtant qu'une apparence ; car aujourd'hui j'ai été chez le prince de Zeil et il m'a dit ce qui suit, avec une parfaite courtoisie : « Je crois que nous ne réussirons pas à grand'chose ici. A Nymphenbourg, pendant le dîner, j'ai causé à part avec le prince Électeur; il m'a dit: « A présent c'est encore trop tôt. Qu'il parte, qu'il voyage en Italie, qu'il se rende célèbre. Je ne lui refuse rien, mais maintenant c'est encore trop tôt. » — Nous y voilà! Quel effroyable engouement pour l'Italie ont la plupart de ces grands seigneurs! — Cependant [l'évêque] m'a conseillé de me présenter au prince Électeur et d'exposer mon affaire, comme c'était convenu précédemment. — Aujourd'hui à table, j'ai causé à part avec M. Woschitka[3], et il m'a donné rendez-vous pour demain matin, à neuf heures. Il m'obtien-

1. 26 fr. 15.

2. Ces points indiquent que la lettre de Mozart fait suite à celle de sa mère. ce qui arrivera souvent.

3. Violoncelliste à la chapelle de la cour et exécutant dans la musique privée du prince Électeur.

dra sûrement une audience. Nous sommes maintenant bons amis. Il voulait *absolument* connaître le nom de la personne[1], mais je lui ai dit : « Soyez sûr que je suis votre ami et que je le resterai. De mon côté je suis absolument certain de votre amitié ; que cela vous suffise. »

Maintenant je reviens à mon histoire. L'évêque de Chiemsee a parlé aussi, seul à seul, à la princesse Électrice. Elle a haussé les épaules et a dit qu'elle ferait son possible, mais elle doute beaucoup. Et, à présent, nous en arrivons au comte Seeau. Il a demandé au prince de Zeil (après que celui-ci lui eut tout raconté) : « Vous ne savez pas si Mozart n'aurait pas assez de ressources personnelles pour pouvoir rester ici, avec un peu d'aide ? J'aurais envie de le garder. » — L'évêque lui a répondu : « Je ne sais, mais j'en doute fort. Cependant vous pourriez lui en parler. » Ainsi voilà la raison pour laquelle il avait l'air si préoccupé, le jour suivant. — Moi, je me plais ici et je suis d'avis, comme beaucoup de mes bons amis, que si je restais seulement un an ou deux, je me ferais certainement honneur et profit par mon travail, et qu'ensuite je serais recherché par la cour, au lieu de la rechercher moi-même.

M. Albert a, depuis mon arrivée, un projet en tête, dont l'exécution ne me paraît pas impossible : il voudrait réunir dix bons amis, qui n'auraient chacun à verser qu'un seul ducat par mois, ce qui ferait dix ducats ou 50 gulden par mois : soit 600 florins par an. — Si de plus je recevais du comte Seeau seulement 200 florins, cela ferait 800 florins[2]. — Comment cette idée plaît-elle à papa ? N'est-ce pas bien amical ?... N'est-ce pas acceptable, au cas où cela deviendrait sérieux ? Moi, j'en suis tout à fait satisfait ; je serais près de Salzbourg, et s'il vous venait, mon père chéri, le désir (comme je le souhaiterais de tout mon cœur) d'abandonner Salzbourg et de venir passer votre vie à Munich, la chose serait très heureuse et très facile. Car, puisque nous étions

1. Qui, sans doute, les avait brouillés par une calomnie.
2. 2080 francs.

forcés de vivre à Salzbourg avec 504 florins[1], nous pourrions bien vivre à Munich avec 6 ou 800.

Aujourd'hui 30, à neuf heures, je suis allé à la cour, comme c'était convenu, avec M. Woschitka. Tout le monde était en costume de chasse. Le baron Kern était chambellan de service. J'y serais allé dès hier soir, mais je ne pouvais froisser ainsi M. Woschitka qui s'était offert lui-même à me faire parler au prince Électeur. — A dix heures il me conduisit dans un étroit cabinet que S. A. Elect. devait traverser pour aller entendre la messe avant la chasse. Le comte Seeau vint à passer et me salua très amicalement : « Mes compliments, mon très cher Mozart. » — Quand le prince Électeur vint à moi, je lui dis : « Que Votre Altesse Électorale me permette de me mettre humblement à ses pieds et de lui offrir mes services. » — « Ainsi vous avez tout à fait quitté Salzbourg ? » — « Oui, tout à fait, V. A. Élect. » — « Et pourquoi donc ? Vous ne vous accordiez pas ensemble ? » — « Ma foi ! Votre Altesse, j'ai seulement demandé de faire un voyage : il me l'a refusé. C'est là ce qui m'a contraint à faire ce pas décisif ; mais depuis longtemps j'avais le dessein de m'en aller. Salzbourg n'est pas un endroit fait pour moi, non certainement ! » — « Mon Dieu ! quel jeune homme !... Mais votre père est encore à Salzbourg ? » — « Oui, Votre Altesse ; il se met humblement à vos pieds, etc... Je suis déjà allé trois fois en Italie, j'ai écrit trois opéras, je suis membre de l'Académie de Bologne, et j'ai dû subir une épreuve[2] pour laquelle bien des *maestri* ont peiné et sué pendant quatre ou cinq heures, et que j'ai terminée en une heure. Cela peut bien prouver que je suis en état de servir n'importe

1. 1310 francs.

2. Le 9 octobre 1770, Wolfgang (d'après le récit de son père) fut appelé dans la salle de l'Académie où se trouvaient réunis le *Princeps Academiæ* et deux censeurs, vieux maîtres de chapelle consommés, et tous les membres de l'Académie. On lui remit une *antiphonia* (K. 86) à écrire à quatre parties et on l'enferma dans une pièce à côté. Au bout d'une grosse demi-heure le travail était fait et reconnu excellent, à la grande admiration des juges qui l'admirent à l'unanimité comme membre de leur Académie, quoique leurs statuts ne permissent d'élire que des hommes de vingt ans au moins, ayant fait une année de stage préalable.

quelle cour. Mon seul désir est de servir Votre Altesse Élect. qui est elle-même un grand..... » — « Oui, mon cher enfant, mais il n'y a pas de vacance en ce moment; j'en suis désolé ! si seulement il y avait une vacance !... » — « J'assure Votre Altesse que je ferais certainement honneur à Munich. » — « Oui, mais tout cela ne sert de rien,... il n'y a pas de vacance. » Il dit ces mots en s'en allant, et je me recommandai à ses bonnes grâces. — M. Woschitka m'a conseillé de me montrer souvent chez le prince Électeur.

Aujourd'hui, dans l'après-midi, je suis allé chez le comte Salern[1]. La comtesse, sa fille, est maintenant demoiselle d'honneur, et elle est partie pour la chasse avec la cour. — Ravani et moi, nous étions dans la rue, quand tout le cortège a passé. Le prince et la princesse me saluèrent très gracieusement. La comtesse Salern m'a tout de suite reconnu et m'a fait beaucoup de saluts de la main. Le baron Rumling, que je venais de voir dans l'antichambre [du prince], n'a jamais été si poli pour moi que cette fois-ci. Je vous écrirai prochainement comment les choses se sont passées avec les Salern. Très bien, très courtoisement et très franchement.

P. S. Ma très chère sœur, je t'écrirai bientôt une lettre tout entière pour toi seule. Mes compliments à A. B. C. M. R. et encore d'autres initiales analogues. Adieu.

Quelqu'un a construit ici une maison et il a écrit dessus : « Construire est un grand plaisir, mais je ne savais pas que cela coûtât si cher. » Pendant la nuit, un autre a écrit au dessous : « Et que cela coûtât si cher, c'est ce que tu aurais dû savoir, toi !... »

76 (M)

A SON PÈRE

Munich, 2 et 3 octobre 1777.

Hier, 1er octobre, je suis retourné chez le comte Salern, et aujourd'hui j'y ai même dîné. J'ai assez joué ces trois jours !

1. Directeur en chef de la musique et de l'Opéra.

mais très volontiers, pourtant. Il ne faut pas que papa se figure que c'est à cause de ...... [1] que j'aime à aller chez les Salern ; non, car elle est malheureusement de service et, par conséquent, jamais à la maison. Mais, demain, j'irai à dix heures du matin, *en compagnie* de Mme Hepp, — autrefois Mlle Tosson, — la voir à la cour, parce que la cour part samedi et ne reviendra ici que le 20. — Demain je dîne chez Mme et Mlle de Branca; cette dernière est maintenant à moitié mon élève, car Sigl [2] vient rarement, et Becke, qui l'accompagne sur la flûte, est absent.

Ces trois jours, chez le comte Salern, j'ai beaucoup improvisé, puis j'ai joué les deux cassations dédiées à la comtesse [K. 247 et 287], et pour finir, par cœur, la sérénade [K. 250] avec le rondo. Vous ne pouvez vous figurer la joie du comte Salern. Il comprend la musique, car il disait tout le temps : *Bravo!* tandis que d'autres gentilshommes prennent une prise de tabac, se mouchent, se raclent la gorge ou commencent une conversation. Je lui ai dit : « Que je voudrais que le prince Électeur fût là ! Au moins, il entendrait quelque chose ! Il ne connaît rien de moi, il ne sait pas ce que je puis faire. Faut-il que ces grands seigneurs s'en rapportent ainsi à ce que chacun leur dit, sans vouloir rien examiner ! Oui, c'est toujours comme cela !... Je veux tenter une épreuve : qu'il fasse venir tous les compositeurs de Munich ; il pourra aussi en inviter quelques-uns d'Italie, de France, d'Allemagne, d'Angleterre et d'Espagne; je me crois capable d'écrire en concurrence avec chacun d'eux ! » — Je lui racontai tout ce qui m'est arrivé en Italie, et le priai, si la conversation tombait sur moi, d'exposer ces faits. Il dit : « Je suis moins que rien, mais en ce qui dépendra de moi, oui, de tout mon cœur. » Il est bien d'avis, lui aussi, que si je pouvais rester ici les choses s'arrangeraient d'elles-mêmes avec le temps.

Si j'étais seul, il ne me serait pas impossible de suffire à mon entretien, car je demanderais au moins 300 florins au

1. La jeune comtesse Salern, demoiselle d'honneur de la princesse Électrice.
2. Maître de piano, à Munich.

comte Seeau. Je n'aurais pas à me préoccuper de ma nourriture : je serais toujours invité ; et si je ne l'étais pas, Albert se ferait une joie de m'avoir à sa table. Je mange peu, je bois de l'eau, et seulement, au dessert, un petit verre de vin pour finir. — J'établirais ainsi mon engagement avec le comte Seeau (tout cela d'après les conseils de mes bons amis) : Livrer tous les ans quatre opéras, les uns *buffe*, les autres *serie ;* pour chacun, j'aurais une *se. a*[1] ou recette à mon bénéfice, comme c'est déjà l'usage ici. Cela seul me rapporterait au moins 500 florins, ce qui me ferait, avec mon traitement, 800 florins; mais il y aurait certainement davantage, car Reiner, le comédien et chanteur, a touché, pour sa représentation à bénéfice, 200 florins, et je suis ici très aimé du public. Et comme je le serais plus encore si je contribuais à relever l'éclat de l'art musical dramatique allemand ! Et cela arriverait certainement par moi, car dès que j'ai entendu l'opéra allemand, je me suis senti rempli de l'ardent désir de composer.

La première chanteuse s'appelle Keiserin; c'est la fille du cuisinier d'un comte d'ici, une très agréable jeune fille, jolie sur la scène : je ne l'ai pas encore vue de près. Elle est née ici. Lorsque je l'ai entendue, c'était la troisième fois qu'elle jouait. Elle a une belle voix, pas puissante, mais cependant pas faible non plus, très pure, et son émission est bonne. Son professeur est Valesi[2], et d'après sa manière de chanter, on reconnaît bien que son maître est aussi bon chanteur que bon professeur de chant. Quand elle a un son à filer pendant quelques mesures, j'ai beaucoup admiré le talent avec lequel elle fait le *crescendo* et le *decrescendo*. Elle donne le trille encore lentement, et j'en suis très aise, car il en sera d'autant plus pur et plus net quand elle voudra le faire plus vite, ce qui est d'ailleurs plus facile. Les gens d'ici ont un vrai plaisir à l'entendre..., et moi aussi. Maman

1. Soirée.
2. Walleshauser, dit Valesi, excellent chanteur au théâtre de Munich et professeur de grand mérite.

était au parterre; elle est entrée au théâtre dès quatre heures et demie pour avoir de la place; quant à moi, je n'y suis allé qu'à six heures et demie, car je puis entrer dans toutes les loges; je suis assez connu! J'étais dans la loge de la famille Branca. Je regardais attentivement la Keiserin, avec une lorgnette, et elle m'a tiré plus d'une larme de l'œil. Je criais souvent : *Brava, bravissima!* car, tout le temps, je pensais en moi-même que ce n'était que la troisième fois qu'elle paraissait sur la scène. La pièce s'appelle : « La jeune pêcheuse ». C'est une très bonne traduction d'un opéra[1] dont la musique est de Piccinni. Ils n'ont pas encore de pièces originales, ici. Ils voudraient bien pouvoir donner bientôt un *opera seria* allemand, et l'on souhaite fort que ce soit moi qui le compose. Le professeur Huber, que j'ai déjà mentionné[2], est aussi de ceux qui le désirent.

Maintenant il faut que je me mette au lit; il n'y a plus moyen de faire autrement. Juste dix heures. — Le baron Rumling m'a fait récemment ce compliment : « Le spectacle est mon bonheur! de bons acteurs, de bonnes actrices, de bons chanteurs, de bonnes chanteuses, et avec cela un excellent compositeur comme vous! » Sans doute, ce ne sont là que de paroles et on dit ainsi bien des choses; mais jamais il ne m'avait parlé ainsi.

Aujourd'hui, 3 octobre, j'écris ce qui suit : — Demain, la cour part et elle ne reviendra pas avant le 20. Si elle était restée ici, j'aurais continué mes démarches et serais resté encore quelque temps; mais puisqu'il en est ainsi, j'espère reprendre mon voyage avec maman, mardi prochain. Il est convenu que, pendant ce temps, l'association, dont je vous ai parlé récemment, se constituera, afin que nous ayons une résidence assurée lorsque nous n'aurons plus envie de voyager. — M. de Krimmel est allé aujourd'hui chez l'évêque de Chiemsee : il a beaucoup d'occupations avec lui, et c'est aussi pour l'affaire du sel. C'est un drôle d'homme! Ici,

1. *La Pescatrice.*
2. Voy. Lettre 74.

nous l'appelons « Votre Grâce » (lisez : serviteur). Lui, qui ne désirerait rien tant que de me voir rester ici, a parlé très chaudement au prince, en ma faveur. Il m'a dit : « Laissez-moi faire, seulement ! je parlerai au prince ; je le puis très bien, car je lui ai souvent rendu beaucoup de bons offices.... » — Le prince lui a promis que je serai certainement admis plus tard à son service. Mais la chose ne peut aller aussi vite. Au *retour* de la cour, il causera tout à fait sérieusement et d'une manière pressante avec le prince Électeur.

Aujourd'hui, à huit heures du matin, je suis allé chez le comte Seeau. J'ai été bref, j'ai simplement dit : « Je ne suis ici, Votre Excellence, que pour m'expliquer bien clairement sur ma position et mes affaires. On m'a objecté que je devais faire le voyage d'Italie. Or, j'ai passé seize mois en Italie et j'ai écrit trois opéras : c'est assez connu. Pour ce qui s'est passé en outre, Votre Excellence le verra d'après ces papiers. » — Je lui montrai mes diplômes. — « Je ne montre et ne dis tout cela à Votre Excellence que pour que, si l'on parle de moi et qu'on me fasse quelque tort, Votre Excellence puisse prendre mon parti en connaissance de cause. » — Il me demanda si je partais pour la France ? — Je dis que je restais encore en Allemagne ; mais il comprit : à Munich, et s'écria en riant de plaisir : « Ah ! vous restez encore ici ? » — « Non, répondis-je, je serais resté bien volontiers, et, pour avouer la vérité, si j'ai désiré recevoir quelque chose du prince Électeur, c'était afin de pouvoir servir Votre Excellence par mes compositions, sans aucune rétribution. » A ces mots, il daigna m'ôter son bonnet de nuit.

A dix heures, je suis allé à la cour, voir la comtesse Salern, puis j'ai dîné chez les Branca. M. le conseiller secret, Branca, n'était pas chez lui, ayant été invité à l'ambassade française. On l'appelle Excellence. Mme de Branca est Française et ne sait presque pas l'allemand ; j'ai causé tout le temps en français avec elle. Je parlais tout hardiment, et elle m'a dit que je ne parlais pas mal du tout, et que j'avais une bonne habitude, c'était de parler lentement ; car, de cette manière, je me fais très bien comprendre. — C'est une excellente femme, qui a beaucoup d'usage du monde. Mlle de Branca joue gentiment, mais la mesure lui manque encore. J'ai d'abord cru que cela venait d'elle ou de son oreille, mais [maintenant] je ne puis en rejeter la faute que sur son maître, qui est trop indulgent et tout de suite satisfait. Je lui ai donné, aujourd'hui, une répétition, et je parierais bien que si elle apprenait avec moi pendant deux mois, elle jouerait ensuite très bien et avec beaucoup de précision.

A quatre heures, je suis allé chez Mme de Tosson, où maman se trouvait déjà ainsi que Mme de Hepp. Là, j'ai joué jusqu'à huit heures, puis nous sommes rentrés à la maison. Vers les neuf heures et demie, arriva un petit orchestre de cinq personnes : deux clarinettes, deux cors et un basson. M. Albert, dont c'est demain la fête, a fait donner ce concert en mon honneur et au sien. — Ils n'ont pas du tout mal joué ensemble. Ce sont les mêmes hommes qui font l'ouverture de la salle chez Albert [1], mais on reconnaît parfaitement bien qu'ils ont été formés par Fiala [2]. Ils ont joué des morceaux de lui, et je dois dire qu'ils sont très jolis ; il a de très bonnes idées. — Demain nous aurons ensemble un petit concert privé, sur notre misérable piano, *nota bene*.... Hélas ! Hélas ! Hélas !

Je souhaite vivement que papa ait une bonne nuit, meilleure et bien calme, et j'espère qu'il sera bientôt tout à fait bien portant. Je vous demande pardon de mon affreuse écriture, mais l'encre, la hâte, le sommeil, les rêves, tout enfin !... Mon cher papa, je vous embrasse 1000 fois de toutes les manières, et j'embrasse de tout mon cœur ma sœur *canaglia*, et suis dès maintenant et jusque dans l'éternité, *Amen*,

Votre très respectueux fils [3].

1. C'est-à-dire qui jouent au commencement ou pendant les repas ; les grands seigneurs de ce temps se donnaient le luxe de concerts pendant les repas, et de grands aubergistes les imitaient (voy. Jahn, II, 195)

2. Hautbois à Munich, et plus tard à Salzbourg.

3. Dans toute cette fin de lettre, les mots sont brouillés de manière à rendre les phrases presque incompréhensibles.

77 (M)

A SON PÈRE

Munich, 6 octobre 1777.

Maman ne peut pas commencer [la lettre]; premièrement. cela la contrarie ; secondement, elle a mal à la tête : il faut donc que je soutienne l'entretien tout seul. Dans un instant, je vais faire visite à Mlle Keiserin avec M. son professeur. — Hier, il y a eu, dans notre maison [1], un mariage religieux, ou un *Altum tempus ecclesiasticum* [2]. On a dansé ; mais je n'ai dansé que quatre menuets, et à onze heures j'étais déjà rentré dans ma chambre ; car, sur une cinquantaine de dames, il n'y en avait qu'une seule qui dansât en mesure : c'est Mlle Käser, sœur de M. le secrétaire du comte Perusa.

..... M. le professeur a eu la bonté de me manquer de parole, de sorte que je n'ai pas été chez Mlle Keiserin, ne sachant pas son adresse. — Avant-hier, samedi, 4, jour de fête très solennelle de S. A. R. l'archiduc Albert [3], nous avons eu un petit concert chez nous ; il a commencé à trois heures et demie et s'est terminé à huit heures. — M. Dubreil, dont papa se souviendra encore, était là, lui aussi ; c'est un élève de Tartini. Dans la matinée, j'entrai au moment où il donnait une leçon de violon à Charles, le plus jeune fils [d'Albert]. Je n'avais jamais fait grand cas de lui, mais je vis alors qu'il donnait sa leçon avec beaucoup de zèle, et quand nous en vînmes à causer du rôle des violons dans les concerts et les orchestres, il *raisonna* très bien et fut toujours de mon avis, de sorte que je revins sur mes jugements précédents et demeurai *persuadé* que je trouverais en lui une excellente acquisition et un solide violoniste d'orchestre.

1. A l'hôtel de l'*Aigle noir*, chez Albert.
2. A l'ancien mode liturgique.
3 L'aubergiste Albert, comme on l'a vu dans la précédente lettre.

Je le priai donc d'avoir la bonté de venir l'après-midi à notre petit concert. Nous avons commencé par les deux quintettes de Haydn [1]; mais je l'eus à peine entendu que je fus bien contrarié : il n'était pas en état de jouer quatre mesures de suite sans se tromper. Il ne trouvait pas son doigter ; il n'était pas du tout ami des soupirs. Ce qu'il y a eu de bon, au moins, c'est qu'il a été très poli et a loué les quintettes ; sans cela !... Je ne lui ai rien dit du tout, mais c'est lui qui disait tout le temps : « Je vous demande pardon,... je n'y suis déjà plus !... Le morceau est épineux, mais beau. » — Et moi, je répondais toujours : « Cela ne fait rien, nous sommes entre nous ». — Ensuite j'ai joué mes concertos en ut [K. 246], en si [K. 238], en mi *b.* [K. 271], et puis mon trio [K. 254]. C'était joliment bien accompagné !... A l'adagio, j'ai dû jouer sa partie pendant six mesures ! — Pour le bouquet, j'ai joué ma dernière cassation en si *b.* [K. 287]. C'est alors qu'ils ont tous ouvert de grands yeux ! Je jouais comme si j'eusse été le plus grand violoniste de l'Europe [2].

Le lendemain, dimanche, à trois heures, nous sommes allés chez un certain M. de Hamm.

L'évêque de Chiemsee est parti aujourd'hui, déjà, pour Salzbourg. — *N. B.*, j'envoie ci-joint à ma sœur six duettos pour piano et violon de Schuster. Je les ai déjà joués souvent ici ; ils ne sont pas mal. Si je reste, j'en composerai, moi aussi, six dans ce genre, car ils plaisent beaucoup.

78 (M)

A SON PÈRE

Munich, 10 et 11 octobre 1777.

..... Pourquoi jusqu'à ce jour je n'ai rien écrit de Misli-

1. De Michel Haydn, de Salzbourg.

2. Le 28 octobre, son père lui écrivit : « Tu ne sais pas toi-même à quel point tu joues bien du violon ; si tu veux te faire honneur, tu n'as qu'à jouer avec feu et âme, et tu seras le premier violoniste de l'Europe ! »

weczeck[1] ?... C'est que j'étais bien aise quand je pouvais ne pas penser à lui ! car toutes les fois que la conversation tombait sur lui, il me fallait m'entendre répéter comme il a fait mon éloge, et quel vrai et bon ami il est pour moi !... Alors venaient les regrets et la compassion. On me dépeignait son état : j'étais hors de moi !... Eh quoi ! pouvais-je savoir un si excellent ami dans un coin du monde où je suis, et ne pas aller le voir, et ne pas lui parler ?... C'est impossible ! Je me résolus donc à lui rendre visite; mais le jour précédent, j'allai chez l'administrateur de l'hôpital ducal et lui demandai s'il ne pourrait pas faire en sorte que je pusse causer avec Misliweczeck dans le jardin, car bien que tout le monde, et même les médecins, m'aient dit qu'il n'y avait plus de contagion à craindre, je ne voulais pourtant pas entrer dans sa chambre, parce qu'elle est très petite et que l'odeur y est assez forte. Il me donna complètement raison et me dit que Misliweczeck se promenait habituellement dans le jardin entre onze heures et midi; mais que, si je ne l'y rencontrais pas, je n'avais qu'à le faire descendre.

J'allai donc le jour suivant à l'hôpital ducal, avec M. de Hamm, secrétaire des ordres (dont je parlerai plus loin), et avec maman. Maman entra dans l'église, et nous dans le jardin. Comme il n'était pas là, nous le fîmes prévenir. Je le vis traverser [le jardin] et le reconnus aussitôt à sa démarche. ... Il faut que je note ici qu'il m'avait précédemment envoyé ses compliments par M. Heller, le violoncelliste, en me priant de ne pas manquer de le venir voir avant mon départ. — Quand il fut près de moi, nous nous prîmes très affectueusement la main. « Vous voyez, dit-il, comme je suis malheureux ! » — Ces paroles et son aspect, que papa connaît déjà d'après les descriptions, m'allèrent tellement au cœur que je ne pus que dire, moitié pleurant : « Je vous plains de tout mon cœur, mon cher ami ! » — Il remarqua que j'étais ému et

1. Compositeur dramatique, né à Prague en 1735. — Il avait connu Mozart à Milan en 1772. L. Mozart, sachant que sa maladie venait d'inconduite, avait désiré que son fils n'allât pas le voir.

reprit aussitôt très gaiement : « Mais dites-moi donc ce que vous faites! On m'a dit que vous étiez ici, et c'est à peine si je le croyais! Comment est-il possible que Mozart soit ici et qu'il ne soit pas venu me voir depuis longtemps? » — « Je vous demande bien pardon; j'ai tant de courses à faire, tant de bons amis ici.... » — « Je suis bien sûr que vous avez ici d'excellents amis, mais un aussi bon ami que moi, certainement non! » — Il me demanda si je n'avais pas reçu de nouvelles de papa au sujet d'une certaine lettre. Je lui dis : « Oui, il m'a écrit, mais pas avec détails. » — (J'étais si troublé et je tremblais tellement de tout mon corps, que je pouvais à peine parler.) — Il me dit alors que M. Gaetano Santoro, le directeur du théâtre de Naples, était contraint par des *impegni* et *protezione*[1] à donner l'opéra de ce carnaval-ci à un certain *maestro* Valentini. « Mais l'année prochaine il en aura trois de libres, dont l'un est à ma disposition. Comme j'ai déjà composé six fois pour Naples, il m'importe peu d'entreprendre l'opéra le moins avantageux et de vous abandonner le meilleur, c'est-à-dire celui du carnaval. Dieu sait si je pourrai voyager! Si je ne le puis pas, je renverrai mon engagement. La troupe de l'année prochaine est bonne : tous gens que j'ai recommandés. Voyez-vous, j'ai tant de crédit à Naples que quand je leur dis : Prenez celui-ci,... ils le prennent. » — Marquesi[2] est le *primo uomo;* il en fait un grand éloge, ainsi que tout le monde à Munich. La Marchiani est une bonne *prima donna;* il y a aussi un ténor dont je ne sais plus le nom, qui est, à ce qu'il dit, le meilleur de toute l'Italie, actuellement. « Je vous en prie, allez en Italie: c'est là qu'on est estimé et honoré! » — Et vraiment il a raison. Quand j'y pense sérieusement, il n'y a certes pas de pays où j'aie reçu tant d'honneurs; nulle part je n'ai été aussi apprécié qu'en Italie; et puis on a un si grand crédit

1. Engagements et protections.
2. L. Marquesi ou Marchesi, sopraniste célèbre. Il avait chanté au théâtre de Munich de 1775 à 1777 et venait de retourner en Italie.

lorsqu'on a écrit des opéras en Italie, et particulièrement pour Naples!

Il m'a dit qu'il voulait me rédiger une lettre pour Santoro et que je devais revenir le lendemain chez lui pour la recopier. Mais il me serait impossible de me résoudre à aller dans sa chambre, et si je voulais écrire il le faudrait bien, car je ne puis écrire au jardin. Je lui promis donc de venir; mais le jour suivant, je lui écrivis, en italien, une lettre [où je lui disais] tout ingénuement qu'il m'était impossible d'aller le trouver, que je n'avais presque rien pu manger, que je n'avais dormi que trois heures et que j'étais resté toute la journée comme un homme qui a perdu la raison, parce qu'il m'était toujours présent devant les yeux, etc.... toutes choses qui sont aussi vraies que la clarté du soleil. Il m'a envoyé la réponse suivante :[1] « *Vous êtes trop sensible à mon mal. Je vous remercie de votre bon cœur. Si vous partez pour Prague, je vous donnerai une lettre pour le comte Pachta. Ne prenez pas tant à cœur mon malheur. L'origine en est une chute de voiture, puis j'ai été livré aux mains de docteurs ignorants. Patience! Il en sera ce que Dieu voudra....* » Il m'envoyait [aussi] le brouillon de lettre pour Santoro. Il m'a fait voir chez lui des lettres où j'ai lu plusieurs fois mon nom. — On m'a dit que Misliweczeck avait témoigné une grande surprise lorsqu'on lui a parlé ici de Beecké ou d'autres pianistes du même genre, et qu'il répétait toujours : « Qu'on ne se fasse pas d'illusions; personne ne joue comme Mozart. En Italie, où sont les plus grands maîtres, on ne parle que de Mozart; quand on a nommé celui-là, tout est dit. »

Je puis maintenant écrire la lettre pour Naples quand je voudrai; mais le plus tôt sera le mieux. Seulement je voudrais auparavant connaître l'opinion du plus judicieux de tous les maîtres de chapelle, M. de Mozart. — J'ai un désir inexprimable d'écrire de nouveau un opéra. La route est

1. En italien.

longue, c'est vrai; mais nous sommes encore très éloignés du moment où je devrais écrire cet opéra; d'ici-là bien des choses peuvent changer. Je crois qu'on pourrait toujours l'accepter.... Si à cette époque je n'ai pas trouvé d'emploi, *eh! bien!* j'aurai alors la *ressource* d'aller en Italie. Ce serait toujours mes 100 ducats d'assurés pour le carnaval, et quand j'aurai écrit pour Naples, on me recherchera partout. Il y a aussi, comme papa le sait très bien, au printemps, en été ou en automne, çà et là quelque occasion d'écrire un *opera buffa*,—ne fût-ce que pour s'exercer et ne pas rester oisif. Il est vrai qu'on ne reçoit pas grand argent, mais pourtant quelque chose, et on se fait par là plus d'honneur et de réputation qu'en donnant cent concerts en Allemagne; et puis je serais plus heureux, parce que j'aurais à composer, ce qui est mon unique joie et ma seule passion. — Si [au contraire] j'obtiens un emploi, ou si j'ai l'espoir d'y parvenir, mon engagement me sera une grande recommandation, fera beaucoup d'effet et me donnera beaucoup plus de prix. Mais je parle, je parle comme cela me vient au cœur. Si papa me persuade, par de bonnes raisons, que j'ai tort, eh! bien! je me rendrai, quoique à regret; car d'entendre seulement parler d'un opéra, d'être seulement au théâtre et d'entendre chanter,... me voilà tout hors de moi!

Demain, maman et moi nous irons prendre congé de Misliweczeck, dans le jardin. Car, l'autre jour, quand il m'a entendu dire que je devais aller reprendre maman à l'église, il a dit : « Si je n'étais pas un si affreux spectacle, j'aimerais beaucoup à voir la mère qui a mis au monde un si grand virtuose. »

Je vous en prie, mon papa chéri, répondez donc à Misliweczeck; écrivez-lui aussi souvent que vous en aurez le temps; vous ne pouvez lui faire un plus grand plaisir, car le pauvre homme est absolument délaissé. Souvent, de toute la semaine il ne lui vient personne. Il m'a dit : « Je vous assure que cela me semble tout à fait étrange que si peu de gens viennent me voir ici. En Italie, j'avais de la compagnie tous les jours. » — Si ce n'était sa figure, il serait complètement le même, plein de feu, d'esprit et de vie; un peu amaigri, naturellement, mais du reste le même homme, bon et éveillé. Tout Munich parle de l'oratorio *Abramo et Isacco* qu'il a fait exécuter ici. Il a maintenant, sauf quelques airs, terminé une cantate ou sérénade pour le carême. Quand sa maladie était au plus fort, il a composé un opéra pour Padoue. — Cela n'a servi de rien, on le dit même ici, que les docteurs et les chirurgiens d'ici lui aient abîmé [le visage], car c'est une vraie carie des os qu'il a. Caco, cet âne de chirurgien, lui a brûlé complètement le nez! Qu'on se représente maintenant sa souffrance!

Voilà justement M. Heller qui revient de chez lui. Hier, quand je lui ai écrit ma lettre, je lui envoyé ma sérénade[1] de Salzbourg, composée pour l'archiduc Maximilien[2]. Il me l'a fait rendre par M. Heller.

Maintenant, venons-en à autre chose. Hier je suis allé avec maman, tout de suite après le dîner, prendre du café chez les deux demoiselles de Freysingen. Mais maman n'en a pas bu; elle a pris seulement deux flacons de vin du Tyrol. — A trois heures, elle est retournée à la maison, afin de faire quelques préparatifs pour le voyage. Mais moi, je suis allé avec ces deux demoiselles chez le susdit M. de Hamm, où les trois demoiselles ont joué chacune un concerto; puis j'en ai joué un de Aichner, *prima vista*[3], et ensuite tout le temps des improvisations. Le professeur de Mlle Hamm de Einfaltskasten est un certain ecclésiastique nommé Schreier. Il est bon organiste, mais pas pianiste. Il m'a regardé tout le temps à travers ses lunettes; c'est un homme sec, qui parle peu; mais il m'a frappé sur l'épaule, a soupiré et a dit: « Oui,... vous êtes,... vous comprenez,... oui,... c'est vrai,... un homme complet. »

A propos, papa ne peut-il pas se rappeler ce nom de

1. *Il Rè pastore* (K. 208).
2. Voy. la note de la lettre 194.
3. « A première vue. »

Freysingen? — Le père des deux belles demoiselles de ce nom dit qu'il connaît très bien papa, qu'il a étudié avec lui. Il se souvient encore tout particulièrement de Messenbrunn, où papa (ce qui est tout à fait nouveau pour moi) a joué de l'orgue d'une façon incomparable. Il m'a dit : « C'était effrayant comme ses mains et ses pieds se mêlaient,... mais tout à fait extraordinaire !... oui !... un homme complet.... Mon père l'estimait fort. Et comme il raillait les prêtres sur leur vocation !... Vous lui ressemblez tout à fait, absolument comme il était alors; seulement il était un peu plus petit lorsque je l'ai connu. »

A propos, encore une chose : Un certain conseiller à la cour, du nom d'Effeln, se recommande très humblement à papa; c'est un des meilleurs conseillers d'ici. Il aurait pu devenir chancelier depuis longtemps, sans un unique empêchement : son goût pour la boisson. Lorsque je l'ai vu pour la première fois chez Albert, je me suis dit, ainsi que maman : *Ecce* un singulier personnage! — Représentez-vous un homme grand, fort, assez *corpulent*, avec une figure risible. Quand il traverse la chambre pour aller à une autre table, il met ses deux mains sur son estomac, les presse contre lui, puis se relève soudain de tout son corps, fait un hochement de tête, et quand tout cela est fini, il tire bien vite en arrière le pied droit; et il fait ainsi pour chaque nouvelle personne. Il dit qu'il connaît papa mille fois! — Maintenant je vais aller encore un peu à la comédie. J'écrirai davantage, prochainement; il m'est impossible d'en écrire plus long : les doigts me font extraordinairement mal.

Le 11 octobre.

J'écris ce qui suit cette nuit, à minuit moins un quart : Je suis allé au tiers du spectacle, et ne suis entré au théâtre que pour voir le ballet, ou plutôt la *pantomime*, que je n'avais pas encore vue. Elle est intitulée : « L'œuf fabriqué pour *Girigaricanarischaribari* », et est très bonne et très drôle.

Nous partons demain pour Augsbourg, parce que le prince de Taxis n'est pas à Ratisbonne, mais à Tischingen. Il est vrai que, pour le moment, il est dans un château de plaisance, mais ce n'est qu'à une heure de Tischingen. — J'envoie ci-joint à ma sœur quatre préludes; en quel ton ils modulent, c'est ce qu'elle verra et entendra elle-même. — Mes compliments à tous mes bons amis et amies, et particulièrement au jeune comte Arco[1], à Mlle Sallerl et à mon meilleur ami, M. Bullinger[2]; je le prie d'avoir la bonté, dimanche prochain, au concert accoutumé de onze heures, de prononcer en mon nom un discours plein d'autorité, de présenter mes compliments à tous les membres de l'Académie et de les exhorter au zèle, afin qu'un de ces jours je ne passe pas pour un menteur, car j'ai fait et je ferai partout leur éloge.

79 [M]

A SON PÈRE.

Augsbourg, 14 octobre 1777[3].

... Par conséquent nous ne nous sommes pas trompés de date; car nous avons encore écrit dans la matinée, et je crois que nous repartirons vendredi prochain, c'est-à-dire après-demain; car, écoutez un peu combien messieurs les Augsbourgeois sont grands et généreux! Je n'ai encore nulle part été accablé d'autant de témoignages de considération. — Ma première visite fut pour M. le bourgmestre *Longotabarro*[4]. M. mon oncle[5], qui est un très brave et excellent homme et un honorable bourgeois, m'y a accom-

1. Directeur du service de la bouche, à Salzbourg.
2. L'abbé Bullinger, très intime ami des Mozart, à Salzbourg.
3. Le 12 octobre Mozart et sa mère quittèrent Munich et arrivèrent le soir à Augsbourg. Ils descendirent à l'auberge de « l'Agneau » dans la Kreuzgasse.
4. M. de Langenmantl (long manteau). Mozart s'amuse à traduire son nom en italien.
5. Léopold Mozart avait un frère, relieur à Augsbourg.

pagné et a eu l'honneur d'attendre en haut, dans le vestibule, comme un *laquais*, jusqu'à ce que je fusse sorti de chez l'illustre bourgmestre. — Je n'ai pas manqué, dès le début, de lui présenter les plus respectueux compliments de papa. Il se souvint très affablement de tout et me demanda : « Et comment Monsieur s'est-il porté tout ce temps? » A quoi je répondis aussitôt : « Très bien, Dieu soit loué! et j'espère que vous vous êtes également très bien porté? » — Alors il devint plus poli et me dit « Vous »[1], et moi je l'appelai « Votre Grâce » comme je l'avais fait au commencement. — Il ne me donna pas de cesse que je ne fusse monté avec lui, (au 2e étage), chez son gendre, et M. mon oncle eut pendant ce temps l'honneur de m'attendre sur un escabeau dans le vestibule. J'ai dû me retenir de toutes mes forces pour ne pas faire une réflexion... avec la plus grande politesse.

En haut, j'ai eu l'honneur de jouer environ trois quarts d'heure, sur un bon piano clavicorde de Stein, en présence de M. le fils bouffi d'orgueil, de l'affable jeune dame au long cou et de la niaise vieille dame. J'ai joué des improvisations, puis, à *prima vista*, tout ce qu'il y avait là, entre autres de très jolis morceaux d'un certain Edlmann. Tout le monde devint alors extrêmement aimable, et moi de même ; car c'est mon habitude d'être avec les gens comme ils sont à mon égard : c'est ainsi qu'on s'en tire le mieux. Je leur dis que je devais aller chez Stein[2] après dîner. Le jeune Monsieur s'offrit aussitôt à m'y conduire lui-même. Je le remerciai de sa bonté et promis de revenir l'après-midi, à deux heures. C'est ce que je fis, et nous partîmes ensemble, en compagnie de son beau-frère qui a toute la tournure d'un étudiant.

Bien que je les eusse priés de ne pas dire qui j'étais, M. de Langenmantl fut assez étourdi pour dire à M. Stein : « J'ai

1. Mozart se moque des grands airs du bourgmestre et de sa famille. En lui parlant à la troisième personne, le bourgmestre montrait beaucoup de hauteur et l'humiliait; Mozart aussitôt lui dit : *vous* au lieu de « Votre Grâce », pour le lui faire sentir.

2. Célèbre facteur d'orgues et de pianos, inventeur de l'échappement simple, dit mécanisme allemand.

l'honneur de vous amener ici un *virtuose* sur le piano. » et en même temps il se mit à rire sous cape. Je *protestai* aussitôt et déclarai que je n'étais qu'un indigne élève de Sigl, de Munich, et je lui fis mille compliments de sa part. — Il secouait négativement la tête,... et, à la fin : « Aurais-je bien l'honneur d'avoir devant moi M. Mozart? » — « Oh! non! répliquai-je, je me nomme Trazom; et du reste j'ai là une lettre pour vous. » — Il prit la lettre et voulut aussitôt en briser le cachet, mais je ne lui en laissai pas le temps et dis : « Comment! vous voulez vous mettre à lire cette lettre maintenant?... Permettez-nous d'abord d'entrer dans votre salon; j'ai un si grand désir de voir vos pianos! » — « Eh bien, soit!... Mais, quoi qu'il en soit, je ne crois pas me tromper. »

Il ouvrit la porte et je courus aussitôt à un des trois pianos qui se trouvaient dans la pièce. Je me mis à jouer. Son désir de se convaincre était si grand que c'est à peine s'il pouvait parvenir à ouvrir la lettre; il ne lut que la signature. « Oh! » s'écria-t-il, et il se jeta dans mes bras; il se signa, fit des grimaces et enfin fut extrêmement content. — Je parlerai plus tard de ses pianos. — Il me conduisit aussitôt après dans un café, et je pensai, en entrant, tomber à la renverse, à cause de la puanteur et de la fumée du tabac. Pardieu il m'a fallu supporter cela pendant une heure entière! Je pris néanmoins tout en bonne part, bien que je me crusse en Turquie!

Il me fit alors un pompeux éloge d'un certain Graf[1], compositeur (qui ne fait que des concertos pour flûtes). Il me dit : « C'est un homme tout à fait extraordinaire... » et tout ce qu'on peut exprimer de plus exagéré. L'angoisse me faisait transpirer de la tête, des mains et de tout le corps. Ce Graf est le frère de deux autres Graf, dont l'un est dans le Harz, et l'autre à Zurich. Stein voulut absolument me conduire tout de suite chez lui. — Voilà un homme tout à

1. Directeur de l'orchestre.

fait grand genre! Il avait une robe de chambre que je ne rougirais pas de porter dans la rue. Toutes ses paroles sont montées sur des échasses; il ouvre généralement le bec avant de savoir seulement de quoi il est question, et, parfois, il le referme sans en avoir rien pu faire. — Après beaucoup de cérémonies il exhiba un concerto pour deux flûtes; j'ai dû jouer le premier violon. Le concerto est ainsi : pas du tout agréable à l'oreille, pas naturel, et modulé souvent beaucoup trop... lourdement, et tout cela sans le moindre charme. Quand ce fut fini, je lui fis les plus grands éloges; il le mérite bien! Le pauvre homme a dû se donner assez de peine et bien étudier. A la fin, on apporta, du cabinet voisin, un piano de Stein, très bon, mais plein de poussière. M. Graf, qui est ici directeur [de l'orchestre] se tenait là comme quelqu'un qui a toujours cru être tout à fait exceptionnel dans sa manière de voyager à travers les tons, et qui découvre maintenant qu'on peut être encore plus exceptionnel, sans blesser l'oreille. En un mot, ils étaient tous dans la plus complète admiration.

80 (M)

A SON PÈRE.

Augsbourg, 16 et 17 octobre 1777.

Je ne puis écrire autre chose sur Mlle Hamm, fille du secrétaire de la guerre, sinon qu'elle doit nécessairement avoir des dispositions pour la musique, puisqu'elle n'apprend que depuis trois ans, et joue pourtant très bien beaucoup de morceaux. Mais je ne sais pas comment expliquer clairement l'impression qu'elle me fait quand elle joue...; elle me paraît si singulièrement affectée! Elle arpente si drôlement le clavier avec ses longs doigts! — A dire vrai, elle n'a encore jamais eu un bon maître, et si elle reste à Munich, elle ne deviendra de sa vie entière ce que son père veut et désire; car il souhaiterait bien qu'elle arrivât à la perfection sur le piano. Si elle s'adresse à papa, à Salzbourg, ce sera pour elle un double avantage, au point de vue de la musique comme de l'intelligence, qui n'est vraiment pas grande chez elle. J'en ai souvent bien ri! Vous auriez certainement beaucoup d'amusement en retour de vos peines. — Elle ne peut pas manger beaucoup : elle est trop niaise pour cela. J'aurais dû lui donner des répétitions? [dites-vous]. — Je n'ai vraiment pas pu, tant je riais; car lorsque parfois je lui jouais un passage de la main droite, elle s'écriait aussitôt : *Bravissimo!* et cela avec une voix de souris.

Maintenant je vais vous raconter aussi brièvement que je pourrai toute mon histoire d'Augsbourg, que j'ai déjà commencée. — M. de Fingerle, auquel j'ai présenté des compliments de la part de papa, était aussi chez M. le directeur Graf. Tous ces messieurs ont été très polis, et se sont consultés tout le temps au sujet de mon concert. Tous disaient aussi : « Ce sera un des plus *brillants* concerts que nous aurons eus à Augsbourg. C'est beaucoup que vous connaissiez M. le bourgmestre Langenmantl; et puis le nom de Mozart fait beaucoup ici. » — Nous nous quittâmes très satisfaits. — Maintenant il faut que papa sache que le jeune M. de Langenmantl a dit là-bas, chez M. Stein, qu'il voulait se charger d'organiser un concert au Cercle[1], uniquement pour messieurs les Patriciens (et cela comme quelque chose de *rare* qui me faisait honneur). On ne saurait s'imaginer comme il parlait de la peine qu'il allait se donner, et comme il promettait de s'y intéresser! Nous décidâmes que je viendrais le lendemain chez lui pour avoir une réponse. — J'y allai; c'était le 13. Il fut très poli, mais déclara qu'il ne pouvait encore rien me dire de positif. Je jouai de nouveau pendant une heure. Il m'invita à dîner pour le lendemain, 14. — Dans la matinée, il m'envoya dire que je devrais bien venir à onze heures et apporter de la musique, parce qu'il avait commandé quelques musiciens de l'orchestre qui voulaient

1. La « Stube » ou Cercle des Patriciens d'Augsbourg.

organiser quelque chose. J'envoyai aussitôt plusieurs morceaux et vins à onze heures. Alors il me fit une quantité d'histoires et dit d'un air très indifférent : « Écoutez ! il n'y a rien à faire pour le concert. Ah ! dans quelle colère je me suis mis hier soir à cause de vous ! Messieurs les Patriciens m'ont dit que leur caisse est en très mauvais point, et que vous n'êtes pas un virtuose auquel on puisse donner un *souverain d'or*. » — Je souris et dis : « Je ne le crois pas non plus. » *N. B.* Il est intendant de la musique du Cercle, et le vieux père est bourgmestre !

Je ne m'en fis pas grand souci. — Nous nous mîmes à table ; le père dînait aussi en haut ; il fut très poli, mais ne dit pas un mot du concert. Après le repas, je jouai deux concertos, quelques improvisations, et la partie de violon dans un trio de Hafeneder. J'aurais volontiers continué à jouer du violon, mais j'étais si mal accompagné que cela me donnait la colique. Il me dit très amicalement : « Nous resterons ensemble, aujourd'hui ; nous nous ferons conduire à la comédie et vous *souperez* ensuite chez nous. » Nous fûmes très gais. Quand nous revînmes de la comédie, je me remis à jouer du piano jusqu'au repas, puis nous soupâmes. — Déjà, dans la matinée, il m'avait questionné au sujet de ma croix[1], et je lui avais dit tout ouvertement ce qu'il en était. Son beau-frère et lui dirent à plusieurs reprises : « Il faut que nous fassions venir cette croix pour être de pair avec M. Mozart. » Mais je n'eus pas l'air d'y faire attention. Ils dirent aussi plusieurs fois : « M. le chevalier de l'Éperon !... » Je ne dis rien encore. Mais pendant le *souper* cela devint par trop fort. « Qu'est-ce cela coûtera bien ?... trois ducats ?... Faut-il avoir une permission pour la porter ?... Et cette permission coûte-t-elle aussi quelque chose ?... Il faut absolument que nous nous fassions venir cette croix. » — Il y avait là un certain officier, un nommé B. Bach, qui dit :

1. La croix de l'Éperon d'or (voy. lettre 22). Mozart ne se faisait pas appeler chevalier, comme Gluck, et il ne portait la croix que lorsque son père le jugeait utile

« Eh! fi! quelle honte! que feriez-vous de cette croix? » — Ce jeune âne de *Kurzen-Mantl*[1] lui fit un clignement d'œil; je le vis et il le remarqua; alors il y eut un moment de silence. — Puis il m'offrit du tabac en disant : « Et là-dessus, prenez une prise. » Je ne bougeai pas. — Enfin il recommença à dire d'un air tout à fait moqueur : « Ainsi, demain j'enverrai chez vous et vous aurez la bonté de me prêter la croix, rien que pour un moment; je vous la renverrai tout de suite; c'est seulement pour pouvoir en parler avec l'orfèvre. Je suis bien sûr que lorsque je lui demanderai ce qu'elle vaut (car c'est un homme singulier), il me dira : environ un thaler bavarois. Elle ne vaut certainement pas plus, car elle n'est pas en or mais en cuivre; hé!... » — Je répondis : « A Dieu ne plaise! elle est en fer-blanc! Hé!... » J'avais chaud de rage et de colère. — « Mais dites-moi donc, reprit-il, je puis peut-être bien laisser l'éperon de côté. » — « Oh! certainement, répondis-je, vous n'en avez que faire, vous l'avez déjà dans la tête! Il est vrai que moi aussi, j'en ai un dans la tête, mais il y a une grande différence, et vraiment je ne changerais pas avec le vôtre.... Et là-dessus, prenez une prise. » — Je lui offris du tabac et il pâlit un peu. « L'autre jour, reprit-il, l'autre jour cette décoration faisait très bien sur votre riche gilet. » — Je ne dis mot. Enfin il cria au domestique : « Dites donc! qu'on ait dorénavant plus de respect pour nous quand mon beau-frère et moi nous porterons, tous les deux, la croix de M. Mozart.... Et là-dessus, prenez une prise! » — « Ce qui est curieux, tout de même! — commençai-je, comme si je n'avais pas entendu ce qu'il venait de dire, — c'est qu'il m'est plus facile d'obtenir toutes les décorations que vous pouvez recevoir, qu'à vous de devenir ce que je suis, même si vous mourriez et ressuscitiez deux fois! Et là-dessus, prenez une prise. » — Et je me levai. Tout le monde en fit autant, dans le plus grand embarras. Je pris mon chapeau et mon épée et je dis : « J'aurai le plaisir de vous

1. « Court manteau », par dérision, pour Langenmantl (long manteau).

revoir demain. » — « Ah! c'est que demain je ne serai pas ici. » — « Alors, je viendrai sûrement après-demain,... si je suis encore ici. » — « Ah!.. vous n'allez cependant pas.... » — « Je ne vais rien du tout. Vous êtes ici une armée de gueux! Adieu! » — Et je partis.

Le lendemain, je racontai tout à M. Stein, à M. Geniaux et à M. le directeur Graf; — non l'affaire de la croix; mais je leur dis que j'étais dégoûté au plus haut degré, parce qu'après m'avoir fait venir l'eau à la bouche pour un concert, on ne faisait rien du tout. « C'est ce qu'on appelle se moquer du monde, mettre les gens dedans! Je me repens bien d'être venu ici! De ma vie je n'aurais cru qu'à Augsbourg, qui est pourtant la ville natale de mon père, on ferait ainsi affront à son fils? » — Papa ne peut pas se figurer à quel point ces trois messieurs se lamentèrent alors et se mirent en colère: « Ah! il faut absolument que vous donniez ici un concert. Nous n'avons nul besoin des Patriciens! » Mais je m'en tins à ma *résolution* et dis: « Oui, pour les quelques bons amis que j'ai ici, qui sont connaisseurs, pour ceux-là seuls je donnerai un petit concert d'adieu, chez M. Stein. » — Le directeur était tout affligé. « C'est affreux! s'écria-t-il, c'est une honte! Mais qui se serait jamais figuré cela de Langenmantl!... *Pardieu*, s'il l'avait voulu, il aurait bien fallu que cela réussit! » — Sur ce, nous nous séparâmes. M. le directeur me fit la conduite, dans sa robe de chambre, tout le long de l'escalier et jusqu'à la porte de la maison. MM. Stein et Geniaux m'accompagnèrent chez moi. Ils nous pressèrent vivement de nous décider à rester encore ici. Mais nous demeurâmes inébranlables.

Maintenant il faut que papa sache que l'autre jour ce jeune crétin de Langenmantl, lorsqu'il me balbutia, de son ton *indifférent*, sa belle nouvelle au sujet du concert, ajouta que messieurs les Patriciens m'invitaient à leur concert de jeudi prochain. Je dis alors: « Je viendrai pour écouter. » — « Oh! vous nous ferez bien le plaisir de jouer? » — » Eh! qui sait? Pourquoi pas? » — Mais quand, le soir, on m'eut fait tant d'*affronts*, je résolus de ne plus aller chez lui, et de me... de tous les Patriciens, — et de repartir.

Le 16, pendant le repas, on m'appela dehors : c'était une servante de Langenmantl, chargée, par lui, de s'informer si je viendrais sûrement, pour me rendre au concert avec lui? et il me priait de venir aussitôt après mon repas. Je lui fis présenter mes respectueux compliments, et je dis que je n'irais pas au concert, et que je ne pouvais pas non plus aller chez lui, étant déjà engagé, — ce qui, du reste, était vrai ; — mais que j'irais le lendemain prendre congé de lui, devant repartir samedi, au plus tard. Pendant ce temps M. Stein avait couru chez messieurs les autres Patriciens du parti évangélique ; là il se mit à *pérorer* d'une façon si terrible que ces messieurs en furent tout troublés : « Comment? dirent-ils, nous laisserions partir, sans l'entendre, un homme qui nous fait tant d'honneur? M. de Langenmantl s'imagine que parce qu'il l'a entendu, lui, cela suffit! » — *Enfin* ils prirent la chose avec une telle vivacité que ce bon jeune homme, M. de *Kurzen-Mantl*, fut obligé d'aller lui-même trouver M. Stein et de le prier, au nom de tous, de faire son possible pour me *persuader* d'aller au concert, que je ne devais pas me préparer à quelque chose de considérable, etc.

Après bien des refus, je finis par m'y rendre avec lui. Là se trouvaient les principaux d'entre ces messieurs, tous très polis, et en particulier un certain officier, baron Belling, qui est, lui aussi, un directeur[1], ou une espèce d'animal de ce genre. Il ouvrit lui-même mon paquet de musique. J'avais apporté une symphonie ; on la joua et j'y fis ma partie de violon. Mais l'orchestre d'ici est à donner des crampes! — Ce jeune gourmand de Langenmantl fut tout à fait poli, tout en conservant sa figure moqueuse. Il me dit : « Vraiment, je croyais déjà que vous alliez nous échapper. J'ai même... presque cru que vous étiez vexé de la plaisanterie

1. Comme le jeune Langenmantl.

de l'autre jour. » — « Oh! mon Dieu! dis-je, vous êtes encore bien jeune! Mais tenez-vous mieux sur vos gardes; je ne suis pas habitué à de pareilles plaisanteries. En outre, le *sujet* dont vous vous moquiez ne vous fait aucun honneur, et cela n'a servi de rien, puisque je porte ma croix quand même. Vous auriez mieux fait de choisir une autre plaisanterie. » — « Je vous assure, reprit-il, que c'était seulement mon beau-frère qui.... » — « Qu'il n'en soit plus question, » dis-je. — « Un peu plus, dit-il, nous n'aurions pas eu le plaisir de vous voir. » — « Il est de fait que si ce n'avait pas été M. Stein, je ne serais certainement pas venu! Pour dire toute la vérité, je ne suis venu, messieurs les Augsbourgeois, que pour qu'on ne se moquât pas de vous dans les autres pays, quand je dirai que je suis resté huit jours dans la ville où mon père est né, sans que l'on ait fait aucun effort pour m'entendre. » — Je jouai un concerto; tout alla bien, sauf l'accompagnement. A la fin, je jouai encore une sonate. Alors M. le baron Belling me remercia au nom de toute la compagnie, dans les termes les plus polis, et me pria de n'avoir égard qu'à leur bonne volonté, et il me remit deux ducats[1].

On ne me laisse pas de cesse que je n'aie consenti à donner dimanche un concert public. — Peut-être! Mais j'en ai déjà tellement assez que je ne puis pas le promettre. — Je serai bien content quand je me retrouverai dans un endroit où il y a une cour. Je puis dire que si je n'avais pas ici un oncle et une tante si excellents, et une si chère petite cousine, je me repentirais d'être venu à Augsbourg, autant que j'ai de cheveux sur la tête. — Maintenant il faut que j'écrive quelque chose de Mlle ma chère cousine; mais je me réserve cela pour demain, car il faut être tout à fait en belle humeur pour la bien louer, comme elle le mérite.

Le 17. — Ce matin, de bonne heure, j'écris et j'affirme que notre petite cousine est belle, intelligente, aimable, adroite

1. 23 fr. 50.

et gaie, et cela vient de ce qu'elle a bien gentiment fréquenté le monde; elle a passé aussi quelque temps à Munich.... C'est vrai que nous allons très bien ensemble, car elle est comme moi un peu malicieuse. Nous nous moquons des gens tous les deux, à plaisir!

81 [M]

A SON PÈRE

Augsbourg, 17 octobre 1777.

Cette fois, il faut que je commence tout de suite par les piano-forte de Stein. Avant d'avoir vu quelque chose de la façon de Stein, c'était les pianos de Spath que j'aimais le mieux, mais maintenant je dois donner la préférence à ceux de Stein, car ils étouffent la résonnance beaucoup mieux que ceux de Ratisbonne. — Quand je frappe fort, je puis laisser le doigt sur la touche, ou le relever, le son cesse au moment même que je le fais entendre. Je puis faire des touches ce que je veux, le son est toujours égal; il ne tinte pas désagréablement; il n'a [pas le défaut d'être] ou plus fort, ou plus faible, ou même de manquer tout à fait; en un mot il est partout bien égal. Stein, il est vrai, ne donne pas ces pianos à moins de 300 florins[1], mais la peine et l'application qu'il y consacre ne se peuvent payer. — Ses instruments ont surtout cet avantage sur les autres, qu'ils sont faits à échappement. Or, sur cent facteurs de pianos pas un ne s'occupe de cela, et cependant, sans échappement, il est absolument impossible qu'un piano ne tinte pas, ou ne continue pas à vibrer après coup. Ses marteaux, quand on appuie sur les touches, retombent au moment même qu'ils frappent les cordes placées au-dessus d'eux, soit que l'on continue à presser la touche, soit qu'on la laisse aller.

Quand Stein a terminé un de ces pianos, il s'y assoit

1. Environ 700 francs.

d'abord (comme il me l'a dit lui-même) et essaie toute espèce de passages, de traits et d'intervalles, et il polit et travaille jusqu'à ce que le piano fasse tout; car il ne travaille que pour l'intérêt de la musique, et non uniquement pour le sien propre, sans quoi il aurait tout de suite fini. Il dit souvent : « Si je n'étais moi-même un amateur de musique si passionné, et si je ne savais jouer un peu de piano, j'aurais certainement, depuis longtemps, perdu patience à mon travail; mais ma foi! je suis un amateur d'instruments qui ne trompent pas l'exécutant et qui soient durables. » — En effet ses pianos sont vraiment solides. Il se fait garant que la table d'harmonie ne se brisera ni n'éclatera. Quand il a terminé la table d'harmonie d'un piano, il l'expose à l'air, à la pluie, à la neige, à l'ardeur du soleil et à tous les diables, pour qu'elle éclate, et alors il y colle de petits morceaux de bois pour qu'elle devienne tout à fait solide et résistante. Il est enchanté quand elle se fend, car désormais, on peut être assuré qu'il ne lui arrivera plus rien. Souvent il y fait lui-même des incisions pour la recoller ensuite et la rendre bien solide. — Il a trois de ces pianos terminés. Je viens de jouer de nouveau dessus, aujourd'hui.

Nous avons dîné aujourd'hui chez le jeune M. Gassner, qui est le jeune et charmant veuf d'une jeune et belle femme; il n'y avait que deux ans qu'ils étaient mariés!... C'est un jeune homme très comme il faut et très aimable. Il nous a magnifiquement traités. Il y avait là aussi, à table, un collègue de MM. les abbés Bullinger, Henri et Wishofer, un ex-jésuite, qui est actuellement maître de chapelle ici, à la cathédrale. Il connaît fort bien M. Schachtner : il était son chef de chœur à Ingolstadt; c'est le P. Gerbl.

M. Gassner et une de ses belles-sœurs, maman, notre cousine et moi, nous sommes allés après le repas chez M. Stein. A quatre heures, vinrent aussi M. le maître de chapelle et M. Schmittbauer, organiste de Saint-Ulrich, un vieux brave homme tout uni. J'étais justement en train de jouer à *prima vista* une sonate de Beecké passablement difficile et *misérable al solito*[1]. Ce que le maître de chapelle et l'organiste se signèrent de fois, ne peut se décrire! — J'ai déjà joué ici et à Munich, très souvent et par cœur, toutes mes six sonates [K. 279 à 284]. J'ai joué la 5ᵉ en sol [K. 283] au grand concert du cercle des Patriciens. La dernière, en ré [K. 284], ressort incomparablement bien sur le piano de Stein. — La mécanique[2] que l'on presse avec le genou est aussi mieux faite [dans ses pianos] que dans les autres; j'ai à peine besoin de la toucher qu'elle va déjà, et aussitôt que je retire tant soit peu le genou, on n'entend plus la moindre vibration.

Demain, j'en viendrai peut-être à ses orgues, je veux dire que je viendrai à en écrire quelque chose; — et pour la fin, je me réserve sa petite fille. — Quand j'ai dit à M. Stein que j'aimerais bien à jouer sur son orgue, parce que l'orgue est ma passion, il a été fort surpris et m'a dit : « Comment! un homme comme vous, un si grand pianiste veut jouer d'un instrument où il n'y a ni *douceur*, ni *expression*, ni *piano* ni *forte*, mais qui est toujours le même? » — « Tout cela ne signifie rien; l'orgue est pourtant à mes yeux et pour mes oreilles le roi de tous les instruments. » — « Eh! bien! soit! » — Nous allâmes ensemble. Je m'apercevais bien à ses discours qu'il croyait que je ne ferais pas grand'chose de bon sur son orgue, et que, *par exemple*, j'en jouerais tout à fait comme du piano. Il me raconta qu'il avait aussi conduit Schobert[3], sur son désir, voir ses orgues : « Et j'avais déjà peur, dit-il, car Schobert avait dit la chose à tout le monde et l'église était assez pleine. Et, ma foi! je croyais que cet homme allait se montrer plein d'esprit, de feu et de rapidité [dans l'exécution], ce qui ne va pas du tout sur l'orgue. Mais dès qu'il eut commencé, je changeai d'avis. » — Je répondis seulement : « Eh! quoi! M. Stein! pensez-vous

1. Comme d'habitude.
2. Espèce de pédale.
3. Schobert ou Chobert, maître de piano et compositeur, de Paris.

que je vais me mettre à courir de côté et d'autre sur l'orgue? » — « Oh! vous, c'est tout autre chose! » — Nous allâmes au chœur et je commençai à préluder; déjà il se mit à rire; puis une fugue. — « Ah! je crois bien, dit-il, que vous aimez à jouer de l'orgue! Quand on en joue comme cela!... » — Au commencement, la pédale me déroutait un peu, parce qu'elle n'est pas divisée : elle commence par ut, puis ré, mi, etc., tout à la file; tandis que, chez nous, le ré et le mi sont en haut, comme ici le mi bémol et le fa dièze. Mais je m'y suis tout de suite retrouvé.

Je suis aussi allé à Saint-Ulrich, jouer sur le vieil orgue. L'escalier est quelque chose d'affreux! J'ai demandé que quelqu'un voulût bien me jouer de l'orgue, parce que je désirais descendre et écouter d'en bas, l'orgue ne faisant aucun effet d'en haut. Mais je n'ai rien pu distinguer; le jeune chef de chœur, un ecclésiastique, se mit à faire des traits sur l'orgue, si bien qu'on n'y comprenait rien. Et quand il voulait faire des accords, ce n'était que dissonances, car ses accords n'étaient pas justes. — Nous dûmes, après cela, entrer dans un parloir[1], car maman, ma cousine et M. Stein étaient aussi là. Un certain Père Émilian, âne glorieux, sot, bel esprit de profession, fut tout à fait charmant; il voulait toujours s'amuser à railler la petite cousine, mais c'est elle qui s'amusait à le railler. A la fin, quand il fut un peu monté (ce qui arriva bientôt), il commença de parler musique; il chanta un canon et dit : « Je n'ai, de ma vie, rien entendu de plus beau! » — Je répondis : « Je regrette de ne pouvoir chanter avec vous, mais je n'ai pas le don de savoir entonner un son. » — « Cela ne fait rien », reprit-il. Il commença, j'étais le troisième, mais je chantai sur l'air des paroles toutes différentes : « P. E.[2], ô toi,... toi!... » (*sotto voce*, à ma cousine) ce qui nous fit rire pendant une demi-heure encore. — Il me dit : « Si nous pou-

1. Où on leur servit des rafraîchissements.
2. « Père Émilian. — En allemand : *P. E. o du Sch... du...* ».

vions rester plus longtemps ensemble, j'aimerais à discourir avec vous sur l'art de la composition. » — « Oh! nous aurions bientôt fini d'en discourir! » répondis-je. — Cela sent son crétin!... La suite prochainement.

82 (M)

A SON PÈRE

Augsbourg, 24 octobre 1777.

C'est hier, mercredi 23[1], que mon concert est venu *in scena*. Le comte Wolfeck s'en est activement occupé et a amené avec lui quelques dames chanoinesses. Dès les premiers jours, j'étais allé à sa maison pour lui rendre mes devoirs, mais il n'était pas ici. Il est revenu, il y a quelques jours, et quand il a su que j'étais à Augsbourg, il n'a pas attendu que je vinsse le voir : précisément au moment où je prenais mon chapeau et mon épée pour aller lui faire ma visite, il est entré chez moi.

Il faut maintenant que je vous fasse une description de ces jours passés, avant d'en venir au concert. Samedi dernier, je suis allé à Saint-Ulrich, comme je vous l'ai déjà écrit. Quelques jours auparavant, M. mon oncle m'avait mené voir le père abbé de Sainte-Croix, qui est un très bon et digne vieillard[2]. Samedi, avant d'aller à Saint-Ulrich, je suis retourné avec ma cousine au monastère de Sainte-Croix, parce que, la première fois, M. le Doyen et M. le procureur n'y étaient pas, et que ma cousine m'avait dit que le procureur est si gai[3]....

... « Mais il les a reçus! » — *Maman :* « Mais, mon Dieu!

1. Nissen commence ainsi et date la lettre du 24, au lieu du 23 qu'indique Nohl.

2. Le P. Barth. Christa.

3. Ici, comme dans plusieurs lettres, la mère de Mozart prend la plume pendant quelques lignes et termine en disant : « Je suis bien étonnée que tu n'aies pas encore reçu les duetti de Schuster ». Là-dessus, Mozart écrit ce qui suit....

il a toujours écrit qu'il ne les avait pas encore.... » — *Wolfgang :* « Je ne puis pas souffrir les discussions; il les a certainement reçus; et en voilà assez! » — *Maman :* « Tu te trompes. » — *Wolfgang :* « Non, je ne me trompe pas; je le montrerai écrit à maman. » — *Maman :* « Vraiment? et où?... » — *Wolfgang :* « Ici; maman n'a qu'à lire. » — (Voilà qu'elle est en train de lire.)

Dimanche dernier, j'ai assisté à la messe à Sainte-Croix, et, à dix heures, j'ai été chez M. Stein, où nous avons répété quelques symphonies pour le concert. Puis j'ai dîné avec mon oncle à Sainte-Croix. Pendant le repas, on fit de la musique. Quelque mal qu'ils jouent du violon, j'aime encore mieux leur musique de couvent que l'orchestre d'Augsbourg. J'exécutai une symphonie, puis, aux applaudissements unanimes, je jouai, sur le violon, le concerto en si bémol de Vanhall. M. le Doyen est un homme gai et excellent; c'est un cousin d'Eberlin[1]; il s'appelle Zeschinger et connaît très bien papa.

Le soir, au *souper*, je jouai le concerto de Strasbourg[2]; cela alla comme avec de l'huile; tout le monde loua la beauté et la pureté de mes sons. Après, on apporta un petit piano clavicorde; je préludai et je jouai une sonate, puis les variations de Fischer [K. 179]. Alors les autres chuchotèrent à l'oreille de M. le Doyen que c'était surtout en style de musique d'orgue qu'il devrait m'entendre jouer. Je lui dis qu'il n'avait qu'à me donner un thème; il ne le voulut pas, mais un des religieux m'en proposa un. Je me mis à le développer et, au beau milieu (la fugue était en sol mineur), je commençai, en sol majeur, un motif sur un mode tout à fait gai, quoique de la même mesure; puis je repris le thème, mais à rebours. A la fin, l'idée me vint que je pourrais

1. Ancien maître de chapelle à Salzbourg et bon compositeur de musique d'église.

2. Jahn pense que Mozart désigne ainsi le concerto pour violon [K. 216 ou 219], à cause de quelque mélodie populaire strasbourgeoise dont il aurait tiré parti pour l'andante.

peut-être employer aussi, en sujet de fugue, le motif gai. Je ne me le demandai pas longtemps, mais le fis aussitôt, et cela alla aussi bien que si Daser[1] l'avait taillé. — M. le Doyen était tout hors de lui : « C'en est assez !... Inutile de continuer... », dit-il, « je n'aurais jamais cru ce que je viens d'entendre ; vous êtes un homme complet ! mon Père Abbé me l'avait bien dit que, de sa vie, il n'avait entendu jouer de l'orgue d'une manière aussi serrée et aussi sérieuse ! » (car le Père Abbé m'avait entendu quelques jours auparavant, mais le Doyen n'était pas là). — A la fin, quelqu'un apporta une sonate fuguée, pour que je la jouasse. Mais je dis : « Messieurs, c'en est trop, il faut que je l'avoue ; je ne vais pas pouvoir jouer cette sonate-là du premier coup. » — « Oui, c'est ce que je crois aussi, » dit le Doyen très vivement, car il était tout à fait pour moi ; « c'est trop difficile ! ce ne serait possible pour personne. » — « Mais pourtant, repris-je, je veux l'essayer.... » Et j'entendis tout le temps, derrière moi, le Doyen qui disait : « Oh ! petit gredin !... Oh ! petit coquin !... Oh !... » — Je jouai jusqu'à onze heures, toujours bombardé et pour ainsi dire assiégé uniquement de sujets de fugue.

Récemment, chez Stein, celui-ci m'apporta une sonate de Beecké... je crois que j'ai déjà écrit cela. A propos, parlons un peu de sa petite fille[2]. Qui la voit, l'entend jouer et peut s'empêcher de rire, doit être de pierre comme son père[3]. Elle est assise bien en face des octaves supérieures du clavier, pas au milieu surtout, afin d'avoir plus d'occasions de s'agiter et de faire des grimaces ; elle tourne les yeux, elle sourit. Quand un motif revient deux fois, elle le joue plus lentement la seconde fois ; s'il revient trois fois, plus lentement encore ; quand elle fait un trait, elle lève les bras aussi haut que possible ; et quand le trait doit être bien marqué,

1. Tailleur à Salzbourg.
2. Marie-Anne Stein, plus tard Mme Streicher, pianiste distinguée.
3. *Stein* veut dire *pierre*.

c'est du bras et non des doigts qu'elle la fait, et elle met toute son application à la jouer lourdement et maladroitement. Mais le plus joli, c'est que, lorsque dans un *passage* (qui doit couler comme de l'huile), il faut de toute nécessité changer de doigts, elle ne s'en met guère en peine, mais, quand le moment arrive, elle s'interrompt, lève la main et recommence bien commodément. Par ce moyen, on a plus de chance d'attraper une fausse note, et cela produit souvent un curieux effet. J'écris ceci dans l'unique but de donner à papa quelque idée de l'art de jouer du piano et de l'enseigner, afin qu'il puisse en faire son profit.

M. Stein est complètement infatué de sa fille. Celle-ci est âgée de huit ans et elle apprend tout par cœur. Elle peut réussir, car elle a de grandes dispositions; mais, de cette manière, elle n'arrivera à rien; elle n'obtiendra jamais une grande agilité de doigts parce qu'elle s'applique tout à fait à rendre sa main lourde. Jamais elle n'acquerra ce qui est le plus nécessaire, le plus difficile et la chose capitale en musique, c'est-à-dire la mesure, parce que, depuis son enfance, elle ne s'est étudiée qu'à ne pas jouer en mesure. M. Stein et moi nous avons bien causé de cela pendant deux heures. Je l'ai déjà passablement converti, et il me demande maintenant conseil pour tout. — Il était tout à fait engoué de Beecké; maintenant il voit et il entend que je joue mieux que Beecké, que je ne fais pas de grimaces, et que pourtant je joue avec tant d'expression, que personne encore, à sa connaissance, n'a su tirer un aussi bon parti de ses pianos. C'est surtout de ce que je vais toujours exactement en mesure, qu'ils sont tous émerveillés. Ils ne peuvent pas du tout comprendre que dans le *tempo rubato*[1] d'un adagio, ma main gauche reste complètement indépendante. Chez eux, la main gauche cède toujours. — Le comte

1. Dans le *tempo rubato*, la main droite fait deux ou quatre notes, tandis que la gauche en fait trois ou six, — ou *vice versa*. La difficulté est que les mains restent parfaitement indépendantes, en conservant strictement la mesure.

Wolfeck et bien d'autres, qui sont tout à fait passionnés pour Beecké, disaient l'autre jour, tout haut, pendant le concert, que je mets Beecké dans le sac. Le comte Wolfeck courait tout le temps de côté et d'autre, dans la salle, et disait : « De ma vie, je n'ai rien entendu de pareil ! » — Il me dit : « Il faut que je vous dise que je ne vous ai jamais entendu jouer comme aujourd'hui ; je le dirai à votre père dès que j'irai à Salzbourg. »

Qu'est-ce que papa pense que nous avons joué en premier, après la symphonie ?... Le concerto à trois pianos [K. 242]. M. Demmler[1] tenait le premier piano, moi le second, et M. Stein le troisième. Après, j'ai joué seul la dernière sonate en ré [K. 284], composée pour Dürnitz[2], puis mon concerto en si bémol [K. 238], puis seul, de nouveau, et en style d'orgue, une fugue en ut mineur, et, tout à coup, une magnifique sonate en ut majeur, improvisée, et un rondo pour finir. Il y eut alors un bruit, un vacarme indescriptibles. M. Stein n'arrêtait pas de faire des mines et des grimaces d'admiration. M. Demmler ne pouvait s'empêcher de rire sans cesse ; c'est un homme si bizarre, que quand quelque chose lui plaît tout à fait, il ne peut s'empêcher de rire d'une manière effroyable. Avec moi, il commençait même à jurer. — *Addio.*

83 [M]

A SON PÈRE

Augsbourg, 24 et 25 octobre 1777.

Le concert a rapporté 90 florins, frais non compris. Ainsi avec les 2 ducats du cercle [des Patriciens], nous n'avons gagné que 100 florins[3]. Les frais du concert ne se sont pas

1. Organiste de la cathédrale.
2. Le baron Dürnitz avait, en 1775, commandé à Mozart des sonates qu'il oublia ensuite de lui payer.
3. Environ 236 francs.

montés à plus de 16 florins et 30 kreutzers[1]: j'ai eu la salle pour rien, quant aux musiciens, je crois qu'il y en a beaucoup qui ne se feront pas payer. Nous n'avons eu à dépenser en tout que 26 ou 27 florins[2]. Cela peut encore aller.

J'écris ceci le samedi 25. — Ce matin, de bonne heure, j'ai reçu la lettre contenant la triste nouvelle de la mort de la femme de M. l'inspecteur en chef. C'est maintenant que Mlle Tonerl va allonger le museau!... peut-être est-elle obligée de l'ouvrir bien grand... et de le refermer, malheureusement, plus vide qu'auparavant. — Pour ce qui est de la fille des Mundbecken, je n'ai rien du tout à objecter. J'ai prévu tout cela depuis longtemps. C'était justement pour cette raison que j'hésitais tant à me mettre en route et que cela me semblait si dur. J'espère pourtant que l'histoire n'est pas déjà connue de tout Salzbourg? Je prie papa de la manière la plus pressante de l'étouffer aussi longtemps que possible; et quant aux dépenses que son père a eu à faire pour sa somptueuse entrée au couvent, de les rembourser de ma part, en attendant que je revienne à Salzbourg et que je rende complètement à la santé et à sa vie de couvent cette pauvre jeune fille qui (comme le P. Gassner, dans son couvent), est atteinte d'une maladie toute naturelle et sans aucune sorcellerie.

Je baise les mains de papa et le remercie très respectueusement de ses souhaits de bonheur pour ma fête. Que papa vive sans inquiétude; j'ai continuellement Dieu devant les yeux. Je reconnais sa toute-puissance et je redoute sa colère; mais je connais aussi son amour, sa compassion et sa miséricorde pour ses créatures : il n'abandonnera jamais ses serviteurs. Si les choses vont suivant sa volonté, elles iront aussi selon la mienne; ainsi je ne puis manquer d'être heureux et satisfait. Je m'efforcerai aussi, bien certainement, de suivre le plus exactement possible les recommandations et

1. Environ 40 francs.
2. Entre 60 et 65 francs.

les conseils que vous avez eu la bonté de me donner. J'envoie mille remerciements à M. Bullinger pour ses souhaits de bonheur. Je lui écrirai prochainement pour le remercier moi-même. En attendant, je ne puis faire autre chose que de l'assurer que je n'ai et ne connais pas de meilleur, de plus sincère et de plus fidèle ami que lui.

Quant à Mlle Sallerl, que je remercie aussi très humblement, j'enverrai pour elle des vers de remerciement dans la lettre à M. Bullinger. Je remercie aussi ma sœur; qu'elle garde les duetti de Schuster, et ne s'inquiète plus de rien dorénavant.

Papa m'écrit, dans sa première lettre, que j'ai compromis ma dignité avec ce gamin de Langenmantl. — Pas du tout! J'ai été très naturel, rien de plus. Je crois que papa s'imagine que c'est encore un enfant; mais il a déjà vingt-et-un ou vingt-deux ans, et il est marié. Est-ce qu'on peut donc être encore un enfant quand on est marié? — Je n'y suis plus retourné depuis. Aujourd'hui, j'y ai porté deux billets d'adieu, en me faisant *excuser* de ne pas monter parce que j'avais encore beaucoup de courses urgentes à faire. — A présent, il faut que je termine, car maman veut *absolument* se mettre à table, puis faire les paquets. Demain nous partons et nous irons directement à Wallerstein [1].

Ma chère petite cousine vous fait à tous deux ses compliments. Elle n'est rien moins que bigote! — Hier, elle s'est habillée à la Française pour me faire plaisir. Cela l'a rendue de 5 0/0 plus belle. — Et maintenant, *Addio!* [2].

1. A Hohenaltheim, chez le prince d'Œtting-Wallerstein qui entretenait un excellent orchestre et avait connu Mozart autrefois à Naples.

2. Mozart et sa mère quittèrent Augsbourg le 26 octobre et s'arrêtèrent à Hohenaltheim. Malheureusement, le prince était souffrant et ne pouvait entendre aucune musique. Un rhume de Mme Mozart les obligea néanmoins d'y rester quelques jours. Ils n'arrivèrent à Manheim que le 30 octobre.

84 [M]

A SON PÈRE

Manheim, 31 octobre 1777.

..... Moi aussi, je vous prie de vous contenter de ma médiocrité. — Je suis allé aujourd'hui, avec M. Danner[1] chez M. Cannabich[2]; il a été poli comme il l'est rarement. Je lui ai joué quelque chose sur son piano, qui est excellent. Nous sommes allés ensemble à la répétition; j'ai cru que je ne pourrai me retenir de rire quand on m'a présenté à ces messieurs. Quelques-uns, qui me connaissaient *par renommée*, furent très polis et pleins d'égards; mais d'autres, qui ne savaient rien de moi, m'ont regardé avec de grands yeux, d'une façon bien comique. Ils pensent sûrement que parce que je suis petit et jeune, je ne puis cacher en moi rien de grand ni de mûr; mais ils en feront bientôt l'expérience. — Demain M. Cannabich me conduira lui-même chez le comte Savioli, intendant de la musique. Le meilleur [pour moi] c'est que le jour de fête du prince Électeur[3] va précisément arriver.

L'oratorio que l'on répète est de Händel; mais je ne suis pas resté, car on avait auparavant répété le psaume *Magnificat* du vice-maître de chapelle d'ici, Vogler, et cela a duré presque une heure. — Maintenant, il faut que je cesse, car je dois encore écrire à ma cousine.

A Mlle Rosalie Joli.

Je te fais mille remerciements, ma Sallerl bien chère,
Et bois en ton honneur un plein verre
De café, puis de thé et de limonade
Où je plonge un bâton de pommade

1. Christian Danner, violoniste.
2. Cannabich, directeur de l'orchestre de Manheim.
3. Charles-Théodore, prince Palatin.

Et aussi... Aïe! Aïe! il sonne juste six heures,
Et qui ne le croit pas est un... est un... farceur.

La suite prochainement.

85 (M)

A SON PÈRE

Manheim, 4 novembre 1777.

Voici la seconde lettre que j'écris de Manheim [1].

Je suis tous les jours chez Cannabich. Aujourd'hui maman y est venue avec moi. C'est un homme tout à fait différent de ce qu'il était autrefois; l'orchestre tout entier le dit aussi. Il est très favorablement disposé pour moi. Il a une fille qui joue très gentiment du piano, et pour m'en faire tout à fait un ami, je travaille en ce moment, pour Mlle sa fille, à une sonate qui est déjà terminée, sauf le rondo. Dès que j'ai eu fini le premier allegro et l'andante, je les lui ai apportés et joués moi-même. Papa ne peut pas se figurer comme cette sonate plaît. — Il y avait justement là quelques musiciens de l'orchestre: le jeune Danner, Lang, le cor de chasse, et un hautbois [2] dont je ne sais plus le nom, mais qui joue très bien et a un joli son, très délicat. Je lui ai fait cadeau de mon concerto de hautbois [K. 293]; on est en train de le copier chez Cannabich. Cet homme en est fou de joie; je lui ai joué le concerto aujourd'hui, sur le piano de Cannabich, et bien qu'on sût QU'IL EST DE MOI, il a beaucoup plu. Personne n'a dit que ce concerto ne fût pas BIEN COMPOSÉ,... sans doute parce que les gens d'ici n'y comprennent rien! Qu'ils demandent seulement à l'archevêque,... il les remettra tout de suite dans la bonne voie [3]! — Aujourd'hui, j'ai joué mes six sonates [K. 279-284] chez Cannabich.

1. Nissen commence ainsi cette lettre.
2. Ramm.
3. Allusion aux tracasseries de l'archevêque de Salzbourg, qui trouvait à redire à tout ce que composait Mozart.

M. le maître de chapelle, Holzbauer[1], m'a conduit lui-même chez M. l'intendant, comte Savioli. Cannabich s'y trouvait justement. M. Holzbauer a dit en italien, au comte, que je désirais avoir la faveur de me faire entendre de Son Altesse Électorale. Je dis alors : « Je suis déjà venu ici, il y a quinze ans ; j'avais alors sept ans ; mais maintenant je suis plus âgé et j'ai grandi, et il en est de même pour la musique. » — « Oh ! dit le comte, c'est ce ...? » Est-ce que je sais pour qui il m'a pris ! — Cannabich se mit alors tout de suite à lui parler, mais je fis semblant de ne pas entendre et j'entrai en conversation avec les autres. Je remarquai seulement qu'il parlait de moi d'un air très sérieux. Le comte me dit ensuite : « J'entends dire que vous jouez très passablement du piano? » Je m'inclinai.

Maintenant, il faut que je parle de la musique d'ici. Samedi, jour de la Toussaint, je suis allé à la grand'messe de la chapelle. L'orchestre y est très bon et bien nourri : De chaque côté, 10 à 11 violons, 4 altos, 2 hautbois, 2 flûtes et 2 clarinettes, 2 cors, 4 violoncelles, 4 bassons et 4 contrebasses, des trompettes et des timbales. On peut faire de belle musique avec cela ; mais je n'ose me risquer à faire exécuter ici aucune messe de moi. Pourquoi? A cause de leur brièveté? — Non, car ici aussi, il faut que tout soit court. — A cause du style d'église exigé? — Encore moins. Mais c'est que, dans les circonstances actuelles, il faut composer surtout pour les instruments, car on ne peut se figurer rien de plus pitoyable que la musique vocale d'ici : 6 soprani, 6 contralti, 6 ténors et 6 basses, contre 20 violons et 12 basses, c'est comme 0 à 1. — N'est-ce pas, M. Bullinger? — Voici d'où cela vient : Les Italiens sont maintenant ici en complète défaveur ; il n'y a que deux castrats, qui sont déjà vieux et qu'on laisse s'éteindre. Le sopraniste, même, préférerait chanter la partie de contralto, car il ne peut plus monter. Les jeunes garçons qu'ils ont, sont pitoyables ; les ténors

1. Ignace Holzbauer, né à Vienne en 1711, compositeur estimé.

et les basses, comme nos chantres des offices des morts. — M. le vice-maître de chapelle, Vogler[1], qui a composé la messe de l'autre jour, est un farceur en musique, un homme sans idées, qui a une grande présomption et qui n'est pas capable de grand'chose. L'orchestre tout entier ne peut le souffrir. — Mais aujourd'hui, dimanche, j'ai entendu une messe de Holzbauer qui a déjà vingt-six ans de date, et qui est pourtant excellente. Il écrit très bien, il a un bon style d'église, il compose bien pour les voix et les instruments, et fait de bonnes fugues.

Il y a ici deux organistes pour lesquels il vaudrait la peine de faire le voyage de Manheim. J'ai eu l'occasion de les bien entendre, car ici ce n'est pas l'usage qu'on chante le *Benedictus;* il faut que l'organiste joue tout le temps. La première fois j'ai entendu le second organiste, et la seconde fois j'ai entendu le premier. Mais j'estime plus le second que le premier. Quand je l'eus entendu je demandai : « Quel est celui qui joue de l'orgue? » — « Notre second organiste. » — « Il joue misérablement. » Quand j'eus entendu l'autre : « Et celui-ci, quel est-il? » — « Notre premier organiste. » — « Il joue encore plus misérablement. » — Je crois que si on les fondait ensemble, il en sortirait quelque chose d'encore plus mauvais. C'est à mourir de rire de regarder jouer ces messieurs! Le second est à l'orgue comme l'enfant qui s'est sali; on voit, rien qu'à sa figure, quel artiste il est. Au moins le premier a des lunettes! Je me suis tenu près de l'orgue et j'ai bien regardé, dans l'intention d'en apprendre quelque chose. Il lève les mains aussi haut que possible après chaque note. Mais ce qui constitue sa *force*, c'est qu'il joue six parties à la fois, mais le plus souvent en quintes et en octaves[2]; souvent aussi, par plaisanterie, il laisse de côté la main droite et joue seulement de la gauche. En un mot, il peut faire tout ce qu'il veut et est complètement maître de son orgue.

1. Georges J. Vogler, savant contrepointiste, maître de Weber et de Meyerbeer.
2. Raillerie de Mozart, parce que les quintes et les octaves constituent des fautes ou des pauvretés en harmonie.

Maman vous envoie, à tous, ses compliments. Il lui est impossible d'écrire, car elle a encore son office à lire. Nous sommes revenus très tard de la répétition générale de l'opéra. Demain, après la grand'messe, je dois aller chez l'austère Mme la princesse Électrice, qui veut *absolument* m'apprendre à TRICOTER. — J'en ai un grand souci, car elle veut, aussi bien que Monseigneur le prince Électeur, que dimanche prochain déjà je TRICOTE le soir, en public, au grand concert de gala. Mlle la princesse d'ici, qui n'est qu'une enfant naturelle chez la princesse Électrice, TRICOTE, elle aussi, très bien. — A huit heures précises, Zweenbruck[1] et sa femme sont arrivés ici.

A propos : maman et moi nous prions bien gentiment papa de vouloir bien avoir la bonté d'envoyer un souvenir à notre chère cousine; car nous avons tous deux regretté de n'avoir rien à lui offrir, mais nous avons promis d'écrire à papa pour qu'il lui envoie un présent. Il faut deux objets : Au nom de maman, un châle double, comme le sien; et en mon nom un bijou, une tabatière ou un étui à cure-dents... n'importe quoi, pourvu que ce soit beau; car elle le mérite. Son père et elle se sont donné beaucoup de peine et ont perdu beaucoup de temps avec nous. C'est M. mon oncle qui recevait l'argent au concert. *Addio.*

86

A SA COUSINE MARIA ANNA MOZART

A AUGSBOURG

Manheim, 4 et 5 novembre 1777.

Chère petite cousine, voisine[2],

J'ai reçu exactement votre épître qui a tant de prix pour

1. Littéralement : « Zweenbruck (en patois : deux ponts) et sa Zwobruckin », jeu de mots intraduisible, sur le prince et la princesse des Deux-Ponts venus pour les fêtes du prince Électeur, leur oncle.

2. Les lettres de Wolfgang à sa cousine sont toutes sur ce ton de plaisanterie

mot, émot, et j'ai appris par elle, ritournelle, que M. mon oncle, furoncle, et Mme ma tante, charmante, et vous-même, blême, vous vous portez tous très bien, chien. Nous sommes aussi, grâce à Dieu, en bonne santé, bonté. La lettre de mon papa, ah! ah! est aussi parvenue aujourd'hui entre mes griffes. J'espère que, de votre côté, vous avez reçu la lettre que je vous ai écrite de Manheim. Allons, tant mieux; tant mieux, allons! — Maintenant, quelque chose de raisonnable : je suis fâché que M. le père Abbé ait eu une nouvelle attaque; j'espère qu'avec l'aide de Dieu cela n'aura pas de suite. — Vous m'écrivez que vous tiendrez la promesse que vous m'avez faite à mon départ d'Augsbourg, et cela bientôt; eh! bien! cela me fera certainement plaisir. — Vous m'écrivez plus loin que, vraiment..., vous témoignez, vous découvrez, vous signifiez, vous me faites savoir, vous me déclarez nettement, vous mettez clairement au grand jour, vous souhaitez vivement, vous convoitez, vous désirez, vous voulez, vous voudriez, vous commandez, vous me donnez à entendre, vous me donnez avis, vous me notifiez, que je dois... aussi vous envoyer mon portrait. — *Eh! bien!* certainement je vous l'enverrai. — « Si vous m'aimez encore? » — Je le crois bien! Allons, tant mieux, tant mieux, allons! — Oui, c'est ainsi que va le monde : l'un a la bourse, l'autre a l'argent. Auquel vous attachez-vous? A moi, n'est-ce pas? Je le crois bien! — A présent je vous souhaite une bonne nuit. Demain nous causerons raisonnablement[1]. J'ai une quantité de choses à vous dire. Vous ne pouvez pas le croire, mais vous l'entendrez bien demain! — En attendant, portez-vous bien. — Qu'est-ce que c'est que cela?... Est-ce possible!... O Dieux!... Mon oreille, ne me trompes-tu pas? Non, c'est bien vrai!... Quel long et triste son!...

Aujourd'hui, 5, j'écris ce qui suit : — Hier, j'ai causé

exubérante. Dans celle-ci, il s'amuse — jusqu'au premier alinéa — à mettre à la fin de chaque phrase un mot quelconque qui rime avec le dernier mot. Nous avons pensé suffisant d'en donner un échantillon dans les premières lignes.

1. Dans la phrase suivante, les mots sont mêlés et intervertis jusqu'au premier tiret.

avec la sévère Mme la princesse Électrice, et demain, ô, je jouerai dans le grand concert de gala, et ensuite de nouveau, et en plus, dans les appartements privés : la princesse me l'a dit elle-même. — Maintenant quelque chose de tout à fait raisonnable : il vous viendra entre les mains une ou plusieurs lettres pour moi, que je vous prie de... quoi? — Eh! oui! un renard n'est pas un lièvre!... Eh! bien! de... mais où en suis-je resté?... Ah! bien!... à leur arrivée, — oui, j'y suis maintenant, — des lettres, des lettres arriveront. Mais quelles lettres?... Eh! bien sûr, des lettres pour moi!... Je vous prie de me les envoyer exactement. Je vous ferai savoir l'endroit où j'irai après Manheim.

Maintenant, numéro deux : Je vous prie,... pourquoi pas?... Je vous prie donc, bien chère petite sotte,... et pourquoi pas?... que si, par hasard, vous écrivez à Mme Tavernier, à Munich, vous vouliez bien envoyer, de ma part, mes compliments aux demoiselles Freysinger;... et pourquoi pas? — C'est curieux!... mais pourquoi pas?... Et quant à la plus jeune, c'est-à-dire Mlle Josépha, je lui demande bien pardon,... pourquoi pas? pourquoi ne pourrais-je pas lui demander pardon?... Voilà qui est curieux! j'ignore vraiment pourquoi je ne le ferais pas!... Je lui demande donc extrêmement pardon de ne pas lui avoir encore envoyé la sonate que je lui avais promise, mais je l'expédierai le plus tôt possible. Pourquoi pas? Quoi donc?... pourquoi pas?... Pourquoi ne faut-il pas que je l'envoie? Pourquoi ne faut-il pas que je l'expédie?... Pourquoi pas?... C'est bien curieux! Vraiment je ne sais pas pourquoi je ne le ferais pas! — Alors, c'est convenu, vous me ferez ce plaisir. Et pourquoi pas?... C'est curieux! mais enfin, pourquoi pas?... Je ne sais pas pourquoi pas? — N'oubliez pas non plus d'envoyer mes compliments au papa et à la maman de ces deux demoiselles, car c'est manquer grossièrement aux convenances que d'oublier un père et une mère.

Bientôt, quand la sonate sera terminée, je vous l'enverrai avec une lettre, et vous aurez la bonté de l'adresser à

Munich. Maintenant il faut que je termine et cela me chagrine. — M. le chevalier, allons bien vite à Sainte-Croix et voyons s'il y a encore quelqu'un de levé! Nous ne nous arrêterons pas, nous ne voulons que sonner les cloches,... rien de plus!... Pour lors, portez-vous bien; je vous embrasse mille fois et suis comme toujours le vieux, jeune...

Wolfgang Amade *Rosenkranz.*

A tous nos bons amis, salut! — *Addio* lourdaude, nigaude, jusqu'au tombeau, si je vis jusque-là.

Miehnnam ned net 5 rebotco 7771[1].

87 (M)

A SON PÈRE

Manheim, 8 novembre 1777.

Cette après-midi, j'ai écrit, chez Cannabich, le rondo pour Mlle sa fille, et après ils ne m'ont plus laissé partir. — Le prince Électeur, la princesse et toute la cour sont très contents de moi. Au concert, toutes les fois que c'était mon tour de jouer, de deux en deux morceaux, le prince et la princesse venaient tout à côté de moi, près du piano. — Après le concert, Cannabich fit en sorte que je pusse parler aux souverains. Je baisai la main du prince Électeur; il dit : « Il y a maintenant quinze ans, je crois, que vous n'êtes venu ici. » — « Oui, Votre Altesse, il y a quinze ans que je n'ai eu cet honneur. » — « Vous jouez d'une manière incomparable. » — La princesse, lorsque je lui baisai la main, me dit : « *Monsieur, je vous assure, on ne peut pas jouer mieux.* »

Hier, j'ai été avec Cannabich dans l'endroit que maman vous a déjà dit[2]. Là, j'ai causé avec le prince Électeur comme avec un de mes bons amis; c'est un seigneur très affable et très bon. Il m'a dit : « J'ai entendu dire que vous avez écrit

1. « Mannheim, den 5 ten october 1777 » à rebours.
2. Chez les enfants naturels du prince Électeur.

un opéra à Munich? » — « Oui, Votre Altesse. Je me recommande aux bonnes grâces de V. A. Mon plus grand désir serait d'écrire ici un opéra; je supplie V. A. de ne pas m'oublier tout à fait. Je sais aussi l'allemand, grâce à Dieu! » et je souris. — « Cela peut facilement se faire. »

Il a un fils et trois filles; l'aînée et le jeune comte jouent du piano. Le prince Électeur m'a consulté en toute intimité au sujet de ses enfants. J'ai dit mon avis très sincèrement, mais sans jeter le mépris sur leur maître. Cannabich a été aussi de mon avis. Le prince, en s'en allant, me remercia très poliment.

Aujourd'hui, à deux heures, aussitôt après le dîner, je suis allé, avec Cannabich, chez le flûtiste Wendling[1]. Là, tout le monde se montra de la plus grande politesse. La fille, qui a été pendant un temps la *maîtresse* du prince Électeur, joue très joliment du piano. J'ai joué après elle. Je ne puis dire comme je me sentais en train aujourd'hui! Je n'ai fait qu'improviser; et j'ai joué trois duettos avec violon, que je n'avais vus de ma vie et dont je n'avais jamais entendu nommer l'auteur. Tout le monde était si enchanté que j'ai dû... embrasser les dames. Pour ce qui est de la fille, cela ne m'a nullement paru pénible, car elle n'est pas « chien » du tout.

Après, nous sommes retournés chez les enfants naturels du prince Électeur. Là, j'ai joué de tout mon cœur; j'ai joué trois fois, et chaque fois c'est le prince qui m'en a prié. Il est resté assis tout le temps à côté de moi, immobile. — Je me fis aussi donner, par un certain professeur, un sujet de fugue que j'ai développé.

Et maintenant, mon compliment de fête :

Bien cher papa!

Je ne puis pas écrire en vers : je ne suis pas poète. — Je ne puis pas distribuer les phrases assez artistement pour

1. J. B. Wendling, flûtiste de grand talent, mari de la célèbre *prima donna* Dorothée Wendling, née Spurni.

leur faire produire des ombres et des lumières : je ne suis pas peintre. — Je ne puis pas non plus exprimer par des signes et des pantomimes mes sentiments et mes pensées : je ne suis pas danseur. — Mais je puis le faire avec les sons, car je suis musicien. Demain donc, aussi bien pour votre fête que pour votre jour de naissance, je jouerai sur le piano, chez Cannabich, tout un compliment. Pour aujourd'hui je ne peux faire autre chose, *mon très cher père*, que vous souhaiter de tout mon cœur ce que je vous souhaite tous les jours, matin et soir, la santé, une longue vie et une joyeuse humeur. J'espère aussi que vous avez maintenant moins de désagréments que lorsque j'étais encore à Salzbourg; car je dois reconnaître que j'en étais la seule cause. On agissait mal envers moi; je ne le méritais pas : vous y preniez naturellement part... mais trop vivement. Voyez-vous, c'est là la plus grande et la plus importante des raisons qui m'ont fait quitter Salzbourg si promptement. J'espère que mon désir est accompli.

Maintenant il faut que je termine par un compliment de fête musical : je vous souhaite de vivre autant d'années qu'il en faut pour qu'on soit arrivé à ne plus rien pouvoir composer de nouveau en musique. Et maintenant adieu ! Portez-vous très bien ! Je vous prie bien humblement de m'aimer encore un peu et d'accepter avec faveur ce pitoyable compliment de fête, en attendant qu'il se fasse dans l'étroite et petite caisse de mon intelligence quelques tiroirs neufs, où je puisse loger l'intelligence que j'ai l'intention d'acquérir encore par la suite.

88 [M]

A SON PÈRE

Manheim, 13 novembre 1777.

Nous avons reçu bien exactement vos deux dernières lettres. Maintenant, il faut que je réponde ponctuellement à tout. Je n'ai reçu qu'à Manheim la lettre où il est dit que je dois m'informer des parents de Beecké,... et par conséquent trop tard pour pouvoir exécuter la commission. De moi-même, l'idée ne m'en serait nullement venue, car le fait est que cela ne m'importe en rien. — Maintenant papa veut savoir comment j'ai été reçu par lui. Très bien, et très poliment. Il me demanda où je comptais aller. Je dis que c'était probablement à Paris. Alors il me donna beaucoup de conseils en disant qu'il venait d'y aller, lui aussi : « Vous vous ferez un bon revenu en donnant des leçons, car on estime beaucoup le piano, à Paris. » — Il prit tout de suite des dispositions pour qu'on me reçût à la table des officiers[1], et fit en sorte que je pusse parler au prince. Il se montra très fâché d'avoir justement un mal de gorge (très véritable), et de ne pouvoir sortir pour me procurer des distractions. Il regretta aussi de ne pouvoir faire exécuter de la musique en mon honneur, mais la plupart des musiciens étaient partis ce jour-là pour faire à pied, et par partie de plaisir, un voyage je ne sais où. — Je dus, sur sa demande, essayer son piano clavicorde, qui est excellent. Il me disait souvent Bravo! J'improvisai, puis jouai la sonate en si bémol [K. 281] et celle en ré [K. 284]. En un mot il fut très poli, et moi de même, mais très sérieux. — Nous parlâmes de différentes choses, entre autres de Vienne, et notamment de ce que l'Empereur n'est pas grand amateur de musique. Il me dit : « C'est vrai; il est connaisseur... en paroles; mais rien de plus. Je me souviens encore (ici il se frotta le front) que, lorsque je dus jouer devant lui, je ne savais pas du tout quoi jouer. Alors je commençai à exécuter des fugues et autres semblables enfantillages dont je riais moi-même sous cape. » — J'ai cru que je ne pourrais me retenir de lui dire : « J'admets que vous en ayez ri, mais difficilement autant que moi si je vous avais entendu! » — Il dit aussi (ce qui est très vrai) qu'on fait, dans les appartements de l'Empereur,

1. Chez le prince d'Œtting-Wallerstein. Ignace de Beecké était capitaine de dragons dans un régiment wurtembourgeois, intendant de la musique du prince, pianiste distingué et compositeur fécond, très estimé (Jahn, I, 374).

une musique à faire fuir les chiens. Je répondis qu'une pareille musique me fait toujours mal à la tête, quand je ne parviens pas à m'éclipser bien vite. — « Oh! moi, pas du tout! cela ne me fait absolument rien; une mauvaise musique ne m'ébranle pas les nerfs; mais si la musique est belle, c'est alors que je puis avoir mal à la tête. » De nouveau, je pensai en moi-même : « Oui, une tête aussi frivole que la tienne doit sûrement souffrir, dès qu'elle entend quelque chose qu'elle ne peut comprendre! »

Maintenant, quelque chose d'ici. Hier, j'ai dû aller, avec Cannabich, chercher mon présent chez M. l'intendant comte Savioli. C'est bien ce que je m'étais figuré : Rien, en fait d'argent, mais une belle montre d'or. J'aurais préféré, pour le moment, 10 carolins à cette montre qu'on estime 20 carolins[1] avec la chaîne et les devises. En voyage, on a besoin d'argent, et, avec votre permission, j'ai maintenant cinq montres. Aussi ai-je fortement envie de me faire faire un second gousset de montre à chacune de mes culottes, et lorsque je me présenterai chez un grand seigneur, je porterai deux montres à la fois (comme c'est, du reste, la mode actuellement) pour que l'idée ne vienne plus à personne de m'honorer d'une nouvelle montre.

Je vois, d'après ce que papa écrit, qu'il n'a pas lu le livre de Vogler. Je viens de le lire, car je l'ai emprunté à Cannabich. Voici, en deux mots, l'histoire de Vogler : Il est arrivé ici *misérable;* il s'est fait entendre sur le piano et a composé un ballet. On eut compassion de lui et le prince Électeur l'envoya en Italie. — Quand le prince alla à Bologne, il s'informa de Vogler auprès du P. Valotti. [2] « *O Altesse, c'est un grand homme!* etc. » Il interrogea aussi le P. Martini : « *Altesse, il est bon musicien, mais peu à peu, quand il sera un peu plus âgé, plus mûr, il se fera, il se fera. Mais il faut qu'il change beaucoup!* » — Quand Vogler revint, il entra dans les

1. 344 francs.
2. En italien.

ordres et devint aussitôt chapelain de la cour. Il fit exécuter un *Miserere* qui, à ce que tout le monde me dit, n'est pas à écouter, car tout y est faux ; comme il entendait dire qu'on ne le louait pas beaucoup, il alla chez le prince Électeur et se plaignit que l'orchestre jouait mal, exprès, et par esprit d'insubordination. En un mot il sut si bien se retourner (il fit même avec les femmes quelques petites vilenies qui lui furent si utiles), qu'il est devenu vice-maître de chapelle.

C'est un fou qui se figure qu'il n'existe rien de mieux, ni de plus parfait que lui. L'orchestre tout entier, du haut en bas, ne peut le souffrir. Il a causé beaucoup de désagréments à Holzbauer. — Son livre sert plus à apprendre l'arithmétique que la composition. Il prétend qu'il fait un compositeur en trois semaines, et un chanteur en six mois; mais cela ne s'est pas encore vu. Il méprise les plus grands maîtres, et m'a parlé à moi-même de Bach[1] avec dédain. Bach a écrit ici deux opéras dont le premier a eu plus de succès que le second. Le second est *Lucio Silla*. — Comme j'ai écrit le même opéra à Milan, j'ai voulu le voir. Je savais, par Holzbauer, que Vogler l'avait et je le lui ai demandé : « Oh! de tout mon cœur! je vous l'enverrai dès demain; mais vous n'allez pas voir là quelque chose de bien merveilleux! » — Quelques jours après, quand il me vit, il me dit d'un ton tout à fait railleur : « Eh bien! y avez-vous vu quelque chose de beau? y avez-vous appris quelque chose? ... Ah! il y a un air qui est bien beau... quelles en sont donc les paroles? » demanda-t-il à quelqu'un qui était près de lui. — « Quel air? » — « Eh! bien! cet affreux air de Bach, cette cochonnerie!... Ah! oui! *Pupille amate*. Il l'a bien sûr composé dans les fumées du punch! » — Je crus que j'allai le prendre aux cheveux; je fis pourtant comme si je ne l'avais pas entendu, je ne dis rien et m'en allai. Il est, du reste, déjà tout à fait usé auprès du prince.

1. Jean Christian Bach, de Londres.

Voilà la sonate pour Mlle Rosa Cannabich, terminée. — Dimanche dernier, pour m'amuser, j'ai tenu l'orgue à la chapelle. Je suis arrivé pendant le *Kyrie* et j'en ai joué la fin, et après que le prêtre eut entonné le *Gloria*, j'ai fait une cadence; mais si différente de celles qu'on fait d'habitude ici, que tout le monde se retourna pour voir, et Holzbauer, notamment, tout de suite. Il me dit : « Si j'avais su cela, je vous aurais confié une autre messe!... » — « Oui, répondis-je, pour me jouer un tour! » — Le vieux Toeschi[1] et Wendling restèrent tout le temps debout près de moi. Ils eurent amplement de quoi rire. De temps en temps il y avait « *pissicato* » [sur la musique] : alors je ne frappais les touches que d'un seul doigt; j'étais de ma plus belle humeur. Au lieu du *Benedictus*, il faut, ici, jouer tout le temps : Je pris donc le motif du *Sanctus* et le développai en fugue. Ils étaient tous là à faire des figures!... Pour finir, après l'*Ite missa est*, je jouai une fugue. La pédale est autrement disposée que chez nous; cela me dérouta un peu d'abord, mais je m'y retrouvai bientôt.

Maintenant il faut que je termine. Que papa continue à nous écrire à Manheim. — Pour les sonates de Misliweczeck, je sais comment elles sont; je les ai jouées à Munich. Elles sont très faciles et agréables à l'oreille. Mon avis serait que ma sœur, à qui j'envoie mes plus humbles respects, les jouât avec beaucoup d'expression, de goût et de feu, et qu'elle les apprît par cœur; car ce sont des sonates qui doivent plaire à tout le monde, qui sont faciles à apprendre par cœur et qui font de l'effet quand on les joue avec la perfection voulue.

1. Toeschi, violoniste et deuxième chef d'orchestre.

89 (M)

A SA COUSINE MARIA ANNA MOZART

Manheim, 13 novembre 1777.

* *Ma très chère nièce! cousine!*
Fille! mère! sœur et épouse! *

Tonnerre du ciel! mille bombes! Croates de malheur! démons, sorcières, bataillons sans fin de calamités! éléments, air, eau, terre et feu! Europe, Asie, Afrique et Amérique! Jésuites, Augustins, Bénédictins, Capucins, Frères mineurs, Franciscains, Dominicains, Chartreux et Frères de Sainte-Croix! Chanoines réguliers et irréguliers! Fainéants, fripons, canailles,... et coquins, entassés les uns sur les autres! Anes, buffles, bœufs, fous, lourdauds et crétins!... Qu'est-ce que signifie cette façon d'agir?... Quatre soldats et trois bandoulières!... Comment! un pareil *paquet* et pas de portrait?... J'étais déjà plein d'un ardent désir.... Je crois vraiment... car enfin vous m'aviez écrit vous-même, dernièrement, que je le recevrais bientôt et même très prochainement. Doutez-vous, peut-être, que je tienne aussi ma parole? Je ne veux pas croire que vous en doutiez! — Voyons, je vous en prie, envoyez-le-moi; et le plus tôt possible sera le mieux. Il faut espérer qu'il sera tel que je l'ai demandé, c'est-à-dire avec une toilette à la mode française[1].

Vous me demandez si Manheim me plaît? Autant que peut me plaire un endroit où ma cousine n'est pas. J'espère que, de votre côté, vous aurez reçu, — comme de juste, — toutes mes lettres, bien exactement; notamment une lettre de Hohenaltheim et deux de Manheim, et celle-ci, — comme

1. Sa cousine lui envoya son portrait plus tard (février 1778), à Salzbourg; — on le voit encore au Mozarteum. C'est un dessin au crayon, de peu de valeur, mais qui représente un bon et joyeux visage.

de juste, — fera la troisième de Manheim, mais, — comme de juste, — la quatrième de toutes. A présent, il faut que je finisse, — comme de juste, — car je ne suis pas encore habillé, et nous allons justement dîner, — comme de juste. — Si vous m'aimez toujours autant que je vous aime, nous ne cesserons jamais de nous aimer; et quoique[1] le dur triomphe du doute n'ait pas été pris en sérieuse considération, et que la tyrannie des hommes sanguinaires se soit échappée par un chemin détourné, cependant Codrus, ce sage philosophe, dévore souvent de la morve pour de la bouillie d'avoine, et les Romains, ces soutiens de mon... sont toujours, ont toujours été et resteront toujours... sans le sou. — *Adieu, j'espère que vous aurés deja pris quelque lection dans la langue françoise, et je ne doute point que... écoutés : que vous saurés bientôt mieux le françois que moi; car il y a certainement deux ans que je n'ai pas écrit un mot dans cette langue. Adieu cependant, je vous baise vos mains, votre visage, vos genoux, et votre ..., enfin tout ce que vous me permettez de baiser.*

Je suis de tout mon cœur votre très affectionné neveu et cousin,

WOLF. AMADE MOZART.

90 (M)

A SON PÈRE

Manheim, 14-16 novembre 1777.

Moi, *Johannes Chrysostomus Amadeus Wolfgangus Sigismundus Mozart*, je m'accuse de n'être revenu qu'à minuit à la maison, avant-hier, hier (et bien plus souvent), et d'avoir, — depuis dix heures jusqu'à ladite heure, — chez Cannabich, en présence et *en compagnie* de Cannabich, de sa femme et de sa fille, de MM. Schatzmeister, Ramm et Lang, souvent,

1. Ici commence un de ces galimatias que Mozart aimait tant.

et non avec peine, mais, au contraire, très facilement... rimaillé;... et cela en pensées, en paroles et... mais pas en actions. Mais je ne me serais pas conduit d'une manière si impie, si cette instigatrice de complot, c'est-à-dire la nommée Lisel (Élisabeth Cannabich) ne m'y avait si vivement entraîné et excité; et je dois reconnaître que j'en ai eu une joie extrême. — Je m'accuse du fond du cœur de tous ces péchés et de tous ces manquements, et, dans l'espoir d'avoir souvent l'obligation de m'en accuser, je prends la ferme résolution d'améliorer de plus en plus la coupable vie que j'ai commencé de mener. C'est pourquoi je demande la sainte absolution, si elle peut s'obtenir facilement; sinon, cela m'est égal, car le jeu continuera quand même : *Lusus enim suum habet ambitum*, dit le défunt chanteur Meissner, cap. IX, v. 24, — ainsi que saint *Ascenditor*, patron du potage de café brûlant, de la limonade au goût de moisi, du lait d'amandes sans amandes, et, en particulier, de la glace aux fraises pleines de fragments de glace; car il était lui-même grand connaisseur et grand artiste en fait de choses glacées.

Je ferai copier le plus tôt possible, sur du petit papier, la sonate que j'ai composée pour Mlle Cannabich [1], et je l'enverrai à ma sœur. Il y a trois jours que j'ai commencé de l'enseigner à Mlle Rose, et aujourd'hui nous avons terminé le premier allegro. C'est l'andante qui nous donnera le plus de peine, car il est plein de sentiment et doit être joué avec les nuances de *forte* et de *piano*, exactement comme c'est indiqué. — Elle est très habile et apprend très facilement. Sa main droite est très bonne, mais la gauche est malheureusement tout à fait gâtée. Je puis dire que j'ai souvent grande compassion d'elle, quand je la vois obligée de se donner tant de peine qu'elle en est toute haletante. Ce n'est pas par maladresse, mais parce qu'elle ne peut plus faire autrement; on le lui a ainsi enseigné et l'habitude est déjà invétérée. Aussi j'ai dit à sa mère, et à elle-même, que si

1 On ignore de quelle sonate il est question.

j'étais maintenant son maître en titre, j'enfermerais tous ses morceaux de musique, je couvrirais le clavier d'un mouchoir, et je lui ferais faire uniquement des traits, des trilles, des *mordants*, etc., de la main droite et de la main gauche, d'abord très lentement; et cela jusqu'à ce que [les défauts] de sa main fussent complètement corrigés. Et ensuite j'ai la confiance que j'en ferais une bonne pianiste. Car, c'est vraiment dommage, elle a tant de dispositions! Elle déchiffre déjà très passablement, elle a beaucoup de facilité naturelle et joue avec beaucoup de sentiment. — Toutes deux m'ont donné raison.

Maintenant, un mot très bref sur l'opéra[1]. La musique de Holzbauer est très belle; le livret n'est pas digne d'une telle musique. Ce qui m'étonne le plus, c'est qu'un homme aussi âgé que Holzbauer ait encore tant de verve; car c'est incroyable le feu sacré qu'il a dans sa musique! — La *prima donna* est Mme Élisabeth Wendling, non pas la femme du flûtiste, mais celle du violoniste. Elle est toujours souffrante; aussi n'était-ce pas pour elle que l'opéra avait été écrit, mais pour une certaine Danzi[2] qui est actuellement en Angleterre. Le rôle ne convenait donc pas à sa voix; il est trop haut pour elle. — M. Raaff[3] a chanté de telle sorte, un beau soir, pendant quatre airs et environ 450 mesures de suite, qu'on s'est aperçu que, s'il chante si mal, c'est sa voix qui en est la principale cause. Quiconque l'entend commencer un air, et ne pense pas aussitôt que c'est Raaff qui chante, ce vieux ténor autrefois si célèbre, — ne peut certainement s'empêcher de rire de tout son cœur. Ce qui est bien sûr, c'est que je me suis dit en moi-même : « Si je ne

1. *Gunter de Schwarzburg*, le premier grand opéra allemand original, paroles d'Anton Klein.

2. Franziska Danzi, plus tard Mme Lebrun, cantatrice très remarquable.

3. Ant. Raaff, ténor célèbre, élève de Bernacchi, de Bologne, s'était fait entendre dès 1738 avec le plus grand succès dans les principales villes d'Italie et d'Allemagne, à Madrid, Lisbonne, etc. Sa voix superbe allait de la basse profonde au ténor le plus élevé. Nous verrons Mozart modifier en partie sa première impression. — Raaf avait alors soixante-trois ans.

savais en ce moment que c'est bien là Raaff, je me tordrais de rire ! Mais puisque c'est lui... je tire seulement mon mouchoir et je ris sous cape. » — De sa vie il n'a été comédien : c'est ce qu'on m'a dit à moi-même. Il fallait se contenter de l'écouter sans le regarder. Il faut dire qu'il n'a pas non plus un beau rôle. Dans le présent opéra il devait mourir en chantant un air long, long, long et très lent, et le voilà qui meurt avec une bouche riante ! Et vers la fin de l'air, il laissait tellement tomber sa voix que c'était insupportable. J'étais assis à côté du flûtiste Wendling, à l'orchestre. Il venait de faire cette critique, qu'il n'est pas naturel de chanter jusqu'à la mort : « C'est à peine si on peut seulement en envisager l'attente ! » — Je lui dis : « Ayez un peu de patience ; c'en sera bientôt fait de lui ;... je l'entends. » — « Moi aussi, » répondit-il ; et il se mit à rire. — La seconde chanteuse, une certaine Mlle Strasser[1], chante très bien et est une excellente actrice.

Il y a ici un théâtre national allemand qui est toujours ouvert, comme à Munich. On y donne de temps en temps des opéras allemands, mais les chanteurs et les chanteuses y sont pitoyables. — Hier, j'ai dîné chez le baron de Hagen, grand-veneur, et chez Mme la baronne. — Il y a trois jours, je suis allé chez M. Schmalz, le négociant, à qui M. Herzog, ou plutôt Nocker et Schild, m'avait adressé avec une lettre. Je pensais trouver un brave homme, bien poli, et je lui présentai la lettre. Il la parcourut, me fit une petite inclination de corps et... ne dit rien. — Enfin, je lui dis, après beaucoup d'excuses, que si je n'étais pas venu depuis longtemps lui rendre mes devoirs, c'est que je m'étais fait entendre chez le prince Électeur. — « Ah !... » — *Altum silentium*. Je ne dis rien, il ne dit rien. A la fin, je repris : « Je ne veux pas vous importuner davantage ; j'ai l'honneur.... » Alors il m'interrompit : « Si je puis vous rendre quelque service, je.... » — « Avant de partir, je prendrai la liberté

1. Elle épousa plus tard le célèbre chanteur Fischer.

de vous demander.... » — « De l'argent? » — « Oui, si vous voulez avoir la bonté de.... » — « Ah! ceci, je ne le puis pas. Il n'est pas question d'argent dans la lettre. Je ne puis pas vous donner d'argent; mais, à part cela.... » — « Mais, à part cela, vous ne pouvez me rendre aucun service; je ne sais pas en quoi vous le pourriez, et j'ai bien l'honneur de vous saluer. » — Hier soir, j'ai écrit toute l'histoire à M. Herzog, à Augsbourg. Il faut maintenant que nous attendions une réponse. Ainsi, papa peut continuer à nous écrire à Manheim. — Je lui baise mille fois les mains et suis le jeune frère et père,... puisque papa a écrit dans sa dernière lettre; « Je suis le vieux mari et fils.... »

Aujourd'hui, c'est le 16, jour où l'on a terminé cette lettre; mais on ne sait pas si on l'a envoyée... la lettre. — Tu ne l'as pas finie?... la lettre?... — Oui, maman, je l'ai finie... la lettre.

91 (M)

A SON PÈRE

Manheim, 20 novembre 1777.

Hier, le gala a recommencé[1]. J'ai assisté à la messe, composée tout battant neuf par Vogler. Déjà, avant-hier, dans la matinée, j'avais assisté à la répétition, mais j'étais parti vers la fin du *Kyrie*. Je n'ai de ma vie rien entendu de pareil. — Souvent les sons ne s'accordent pas bien. Il passe d'un ton à un autre, à faire croire qu'il veut vous tirer dedans par les cheveux; non que cela en valût la peine et qu'il ait une manière à lui : il module tout à fait vulgairement. Je ne veux rien dire du développement des idées; je dis seulement qu'il est impossible qu'une messe de Vogler puisse plaire à un compositeur digne de ce nom. Voici, en deux mots, pourquoi : j'entends une idée musicale qui n'est pas mauvaise,... elle va sans doute ne pas se borner à n'être pas mauvaise,

1. Pour la fête du prince Électeur.

mais devenir bientôt belle? Oh! Dieu! non!... C'est mauvaise et très mauvaise qu'elle devient; et cela de deux ou trois manières. Par exemple, cette idée est à peine commencée que quelque chose de nouveau se présente qui la gâte; ou bien, il ne la termine pas assez naturellement pour qu'elle reste bonne jusqu'au bout; ou bien, elle n'est pas à sa vraie place; ou, enfin, elle est gâtée par la combinaison des instruments. Et voilà comment est la musique de Vogler.

Cannabich compose maintenant beaucoup mieux que quand nous l'avons vu à Paris. Mais ici, ce que j'ai tout de suite remarqué (maman aussi), c'est que les symphonies commencent toutes de même, lentement et à l'unisson.

A présent il faut que j'écrive à papa, à propos du couvent de Sainte-Croix, quelque chose que j'ai toujours oublié. J'ai reçu là-bas beaucoup de politesses, et M. le père Abbé est le meilleur homme du monde, un très bon vieux bonhomme, mais qui peut venir à manquer tout à coup, car il a la respiration très courte, et tout récemment, le jour même de notre départ, il a eu une attaque. — Lui, le doyen et le procureur nous ont conjurés, si nous repassons à Augsbourg, de descendre tout de suite au couvent. Le procureur est un homme gai, comme le père Léopold à Seeon[1]. Ma petite cousine m'avait dit d'avance comment il est, de sorte que, dès la première entrevue, nous nous connaissions comme si c'eût été depuis vingt ans.

Je leur ai laissé la messe en *fa* [K. 192], la première des messes brèves en *ut* [K. 220], et l'offertoire en contrepoint, en *ré mineur* [K. 222]. Ma cousine est la surveillante de tout cela. On m'a rendu exactement l'offertoire, parce que je l'ai demandé en premier. — Or, tous, y compris M. le père Abbé, m'ont tourmenté pour que je leur donne aussi une de mes litanies *de Venerabili*[2]. J'ai dit que je ne l'avais pas prise

1. Seeon était un cloître de la Basse-Bavière où Wolfgang allait souvent avec son père qui y avait un ami très cher, le P. Johannes (M. de Haazy).

2. Ces litanies en l'honneur du « vénérable sacrement de l'autel » étaient chantées pendant l'exposition du Saint-Sacrement.

avec moi, et en effet je n'en étais pas sûr. Je l'ai cherchée et ne l'ai pas trouvée. Mais on ne m'a pas laissé de repos, croyant que ce n'était de ma part qu'une défaite. Alors je dis : « Écoutez, je ne l'ai pas prise avec moi ; elle est à Salzbourg. Écrivez à mon père ; la chose, à présent, dépend de lui. S'il vous l'envoie, très bien ; sinon, je n'y puis rien. » Ainsi il est probable que papa verra bientôt apparaître une lettre de M. le doyen. Maintenant faites ce que vous voudrez. Si vous voulez leur envoyer une litanie, envoyez la dernière, celle en *mi bémol* [K. 243], car ils sont en mesure de bien garnir toutes les parties. Il leur vient, à cette époque, beaucoup de personnes à la fois [1]. Ils font même des invitations, car c'est leur plus grande fête. — Adieu.

92 [M]

A SON PÈRE

Manheim, 21 et 22 novembre 1777.

En premier lieu je dois vous informer que ma lettre véridique à M. Herzog, d'Augsbourg, *puncto Schmalzii* [2], a eu un excellent résultat. Il m'a écrit, en retour, une lettre très aimable, où il exprime son regret de ce que j'aie été si sèchement reçu par le *detto* M. Beurre frais [3]. Il m'a envoyé une nouvelle lettre revêtue de son cachet, pour le *detto* M. Lait, avec un mandat de 150 florins [4] sur le *detto* M. Fromage. Il faut que vous sachiez que, bien que je n'aie parlé qu'une seule fois à M. Herzog, je n'ai pourtant pu m'empêcher de lui dire, dans ma lettre, qu'il devrait bien m'envoyer un mandat sur M. Schmalz, Beurre, Lait, Fromage, ou sur qui

1. Mozart veut probablement dire : beaucoup d'artistes ou amateurs de bonne volonté.

2. Au sujet de Schmalz.

3. Plaisanterie de Mozart parce que Schmalz, en langage populaire, veut dire beurre frais.

4. 356 francs environ.

il voudrait. *Ah! çà*, cette plaisanterie a bien réussi!... On n'a plus besoin de frapper aux portes ni de faire des compliments!...

Aujourd'hui 21, dans la matinée, nous avons reçu votre lettre du 17. Je n'étais pas à la maison, mais chez Cannabich, où M. Wendling a répété un concerto dont je lui ai instrumenté les parties d'orchestre. Ce soir, à six heures, a eu lieu le concert de gala. J'ai eu le plaisir d'entendre un concerto de violon, joué par M. Fränzl (qui a épousé une sœur de Mme Cannabich). Il me plaît beaucoup. — Vous savez que je ne suis pas grand amateur de tours de force. Or, il joue des choses difficiles, mais on ne se doute pas qu'elles le soient; on s'imagine qu'on en ferait tout de suite autant, et c'est là le vrai. Il a aussi un très bon son, bien rond; il ne manque aucune note, on entend tout et tout est bien perlé. Il a un beau *staccato* d'un seul coup d'archet, aussi bien en montant qu'en descendant, et je n'ai encore jamais entendu personne faire le double trille aussi bien que lui. En un mot, ce n'est pas un sorcier, je le veux bien, mais c'est un violoniste tout à fait consommé.

(Si je pouvais seulement me déshabituer de cette mauvaise habitude d'écrire de travers!...)

Je suis bien fâché de n'avoir pas été à Salzbourg lors du triste accident arrivé à Mme Adlgasser[1], afin de pouvoir la consoler; car cela, je le puis!.. surtout une aussi belle femme que Mme Nadlstrasserin[2]. — Tout ce que vous écrivez à propos de Manheim, je le sais déjà; mais je n'aime jamais à écrire une chose avant le temps. Tout s'arrangera. Peut-être pourrai-je, dans ma prochaine lettre, vous communiquer quelque chose de TRÈS BON pour vous, qui ne sera que BON pour moi; — ou bien quelque chose de TRÈS MAUVAIS à vos yeux, mais *passable* aux miens, — ou peut-être encore quelque chose de *passable* pour vous, mais de

1. Mme Adlgasser, femme de l'organiste de la cathédrale, était très sotte.
2. Nadlstrasserin, plaisanterie sur le nom précédent, *gasse* et *strasse* étant synonymes.

très bon, agréable et avantageux pour moi. Voilà qui est assez en style d'oracle, n'est-ce pas?... c'est obscur,... et pourtant compréhensible.

Mes compliments à M. Bullinger, et dites-lui que je suis honteux toutes les fois que je reçois une lettre de vous; car il y a généralement dedans quelques lignes de lui; et alors je réfléchis que je ne lui ai encore jamais écrit, à lui qui est mon meilleur et mon plus véritable ami et qui m'a comblé de tant d'amabilités et de bontés! — Pourtant... je ne m'excuse pas!... Non! Mais je le prie de m'excuser lui-même auprès de lui, autant que cela lui sera possible, et je lui promets que je lui écrirai aussitôt que je pourrai arriver à être calme. Jusqu'à ce jour je ne l'ai encore jamais été, car dès que je sais d'une manière à peu près certaine, ou très probable, que je devrai quitter un endroit, je n'ai plus une heure de repos; et quoique j'aie en ce moment un peu d'espoir, je ne me sens pourtant pas tranquille tant que je ne sais pas où j'en suis. Une des choses de l'oracle ci-dessus doit nécessairement arriver; je pense que ce sera celle du milieu ou de la fin. — C'est tout un pour moi, car ce sera toujours quelque chose.

Mais bien sûr que je vous ai dit que le grand opéra de Holzbauer est en allemand!... sinon, voilà qui est fait. Il est intitulé : « Günther de Schwarzburg ». Mais ce n'est pas le noble M. Günther, chirurgien et conseiller à Salzbourg. Au prochain carnaval on donnera « Rosemonde », poème nouveau de M. Wieland, avec une musique nouvelle de M. Schweitzer[1]. Tous deux viendront ici. J'ai déjà vu et joué au piano quelque chose de cet opéra, mais je n'en veux encore rien dire.

La cible[2] que vous m'avez fait peindre comme *bestgeber*

1. Antoine Schweitzer, maître de chapelle à Weimar et Gotha, et compositeur.

2. Il s'agit d'une société de tireurs d'arc dont Mozart faisait partie, à Salzbourg. Chacun à son tour était *bestgeber* (celui qui régale) et faisait peindre une cible. Pour s'amuser, le père de Mozart avait fait représenter la triste séparation de Mozart et de sa cousine fondant en larmes, et y avait joint des vers comiques (Jahn, I, 373).

est superbe et les vers sont incomparables. — Maintenant il ne me reste plus rien à vous écrire, sinon que je vous souhaite à tous un repos bien agréable, et de bien dormir jusqu'à ce que je vous réveille par cette présente lettre. — Adieu, je baise 100 000 000 de fois les mains de papa, et j'embrasse ma sœur[1]... de tout mon cœur, avec douleur, un peu ou pas du tout, et je suis votre fils très respectueux (mais ne vous enfuyez donc pas !)

WOLFGANG AMADE MOZART,
Chevalier de l'Éperon d'or,
Membre de la grande Académie de Vérone, Bologne.
Oui, mon ami.

93 [M]

A SON PÈRE

Manheim, 26 novembre 1777.

L. Mozart avait demandé des explications sur la rapidité du voyage de sa femme et de son fils, d'Augsbourg à Manheim, et la prolongation de leur séjour dans cette ville ; Mme Mozart commence la lettre et Wolfgang ajoute ce qui suit :

..... Et de plus, tous ceux qui connaissent Manheim, des gentilshommes, même, m'ont conseillé de venir ici. — La raison pour laquelle nous sommes encore ici, est que je songe à passer l'hiver à Manheim ; je n'attends qu'une réponse du prince Électeur. L'intendant, comte Savioli, est un très digne gentilhomme ; c'est lui que j'ai prié de vouloir bien dire au prince que, la saison étant mauvaise en ce moment pour voyager, j'avais dessein de rester ici et de donner des leçons au jeune comte[2]. Il me promit de faire tout son possible, mais dit qu'il fallait que je prisse patience jusqu'après les jours de gala. — Tout ceci s'est fait au su et à

1. L'intraduisible plaisanterie des mots rimés revient ici jusqu'à la fin de la lettre.
2. Le comte Brezenheim, fils naturel du prince.

l'instigation de Cannabich. Quand je lui ai raconté que j'avais été chez Savioli et ce que je lui avais dit, il m'a répondu qu'il penchait plutôt à croire que la chose réussirait, que non; et il en a parlé avant même que le comte Savioli ait causé avec le prince Électeur. — Maintenant il faut que j'attende l'issue de cette démarche.

J'irai demain chercher mes 150 florins chez M. Schmalz, car notre hôte aimera certainement mieux entendre résonner le son de l'argent que celui de la musique. Je n'aurais vraiment pas cru qu'ici je recevrais une montre en présent; mais il en est ainsi. Je serais déjà parti depuis longtemps si tout le monde ne me disait : « Où voulez-vous donc aller pendant l'hiver? A cette époque de l'année il fait très mauvais voyager. Restez ici. » — Cannabich le désire aussi beaucoup; c'est pourquoi j'ai tenté cet essai, et comme on ne peut pas précipiter une pareille affaire, il me faut attendre avec patience. J'espère pouvoir vous donner bientôt une bonne nouvelle. — J'ai déjà deux élèves en expectative, sans compter les élèves insignes[1] qui me donneraient, c'est plus que probable, chacun un *louis* par mois. Mais il est vrai que, ces élèves insignes manquant, cela ne pourrait s'arranger. Maintenant laissons tout cela tel que c'est et sera; car à quoi servent tant de réflexions superflues? Ce qui doit arriver, nous l'ignorons, quand même... Et cependant si!... nous le savons : c'est ce que Dieu veut!

Allons! un joyeux allegro! *Non siate so pegro*[2]*!* — En tous cas, si nous partons d'ici, nous irons tout droit... où? A Weilbourg, ou, comme on dit, chez la princesse, sœur du prince d'Orange, que nous avons tant connue à la Haye[3]. Là-bas, nous resterons, *nota bene*, aussi longtemps que la table des officiers nous plaira, et nous recevrons certainement 6 *louis d'or*, au moins.

1. Les enfants du prince Électeur.
2. « Ne soyez pas si triste ».
3. Voyage de septembre 1765.

Il y a quelques jours, M. Sterkel[1] est venu de Würzbourg ici. Avant-hier, 24, j'avais dîné de nouveau chez le grand-veneur, M. de Hagen, avec Cannabich, et le soir j'étais allé *al solito*[2] chez Cannabich, quand Sterkel arriva. Il joua cinq duettos, mais si vite qu'on n'y reconnaissait rien, et sans précision, sans mesure. Tout le monde le disait. Mlle Cannabich a joué le sixième duetto, et en vérité, mieux que Sterkel.

Et maintenant il faut que je finisse, parce que je n'ai plus de place pour écrire; je ne puis pas écrire au lit et je ne puis plus rester levé, tant j'ai sommeil!

P. S. Si je trouvais encore une place, j'enverrais 100 000 compliments de nous 2, je dis de nous deux, à tous nos bons amis et amies. En particulier, ceux en A : les Adlgasser, les Andretter, et Arco (le comte); — en B : MM. Bullinger, Barisani et Beranzky; — C : Czernin (le comte), Cussetti et MM. les trois souffleurs d'orgue (*Calcanten*); — D : MM. Daser, Deibl et Dommseer; — E : Mlle Eberlin Waberl, MM. Esslinger et tous les ânes [*Eseln*] de Salzbourg; — F : Firmian (comte et comtesse, et leur petit drôle), le petit Franzl et la métairie franche de Pierre; — G : Mlle et Mme et les deux MM. Gylofsky, ainsi que le conseiller, puis MM. Gretri et Gablerbrau; — H : les Haydn, Hagenauer et Höllbraü-Thresel[3]; — J : Joli (Sallerl), MM. Janitch, le violoniste, et Jacob, le serviteur d'Hagenauer; — K : M. et Mme de Kürsinger, comte et comtesse Kücheburg, et M. Kassel; — L : baron Lehrbach, comte et comtesse Litzauer, comte et comtesse Lodron; — M : MM. Meissner, Mödlhammer et Moserbrau; — N : Nannerl[4], le bouffon de cour (*Hof-Narren*), Père Florian et tous les veilleurs de nuit (*Nachtwächter*); — O : le comte Oxenstiern, MM. Oberbrüder et tous les bœufs

1. L'abbé Sterkel, compositeur et pianiste célèbre, chapelain et pianiste du prince Électeur à Mayence.
2. « Comme de coutume ».
3. « Thérèse, brouet d'enfer », la servante de Mozart.
4. La sœur de Mozart.

(*Ochsen*) de Salzbourg; — P : Frexi, le comte Prawek : chef de la cuisine, et le comte Perusa; — Q : MM. *Quilibet*, *Quodlibet* et tous les quakers; — R : le Père Florian Reichsiegel, les Robinig et le maestro Rust; — S : MM. Suscipe, Seiffert et tous les pourceaux (*Sau*) de Salzbourg; — T : M. Tanzberger, notre boucher, Theresel et tous les trompettes; — U : les villes d'Ulm et d'Utrecht et toutes les horloges (*Uhren*) de Salzbourg; — W : Jean Wieser, le charcutier, et Woferl[1]; — X : Xantippe, Xercès, et tous ceux dont le nom commence par un X; — Y : M. Ypsilon, M. Ybrig, et tous ceux dont les noms commencent par un Y; — et enfin Z : MM. Zabuesnig, Zonca et M. Zezi, au château.

Addio! Si j'avais de la place, j'écrirais bien encore quelque chose, au moins des compliments à mes bons amis; mais cela ne se peut; je ne sais vraiment pas où je pourrais écrire encore. Je ne puis rien dire de raisonnable aujourd'hui, car je suis complètement hors des gonds; que papa ne m'en veuille pas; aujourd'hui[2] je suis comme cela, et ne puis pas m'en empêcher. Portez-vous bien, je vous souhaite une bonne nuit. Dormez bien. La prochaine fois, je vous écrirai plus raisonnablement.

94 (M)

A SON PÈRE

Manheim, 29 novembre 1777.

J'ai reçu ce matin, exactement, votre lettre du 24, qui me montre bien que vous ne vous feriez pas à la prospérité ou à l'adversité, si jamais il nous tombait quelque chose de ce genre sur les épaules! Jusqu'à présent, tous quatre que nous sommes, jamais nous n'avons été ni heureux ni malheureux, et j'en remercie Dieu. — Vous nous faites à tous

1. Woferl, diminutif de Wolfgang (c'est lui-même).
2. Jusqu'à la fin de la lettre tous les mots sont mêlés.

deux, beaucoup de reproches sans que nous le méritions. Nous ne faisons aucune dépense qui ne soit nécessaire; et vous savez aussi bien, et mieux que nous, tout ce qui est indispensable en voyage.

Pour ce qui est de notre long séjour à Munich, personne n'en est cause que moi; et si j'avais été seul, j'y serais bien certainement resté tout à fait. — Quant à nous être arrêtés quinze jours à Augsbourg... vraiment ce serait à croire presque que vous n'avez pas reçu mes lettres d'Augsbourg!... Je voulais donner un concert : on s'est joué de moi et voilà huit jours de perdus. Je voulais *absolument* me remettre en route : on ne m'a pas laissé partir et on a voulu que je donnasse un concert; moi, je voulais qu'on me fît des instances, et c'est ce qui est arrivé. Je donnai donc un concert. Voilà l'emploi des quinze jours. — Pour ce qui est d'avoir été tout droit à Manheim, j'y ai répondu dans ma dernière lettre.

Et pour ce qui est d'être encore ici?... Oui! pouvez-vous donc croire que je resterais sans motif quelque part? — « Mais on pourrait alors dire à son père.... » — Très bien! Vous allez en apprendre la cause, et même toute la suite de l'affaire. Mais Dieu sait que je ne voulais rien en écrire, parce qu'alors, pas plus qu'aujourd'hui, je n'aurais rien pu vous dire d'explicite, et que, par conséquent, tel que je vous connais, je vous aurais mis en peine et en souci, par une nouvelle incertaine,... et c'est ce que je cherche toujours à éviter. Mais si vous croyez que la cause en est dans ma négligence, mon insouciance et ma paresse, je ne puis faire autre chose que vous remercier de votre bonne opinion, et regretter du fond du cœur que moi, votre fils, vous ne me connaissiez pas!... Je ne suis pas insouciant, je suis seulement préparé à tout événement, et ainsi je puis attendre et supporter tout avec patience,... pourvu que mon honneur et mon nom sans tache de Mozart n'en souffre pas. — Eh! bien! puisqu'il le faut, qu'il en soit donc [suivant votre désir]. Mais d'abord, je vous supplie de ne pas vous réjouir ni affliger avant le temps : qu'il arrive ce qu'il voudra, tout est bien, pourvu qu'on ait la santé; car la félicité consiste uniquement... dans l'idée qu'on s'en fait.

Il y a eu mardi huit jours, veille de la Sainte-Élisabeth[1], j'allai dans la matinée chez le comte Savioli et lui demandai s'il ne serait pas possible que le prince Électeur me gardât cet hiver; que je serais disposé à donner des leçons aux jeunes princes. Il me dit : « Oui, je le proposerai au prince Électeur, et si cela dépend de moi, la chose se fera certainement. » — L'après-midi je me rendis chez Cannabich, et comme c'est sur son conseil que j'ai été chez le comte, il me demanda aussitôt si j'y étais allé. Je lui racontai tout et il me dit : « Je serai très content si vous restez avec nous cet hiver, mais je le serais bien plus encore si vous obteniez des fonctions stables et définitives. » — Je répondis : « Je ne désirerais rien de plus que de pouvoir toujours rester près de vous, mais, d'une manière stable, je ne sais vraiment comment ce serait possible. Il y a déjà deux maîtres de chapelle; je ne vois donc pas ce que je pourrais être, car je ne voudrais pas être placé au-dessous de Vogler! — « Et vous ne le devez pas non plus, reprit Cannabich; ici, personne de l'orchestre n'est l'inférieur du maître de la chapelle, ni même de l'intendant. Le prince Électeur pourrait bien vous nommer compositeur de la chambre. Attendez, j'en causerai avec le comte. »

Le jeudi d'après, il y avait grand concert. Quand le comte m'aperçut, il me demanda pardon de n'avoir pas encore parlé, à cause des jours de gala; mais aussitôt qu'ils seraient passés, c'est-à-dire le lundi suivant, il parlerait sûrement. — Je laissai donc s'écouler trois jours, puis, comme il n'était question de rien, j'allai chez lui pour m'informer (c'était hier; vendredi, par conséquent). Il me dit : « Mon cher Monsieur Mozart, aujourd'hui il y avait chasse; il m'a donc été impossible de rien demander au prince Élec-

1. 19 novembre.

teur; mais demain, à pareille heure, je pourrai certainement vous donner une réponse. » — Je le suppliai de ne pas l'oublier, surtout !

Pour avouer la vérité, j'étais un peu irrité, quand je partis ; et je me résolus aussitôt à porter au jeune comte mes six variations les plus faciles sur le menuet de Fischer, [K. 179] (que j'avais déjà recopiées ici, moi-même, dans ce but)... afin d'avoir l'occasion de parler directement au prince Électeur. Vous ne pouvez vous figurer la joie de la *gouvernante* à mon arrivée ; je fus reçu avec beaucoup de politesse. Lorsque je tirai de ma poche les variations et dis qu'elles étaient pour le comte, elle s'écria : « Oh ! voilà qui est aimable ! mais vous avez bien aussi quelque chose pour la comtesse ? » — « Pas encore, répondis-je ; mais si je reste encore assez longtemps ici pour avoir le temps de composer quelque chose, je.... » — « *A propos!* reprit-elle, je suis bien contente que vous restiez tout l'hiver ici ! » — « Moi ?... Je n'en sais rien ! » — « Cela m'étonne, voilà qui est curieux ! C'est le prince lui-même qui me l'a dit récemment : « *A propos*, m'a-t-il dit, Mozart passe l'hiver ici. » — « Eh ! bien ! s'il a dit cela, c'est justement celui qui pouvait le dire qui l'a dit, car, naturellement, sans le prince Électeur je ne puis pas rester ici. » — Je lui racontai alors toute l'histoire. Nous tombâmes d'accord que le lendemain, c'est-à-dire aujourd'hui, à quatre heures, j'irais [au palais] et que j'apporterais quelque chose pour la comtesse : elle aurait parlé au prince avant mon arrivée, et je le trouverais encore là. J'y suis donc allé aujourd'hui, mais il n'est pas venu. J'y retournerai demain. J'ai composé un rondo pour la comtesse.

Eh ! bien ! n'ai-je pas assez de motifs pour rester ici et attendre la fin de tout ceci ?... Devrais-je partir à présent que le plus grand pas est fait ? J'ai maintenant des occasions de causer moi-même avec le prince. — Je crois qu'il est vraisemblable que je resterai cet hiver ici, car le prince a de l'amitié pour moi ; il m'estime beaucoup et sait de quoi je suis capable. J'espère pouvoir vous donner une bonne nouvelle dans ma prochaine lettre. Je vous prie encore une fois de ne pas vous réjouir ou vous tourmenter trop tôt et de ne confier la chose à personne, si ce n'est à M. Bullinger et à ma sœur.

J'envoie ci-joint à ma sœur l'allegro et l'andante de la sonate pour Mlle Cannabich. Le rondo suivra prochainement. Le tout réuni eût fait un trop gros paquet à envoyer. Il faut que vous vous contentiez de l'original, que vous pourrez faire copier plus facilement à six kreutzers la page, que moi à vingt-quatre.... Ne trouvez-vous pas que c'est bien cher? — *Adieu.* Peut-être bien, aurez-vous déjà entendu quelque peu de ma sonate, car, chez Cannabich, elle est certainement, trois fois par jour, chantée, tapotée, jouée sur le violon ou fredonnée, mais *sotto voce*, il est vrai.

95 (M)

A SON PÈRE

Manheim, 3 décembre 1777.

Je ne puis vous écrire encore rien de certain au sujet de mes affaires ici. Lundi dernier, j'ai eu enfin l'heureuse chance de rencontrer le prince Électeur chez ses enfants naturels, après y avoir été trois jours de suite dans la matinée et dans l'après-midi. Déjà nous pensions tous, il est vrai, que ma visite serait encore une fois inutile, lorsque enfin nous vîmes arriver le prince. La *gouvernante* fit aussitôt asseoir la comtesse au piano; je m'assis auprès d'elle, lui donnant une leçon, et c'est ainsi que le prince nous aperçut quand il entra. Nous nous levâmes, mais il nous dit de continuer. — Quand elle eut fini de jouer, la *gouvernante* prit la parole et dit que j'avais composé un bien beau rondo[1]. Je le jouai, il lui plut beaucoup; puis il me demanda : « Mais

1. On ignore de quel rondo il est question.

pourra-t-elle vraiment l'apprendre? » — « Oh! oui! répondis-je, je souhaiterais seulement avoir le bonheur de le lui enseigner moi-même. » — Il sourit et dit : « J'en serais bien aise, moi aussi; mais ne se gâterait-elle pas si elle avait deux maîtres différents? » — « Oh! non! Votre Altesse, repris-je, toute la question est de savoir si le nouveau maître serait bon ou mauvais. J'espère que Votre Altesse ne doutera pas de moi, qu'elle aura confiance en moi? » — « Oh! cela bien certainement! » dit-il. — Alors la *gouvernante* reprit : « Voici aussi des variations sur le menuet de Fischer, que M. Mozart a composées pour le jeune comte. » Je les jouai; elles lui plurent beaucoup. Ensuite il se mit à badiner avec la comtesse. — Je le remerciai de son présent; il me dit : « Je penserai à tout cela; mais combien de temps voulez-vous donc rester ici? » — Réponse : « Aussi longtemps que Votre Altesse l'ordonnera; je n'ai aucun *engagement*, je puis rester tant qu'il plaira à Votre Altesse. » — Tout fut fini par là. Ce matin, je suis retourné là-bas. On m'a dit que le prince avait de nouveau répété, hier : « Mozart reste ici, cet hiver. » — Nous y voilà en plein!... Il faut pourtant que j'attende.

Aujourd'hui, pour la quatrième fois, j'ai dîné chez Wendling. Avant le repas, le comte Savioli et le maître de chapelle Schweitzer (arrivé d'hier soir) y sont venus. Savioli m'a dit : « Hier, j'ai de nouveau parlé au prince, mais il n'est pas encore décidé. » — Je lui répondis : « Il faut que je vous dise deux mots. » Nous allâmes dans l'embrasure de la fenêtre. Je lui parlai de l'hésitation du prince Électeur, et me plaignis que les choses traînassent ainsi en longueur, que j'avais déjà eu beaucoup de dépenses ici; je le suppliai de faire en sorte que le prince me fixât définitivement auprès de lui, car je craignais qu'il me donnât si peu de chose pour cet hiver que je ne pusse en aucune façon rester ici. « Qu'il me donne du travail! Je travaille volontiers. » — Il me dit qu'il lui ferait certainement la proposition en ces termes; qu'à la vérité ce ne pouvait être ce soir, parce qu'il n'allait pas à la cour, mais qu'il me promettait une réponse certaine pour demain. — Maintenant, advienne que pourra! Si le prince ne me retient pas, je solliciterai une somme pour mon voyage, car je ne lui fais pas cadeau du rondo et des variations.... Je vous assure que si je suis si tranquille en cette affaire, c'est que je sais bien que, de quelque façon que les choses tournent, cela ne pourra être que bien : je me suis entièrement remis à la volonté de Dieu.

Hier, nous avons reçu votre lettre du 27 novembre. J'espère que vous aurez reçu l'allegro et l'andante de la sonate. Voici le rondo. — M. le maître de chapelle Schweitzer est un bon brave et digne homme, sec et tout simple comme notre Haydn [1], si ce n'est que son langage est plus distingué. — Dans le prochain opéra, il y a de belles choses, et je ne doute nullement qu'il réussisse : *Alceste* a beaucoup plu, et ce n'est pourtant pas moitié aussi beau que *Rosemonde*. Il est vrai que ce qui a beaucoup aidé au succès, c'est que c'était le premier opéra allemand. Il y a longtemps, maintenant, que cette impression est effacée, N. B. dans les esprits qui ne sont attirés que par la nouveauté. — M. Wieland [2], qui a fait le poème [de *Rosemonde*], va venir aussi cet hiver à Manheim. Je voudrais bien le connaître! qui sait?... Peut-être!... Quand papa lira ceci, tout sera décidé, s'il plaît à Dieu!

Si je reste ici, il faudra que j'aille à Paris, au carême, en *compagnie* de M. Wendling, M. Ramm, le hautbois, qui joue très bien, et M. Cauchery, le maître de ballets. M. Wendling m'assure que je ne m'en repentirai pas ; il a été deux fois à Paris et en est revenu depuis peu. Il dit : « C'est encore le seul endroit où l'on gagne de l'argent et où l'on puisse vraiment se faire honneur. Vous êtes d'ailleurs un homme capable de tout. Je vous indiquerai la vraie marche à suivre. Il faut que vous fassiez des *opera seria*, des opéras *comiques*, des *oratorios*, et de tout, enfin. Quiconque a composé quel-

1. Michel Haydn, de Salzbourg.
2. Christ. M. Wieland, le célèbre poète (1733-1813). Il était, depuis 1772, professeur des fils de la duchesse de Saxe-Weimar, à Weimar.

ques opéras à Paris, reçoit une somme fixe par an. Il y a aussi le *Concert spirituel*, l'*Académie des amateurs*, où l'on reçoit 5 *louis d'or* pour une symphonie. — Si on donne des leçons, l'usage est de prendre 3 *louis d'or* pour douze leçons. — On fait aussi graver des sonates, des trios et des quatuors *par souscription*. Cannabich et Toeschi envoient beaucoup de leur musique à Paris. »

Wendling est un homme qui sait voyager. Écrivez-moi votre avis à ce sujet, je vous en prie. Cela me paraît utile et sage. Je voyagerais avec un homme qui connaît son Paris à fond, et tel qu'il est actuellement, car il a beaucoup changé. Je dépenserais aussi peu qu'ici, et je crois même que je ne dépenserais pas moitié autant, parce que je n'aurais à payer que pour moi, maman restant ici, dans la maison de Wendling, probablement.

Le 12 de ce mois, M. Ritter, qui joue très bien du basson, partira pour Paris. Si j'avais été seul, j'aurais eu là la plus belle occasion; lui-même me l'a proposée. — Ramm, le hautbois, est un brave, joyeux et digne homme, d'environ 35 ans, qui a déjà beaucoup voyagé, et qui a, par suite, beaucoup d'expérience. — Les premiers et les meilleurs d'entre les musiciens de l'orchestre ont pour moi une grande amitié et une véritable estime. On ne m'appelle pas autrement que M. le maître de chapelle. Je puis dire que cela me fait beaucoup de peine de n'avoir pas avec moi la copie d'une de mes messes, au moins; j'aurais pu la faire exécuter ici, car j'en ai entendu récemment une de Holzbauer qui est bien dans notre goût. Si j'avais seulement une copie du « *Misericordias* [1] »! [K. 222.] — Enfin, c'est comme cela! On n'y peut rien. Je me serais bien décidé à faire copier une messe, mais cela coûte vraiment beaucoup trop cher ici. Peut-être n'aurais-je pas même reçu, pour cette messe, le prix exigé pour la copie, car on n'est guère généreux ici!

1. Offertoire composé en 1775 et envoyé au P. Martini, de Bologne.

96 [M]

A SON PÈRE

Manheim, 5 et 6 décembre 1777.

Je ne puis toujours rien vous écrire de nouveau !... La plaisanterie commence à me sembler longue! Je suis seulement curieux de savoir comment cela finira. Le comte Savioli a déjà parlé trois fois au prince Électeur, et sa réponse invariable a été un haussement d'épaules et un : « Oui, oui !... je donnerai une réponse, mais... je ne suis pas encore décidé ».

Mes bons amis partagent tout à fait mon opinion, que ce refus [de répondre], cette réserve, sont plutôt un bon qu'un mauvais signe. Car si le prince Électeur n'avait aucune intention de m'attacher à son service, il l'aurait dit tout de suite; aussi je n'attribue pas d'autre cause à ces retards que ceci : *Denari siamo un poco scrocconi*[1]. Du reste je sais d'une manière certaine que le prince a de l'amitié pour moi; *à bon conto*, il nous faut donc encore attendre. — Maintenant je puis dire que je serais heureux que les choses tournassent à bien, car sans cela je regretterai bien notre long séjour ici et tout l'argent dépensé ! Mais, du reste, que cela aille comme cela voudra, ce ne sera jamais mal si c'est selon la volonté de Dieu, et c'est là ma prière quotidienne.

Papa a bien deviné la raison principale de l'amitié [que me témoigne] Cannabich ; mais ce n'est encore que pour une petite chose qu'il peut me mettre à contribution. Il doit publier un *recueil* de tous ses ballets, arrangés pour le piano : or, il est incapable de faire ce travail de telle sorte que la musique ressorte bien et soit pourtant facile à jouer. En cela (comme déjà pour une contredanse) mon concours lui est le

1. *Nous sommes un peu écornifleurs en fait d'argent*, c'est-à-dire : *nous aimons à obtenir les choses au-dessous de leur valeur*. Mozart prête ce sentiment au prince Électeur.

très bien venu. Actuellement il est à la chasse, depuis huit jours déjà, et ne reviendra que mardi prochain. — De pareilles choses contribuent beaucoup, il est vrai, à la bonne amitié, mais, même sans cela, je crois que Cannabich ne me serait, pour le moins, pas hostile, car il a beaucoup changé. Quand on arrive à un certain âge et qu'on voit ses enfants grandir, on commence à penser un peu différemment.

Sa fille, qui a quinze ans et qui est l'aînée de ses enfants, est une très belle et gentille jeune fille; elle a beaucoup de raison et est très posée pour son âge; elle est sérieuse, parle peu, mais quand elle le fait, c'est avec grâce et cordialité. Hier, elle m'a fait de nouveau un très inexprimable plaisir, en me jouant ma sonate dans la perfection. Elle joue l'andante (qui ne doit pas aller vite) avec tout le sentiment possible, et elle le joue avec plaisir. — Vous savez que, dès le second jour que j'étais ici, j'avais terminé l'allegro, par conséquent n'ayant encore vu qu'une seule fois Mlle Cannabich. Le jeune Danner me demanda alors comment je comptais faire l'andante? — « Je veux le composer tout à fait d'après le caractère de Mlle Rose. » Quand je le jouai, il plut extrêmement; le jeune Danner raconta alors ce que j'avais dit. Et c'est la vérité; tel est l'andante, telle est Mlle Cannabich.

[6 déc.] Aujourd'hui j'ai dîné pour la sixième fois chez Wendling, et pour la seconde fois avec M. Schweitzer. Demain,... pour changer, j'y dînerai encore : j'y vais en pension régulière. — Maintenant il faut que j'aille dormir; je vous souhaite une bonne nuit.

Je reviens à l'instant de chez Wendling, et j'y retournerai aussitôt que j'aurai porté cette lettre à la poste; on va y répéter l'opéra *in camera caritatis* [1]. Puis, à six heures et demie, j'irai chez Cannabich, pour ma leçon de piano habituelle et quotidienne. — *A propos*, il faut que je rectifie quelque chose : j'ai écrit hier que Mlle Cannabich a quinze ans,

1. C'est-à-dire « entre soi ».

mais elle n'en a que treize et vient d'entrer dans sa quatorzième année.

Nos compliments à tous nos bons amis et amies, en particulier à M. Bullinger. — Maman brûle de colère, de rage et de jalousie en pensant que mon papa n'aurait qu'à repousser le coffre et ouvrir la porte pour se trouver chez cette belle femme de chambre. Je puis dire que je me repens bien d'avoir quitté Salzbourg, quand je pense que j'aurais, en ce moment, une si belle occasion d'oublier tous mes désagréments entre les bras d'une si belle et si aimable jeune fille au nez bleu!... Mais il a fallu qu'il en fût ainsi!... et je dois me consoler en pensant qu'il y a encore d'autres filles aussi belles.

97 (M)

A SON PÈRE

Manheim, 10 décembre 1777.

Il n'y a actuellement plus rien à attendre du prince Électeur. J'étais allé avant-hier au concert de la cour, pour avoir une réponse. Le comte Savioli m'évitait évidemment, mais j'allai droit à lui. Quand il me vit, il haussa les épaules : « Comment! lui dis-je, encore pas de réponse? » — « Je vous demande pardon, mais elle est malheureusement négative. » — « *Eh! bien!* répondis-je, c'est ce que le prince aurait pu me dire plus tôt! » — « Mon Dieu! reprit-il, il ne se serait même pas encore décidé, si je ne l'avais pressé, en lui représentant qu'il y a déjà bien longtemps que vous êtes ici à vous morfondre et à dépenser votre argent à l'hôtel. » — « C'est là, en effet, ce qui me contrarie le plus, répliquai-je : cela n'est pas beau du tout. Au reste, Mr le comte (on ne l'appelle pas Excellence), je vous suis très obligé d'avoir pris mes intérêts si fort à cœur, et je vous prie de remercier en mon nom le prince pour cette gracieuse, quoique tardive, information; je puis l'assurer que, s'il m'avait gardé, il n'aurait jamais eu à s'en repentir. » — « Oh! répondit le comte, j'en suis plus certain que vous ne le croyez. » — Je communiquai aussitôt cette décision à M. Wendling. Il devint tout rouge et dit très vivement : « Il faut que nous trouvions un remède à cela. Il faut que vous restiez ici ces deux mois au moins, jusqu'à ce que nous partions ensemble pour Paris. Demain Cannabich revient de la chasse : nous en reparlerons. »

Je quittai aussitôt le concert et allai tout droit chez Mme Cannabich. Pendant le trajet je racontai l'affaire à M. Schatzmeister, qui était sorti avec moi et qui est un très brave homme et mon bon ami. Vous ne pouvez vous figurer comme il en fut indigné. Quand nous entrâmes dans la pièce [où se tenait Mme Cannabich], il prit aussitôt la parole et dit : « Eh! bien! voici quelqu'un qui a reçu de la cour le beau traitement habituel! » — « Comment, dit Mme Cannabich, c'est donc une affaire manquée? » — Là-dessus je lui racontai tout. Alors ils me rapportèrent toutes sortes de petits tours du même genre qui se sont passés ici. Lorsque Mlle Rose, qui était éloignée de nous de trois chambres et qui s'occupait alors du linge, eut fini, elle entra et me dit : « Vous conviendrait-il maintenant?... » Car c'était l'heure de sa leçon. « Je suis à vos ordres », répondis-je. — « Aujourd'hui, reprit-elle, il faut que nous étudiions bien raisonnablement. » — « Je crois bien! répliquai-je, car cela ne durera plus longtemps! » — « Comment!... Comment cela?... Pourquoi? » Elle alla vers sa mère, qui lui dit la chose. « Comment! reprit-elle, c'est certain?... Je n'en crois rien! » — « Oh! oui! c'est certain! » dis-je. — Là-dessus, elle se mit, toute *sérieuse*, à jouer ma sonate. Écoutez, je n'ai pu retenir mes larmes. Alors les larmes vinrent aussi aux yeux de la mère, de la fille et de M. Schatzmeister, car elle jouait justement ma sonate, et c'est celle qui est la favorite de toute la maison. — « Écoutez, dit M. Schatzmeister, si M. le maître de chapelle s'en va (on ne m'appelle pas autrement ici), il va nous faire tous pleurer! »

Je dois dire que j'ai ici de bien bons amis, et c'est dans de pareilles circonstances qu'on apprend à les connaître ; car ils ne le sont pas seulement en paroles, mais en actes. Écoutez ce qui suit : Le jour suivant, j'arrivai, comme d'habitude, chez Wendling pour dîner. Il me dit alors : « Notre Indien[1] (c'est un Hollandais qui vit de ses rentes, un amateur de toutes les sciences et mon grand ami et grand admirateur), notre Indien est vraiment un homme rare ! Il vous donnera deux cents florins[2] si vous lui composez trois petits concertos faciles et courts, et une couple de quatuors, pour la flûte. Par Cannabich, vous aurez au moins deux élèves qui vous paieront bien. Vous composerez ici des duettos pour piano et violon, et vous les ferez graver *par souscription*. — Pour la table, vous l'aurez chez nous, à midi comme le soir ; et le logement, chez M. le conseiller aulique Serrarius. Tout cela ne vous coûtera rien. Pour Madame votre mère nous trouverons un petit logement bon marché, pendant ces deux mois, jusqu'à ce que vous ayez écrit tout ceci chez vous. Et ensuite votre mère retournera chez elle et nous partirons pour Paris. »

Maman est contente de cet arrangement ; cela ne dépend plus que de votre assentiment, dont je suis si certain, que si l'époque du voyage était déjà arrivée, je partirais pour Paris sans attendre une réponse. Car on ne peut croire autre chose de la part d'un père si judicieux et toujours si préoccupé du bien de ses enfants. M. Wendling, qui vous fait ses compliments, est l'ami de cœur de notre ami de cœur, Grimm. Grimm lui a beaucoup parlé de moi, quand il était ici, à l'époque où il revenait de son séjour chez nous à Salzbourg[3]. Je lui écrirai dès que j'aurai reçu votre réponse à cette lettre-ci ; car il est en ce moment à Paris, à ce que m'a dit un

1. M. de Jean.

2. 420 francs environ.

3. Ce voyage était récent. — Il s'agit du baron Grimm, le célèbre homme de lettres, depuis longtemps établi à Paris, et qui avait rendu de grands services aux Mozart à leurs premiers voyages à Paris : 1765, 1766.

étranger qui a dîné à notre table. Je vous prierais aussi, si c'est possible, et puisque nous ne partirons pas avant le 8 mars, de faire en sorte que, par l'entremise de M. Mesmer de Vienne, ou de quelque autre, je puisse avoir une lettre pour la reine de France[1], si toutefois la chose est facilement faisable, sinon cela n'a pas autrement d'importance. Il est vrai que cela vaudrait mieux, et c'est un conseil que m'a donné M. Wendling.

Je me figure que toutes les choses que je vous écris vont vous paraître bien étranges, car vous êtes, en ce moment, dans une ville où l'on est habitué à avoir de sots ennemis, et des amis niais et faibles qui, parce qu'ils ne peuvent se passer du triste pain de Salzbourg, étalent sans cesse leur flagornerie et ne sont, dès lors, que des amis d'un jour. Voyez-vous, c'est justement pour cette raison que je vous ai toujours écrit des enfantillages et des plaisanteries, et peu de choses sérieuses; je voulais attendre l'issue de l'affaire d'ici et vous en épargner les désagréments,... et ménager mes bons amis sur qui vous rejetez maintenant la faute un peu injustement, comme s'ils avaient travaillé sous main contre moi, ce qui n'est certainement pas. — Moi, je sais bien qui en est la cause! Mais j'ai été contraint, par vos lettres, de vous raconter toute l'histoire. Maintenant je vous supplie, pour tout au monde, ne vous affligez pas à ce sujet. Dieu l'a voulu ainsi. Rappelez-vous cette vérité trop certaine : c'est qu'on ne peut pas faire tout ce qu'on a dans l'esprit. On croit souvent que telle chose serait très bonne, et telle autre, très fâcheuse et très mauvaise, et puis, si elle arrivait, on expérimenterait souvent le contraire.

A présent, il faut que j'aille dormir. — Je vais avoir joliment à faire pendant ces deux mois! Trois concertos, deux quatuors, quatre à six duettos pour piano [et violon]; et puis j'ai aussi dans l'idée de faire une nouvelle grand'messe pour l'offrir au prince Électeur. — *Adieu.*

1. Marie-Antoinette.

Le prochain jour de poste, j'écrirai au prince de Zeil afin de poursuivre l'affaire de Munich. Si vous vouliez aussi lui écrire, j'en serais très aise. Mais que ce soit bref et bien! surtout pas rampant, car c'est ce que je ne puis souffrir. — Il est certain que s'il veut le faire, il le peut : tout le monde, à Munich, me l'a dit.

98 (M)

A SON PÈRE

Manheim, 14 décembre 1777.

Je ne puis écrire que quelques mots. Je ne suis rentré qu'à quatre heures et, tout de suite, j'ai donné une leçon à la *demoiselle* de la maison. Maintenant il va être cinq heures et demie et par conséquent il est temps de fermer cette lettre. Je veux dire à maman de se mettre toujours en avance de quelques jours pour écrire, afin que tout n'arrive pas à la fois, car, maintenant, je ne puis plus le faire facilement. Il faut que je consacre à la composition le peu de temps que j'ai pour écrire ; car j'ai beaucoup de travail devant moi. Je vous prie instamment de me répondre promptement au sujet du voyage à Paris. J'ai fait entendre à M. Wendling mon grand concerto pour piano ; il dit que c'est bien ce qui convient pour Paris. Quand je le fais entendre au baron Bach, il est tout hors de lui. — *Adieu.*

99 (M)

A SON PÈRE

Manheim, 18 décembre 1777.

....[1] Bien vite et dans la plus grande hâte. — L'orgue, qui a été inauguré aujourd'hui dans l'église luthérienne, est

1. La mère de Mozart venait d'écrire : « Aujourd'hui un luthérien de distinction est venu chez nous et a invité Wolfgang, de la manière la plus courtoise, à venir essayer leur nouvel orgue ».

très bon, aussi bien dans l'ensemble que dans chaque registre isolé. Vogler a joué dessus. Il n'est que ce qu'on appelle un homme habile. Sitôt qu'il veut jouer quelque chose de majestueux, il tombe dans la sécheresse, et l'on est vraiment content qu'il y trouve tout de suite le temps long et que, dès lors, cela ne dure guère. Mais qu'est-ce qui vient après?... un bavardage incompréhensible.... Je l'ai écouté de loin. Après, il commença une fugue avec six notes sur un même son, et *presto!* Alors je montai près de lui.... Par le fait, j'aime encore mieux le voir jouer que l'entendre. — Il y avait beaucoup de monde et beaucoup de musiciens de l'orchestre, Holzbauer, Cannabich, Toeschi, etc.

J'ai déjà presque terminé un quatuor [K. 285] que je compose pour le Hollandais indien, ce véritable philanthrope. — *A propos*, M. Wendling m'a dit hier qu'il vous a écrit par le dernier courrier. *Addio!* — Récemment, j'ai dû diriger, à la place de Schweitzer qui était indisposé, l'opéra [qu'on répétait] chez Wendling, avec quelques violons.

100 [M]

A SON PÈRE

Manheim, 20 décembre 1777

Mon bien cher papa, je vous souhaite une très heureuse nouvelle année, et que votre santé, qui m'est si chère, se fortifie de jour en jour, pour l'avantage et le bonheur de votre femme et de vos enfants, la satisfaction de vos vrais amis, et le dépit et le chagrin de vos ennemis! Je vous prie de m'aimer, l'année qui vient, aussi paternellement que vous l'avez fait jusqu'ici. Moi, de mon côté, je ferai tous mes efforts pour mériter de plus en plus l'amour d'un si excellent père. J'ai été extrêmement content de votre dernière lettre, du 15 décembre, parce que j'y ai vu que vous êtes, grâce à Dieu, en bonne santé. Nous aussi, Dieu aidant, nous sommes tous deux parfaitement bien portants. Pour moi, cela ne peut guère manquer, car je prends certainement assez d'exercice!

J'écris ceci à onze heures du soir, parce que je n'ai pas d'autre moment pour le faire. Nous ne pouvons nous lever, le matin, avant huit heures, car notre chambre étant à raz du sol, il n'y fait jour qu'à huit heures et demie. Je m'habille bien vite. A dix heures je me mets à composer jusqu'à midi, ou midi et demi; puis je vais chez Wendling. Là j'écris encore un peu jusqu'à une heure et demie, que nous nous mettons à table. Trois heures arrivent : il faut alors que j'aille à l'hôtel de Mayence chez un officier hollandais[1], pour lui donner une leçon de *galanterie*[2] et de basse-continue, qui me rapportera, si je ne me trompe, 4 ducats pour 12 leçons[3]. A quatre heures, il faut que je rentre pour la leçon de la fille [de notre propriétaire]; mais nous ne commençons jamais avant quatre heures et demie, parce qu'on attend les lumières. A six heures, je vais chez Cannabich donner leçon à Mlle Rose, et j'y reste à souper. Puis on cause et quelquefois on joue; mais alors je tire toujours un livre de ma poche et je lis, comme j'en avais l'habitude à Salzbourg.

J'ai écrit que votre dernière lettre m'a fait beaucoup de plaisir, et c'est vrai. Il n'y a qu'une chose qui m'a un peu vexé : c'est que vous me demandez si je n'oublie pas, par hasard, d'aller me confesser. Je n'ai du reste rien à objecter à cela; seulement, permettez-moi une prière, c'est que vous ne pensiez pas si mal de moi. J'aime bien à m'amuser, mais soyez assuré que je puis être sérieux, malgré tout! Depuis que j'ai quitté Salzbourg, — et déjà même à Salzbourg, — j'ai rencontré bien des gens que j'aurais rougi d'imiter dans leur langage et leur manière d'agir, bien qu'ils fussent de

1. M. de la Pottrie.

2. Cette expression de *galanterie* ou musique galante désignait alors la musique qui n'était point astreinte aux règles sévères du style en contrepoint rigoureux.

3. Environ 4 francs par leçon.

dix, vingt et trente ans plus âgés que moi!... Je vous supplie donc, encore une fois, et bien humblement, d'avoir de moi une meilleure opinion.

Post-scriptum.

A SA SŒUR ET A SA COUSINE[1]

Ma très chère Sallerl, mon cher petit cœur,
Ma très chère Nannerl, ma petite sœur,

Je te remercie fort de tes souhaits, mon ange;
En voici de Mozart, ce butor, en échange.
A toi bonheur et joie, s'il en existe encore!
J'espère que tu m'aimes comme Woferl t'adore.
Je puis le dire vraiment, et cela pour jamais:
Il se jetterait au feu pour toi, si tu voulais!
De même qu'il vous parle, il faut bien que j'écrive;
Je vois devant mes yeux sa tendresse si vive
Pour sa *joli* Sallerl[2] et pour sa sœur Nanon:
Ah! venez vite ici, mes chéries, et dansons!
Et vive tout le monde! la maman, le papa,
Et la sœur et le frère, huisa hupsasa!
Et l'amie de Woferl et Woferl lui-même;
Et cela bien longtemps, jusqu'au moment suprême,
Tant qu'il pourra.... et bravement....
Lui, Sallerl et sa sœur, quelle belle racaille!
Hélas! Il faut que j'aille au pays de Cocagne!
Il est minuit; tout dort et le sommeil me gagne.

1. Voici encore une de ces tirades de bouts-rimés, où les phrases sont souvent inventées pour la rime, mêlées de folies, de mots en blanc. Celle-ci ayant une sorte de cadence, nous avons essayé de la traduire en lui conservant le plus possible son aspect.

2. Mlle S. Joli.

101 [M]

A SON PÈRE

Manheim, 27 décembre 1777.

Un joli papier, n'est-ce pas?... Ah! je voudrais bien pouvoir le rendre plus beau; mais à présent il est déjà trop tard pour en faire chercher un autre. — Vous savez déjà, par nos dernières lettres, que, maman et moi, nous avons un très bon logement[1]. Ce n'a jamais été mon intention, à moi non plus, qu'elle habitât ailleurs que moi; mais lorsque M. Serrarius, le conseiller aulique, m'offrit sa maison, avec tant de bonté, je n'ai pas fait autre chose que de le remercier : ce qui n'était pas encore dire oui. Le jour suivant, j'allai chez lui avec M. Wendling et M. de Jean (le brave Hollandais), et j'attendis qu'il m'en reparlât de lui-même. A la fin, il renouvela sa proposition; je le remerciai en ces termes : « Je reconnais que l'honneur que vous me faites, en me permettant de loger chez vous, est une vraie marque d'amitié de votre part; mais, à mon grand regret, je ne puis malheureusement pas accepter votre si bienveillante proposition. Vous ne m'en voudrez pas si je vous dis que je n'aimerais pas à laisser ma mère de côté sans un motif sérieux; et je ne vois vraiment aucune raison pour qu'elle demeure dans un quartier de la ville et moi dans un autre. Quand j'irai à Paris, naturellement, ce sera un très grand *avantage* pour moi qu'elle ne soit pas avec moi, mais ici, pour deux mois, je ne regarde pas à quelques *gulden* de plus ou de moins. » — Par ce discours j'ai réussi à ce que mon désir fût entièrement réalisé, c'est-à-dire que

1. Le conseiller Serrarius avait offert à Mozart et à sa mère le logement, le bois et la lumière; sa mère soupait le soir avec la femme et la fille du conseiller, et en retour Mozart donnait des leçons à la fille, Mlle Thérèse Pierron Serrarius. — Il donnait aussi des leçons au jeune Danner et, en échange, sa mère y prenait le repas de midi. — Quant à Mozart, il allait chez les Wendling. De cette façon le séjour à Manheim leur coûtait peu de chose.

notre logement et notre pension, à tous les deux, ne nous rendissent pas... plus pauvres. — Maintenant, il faut que je monte vite pour souper. Nous avons joué à *Mord und Brandl*[1] jusqu'à présent, c'est-à-dire jusqu'à dix heures et demie.

Je suis allé dernièrement avec M. de la Pottrie, — cet officier hollandais qui est mon élève, — à l'église réformée, où j'ai joué de l'orgue pendant une heure et demie, et c'était bien de tout mon cœur! Prochainement, nous, — c'est-à-dire les Cannabich, les Wendling, les Serrarius et les Mozart, — nous irons dans l'église luthérienne, et là je m'amuserai avec délices à jouer de l'orgue. J'ai déjà essayé le *pieno*[2], à l'inauguration dont je vous ai parlé, mais je n'ai pas beaucoup joué..., rien qu'un prélude suivi d'une fugue.

Maintenant, moi aussi j'ai fait la connaissance de M. Wieland; mais il ne me connaît pas aussi bien que je le connais, car il n'a encore rien entendu de moi. Je ne me l'étais pas figuré tel que je l'ai trouvé. Il me paraît un peu affecté dans sa conversation; sa voix est assez enfantine, il a sans cesse l'air de regarder au fond d'un verre en minaudant; une certaine impolitesse docte, et pourtant, parfois, un air de sotte condescendance. Qu'il en agisse de même à Weimar ou non, je ne suis, du reste, pas étonné qu'il daigne se comporter ici comme il le fait : car les gens le regardent comme s'il était tombé du ciel. On se gêne régulièrement devant lui, on se tait, on est silencieux, on fait attention à chaque mot qu'il dit. C'est dommage seulement qu'on soit souvent forcé de rester si longtemps dans l'attente, car il a un défaut de la langue qui l'oblige à parler tout doucement, et il ne peut dire six mots sans s'arrêter. Du reste, tête excellente, comme nous le connaissons tous. — Sa figure est cordialement laide, toute grêlée de la petite vérole, et un assez long nez. Sa taille doit être, approximativement, un peu plus élevée que celle de papa.

1. *Meurtre et incendie*, jeu de cartes salzbourgeois.
2. C'est-à-dire *organo-pieno*, tous les registres ouverts.

Vous ne devez pas avoir de doute au sujet des 200 florins du Hollandais. — Maintenant il faut que je termine, car je voudrais encore un peu composer. — Encore une chose : Il me semble qu'il ne faut pas que j'écrive à présent au prince de Zeil.... Vous devez déjà en savoir la raison, car Munich est plus près de Salzbourg que de Manheim : c'est que le prince Électeur est mourant de la petite vérole. Voilà qui va certainement amener des changements.

Allons, portez-vous bien! — Pour ce qui est du retour de maman à la maison, je crois que c'est à l'époque du carnaval, et avec des marchands, qu'il pourrait s'effectuer le plus facilement. Du moins, c'est ce que je crois. Mais ce que je sais avec certitude, c'est que ce que vous jugerez bon sera le meilleur; car vous êtes M. le maître de chapelle de la cour et la Raison Souveraine! — Je baise mille fois la main de papa,... si vous le connaissez, et j'embrasse ma sœur de tout mon cœur, et je suis, malgré mon griffonnage, votre fils très obéissant et votre frère fidèle et sincère.

102 (M.

A SON PÈRE

Manheim, [31 décembre 1777 ou 1er janvier 1778].

J'espère que vous vous portez bien tous les deux. Je suis, grâce à Dieu, en très bonne santé. Vous pouvez aisément vous figurer que je suis vivement contrarié de la mort du prince Électeur de Bavière. Tout mon désir est que le prince Électeur d'ici hérite de toute la Bavière et aille se fixer à Munich. Je crois que vous en seriez content, vous aussi.

Aujourd'hui, à midi, Charles-Théodore a été proclamé, à la cour, duc de Bavière. D'autre part, à Munich, le comte Daun, Grand-Écuyer, aussitôt après la mort du prince Électeur, s'est fait rendre hommage au nom du prince d'ici, et, sur son ordre, des dragons à cheval ont parcouru la ville au son des tambours et des trompettes, en criant : « Vive notre prince Électeur, Charles-Théodore! » — Si, comme je le désire, tout se termine bien, M. le comte Daun recevra un assez joli présent!... Son aide de camp (il se nomme Lilienau) qu'il a envoyé pour apporter la nouvelle de la mort, a reçu 3000 florins[1] du prince Électeur.

103 (M)

A SON PÈRE

Manheim, 10 janvier 1778.

... C'est aussi ce que je souhaite de tout mon cœur[2]. Vous avez pu voir dans mes dernières lettres quel est mon vrai désir.

Quant au retour de maman, il est vraiment temps que nous y pensions; car bien qu'on ait fait, tous ces temps-ci, des répétitions de l'opéra[3], il n'est pas du tout certain qu'il soit représenté, et, s'il ne l'est pas, nous partirons probablement le 15 février. — Puis (après que j'aurai entendu vos conseils à cet égard) je suivrai les idées et les habitudes de mes compagnons de voyage et me ferai faire comme eux un habit noir, réservant pour l'Allemagne les habits galonnés qui ne sont plus de mode à Paris. D'abord c'est une économie (et c'est là mon but principal dans mon voyage à Paris) et, en second lieu, cela habille bien et est à la fois habit de ville et de cérémonie. Avec un habit noir, on peut aller partout. Aujourd'hui, justement, le tailleur a apporté à M. Wendling son habit. Parmi mes vêtements, ceux que j'ai l'intention

1. 6270 francs.

2. Il était alors beaucoup question de l'envahissement de la Bavière par la Prusse ou l'Autriche, à cause de la succession de Maximilien III. On a vu que Charles-Théodore, prince Palatin, venait de se faire reconnaître pour légitime souverain. La mère de Mozart avait écrit : « Que Dieu nous donne la paix! » Mozart continue la phrase.

3. *Rosemonde*, de Schweitzer, paroles de Wieland. — Cet opéra ne put être représenté alors, à cause des événements politiques qui mirent fin à toutes les fêtes.

d'emporter sont mon habit espagnol couleur *puce* et les deux vestes.

Maintenant, passons à autre chose : M. Wieland, après m'avoir vu deux fois, est à présent tout à fait sous le charme. La dernière fois, après m'avoir adressé tous les éloges possibles, il m'a dit : « C'est pour moi un vrai bonheur de vous avoir rencontré ici », et il m'a serré la main. — Aujourd'hui, on a répété « Rosemonde » au théâtre; cet opéra est... bon, voilà tout. Car enfin, s'il était mauvais, on ne pourrait pas le représenter... de même qu'on ne peut dormir sans être couché dans un lit! Mais il n'y a pas de règle sans exception,... et je viens d'en voir un exemple. Ainsi bonne nuit!...

A présent, quelque chose de judicieux : Je sais d'une manière certaine que l'Empereur a dessein de monter à Vienne un opéra allemand, et qu'il cherche très sérieusement un jeune maître de chapelle qui sache manier l'allemand, qui ait du génie et soit en état de produire quelque chose de nouveau. Benda[1], de Gotha, cherche [à se faire accepter], mais Schweitzer veut l'emporter. Je crois que ce serait une bien bonne chose pour moi, pourvu, bien entendu, que ce fût bien payé. Si l'Empereur veut me donner 1000 florins, je lui composerai un opéra allemand, et s'il ne veut pas me garder ensuite, cela m'est égal. Je vous en prie, écrivez, à tout ce que vous pourrez imaginer de bons amis à Vienne, que je suis en état de faire honneur à l'Empereur. S'il ne le veut pas autrement, qu'il me mette au moins à l'épreuve en me faisant écrire un opéra. Ce qu'il voudra faire après, m'est indifférent. *Adieu.* Mais je vous prie de mettre la chose en train tout de suite, sans cela quelqu'un pourrait bien me prévenir.

1. Benda, maître de chapelle à Gotha et compositeur d'opéras.

104 (NISSEN)

A SON PÈRE

Manheim, 17 janvier 1778.

Mercredi prochain j'irai passer quelques jours à Kirchheim-Boland, chez la princesse d'Orange. On m'en a dit tant de bien que je me suis enfin décidé. Un officier hollandais[1], qui est mon bon ami, a été terriblement grondé par elle pour ne m'avoir pas amené avec lui quand il est allé lui souhaiter la bonne année. Je recevrai, pour le moins, huit *louis d'or*; car elle aime si extraordinairement le chant que je lui ai fait copier quatre airs. Je lui donnerai aussi une symphonie, parce qu'elle a un charmant petit orchestre et donne des concerts tous les jours.

La copie des airs ne me coûtera pas beaucoup : elle a été faite par un certain M. Weber[2] qui doit m'accompagner là-bas. Ce musicien a une fille[3], âgée à peine de quinze ans, qui chante admirablement et a une voix belle et pure. Il ne lui manque que l'*action*[4], pour pouvoir être *prima donna* sur n'importe quel théâtre. Son père est un Allemand foncièrement honnête qui élève bien ses enfants, et c'est là justement la raison pour laquelle la jeune fille est persécutée ici. Il a six enfants : cinq filles et un fils. Il a dû, avec femme et enfants, se contenter de 200 florins[5] quatorze ans durant; et comme il a toujours rempli parfaitement ses fonctions et qu'il a présenté au prince Électeur une très habile cantatrice, il reçoit maintenant... 400 florins... tout entiers!... — Elle chante parfaitement bien mon air, com-

1. M. de la Pottrie.
2. Copiste et souffleur au théâtre de Manheim, oncle du grand C. M. de Weber, l'auteur du *Freischütz*.
3. Aloysia Weber, seconde fille de Weber, devenue plus tard Mme Lange.
4. C'est-à-dire le jeu de scène, comme actrice.
5. 419 francs.

posé pour la De Amicis[1], avec ses traits si difficiles; aussi va-t-elle le chanter à Kirchheim-Boland.

Passons à autre chose : mercredi dernier il y a eu grand festin dans notre maison[2], et j'y ai été invité, moi aussi. Il y avait quinze convives, et la *demoiselle* de la maison devait jouer le soir le concerto que je lui ai appris [K. 246]. A onze heures du matin, M. le conseiller entra chez moi avec M. Vogler. M. Vogler voulait *absolument* faire entière connaissance avec moi, et dans ce but il m'avait souvent tourmenté pour que j'allasse le voir : il a donc fini par triompher de son orgueil et m'a fait la première visite! — Du reste, on dit qu'il est tout autre maintenant, parce qu'il n'est plus si admiré; au commencement, on en avait fait une espèce d'idole. Je montai aussitôt avec lui, puis, peu à peu, les invités arrivèrent, et on ne fit que bavarder. — Mais, après le dîner, Vogler fit apporter de chez lui deux pianos accordés ensemble, et aussi ses ennuyeuses sonates gravées, et je dus les jouer tandis qu'il m'accompagnait sur l'autre piano. — A sa pressante prière, il me fallut faire chercher aussi mes sonates. — *N. B.* Avant le dîner il avait bredouillé d'un bout à l'autre, et à *prima vista*, mon concerto (celui de Litzau, que joue la *demoiselle* de la maison). Le premier morceau fut exécuté *prestissimo*; l'andante, *allegro*, et le rondo tout à fait *prestissimo*. Il jouait généralement une autre basse que celle qui était écrite; de temps en temps il faisait une harmonie toute différente; de même aussi pour la mélodie. Ce n'est, du reste, pas possible autrement quand on joue si vite! Les yeux n'ont pas le temps de voir, ni les doigts de trouver les touches. — Eh! bien! que signifie tout cela? Un pareil déchiffrage n'a pour moi aucune valeur. Les auditeurs (je veux parler de ceux qui sont dignes de ce nom) ne peuvent dire autre chose sinon qu'ils ont... vu la musique et l'exécution. En l'écoutant,

1. L'air tiré de l'opéra *Lucio Silla*, K. 135, XI.
2. Chez le conseiller Serrarius où Mozart habitait avec sa mère.

ils entendent, pensent et sentent aussi peu que lui. — Vous pouvez facilement vous figurer comme c'était insupportable, car je ne pouvais réussir à lui dire : « Beaucoup trop vite! » — Au reste, c'est bien plus facile de jouer un morceau vite que lentement. On peut, dans les traits, manquer quelques notes sans que personne le remarque; mais est-ce beau? — En jouant vite on peut employer une main pour l'autre sans que personne le voie ou l'entende; mais est-ce beau? — Et en quoi consiste donc l'art de lire à première vue? En ceci : Jouer le morceau dans son vrai mouvement, rendre toutes les notes, toutes les appoggiatures, etc., avec l'expression et le goût convenables et comme c'est indiqué, de telle sorte qu'on croie que celui qui joue un morceau l'a lui-même composé. — Son doigter est également détestable; il a le pouce gauche comme feu Adlgasser, et c'est avec le premier doigt et le pouce qu'il fait tous les traits descendants de la main droite.

105 (M)

A SON PÈRE

Manheim, 2 et 4 février 1778.

Il m'aurait été impossible d'attendre, comme d'habitude, le samedi pour vous écrire, car il y a trop longtemps que je n'ai eu le plaisir de m'entretenir avec vous par écrit. — En premier lieu, je dois vous raconter comment les choses se sont passées pour mes dignes amis et pour moi, à Kirchheim-Bolanden. Cela n'a été qu'un voyage de vacances : rien de plus. Nous sommes partis vendredi, à huit heures du matin, après que j'ai eu déjeuné chez M. Weber. Nous avions une élégante voiture fermée, à quatre places. A quatre heures, nous étions arrivés à Kirchheim-Bolanden. Nous dûmes aussitôt envoyer un billet au château avec nos noms. — Le jour suivant, dès le matin, M. le directeur des concerts, Rothfischer, vint nous voir. On me l'avait déjà décrit à Manheim comme un très brave homme et je l'ai trouvé tel, en effet.

Le soir, — c'était le samedi, — nous allâmes au château et Mlle Weber chanta trois airs. Je passe vite sur son chant... en un mot : parfait! Je vous ai déjà parlé de ses mérites dans une lettre récente ; cependant je ne pourrai fermer cette lettre sans en écrire davantage sur elle, maintenant qu'ayant appris à la bien connaître, je vois toute sa valeur. — Après le concert, nous dûmes dîner à la table des officiers. Le jour suivant, dimanche, il fallut faire un assez long trajet pour aller à l'église catholique, qui est un peu éloignée. A midi, nous dînâmes encore à la même table. Le soir, à cause du dimanche, il n'y eut pas de musique : c'est ce qui fait qu'il n'y a guère que 300 concerts par an. Nous aurions pu souper encore au château, mais nous n'avons pas voulu, aimant mieux rester entre nous, à la maison. A l'unanimité, nous aurions de bon cœur renoncé aux repas du château, car jamais nous n'étions si contents que seuls ensemble ; mais nous avons un peu pensé à la question d'économie, ayant bien assez à payer d'ailleurs!

Le lendemain, lundi, il y eut, de nouveau, concert, ainsi que mardi et mercredi. — Mlle Weber chanta, en tout, treize fois, et joua deux fois du piano, car elle ne joue pas mal du tout. Ce qui m'étonne le plus, c'est qu'elle lise si bien la musique. Figurez-vous qu'elle a joué, à *prima vista*, mes sonates difficiles, lentement, il est vrai, mais sans manquer une note. Sur mon honneur, j'aime mieux entendre jouer mes sonates par elle que par Vogler. — J'ai joué douze fois, et une fois de l'orgue, sur invitation, à l'église luthérienne; j'ai offert quatre symphonies à la princesse et pourtant je n'ai reçu que 7 *louis d'or* en monnaie d'argent, et ma pauvre chère Weber, 5 seulement. Vraiment je ne me serais pas figuré cela! Je n'ai jamais espéré beaucoup, mais au moins 8 louis pour chacun. *Basta!* nous n'y avons rien perdu ; j'ai encore 42 florins de *profit*, et j'ai eu le plaisir inexprimable de faire complète connaissance avec des gens bons catholiques, bons chrétiens, et foncièrement honnêtes. J'ai bien du regret de ne pas les avoir connus depuis longtemps.

**A propos*[1], il ne faut pas trop vous étonner qu'il ne me reste que 42 florins sur 77[2]. La raison en est simplement dans la joie que des gens honnêtes et pensant de même ont à se retrouver ensemble. Je n'ai pas fait autrement qu'eux, j'ai payé moitié de la dépense ; mais ce ne sera pas ainsi dans d'autres voyages, je l'ai bien dit ! Je ne payerai que pour moi. — Ensuite nous avons passé cinq jours à Worms, où Weber a un beau frère, le doyen du couvent ; en voilà un qui redoute la plume aiguisée de M. Weber ! Nous nous sommes bien amusés là ! Tous les jours, à midi et le soir, nous avons dîné et soupé chez M. le doyen. Je puis dire que ce petit voyage a été pour moi un vrai exercice de piano. M. le doyen est un très digne homme et très intelligent.

Il est temps que je termine ; si je voulais écrire tout ce que je pense, mon papier ne me suffirait pas *.

Le 4. — Voici maintenant quelque chose d'urgent, sur quoi je vous demande une réponse immédiate : Maman et moi nous avons causé ensemble, et nous sommes tombés d'accord que la vie des Wendling ne nous plaît pas du tout. Wendling est un très brave et très excellent homme, mais malheureusement sans religion, et toute sa maison est comme lui. On le dit assez, du reste, que sa fille a été une courtisane ! — Ramm est un brave homme, mais *libertin*. Je me connais, je sais que j'ai assez de religion pour ne faire certainement jamais rien que je ne puisse faire devant le monde entier ; mais je suis effrayé à la seule idée d'un voyage en compagnie d'hommes dont la manière de penser est si éloignée de la mienne (et de celle de tous les honnêtes gens).

Du reste, qu'ils fassent ce qu'ils voudront ! Je n'ai pas de cœur à voyager avec eux ; je n'aurais pas une heure de satis-

1. Ce fragment se trouve dans Jahn, I, p. 425.

2. 91 fr. 60 sur 168 francs, en florins de Salzbourg (comme le prouve l'évaluation des 7 louis d'or).

faction, je ne saurais de quoi parler, car, en un mot, je n'ai pas une parfaite confiance en eux. Des amis sans religion ne sont pas de durée. Aussi, je leur ai déjà donné un petit avant-goût de la chose: Je leur ai dit qu'en mon absence il était arrivé trois lettres dont je ne pouvais leur dire autre chose sinon qu'il me sera difficile de faire le voyage de Paris avec eux; ... peut-être partirai-je après eux; peut-être aussi irai-je ailleurs; il ne faut donc pas qu'ils comptent sur moi. — Voici quelle est mon idée : Je terminerai ici, tout à mon aise, la musique pour M. de Jean; je toucherai alors mes 200 florins.... Je puis rester ici aussi longtemps que je voudrai : nourriture et logement ne me coûtent rien. — Pendant ce temps, M. Weber tâchera de se faire engager avec moi quelque part, pour donner des concerts. Ainsi nous voyagerons ensemble. Si je voyage avec lui, ce sera tout comme si je voyageais avec vous. Voilà pourquoi je l'aime tant, c'est que, sauf l'extérieur, il vous ressemble tout à fait! Il a tout votre *caractère* et votre manière de penser. Si ma mère n'était pas, comme vous savez, si paresseuse pour écrire, elle vous dirait la même chose. Je dois avouer que j'ai eu beaucoup de plaisir à voyager avec lui : nous étions contents, joyeux; j'entendais un homme qui parle comme vous; je n'avais à me préoccuper de rien; je retrouvais raccommodé ce que j'avais déchiré; en un mot, j'étais servi comme un prince.

J'aime tellement cette famille écrasée [par les soucis], que je ne désire rien tant que de pouvoir la rendre heureuse, et peut-être le puis-je. Mon avis serait qu'ils allassent en Italie. Je voudrais donc vous demander si vous pourriez — et le plus tôt serait le mieux — écrire à notre bon ami Lugiati[1], pour qu'il s'informe du maximum de ce qu'on donne, à Vérone, à une *prima donna*. Plutôt plus que moins, car on

1. Receveur général à Vérone. A l'époque du voyage de Mozart en Italie (1770) il fut un de ses plus ardents admirateurs; il fit même peindre à l'huile un grand portrait de Wolfgang au piano et l'envoya à sa mère avec une lettre des plus élogieuses (22 avril 1770) (Jahn, I, 107).

peut toujours baisser. Peut-être pourrait-on aussi obtenir l'*ascenza*[1] à Venise. — Pour ce qui est du chant, je jure sur ma vie qu'elle me fera sûrement honneur. Elle a déjà beaucoup gagné avec moi dans ce peu de temps, et combien ne gagnera-t-elle pas encore d'ici là! Pour l'*action*, je n'en suis pas inquiet non plus.

Si ce voyage se fait, nous aurons l'honneur, M. Weber, ses deux filles et moi, de faire en passant une visite de quinze jours à mon cher papa et à ma chère sœur. Ma sœur trouvera en Mlle Weber une amie et une compagne, car elle jouit ici de la même bonne réputation que ma sœur à Salzbourg, à cause de sa bonne conduite; son père est considéré comme le mien, et toute la famille, comme la famille Mozart. Il est vrai qu'il y a des envieux ici comme chez nous, mais à l'occasion il faut pourtant bien qu'ils disent la vérité. « La loyauté est ce qui dure le plus longtemps[2]. »

Je puis dire que je me réjouirais vivement de pouvoir aller avec eux à Salzbourg, ne fût-ce que pour que vous entendiez Mlle Weber. Elle chante admirablement bien mes airs composés pour la De Amicis, aussi bien l'air de bravoure que *Parto m'affretto* et *Dalla sponda tenebrosa*[3]. — Je vous en prie, faites votre possible pour que nous allions en Italie. Vous connaissez ma plus grande préoccupation : écrire des opéras. J'écrirai volontiers l'opéra de Vérone pour trente sequins[4],... rien que pour qu'elle s'y fasse honneur; car, si ce n'est pas moi qui l'écris, je crains bien qu'elle ne soit *sacrifiée!* D'ici là, je me ferai assez d'argent, dans d'autres voyages que nous voulons entreprendre ensemble, pour que cela ne me soit pas trop douloureux. Je crois que nous irons en Suisse, peut-être aussi en Hollande. Écrivez-moi bientôt à ce sujet. Si nous nous fixons pour longtemps quelque

1. Le tarif des appointements donnés aux chanteurs (?).
2. Proverbe dont le sens est que la loyauté finit toujours par avoir le dernier mot.
3. Dans l'opéra de *Lucio Silla*, morceaux 11, 16 et 4.
4. 354 francs.

part, la fille aînée[1] nous sera très utile : nous pourrons avoir notre propre ménage, car elle sait aussi faire la cuisine.

* Il m'est impossible de voyager avec des gens, avec un homme qui mène une vie dont le plus jeune homme rougirait. Tandis que la pensée de venir en aide à une famille malheureuse, sans me causer aucun dommage, me remplit l'âme de joie*.

Répondez-moi bientôt, je vous en prie!... N'oubliez pas mon désir de composer un opéra! J'envie quiconque en écrit un. Quand je vois un air ou que je l'entends chanter, j'en pleurerais de vexation. Mais un opéra italien, pas allemand! un opéra *seria*, pas *buffa!* — *Vous n'auriez pas dû m'envoyer la lettre de Heufeld[2]; elle m'a causé plus de dépit que de joie. Ce fou s'imagine que je vais écrire un opéra-comique, et cela sans rien de certain, à mes risques et périls! Je crois aussi qu'il n'eût pas fait tort à sa noblesse s'il vous avait écrit : « M. votre fils » et non « Votre fils ». — Allons! c'est un rustre viennois;... à moins qu'il ne s'imagine que les hommes ont toujours douze ans!...*

Maintenant je vous ai tout écrit, comme je l'avais sur le cœur; ma mère est contente de ma manière de voir. Je vous baise mille fois les mains et suis jusqu'à la mort votre fils très obéissant.

106 (M)

A SON PÈRE.

Manheim, 7 février 1778.

M. de Schiedenhofen aurait bien pu, depuis longtemps, me faire dire par vous qu'il a l'intention de célébrer prochainement ses noces : je lui aurais composé, pour la circonstance, quelques nouveaux menuets. Je lui souhaite

1. Josepha Weber, plus tard Mme Hofer, cantatrice, créa en 1791 le rôle de « la Reine de la nuit » dans la *Flûte enchantée*.
2. Franz de Heufeld, gentilhomme, homme de lettres, à Vienne.

cordialement du bonheur; mais c'est encore un mariage d'argent, rien de plus! — Ce n'est pas ainsi que je voudrais me marier! Je veux rendre ma femme heureuse et non faire mon bonheur à ses dépens. Donc, je veux laisser cette idée de côté et jouir de ma belle liberté jusqu'à ce que je sois en état de nourrir femme et enfants. Quant à M. de Schiedenhofen, c'était une nécessité pour lui de choisir une femme riche; c'est sa noblesse qui veut cela. Les nobles ne doivent jamais se marier par inclination et par amour, mais seulement par intérêt et pour toutes sortes de considérations accessoires. De plus, il ne siérait nullement à ces hauts personnages de s'aviser d'aimer encore leur femme après qu'elle a rempli son devoir en leur mettant au monde un lourdaud héritier de leur majorat. Nous autres, pauvres gens du commun, nous ne devons pas seulement prendre une femme parce que nous l'aimons et qu'elle nous aime, mais il nous est permis et nous voulons la prendre dans ces conditions-là, parce que nous ne sommes ni *nobles*, ni de haute naissance, ni riches, mais de basse extraction, vilains et pauvres, et que, par suite, nous n'avons pas besoin d'une femme riche, car notre richesse ne meurt qu'avec nous : c'est dans la tête que nous l'avons!... Et celle-là personne ne peut nous l'enlever qu'en nous coupant la tête,... et alors nous n'avons plus besoin de rien.

La principale raison pour laquelle je ne vais pas à Paris avec ces messieurs, je vous l'ai déjà exposée dans ma dernière lettre. La seconde, c'est que j'ai bien réfléchi à ce que j'ai à faire à Paris. Je ne pourrais arriver à rien sans prendre des élèves, et c'est là un genre de travail pour lequel je ne suis pas né. J'en ai ici une preuve vivante. J'aurais pu avoir deux élèves; je suis allé trois fois chez chacun d'eux, puis, un jour, l'un d'eux n'était pas chez lui : je ne m'y suis plus représenté. — Je donne volontiers une leçon par complaisance, surtout quand je vois à quelqu'un des dispositions, du plaisir et l'envie d'apprendre; mais être obligé d'aller à une certaine heure dans une maison, ou d'attendre quelqu'un chez moi, je ne le puis pas, quand même cela me rapporterait beaucoup; cela m'est impossible! Je laisse cela aux gens qui ne savent que jouer du piano. Je suis compositeur et né pour être maître de chapelle; je ne dois ni ne puis enterrer ainsi le talent pour la composition que le bon Dieu m'a si libéralement accordé (je puis le dire sans présomption, car je le sens plus que jamais), et c'est ce que je ferais si j'avais de nombreux élèves; c'est un *métier* qui dérange beaucoup, et j'aimerais mieux, pour ainsi dire, négliger le piano que la composition; car le piano n'est qu'un accéssoire pour moi, mais, Dieu merci, c'est un accessoire très important.

Enfin la troisième raison est que je ne sais pas avec certitude si notre ami Grimm est à Paris. S'il y est, je puis toujours partir après les autres par la diligence; il y en a une *charmante* qui va d'ici à Paris par Strasbourg : c'est comme cela que nous devions tout le temps voyager, et c'est comme cela qu'ils vont faire. M. Wendling est inconsolable de ce que je ne vais pas avec lui; mais je crois que c'est par intérêt plus que par amitié. — Outre le motif que je vous ai écrit dans ma dernière lettre (c'est-à-dire que j'avais reçu trois lettres depuis mon absence) je lui ai parlé de celui des élèves; je l'ai prié de tâcher de me procurer quelque chose de certain. Si je le puis alors, je le rejoindrai avec joie, surtout s'il s'agissait d'un opéra. — Ce désir d'écrire des opéras est mon idée fixe : un opéra français plutôt qu'allemand, mais italien plutôt encore qu'allemand ou français.

Chez Wendling, ils sont tous d'avis que mon genre de compositions plairait extrêmement à Paris. Il est certain que je ne serais pas du tout inquiet, car vous savez que je puis prendre et imiter tous les genres et tous les styles. Dès mon arrivée ici j'ai écrit pour Mlle Gustl (la fille) un air français [K. 307], dont elle m'a fourni le texte, et elle le chante d'une manière incomparable; j'ai l'honneur de vous en faire hommage ci-joint. Chez Wendling, on le chante tous les jours et ils en raffolent tous.

107 (M)

A SON PÈRE

Manheim, 14 février 1778.

Je vois, d'après votre lettre du 9 février, que vous n'avez pas encore reçu mes deux dernières lettres. M. Wendling et M. Ramm partent d'ici demain matin. Si j'apprenais que cela vous contrarie beaucoup que je n'aille pas à Paris avec eux, je me repentirais bien d'être resté ici! mais j'espère qu'il n'en est rien. Du reste, la route de Paris n'est pas fermée pour moi. M. Wendling m'a promis de s'informer tout de suite de M. Grimm et de m'en donner aussitôt des nouvelles. Si j'ai cet ami-là à Paris, j'irai certainement, car il fera bien sûr quelque chose pour moi. La principale raison pour laquelle je ne suis pas parti avec les autres, c'est bien celle-là.

Nous n'avons pas encore réussi à découvrir, pour maman, un moyen d'aller à Augsbourg.... D'ici à Augsbourg, cela ne coûtera pas bien cher; il y a sûrement ici de ces gens qu'on appelle voituriers, qui conduisent les gens à bon marché. D'ici là j'espère pourtant bien gagner assez d'argent pour que maman puisse s'en retourner à la maison; mais en ce moment je ne sais vraiment pas comment ce serait possible. M. de Jean, qui part aussi demain pour Paris, ne m'a donné que 96 florins (il s'est trompé de 4 florins sur la moitié du prix convenu), parce que je n'ai terminé pour lui que deux concertos [K. 313 et 314] et trois quatuors [K. 285, 298 et?]; mais il faudra bien qu'il me paye le tout : je suis convenu avec les Wendling que je lui enverrai le reste. — C'est bien naturel que je n'aie pu tout terminer encore! Je n'ai pas une heure de tranquillité, ici. Je ne puis écrire que la nuit et, par conséquent, je ne saurais me lever de bonne heure; outre qu'on n'est pas, en tout temps, disposé au travail. Écrivasser, je le pourrais, il est vrai, tout le long du jour, mais il s'agit ici d'une œuvre qui doit faire son chemin dans le monde, et je tiens à ne pas avoir à rougir lorsque mon nom sera mis dessus. Puis vous savez que je suis tout de suite anéanti quand je dois écrire pour un instrument que je ne puis souffrir [1]. — En outre, pour changer, j'ai composé de temps en temps quelque autre chose, par exemple des duettos pour piano et violon, et des parties de ma messe. Pour le moment, je me mets tout à fait sérieusement aux duos pour piano et violon [K. 301 à 306] afin de pouvoir les faire graver. Si seulement le prince Électeur était ici, je terminerais bien vite la messe. Mais ce qui n'est pas, n'est pas.

Je vous suis très reconnaissant, mon cher papa, pour la lettre si paternelle que vous m'avez écrite; je la conserverai comme un trésor et j'y recourrai en tout temps. Je vous prie de ne pas oublier la question du voyage de ma mère, d'Augsbourg à Salzbourg, et de m'en indiquer exactement le moment. — N'oubliez pas non plus, s'il vous plaît, les airs mentionnés dans ma dernière lettre. Si je ne me trompe, il doit y avoir aussi des cadences que j'ai écrites autrefois, ou au moins une *Aria cantabile* avec indication des nuances; c'est cela que je vous demande avant tout : ce sera une espèce d'exercice pour Mlle Weber. Avant-hier je lui ai enseigné un *andantino cantabile* de Bach, tout entier.

Hier il y a eu concert chez Cannabich. Sauf la première symphonie, qui était de Cannabich, tout a été de moi. Rose a joué mon concerto en si bémol [K. 238], puis M. Ramm (pour changer) a exécuté, pour la cinquième fois, mon concerto de hautbois, dédié à Forlendi [K. 293], qui fait beaucoup de bruit ici; aussi est-ce en ce moment son *cheval de bataille*. Ensuite Mlle Weber a chanté d'une manière tout à fait remarquable l'*aria di bravura* de la De Amicis. Puis j'ai joué mon vieux concerto en ré [K. 175], parce qu'il plaît beaucoup ici, et j'ai improvisé pendant une demi-

1. La flûte.

heure. Mlle Weber a chanté, aux applaudissements de tout le monde, l'air de la De Amicis : *Parto m'affretto* et, pour finir, on a exécuté mon ouverture du *Re pastore* [K. 208].

Je vous en supplie, pour tout au monde, prenez à cœur les intérêts de Mlle Weber. Je voudrais tant qu'elle pût faire fortune !... Un homme et une femme avec cinq enfants et 450 florins d'appointements !... N'oubliez pas l'affaire de l'Italie, ni ce qui me concerne. Vous connaissez mon ardent désir, ma *passion !*... J'espère que tout s'arrangera bien ; j'ai mis ma confiance en Dieu : il ne nous abandonnera pas. Maintenant portez-vous bien ; n'oubliez pas mes prières et mes *recommandations*.

108 [M]

A SON PÈRE

Manheim, 19 février 1778.

.... Je ne me suis jamais figuré autre chose sinon que vous désapprouveriez le voyage avec les Weber, et ce n'était pas non plus mon idée de le faire,... dans les circonstances où nous nous trouvons actuellement, s'entend ; seulement j'avais donné ma parole d'honneur que je vous écrirais. M. Weber ne sait pas dans quelle position nous sommes ; je n'en parle à personne, bien sûr ! J'ai tant souhaité d'être dans une situation telle que je n'eusse plus à penser à personne et que nous fussions tous dans une excellente position, que, dans cet enivrement, j'ai oublié l'impossibilité présente de la chose, et en outre j'ai oublié aussi... de vous mander ce que je vous mande maintenant. — Les raisons pour lesquelles je ne suis pas parti pour Paris, vous les avez suffisamment vues dans mes deux dernières lettres. Si ma mère n'avait pas elle-même commencé [à soulever des objections], je serais sûrement parti. Mais quand j'ai eu remarqué qu'elle ne voyait pas [ce voyage] avec plaisir, il ne m'a plus souri non plus; car sitôt qu'on ne se fie pas à moi, je perds toute confiance en moi-même. Le temps est passé, il est vrai, où, debout sur le fauteuil, je chantais : *Oragna fiagata fà*[1], et où, à la fin, je vous baisais sur le bout du nez; mais mon respect, mon amour, ma soumission pour vous ont-ils diminué pour cela?... Je n'en dis pas plus long.

Pour ce que vous me reprochez au sujet de la petite cantatrice de Munich[2], je dois reconnaître que j'étais un âne de vous écrire une aussi lourde erreur. Elle ne sait pas même encore ce que c'est que le chant. Il est vrai que pour une personne qui n'avait commencé d'apprendre la musique que depuis trois mois, elle chantait parfaitement bien, et, en outre, elle a une voix pure et très agréable. — La raison pour laquelle je l'ai tellement louée peut bien être que, du matin au soir, je n'entendais dire que : « Il n'y a pas de meilleure cantatrice dans toute l'Europe; qui ne l'a pas entendue n'a rien entendu. » Je ne me risquais pas volontiers à contredire les gens, soit parce que je voulais me faire de bons amis, soit parce que je venais directement de Salzbourg, où l'on guérit les gens de l'habitude de contredire. Mais sitôt que j'étais seul, je ne pouvais m'empêcher de rire de bon cœur. Pourquoi ne riais-je donc pas aussi dans la lettre que je vous ai écrite? c'est ce que je ne puis comprendre.

Ce que vous m'écrivez de si mordant à propos de mes joyeux entretiens avec la fille de votre frère, m'offense beaucoup. Mais comme ce n'est pas exact, je n'ai rien à y répondre. — Pour ce qui est de Wallerstein[3], je ne sais pas du tout ce que je dois dire. J'ai été, chez Beecké, très réservé et très sérieux, et à la table des officiers aussi : je me tenais avec

1. Paroles qui sonnent comme l'italien, mais n'ont aucun sens; Mozart, tout petit, les avait inventées et avait composé dessus une mélodie.

2. La Keiserin (voy. p. 81).

3. On avait dit à Léop. Mozart que son fils, pendant son séjour à Wallerstein, s'était conduit comme un écervelé, dansant et sautant en jouant du violon au milieu des officiers, et que Beecké, jaloux de lui, en avait profité pour amoindrir sa réputation (voy. Jahn, I, 375).

une vraie dignité et ne disais mot à personne. Laissons tout cela; vous ne l'avez dit que dans un moment de vivacité.

Tout ce que vous écrivez à propos de Mlle Weber est vrai. Et, comme je l'ai écrit moi-même, je sais aussi bien que vous qu'elle est encore trop jeune, qu'il lui manque de savoir jouer, et qu'il faut auparavant qu'elle s'exerce souvent sur la scène. Seulement, avec de certaines personnes, il faut, le plus souvent, n'avancer que pas à pas. Ces braves gens sont las d'être ici comme... vous savez bien qui et où[1]? En outre, ils croient que tout est faisable. — Je leur ai promis de tout écrire à mon père, et pendant que la lettre courait vers Salzbourg, je leur disais sans cesse qu'ils devaient avoir un peu de patience, qu'elle était encore un peu trop jeune, etc. Ils acceptent tout de ma part, car ils font grand cas de moi. Ainsi voilà que, sur mon conseil, le père vient de s'entendre avec Mme Toscani (l'actrice) pour qu'elle enseigne à sa fille le jeu de la scène.

Tout ce que vous m'avez écrit sur Mlle Weber est vrai, sauf un point : c'est qu'elle chante comme la Gabrielli[2]. Je n'aimerais pas du tout qu'elle chantât ainsi. Quiconque a entendu la Gabrielli dit et dira toujours qu'elle n'était qu'une chanteuse de traits et de roulades. Elle méritait l'admiration par la manière très particulière dont elle rendait la musique, mais cette admiration ne durait pas au delà de la quatrième audition; elle ne pouvait pas plaire à la longue, car on est vite fatigué des roulades. Elle avait le malheur de ne savoir pas chanter; elle n'était pas en état de filer un son convenablement d'un bout à l'autre, elle n'avait pas de *messa di voce*[3], elle ne savait pas *soutenir* la voix; en un mot, elle chantait avec art, mais sans intelligence. — Celle-ci, au contraire, va au cœur par son chant, et c'est le *cantabile* qu'elle préfère. Je viens de la mettre aux roulades par [l'étude] des grands airs, parce que, si elle va en Italie, elle

1. Comme Mozart et son père étaient las de Salzbourg.
2. Célèbre cantatrice que Mozart avait entendue à Milan en 1771.
3. « Mezza-voce. »

sera obligée de chanter des airs de bravoure. Elle n'oubliera certainement pas le *cantabile*, car c'est son penchant naturel. Raaff (qui certes ne flatte pas) a dit lui-même, comme on lui demandait son avis sincère : « Elle vient de chanter, non comme une écolière, mais comme un maître. »

Ainsi vous savez tout maintenant. Je vous la recommande de tout mon cœur, et je vous prie de ne pas oublier les airs, cadences, etc. Adieu, je ne puis plus écrire, tant j'ai faim!...

Ma mère va vous découvrir le contenu de notre grand coffre-fort. J'embrasse ma sœur de tout cœur; mais qu'elle ne s'avise plus de pleurer tout de suite à la moindre bagatelle, sans cela, de ma vie, je ne retournerai plus à Salzbourg.

109 (M.)

A SON PÈRE

Manheim, 22 et 23 février 1878.

Voici deux jours que je garde la maison et que je prends des antispasmodiques, de la poudre noire et de la tisane de fleur de sureau pour me faire transpirer, parce que j'ai eu de la toux et du rhume de cerveau, mal à la tête, mal à la gorge, mal aux yeux et mal aux oreilles. Mais maintenant, grâce à Dieu, cela va mieux, et demain j'espère pouvoir sortir, car c'est dimanche. J'ai reçu bien exactement votre lettre du 16, ainsi que les deux lettres d'introduction, ouvertes, pour Paris. Je me réjouis que mon air français vous ait plu. — Je vous demande pardon de ne pas vous en écrire long cette fois-ci, mais je ne peux pas, j'ai peur de faire revenir mon mal de tête, et je ne suis pas du tout en train d'écrire aujourd'hui.... On ne peut pas non plus écrire tout ce qu'on pense... moi du moins. Mieux vaut parler qu'écrire.

Vous avez vu par ma dernière lettre tout ce qu'il en est. Je vous en prie, croyez de moi tout ce que vous voudrez, excepté du mal. Il y a des gens qui s'imaginent qu'il est impossible d'aimer une fille pauvre, sans de mauvais desseins, et ce beau mot de *maîtresse* est vraiment bien joli!... Je ne suis ni un Brunetti ni un Misliweczeck! Je suis un Mozart, mais jeune et bien pensant. Vous me pardonnerez donc bien, j'espère, si parfois, dans mon ardeur, j'extravague,... puisqu'il faut appeler cela ainsi, bien que j'aimasse mieux dire : si j'écris tout naturellement. J'aurais long à en écrire sur ce sujet; mais je ne le puis; cela m'est impossible! Parmi tant de défauts, j'ai aussi celui de croire toujours que les amis qui me connaissent... me connaissent, et en ce cas, pas n'est besoin de beaucoup de paroles. Et s'ils ne me connaissent pas, oh! alors, où pourrais-je trouver assez de paroles?... C'est déjà assez fâcheux d'avoir besoin pour cela de mots et de lettres!... Tout cela n'est pas à votre adresse, mon cher papa; non! vous me connaissez trop bien, et vous êtes trop honnête aussi, pour flétrir tout de suite l'honneur des gens! — Je parle seulement de ceux qui... qui savent bien que c'est d'eux que je veux parler : des gens qui pensent ainsi.

[Le 23] ..... Je me suis décidé à rester aujourd'hui à la maison, bien que ce soit dimanche, car il neige beaucoup, et demain je dois sortir, parce que Mlle Pierron[1], la nymphe de notre maison, mon élève digne des plus grands hommages, doit dévider d'un bout à l'autre, au concert français qui se donne tous les lundis, mon concerto de la très haute comtesse Litzau [K. 246]. Moi aussi, pour ma plus grande honte, je me ferai donner quelque morceau à piocher, et je verrai si je puis l'écorcher comme cela, *prima vista;* car je ne suis qu'un tapoteur, de naissance, et ne sais que pianoter quelque peu.

Maintenant, permettez que je cesse d'écrire; je ne me sens pas du tout disposé à écrire des lettres, aujourd'hui; je le suis plutôt à composer. — Je vous supplie, encore une fois,

1. Mlle Pierron Serrarius, fille du conseiller, âgée de quinze ans.

n'oubliez pas ce que je vous ai demandé dans mes précédentes lettres, au sujet des cadences et des *aria cantabile*, etc., que je vous ai indiqués. En attendant, je vous suis bien reconnaissant d'avoir si rapidement fait copier les airs que je désirais avoir; cela prouve que vous avez confiance en moi, malgré tout, et que vous me croyez quand je vous recommande quelque chose.

110 (M)

A SON PÈRE

Manheim, 28 février 1778.

J'espère recevoir mes airs vendredi ou samedi prochain, bien que vous n'y ayez plus fait allusion dans votre dernière lettre, et que, par conséquent, je ne sache pas positivement si vous les avez envoyés le 22 par la diligence.... Je le désire bien, car je voudrais pouvoir encore les jouer et les chanter devant Mlle Weber.

Hier, j'ai été chez Raaff et je lui ai apporté un air que j'ai écrit pour lui, ces jours-ci. Les paroles sont : « *Se al labro mio non credi, nemica mia* » [K. 295]. Je ne crois pas que le texte soit de Métastase. L'air lui a extrêmement plu. Avec un pareil homme, il faut s'y prendre d'une manière tout à fait à part. J'ai choisi ce texte exprès parce que je savais qu'il a déjà un air sur les mêmes paroles : il les chantera donc plus facilement et plus volontiers. Je lui ai dit qu'il devait me déclarer franchement si l'air ne lui convenait pas, ou ne lui plaisait pas, et que je le modifierais s'il le voulait, ou lui en ferais même un autre. — « A Dieu ne plaise! s'est-il écrié, il faut que l'air reste ainsi, car il est très beau; je vous prierai seulement de me le raccourcir un peu, car je ne suis plus maintenant aussi en état de *soutenir* longtemps la voix. » — « Très volontiers, tant que vous voudrez, ai-je répondu; je l'avais fait exprès un peu long, parce qu'on peut toujours retrancher, tandis qu'il n'est pas si facile d'ajouter. » — Après qu'il eut chanté la seconde partie, il ôta ses lunettes, me regarda avec de grands yeux et dit : « C'est beau! c'est beau!... voilà une belle *seconda parte!* » Et il la chanta trois fois de suite. Quand je partis, il me remercia très poliment, et moi, de mon côté, je lui promis que je lui arrangerais l'air si bien qu'il le chanterait sûrement avec plaisir; car j'aime qu'un air soit exactement adapté aux moyens du chanteur, comme un habit bien fait.

J'ai aussi, pour m'exercer, fait un air sur ces paroles : « *Non so d'onde viene* », qui ont inspiré à Bach une si belle composition; et ma raison, c'est que je connais si bien l'air de Bach, qui me plaît et que j'ai toujours dans l'oreille, que j'ai voulu essayer si, malgré cela, je serais en état d'en composer un autre qui ne ressemblât en rien à celui de Bach.... Et, en effet, ce n'est pas du tout, du tout la même chose. J'ai d'abord destiné cet air à Raaff; mais le début m'a tout de suite paru trop haut pour lui, et il me plaisait trop pour le changer. D'ailleurs il m'a semblé convenir mieux à un soprano, à cause de la disposition des instruments. Je me décidai alors à le faire pour Mlle Weber. — Je le laissai de côté et pris les paroles : « *Se al labro...* » pour Raaff.... Oui, mais ce fut en vain! Il m'eût été impossible d'écrire; le premier air me revenait toujours dans la tête!... Je me mis donc à composer ce dernier, en me proposant de le faire tout à fait pour Mlle Weber. C'est un *andante sostenuto* (et d'abord un petit récitatif); la seconde partie : « *Nel seno destarmi* », se trouve au milieu, puis revient le *sostenuto* [K. 294]. — Quand je l'eus terminé, je dis à Mlle Weber : « Étudiez cet air vous-même, chantez-le d'après votre propre sentiment, puis faites-le-moi entendre, et je vous dirai ensuite franchement ce qui me plaît et ce qui me déplaît. » Deux jours après, je retournai chez elle, et elle me le chanta en s'accompagnant elle-même. Je dus alors avouer qu'elle l'avait chanté exactement comme je souhaitais qu'il le fût et comme je voulais le lui enseigner. C'est maintenant son meilleur air; avec lui, elle se fera beaucoup d'honneur partout où elle ira.

Hier, chez Mme Wendling, j'ai ébauché l'air, précédé d'un court récitatif, que je lui avais promis. Elle a choisi elle-même des paroles tirées de *Didone*[1] : « *Ah! non lasciarmi, no!* » Sa fille et elle sont tout à fait folles de cet air. J'ai promis encore à la fille quelques ariettes françaises, et j'en ai commencé une aujourd'hui [K. 308]. — * J'ai encore deux de mes sonates pour piano et violon à composer, mais je n'en suis pas pressé, car je ne puis les faire graver ici. Il n'y a rien à faire ici par *souscription*; c'est une misère; le graveur ne veut pas les graver à ses frais et veut être *de moitié* avec moi pour la vente. J'aime mieux les faire graver à Paris; là, les graveurs sont contents d'avoir du nouveau et le payent bien, et par *souscription* on peut aussi arriver à quelque chose *.

Je ne me réjouis que du *Concert spirituel*, à Paris, car j'aurai là probablement quelque chose à composer. On dit l'orchestre si bon et si puissant ! Mes principales compositions favorites, notamment les chœurs, pourront y être très bien exécutées, et je suis bien content que les Français estiment tant [ce genre de composition]. Aussi, la seule chose qu'on ait blâmée dans le nouvel opéra de Piccinni, *Roland*[2], c'est que les chœurs sont trop vides et trop faibles, et surtout la musique un peu trop uniforme. Mais, à part cela, cet opéra a obtenu une complète approbation. A Paris, on est maintenant tout à fait habitué aux chœurs de Gluck. — Fiez-vous seulement à moi! Je travaillerai de toutes mes forces à faire honneur au nom de Mozart. Je n'ai pas la moindre inquiétude à ce sujet.

Par mes précédentes lettres vous aurez vu toute l'affaire, comment sont les choses et comment on les comprenait. — Je vous en prie, ne vous mettez pas si souvent dans l'esprit

1. La *Didone*, de Métastase. — Cet air ne paraît pas avoir été terminé.
2. Composé à Paris et représenté, pour la première fois, le 27 janvier 1778.

que je vous oublierai!... car je ne puis supporter cela. Mon principal dessein a été, est et sera toujours de faire tout mon possible pour que nous soyons bientôt réunis et heureux.... Mais il faut de la patience! Vous savez vous-même, mieux que moi, comme les choses vont souvent de travers; mais elles finiront bien par aller droit! Patience, seulement! Espérons en Dieu qui ne nous abandonnera pas. Il ne tiendra pas à moi!... Comment pouvez-vous encore douter de moi?... Ne m'importe-t-il donc pas à moi-même de travailler de toutes mes forces pour avoir — et le plus tôt sera le mieux — le bonheur et la joie d'embrasser de tout mon cœur mon excellent et bien cher père? — Ah! voyez-vous! il n'y a, après tout, rien en ce monde qui se fasse sans intérêt!...

Si, par hasard, la guerre éclate en Bavière, je vous en prie, venez tout de suite nous rejoindre. — J'ai mis ma confiance en trois amis, et ce sont des amis puissants et invincibles : Dieu, votre tête et la mienne. Nos têtes sont différentes, il est vrai; pourtant chacune, en son genre, est très bonne, capable et utile; et j'espère qu'avec le temps ma tête arrivera peu à peu à égaler la vôtre en ce qu'elle a de supérieur actuellement à la mienne. Et maintenant, adieu. Soyez gai et de bonne humeur. Pensez que vous avez un fils qui n'a certainement jamais oublié sciemment son devoir filial envers vous, et qui s'efforcera de devenir de plus en plus digne d'un si bon père.

111 [O. Jahn]

A SA COUSINE MARIE ANNE MOZART

Manheim, 28 février 1778.

Mademoiselle ma très chère cousine,

Vous allez peut-être croire ou penser que je suis mort!... Mais non, ne le pensez pas, je vous en prie!... Comment donc pourrais-je écrire si bien si j'étais mort? comment serait-ce possible? — Je ne chercherai pas du tout à m'excuser de mon long silence, car vous ne me croiriez en rien, et pourtant ce qui est véritable reste véritable. J'ai eu tant à faire que j'avais, il est vrai, assez de loisir pour penser à ma cousine, mais non pour lui écrire, et j'ai dû y renoncer[1]. Mais maintenant j'ai l'honneur de vous demander comment vous vous portez et comportez... et si vous pouvez encore me souffrir un peu... si vous écrivez souvent avec de la craie... si vous pensez encore à moi, de temps en temps... si vous n'avez pas quelquefois envie de vous pendre... si, par hasard, vous avez été fâchée contre moi, pauvre fou... si vous ne voulez pas faire la paix, de bonne grâce... Mais... vous riez!... Victoire!... Je pensais bien que vous ne pourriez pas me résister plus longtemps! Oui, oui! je suis sûr de mon affaire, bien que je parte pour Paris dans quinze jours. Si donc vous voulez me répondre de la ville d'Augsbourg, écrivez-moi promptement pour que je reçoive la lettre; sans cela, si j'étais déjà parti, au lieu d'une lettre, je ne recevrais plus... rien.

Maintenant, pour en venir à autre chose, vous êtes-vous bien amusée, ce carnaval? A ce moment-là on peut mieux se divertir à Augsbourg qu'ici. Je souhaiterais bien être près de vous, afin de pouvoir danser et sauter avec vous! Maman et moi, nous envoyons tous nos compliments à monsieur votre père, à madame votre mère et à la cousine, et nous espérons qu'ils se portent tous les trois parfaitement. Allons, tant mieux! Tant mieux, allons! *A propos*, comment cela va-t-il pour le français? Pourrai-je bientôt vous écrire une lettre tout entière en français... de Paris, n'est-ce pas?

A présent il faut encore, avant que je termine,... car il faudra bientôt finir, parce je suis pressé, n'ayant justement

1. D'ici à la fin de l'alinéa les phrases riment entre elles. Cette plaisanterie se retrouve à chaque instant dans le courant de la lettre, et plusieurs fois des mots ou des membres de phrase ne sont mis que pour la rime.

rien à faire pour le moment ; et puis aussi parce que je n'ai pas de place, comme vous voyez : le papier est déjà, bientôt, tout à fait... et puis aussi, c'est que je suis déjà bien fatigué, les doigts me brûlent rien que d'avoir écrit,... et enfin je ne saurais pas non plus, quand même il me resterait vraiment de la place, ce que je devrais écrire,... si ce n'est l'histoire que j'ai dessein de vous raconter. — Écoutez donc : il n'y a pas encore longtemps que la chose s'est passée, et c'est dans ce pays-ci qu'elle est arrivée ; elle a fait grande sensation, tant elle semble impossible ! — Entre nous soit dit, on ne sait pas encore l'issue de l'affaire. Enfin, pour abréger, c'était à environ quatre heures d'ici, je ne sais plus l'endroit.... c'était un village ou quelque chose comme cela ;... au fait la question est de savoir si c'était Trieb-Strill ou Burmsquick ;... en tout cas, c'était bien un endroit.

Il y avait là un pâtre ou un berger, assez vieux déjà, mais paraissant pourtant encore *robuste* et fort ; il était célibataire, avait du bien et vivait très content. — Ah ! mais il faut que je vous dise encore, avant de commencer à vous raconter cette histoire, qu'il avait un son de voix effrayant lorsqu'il parlait : on était toujours terrifié... lorsqu'il parlait. — Eh ! bien ! pour en venir bien vite à l'affaire, il faut que vous sachiez qu'il avait aussi un chien qu'il nommait Bellot, un très beau et très grand chien, blanc avec des taches noires.... Or, un jour, il errait avec ses moutons, dont il avait onze mille sous sa garde. Il tenait à la main un bâton orné d'un beau ruban rose, car jamais il n'allait sans son bâton ; c'était une habitude chez lui. — Poursuivons !... Quand il eut marché ainsi une bonne heure, il se sentit fatigué et s'assit près d'une rivière ; il finit par s'endormir et rêva qu'il avait perdu ses moutons..., et dans cette terreur il se réveilla : à sa grande joie, il revit tous ses moutons. — Enfin il se leva et se remit en marche, mais pas pour longtemps, car une demi-heure s'était à peine écoulée qu'il arriva à un pont très long, bordé, des deux côtés, d'un parapet pour empêcher de tomber. Alors il considéra son troupeau, et comme il devait passer de l'autre côté, il commença à pousser devant lui ses onze mille moutons.

Maintenant, ayez seulement la bonté d'attendre que les onze mille moutons soient tous passés, et ensuite je vous raconterai toute l'histoire. Je vous ai prévenue d'avance qu'on ne sait pas encore le dénouement; mais j'espère bien que d'ici à ma prochaine lettre les moutons seront tous de l'autre côté;... sinon, peu m'importe! Pour ce qui m'en reviendra, ils auraient aussi bien fait de rester de ce côté-ci! — Il faut vous contenter de cela en attendant : ce que j'ai appris, je vous l'ai écrit, et mieux vaut m'interrompre que d'ajouter quelque mensonge, parce qu'alors vous n'auriez pas cru un mot de toute l'histoire, tandis qu'ainsi vous en croirez bien... pas la moitié.

A présent, il faut que je termine, bien que cela me fâche : Qui commence doit aussi cesser, sans cela on dérange les gens. — Mes compliments à tous mes amis, et celui qui n'y croit pas devra m'embrasser indéfiniment, d'ici à l'éternité, et jusqu'à ce que je devienne raisonnable : il aura certainement pour longtemps à m'embrasser! J'en suis moi-même presque effrayé! — Adieu, cousine. Je suis, j'étais, j'ai été, j'avais été, j'aurais été, oh! si j'avais été! plût à Dieu que je fusse!... Je serai, je serais, si j'étais, oh! que je fusse! Oh! que j'eusse été!... Oh! si Dieu avait voulu que je fusse!... Eh bien! quoi?... une morue salée!... *Adieu, ma chère cousine!...* Où donc?...

Je suis votre même, véritable cousin,

W. A. M.

112 [M]

A SON PÈRE

Manheim, 7 mars 1778.

..... J'ai reçu exactement votre dernière lettre du 26 février. Je vous suis très reconnaissant de vous être donné tant de peine au sujet des airs. Comme vous êtes exact en toutes choses ! « Après Dieu vient tout de suite papa ! »... C'était là ma devise ou mon axiome quand j'étais enfant, et je m'y tiens toujours. — Vous avez bien raison lorsque vous dites : « Qui apprend quelque chose peut aussi quelque chose. » Du reste vous ne devez certainement pas regretter votre peine et vos nombreuses démarches, car Mlle Weber en est sûrement digne. Je souhaiterais seulement que vous entendissiez chanter par elle mon nouvel air, celui dont je vous ai parlé récemment! Je dis : par elle, parce qu'il est tout à fait composé pour elle. Un homme comme vous, qui comprend ce que c'est que chanter avec *portamento*, y trouverait certainement une rare satisfaction.

Si jamais j'arrive à être heureux à Paris, si nos affaires vont bien, comme je l'espère avec l'aide de Dieu, et si nous redevenons tous plus gais et en meilleure disposition d'esprit, je vous écrirai mes idées plus en détail et je vous demanderai une grande complaisance. — Mais il faut que je vous dise à présent combien j'ai été saisi et comme les larmes me sont venues aux yeux quand j'ai lu dans votre dernière lettre que vous en êtes réduit à aller si mal vêtu ! Mon père chéri !... ce n'est bien sûr pas ma faute... vous le savez bien ! Nous économisons ici autant qu'il est possible; la nourriture, le logement, le bois et l'éclairage ne nous ont rien coûté. C'est tout ce qu'on peut demander. Pour le vêtement, vous savez bien qu'en pays étranger on ne peut pas aller mal habillé; il faut toujours avoir un peu d'*extérieur*.

Tout mon espoir est maintenant dans Paris, car les princes allemands sont tous des avares. Je travaillerai de toutes mes forces pour avoir bientôt le bonheur de vous aider à sortir de votre fâcheuse position actuelle....

113 [M]

A SON PÈRE

Manheim, 11 mars 1778.

J'ai reçu exactement votre dernière lettre du 5 mars, et j'y ai vu avec beaucoup de joie que notre bon et excellent ami le baron Grimm est à Paris.

.....[1] C'est précisément ce même voiturier qui s'offre à nous transporter jusqu'à Paris, par Metz (c'est, comme vous savez, le plus court chemin), pour onze *louis d'or*. Si demain il consent à le faire pour dix *louis*, je le prendrai certainement, et peut-être même pour onze *louis*, car ce serait toujours meilleur marché, ce qui est un point capital, et en outre cela nous donne plus de *commodité*. Il prendra notre voiture; c'est-à-dire qu'il mettra notre caisse de voiture sur un train de roues à lui. La *commodité* [qui en résultera pour nous] est inappréciable, car nous avons une foule de petits objets qui pourront être gardés commodément dans notre voiture, ce qui ne saurait se faire dans la diligence. Et puis nous serons seuls et nous pourrons causer comme nous voudrons. Car je vous assure que si je devais aller encore en diligence, je n'appréhenderais rien tant que cette tristesse de ne pouvoir causer de ce qu'on veut et selon qu'on y est disposé; et puisqu'il est nécessaire que nous cherchions maintenant le bon marché, j'incline tout à fait vers ce parti[2]....

1. La mère a continué la lettre et Mozart reprend, ... puis la mère. C'est, nous le rappelons, ce qu'indiquent toujours les points placés au commencement ou à la fin de ces lettres.

2. Mozart et sa mère quittèrent Manheim le 14 mars.

VOYAGE DE PARIS

14 mars 1778 — janvier 1779

(AVEC SA MÈRE)

—

PARIS, NANCY, STRASBOURG, MANHEIM, KAISERSHEIM, MUNICH, SALZBOURG.

114 (M)

A SON PÈRE

Paris, 24 mars 1778.

Hier lundi 23, à quatre heures de l'après-midi, nous sommes, grâce à Dieu, arrivés heureusement ici; cela fait donc neuf jours et demi que nous avons passés en voyage! Nous pensions vraiment que nous ne pourrions l'endurer jusqu'au bout! De ma vie je ne me suis si fort *ennuyé!* — Vous pouvez vous figurer aisément ce que c'est que de quitter Manheim et tant de chers et bons amis, et d'être ensuite obligés de vivre, neuf jours et demi durant, non seulement sans ces bons amis, mais sans voir personne, sans âme qui vive, avec qui se promener ou causer! — Mais maintenant, Dieu soit loué et béni, nous sommes arrivés et au bout [de nos peines]. J'espère qu'avec l'aide de Dieu, tout ira bien.

Aujourd'hui, nous prendrons un *fiacre* pour aller voir Grimm et Wendling. Mais demain matin, j'irai chez le ministre de l'Électeur palatin, M. de Sickingen, qui est grand connaisseur et amateur passionné de musique, et pour qui j'ai deux lettres de M. de Gemmingen [1] et de M. Cannabich. — Avant mon départ de Manheim, j'ai fait copier, pour M. de Gemmingen, le quatuor composé à Lodi [K. 80], le soir, dans l'auberge, et le quintette [K. 174], et les variations de Fischer [K. 179]. Il m'écrivit alors un billet extrêmement aimable où il témoignait sa satisfaction du souvenir que je lui laissais; il m'envoyait aussi une lettre pour son excellent ami, M. de Sickingen, avec ces mots: « Je suis convaincu que vous serez une meilleure recommandation pour la lettre, que la lettre n'en pourra être une pour vous. » Et, afin de me dédommager des frais de copie, il y joignait trois *louis d'or*. Enfin il m'assurait de son amitié et me demandait la

1. Le baron Otto de Gemmingen était un homme de lettres, ami et grand admirateur de Mozart.

mienne. — Je puis dire que tous les gentilshommes qui me connaissaient, les conseillers auliques, conseillers de chambre et autres gens honorables, ainsi que tout l'orchestre de la cour, se montrèrent très fâchés et attristés de mon départ. C'est la pure vérité!

Nous sommes partis le samedi 14, et, le jeudi d'avant, il y avait eu encore un concert l'après-midi, chez les Cannabich, où l'on avait joué mon concerto pour trois pianos [K. 242]. Mlle Rose Cannabich jouait le premier piano, Mlle Weber, le second, et Mlle Pierron Serrarius, la nymphe de notre maison, le troisième. Nous avions fait trois répétitions, et cela a très bien marché. — Mlle Weber a chanté trois airs de moi : « *L'aer tranquillo* » du *Rè Pastore* [K. 208, n° 3] et le nouvel air : « *Non so d'onde viene* » [K. 294]. Avec ce dernier morceau ma chère Weber s'est fait et m'a fait un honneur indescriptible; tous les auditeurs ont dit qu'aucun air ne les avait encore émus comme celui-là. Mais aussi c'est qu'elle l'a chanté comme il faut le chanter. Cannabich s'est écrié dès qu'elle a eu fini : « *Bravo, bravissimo maestro, veramente scritta da maestro!*[1] » — C'est là que j'ai entendu pour la première fois l'air avec les instruments. Que je voudrais que vous l'eussiez entendu, vous aussi!... mais tel qu'il a été exécuté et chanté cette fois-là, avec cette justesse de sentiment dans les *piano* et les *forte!*... Qui sait? peut-être l'entendrez vous un jour.... Je l'espère. — L'orchestre ne cessait de louer l'air et d'en parler.

J'ai beaucoup de bons amis à Manheim (et distingués,... riches...) qui désiraient fort me garder là-bas. — Eh! bien! soit! moi je suis là où l'on paye bien. Qui sait? peut-être cela viendra-t-il. Je le désire et... c'est toujours comme cela chez moi,... j'ai toujours encore de l'espoir. — Cannabich est un homme droit et honorable, et mon très bon ami. Il n'a qu'un défaut, c'est d'être encore un peu léger et distrait, quoiqu'il ne soit plus guère jeune. Si l'on n'est pas sans cesse après

1. ... « C'est vraiment écrit de main de maître! »

lui, il oublie tout. Mais quand la conversation tombe sur un de ses bons amis, alors il se met à parler comme un butor et prend violemment ses intérêts ; et cela est accepté, car il a du *crédit*. — Du reste, quant à de la gratitude polie [de sa part], je n'ai rien à en dire, et je dois reconnaître, au contraire, que les Weber, malgré leur pauvreté et leur manque de ressources,... et bien que je n'aie pas fait autant pour eux, se sont montrés plus reconnaissants. M. et Mme Cannabich ne m'ont pas dit un mot, — je ne veux pas même parler de [m'offrir] un petit souvenir, ne fût-ce qu'une bagatelle, et seulement pour me montrer leur bon cœur, — mais rien du tout, pas même un : « Je vous remercie ! », à moi qui ai perdu tant de temps et me suis donné tant de peine pour leur fille ! — Celle-ci peut certainement maintenant se faire entendre partout ; pour une jeune fille de quatorze ans, simple amateur, elle joue tout à fait bien, et tout Manheim sait que c'est à moi qu'elle le doit. Elle a maintenant du sentiment, de la mesure ; elle sait faire le trille et son doigter est meilleur, ce qu'elle n'avait pas auparavant. Aussi, dans trois mois je leur manquerai joliment !... car je crains bien qu'elle ne se gâte de nouveau, et cela par sa faute ! Lorsqu'elle n'a pas constamment auprès d'elle un maître habile, elle ne fait rien de bon, car elle est encore trop enfant et trop légère pour étudier sérieusement et utilement toute seule[1].

Mlle Weber m'a tricoté, par bon cœur, deux paires de mitaines, dont elle m'a fait présent comme souvenir et faible marque de reconnaissance. Le père m'a fait pour rien toutes les copies dont j'ai eu besoin et m'a donné du papier à musique. Il m'a offert les comédies de Molière (parce qu'il avait appris que je ne les avais encore jamais lues) et a écrit dedans : « *Ricevi, amico, le opere di Moliere, in segno di gratitudine, e qualche volta ricordati da me*[2] ». — Quand il fut

1. Rose Cannabich est devenue une virtuose éminente ; elle est citée comme telle dans l'*Almanach musical* de C. L. Junker (année 1783).

2. « Reçois, ami, les œuvres de Molière, en signe de gratitude et souviens-toi quelquefois de moi. »

seul avec maman, il lui dit : « C'est notre meilleur ami qui part, notre bienfaiteur! Oh! c'est bien sûr; sans Monsieur votre fils!... Il a fait beaucoup pour ma fille et a pris ses intérêts bien à cœur! Elle ne pourra jamais lui en être assez reconnaissante! »

Le jour qui a précédé mon départ, ils ont voulu m'avoir encore à souper. *Mais comme j'étais forcé d'être à la maison, cela n'a pu se faire.* J'ai dû pourtant leur accorder deux heures, avant le repas. Ils n'ont pas cessé de me remercier, disant qu'ils auraient seulement désiré être en état de me témoigner leur reconnaissance. Quand je partis, tous pleurèrent. Je vous demande pardon, mais les larmes me viennent aux yeux quand j'y pense. Lui, descendit l'escalier avec moi, resta sous le porche jusqu'à ce que j'eusse tourné le coin de la rue, et me cria encore : « *Adieu!* »...

115 [M]

A SON PÈRE

Paris, 5 avril 1778.

.... Il faut maintenant que j'explique plus clairement ce que maman a écrit d'une manière trop obscure. — Monsieur le maître de chapelle, Holzbauer, a envoyé ici un *Miserere*; mais, comme à Manheim les chœurs sont faibles et mal fournis, et qu'ici, au contraire, ils sont puissants et bons, ses chœurs n'auraient fait aucun effet, et M. Le Gros (*directeur du Concert spirituel*[1]) m'a demandé d'en faire d'autres. — Le chœur d'ouverture reste celui de Holzbauer. Le premier qui soit de moi est : « *Quoniam iniquitatem meam* », allegro; le second : « *Ecce enim in iniquitatibus* », adagio; puis, allegro : « *Ecce enim veritatem dilexisti* », jusqu'à : « *Ossa humiliata* ». — Alors un andante pour soprano, ténor,

1. Joseph Le Gros, célèbre ténor de l'Opéra de Paris, dirigea le Concert spirituel depuis 1777 jusqu'à sa suppression, en 1791.

basse suit : « *Cor mundum* », mais avec « *Redde mihi* », allegro jusqu'à : « *Ad te convertentur*. Là j'ai introduit un récitatif pour voix de basse : « *Libera me de sanguinibus* », que suit un air de basse de Holzbauer. — Puis, comme « *Sacrificium Deo spiritus* » est un air andante, écrit pour Raaff, avec hautbois et basson solo, j'y ai ajouté un petit récitatif avec hautbois et basson concertants; car on aime maintenant les récitatifs ici. — « *Benignè fac* », jusqu'à : « *Muri Jerusalem* », chœur, andante moderato; puis « *Tunc acceptabis* » jusqu'à : « *Super altare* », allegro, ténor (Le Gros) et chœur. — *Finis*[1].

Je puis dire que je suis très joyeux d'avoir terminé ce griffonnage, car lorsqu'on ne peut écrire chez soi et qu'en outre on est *pressé*, c'est une malédiction !... Maintenant, grâce à Dieu, j'en suis quitte, et j'espère que cela fera de l'effet. — M. Gossec[2], que vous devez connaître, a dit à M. Le Gros, après avoir vu mon premier chœur (je n'étais pas là), qu'il est *charmant* et fera certainement bon effet ; que les paroles en sont très bien mises, et surtout qu'il est parfaitement composé. — M. Gossec est mon très-bon ami, un homme très sec.

Ce n'est pas un acte pour un opéra que je ferai, mais un opéra tout entier, en *deux actes*. Le poète a déjà terminé le premier acte. Noverre[3], chez qui j'ai mes repas aussi souvent que je veux, a pris la chose sur lui et en a donné l'idée. Je crois que ce sera intitulé : *Alexandre et Roxane*. — Mme Jenomé est ici. — Maintenant je vais composer une *symphonie concertante*[4] pour flûte (Wendling), hautbois (Ramm), cor (Punto) et basson (Ritter). — Punto a une émission *magnifique*.

1. Aucun morceau de ce travail n'a pu être retrouvé (voy. K, appendice 1).

2. François-Joseph Gossec, compositeur belge, fut successivement (de 1784 à 1817) directeur de l'École royale de chant, puis du Conservatoire. — Il fit partie de l'Académie des Beaux-Arts depuis sa fondation. En 1778, il était un des directeurs du Concert spirituel.

3. Jean-Georges Noverre, célèbre danseur et maître de ballet à l'Opéra, de 1776 à 1780.

4. Cette symphonie n'a pas été retrouvée (voy. K, appendice 9).

Je reviens à l'instant du *Concert spirituel*. Le baron Grimm et moi nous donnons souvent un libre cours à notre indignation musicale contre la musique d'ici; *N. B.* entre nous, car en public ce sont des : *Bravo*, *bravissimo!* et des applaudissements au point que les doigts vous brûlent. * Ce qui me vexe le plus dans l'affaire, c'est que messieurs les Français n'ont assez amélioré leur *goût* que pour pouvoir maintenant écouter aussi ce qui est bon. Si du moins ils reconnaissaient que leur musique est mauvaise!... ah! ma foi!... et le chant!.., *oimè!* Encore si aucune Française ne chantait d'italien, je lui pardonnerais ses criailleries françaises! mais gâter de la bonne musique,... c'est insoutenable! *

116 (M)

A SON PÈRE

Paris, 1er mai 1778.

* Nous avons reçu exactement votre lettre du 12 avril; je pensais toujours à reculer ma lettre jusqu'au moment où e pourrais vous écrire quelque chose de plus et de nouveau sur notre situation. Mais je suis bien forcé maintenant de ne vous parler encore que de perspectives petites et douteuses*[1].

Le petit violoncelliste Zygmontofsky et son mauvais père sont ici; peut-être vous l'ai-je déjà écrit. Je le mentionne seulement, en passant, parce que je viens de me souvenir que je l'ai vu à l'endroit dont je veux actuellement vous parer, c'est-à-dire chez Mme la duchesse de Chabot[2]. M. Grimm me donna une lettre pour elle, et j'allai la voir en voiture. Le contenu de la lettre avait pour but principal de me *recommander* à la duchesse de Bourbon, — qui était autrefois au couvent[3], — de me faire faire de nouveau sa connais-

1. Nissen.
2. Fille du comte Stafford.
3. « Autrefois », c'est-à-dire en 1763-1764, lors du premier voyage de Mozart

sance et de me rappeler à son souvenir. Huit jours se passèrent sans la moindre nouvelle.

A cette première visite, Mme de Chabot m'avait engagé à revenir dans huit jours; je tins parole et je vins. Il me fallut d'abord attendre une demi-heure dans une grande chambre glacée, non chauffée et sans cheminée. Enfin Mme de Chabot arriva, avec la plus grande politesse, et me pria de me contenter du piano [qui était là], attendu qu'aucun des siens n'était en état,... et de vouloir bien en essayer. — Je lui dis que je jouerais de grand cœur quelque chose, mais que, pour le moment, cela m'était impossible parce que je ne sentais plus mes doigts de froid, et je la priai de vouloir bien au moins me faire conduire dans une chambre où il y eût une cheminée. — « *Oh! oui, monsieur, vous avez raison.* » Ce fut toute sa réponse; puis elle s'assit et se mit à dessiner pendant une heure entière en *compagnie* d'autres messieurs qui étaient tous assis en cercle autour d'une grande table; — et moi, j'eus l'honneur d'attendre là toute une heure. Les fenêtres et les portes étaient ouvertes; j'avais froid non seulement aux mains, mais à tout le corps, et la tête commença bientôt à me faire mal. En même temps : *altum silentium*, et je ne savais que devenir avec ce froid, ce mal de tête et cet ennui! A chaque instant je me disais que, si ce n'était pour M. Grimm, je repartirais immédiatement.

Enfin, pour couper court, je jouai sur ce misérable et détestable piano-forte. Mais le plus vexant, c'est que Mme de Chabot et tous ces messieurs n'interrompirent pas un moment leur dessin, mais le continuèrent tout le temps, de sorte que je dus jouer pour les fauteuils, la table et les murs. Les circonstances étant si défavorables, je perdis patience!... Je commençai les variations de Fischer, j'en jouai la moitié et me levai. Aussitôt on me fit une foule d'*éloges*. Mais je dis ce qu'il y avait à dire, c'est que je ne

à Paris. Elle avait alors quinze ans et passa quelques années au couvent. Elle était fille du duc d'Orléans et sœur du duc de Chartres (Philippe-Égalité).

pouvais me faire aucun honneur avec un pareil piano, et que je serais bien aise qu'on voulût bien choisir un autre jour où il y aurait un meilleur piano. — Elle ne voulut pourtant pas me laisser partir et je dus encore attendre une demi-heure l'arrivée de son mari. Celui-ci s'assit à côté de moi et m'écouta avec la plus grande attention et moi... moi, cela me fit oublier le froid et le mal de tête, et, en dépit du misérable piano, je jouai comme je joue quand je suis bien en train. — Donnez-moi le meilleur piano de l'Europe et, pour auditeurs, des gens qui ne comprennent ou ne veulent rien comprendre, qui ne sentent pas avec moi ce que je joue, et je perds tout plaisir à jouer. — J'ai raconté toute l'histoire, après coup, à M. Grimm.

Vous m'écrivez qu'il me faudra faire beaucoup de visites, soit pour former de nouvelles connaissances, soit pour renouveler les anciennes. Mais cela n'est pas possible : les distances sont trop grandes et il y a trop de boue pour aller à pied, — car il y a à Paris une boue indescriptible! Et, quant à prendre une voiture,... on a tout de suite l'honneur de dépenser quatre ou cinq *livres* dans sa journée, et inutilement encore! Les gens vous font force compliments, et puis c'est tout. Ils m'invitent à revenir tel ou tel jour; je joue, on s'écrie alors : « *Oh! c'est un prodige! c'est inconcevable! c'est étonnant!...* » et là-dessus, *adieu.* — J'ai dépensé assez d'argent de cette manière au commencement, et souvent inutilement, parce que je ne rencontrais pas les gens. On ne peut s'imaginer, quand on n'est pas à Paris, comme tout cela est désagréable!... Et puis, surtout, c'est que Paris a beaucoup changé; les Français n'ont plus, à beaucoup près, autant de *politesse* qu'il y a quinze ans; ils frisent maintenant la grossièreté et sont horriblement orgueilleux.

Maintenant, il faut que je vous fasse une description du *Concert-spirituel.* — Je dois vous dire bien vite, en passant, que mon travail pour les chœurs a été, pour ainsi dire, inutile, car le *Miserere* de Holzbauer est déjà long en lui-même et n'a pas plu ; de sorte qu'on n'a exécuté que deux de mes chœurs, au lieu de quatre, et naturellement on a laissé de côté le meilleur. Mais cela ne signifie pas grand'chose, car beaucoup [des auditeurs] ignoraient qu'il y eût là quelque chose de moi, et la plupart ne me connaissaient nullement. — Du reste, mes chœurs ont eu une vive approbation à la répétition, et moi-même (car je ne fais pas grand fond sur les éloges des Parisiens) j'en ai été très content.

Quant à la *symphonie concertante*, il y a, là aussi, une difficulté; mais, en outre, je crois qu'il y a quelque autre chose qui se met en travers. J'ai des ennemis ici aussi..., et où n'en ai-je pas eu?... C'est bon signe, du reste. — J'ai dû composer la symphonie avec la plus grande hâte, je me suis bien appliqué, et les quatre exécutants concertants en ont été, et en sont encore tout à fait épris. Le Gros l'a gardée quatre jours, pour la faire copier, et pourtant je la revoyais toujours, gisant à la même place. A la fin — c'est avant-hier — je ne la vois plus;... je me mets à chercher soigneusement sous toutes les paperasses de musique... et l'y trouve cachée. Je ne fais semblant de rien, mais je demande à Le Gros : « *A propos*, avez-vous déjà donné à copier ma *symphonie concertante?* » — « Non, je l'ai oublié. » — Comme, naturellement, je ne puis pas lui ordonner de la faire copier et exécuter, je me tus, et j'allai au concert les deux jours où elle aurait dû être jouée. Ramm et Punto vinrent à moi dans la plus grande animation, et me demandèrent pourquoi on ne donnait pas ma *symphonie concertante*. — « Je n'en sais rien; c'est la première fois que j'en entends parler; je ne suis au courant de rien. » — Ramm est devenu furieux et a exprimé son vif mécontentement sur Le Gros, en français, dans le foyer des artistes, disant que ce n'était pas beau de sa part, etc.

Ce qui me contrarie le plus dans toute l'affaire, c'est que Le Gros ne m'en a pas dit un seul mot et que j'ai dû avoir l'air de ne rien savoir. Si seulement il m'avait fait une *excuse*, par exemple qu'on était trop à court de temps,... ou autre chose de ce genre,... mais rien! — Ce que je crois, c'est que c'est Cambini qui en est cause, un *maestro* italien qui est ici ; et cela parce que, bien innocemment, je l'ai mis sous l'éteignoir à notre première rencontre chez Le Gros. Il a fait des quintettes très jolis ; j'en ai entendu un à Manheim, dont je lui adressai tous mes éloges, et je me mis à en jouer le commencement. Mais il y avait là Ritter, Ramm et Punto qui ne me laissèrent pas de repos, me pressant de continuer et d'inventer moi-même ce que je ne savais pas ; je le fis donc, et Cambini fut tout hors de lui et ne put s'empêcher de dire : « *Questa è una gran testa!* » Eh ! bien ! l'incident n'aura probablement pas été de son goût.

Si Paris était un lieu où les gens eussent des oreilles, du cœur pour sentir et tant soit peu d'intelligence et de goût pour la musique, je rirais de bon cœur de tout cela[1] ! Mais je ne suis entouré que de brutes et d'imbéciles (au point de vue de la musique). Et comment en pourrait-il être autrement ? Dans toutes leurs actions, leurs désirs et leurs *passions*, ils sont les mêmes ! Il n'y a vraiment pas au monde un lieu comme Paris ! Et ne croyez pas que j'extravague quand je parle en ces termes de la musique d'ici ; adressez-vous à qui vous voudrez, — excepté à un Francais de naissance et pourvu que ce soit à quelqu'un à qui l'on puisse s'adresser), — on vous dira la même chose.

Enfin, je suis ici, je dois tenir bon, et cela pour l'amour de vous. Je rendrai grâces au Dieu tout-puissant si j'en reviens sans m'être gâté le goût. Je lui demande tous les jours qu'il me fasse la grâce de tout supporter ici avec constance, de me faire honneur à moi et à toute la nation allemande, puisque tout est pour sa plus grande gloire ; je le supplie de m'accorder de faire ma fortune et de gagner beaucoup d'argent, afin d'être en état de vous aider à sortir

1. Ces gens que Mozart accuse d'être sans oreilles, sans cœur, sans goût pour la musique, se pressaient aux opéras de Gluck et de Piccinni, et faisaient grand accueil à tous les artistes. — Ils applaudirent avec enthousiasme, comme on va le voir, les symphonies de Mozart qui furent exécutées au Concert spirituel.

de votre position, si triste actuellement, et pour que nous puissions vivre heureux et contents tous ensemble. Du reste, que sa volonté soit faite sur la terre comme au ciel! — Mais vous, mon père chéri, je vous supplie, en attendant, de faire tout votre possible pour que je puisse revoir l'Italie et y ressusciter après [mon séjour ici]. Faites-moi ce plaisir bientôt, je vous en prie!... Mais, pour le moment, je vous prie d'être bien gai; je me frayerai un passage comme je pourrai,... pourvu seulement que j'en sorte tout entier! *Adieu.*

117 [M]

A SON PÈRE

Paris, 14 mai 1778.

J'ai déjà tant à faire maintenant! Que sera-ce donc cet hiver?... — Je crois que je vous ai déjà écrit dans ma dernière lettre que le duc de Guines, dont la fille est mon élève pour la *composition*, joue de la flûte d'une manière incomparable, et elle, admirablement de la harpe. Elle a beaucoup de talent et de dispositions, et surtout une mémoire extraordinaire, puisqu'elle joue par cœur tous ses morceaux et qu'elle en sait au moins deux cents; mais elle doute fort d'avoir aussi des dispositions pour la composition, particulièrement sous le rapport des *idées*. Cependant son père (qui, entre nous soit dit, est un peu trop affolé d'elle) prétend qu'elle a bien certainement des idées, que ce n'est que timidité,... qu'elle manque seulement de confiance en elle-même. Nous verrons bien! Si elle n'arrive pas à avoir une idée (car, pour le moment, elle n'en a véritablement aucune), on n'y pourra rien. Dieu sait que je ne puis pas lui en donner!... L'intention du père n'est pas d'en faire un grand compositeur: « Elle ne devra pas, me disait-il, composer des opéras, de grands airs, des concertos ou des symphonies, mais seulement de grandes sonates pour son instrument et pour le mien. »

Aujourd'hui, je lui ai donné sa quatrième leçon; pour ce qui est des règles de la composition et de l'harmonie, je suis assez content d'elle. Elle a très bien mis la basse au premier menuet que je lui ai apporté, et commence déjà à écrire à trois parties; cela va bien, mais elle *s'ennuie* tout de suite. Moi, je n'y puis rien; il m'est impossible d'aller de l'avant : c'est trop tôt, quand même les dispositions y seraient réellement, et il n'y en a malheureusement pas du tout. Il faudra faire tout à force d'art, car elle n'a aucune idée : rien ne vient; j'ai essayé avec elle de toutes les manières. — Entre autres choses, il m'est venu à l'esprit de lui écrire un menuet tout à fait simple et d'essayer si elle ne pourrait pas faire dessus une variation.... Bah! ce fut en vain!... Ah! pensais-je, c'est qu'elle ne sait pas comment et par quoi elle doit commencer. Je me mis donc à varier la première mesure seulement, et lui dis qu'il fallait continuer comme cela, en restant dans la même donnée. Cela finit par aller passablement. Quand ce fut terminé, je l'engageai à commencer quelque chose elle-même, rien que la partie haute, une simple mélodie. Eh! bien! elle réfléchit un grand quart d'heure et rien ne vint. — Alors j'écrivis quatre mesures d'un menuet et lui dis : « Voyez un peu quel âne je fais! Voici que je commence un menuet et je ne puis même pas en achever la première reprise!... Ayez donc la bonté de le terminer. » Elle crut que c'était impossible. A la fin, avec beaucoup de peine, elle trouva quelque chose, et je m'estimai heureux qu'une fois, au moins, il lui vint une idée. — Elle dut alors terminer le menuet tout entier, la haute seulement, s'entend. Comme travail à faire seule, je ne lui ai pas indiqué autre chose que de changer mes quatre mesures, de trouver quelque idée par elle-même, un autre début, ne fût-ce que sur la même harmonie, pourvu seulement que la mélodie fût différente. Demain, je verrai ce qu'il en sera.

J'aurai bientôt, à ce que je crois, le poème de mon opéra en deux actes. Il faudra alors que je le présente au Directeur,

M. de Vismes, pour qu'il l'accepte; mais il n'y a pas de doute à avoir à cet égard, car c'est Noverre qui l'a proposé, et de Vismes lui doit sa position. Noverre fera aussi, bientôt, un nouveau ballet, et c'est moi qui en composerai la musique. — Rudolf[1] (le cor) est ici, au service du Roi, et il est mon très bon ami; il comprend à fond la composition et écrit bien. Il m'a offert la place d'organiste à Versailles, si je veux la prendre. Elle rapporte 2000 livres par an; il faudrait passer six mois à Versailles et les autres six mois à Paris, ou n'importe où je voudrais. Je ne crois pourtant pas que j'accepte; il faut que je consulte de bons amis à ce sujet. — 2000 *livres*, ce n'est pas déjà une si grosse somme! En monnaie allemande, oui, mais pas ici. Cela fait bien, à la vérité, 83 *louis d'or* et 8 *livres* par an : soit 915 florins et 45 kreutzers de notre monnaie (et ce serait beaucoup chez nous, il est vrai). Mais ici, 333 thalers et 2 *livres*, ce n'est guère; car c'est effrayant comme un thaler file vite! Je ne m'étonne pas qu'on ne puisse faire grand'chose ici avec un *louis d'or*, car c'est très peu. 4 thalers ou un *louis d'or*[2] (ce qui est la même chose) sont tout de suite dépensés. — Et maintenant, *Adieu*.

118 (M)

A SON PÈRE

Paris, 29 mai 1778.

Je me porte, grâce à Dieu, très passablement, tout en ne sachant souvent pas si je suis chair ou poisson; je n'ai ni froid, ni chaud,... je ne trouve grand plaisir à rien. Mais ce qui me ranime le plus et me conserve bon courage, c'est la pensée que vous vous portez bien, mon cher papa et ma sœur chérie,... que je suis un honnête Allemand, et que, s'il

1. Jean-Joseph Rudolf ou Rodolphe, membre de la Chapelle royale; plus tard professeur de solfège au Conservatoire.
2. Louis d'or de 24 francs.

ne m'est pas toujours permis de parler, je puis, du moins, penser ce que je veux ; mais c'est tout.

Hier, je suis allé pour la seconde fois chez M. le comte de Sickingen, ambassadeur de l'Électeur palatin (j'y avais déjà dîné une fois avec MM. Wendling et Raaff). Je ne sais si je vous ai déjà écrit que c'est un homme *charmant*, amateur *passionné* et connaisseur en musique. J'ai passé huit heures, tout seul chez lui, la matinée entière et l'après-midi jusqu'à dix heures du soir, toujours au piano, jouant. louant, admirant, analysant, *raisonnant* et critiquant avec lui toute sorte de musique. Il a environ trente partitions d'opéras.

Maintenant, il faut que je vous dise que j'ai eu l'honneur de voir une traduction française de votre « École du violon[1] ». — Je crois qu'elle date d'au moins huit ans. Ayant à acheter l'œuvre des sonates de Schobert pour une de mes élèves, je suis entré précisément dans le magasin de musique [qui l'a éditée]. Mais j'y retournerai prochainement et je l'examinerai de plus près, afin de pouvoir vous en écrire plus en détail ; ce jour-là, j'avais trop peu de temps.

119 (M)

A SON PÈRE

Paris, 12 juin 1778.

Il faut pourtant que je vous parle maintenant un peu de notre Raaff. Vous vous souviendrez certainement que je ne vous en ai pas écrit beaucoup de bien, lorsque j'étais à Manheim. [Je vous disais] que je n'étais pas content de son chant et *enfin* qu'il ne me plaisait pas du tout. Mais la raison, c'est que, à Manheim, je ne l'avais pour ainsi dire pas entendu. — La première fois que je l'ai entendu, c'est à

1. Cette œuvre de L. Mozart est très estimée en Allemagne. Elle date de 1756.

la répétition du « Gunther » de Holzbauer. Il portait ses vêtements ordinaires, le chapeau sur la tête et la canne à la main. Quand il ne chantait pas, il restait planté là comme l'enfant qui s'est sali.... Lorsqu'il commença le premier récitatif, cela alla très *passablement*, mais de temps en temps il poussait un cri qui ne me plaisait pas. Il chantait ses airs avec une certaine nonchalance... puis souvent venaient des sons donnés avec trop d'ardeur :... cela ne m'allait nullement. C'est une habitude qu'il a toujours eue et qu'il tient peut-être de l'école de Bernacchi, car il est élève de Bernacchi. A la cour, il chantait toujours des airs qui, à mon avis, ne lui convenaient pas du tout, puisqu'il ne me faisait aucun plaisir. — Ici, enfin, quand il a débuté au *Concert spirituel*, il a chanté la scène de Bach : « *Non so d'onde viene* » (qui est, du reste mon air favori), et alors, pour la première fois, je l'ai vraiment entendu chanter ; il m'a plu,... c'est-à-dire étant donnée sa méthode de chant, car la méthode en elle-même, l'école de Bernacchi, n'est pas de mon goût.... Pour moi, il exagère trop dans le *cantabile*. Je veux bien qu'il ait fait son effet quand il était plus jeune et dans tout son éclat,... qu'il ait causé de la surprise ;... son chant me plaît bien aussi,... mais il est trop exagéré, à mon sens, et cela me paraît souvent ridicule. Là où il me plaît vraiment, c'est quand il chante de petites choses, certains *andantinos*, certains airs, comme il en a, ... parce qu'il y met une touche bien à lui. — Que chacun se tienne à sa place ! — Je me figure que sa force principale était la *bravura ;* cela se remarque maintenant encore chez lui,... autant que l'âge le permet, en ce qu'il a une excellente poitrine et beaucoup de souffle,... et puis [sa manière de chanter] l'andantino.

Sa voix est belle et agréable. Quand je ferme les yeux en l'écoutant, je lui trouve beaucoup de ressemblance avec Meissner [1], sauf que la voix de Raaff me paraît plus agréable encore ;... je parle de l'époque actuelle, puisque je ne les ai

1. Joseph Meissner faisait partie de la maîtrise de Salzbourg. Il possédait une voix très belle qu'il avait fait entendre dans plusieurs théâtres de l'Europe.

entendus ni l'un ni l'autre dans leur beau temps ; je ne puis donc parler que de leur manière, de leur *méthode* de chant, car elle leur reste à tous deux. — Meissner a, comme vous savez, la mauvaise habitude de faire souvent et exprès chevroter sa voix;... de marquer ainsi, en notes tenues, des noires et souvent même des croches,... chose que je n'ai jamais pu souffrir chez lui. Mais c'est qu'aussi c'est vraiment affreux, c'est chanter tout à fait contre nature! La voix humaine vibre déjà par elle-même, mais dans un certain degré qui est beau : c'est là la nature de la voix. On l'imite avec les instruments à vent, les instruments à cordes et même avec le piano; mais sitôt qu'on passe les bornes, cela n'est plus beau, parce que c'est contre nature. Cela me fait alors précisément l'effet de l'orgue quand le soufflet donne des secousses. — Mais ce défaut, Raaff ne l'a pas, et lui non plus, ne peut le souffrir.

Pour ce qui est du vrai *cantabile*, Meissner me plaît plus que Raaff, quoique pas absolument, parce que, lui aussi, il exagère trop à mon goût. — Quant à la *bravura*, les traits et les *roulades*, c'est Raaff qui est le maître,... et puis sa prononciation si bonne et si claire!... c'est beau;... et puis, comme je l'ai dit plus haut, l'*andantino* ou les petits *canzonnetti*. — Il a composé quatre *lieders* allemands qui sont vraiment charmants. Il m'aime beaucoup et nous sommes très bons amis ; il vient nous voir presque tous les jours.

J'ai certainement déjà dîné six fois chez l'ambassadeur palatin, le comte de Sickingen, et là on reste toujours de une heure à dix. Mais, chez lui, le temps s'écoule si rapidement qu'on ne s'en aperçoit pas du tout. Il m'aime beaucoup et moi je suis très volontiers chez lui. C'est un homme si aimable et si intelligent, et qui a un si bon jugement et des vues si justes en musique! — Aujourd'hui encore j'y suis allé avec Raaff, et je lui ai apporté différents morceaux de moi, parce qu'il m'en avait prié (depuis longtemps déjà). — Cette fois, j'ai emporté la nouvelle symphonie [K. 297] que je venais justement de terminer, et par laquelle doit commencer le Concert spirituel du jour de la Fête-Dieu. Elle leur a extrêmement plu à tous deux, et moi aussi j'en suis très content. Mais cela plaira-t-il [au public]?... je n'en sais rien,... et pour dire le vrai, je m'en préoccupe fort peu. Car à qui plaira-t-elle? Pour les rares Français éclairés qui seront là, je me porte garant qu'elle leur plaira; pour les imbéciles?... je ne vois pas que ce soit un grand malheur si elle ne leur plaît pas. Mais j'ai pourtant l'espoir que les ânes eux-mêmes y trouveront quelque chose à leur goût.

Et puis je n'ai pas manqué le *premier coup d'archet!*... et c'est déjà bien assez. Quelle affaire ils en font, ces animaux-là!... Que diable! je ne vois pas de différence;... ils commencent bien ensemble,... comme partout ailleurs. Cela fait rire! — Raaff m'a raconté à ce sujet une histoire d'Abaco. Un Français, à Munich ou ailleurs, lui a demandé : « *Monsieur, vous avez été à Paris?* » — « *Oui.* » — « *Est-ce que vous étiez au Concert spirituel?* » — « *Oui.* » — « *Que dites-vous du premier coup d'archet? Avez-vous entendu le premier coup d'archet?* » — « *Oui, j'ai entendu le premier et le dernier.* » — « *Comment, le dernier, que veut dire cela?* » — « *Mais oui, le premier et le dernier,... et le dernier même m'a donné plus de plaisir.* »

120 (M)

A SON PÈRE

Paris, 3 juillet 1778.

Monsieur mon très cher père,

J'ai une nouvelle très triste et très fâcheuse à vous donner, et elle est cause que je n'ai pu répondre plus tôt à votre dernière lettre du 11 [juin].... Ma chère mère est bien malade!... Elle s'est fait saigner selon son habitude et c'était très nécessaire; après, elle a été très bien, mais, quelques jours plus tard, elle s'est plainte de frissons, puis aussitôt de chaleur ardente, et elle a été prise de diarrhée et de mal de tête. D'abord nous avons simplement employé nos remèdes domestiques, la poudre antispasmodique ; nous aurions bien voulu employer aussi la poudre noire, mais nous en manquions et nous n'avons pu nous en procurer ici. Comme la situation devenait de plus en plus grave, que ma mère ne pouvait parler que difficilement et qu'elle avait perdu l'ouïe au point qu'il fallait crier, le baron Grimm nous a envoyé son médecin. — Elle est très faible, elle a toujours de la fièvre et du délire ; on me donne de l'espoir, mais je n'en ai guère, car voilà longtemps que je suis, jour et nuit, entre la crainte et l'espérance !... Je me suis entièrement remis à la volonté de Dieu et j'espère que, vous et ma chère sœur, vous en ferez autant. Hélas ! quel autre moyen pour se tranquilliser?... pour être plus tranquille, veux-je dire, car tout à fait, on ne peut l'être.

Je suis confiant, quoi qu'il arrive, parce que je sais que c'est Dieu qui le veut ainsi, lui qui dispose toutes choses pour notre plus grand bien (quand même cela nous paraît aller de travers). Je crois, en effet, et on ne me persuadera jamais le contraire, qu'aucun docteur, aucun homme, aucun malheur, aucun accident ne peut donner ou retirer la vie à une créature humaine, et que Dieu seul le peut. Ce ne sont là que des instruments dont il se sert le plus souvent, mais non pas toujours; ne voyons-nous pas des gens chanceler, tomber à la renverse et expirer ? Quand le temps est venu, tous les remèdes sont inutiles : ils avancent la mort plutôt qu'ils ne l'empêchent; nous l'avons bien vu pour notre défunt ami Hefner. Je ne dis pas pour cela que ma mère mourra ou doive mourir, et que tout espoir soit perdu; elle peut redevenir fraîche et bien portante, mais ce ne sera que si Dieu le veut. — Après avoir prié Dieu de toutes mes forces pour la guérison et la vie de ma chère mère, je m'entretiens volontiers de telles pensées et de telles consolations, parce qu'ensuite je me sens plus courageux, plus calme et plus soulagé, car vous pouvez facilement vous figurer comme j'en ai besoin!...

Maintenant, parlons d'autre chose; laissons ces tristes pensées, espérons,... pas trop, cependant. Mettons notre confiance en Dieu, et consolons-nous par cette pensée que tout est bien... qui est selon la volonté du Tout-Puissant, car c'est Lui qui sait le mieux ce qui nous est avantageux et utile à tous, pour notre bonheur présent et éternel.

J'ai dû faire une symphonie pour l'ouverture du *Concert spirituel* [K. 297]; elle a été exécutée le jour de la Fête-Dieu, au milieu des applaudissements. J'ai entendu dire que mention en a été faite dans le *Courrier de l'Europe;* ainsi elle a exceptionnellement plu. — J'ai eu bien peur à la répétition, car, de ma vie, je n'ai rien entendu de plus mauvais! Vous ne pouvez vous figurer comme ils ont, deux fois de suite, barbouillé et écorché, d'un bout à l'autre, ma symphonie; j'étais vraiment très inquiet et j'aurais bien voulu qu'on la répétât une fois de plus, mais on a toujours tant de choses à répéter qu'il n'y avait plus le temps, et je dus me mettre au lit avec un cœur inquiet et un esprit mécontent et furieux. Le lendemain, j'avais résolu de ne pas aller au concert; mais le soir, il fit beau temps et je pris finalement mon parti [de m'y rendre], avec le dessein bien arrêté, si cela marchait aussi mal qu'à la répétition, d'aller à l'orchestre, de prendre le violon des mains de M. La Houssaye, premier violon, et de diriger moi-même l'exécution.

Je priai Dieu de me faire la grâce que tout allât bien, puisque tout est pour son honneur et sa plus grande gloire, et *ecce :* la symphonie commença. Raaff était à côté de moi. Juste au milieu du premier allegro il y avait un *passage* que je savais bien devoir plaire; tous les auditeurs en furent transportés, et il y eut de grands applaudissements. — Comme je savais bien, lorsque je l'écrivis, l'effet qu'il produirait, je l'avais ramené une seconde fois, à la fin,... et les applaudissements de revenir *da capo*. — L'andante a plu aussi, mais surtout le dernier allegro. Ayant entendu dire qu'ici tous les derniers *allegros* commencent, ainsi que les premiers, par l'ensemble des instruments et le plus souvent à l'unisson, je commençai le mien avec les premiers et seconds violons seuls, pendant huit mesures, et *piano;*... puis, tout à coup, *forte.* De sorte que les auditeurs, comme je m'y attendais, firent *ch*... au *piano*,... et tout de suite arriva le *forte :* l'entendre et battre des mains, ce fut tout un pour eux. — Dans ma joie, j'allai au *Palais-Royal*, aussitôt après la symphonie,... pris une bonne glace,... dis le chapelet que j'avais fait vœu de dire,... et rentrai à la maison;... car c'est toujours chez moi que je suis et serai toujours le plus volontiers,... ou bien chez un bon, vrai et honnête Allemand qui, s'il est célibataire, vit seul en bon chrétien, et, s'il est marié, aime sa femme et élève bien ses enfants.

Maintenant, je vais vous donner une nouvelle, que vous savez peut-être déjà, c'est que l'impie, le maître fourbe VOLTAIRE est crevé, pour ainsi dire, comme un chien, comme une brute.... Voilà sa récompense !

Vous avez dû remarquer, depuis longtemps déjà, que je ne suis pas ici avec plaisir. J'ai tant de raisons pour cela !... et elles ne servent à rien puisque m'y voici. — Je ne manque et ne manquerai jamais de faire, de toutes mes forces, tout ce que je pourrai.... Allons ! Dieu fera que tout ira bien ! — J'ai un dessein[1] pour lequel je prie Dieu chaque jour. Si c'est sa divine volonté, cela arrivera, sinon, je serai content quand même;... du moins, j'aurai fait ce qui dépendait de moi. Si tout s'arrange et arrive comme je le désire, alors seulement vous aurez votre rôle à jouer, sans quoi, toute l'affaire serait manquée. Mais j'espère de votre bonté que vous le ferez certainement. — Pour le moment, ne vous livrez pas à d'inutiles conjectures, car je vous demande d'avance la faveur de ne pas m'expliquer clairement sur mes idées avant qu'il en soit temps.

1. Celui d'épouser Aloysia Weber.

Pour l'opéra, voici ce qui arrive actuellement : c'est qu'on trouve difficilement un bon *poème*. Les anciens, qui sont les meilleurs, ne sont pas arrangés selon le style moderne, et tous les nouveaux ne peuvent servir, car la poésie, qui était la seule chose dont les Français auraient pu être fiers, devient tous les jours plus pitoyable,... et la poésie, c'est précisément ici la seule chose qui doive être bonne, puisqu'on n'y entend rien à la musique. — Il n'y a en ce moment que deux opéras *in aria*[1] que je pourrais composer, l'un, *en deux actes*, l'autre, *en trois*. — Celui *en deux*, est : *Alexandre et Roxane*, mais le poète qui l'écrit, est encore à la *campagne*. Celui *en trois*, est le *Demofonte*, de Métastase, traduit, mêlé de chœurs et de danses, et arrangé surtout en vue du théâtre français. Je n'ai encore rien pu voir de ce dernier.

Écrivez-moi donc si vous avez, à Salzbourg, les concertos de Schroter?... les sonates de Hüllmandel? J'aurais envie de les acheter et de vous les envoyer; les deux *œuvres* sont très belles.

Quant à la question de Versailles, cela n'a jamais été mon avis; j'ai pris là-dessus les conseils du baron Grimm et d'autres bons amis : ils ont tous pensé comme moi. C'est peu d'argent, il faut languir six mois durant dans un endroit où il n'y a pas moyen de gagner quoi que ce soit en dehors, et on y enterre son talent. Car celui qui est au service du roi est oublié à Paris; et puis, être organiste!... J'aimerais certes bien une bonne position, mais seulement celle de maître de chapelle,... et bien payée.

Et maintenant, adieu. Ayez soin de votre santé, abandonnez-vous à Dieu, et vous trouverez sûrement de la consolation. Ma chère mère est entre les mains du Tout-Puissant;... s'il veut encore nous la rendre, comme je le désire ardemment, nous le remercierons pour cette grâce;... mais s'il veut la reprendre à lui, toutes nos angoisses, nos soucis et

1. « Dans l'air », c'est-à-dire : dont il est question.

nos désespoirs ne serviront de rien. Abandonnons-nous plutôt courageusement à sa divine volonté, avec l'entière certitude que ce sera pour notre bien, car il ne fait rien sans motif. Adieu donc, mon bien cher papa, conservez-moi votre santé.

121 [M]

A M. L'ABBÉ BULLINGER, A SALZBOURG

Paris, 3 juillet 1778.

Très excellent ami!
(Pour vous tout seul.)

Pleurez avec moi, mon ami! Ce jour a été le plus triste de ma vie!... Je vous écris ces lignes à deux heures du matin. Il faut bien que je vous le dise, ma mère, ma mère chérie n'est plus!... Dieu l'a rappelée à lui; il voulait l'avoir, je le vois bien,... c'est pourquoi je me suis abandonné à sa volonté. Il me l'avait donnée, il pouvait aussi me la reprendre. Mais représentez-vous toutes les alarmes, les angoisses et les soucis que j'ai endurés pendant ces quinze jours!... Elle est morte sans avoir sa connaissance et comme une lumière qui s'éteint. Trois jours auparavant, elle s'était confessée et avait reçu la communion et l'extrême-onction. Mais les trois derniers jours, elle délirait continuellement, et aujourd'hui, à cinq heures vingt et une minutes, elle est tombée en agonie, et a aussitôt perdu tout sentiment et toute connaissance. Je lui pressais la main, je lui parlais, mais elle ne me voyait, ne m'entendait pas, ne sentait rien! Elle demeura ainsi jusqu'au moment où elle expira, c'est-à-dire cinq heures après, à dix heures vingt et une minutes du soir. Il n'y avait de présent que moi, un bon ami à nous (que mon père connaît), M. Heina[1], et la garde.

1 François Heina, trompette des chevau-légers de la garde du roi.

Il m'est impossible de vous décrire aujourd'hui toute la maladie; je pense qu'elle devait mourir,... que Dieu l'a voulu ainsi. Tout ce que je vous demande maintenant, comme un service d'ami, c'est de préparer tout doucement mon pauvre père à cette triste nouvelle. Je lui ai écrit par le même courrier, mais en lui disant seulement que ma mère est très gravement malade, et à présent j'attendrai une réponse afin de pouvoir me guider dessus. Que Dieu lui donne force et courage!... Mon ami, je suis résigné, et ce n'est pas d'aujourd'hui seulement; c'est depuis longtemps déjà! Par une grâce de Dieu toute particulière, j'ai tout supporté avec fermeté et résignation. Lorsque la situation devint tout à fait dangereuse, je n'ai plus demandé que deux choses à Dieu : une heureuse mort pour ma mère, et pour moi, la force et le courage; et le bon Dieu m'a entendu et m'a accordé ces deux grâces au plus haut degré. — Je vous en prie donc, bien cher ami, conservez-moi mon père, inspirez-lui du courage, pour qu'il ne prenne pas son malheur trop à cœur et avec trop de peine, quand le pis lui sera révélé. Je vous recommande aussi ma sœur, de tout mon cœur. Allez donc tout de suite les voir, je vous en prie; ne leur dites pas encore qu'elle est morte, mais seulement préparez-les à l'apprendre. Faites ce que vous voudrez, employez tous les moyens, pourvu que je puisse être tranquille et que je n'aie pas encore un autre malheur à redouter! Conservez-moi mon cher père et ma chère sœur. Répondez-moi tout de suite, je vous en prie! — *Adieu*, je suis votre très respectueux et très obéissant serviteur,

WOLFGANG AMADE MOZART.

*Pour plus de sûreté :

Rue du Gros-Chenet, vis-à-vis celle du Croissant, à l'hôtel des Quatre fils Aimont.

122 (M)

A SON PÈRE

Paris, 9 juillet 1778.

J'espère que vous êtes préparé à entendre avec fermeté une nouvelle des plus tristes et des plus douloureuses. Ma dernière lettre, du 3, vous aura mis dans une disposition d'esprit à ne rien oser attendre de bon;... ce jour-là même, le 3, ma mère s'est endormie saintement en Dieu, à dix heures vingt et une minutes du soir,... et quand je vous ai écrit, elle était déjà en possession des joies célestes,... tout était déjà fini! — Je vous ai écrit cette même nuit. J'espère que vous et ma chère sœur me pardonnerez cette petite tromperie, si nécessaire; car lorsque, par ma propre douleur et ma tristesse, j'ai compris ce que seraient les vôtres, il m'a été impossible de me résoudre à vous surprendre ainsi, tout à coup, par cette terrifiante nouvelle. Mais maintenant, j'espère que vous serez tous deux préparés à entendre le pis, et qu'après l'effusion d'une douleur et de larmes bien naturelles, et qui ne sont que trop justifiées maintenant, vous vous abandonnerez enfin à la volonté de Dieu et adorerez son impénétrable, insondable et toute sage Providence.

Vous pouvez facilement vous représenter ce que j'ai eu à souffrir!... Combien le courage et la fermeté m'étaient nécessaires pour supporter, jour après jour, avec résignation, une situation toujours plus grave, toujours plus mauvaise!... et pourtant le bon Dieu m'a accordé cette grâce;... j'ai bien souffert, j'ai bien pleuré;... mais à quoi bon?... J'ai donc dû tâcher de me consoler. Faites-le aussi, mon cher père, ma sœur chérie!... Pleurez, pleurez bien toutes vos larmes,... mais consolez-vous à la fin;... pensez que le Dieu tout-puissant l'a voulu ainsi,... et comment lui résisterions-nous?... Prions plutôt, et remercions-le que les choses se soient si bien passées,... car elle est morte très heureusement.

Dans ces circonstances si affligeantes, trois choses m'ont consolé : d'abord mon complet et confiant abandon à la volonté de Dieu; — puis, la vue de sa mort si douce et si belle; car je me représentais comment, en un instant, elle était devenue si heureuse!... tellement plus heureuse que nous actuellement!... et c'était au point qu'à ce moment-là j'aurais souhaité partir avec elle. — De ce souhait, de cet ardent désir, est sortie enfin ma troisième consolation : c'est qu'elle n'est pas perdue à jamais pour nous,... que nous la reverrons,... que nous serons de nouveau ensemble, plus joyeux et plus heureux qu'en ce monde. L'époque seule nous est inconnue; mais cela ne me cause aucune terreur : quand Dieu le voudra, je le voudrai aussi. — Maintenant la divine et très sainte volonté de Dieu est accomplie; disons donc pour son âme un fervent *pater*, et puis passons à d'autres affaires... : toute chose a son temps.

J'écris ceci dans la maison de Mme d'Épinay et de M. Grimm, où j'habite à présent. J'ai une jolie petite chambre avec une vue très agréable et, autant que ma situation me le permet, je suis content. Ce sera un grand secours, pour me rendre le contentement possible, d'entendre dire que mon père chéri et ma chère sœur s'abandonnent entièrement, et avec résignation et fermeté, à la volonté du Seigneur, qu'ils se confient en lui de tout leur cœur, étant sérieusement convaincus que Dieu dispose tout pour notre plus grand bien. Mon père chéri, ménagez-vous!... Chère sœur,... ménage-toi!... Tu n'as eu encore aucun profit du bon cœur de ton frère... parce qu'il n'a pas encore été en état de rien faire pour toi. — Oh! mes deux bien-aimés! Ayez soin de votre santé!... pensez que vous avez un fils et un frère qui consacre tous ses efforts à vous rendre heureux... sachant bien que, de votre côté, vous ne lui refuserez pas un jour [la réalisation] d'un désir, d'une joie qui certainement lui fait honneur,... et que vous emploierez tous les moyens pour le rendre heureux. — Oh! alors nous vivrons si paisiblement, si honnêtement, et avec tant de bonheur,... autant du moins qu'il est possible en ce monde; et, à la fin, quand Dieu le voudra, nous serons de nouveau tous réunis là-haut,... ce qui est notre destinée et le but de notre création.

J'ai reçu exactement votre lettre du 29, et j'ai appris avec joie que vous êtes tous deux bien portants, grâce à Dieu. — Je n'ai pu m'empêcher de rire de tout mon cœur de l'ivresse de Haydn[1];... si j'avais été là, je lui aurais bien sûr chuchoté tout de suite à l'oreille le nom d' « Adlgasser ». C'est pourtant une honte qu'un homme si habile se mette, par sa propre faute, dans l'impossibilité de faire son devoir, et cela dans une fonction qui est destinée à honorer Dieu,... en présence de l'archevêque et de toute sa cour,... et toute l'église pleine de monde!... c'est abominable! — C'est là encore une des grandes raisons pour lesquelles Salzbourg m'est odieux; cet orchestre de la cour est si grossier, si débraillé et si débauché! un honnête homme, qui a de bonnes manières, ne peut pas vivre avec ces gens-là! Bien loin de pouvoir leur faire bon accueil, il rougit d'eux. — De plus, et c'est peut-être pour ce motif, l'orchestre n'est pas aimé chez nous et ne jouit d'aucune considération. Ah! si seulement il était organisé comme à Manheim! Quelle *subordination* règne dans cet orchestre! Quelle autorité possède Cannabich!... C'est là que tout se fait sérieusement! Cannabich, qui est le meilleur directeur que j'aie jamais vu, inspire à ses subordonnés l'amour et la crainte. Il est, en outre, considéré dans toute la ville, ainsi que ses soldats. — Mais aussi, c'est qu'ils se conduisent d'une bien autre manière [qu'à Salzbourg]! Ils ont du savoir-vivre, sont bien vêtus, ne vont pas boire au cabaret. — Pour vous, il n'en peut pas être

1. Michel Haydn, organiste de l'église de la Trinité, à Salzbourg. — Le père de Mozart lui avait écrit qu'à vêpres, en présence de l'archevêque, M. Haydn s'était mis à jouer d'une manière si incohérente que tout le monde en avait été épouvanté, se rappelant qu'Adlgasser, l'organiste de la cour, avait été frappé d'apoplexie, à l'orgue même. Mais en allant à lui, on s'était aperçu qu'il était ivre.

ainsi[1], à moins que le prince n'arrive à se fier entièrement à vous ou à moi et qu'il nous donne tout pouvoir, ce qui est absolument nécessaire pour diriger un orchestre,... autrement c'est inutile de s'en mêler. Car dans l'orchestre de Salzbourg personne et chacun commande. Si je devais m'en charger, il faudrait que j'eusse liberté entière. Le grand-maître de la cour ne devrait rien avoir à me dire en fait de musique et pour tout ce qui concerne la musique, car un gentilhomme ne peut faire les fonctions de maître de chapelle,... quoique un maître de chapelle puisse faire celles de gentilhomme!

A propos, le prince Électeur est de retour à Manheim. Mme Cannabich (et M. Cannabich aussi) nous sommes en correspondance. — Si ce que je craignais (et qui serait éternellement dommage) n'arrive pas, c'est-à-dire si l'on ne restreint pas beaucoup l'orchestre, je me forge encore une espérance. Vous savez que je ne désire rien tant qu'une bonne situation, bonne comme honorabilité et comme argent; n'importe où, pourvu que ce soit en pays catholique. — Vous avez agi avec le comte Starhemberg[2], et généralement en toute cette *affaire*, comme un maître homme et un vrai diplomate. Continuez de même, ne vous laissez pas persuader; soyez surtout sur vos gardes si vous avez occasion de parler avec cette pauvre oie[3].... Je la connais, soyez-en sûr! Elle a du sucre et du miel dans le bec... mais du poivre dans la tête et dans le cœur. — Naturellement, toute cette affaire est encore fort incertaine, et il faudrait qu'on m'accordât bien des choses pour que je pusse m'y résoudre; et quand même tout devrait s'arranger convenablement, j'aimerais mieux être partout ailleurs qu'à Salzbourg. Du reste, je n'ai pas à m'en inquiéter! Il serait bien difficile

1. Sous-entendu : que pour Cannabich; Léopold Mozart, on le sait, était maître de chapelle.

2. Chanoine. — L. Mozart lui avait confié tous ses chagrins avec l'archevêque; il négociait alors la rentrée de Wolfgang au service de l'archevêque.

3. La comtesse Franziska de Wallis, sœur de l'archevêque. Elle tenait cour princière dans une aile du palais archiépiscopal.

qu'on m'accordât tout ce que je désire,... car c'est beaucoup. — Pourtant il n'y a rien là d'impossible. Si tout était réglé avec ordre et justice, je n'hésiterais pas, ne fût-ce que pour avoir le bonheur d'être avec vous. Mais si les Salzbourgeois veulent m'avoir, il faudra qu'ils me satisfassent moi et mes désirs, sans cela ils ne m'auront sûrement pas.

M. le prélat de Baumburg a donc fait, lui aussi, une mort ordinaire de prélat!... Je ne savais pas que M. le père Abbé de Sainte-Croix[1] fût décédé;... cela me fait beaucoup de peine : c'était un très bon et très digne homme. Ainsi, vous n'auriez pas cru que ce serait le doyen Zeschinger qui deviendrait père Abbé?... sur mon honneur, je ne m'étais jamais figuré autre chose; et je ne sais vraiment qui aurait dû l'être, si ce n'est lui!... Oui, vraiment, c'est un bon prélat pour la musique!...

Ainsi la promenade quotidienne de la noble demoiselle avec son fidèle laquais n'a pas été sans fruits?... Ils étaient bien studieux, ne restaient pas oisifs... car l'oisiveté est mère de tous les vices!... Voilà donc une comédie domestique qui a réussi!... Mais combien de temps cela durera-t-il?... Je crois que la comtesse Lodron n'aura plus envie d'une pareille musique!... Czernin est un jeune écervelé, et Brunetti[2], un grossier personnage.

Demain, mon ami Raaff partira d'ici, mais il va, par Bruxelles, à Aix-la-Chapelle et à Spa, puis à Manheim, d'où il me donnera aussitôt la nouvelle de son arrivée, car nous devons rester en correspondance. Il vous envoie ses compliments, à vous et à ma sœur, sans vous connaître. — Vous m'écrivez que, depuis longtemps, vous n'entendez plus parler de mon élève en composition. Je le crois bien! que voulez-vous donc que je vous en dise?... ce n'est pas une personne à réussir dans la composition : toute la peine [qu'on s'y donne] est inutile. D'abord elle est foncièrement sotte, et puis foncièrement paresseuse.

1. A Augsbourg.
2. Brunetti, violoniste à la chapelle de Salzbourg. — Czernin, musicien.

Pour l'opéra, je vous ai déjà répondu dans ma dernière lettre. Quant au ballet de Noverre, je ne vous ai jamais écrit autre chose, sinon qu'il en fera peut-être un nouveau. Il vient d'avoir besoin d'un demi-ballet et je lui en ai composé la musique, c'est-à-dire qu'il s'y trouve six morceaux faits par d'autres : ce ne sont que de vieux, misérables airs français. L'ouverture et les *contredanses*, en tout douze morceaux, voilà ce que j'y aurai fait[1]. Ce ballet a déjà été donné quatre fois avec le plus grand succès. Mais je ne veux *absolument* plus rien faire, que je ne sache auparavant ce que j'y gagne;... car ceci n'a été qu'un service d'ami rendu à Noverre.

M. Wendling est parti d'ici le dernier jour de mai. — Il me faudrait de bien bons yeux pour voir le baron Bach[2], car il n'est pas ici, mais à Londres. Serait-il possible que je ne vous l'eusse pas écrit?... Vous verrez qu'à l'avenir je répondrai soigneusement à toutes vos lettres. On dit qu'il doit bientôt revenir; j'en serais très heureux pour beaucoup de raisons, mais surtout parce qu'avec lui on aurait occasion d'essayer quelque chose de bien. — Le maître de chapelle Bach, lui aussi, sera bientôt ici.... Je crois qu'il doit écrire un opéra. Les Français sont et restent des ânes; ils ne peuvent rien faire et sont obligés d'avoir recours aux étrangers. — J'ai causé avec Piccinni, au *Concert spirituel;* il est très poli avec moi, et moi avec lui,... quand nous venons à nous rencontrer par hasard; mais du reste je ne lie connaissance ni avec lui, ni avec d'autres compositeurs;... je connais mon affaire,... eux de même,... et c'est assez.

Je vous ai aussi déjà écrit que ma symphonie a plu extraordinairement au *Concert spirituel.* — Si j'obtiens de faire un opéra, j'aurai assez d'ennuis, mais je ne m'en pré-

1. Une copie du ballet des *Petits Riens* a été retrouvée par M. Victor Wilder dans les archives de l'Opéra (voy. K., app. n° 10, et surtout le vol. de M. Wilder sur Mozart).

2. J. Christian Bach, dit le Bach de Londres, compositeur, onzième fils du grand Sébastien Bach.

occuperai guère,... j'y suis déjà si habitué! Si seulement cette maudite langue française n'était pas si misérable pour la musique! C'est quelque chose de pitoyable! la langue allemande est divine à côté!... Et puis, d'abord les chanteurs et les chanteuses!... on ne devrait pas du tout les nommer ainsi, car ils ne chantent pas, ils crient, ils hurlent à plein gosier, du nez et de la gorge.

J'aurai à faire, pour le prochain carême, un oratorio français, destiné au *Concert spirituel*. M. Le Gros (le directeur) est étonnamment *porté* pour moi.—Il faut que vous sachiez que (quoique j'eusse été autrefois journellement chez lui) je n'y étais plus retourné depuis Pâques, par vexation de ce qu'il n'avait pas fait exécuter ma *symphonie concertante*. Je venais souvent dans la maison pour rendre visite à M. Raaff, et il me fallait chaque fois passer près de leurs chambres[1]. Les domestiques et les servantes me voyaient toujours et je les chargeais de quelque compliment.... C'est bien dommage qu'il n'ait pas fait exécuter cette symphonie ; elle aurait beaucoup convenu ; mais maintenant il n'en a plus l'occasion ; comment réunir facilement quatre personnes?

Or, un jour que je voulais voir Raaff, il n'était pas chez lui, mais l'on m'assura qu'il reviendrait bientôt,... j'attendis donc. M. Le Gros entra dans la chambre : « C'est un vrai miracle, [s'écria-t-il], d'avoir enfin de nouveau le plaisir de vous voir! » — « Ah! c'est que j'ai beaucoup trop à faire. » — « Vous resterez pourtant bien à dîner avec nous aujourd'hui? » — « Je vous prie de m'excuser, je suis déjà *engagé*. » — « Monsieur Mozart, il faut que nous passions, encore une fois, une journée ensemble. » — « Ce sera un plaisir pour moi. » (Grande *pause*...) Finalement : « *A propos*, ne voudriez-vous pas me composer une grande symphonie pour la Fête-Dieu? » — « Pourquoi pas? » — « Mais puis-je y compter absolument? » — « Oh! oui! pourvu seulement que je puisse compter, moi aussi, d'une façon certaine,

1. De M. et Mme Le Gros.

qu'elle sera exécutée,... et qu'il n'en sera pas d'elle comme de ma *symphonie concertante.* » — Alors la danse commença; il s'excusa du mieux qu'il put,... mais ne sut pas dire grand'-chose. — Bref, la symphonie a eu pleine approbation; Le Gros en est si content qu'il dit que c'est sa meilleure symphonie. L'andante, cependant, n'a pas eu l'heur de le satisfaire; il dit qu'il y a dedans trop de modulations,... et que c'est trop long... Mais cela vient de ce que les auditeurs ont oublié de faire un fracas d'applaudissements aussi bruyant et aussi continuel qu'au premier et au dernier morceau; car l'andante a eu le plus grand succès auprès de moi, de tous les connaisseurs, des amateurs et de la majorité des auditeurs. C'est précisément le *contraire* de ce que dit Le Gros : il est tout simple et court. Mais pour le contenter (lui, et surtout plusieurs autres personnes), j'en ai fait un autre. Chacun, dans son genre, est bien,... car chacun a son caractère propre. Le dernier, pourtant, me plaît encore plus.

Je vous enverrai la symphonie par une bonne occasion, en même temps que l' « École du violon », les morceaux de piano et le livre de Vogler (« Science de l'harmonie et art de la composition »), et je veux alors que vous m'en donniez votre avis! — Le 15 août, fête de l'Assomption, la symphonie sera donnée pour la seconde fois... et avec le nouvel andante. La symphonie est en ré et l'andante en sol. Ici, il ne faut pas dire en D ou en G[1]. — Le Gros m'est maintenant tout dévoué....

Résignez-vous et priez beaucoup, c'est le seul soulagement qui nous reste. J'aurais bien voulu vous demander de faire dire une messe à Maria-Plain[2] et à Lorette,... j'en ai fait dire ici aussi. — Je ne crois pas qu'il soit nécessaire de m'envoyer une lettre de recommandation pour M. Bähr. Jusqu'à présent je ne le connais pas; je sais seulement que c'est un habile *clarinettiste*, mais, du reste, un débauché. Je

1. Noms des notes en allemand.
2. Pèlerinage près de Salzbourg.

n'aime pas du tout à fréquenter ces gens-là,... on n'en retire aucun honneur, et il ne me plairait nullement de lui remettre une lettre de recommandation : j'en serais vraiment honteux,... quand même, en fin de compte, il pourrait faire quelque chose [pour moi]. Mais il ne jouit d'aucune considération ; la plupart ne le connaissent même pas. — Des deux Stamitz[1], le plus jeune, seul, est ici ; l'aîné (le compositeur attitré de Hafeneder[2]) est à Londres. Ce sont deux misérables barbouilleurs de notes, joueurs, ivrognes, etc..., des gens nullement faits pour moi. Celui qui est ici a à peine un bon vêtement sur le corps.

A propos, si, par hasard, on venait à rompre avec Brunetti, j'aurais envie de recommander à l'archevêque, comme premier violon, un bon ami à moi, très honnête et très brave homme. C'est un homme posé ; je lui donne quarante ans,... veuf ; il s'appelle Rothfischer[3] et est maître des concerts à Kirchheim-Bolanden, chez la princesse de Nassau-Weilburg. Entre nous soit dit, il est mécontent parce que le prince ne peut le souffrir, — c'est-à-dire sa musique. Il s'est cordialement recommandé à moi et c'est pour cela que je me ferais un vrai plaisir de lui rendre service,... car c'est le meilleur homme du monde.

123 (M)

A SON PÈRE

Paris, 18 juillet 1778.

J'espère que vous aurez reçu exactement mes deux dernières lettres.... Nous ne parlerons plus maintenant de leur objet principal,... c'est fini ; et quand nous écririons des pages entières à ce sujet, nous n'y pourrions rien chan-

1. Tous deux violonistes du duc de Noailles. L'aîné, Ch. Stamitz, célèbre exécutant et compositeur estimé.
2. Hafeneder, violoniste à la chapelle de Salzbourg, estimait fort les œuvres de Stamitz et les jouait volontiers.
3. Voy. p. 166.

ger!... — Le but principal de cette lettre est de *congratuler* ma chère sœur pour sa fête; toutefois, il faut auparavant que je *converse*[1] un peu avec vous... voilà un beau style, n'est-ce pas?... Patience!... je ne suis pas aujourd'hui d'humeur à écrire plus élégamment. Estimez-vous content si vous parvenez à comprendre à peu près couramment ce que je veux dire.

Je vous ai déjà écrit, je crois, que M. Raaff est parti d'ici; mais, qu'il soit mon ami véritable et particulier, et que je puisse me fier entièrement à son amitié, voilà ce qu'il est impossible que je vous aie écrit,... car je ne savais pas encore moi-même qu'il m'aimât tant. — Maintenant, pour écrire une chose convenablement... il faut bien la prendre par le commencement. Vous saurez donc que Raaff a logé chez M. Le Gros;... bon! voilà seulement qu'il me vient à l'idée que vous savez déjà cela!... Mais qu'y faire?... c'est écrit!... Je ne puis pourtant pas recommencer la lettre!... Alors, poursuivons. — Quand il arriva, nous étions justement tous à table;... ceci n'a rien à faire avec l'histoire;... c'est seulement pour que vous sachiez qu'à Paris on se met aussi à table, — et puis enfin, c'est que ce repas de midi, pris chez Le Gros, convient pourtant mieux à mon histoire d'amitié, que les cafés et les tambours ne conviennent à une description de voyage musical. — Le jour suivant, quand j'y retournai, je trouvai une lettre à mon adresse;... elle était de M. Weber, et c'est Raaff qui l'avait apportée[2]. Maintenant, si je voulais mériter le nom d'historien, il faudrait mettre ici le contenu de cette lettre;... je puis dire que cela m'est très dur de le passer sous silence... mais il ne faut pas être trop verbeux:... la brièveté est une belle chose, comme vous le voyez dans ma lettre! — Le troisième jour, je trouvai Raaff chez lui et le remerciai;... quelle belle chose que d'être poli!... Ce que nous avons dit alors ensemble,

1. *Conversiren, gratuliren*, mots fabriqués du français.
2. De Manheim, d'où il venait.

je ne le sais plus; .. voilà un historien inhabile!... qui n'est pas en état de trouver tout de suite quelque mensonge,... je veux dire d'inventer!... Eh bien! oui!... nous parlâmes... du beau temps. Bon!... quand nous eûmes fini... nous nous tûmes... et je partis.

Quelques jours après,... je ne sais plus quel jour ce pouvait être,... en tous cas c'est un jour de la semaine,... j'étais justement assis au piano,... là-bas, s'entend,... et Ritter, ce brave mordeur de bois[1], était assis à côté de moi. Eh! bien! qu'avons-nous à apprendre de ce fait? — Beaucoup. — Raaff ne m'avait entendu, à Manheim, qu'au concert, où l'on ne peut rien distinguer à cause du bruit et du brouhaha; et son piano, à lui, est si détestable que je n'aurais pu me faire aucun honneur en jouant dessus. Mais il y avait là un bon instrument,... et je vis Raaff, assis *vis-à-vis* de moi, devenir tout rêveur. Alors, comme vous pouvez facilement vous le figurer, je commençai à préluder suivant la méthode de Fischietti[2]; je jouai une *galanterie-sonate*[3] dans la manière de Haydn et avec son feu, son entrain et sa *précision;* et enfin je me mis à fuguer avec tout l'art d'un Lipp, d'un Silber ou d'un Aman. C'est encore de fuguer qui m'a partout fait le plus d'honneur. — Quand j'eus fini de jouer (et pendant tout le temps Raaff avait crié Bravo! avec une mine qui témoignait d'une véritable joie intime), j'entrai en conversation avec Ritter. Je dis, entre autres choses, que je ne me plaisais guère ici.... « La raison principale en est bien la musique,... mais, en outre, c'est que je ne trouve ici aucun *soulagement*, aucun amusement, pas de rapports agréables et honnêtes avec le monde... surtout avec les dames. Elles sont, pour la plupart, des ..., et le petit nombre des autres n'a pas de savoir-vivre. » — Ritter ne pouvait que me donner raison. — Raaff dit à la fin, en souriant : « Oui, je le crois bien!... M. Mozart n'est pas tout entier ici, pour admirer les

1. *Holzbeisser.* Ritter était un basson.
2. Fischietti, maître de chapelle à Salzbourg.
3. Voir la note, p. 157.

jeunes beautés de céans!... la moitié de lui-même est encore là-bas... d'où je viens! » Et alors, tout naturellement, on rit et on plaisanta; — mais ensuite, M. Raaff reprit un ton sérieux et dit : « Du reste, vous avez raison,... je ne puis vous blâmer : ... elle le mérite. C'est une très gentille, très jolie et très honnête jeune fille, qui a une bonne conduite, ... et, de plus, c'est une personne habile, qui a beaucoup de talent. » — J'eus alors la plus belle occasion de lui *recommander*, de tout mon cœur, ma chère Weber;... mais je n'eus pas besoin d'en dire long, car il était déjà tout prévenu en sa faveur. Il me promit, dès son retour à Manheim, de lui donner des leçons et de s'intéresser à elle.

Je devrais maintenant, en bonne justice, intercaler quelque chose ici. .. Mais le plus urgent c'est d'en finir avec mon histoire d'amitié; s'il me reste de la place, je pourrai y revenir. — Eh! bien! à mes yeux, tout cela[1] n'était encore qu'une joie ordinaire, et rien de plus. J'allai souvent le voir dans sa chambre. Peu à peu, j'en vins, tout doucement, à avoir de plus en plus confiance en lui; je lui racontai toute mon histoire de Manheim,... comme j'avais été mené par le bout du nez,... et j'ajoutais toujours, que peut-être, les choses pourraient encore s'arranger[2]. Il ne disait ni oui, ni non,... et il en était de même toutes les fois que j'en parlais : ... il me paraissait généralement plus indifférent qu'intéressé. — Pourtant, à la fin, je crus remarquer en lui plus de satisfaction;... il commença aussi d'en parler souvent, de lui-même. — Je l'attirai chez M. Grimm et Mme d'Épinay. — Or un jour, il vint me dire que nous dînerions tel ou tel jour chez le comte Sickingen, et il ajouta : « Le comte et moi, nous avons causé ensemble et je lui ai dit : « *A propos*, Votre Excellence a-t-elle déjà entendu notre M. Mozart? » — « Non, mais je serais très désireux de le voir et de l'entendre, car on m'écrit de Manheim des choses tout

1. L'intérêt témoigné par Raaff, son amitié naissante.

2. Mozart avait un ardent désir d'être nommé maître de chapelle à Manheim.

à fait étonnantes,... et... est-ce vrai? » — « Votre Excellence l'entendra et verra qu'on ne lui en a pas écrit trop, mais trop peu. » — « En vérité? » — « Oui, très certainement, Excellence. » — C'est alors que je remarquai, pour la première fois, que M. Raaff s'intéresse vraiment à moi. Depuis, ce fut toujours de mieux en mieux. Je l'emmenai un jour chez moi, puis il y revint souvent de lui-même, et enfin tous les jours.

Le lendemain de son départ, je vis arriver chez moi, dans l'après-midi, un homme élégant qui tenait un portrait et qui me dit : « *Monsieur, je viens de la part de ce Monsieur,* » et il me montra le portrait : ... c'était Raaff, parfaitement réussi. — Il se mit alors à parler allemand, et je découvris que c'est un peintre du prince Électeur, dont Raaff m'avait souvent parlé, mais chez qui il avait oublié de me mener; il s'appelle... je crois bien que vous le connaissez;... ce doit être le peintre dont Mlle Urspringer de Mayence a fait mention dans sa lettre, car il prétend qu'il nous a tous vus chez les Urspringer. Son nom est Kymli. C'est le meilleur et le plus aimable homme du monde; un homme droit et honnête... et un bon chrétien; ce qui le prouve, c'est l'amitié qui les unit, Raaff et lui. — Maintenant voici la principale preuve que Raaff m'aime et s'intéresse vraiment à moi : c'est qu'il a découvert ses vrais desseins à d'autres auxquels il peut se fier, plutôt qu'à celui que cela regarde,... car il ne promet pas volontiers une chose sans être sûr de son heureuse réussite. C'est ce que Kymli m'a dit. — Il l'a prié de venir chez moi et de me faire voir son portrait,... lui a dit qu'il devrait souvent venir me voir,... m'assister en tout,... former une étroite amitié avec moi. Il allait chez lui tous les matins, et lui disait toujours : « Hier soir, j'ai encore été chez notre M. Mozart; c'est vraiment un petit homme endiablé!... voilà qui est une chose bien réglée;... celui-là sait... » et il ne cessait de faire mon éloge. Il a tout raconté à Kymli,... toute l'histoire de Manheim,... tout!

Eh! bien! vous voyez que les braves gens, qui ont de la

religion et se conduisent bien, s'aiment toujours entre eux. Kymli dit que je puis être sûr d'être en bonnes mains : « Raaff s'occupera certainement de vous ; car, voyez-vous, Raaff est un homme prudent,... il fera la chose très habilement.... Il ne dira pas que vous voulez..., mais que vous devez avoir ; car il est très bien avec le Grand-Écuyer[1]. Il n'en démordra pas, vous verrez! Laissez-le faire, seulement! »

A propos! encore une chose : la lettre du P. Martini à Raaff, où se trouve mon éloge, doit avoir été perdue, car, il y a déjà longtemps, Raaff a reçu une lettre de lui... et il n'y est pas question de moi. Il faut qu'elle soit restée arrêtée à Manheim,... mais ce n'est pas vraisemblable, car je sais positivement que toutes les lettres qui sont arrivées pour lui, là-bas, pendant son séjour à Paris, lui ont été régulièrement envoyées. Mais comme le prince Électeur fait grand cas du *Padre Maestro*, et à juste titre, je crois que ce serait une très bonne chose si vous vouliez avoir la bonté de lui demander, par lettre, d'écrire de nouveau à Raaff à mon sujet[2]; cela me servirait toujours,... et le bon *padre* Martini n'aura aucune objection à me donner encore une fois cette marque d'amitié, sachant bien qu'il peut faire par là mon bonheur. Il faudrait qu'il composât la lettre de manière à ce que Raaff pût, à l'occasion, la montrer au prince Électeur.

Maintenant, en voilà assez là-dessus. Je souhaite que cela tourne à bien, afin que j'aie bientôt le bonheur d'embrasser mon cher père et ma chère sœur. Oh! comme nous vivrons joyeux et contents ensemble! Je supplie Dieu, de toutes mes forces, de m'accorder cette grâce! Il faudra bien un jour que la médaille change de face! Dieu le veuille! En attendant, et dans le doux espoir qu'un moment viendra — le plus tôt sera le mieux — où nous pourrons être tous heureux, je veux, au nom de Dieu, continuer ma vie d'ici, qui est si contraire à mon génie, à mon inclination, à ma science

1. Le comte Daun.
2. Léopold Mozart écrivit en effet le 21 août.

et à mon bonheur! — Ceci est parfaitement vrai, soyez-en bien persuadé; je ne vous écris que la pure vérité. Si je voulais vous en donner tous les motifs, je me rendrais les doigts crochus à force d'écrire, et cela ne servirait à rien,... car maintenant que me voilà ici, il faut que je fasse tout ce qui est en mon pouvoir. Dieu veuille seulement que je n'y gâte pas mon talent! Mais j'espère que cela ne durera pas assez longtemps pour cela!... Dieu le veuille!

A propos, il est venu récemment chez moi un ecclésiastique qui a été maître de chœur à Saint-Pierre [de Salzbourg]. Il vous connaît très bien et se nomme : Zendorff.... Vous ne pourrez peut-être plus vous en souvenir. Il donne ici des leçons de piano,... à Paris. *N. B.*... Est-ce que ce nom de Paris ne vous fait pas frémir, presque? — Je le *recommande* de tout cœur à l'archevêque, comme organiste; il se contenterait de 300 florins, à ce qu'il dit. — Et à présent, portez-vous bien; ayez soin de votre santé,... prenez courage! Pensez que vous aurez peut-être bientôt la joie de vider, d'un cœur tout joyeux, un bon verre de vin du Rhin avec votre fils,... un fils bien content! *Adieu.*

Le 20[1]. — Je vous demande pardon de venir si tard avec mon compliment de fête;... mais c'est que j'ai voulu faire hommage à ma sœur d'un petit *preambulum* [K. 395][2]. Quant à la manière de le jouer, je laisse cela à son propre sentiment; ce n'est pas un prélude pour passer d'un ton à un autre, mais seulement une sorte de caprice pour essayer le piano. — Mes sonates [K. 301 à 306] vont être bientôt gravées. Jusqu'à présent, personne n'a voulu me donner ce que j'en demandais; je finirai par être obligé de céder, et de les livrer pour quinze *louis d'or*. C'est encore de cette manière

1. L'autographe de cette fin de lettre est à la bibliothèque de Prague.

2. Un prélude. — L. Mozart écrit plus tard à son fils : « Elle l'a reçu à quatre heures. A cinq heures, quand je suis rentré, elle m'a dit qu'elle avait composé quelque chose dans sa tête et que, si cela me plaisait, elle l'écrirait. Elle se mit à jouer par cœur la première page du prélude. J'ouvris de grands yeux et dis : « Et où, diable! as-tu pris ces idées? » Elle rit et tira la lettre de sa poche. » 13 août 1778.)

que je me ferai le plus facilement connaître ici. Dès qu'elles seront gravées, je vous les enverrai par une occasion bien étudiée d'avance (et aussi économique que possible), avec votre « École du violon », le livre sur la composition, de Vogler, les sonates de Hüllmandel, les concertos de Schroter, quelques-unes de mes sonates pour piano seul, la symphonie pour le *Concert spirituel* [K. 297], la *symphonie concertante*, deux quartettes pour flûte [K. 285 et 298],... et un concerto pour harpe et flûte [K. 299].

Qu'entendez-vous donc dire de la guerre?... J'ai été pendant trois jours si abattu et si triste! Cela ne me regarde en rien, à la vérité, mais je suis trop impressionnable; je m'intéresse tout de suite aux choses. J'ai entendu dire que l'Empereur avait été tué. — En premier lieu on a dit que le roi de Prusse[1] avait surpris l'Empereur, c'est-à-dire les troupes commandées par l'archiduc Maximilien, et qu'il était resté [sur le champ de bataille] 2000 hommes du côté des Autrichiens; et que, heureusement, l'Empereur était venu à son secours avec 40.000 hommes, mais qu'il avait dû reculer. — En second lieu, on a dit que le roi avait attaqué l'Empereur lui-même et l'avait complètement cerné, et qu'il l'aurait fait prisonnier si le général Laudon n'était venu à son aide avec 1800 cuirassiers; enfin que, sur ces 1800 cuirassiers, 1600 étaient restés sur la place, et que Laudon avait été tué, lui aussi. Mais je n'ai rien lu de cela dans les journaux. — Aujourd'hui j'ai encore entendu dire que l'Empereur avait envahi la Saxe avec 40 000 hommes; je ne sais si c'est vrai.

Quel joli gribouillage, n'est-ce pas?... Je n'ai pas assez de patience pour bien écrire;... pourvu que vous puissiez me lire, tout va bien.

A propos, on dit dans les journaux qu'un capitaine de grenadiers saxon, du nom de Hopfgarten, a perdu la vie dans l'escarmouche entre les Saxons et les Croates, et qu'on le regrette beaucoup. Serait-ce bien ce brave et cher baron

1. Frédéric II, le Grand.

Hopfgarten, que nous avons connu à Paris avec M. de Bose?... Cela me ferait beaucoup de peine, quoique j'aime mieux qu'il ait été emporté par une mort si glorieuse, que si, par hasard, il était mort honteusement dans son lit, à Paris, comme la plupart des jeunes gens d'ici. On ne parle pas à un homme ici qui n'ait déjà été gratifié trois ou quatre fois d'une de ces jolies maladies,... ou qui ne le soit actuellement. Les enfants viennent au monde avec. Mais je ne vous écris là rien de nouveau, vous le savez depuis longtemps!... Pourtant vous pouvez m'en croire avec certitude, cela a encore augmenté.

N. B. J'espère que vous pourrez parvenir à épeler ensemble la fin du prélude. Il ne faut pas trop vous préoccuper de la mesure; c'est un de ces morceaux qu'on joue suivant son propre sentiment. *Adieu.*

Je voudrais donner vingt-cinq coups d'étrivière à M. Jammerdiener, sur sa bosse, pour n'avoir pas encore épousé Catherine! A mes yeux il n'y a rien de plus méprisable que de leurrer une honnête jeune fille... peut-être même de la séduire.... Mais non! j'espère bien que cela n'a pas été jusque-là!... Si j'étais son père, j'aurais bientôt fait de terminer l'affaire!

124 (M)

A SON PÈRE

Paris, 31 juillet 1778.

J'espère que vous aurez reçu exactement mes deux dernières lettres du 11 et du 18 (je crois). Depuis, j'ai reçu vos deux lettres du 13 et du 20. — La première a fait jaillir de mes yeux des larmes de douleur, parce qu'elle m'a rappelé la triste mort de ma chère défunte mère, et que tous les détails en sont redevenus vivants devant mes yeux. Je ne les oublierai certainement pas de toute ma vie. Vous savez que (bien que je l'aie souhaité) je n'avais, de ma vie, assisté à la mort de personne, et il a fallu que, la première fois, ce fût justement ma mère!... Aussi est-ce de ce moment-là que je m'inquiétais le plus, et j'ai supplié Dieu avec ferveur de me donner de la force. J'ai été exaucé, j'ai obtenu cette force. — Quelque triste que votre lettre m'ait rendu, j'ai pourtant été transporté de joie en voyant que vous preniez toutes choses comme il faut les prendre, et que je puis, en conséquence, être sans préoccupations pour mon cher père et ma sœur chérie. Aussi, dès que j'ai eu lu votre lettre, la première chose que j'ai faite, ç'a été de me jeter à genoux et de remercier de tout mon cœur le bon Dieu, pour cette grâce. Maintenant je suis tout à fait tranquille, parce que je sais que je n'ai rien à craindre pour les deux personnes qui me sont le plus chères en ce monde,... et cette crainte serait, à présent, le plus grand malheur qui pourrait m'arriver; elle me briserait certainement. Ayez donc, tous deux, grand soin de votre santé si précieuse pour moi, je vous en prie, et accordez, à celui qui se flatte d'être désormais ce que vous avez de plus cher ici-bas, le bonheur, le contentement et la joie de pouvoir bientôt vous embrasser!

Votre dernière lettre m'a tiré des yeux des larmes de joie, car elle m'a de plus en plus complètement convaincu de votre véritable et paternelle tendresse et de votre sollicitude pour moi. Je m'appliquerai de toutes mes forces à mériter toujours davantage votre amour paternel. Je vous remercie, par le plus tendre baisemain, de la poudre [que vous m'avez envoyée], et je suis persuadé que vous êtes bien content que je ne sois pas dans la nécessité d'en faire usage. Une fois, pendant la maladie de ma défunte mère, peu s'en est fallu que cela m'ait été nécessaire, mais maintenant, grâce à Dieu, je suis tout à fait bien portant. Seulement, j'ai de temps en temps comme des accès de mélancolie, mais c'est par les lettres que j'écris ou que je reçois que je m'en délivre le plus facilement; cela me rend aussitôt ma gaieté. Croyez bien, pourtant, que cela ne m'arrive jamais sans motif.

Vous voulez avoir une petite description de la maladie et

de tout ce qui s'est passé.... Vous l'aurez. — Seulement je demande qu'il me soit permis d'être un peu bref et de n'écrire que les principaux détails, puisque c'est une chose accomplie, qui ne peut malheureusement plus être changée, et que j'ai absolument besoin de place pour écrire des choses qui regardent notre *situation*. — En premier lieu, je dois vous dire que ma défunte mère devait mourir. Aucun médecin au monde n'aurait, cette fois, pu la tirer d'affaire; car, visiblement, c'était la volonté de Dieu; son temps était fini, Dieu voulait la reprendre à lui. — Vous croyez qu'elle s'est fait saigner trop tard?... C'est possible; elle a un peu différé de le faire. Pourtant je suis plutôt de l'avis des gens d'ici qui lui ont déconseillé la saignée et ont cherché à lui persuader de prendre plutôt un *lavement*. Mais elle n'a pas voulu et je n'ai pas osé insister, parce que je ne comprends rien à ces choses-là et que ç'aurait été ma faute si cela ne lui avait pas réussi. S'il ne s'était agi que de ma personne, j'aurais tout de suite donné mon consentement, car ce remède est ici très en vogue. Quelqu'un est-il un peu échauffé, il prend un *lavement;* et l'origine de la maladie de ma mère n'a pas été autre chose qu'un échauffement intérieur : du moins on l'a pensé ainsi. — Combien on lui a tiré de sang, c'est ce que je ne puis vous dire exactement, parce qu'ici on ne saigne pas par onces, mais par palettes. On ne lui a pas tiré deux palettes pleines. Le chirurgien a dit que c'était très nécessaire; mais ce jour-là la chaleur était si effroyable, qu'il n'a pas osé en tirer davantage. — Cela alla bien pendant quelques jours; mais alors la diarrhée survint; personne ne s'en préoccupa, parce que c'est une chose générale ici que tous les étrangers, qui boivent beaucoup d'eau, prennent la diarrhée.

Le 19, elle se plaignit de mal de tête, et, pour la première fois, elle dut rester au lit toute la journée. Le 20, elle eut du frisson, puis de la chaleur. Je lui donnai alors de la poudre antispasmodique. A ce moment-là je voulais toujours envoyer chercher un médecin, mais jamais elle n'y consentit, et comme je la pressais vivement, elle finit par me dire qu'elle n'avait aucune confiance dans un médecin français Je m'enquis donc d'un médecin allemand. Ne pouvant naturellement pas sortir, j'attendis avec une douloureuse anxiété la visite de M. Heina, qui venait chaque jour sans faute nous voir. Il a fallu justement que, cette fois-là, il restât deux jours sans venir! Enfin il arriva, mais comme le docteur eut un empêchement le jour suivant, nous ne pûmes l'avoir. Ainsi ce ne fut que le 24 qu'il vint. — Le jour précédent, où j'aurais déjà tant souhaité de le voir, je fus dans la plus grande inquiétude, car ma mère perdit l'ouïe subitement. — Le docteur, un Allemand de soixante-dix et quelques années, lui donna de la rhubarbe infusée dans du vin. Je ne puis pas comprendre cela; on dit toujours que le vin échauffe; mais comme j'en faisais la réflexion, tout le monde se récria : « Comment donc! Que dites-vous-là? Le vin n'échauffe pas : il fortifie seulement; c'est l'eau qui échauffe! » — Et pendant ce temps, la pauvre malade demandait de l'eau froide, avec un ardent désir. Oh! comme je l'aurais volontiers satisfaite! Cher père, vous ne pouvez vous figurer ce que j'ai souffert!... Il n'y avait pas moyen d'agir autrement,... il fallait bien que je l'abandonnasse, au nom de Dieu, entre les mains du médecin! En bonne conscience, tout ce que je pouvais faire, c'était de prier Dieu sans cesse de vouloir bien tout faire tourner pour son plus grand bien. J'allais de côté et d'autre comme si j'avais complètement perdu la tête. J'aurais eu alors tout le temps possible pour composer, mais,... je n'eusse pas été en état d'écrire une seule note.

Le 25, le docteur ne parut pas. Le 26, il revint la voir. Mettez-vous à ma place, lorsqu'il me dit à l'improviste : « Je crains qu'elle ne passe pas la nuit. S'il lui prend une faiblesse sur sa chaise percée, elle peut passer en un instant. Voyez donc à ce qu'elle puisse se confesser. » — Alors j'ai couru jusqu'au bout de la *Chaussée d'Antin* et jusqu'au delà de la *barrière* pour chercher Heina, parce que je savais qu'il était à un concert chez un certain comte. Il me dit qu'il amènerait le lendemain un prêtre allemand. Au retour, j'entrai un instant, en passant, chez Grimm et Mme d'Épinay. Ils furent mécontents que je ne leur eusse rien dit plus tôt, car ils auraient tout de suite envoyé leur docteur. Mais si je n'avais rien dit, c'est que ma mère ne voulait pas de médecin français. Ils se mirent alors à me presser extrêmement, disant qu'ils enverraient ce soir-là même leur docteur. — Quand je fus de retour à la maison, je dis à ma mère que j'avais rencontré M. Heina avec un prêtre allemand qui avait beaucoup entendu parler de moi et qui était fort désireux de m'entendre jouer, et que [tous deux] viendraient, le lendemain matin, me faire une visite. Cela lui a tout à fait convenu ; et comme je l'avais trouvée mieux, quoique je ne sois pas médecin, je ne lui dis rien de plus.

Je vois bien qu'il m'est impossible de raconter brièvement ; j'aime à écrire tout en détail, et je crois que vous aimerez mieux cela aussi. Cependant, comme j'ai encore à vous parler de choses plus urgentes, je poursuivrai mon histoire dans ma prochaine lettre. — En attendant, vous savez par ma dernière lettre où je suis, et que toutes mes affaires et celles de ma défunte mère sont en ordre. Quand j'en serai là, j'expliquerai bien comment les choses se sont passées. Heina et moi, nous avons tout fait.

Maintenant, à nos affaires. — Pourtant je dois vous dire auparavant que vous ne devez nullement vous inquiéter de ce que je vous ai écrit dans ma lettre du 3, et de la prière que je vous ai faite de me permettre de ne pas découvrir mes pensées avant qu'il en soit temps. Je vous le demande encore une fois. Mais je ne puis encore rien vous dire, car le fait est qu'il n'en est pas temps encore et qu'[en parlant] je gâterais les choses plutôt que de les arranger. — [Sachez] pour votre tranquillité, que cela ne regarde que moi ; votre situation n'en serait ni pire, ni meilleure, et tant que je ne vous verrai pas dans une meilleure position, je n'y songerai pas le moins du monde. Mais si, un jour, nous pouvons arriver à vivre ensemble en quelque endroit, heureux et contents (ce qui est l'unique but de mes efforts)... si cet heureux temps arrive,... Dieu fasse que ce soit bientôt!... alors le moment sera venu et la chose ne dépendra plus que de vous. Ne vous en tourmentez donc pas pour l'instant, et soyez assuré que dans toutes les choses où je sais que votre contentement est aussi en jeu, j'aurai toujours confiance en vous, mon excellent père et mon plus véritable ami, et que je vous informerai de tout en détail. Si, jusqu'à présent, il n'en a pas toujours été ainsi, la faute n'en est pas à moi seul.

M. Grimm m'a dit récemment : « Que faut-il donc que j'écrive à votre père? Quel parti prenez-vous? Restez-vous ici ou allez-vous à Manheim? » — Je ne pus vraiment pas m'empêcher de rire. « Eh! qu'est-ce que j'irais faire en ce moment à Manheim?... Encore si je n'étais pas à Paris! mais maintenant, j'y suis et je dois tout mettre en œuvre pour pourvoir à mon existence. » — « Ah! voilà! dit-il, c'est que j'ai grand'-peine à croire que vous puissiez bien faire votre affaire ici. » — « Pourquoi? Je vois ici une foule de misérables bousilleurs qui réussissent, et moi, avec mon talent, je ne le pourrais pas?... Je vous assure que j'aimerais beaucoup à vivre à Manheim, et que je désire fort y obtenir une position, mais qui me rapporte honneur et *réputation*. Je veux être sûr de mon affaire, sans cela je ne ferai pas un pas en avant.... » — « Oui, mais je crains, reprit-il, que vous ne soyez pas assez actif, ici; vous ne courez pas assez de côté et d'autre. » — « Ah! répondis-je, c'est ce qui m'est le plus difficile, ici. D'ailleurs, ces derniers temps je n'ai pu aller nulle part, à cause de la longue maladie de ma mère;... et puis, deux de mes élèves sont à la *campagne*, et la troisième (la fille du duc de Guines) est fiancée et ne *continuera* pas ses leçons, ... ce qui n'est pas un grand malheur pour mon honneur. Je ne perds rien en la perdant, car ce que le duc me paye, c'est ce que tout le monde donne ici. »

Figurez-vous que le duc de Guines, chez qui j'ai dû aller tous les jours et rester deux heures, m'a laissé donner vingt-quatre leçons (on paye toujours à la douzième, ici), est parti pour la *campagne* et en est revenu dix jours après, sans me rien faire dire. Si je n'avais pas eu l'indiscrétion de m'en informer moi-même, j'ignorerais encore qu'ils sont ici. Enfin la *gouvernante* a tiré sa bourse et m'a dit : « Pardonnez-moi de ne vous payer pour cette fois que douze leçons, car je n'ai pas assez d'argent. » ... Voilà qui est *noble!*... et elle me compta trois *louis d'or*, en ajoutant : « J'espère que vous serez content, sinon, je vous prie de me le dire. » — Ainsi M. le duc n'a donc aucun sentiment d'honneur! Il a pensé : Ce n'est qu'un jeune homme et, en outre, qu'un stupide Allemand, — tous les Français parlent ainsi des Allemands, — il sera dès lors trop content!... Mais le stupide Allemand n'a pas du tout été content et il n'a pas accepté. Comment! il voulait me payer une heure pour deux?... et cela par *égard*[1]... quand il a déjà, depuis quatre mois, un concerto pour flûte et harpe [K. 299] qu'il ne m'a pas encore payé! — Je vais donc attendre que le mariage soit fait, puis j'irai voir la *gouvernante* et je réclamerai mon argent. Ce qui me vexe le plus, c'est que ces stupides Français croient que je n'ai toujours que sept ans, parce qu'ils m'ont vu à cet âge-là. — C'est parfaitement vrai; Mme d'Épinay me l'a dit très sérieusement. Dès lors on me traite ici comme un débutant, excepté les musiciens, qui pensent différemment;... mais c'est la foule qui fait tout!

Après cette conversation avec Grimm, j'allai, dès le lendemain, chez le comte Sickingen. Il a été tout à fait de mon avis, c'est-à-dire que je dois patienter et attendre jusqu'à ce que Raaff soit arrivé là-bas, car il fera pour moi tout son possible. Mais si les choses ne s'arrangent pas de ce côté, le comte Sickingen s'est offert lui-même à me procurer une position à Mayence. En conséquence, voici quel est mon dessein : je vais faire maintenant tous mes efforts pour me

1. Nous avons conservé le mot parce qu'il est en français, mais il ne s'explique guère.

tirer d'affaire avec des élèves et gagner le plus d'argent possible.... Je le fais maintenant dans la douce espérance d'un prochain changement [d'existence]; car, je ne puis pas vous le dissimuler, et au contraire il faut que je l'avoue, je serai bien content d'être délivré d'ici. Car ici, donner des leçons n'est pas une plaisanterie; on s'y épuise assez! Et si l'on n'en donne pas beaucoup, cela ne rapporte guère! — Ne croyez pas que ce soit paresse.... Oh non!... mais c'est tout à fait contraire à mon génie, à ma manière de vivre. Vous savez bien que je suis, pour ainsi dire, tout enfoncé dans la musique... que j'en ai tout le jour l'esprit préoccupé, que j'aime à y réfléchir,... à l'étudier,... à la méditer. Eh bien! ici j'en suis détourné par mon genre de vie. J'aurai, il est vrai, quelques heures de libres, mais ce peu d'heures me sera plus nécessaire pour refaire mes forces que pour travailler.

Quant à l'opéra, j'en ai déjà fait mention dans ma dernière lettre. Je ne puis faire autrement, il faut que j'écrive un grand opéra ou que je n'en écrive pas du tout. Si je n'en compose que de petits, je gagnerai peu, car ici tout est *taxé*. Et puis si cet opéra a le malheur de ne pas plaire aux stupides Français, tout sera fini, je n'en aurai plus d'autre à écrire; j'en aurai retiré peu de profit et ma réputation aura souffert. — Mais si je compose un grand opéra, le payement sera meilleur, je serai là sur mon terrain, ce qui me fera plaisir, et j'aurai plus d'espoir de plaire, parce qu'on a, dans un grand ouvrage, plus d'occasions d'obtenir des applaudissements. Je vous assure que, si on me donne un opéra à écrire, je n'en serai nullement inquiet. C'est le diable qui a fait cette langue, il est vrai, et je vois parfaitement les difficultés que tous les *compositeurs* y ont trouvées. Mais, malgré cela, je me sens en état de les surmonter aussi bien que tous les autres. *Au contraire*, bien souvent, lorsque je me représente que tout va bien pour mon opéra, je sens tout mon corps en feu, et mes mains et mes pieds tremblent de l'ardent désir d'apprendre aux Français à connaître, à estimer et à craindre toujours davantage les Allemands. —

Pourquoi donc ne donne-t-on à aucun Français un grand opéra à composer?... Pourquoi faut-il que ce soit à des étrangers?... Le plus insupportable de la chose, ce serait pour moi les chanteurs. Eh bien! je suis prêt. Je n'entamerai aucun débat, mais si on me provoque, je saurai me *défendre*. Au reste, si cela se passe sans duel, j'aime encore mieux cela, car je ne ferraille pas volontiers avec des pygmées.

Dieu veuille qu'il m'arrive bientôt un changement [d'existence]! En attendant, l'assiduité, la peine et le travail ne me feront pas défaut. Je mets mon espoir dans l'hiver, quand tout le monde reviendra de la campagne. — Pour le moment, portez-vous bien et aimez-moi toujours. Le cœur me rit quand je pense au jour heureux où j'aurai de nouveau la joie de vous voir et de vous embrasser de tout mon cœur!

Avant-hier, mon cher ami Weber m'a écrit, entre autres choses, que dès le lendemain de l'arrivée du prince Électeur, on publia partout l'avis que le prince allait faire sa résidence à Munich. Cette nouvelle fut un coup de foudre pour tout Manheim, et la joie que les habitants avaient manifestée la veille par une illumination générale fut, comme on dirait, complètement éteinte. Le même avis fut communiqué aussi à tous les musiciens de la cour, et l'on ajouta que chacun était libre de suivre la cour à Munich, ou de rester à Manheim en conservant ses mêmes appointements : chacun devait, dans les quinze jours, remettre à l'intendant sa décision écrite et cachetée. — Weber qui, comme vous savez, est réellement dans la plus triste situation, l'a remise en ces termes : « Je ne suis pas en état, dans ma position ruinée et malgré le désir ardent que j'en aurais, de suivre mon gracieux seigneur à Munich [1]. »

Avant que tout ceci n'arrivât, il y eut un grand concert à la cour, et la pauvre Weber dut, cette fois, ressentir le bras de ses ennemis : elle n'a pas chanté!... On ne sait pas qui en est cause. — Mais, après cela, il y eut un concert chez M. de

1. L'autographe de cette fin de lettre est à la bibliothèque de Berlin.

Gemmingen, où le comte Seeau se trouvait. Elle chanta deux airs de moi et eut le bonheur de plaire en dépit de ces canailles d'Italiens[1]. Ces infâmes gredins continuent à répandre le bruit qu'elle baisse tout à fait pour le chant; mais Cannabich lui a dit, après qu'elle eut chanté ses airs : « *Mademoiselle*, je vous souhaite de baisser de plus en plus de cette manière-là! Demain, j'écrirai à M. Mozart et je lui en ferai l'éloge. » — Maintenant la chose principale, c'est que, si la guerre n'avait pas déjà éclaté, la cour se serait transportée à Munich. Le comte Seeau, qui veut *absolument* avoir la Weber, aurait mis tout en œuvre pour qu'elle pût y venir aussi, et par suite il y aurait eu quelque espoir que toute la famille parvînt à une meilleure position. Mais à présent, le silence s'est fait de nouveau sur le voyage de Munich, et les pauvres gens peuvent avoir encore longtemps à attendre, et leurs dettes deviennent tous les jours plus considérables. Si seulement je pouvais les aider!... Cher père, je vous les recommande de tout mon cœur. Ah! s'ils pouvaient jouir de 1000 florins, quelques années seulement!

125 (M)

A M. L'ABBÉ BULLINGER

Paris, 7 août 1778.

Bien cher ami,

Permettez, avant tout, que je vous remercie de la manière la plus vive pour la nouvelle preuve d'amitié que vous m'avez donnée en témoignant tant d'intérêt à mon père chéri, en le préparant si bien et en le consolant si affectueusement! Vous avez parfaitement rempli votre rôle, — ce sont les propres paroles de mon père. Très cher ami, comment puis-je assez vous remercier? Vous m'avez conservé mon excellent père! C'est à vous que je le dois. Permettez-moi donc de briser court et de ne pas commencer à vous remer-

1. Le personnel chantant venu de Munich.

cier, car le fait est que je me sens trop faible, trop imparfait,... trop impuissant pour cela. Cher ami, je suis donc toujours votre obligé! Mais patience!... sur mon honneur, je ne suis pas encore en état de vous rendre ce que je sais vous devoir, mais n'en doutez pas, Dieu me fera la grâce de pouvoir montrer par des actes ce que je ne suis pas capable d'exprimer par des paroles. Oui, je l'espère bien!... Mais, en attendant que je sois assez heureux pour cela, permettez-moi de vous prier de me continuer votre amitié si précieuse et si inappréciable, et en même temps d'accepter de nouveau et pour toujours l'éternelle amitié que je vous jure, d'un cœur bien sincère et bien affectueux. — Il est vrai qu'elle ne vous sera pas d'une grande utilité, mais elle n'en sera que plus sincère et plus durable. Vous savez bien que les amis pauvres sont les meilleurs et les plus vrais! Les riches ne connaissent rien à l'amitié!... surtout ceux qui sont nés tels;... et ceux, également, qui le sont devenus par leur destinée, se perdent souvent dans leur position fortunée!... Au contraire, lorsqu'un homme arrive à une position avantageuse, par une chance non pas aveugle, mais juste,... si dans sa première condition fâcheuse il ne s'est jamais laissé abattre, s'il a eu de la religion et de la confiance en Dieu, s'il a été bon chrétien et honnête homme, s'il a su apprécier ses vrais amis, en un mot, s'il a vraiment mérité un meilleur sort,... alors d'un tel homme vous n'avez rien de mauvais à craindre.

A présent, je veux répondre à votre lettre. Vous devez être tous maintenant hors d'inquiétude pour ma santé, car, depuis, vous avez dû recevoir trois lettres de moi. La première de ces lettres, qui contenait la triste nouvelle de la mort de ma chère mère, était pour vous seul, très cher ami. Aussi, je sais que vous m'excuserez si je garde le silence sur tout ce qui s'est passé,... et cependant j'y pense toujours!

Vous m'écrivez que je ne dois plus maintenant songer qu'à mon père, lui découvrir sincèrement mes sentiments et mettre ma confiance en lui. Que je serais malheureux si j'avais eu besoin de cet avertissement!... C'est très utile pour moi que vous me l'ayez donné..., mais je suis bien content (et vous aussi) de n'en avoir pas besoin. Dans ma dernière lettre à mon cher père, je lui ai déjà écrit tout ce que je sais moi-même jusqu'à présent, et je l'ai assuré que je l'informerai toujours de tout en détail et que je lui découvrirai sincèrement mes intentions, parce que j'ai toute confiance en lui et que je suis parfaitement certain de sa sollicitude paternelle, de son amour et de sa vraie bonté,... sachant bien qu'il ne repoussera pas, un jour, une demande d'où dépendent tout le bonheur et le contentement du reste de ma vie, et qui est certainement juste et raisonnable. (Il ne peut, d'ailleurs, en attendre d'autre de ma part.) Très cher ami, ne laissez pas lire ceci à mon père. Vous le connaissez : il se ferait tout le temps des imaginations certes bien inutiles.

Parlons maintenant de notre histoire de Salzbourg! — Vous savez, très cher ami, comme Salzbourg m'est odieux!... Et ce n'est pas seulement à cause des injustices que mon père et moi nous y avons subies, ce qui serait déjà suffisant pour oublier entièrement un pareil endroit et l'extirper de sa pensée!... Mais admettons que tout aille bien désormais, que tout s'arrange de telle sorte que nous puissions vivre à notre aise.... Vivre à son aise et vivre content sont deux choses différentes, et la dernière, je ne le pourrai pas, à moins d'être ensorcelé; cela ne saurait vraiment arriver d'une manière naturelle : ... donc, ce n'est pas possible, puisque, à notre époque, il n'y a plus de sorcière. — Pourtant, il me vient une idée : c'est qu'il se trouve à Salzbourg certaines personnes qui y sont nées, et la ville en fourmille;... à ces gens-là, il suffit de changer la première lettre de leur vrai nom, et alors ils pourront m'être utiles[1]. — Maintenant, arrive que pourra, ce sera toujours pour moi

1. *Hexe*, sorcière, et *Fexe*, qui est une expression salzbourgeoise pour désigner un *lourdaud*, un *idiot*, un *crétin*; et les Salzbourgeois eux-mêmes étaient traités de *Fexe*.

un très grand bonheur d'embrasser mon cher père et ma sœur chérie,... et certes le plus tôt sera le mieux. Mais je ne puis pourtant pas nier que mon contentement et ma joie seraient doublés si cela devait être dans quelque autre endroit, parce que, partout ailleurs, j'aurais plus d'espoir de vivre satisfait et heureux.

Vous allez peut-être me comprendre mal, et croire que Salzbourg est trop petit pour moi?... Mais vous vous trompériez fort. J'ai déjà exposé à mon père quelques-unes de mes raisons. En attendant, contentez-vous de celle-ci : c'est que Salzbourg n'est pas un endroit favorable pour mon talent!... D'abord, les gens de l'orchestre ne jouissent d'aucune considération, et ensuite on n'entend rien [en fait de musique]; pas de théâtre, pas d'opéra!... et si même on voulait donner un jour un opéra, qui donc le chanterait? — Depuis cinq ou six ans la musique de Salzbourg a toujours été riche en éléments inutiles ou superflus, mais très pauvre en éléments nécessaires, et elle est complètement dépourvue des musiciens les plus indispensables; c'est le cas, à présent. Les cruels Français sont cause que l'orchestre est actuellement sans chef[1]! Maintenant, j'en suis bien sûr, la tranquillité et l'ordre vont régner dans l'orchestre!... et voilà ce qui arrive quand on ne prend pas de mesures préventives. Il faut toujours avoir une demi-douzaine de maîtres de chapelle tout prêts, afin que, si l'un vient à manquer, on en puisse mettre tout de suite un autre à la place. Où en prendre un maintenant?... et pourtant le danger est pressant!... On ne peut pas laisser l'ordre, le calme et la bonne intelligence gagner du terrain dans l'orchestre!... sans cela le mal envahira de plus en plus... et finalement il n'y aura plus de remède. — N'existe-t-il donc

1. Ce chef d'orchestre, ou maître de chapelle, qui venait de mourir, était Lolli, ancien ténor, né à Vérone, et maître de chapelle à Salzbourg depuis 1762. — Tout ce qui suit est une ironie; Mozart trouvait que Lolli dirigeait très mal l'orchestre. — Nous n'avons rien trouvé pour expliquer l'allusion aux Français. Peut-être un fils ou un parent mort à la guerre, et dont la perte aurait causé la mort de Lolli, déjà âgé?...

plus quelque perruque à oreilles d'âne qui puisse remettre les choses dans leur train boiteux précédent?... Je vais certainement faire tout mon possible pour en trouver. Dès demain, je vais prendre une *remise* pour toute la journée et je me ferai conduire dans tous les hôpitaux et tous les hospices d'incurables, et je verrai si je ne puis pas en dénicher un. Pourquoi donc a-t-on été si imprévoyant et a-t-on laissé échapper Misliweczeck?... et il était si près!... Quel morceau c'eût été!... On n'en retrouvera plus si facilement un pareil,... sortant tout nouvellement du *Conservatorio* Clémentin du duc[1]!... Et voilà au moins un homme dont la seule présence eût terrifié toute la musique de la cour.

Allons! je n'ai pas de raison de tant m'inquiéter : où il y a de l'argent à gagner, on trouve assez de gens! — Mon avis est qu'on ne devrait pas laisser trop longtemps la chose en suspens,... et ce n'est pas par une folle crainte qu'on ne trouve personne, car je sais que tous ces messieurs sont déjà dans une attente aussi ardente et pleine d'espoir que les Juifs pour le Messie;... mais c'est que, dans de semblables circonstances, il n'est pas bon de prolonger [l'intérim], et, par conséquent, il serait plus nécessaire et plus utile de s'enquérir d'un maître de chapelle, puisqu'il n'y en a réellement AUCUN sur les lieux, que d'écrire partout (comme on me l'a fait savoir) pour se procurer une bonne cantatrice. — Mais il m'est impossible de croire cela!... Une cantatrice[2],... quand nous en avons déjà tant!... et rien que d'excellentes. J'admettrais encore plutôt [qu'on cherchât] un ténor, bien que nous n'en ayons nul besoin;... mais une cantatrice!... une *prima donna!* quand nous possédons maintenant un castrat[3]!... Il est vrai que la Haydn[4] est maladive :

1. Cette plaisanterie est désagréable quand on se rappelle la cruelle maladie qui avait défiguré Misliweczeck. Le *Conservatorio* Clémentin du duc est l'hôpital ducal Saint-Clément (à Augsbourg), où il est resté si longtemps (voy. lettre 78).

2. Pour déterminer Mozart à revenir à Salzbourg, on lui avait fait espérer que Aloysia Weber y serait engagée.

3. Antonio Ceccarelli, sopraniste, récemment engagé au service de l'archevêque.

4. Marie-Madeleine Lipp, fille de l'organiste de la cathédrale et femme de M. Haydn. Sa conduite donnait du scandale; de là, les moqueries de Mozart.

elle a poussé trop loin son austère genre de vie; mais il y en a si peu qui la vaillent! Je m'étonne qu'avec ses continuelles disciplines, ses flagellations, ses cilices, ses jeûnes surnaturels et ses prières nocturnes, elle n'ait pas, depuis longtemps déjà, perdu la voix!... Aussi la conservera-t-elle longtemps encore,... et, au lieu d'empirer, sa voix deviendra toujours meilleure. Mais si Dieu devait enfin la placer au nombre de ses saints, il nous resterait encore cinq [cantatrices], dont chacune peut disputer aux autres le premier rang. Ainsi vous voyez comme c'est inutile!...

Mais je veux bien maintenant porter les choses à l'extrême!... Admettons le cas où, après cette Madeleine éplorée, nous n'aurions personne autre (ce qui n'est pourtant pas); admettons cependant que l'une vienne tout à coup à être prise de mal d'enfant,... que l'autre soit mise dans une maison de correction,... que la troisième soit peut-être fustigée, ...la quatrième tout au plus décapitée,... et que, par hasard, le diable vienne à emporter la cinquième,... qu'en résulterait-il [de fâcheux]?... Rien du tout!... Eh! n'avons-nous pas un castrat? — Vous savez quelle espèce d'animal c'est. Il peut chanter haut, et par conséquent faire parfaitement un rôle de femme! Il est vrai que le chapitre[1] s'interposerait, mais s'interposer vaut toujours mieux que.... Et puis on ne fera rien de particulier pour ces messieurs. — En attendant, laissons M. Ceccarelli faire tantôt l'homme et tantôt la femme.

Enfin, comme je sais que l'on aime chez nous les changements, les permutations et les innovations, je vois devant moi un champ largement ouvert, dont l'exploitation peut faire époque. Ma sœur et moi nous y avons déjà un peu travaillé, étant enfants; que n'en accompliront pas de grandes personnes! — Oh! quand on est généreux, on peut tout avoir, et je n'ai pas le moindre doute (je prends cela sur moi) qu'il ne soit possible de faire venir Métastase de Vienne, ou au moins de lui proposer de nous écrire quelques douzaines

1. Le chapitre de la cathédrale.

d'opéras où le *primo uomo* et la *prima donna* ne paraîtront jamais ensemble. De cette manière, le castrat peut faire en même temps l'amoureux et l'amoureuse; et la pièce en sera d'autant plus intéressante qu'on pourra admirer la vertu des deux amants, laquelle va si loin qu'ils évitent avec tout le soin possible l'occasion de se parler en public.

Ainsi vous avez maintenant l'opinion d'un vrai patriote! — Faites tout ce que vous pourrez pour que l'orchestre trouve bientôt un d....., car c'est le plus urgent. Il a bien à présent une tête, mais c'est justement là le malheur ! Avant qu'il n'arrive un changement sur ce point, je ne reviendrai pas à Salzbourg ; mais ensuite j'irai et je m'en retournerai aussi souvent que se trouvera écrit : V. S.[1].

Maintenant, quelques mots sur la guerre. D'après ce que j'entends dire, nous aurons bientôt la paix en Allemagne. M. le roi de Prusse a un peu peur, ma foi! J'ai lu dans les journaux que les Prussiens ont surpris à l'improviste un *détachement* de troupes impériales, mais que les Croates et deux régiments de cuirassiers, qui étaient dans le voisinage et qui ont entendu le bruit, sont venus immédiatement à son secours, ont attaqué les Prussiens, les ont mis entre deux feux et leur ont pris cinq canons. La route que les Prussiens avaient prise pour venir en Bohême est maintenant complètement interceptée et obstruée par des abatis d'arbres, de sorte qu'ils ne peuvent plus s'en retourner. Les paysans bohémiens leur causent aussi de très grands dommages, et dans leurs rangs, c'est une désertion continuelle.

Mais voilà des faits que vous savez déjà depuis longtemps et mieux que nous ici !

Eh ! bien ! maintenant je vais vous écrire quelque chose d'ici : les Français ont fait reculer les Anglais, mais l'affaire n'a pas été très chaude[2]. Le plus remarquable, c'est qu'en

1. *Volti subito*, expression employée en musique pour indiquer qu'il faut tourner promptement la page.

2. Il s'agit de la guerre de l'Indépendance, où les Français et les Américains combattaient contre les Anglais. Le général anglais, Clinton, venait d'abandonner Philadelphie.

tout, amis et ennemis, il n'est resté que cent hommes sur la place. Néanmoins on montre ici une effroyable jubilation et on n'entend pas parler d'autre chose. On dit aussi, maintenant, que nous allons bientôt avoir la paix. Cela m'est égal, pour ce qui regarde ce pays-ci ; mais je serai très content si la paix se rétablit bientôt en Allemagne,... et cela pour beaucoup de raisons.

Et maintenant, adieu.

Votre sincère ami et très obligé serviteur,

WOLFGANG ROMATZ.

126 [M]

A SON PÈRE

Saint-Germain, 27 août 1778.

Je vous écris dans la plus grande hâte. Vous voyez que je ne suis pas à Paris. — M. Bach, de Londres, est ici depuis quinze jours déjà ; il va écrire un opéra français et n'est venu que pour entendre les chanteurs,... puis il retournera à Londres, écrira son opéra et reviendra le mettre à la *scène*. Vous pouvez facilement vous figurer sa joie et la mienne, quand nous nous sommes revus. Peut-être la sienne n'est-elle pas si véritable, pourtant on doit lui accorder que c'est un honnête homme et qu'il rend justice aux gens. Je l'aime (comme vous le savez bien) de tout mon cœur et j'ai de l'estime pour lui ; et lui... c'est très certain qu'il a fait mon éloge à d'autres personnes aussi bien qu'à moi-même... et non pas avec exagération, comme quelques-uns, mais sérieusement,... sincèrement. — Tenducci [1] est aussi ici ; c'est l'ami intime de Bach ;... il a eu la plus grande joie de me revoir.

Maintenant je vais vous dire comment je me trouve à

1. Tenducci, chanteur célèbre, venu de Londres avec Bach, et invité comme Mozart chez le maréchal de Noailles. Mozart l'avait connu à Londres (1764-1765).

Saint-Germain. Le maréchal de Noailles habite ici, comme vous le savez peut-être déjà (car on prétend que je suis venu ici, moi aussi, il y a quinze ans, mais je l'ignore). — Tenducci y est très aimé, et comme il m'aime beaucoup, il a voulu me procurer cette connaissance. Je ne gagnerai rien ici,... peut-être un petit *présent*,... mais je n'y perdrai rien non plus, car cela ne me coûte rien ; et quand même je ne recevrais rien, j'aurais pourtant fait une très utile connaissance. — Il faut que je me dépêche, parce que j'écris une *scène* que Tenducci doit chanter dimanche, avec accompagnement de piano, hautbois, cor et basson [1],... et [pour exécutants] rien que des gens de la maison du maréchal, des Allemands qui jouent très bien.

J'aurais voulu vous écrire depuis longtemps, mais j'avais une lettre commencée (elle est encore à Paris)... et je suis parti pour Saint-Germain croyant revenir le jour même,... et puis voilà aujourd'hui huit jours que je suis ici !... Je compte maintenant retourner à Paris le plus tôt possible, quoique je n'aie pas grand'chose à perdre, car je n'ai qu'une élève ; les autres sont à la *campagne*.... Je n'ai pas encore pu vous écrire d'ici, parce qu'il faut péniblement attendre une occasion pour envoyer une lettre à Paris. — Je suis bien portant, grâce à Dieu ; j'espère que vous l'êtes aussi tous deux. Ayez patience,... car tout va bien lentement ;... il faut se faire des amis... et la France est comme l'Allemagne... on repaît les gens de grandes louanges mais !... cependant il y a quelque espoir d'arriver par là à faire sa fortune. — Ce qu'il y a de mieux, c'est que le *logement* et la nourriture ne me coûtent rien.

Si vous écrivez à celui [2] chez qui je suis, ne le remerciez pas trop humblement,... il y a des raisons pour cela, que je vous écrirai une autre fois. — Dans ma prochaine lettre je continuerai le récit de la maladie.

Vous voulez avoir un *portrait* sincère de Rothfischer ?

1. Cet air n'a pas été retrouvé (voy. K. supplément, n° 3).
2. Le baron Grimm.

C'est un directeur attentif et zélé ; il n'a pas beaucoup de génie, mais j'ai été très content de lui, et, ce qu'il y a de mieux, c'est,... c'est,... que c'est le meilleur homme du monde, avec qui on peut tout faire,... en s'y prenant bien, s'entend. Pour ce qui est de diriger [un orchestre], il est meilleur que Brunetti ; mais non pour jouer un solo. Il a plus d'*exécution*, et il joue bien, selon sa manière à lui (qui tient encore un peu de l'ancienne manière de Tartini). ... Mais le sentiment de Brunetti est plus agréable. Ses concertos, qu'il compose pour lui-même, sont jolis ; on peut avoir du plaisir à l'entendre jouer de temps à autre,... et qui sait s'il ne plaira pas ?... Car enfin, il joue certainement 100.000.000 de fois mieux que Spitzeger[1],... et puis, comme je l'ai dit, il est très bon pour diriger, et très zélé pour son service. Je le recommande de tout mon cœur, car c'est un homme excellent. — *Adieu.*

127 [M]

A SON PÈRE

Paris, 11 septembre 1778.

J'ai reçu exactement vos trois lettres. Pour le moment, je vais seulement répondre à la dernière, parce que c'est la plus importante.

Quand je l'ai lue (M. Heina, qui vous fait à tous deux ses compliments, était présent) j'ai tressailli de joie... car je me voyais déjà dans vos bras. Il est vrai, — et vous me l'avouerez bien vous-même, — que je ne fais pas là une brillante affaire ; mais quand je me représente que je vous embrasse de tout mon cœur, vous mon père chéri et ma chère sœur, je ne connais plus d'autre bonheur. C'est là aussi véritablement la seule chose qui me justifie auprès des gens d'ici ; ils ne cessent de me crier aux oreilles que

1. Violoniste de l'orchestre de Salzbourg

je devrais rester ; mais je leur réponds aussitôt : « Eh ! que voulez-vous ?... moi, je suis content... et c'est assez !... J'aurai un endroit où je pourrai dire que je suis chez moi, où je vivrai en paix et en repos avec mon excellent père et ma sœur chérie, où je pourrai faire ce que je veux, — car, en dehors de mon service, je serai mon maître ;... j'ai mon pain assuré, je pourrai m'en aller quand je voudrai, faire tous les deux ans un voyage ;... que puis-je désirer de plus ? »

La seule chose qui me *dégoûte* à Salzbourg, — je vous le dis comme je l'ai sur le cœur, — c'est qu'on ne puisse avoir avec les gens aucune relation convenable, et que l'orchestre ne jouisse pas d'une meilleure considération ;... c'est aussi que l'archevêque ne s'en rapporte pas aux gens capables qui ont voyagé. Car je vous assure que si l'on ne voyage pas (au moins les gens qui s'occupent d'art et de science), on n'est vraiment qu'un pauvre être !... Et je vous assure aussi que si l'archevêque ne me permet pas de faire un voyage tous les deux ans, il m'est impossible d'accepter un *engagement*. Un homme de médiocre talent reste toujours médiocre, qu'il voyage ou non, mais un homme d'un talent *supérieur* (et je ne pourrais me contester ce talent à moi-même sans impiété) deviendra mauvais, s'il reste toujours dans le même lieu. — Si l'archevêque voulait avoir confiance en moi, je lui rendrais bientôt son orchestre célèbre, c'est parfaitement certain.

Je vous assure que ce voyage-ci ne m'a pas été inutile,... pour la composition, s'entend, car pour le piano... je joue aussi bien que je puis. — Je ne réclame qu'une chose à Salzbourg, c'est de ne pas tenir le violon comme autrefois ; ... je ne me donne plus pour violoniste. C'est au piano que je veux diriger l'orchestre et accompagner les airs. Ç'aurait pourtant été une bonne chose si j'avais pu obtenir une promesse écrite [d'arriver] à la position de maître de chapelle, car autrement, j'aurai peut-être bien l'honneur de remplir double fonction,... de n'être payé que pour une seule... et, en fin de compte, l'archevêque fera passer encore un étranger avant moi. — Mon bien cher père, je dois vous le confesser ! Si ce n'était pour la joie de vous revoir tous deux, vraiment je ne pourrais m'y décider !... et aussi pour quitter Paris que je ne puis souffrir, bien que mes affaires commencent maintenant à aller de mieux en mieux, et que je ne doute pas que, si je pouvais me décider à rester ici quelques années, je m'y ferais bien certainement une bonne position. Car je suis, à présent, assez bien connu.... Je ne connais pas beaucoup les gens, mais ils me connaissent.

Je me suis fait beaucoup d'honneur avec mes deux symphonies; et maintenant (parce que j'ai annoncé que je partais !) je devais réellement avoir un opéra à composer. Mais j'ai dit à Noverre : « Si vous vous portez garant qu'il sera joué aussitôt terminé, et si l'on me dit d'une façon certaine ce qu'on m'en donnera, je resterai encore trois mois ici, et je l'écrirai. » Car je ne pouvais pas refuser net : on aurait cru que je n'ai pas confiance en moi !... Mais on n'a pu m'accorder ma demande; et, du reste, je savais bien d'avance que cela ne se pourrait pas, parce que ce n'est pas l'usage ici. — Ici, les choses se passent ainsi, comme vous le savez peut-être déjà : quand l'opéra est terminé, on le répète;... si ces stupides Français ne le trouvent pas bien... on ne le représente pas... et le compositeur a écrit son œuvre pour rien. Si on le trouve bon, on le met à la scène, et le payement est en raison du succès. Ainsi, rien d'assuré. Je me réserve de vous parler de vive voix de toutes ces choses[1]. — Du reste, je vous le dis sincèrement, mes affaires commençaient à bien aller ; on ne peut rien précipiter : *Chi va piano va sano*. Grâce à ma *complaisance*, je me suis acquis des amis et des protecteurs. Si je voulais tout vous écrire, les doigts m'en feraient mal, mais je vous dirai tout cela de vive voix et l'exposerai clairement devant vos yeux. Je

1. Voyez dans l'Introduction ce que nous avons dit à propos de Grimm, de la querelle des Gluckistes et des Piccinnistes, et des conditions désavantageuses où se trouvait Mozart pour se faire sa place dans un pareil moment.

vous dirai [par exemple] que M. Grimm est en état d'aider des enfants, mais pas des grandes personnes, et que... mais non, je ne veux rien écrire.... — Il le faut pourtant.

N'allez surtout pas vous figurer qu'il soit le même qu'autrefois! Si ce n'était Mme d'Épinay, je ne serais pas dans la maison, et il n'a pas de quoi être si fier de sa belle action.... car je sais quatre maisons où je pourrais avoir le logement et la table. L'excellent homme ignore certainement que, si j'étais resté à Paris, je serais parti de chez lui le mois prochain, pour aller dans une maison où les choses ne se passent pas d'une manière aussi niaise et aussi absurde que chez lui,... et où l'on n'épile pas un homme sous le nez chaque fois qu'on lui rend un petit service!... Un service rendu de cette façon, vraiment je pourrais l'oublier! mais je veux être plus généreux que lui.

Je suis fâché de ne pas rester ici, rien que pour lui montrer que je n'ai pas besoin de lui, et que je puis en faire autant que son Piccinni..., bien que je ne sois qu'un Allemand! — Le plus grand de ses bienfaits à mon égard, c'est de m'avoir prêté, pièce à pièce, quinze *louis d'or*[1], pendant la vie et à la mort de ma défunte mère. Est-ce qu'il est inquiet de cette somme, par hasard?... S'il a un doute à ce sujet, il mérite véritablement un coup de pied au..., car c'est montrer qu'il se défie de mon honnêteté (et voilà la seule chose qui puisse me mettre en colère),... et aussi de mon talent. Mais quant à ce dernier point, je le sais déjà, car il m'a dit une fois, à moi-même, qu'il ne me croyait pas en état d'écrire un opéra français. — En prenant congé de lui, je lui remettrai ses quinze *louis d'or*, accompagnés de quelques mots très polis et de mes remerciements. — Ma défunte mère m'a dit souvent : « Je ne sais pas pourquoi, M. [Grimm] me paraît tout autre! » Mais j'ai toujours pris son parti, bien que j'en fusse secrètement convaincu, moi aussi. Il n'a parlé de moi à personne,... et s'il l'a fait, ç'a toujours été sotte-

1. 360 francs (louis d'or de 24 francs).

ment et maladroitement,... avec bassesse. Il aurait voulu que je fusse toujours à courir chez Piccinni, et aussi chez Caribaldi[1],... car il y a ici, en ce moment, un *misérable opera buffa;*... mais j'ai toujours répondu : « Non, je ne ferai pas un pas de ce côté, » etc. — En un mot, il est du *parti* italien. C'est un homme faux... et qui cherche même à m'étouffer. C'est incroyable, n'est-ce pas? mais c'est ainsi. — En voici la preuve : je lui ai ouvert tout mon cœur, comme à un véritable ami... et il en a fait bon usage!... il m'a toujours mal conseillé, parce qu'il savait que je suivrais son avis; mais cela ne lui a réussi que deux ou trois fois, car ensuite je ne lui ai plus demandé son sentiment sur rien, et quand il me conseillait quelque chose, je ne le faisais pas; seulement je disais toujours oui, afin de ne pas m'attirer des grossièretés. en plus.

Maintenant assez sur ce sujet;... nous en causerons plus longuement de vive voix. Mme d'Épinay, elle, a un meilleur cœur. La chambre [que j'habite] est à elle, et non à lui; c'est celle des malades. Quand quelqu'un est malade, dans la maison, on l'apporte ici, en haut. Cette chambre n'a rien de beau que sa vue; des murs nus; ni armoire, ni quoi que ce soit. Voyez, maintenant, si j'aurais pu endurer cela davantage? Je vous l'aurais écrit depuis longtemps, mais j'ai craint que vous ne me crussiez pas. Aujourd'hui je ne puis plus me taire, que vous me croyiez ou non;... mais vous me croirez, je le sais avec certitude : j'ai pourtant encore assez de *crédit* auprès de vous pour que vous soyez persuadé que je dis la vérité! — C'est aussi chez Mme d'Épinay que j'ai la table; il ne faut pas que vous pensiez qu'il lui paye quelque chose, car je ne lui coûte pas gros comme l'ongle. Ils ont la même table, que j'y sois ou non, puisqu'ils ne savent jamais si je viendrai, et ne peuvent, par conséquent, prendre aucune disposition particulière pour moi; et le soir,

1. Chanteur, à l'« Opera buffa » (Opéra-Comique italien). Mozart l'avait connu à Vienne en 1768.

je mange des fruits et je bois un verre de vin. Depuis que je suis dans cette maison, c'est-à-dire depuis plus de deux mois, je n'y ai pas dîné plus de quatorze fois, au plus. Ainsi, en dehors des quinze *louis d'or* que je lui rendrai avec mes remerciements, il n'a pas fait d'autre dépense pour moi que les bougies, et vraiment c'est moi qui rougirais pour lui si je devais lui faire la *proposition* de me les procurer moi-même ;... je n'oserais vraiment pas le dire, sur mon honneur, voilà comme je suis. Dans une circonstance récente, où il m'avait parlé d'une façon assez dure, sotte et absurde, je n'ai pas osé lui dire qu'il n'avait pas lieu de s'inquiéter pour ses quinze *louis d'or*,... parce que j'ai craint de l'offenser, et je n'ai fait autre chose que l'écouter jusqu'au bout et lui demander s'il avait fini?... et puis : « Votre très obéissant serviteur ! »

Il a prétendu que je devais partir dans huit jours ! Voilà comme il est pressé ! Je lui ai dit que cela ne se pouvait,... et pour quelles raisons. — « Peu importe, c'est la volonté formelle de votre père. » — « Je vous demande pardon : il m'a écrit que ce n'est que dans sa prochaine lettre que je saurai quand je dois partir. » — « Tenez-vous toujours prêt pour le voyage. » — Mais il m'est impossible, je vous le dis à vous, de partir avant le commencement du mois prochain,... ou, au plus tôt, à la fin de celui-ci ; car j'ai encore six trios à faire, qui me seront bien payés,... et puis il faut d'abord que Le Gros et le duc de Guines me payent,... et ensuite, comme la cour[1] part pour Munich à la fin de ce mois, je voudrais bien l'y rencontrer, afin de pouvoir présenter moi-même mes sonates à la princesse Électrice, ce qui me vaudra peut-être un *présent*. — Je vais livrer contre de l'argent comptant, au graveur qui m'a gravé mes sonates, trois concertos : celui composé pour la Jenomy [K. 271], celui pour Litzau [K. 246] et le concerto en si bémol [K. 238], — et j'en ferai de même pour mes six sonates difficiles [K. 279-284],

1. De Ch. Théodore, prince Palatin, devenu prince Électeur de Bavière.

si c'est possible. Si cela ne me rapporte pas beaucoup, ce sera toujours mieux que rien. En voyage, on a besoin d'argent. — Quant aux symphonies, elles ne sont pas, pour la plupart, au goût d'ici, et, si j'ai le temps, j'arrangerai d'après elles quelques concertos de violon;... je les raccourcirai, car chez nous, en Allemagne, on aime les longs morceaux, mais il est de fait qu'il vaut mieux que ce soit court et bon.

Je trouverai certainement quelques explications, au sujet de mon voyage, dans votre prochaine lettre. Je souhaite seulement que vous n'ayez écrit qu'à moi seul, car je voudrais n'avoir plus affaire à lui[1]; — je l'espère,... et ce serait mieux aussi; car, pour l'essentiel, Geschwendtner[2] et Heina peuvent arranger ces sortes de choses mieux qu'un baron de si fraîche date. Le fait est que j'ai plus d'*obligation* à Heina qu'à lui. Examinez bien cela à la lueur d'un lumignon. — Donc, j'attends de vous une prompte réponse à cette lettre et je ne partirai pas avant.... Car enfin, je n'ai rien qui me presse et je ne suis ici ni inutilement, ni sans profit, puisque je m'enferme et que je travaille à ramasser le plus d'argent possible.

J'ai encore une chose à vous demander et j'espère que vous ne me la refuserez pas, c'est que, supposé le cas — je désire et je crois bien que ce cas ne se présentera pas — où les Weber ne seraient pas à Munich, mais seraient restés à Manheim, il me soit permis de me donner la joie de passer par là et de leur rendre visite. — Cela me détourne un peu, il est vrai, mais pas beaucoup,... du moins cela ne me semble pas beaucoup à moi. Mais je ne crois pas que ce sera nécessaire.... Je les retrouverai à Munich. J'espère en être assuré demain, par une lettre d'eux. Au cas contraire, je suis d'avance persuadé que votre bonté ne me refusera pas cette joie. — Cher père, si l'archevêque veut une nouvelle cantatrice, par Dieu! je n'en connais pas de meilleure[3] pour lui; car il ne pourra pas se procurer une Teyber ou une De

1. A Grimm.
2. Commerçant de Salzbourg. Il s'agit du transport des effets de Mme Mozart.
3. Aloysia Weber.

Amicis, et les autres sont certainement plus mauvaises qu'elle. Ce qui me fait de la peine, c'est que, si par hasard, au prochain carnaval, des gens de Salzbourg viennent à Munich et qu'on donne « Rosemonde[1] », il est probable que la pauvre Weber ne plaira pas, ou, tout au moins, qu'on ne pourra pas la juger, d'après [cet opéra], selon son mérite,... car elle y a un misérable rôle, presque une *persona muta*[2], quelques *strophes* à chanter au milieu des chœurs. Elle a un air dont on pourrait espérer quelque chose de bon, d'après la *ritournelle*, mais la partie de chant est *alla* Schweitzer,... c'est-à-dire comme si des chiens voulaient hurler; — elle n'a qu'une espèce de rondo, au deuxième acte; où elle puisse un peu *soutenir* sa voix et par conséquent la montrer. Oh! malheureux le chanteur ou la chanteuse qui tombe entre les mains de Schweitzer!... Car, de sa vie, il n'apprendra l'art d'écrire pour les voix! Quand je serai à Salzbourg, je ne manquerai certainement pas de parler avec toute l'ardeur possible en faveur de ma chère amie!... En attendant, je vous prie de ne pas négliger, vous non plus, de faire tout votre possible; vous ne pouvez causer à votre fils un plus grand plaisir.

Maintenant, je ne songe plus à rien qu'au bonheur de vous embrasser bientôt. Je vous en prie, faites en sorte d'être bien assuré de tout ce que l'archevêque vous a promis,... et aussi de ce que je vous ai demandé : que ma place soit au piano. — Mes compliments à tous nos bons amis et amies, spécialement à M. Bullinger. — Oh! que nous serons joyeux ensemble! Je vois déjà tout cela en imagination,... tout cela est devant mes yeux. *Adieu.*

[3]*A propos*, vous aurez su, par ma dernière lettre, que j'ai été à Saint-Germain; on m'a donné là une *commission* : Mme de Follard, la femme de l'ancien ambassadeur de France à Munich, qui est une amie intime de l'évêque de Chiemsee,

1. Opéra de Schweitzer.
2. Personnage muet.
3. L'autographe de cette fin de lettre est à la Bibliothèque de Berlin.

voudrait bien savoir si, par hasard, il n'aurait pas reçu les lettres qu'elle lui a écrites,... car elle n'a eu aucune réponse. Je vous demande donc d'avoir la complaisance [de vous en informer], parce qu'elle m'en a vivement prié. *Adieu.* J'attends une réponse de vous et ne partirai pas avant. — Pour ce que je vous ai écrit sur ce monsieur[1], ne faites semblant de rien. Je paye volontiers de pareilles gens avec des politesses,... cela leur est encore plus désagréable, car ils ne peuvent rien dire à cela. *Adieu.*

128 [M]

A SON PÈRE

Nancy, 3 octobre 1778.

Je vous demande pardon de ne vous avoir pas annoncé mon départ avant de quitter Paris. Mais la chose a été précipitée tellement au delà de toutes mes prévisions, de mes intentions et de mes volontés, que je ne puis vous le décrire! Au dernier moment encore, je voulais faire porter mes *bagages* chez le comte Sickingen, au lieu du *bureau* de la *diligence*, et rester quelques jours de plus à Paris. Sur mon honneur je l'aurais fait, si je n'avais pensé... à vous! Mais je ne voulais pas vous causer du chagrin.

Nous aurons à Salzbourg plus de commodité pour parler de ces choses. Un mot, seulement : ... figurez-vous que M. Grimm m'en a fait accroire, en me disant d'abord que j'irais avec la *diligence* et que j'arriverais en cinq jours à Strasbourg!... Ce n'est que le dernier jour que j'ai su que je prendrais une autre voiture qui va au pas, ne change pas de chevaux et met dix jours!... Vous pouvez aisément vous représenter ma colère! Mais je ne l'ai exhalée que devant mes bons amis, et chez lui je me suis montré tout à fait joyeux et satisfait. — Quand j'entrai dans la voiture, j'en-

1. Grimm.

tendis l'agréable nouvelle que nous aurions douze jours de voyage!... Vous voyez la haute intelligence de M. le baron de Grimm!... C'est uniquement par économie qu'il m'a expédié par cette lente voiture, et il n'a pas songé que la dépense reviendrait au même, puisqu'il faut plus souvent manger dans les auberges!... Allons, c'est fini maintenant! Mais ce qui m'a le plus vexé dans toute cette affaire, c'est qu'il ne me l'ait pas dit tout de suite. Il a économisé dans son intérêt et non, certes, dans le mien!... car il a payé le prix du voyage, (moins les dépenses de nourriture...) et si j'étais resté à Paris huit ou dix jours de plus, je me serais mis en état de pouvoir faire mon voyage à mes frais et commodément.

Eh! bien! j'ai enduré huit jours cette diligence; plus longtemps, cela m'eût été impossible,... non à cause des courbatures, — la voiture est bien suspendue, — mais seulement à cause du [manque de] sommeil. Partir tous les jours à quatre heures et se lever, par conséquent, à trois heures! Et deux fois j'ai eu l'honneur de me lever à une heure du matin, parce que la voiture partait à deux heures! Vous savez que je ne puis dormir en voiture; de sorte que je n'aurais pu continuer ainsi sans courir le danger de tomber malade;... et puis un de nos compagnons de voyage était tout à fait engoué des Français,... et ne le niait pas!... cela seul suffirait, au besoin, à me faire désirer de prendre la poste. Mais ce ne sera pas nécessaire, car j'ai eu la chance de trouver parmi [les voyageurs] un homme qui me va,... un Allemand, un marchand qui habite Paris et fait le commerce des marchandises anglaises. Avant de monter en voiture, nous avions déjà causé un peu ensemble, et, à dater de ce moment, nous ne nous sommes plus quittés. Nous ne mangions pas avec la *compagnie*, mais dans notre chambre, et de même pour dormir. Ce qui me fait plaisir aussi dans cet homme, c'est qu'il a beaucoup voyagé et que, par conséquent, il s'y entend. Il s'est, comme moi, fort *ennuyé* dans la voiture et nous l'avons quittée ensemble. Nous partirons demain pour Strasbourg, par une bonne occasion qui ne coûte pas cher.

Je vous demande pardon de ne pouvoir écrire beaucoup, mais c'est que je ne suis jamais de bonne humeur quand je ne me trouve pas dans une ville où je sois bien connu. Pourtant je crois que, si j'étais connu ici, j'aimerais à y rester, car, dans le fait, la ville est *charmante*,... de belles maisons, de belles rues larges et des places *superbes*.

Il faut seulement que je vous demande encore une chose, c'est que vous me fassiez mettre un grand coffre dans ma chambre, pour que je puisse avoir toutes mes affaires auprès de moi. — Si je pouvais aussi avoir, comme table de travail, le petit clavecin qui a appartenu à Fischietti et à Rust[1], j'en serais très aise, car il me convient mieux que le petit, de Stein. — Je ne vous rapporte pas grand'chose de nouveau en fait de musique de moi, car je n'ai pas beaucoup composé. Je n'ai pas les trois quatuors [K. 285, 298 et?] et le concerto de flûte pour M. de Jean; il s'est trompé de caisse quand il les a emballés à son départ pour Paris, de sorte qu'ils sont restés à Manheim. Ainsi je ne rapporte de terminées que mes sonates[2] [K. 301-306], Le Gros m'ayant acheté les deux *ouvertures* [symphonies] et la *symphonie concertante*[3]. Il se figure qu'il est seul à les avoir; mais ce n'est pas vrai : je les ai encore toutes fraîches dans ma tête et je les écrirai dès que je serai de retour à la maison.

Les comédiens de Munich doivent naturellement avoir déjà commencé de jouer[4]. Plaisent-ils? va-t-on au théâtre?... Parmi les opéras, le premier donné sera probablement « la Pêcheuse » (la *Pescatrice* de Piccinni) ou bien : « la Paysanne à la cour » (la *Contadina in corte* de Sacchini). — La

1. Fischietti, maître de chapelle, et Rust, musicien à Salzbourg.
2. Six sonates pour piano et violon dédiées à la princesse Palatine.
3. Cette symphonie et la première des deux autres n'ont pas été retrouvées (K., supplément 8 et 9), et Mozart n'a malheureusement pas mis à exécution son projet de les écrire de nouveau pour lui-même, ce qui aurait suppléé à la négligence qu'il avait eue de n'en pas garder copie, comme font tous les compositeurs. La 3e symphonie est celle dite *Parisienne* [K. 297].
4. La troupe de Munich était venue donner des représentations à Salzbourg.

première chanteuse est la Keiserin; c'est cette jeune fille au sujet de laquelle je vous ai écrit, étant à Munich. Je ne la connais pas, je l'ai seulement entendue; c'était la troisième fois qu'elle montait sur la scène, et il n'y avait que trois semaines qu'elle apprenait la musique. — Maintenant, portez-vous bien! Je n'ai pas une heure de calme jusqu'à ce que je revoie tout ce que j'aime.

129 (M.)

A SON PÈRE

Strasbourg, 15 octobre 1778.

J'ai reçu exactement vos trois lettres, mais il m'a été impossible de vous répondre plus tôt. Ce que vous m'avez écrit de M. Grimm, je le sais, naturellement, mieux que vous. Tout cela est très poli et très bon, je le sais bien; s'il n'en était pas ainsi je ne lui aurais certainement pas témoigné tant d'égards. Je ne dois pas plus de 15 *louis d'or* à M. Grimm, et c'est sa faute si je n'ai pu le rembourser; je le lui ai bien dit!... Mais que sert de bavarder maintenant là-dessus?... Nous en parlerons de reste à Salzbourg!

Je vous suis bien obligé d'avoir si fort recommandé mon affaire au P. Martini et d'avoir même écrit, à ce sujet, à M. Raaff. Je n'en ai d'ailleurs jamais douté, car je sais bien que vous voyez avec plaisir votre fils joyeux et content, et vous savez bien que je ne puis l'être nulle part plus qu'à Munich, parce que c'est si près de Salzbourg que je pourrais souvent venir vous voir.

La nouvelle que Mlle Weber,[1] ou plutôt ma chère Weber, a obtenu un engagement fixe, et qu'ainsi justice lui a été enfin rendue, m'a réjoui autant qu'on le peut attendre de quelqu'un qui y prend tout l'intérêt possible. Je vous

1. Aloysia Weber venait d'obtenir un engagement avantageux à l'Opéra de Munich. Elle recevait 1000 florins (2160 francs, en florins de Bavière) et son père 400 florins, et de plus, comme souffleur au théâtre, 200 florins.

la recommande toujours vivement.... Et pourtant, ce que j'avais si fort souhaité, c'est-à-dire de la faire engager à Salzbourg, je ne puis malheureusement plus l'espérer : car l'archevêque ne lui donnerait pas ce qu'elle a là-bas. Tout ce qui est encore possible, c'est, peut-être, qu'elle vienne passer quelque temps à Salzbourg pour chanter dans un opéra. — J'ai reçu une lettre de son père, — écrite en toute hâte, la veille de leur départ pour Munich, — où il m'annonce cette nouvelle. Les pauvres gens ont été dans la plus vive anxiété à mon sujet ; ils m'ont cru mort, étant restés tout un mois sans lettre de moi,... parce que l'avant-dernière s'est perdue. Et, ce qui les a encore plus confirmés dans cette pensée, c'est qu'on a dit, à Manheim, que ma pauvre mère était morte d'une maladie contagieuse. Ils ont déjà tous prié pour mon âme. La pauvre fille est allée tous les jours à l'église des Capucins. Vous allez rire !... Moi pas ; cela me touche,... je ne puis m'en empêcher.

Maintenant, poursuivons. Je crois, bien certainement, que j'irai à Augsbourg par Stuttgard, parce que, d'après ce que je vois dans votre lettre, il n'y a rien, ou probablement pas grand'chose à faire à Donaueschingen ; mais vous saurez tout cela par une lettre avant mon départ de Strasbourg. — Père chéri ! je vous assure que si ce n'était le plaisir de vous embrasser bientôt, je ne reviendrais certainement pas à Salzbourg ; car en dehors de ce motif, louable et vraiment beau, je fais, en réalité, la plus grande folie du monde. Croyez bien que c'est là mon propre sentiment, et non pas un sentiment emprunté à d'autres. — A la vérité, lorsqu'on a su ma résolution de partir, on m'a opposé des réalités que je n'étais en état de combattre et de vaincre avec aucune autre arme que mon vrai et tendre amour pour mon excellent père,... et alors on ne pouvait naturellement faire autre chose que de m'approuver ; en ajoutant toutefois que, si mon père savait ma situation actuelle et mes bonnes perspectives d'avenir (et n'avait pas été mal et faussement renseigné par un bon ami), il ne m'aurait certainement pas écrit en des termes tels... qu'il ne m'eût pas été le moins du monde possible de résister. Et je pensais, en moi-même, que si je n'avais pas eu tant de désagréments à endurer dans la maison que j'habitais, et si les événements ne s'étaient pas succédé avec la rapidité d'une tempête, et que, par conséquent, j'eusse eu le temps de bien examiner la situation de sang-froid, je vous aurais certainement prié instamment de patienter encore un peu de temps, et de me laisser à Paris. Je vous assure que j'y aurais gagné honneur, renommée et argent, et que bien certainement je vous aurais arraché à l'embarras de vos dettes[1]. Mais c'est fait; n'allez pas croire que je m'en repente! car vous seul, mon père chéri, vous seul pouvez m'adoucir les amertumes de Salzbourg, et vous le ferez, j'en suis bien persuadé. Pourtant je dois vous avouer franchement que j'arriverais le cœur plus léger à Salzbourg si je ne savais pas que j'y ai des fonctions; cette seule pensée m'est insupportable. Voyez vous-même; mettez-vous à ma place. A Salzbourg, je ne sais pas sur quel pied je suis. Tantôt je suis tout, et tantôt absolument rien. Je n'en demande ni TANT ni SI PEU, mais seulement quelque chose,... que je sois quelque chose de déterminé. Dans tout autre lieu, je le sais, celui qui est placé parmi les violons y reste, et de même pour le piano, etc.[2] — Enfin, tout cela s'arrangera;... j'espère que tout aboutira à mon bonheur et à ma satisfaction; je m'en repose entièrement sur vous.

Ici, tout se fait d'une manière fort *pauvre*. Pourtant, après demain samedi, 17, je vais donner un concert *par souscription*, pour faire plaisir à quelques bons amis, amateurs et

1. L. Mozart s'était vu forcé, pour aider son fils, de contracter un emprunt de 1000 fl. (2180 fr.) qui l'accablait. Et c'est afin de pouvoir acquitter cette dette qu'il avait jugé nécessaire que son fils, n'ayant pu trouver d'autre position meilleure, consentît à rentrer pour quelques années au service de l'archevêque de Salzbourg.

2. Son père lui avait écrit (24 septembre) : « Autrefois, tu n'étais à proprement parler qu'un violoniste, directeur de concerts ; maintenant tu es directeur de concerts et organiste de la cour, et ta fonction principale est d'accompagner au piano. » — Ses appointements devaient s'élever à 500 florins [1090 francs, en florins de Salzbourg].

connaisseurs.... et moi tout seul, afin de n'avoir aucuns frais: car si j'avais un orchestre, cela me coûterait plus de 3 *louis d'or*, rien que pour l'éclairage, et qui sait si nous réunirons autant d'argent ?

Mes sonates ne doivent pas encore être gravées, bien qu'on me les ait promises pour la fin de septembre. Voilà comment vont les choses lorsqu'on ne peut pas s'en occuper soi-même. C'est encore cet entêté de Grimm qui en est cause ! Elles vont peut-être paraître pleines de fautes, parce que je n'ai pu les revoir moi-même, et que j'ai dû en charger un autre; et puis j'arriverai peut-être à Munich sans elles ! Voilà de ces choses qui paraissent bien petites, et qui peuvent souvent être une occasion de bonheur, de gloire et d'argent,... ou bien aussi de honte.

130 (M)

A SON PÈRE

Strasbourg, 26 et 31 octobre 1778.

Je suis encore ici, comme vous voyez, et cela d'après le conseil de M. Frank et d'autres gros bonnets de Strasbourg; mais je pars demain. — Je vous ai écrit, dans ma dernière lettre, que je ne donnerais, le samedi 17, qu'une espèce de petit concert,... car ici, en fait de concert, c'est pis qu'à Salzbourg!... Naturellement, c'est passé maintenant. J'ai joué tout seul, sans prendre aucun orchestre, afin de ne rien dépenser; bref, j'ai touché 3 *louis d'or*... tout entiers ! Mais le plus clair du gain a consisté en *bravo* et *bravissimo* qui volaient de tous côtés vers moi; et le prince Max de Deux-Ponts, lui-même, a honoré la réunion de sa présence. Je n'ai pas besoin de vous dire que tout le monde a été content. — Après cela, je voulais me remettre aussitôt en route, mais on m'a conseillé de rester encore jusqu'au samedi suivant et de donner un grand concert au théâtre. J'y ai eu LA MÊME

RECETTE, à l'étonnement, au dépit et à la honte de tous les Strasbourgeois. Le directeur, M. Villeneuve, a maugréé, mais là comme il faut !... contre les habitants de cette ville vraiment détestable. — Il est vrai que j'ai fait une recette un peu plus forte, mais les frais occasionnés par l'orchestre (qui est très, très mauvais,... et se fait bien payer), les frais d'éclairage et d'impression,... la police et une quantité de gens placés aux entrées, ont absorbé une grosse somme.

Il faut que je vous dise, pourtant, que les cris d'applaudissements et les battements de mains m'ont fait autant de mal aux oreilles que si le théâtre eût été rempli. Tous ceux qui étaient là ont ouvertement, et à haute voix, exprimé leur mécontentement contre leurs propres concitoyens, et je leur ai dit à tous que, si mon bon sens avait pu me représenter qu'il viendrait si peu de monde, j'aurais bien volontiers donné le concert *gratis*, rien que pour le plaisir de voir le théâtre plein ; et, dans le fait, je l'aurais préféré, car, sur mon honneur, il n'est rien de plus triste qu'une grande table en T, à 80 *couverts*.... avec trois convives seulement !... Et puis il faisait si froid !... Mais je me suis bien réchauffé !... et pour montrer à Messieurs les Strasbourgeois que cela m'était parfaitement indifférent, j'ai joué beaucoup pour mon propre amusement, j'ai exécuté un concerto de plus que je n'avais annoncé et, à la fin, j'ai longtemps improvisé. — C'est une affaire faite et je me suis du moins acquis honneur et réputation.

J'ai emprunté à M. Scherz 8 *louis d'or* [1], par précaution seulement, parce qu'en voyage on ne sait jamais ce qui peut survenir, et qu'un « j'ai » vaut toujours mieux qu'un « si j'avais ! » — J'ai lu la lettre si vraie, si bienveillante et si paternelle que vous avez écrite à M. Frank lorsque vous étiez inquiet de moi. Il est bien certain que vous ne pouviez pas savoir ce que j'ignorais moi-même lorsque je vous écri-

1. Cet emprunt de 192 francs, fait à un marchand de Strasbourg, devait peser sur Mozart pendant bien des années.

vais de Nancy, c'est que je serais obligé d'attendre si longtemps une bonne occasion [pour partir]. — Quant au marchand qui voyage avec moi, vous pouvez être tout à fait sans crainte : c'est l'homme du monde le plus honnête. Il prend mes intérêts plus à cœur que les siens et, pour me faire plaisir, il m'accompagnera à Augsbourg, à Munich, et peut-être même jusqu'à Salzbourg. Nous pleurons ensemble toutes les fois que nous pensons qu'il faudra nous séparer. Ce n'est pas un homme instruit, mais un homme plein d'expérience, et nous vivons ensemble comme des enfants. Quand il songe à sa femme et à ses enfants, qu'il a laissés à Paris, je suis obligé de le consoler ; et quand je pense à ma famille, c'est lui qui me console.

Ce 31 octobre, grand anniversaire de ma fête, je me suis *amusé* quelques heures, ou plutôt j'ai *amusé* les autres. Pressé par les instantes prières de MM. Frank, de Beyer, etc., j'ai de nouveau donné un concert qui, après payement des frais (cette fois, peu considérables), m'a rapporté en réalité... un *louis d'or !* Vous voyez par là ce que c'est que Strasbourg !...

Je vous ai écrit plus haut que je partirais le 27 ou le 28, mais cela a été impossible parce qu'il s'est produit ici, tout à coup, une inondation en règle, qui a fait beaucoup de dégâts. Vous lirez cela, sans doute, dans les journaux. De sorte qu'on ne pouvait plus voyager : c'est la seule chose qui m'ait déterminé à *accepter* la *proposition* de donner encore un concert, puisque, également, j'étais obligé d'attendre. — Demain, je pars avec la *diligence* qui passe par Manheim. Ne vous effrayez pas : en pays étranger, il faut faire ce que vous conseillent les gens qui savent mieux les choses, par expérience. La plupart des étrangers qui vont à Stuttgard (*N. B.* par la *diligence*) ne regardent pas à ce détour de huit heures, parce que la route et la voiture de poste sont meilleures.

Il ne me reste plus maintenant, mon cher et excellent père, qu'à vous souhaiter bien affectueusement votre fête prochaine. Mon bon père, je vous souhaite de tout mon cœur tout ce que peut souhaiter un fils qui estime bien haut et aime sincèrement son père chéri. Je remercie le Dieu tout-puissant de ce qu'il vous ait fait arriver à ce jour en meilleure santé, et tout ce que je lui demande, c'est la grâce de pouvoir vous renouveler ces souhaits chaque année, pendant toute ma vie (et j'ai l'intention de vivre un grand nombre d'années). Quelque étrange et peut-être même ridicule que ce désir puisse vous paraître, il n'en est pas moins vrai et bien intentionné, je vous assure !

J'espère que vous aurez reçu ma dernière lettre de Strasbourg. Je ne veux plus rien écrire au sujet de M. Grimm, et pourtant je ne puis m'empêcher de dire que, par la sottise qu'il a faite de m'obliger à partir si précipitamment, il est cause que mes sonates ne sont pas encore gravées ; c'est-à-dire qu'elles n'ont pas encore paru, ou tout au moins, que je ne les ai pas encore ; et quand je les recevrai, elles seront peut-être remplies de fautes. Si j'étais seulement resté trois jours de plus à Paris, j'aurais pu les corriger moi-même et les emporter avec moi ! Le graveur était désespéré quand je lui ai dit que je ne pouvais pas les corriger moi-même et que j'étais obligé d'en charger quelqu'un d'autre.... Et pourquoi ?... Parce que ce monsieur — quand je lui ai dit que (puisque je ne pouvais loger trois jours de plus dans sa maison) je voulais, à cause de mes sonates, aller chez le comte de Sickingen — m'a répondu les yeux étincelants de colère : « Écoutez, si vous sortez de ma maison sans quitter Paris, je ne vous regarderai plus de ma vie, vous aurez à ne plus jamais vous représenter devant mes yeux et je serai votre ennemi le plus acharné ! » Ah ! c'est vraiment alors que la modération m'a été nécessaire !... Si ce n'avait été pour vous, qui n'étiez pas informé de toute l'affaire, j'aurais bien certainement dit : « Eh ! bien ! soyez-le donc ! soyez mon ennemi ! Vous l'êtes bien déjà, sans cela vous ne m'empêcheriez pas de mettre ordre à mes affaires d'ici, de tenir tout ce que j'ai promis et, par là, de conserver mon honneur et ma *réputation*, de gagner de l'argent et peut-être aussi de faire ma fortune; car si je vais à Munich et que je puisse présenter moi-même mes sonates à la princesse Électrice, j'aurai tenu ma parole, je recevrai un *présent*, ou peut-être même sera-ce l'occasion de ma fortune [1]. » — Mais je ne fis autre chose que de m'incliner, et m'en allai sans répliquer un seul mot. — Avant mon départ je le lui ai pourtant dit, mais il m'a répondu comme un homme sans intelligence, ou comme un homme méchant qui, parfois, n'en veut pas avoir.

J'ai écrit deux fois déjà à M. Heina sans avoir de réponse. Mes sonates auraient dû paraître à la fin de septembre, et M. Grimm devait m'envoyer immédiatement les exemplaires promis. Je croyais trouver le tout à Strasbourg. M. Grimm m'écrit qu'il n'en entend pas parler et n'en voit rien paraître; que sitôt qu'il les aura, il me les enverra : j'espère les recevoir bientôt.

Strasbourg ne peut pas, pour ainsi dire, se passer de moi! Vous ne sauriez croire en quelle estime on me tient, et comme je suis aimé ici! Les gens disent que tout est si *noble* en moi! Que je suis si posé et si poli,... que j'ai une si bonne conduite!... Tout le monde me connaît. — Dès qu'ils ont entendu mon nom, les deux MM. Silbermann [2] et M. Hepp (l'organiste) sont venus me voir, ainsi que M. le maître de chapelle Richter. Ce dernier se modère maintenant beaucoup; il n'absorbe plus que 20 *bouteilles* de vin par jour, au lieu de 40!... J'ai joué publiquement sur les deux meilleures orgues d'ici, qui sont de Silbermann : dans l'église luthérienne (Temple neuf) et à Saint-Thomas. — Si le cardinal (qui était fort malade quand j'arrivai) était mort, j'aurais obtenu une bonne position, car M. Richter a soixante-dix-huit ans.

Et maintenant, adieu! Soyez gai et de bonne humeur; pensez que votre fils est, grâce à Dieu, frais, dispos et content, parce qu'il approche de plus en plus de son bon-

1. Mozart avait un très vif désir de trouver une position à Munich depuis que les Weber y étaient.

2. Facteurs d'orgues.

heur. — Dimanche dernier, j'ai entendu, à la cathédrale, une messe nouvelle de M. Richter, qui est écrite d'une manière *charmante*.

131 (M.)

A SON PÈRE

Manheim, 12 novembre 1778.

Je suis arrivé heureusement ici le 6, et j'ai surpris agréablement tous mes bons amis. Dieu soit loué! Me voici donc de nouveau dans mon cher Manheim! — Je vous assure que si vous étiez ici, vous parleriez de même. Je demeure chez Mme Cannabich, qui, lorsqu'elle m'a revu, a été presque hors d'elle de joie, ainsi que sa famille et tous mes bons amis. Nous n'avons pas encore fini de causer, car elle me raconte toutes les histoires et les changements qui sont survenus pendant mon absence. Depuis que je suis ici, je n'ai pas encore dîné à la maison; on s'arrache véritablement ma personne. En un mot, autant j'aime Manheim, autant Manheim m'aime,... et je ne sais, mais je crois bien que c'est ici que je trouverai une position. Ici, et non à Munich, car je crois que le prince Électeur fera volontiers de nouveau sa résidence à Manheim, attendu qu'il lui sera impossible de supporter longtemps la grossièreté de MM. les Bavarois. — Vous savez que la troupe de Manheim est à Munich?... Eh! bien! ils ont déjà sifflé les deux premières actrices, Mme Toscani et Mme Urban, et il y a eu un tel bruit, que le prince Électeur lui-même s'est penché hors de sa loge et a fait chut!... Mais comme personne ne se laissait déconcerter, il a envoyé en bas le comte Seeau. Lorsque celui-ci a dit à quelques officiers de ne pas faire tant de bruit, que le prince Électeur ne le voyait pas de bon œil, il a reçu pour réponse qu'ils étaient là pour leur argent et que personne n'avait d'ordres à leur donner.... Mais que je suis fou! Vous aurez su cela depuis longtemps par notre ***.

Voici maintenant quelque chose : Je puis peut-être gagner ici 40 *louis d'or!*... Il est vrai que je serais obligé, pour cela, de rester six semaines, ou deux mois, au plus. La troupe de Seyler[1], que vous devez déjà connaître *par renommée*, est ici. M. de Dalberg en est le directeur[2], et il ne veut pas me laisser partir que je ne lui aie composé un *duodrama*[3], et le fait est que je n'ai pas longtemps hésité, car j'ai toujours désiré écrire pour ce genre de drame. Je ne sais pas si, la première fois que j'ai séjourné ici, je vous ai écrit au sujet de ces sortes de pièces. A cette époque, j'ai vu représenter l'une d'elles, — deux fois, — avec le plus grand plaisir; il est certain que rien ne m'a encore tant *surpris*, car je me figurais toujours que cela ne ferait aucun effet. Vous savez bien qu'on n'y chante pas : on déclame, et la musique est comme un *récitatif obligé*. De temps en temps, on parle aussi avec accompagnement de musique, ce qui fait toujours la plus magnifique impression. [La pièce] que j'ai vue était la « Médée » de Benda. — Il en a fait encore une autre : « Ariane à Naxos », et toutes deux sont vraiment parfaites. Vous savez que Benda a toujours été mon favori parmi les maîtres de chapelle luthériens. J'aime tant ces deux œuvres que je les emporte avec moi. Maintenant, figurez-vous ma joie d'avoir à composer justement ce que j'avais désiré! — Savez-vous quel serait mon avis?... Il faudrait traiter de la même façon la plupart des récitatifs d'opéras, et ne les chanter que de temps à autre, quand les paroles peuvent bien s'exprimer en musique.

On fonde, ici aussi, une *Académie des amateurs*[4], comme à Paris. M. Franzl dirige les violons, et alors je me suis mis à composer un concerto pour piano et violon[5]. — J'ai encore

1. Seyler, *impresario* ou directeur d'une bonne troupe d'acteurs et chanteurs jouant les opérettes et les vaudevilles.
2. Héribert, baron de Dalberg, ministre d'État et intendant du théâtre à Manheim. C'est pour cela que Mozart l'appelle, improprement, directeur.
3. Espèce de mélodrame.
4. Concert d'amateurs.
5. Ce concerto n'est pas connu. Voy. K., suppl. 56.

trouvé ici mon cher ami Raaff, mais il est parti le 8. Il a fait beaucoup mon éloge ici et a pris mes intérêts à cœur; j'espère qu'il en fera de même à Munich. — Savez-vous ce que ce maudit coquin de Seeau a dit ici?... que mon *opera buffa* de Munich[1] avait été sifflé!... Malheureusement [pour lui], il l'a dit dans un endroit où l'on me connaît beaucoup trop!... C'est seulement cette audace qui m'irrite;.. car les gens qui iront à Munich pourront apprendre que c'est tout juste le contraire.

Il y a ici tout un régiment bavarois. Mlle de Pauli est venue avec; je ne sais pas quel est son nom actuel, mais j'ai déjà été chez elle, car elle m'a tout de suite envoyé chercher. — Oh! quelle différence entre les Palatins et les Bavarois! quel langage! quelle grossièreté!.. et toute leur manière de vivre! Je suis vraiment soucieux quand je pense que je vais de nouveau entendre : *hoben*... et *olles*... et *gestrenge Herr*[2]!

Maintenant, portez-vous bien, et écrivez-moi bientôt. Ne mettez que mon nom sur l'adresse, car on sait de reste, à la poste, où je demeure. — Écoutez un peu comme mon nom est connu ici! Il n'est vraiment pas possible qu'une lettre à mon adresse vienne à se perdre : Ma cousine m'a écrit et a mis, au lieu de Hôtel du Palatinat, Hôtel de Franconie. L'hôtelier a immédiatement envoyé la lettre à M. le conseiller aulique, Serrarius, où j'ai logé la dernière fois.

Ce qui me réjouit le plus dans toute cette histoire de Manheim et de Munich, c'est que Weber ait si bien arrangé ses affaires. Ils gagnent maintenant 1600 florins, car la fille, à elle seule, en a 1000, et le père 400, plus 200 florins comme *souffleur*. C'est Cannabich qui a le plus fait pour cela; ç'a été toute une histoire, à cause du comte Seeau; si vous ne la connaissez pas encore, je vous l'écrirai prochainement

1. La *Finta giardiniera* (composée en 1775). K. 196.

2. Fautes de langue et de prononciation salzbourgeoises : *hoben* pour *oben* en haut. — *Olles* pour *alles* : tout. — *Gestrenge Herr* pour *Gestrenger Herr* : mon redouté seigneur.

Je vous en prie, mon très cher père, utilisez bien cette affaire à Salzbourg, et parlez tant et si fort, que l'archevêque croie que peut-être je ne viendrai pas, et qu'il se décide à me donner de meilleurs appointements. Car, écoutez! je ne puis penser à cela avec calme! — l'archevêque ne pourra jamais me payer assez pour cet esclavage de Salzbourg! Comme je vous l'ai dit, je ressens toute la joie possible quand je pense à vous faire une visite,... mais je n'éprouve que chagrin et anxiété quand je me vois de nouveau dans cette cour de misère!... Il ne faut pas que l'archevêque se mette à faire le grand seigneur avec moi, comme il en avait l'habitude autrefois!... Il n'est pas du tout impossible que je lui joue un tour!... et cela bien facilement!... et je sais avec certitude que, vous aussi, vous prendrez part à ma joie. — *Adieu.*

132 [Bibl. de Munich]

A M. LE BARON H. DE DALBERG

INTENDANT DU THÉATRE A MANHEIM

Manheim, 24 novembre 1778.

Monsieur le baron,

Deux fois déjà j'ai voulu vous présenter mes hommages, et je n'ai pas eu le bonheur de vous rencontrer. Hier vous étiez chez vous, il est vrai,... mais je n'ai pu vous parler. Je vous demande donc pardon si je me vois obligé de vous importuner par ces quelques lignes; mais il est très urgent pour moi de m'expliquer avec vous.

Monsieur le baron, vous me connaissez; je ne suis pas intéressé, surtout quand je sais que je puis faire plaisir à un si vrai connaisseur, à un si grand amateur de musique. D'un autre côté, je sais aussi que vous ne demanderez certainement pas ce qui pourrait me causer ici du préjudice. C'est pourquoi je prends la liberté de vous dire maintenant quel est mon dernier mot sur cette affaire, car il m'est impossible de demeurer ici plus longtemps en suspens. Je m'engage, pour 25 *louis d'or*, à écrire un *monodrame*, à rester ici deux mois encore, à tout organiser, à assister à toutes les répétitions, etc.... avec cette condition, toutefois, que, quoi qu'il arrive, je toucherai mon payement à la fin de janvier. Il va de soi que je demande à avoir mes entrées libres au théâtre[1]. — Voyez-vous, Monsieur le baron, c'est tout ce que je puis faire. Si vous examinez bien la chose, vous reconnaîtrez que j'agis certainement avec beaucoup de discrétion.

Quant à votre opéra[2], je vous assure que c'est de grand cœur que je voudrais le mettre en musique. Il est vrai que je ne pourrais entreprendre ce travail pour 25 *louis d'or*, vous l'avouerez bien vous-même, car il y a là (compté au plus bas) deux fois plus de besogne que pour un *monodrame*;... et ce qui m'en détournerait le plus, c'est que, comme vous me l'avez dit vous-même, Gluck et Schweitzer y travaillent déjà. Mais même en admettant que vous voulussiez bien m'en donner 50 *louis d'or*, je vous en dissuaderais certainement, en honnête homme. Un opéra sans chanteurs ni chanteuses!... Que faire dans ces conditions-là[3]?... Du reste, si, d'ici à quelque temps, il y a apparence qu'on puisse le représenter, je ne refuserai pas, pour l'amour de vous, d'entreprendre ce travail;... mais il n'est pas petit, je vous le jure sur mon honneur!

Maintenant que je vous ai exposé nettement et sincèrement mes intentions, je vous prie de me faire connaître promptement votre décision[4]. Si je pouvais la savoir dès

1. Brandes raconte (dit Jahn) que même les acteurs, quand ils n'étaient pas de service, devaient payer pour entrer au théâtre.

2. Dalberg avait composé le livret d'un opéra intitulé *Cora* et désirait vivement le voir mettre en musique. Il s'était adressé pour cela à Gluck et à Schweitzer, mais n'étant pas sûr d'eux, il tâchait de gagner Mozart. — Ce projet n'eut pas de suite.

3. On a vu que la troupe de Seyler n'était montée que pour des opérettes et des vaudevilles.

4. Les offres de Mozart ne furent pas acceptées.

aujourd'hui, cela me serait d'autant plus agréable que dimanche, à ce que j'ai entendu dire, quelqu'un part seul pour Munich et que je voudrais bien profiter de l'occasion.

133 [M]

A SON PÈRE

Manheim, 3 décembre 1778.

J'ai à vous demander pardon pour deux choses : la première, de ce que je ne vous ai pas écrit depuis si longtemps, et la seconde, d'être obligé cette fois-ci d'être bref. — Si je suis resté si longtemps sans vous répondre, la faute n'en est à personne qu'à vous; c'est votre première lettre, adressée à Manheim, qui en est la cause. Je ne me serais vraiment jamais figuré[1]... mais silence! je ne veux plus parler de cela, car tout cela est passé maintenant. — Je pars d'ici mercredi prochain, 9. Plus tôt, je ne le pourrais, parce que, croyant rester ici deux mois encore, j'ai accepté des élèves, et je voudrais pourtant achever ma douzaine de leçons!... Je vous assure que vous ne pouvez pas du tout vous figurer quels bons et sincères amis j'ai ici; cela se verra certainement avec le temps. — Pourquoi je dois être bref?... C'est que j'ai les mains pleines de travail. J'écris en ce moment, SANS RÉTRIBUTION et pour l'amour de M. de Gemmingen, — et le mien propre, — le premier acte de l'opéra déclamé (que j'aurais dû composer). Je l'emporterai avec moi et le finirai à la maison. Vous voyez quelle est ma passion pour ce genre de composition. M. de Gemmingen en est le poète, bien entendu, et ce *duodrame* s'appelle *Sémiramis*[2].

1. Léopold Mozart, très mécontent du séjour prolongé que son fils faisait à Manheim, lui avait écrit le 19 novembre pour lui faire voir la folie de ses espérances, la nécessité urgente de se rendre à son poste, à Salzbourg, et il terminait en disant : « Au reçu de cette lettre tu te mettras en route ». Il lui écrivit une seconde lettre très pressante le 23.

2. On ne sait pas ce qu'est devenue cette *Sémiramis* (K. supplément, n° 11).

Mercredi prochain, je me mets en route, et savez-vous par quelle occasion?... [Je pars] avec M. le prélat impérial de Kaisersheim. Lorsqu'un de mes bons amis lui a parlé de moi, il a tout de suite reconnu mon nom et a montré beaucoup de satisfaction de m'avoir pour compagnon de voyage. C'est un homme très aimable (bien que prêtre et prélat). J'irai donc par Kaisersheim et non par Stuttgard ; mais cela m'est tout à fait égal... et c'est trop bon de pouvoir, en voyage, ménager un peu sa bourse (qui est déjà bien assez mince !)

Répondez-moi donc une bonne fois aux questions suivantes : Quel succès ont les comédiens à Salzbourg? — La jeune fille qui chante ne s'appelle-t-elle pas Keiserin ? — M. Feiner joue-t-il aussi du cor anglais? — Ah ! si seulement nous avions aussi des clarinettes ! Vous ne pouvez vous figurer quel effet splendide fait une symphonie avec flûtes, hautbois et clarinettes !... A ma première audience, je raconterai à l'archevêque beaucoup de choses nouvelles, et je lui ferai peut-être quelques propositions. Ah ! s'il le voulait, l'orchestre, chez nous, pourrait être bien plus beau et bien meilleur ! La grande raison pour laquelle il ne l'est pas, c'est qu'il y a trop de concerts. Je n'ai rien à objecter à la musique de chambre, mais seulement aux grands concerts.

A propos, vous ne m'en dites rien, mais, sans aucun doute, vous avez reçu exactement ma caisse [1], car autrement M. de Grimm aurait à en répondre ! Vous y aurez trouvé l'air que j'ai écrit pour Mlle Weber [K. 294]. Vous ne pouvez vous figurer quel effet il fait avec les instruments ; cela ne se voit pas au premier abord, et puis il faut vraiment que ce soit une Weber qui le chante !... Je vous prie de ne le donner à personne, car ce serait la plus grande injustice qu'on pût commettre, attendu qu'il est écrit uniquement pour elle et lui va comme un vêtement fait à sa taille.

1. La caisse qui contenait tous les effets de Mozart et de sa mère avait été envoyée directement de Paris à Salzbourg.

134 (M)

A SON PÈRE

Kaisersheim, 18 décembre 1778.

Dimanche 13, je suis, grâce à Dieu, heureusement arrivé ici, par la plus belle occasion du monde, et j'ai eu aussitôt l'inexprimable joie de trouver une lettre de vous. Si je ne vous ai pas immédiatement répondu, c'est que je voulais vous donner la nouvelle la plus sûre et la plus exacte de mon départ d'ici, et que je ne la savais pas encore moi-même. Comme M. le père Abbé part pour Munich le 26 ou le 27 de ce mois, j'ai fini par me décider à lui tenir de nouveau compagnie. Mais il faut que je vous avertisse qu'il ne va pas par Augsbourg. Moi je n'y perds rien, mais si, peut-être, vous aviez quelque affaire à y régler ou à poursuivre, pour laquelle ma présence serait nécessaire, je pourrai toujours, si vous l'ordonnez, faire de Munich une petite promenade de ce côté, puisque c'est tout près.

Mon voyage, de Manheim ici, a été certainement des plus agréables pour un homme qui quitte une ville le cœur léger. M. le prélat et M. son chancelier (un très bravo, digne et aimable homme) voyageaient seuls dans une chaise. M. le cellérier P. Daniel, le frère Antoine, M. le secrétaire et moi, nous allions toujours devant eux, à une demi-heure et quelquefois une heure de distance. — Mais pour moi, à qui jamais rien n'a paru si douloureux que ce départ, le voyage n'a été qu'à moitié agréable. Il ne l'aurait pas été du tout et m'aurait même semblé *ennuyant*, si je n'étais si habitué d'enfance à abandonner des gens, des pays et des villes, et si je n'avais le grand espoir de revoir encore et bientôt les bons amis que j'ai laissés derrière moi. Cependant je ne puis dissimuler,... je dois même vous avouer sincèrement que, non seulement moi, mais tous mes bons amis, surtout la famille Cannabich, nous nous sommes trouvés dans la situation la plus digne de compassion pendant les derniers jours et lorsque le moment de mon départ a été enfin fixé. Il nous semblait impossible qu'il fallût nous séparer!... Je ne suis parti, le matin, qu'à huit heures et demie, et cependant Mme Cannabich ne s'est pas levée; elle ne voulait ni ne pouvait se décider à me dire adieu, et comme, moi non plus, je ne voulais pas peser sur son cœur, je suis parti sans me montrer chez elle.

Mon père chéri, je vous assure que c'est peut-être là une de mes meilleures et plus vraies amies; car je n'appelle ami ou amie qu'une personne qui l'est dans toutes les *situations*, qui ne pense jour et nuit qu'à procurer à son ami ce qui est le meilleur pour lui, qui y emploie tous ses amis fortunés, qui travaille elle-même à le rendre heureux. — Voyez-vous, c'est là le vrai portrait de Mme Cannabich. Évidemment elle y a aussi son intérêt; mais en ce monde où se passe-t-il quelque chose,... comment peut-on même faire quelque chose sans que l'intérêt [soit en jeu]?... Et ce qui me plaît vraiment beaucoup chez Mme Cannabich, c'est qu'elle ne le nie pas du tout. Je vous raconterai de vive voix de quelle manière elle me l'a dit; car lorsque nous sommes seuls ensemble, ce qui n'arrive malheureusement que très rarement, nous devenons tout à fait intimes. De tous les bons amis qui fréquentent la maison, je suis le seul qui ait toute sa confiance, qui sache tous ses petits chagrins domestiques, ses préoccupations, ses secrets, ses affaires. — Je vous assure (nous nous le sommes bien dit entre nous) que, la première fois, nous ne nous étions pas si bien connus ni si bien compris; mais quand on habite la même maison, on a plus d'occasions d'apprendre à se connaître les uns les autres; et déjà, à Paris, j'ai commencé de voir clairement la vraie amitié de la famille Cannabich, car je savais, de bonne source, combien lui et elle prenaient mes intérêts à cœur. Je me réserve de vous raconter et de vous découvrir beaucoup de choses de vive voix. Car depuis mon retour de

Paris, la scène a changé d'une manière sensible, quoique pas encore entièrement.

Maintenant, un mot sur ma vie de couvent[1]. Le cloître en lui-même ne m'a pas fait grande impression, car quand on a vu Kremsmünster[2]!... Je parle de l'extérieur et de ce qu'on appelle ici « la cour »; le plus magnifique me reste à voir. Ce qui me semble très risible, ce sont les féroces soldats. Je voudrais bien savoir à quoi ils servent?... La nuit, j'entends sans cesse crier : « Qui vive? » A quoi je m'empresse chaque fois de répondre : « Délicieux ! » — Vous savez déjà que M. le prélat est un très aimable homme, mais ce que vous ne savez pas, c'est que je puis me compter au nombre de ses favoris. Cela ne me fera du reste ni bien, ni mal, j'imagine; mais enfin c'est toujours bon d'avoir un ami de plus en ce monde.

Pour ce qui concerne le *monodrame* ou *duodrame* [je vous dirai qu]'il n'est nullement nécessaire d'avoir une voix pour chanter, puisque pas une seule note n'y est chantée; on ne fait que parler. En un mot, c'est un récitatif accompagné par les instruments, si ce n'est que l'acteur déclame les paroles au lieu de les chanter. Quand vous l'aurez entendu une seule fois au piano, cela vous plaira déjà; mais si vous arrivez à pouvoir l'entendre exécuter [au théâtre], vous en serez tout transporté; je m'en porte garant. Toutefois cela demande un bon acteur ou une bonne actrice.

Je suis vraiment tout honteux d'arriver à Munich sans mes sonates. Je n'y comprends rien! Quelle sottise Grimm a faite là! Aussi je lui ai bien écrit qu'il devait voir maintenant que, de sa part, il y avait eu un peu de précipitation! Rien ne m'a encore plus irrité que cette affaire-là! Voyez vous-même : je sais que mes sonates ont paru depuis le com-

1. Kaisersheim, riche abbaye de l'ordre de Cîteaux, fondée en 1132 et relevant immédiatement de l'Empire, d'où le nom de prélat impérial donné au père Abbé.

2. Célèbre abbaye de Bénédictins fondée en 772 (sur la route de Munich à Linz).

mencement de novembre, et moi, l'auteur, je ne les ai pas encore, et je ne puis les offrir à la princesse Électrice, à qui elles sont dédiées! — J'ai cependant pris des dispositions pour qu'elles ne puissent me manquer. J'espère que ma cousine les a maintenant reçues à Augsbourg, ou qu'elles se trouvent chez Joseph Killian, et je lui ai écrit de me les envoyer immédiatement.

A présent, en attendant que je vienne moi-même, je vous recommande vivement un organiste qui est en même temps bon pianiste, M. Demmler [1], d'Augsbourg. Je ne pensais plus du tout à lui, et j'ai été très content d'entendre dire ici qu'il est très bien doué. Les emplois de Salzbourg pourraient lui être très utiles pour sa fortune à venir, car il ne lui manque qu'une bonne direction en musique, et je ne saurais lui indiquer un meilleur guide que vous, mon bien cher père, — et ce serait vraiment dommage qu'il fît fausse route!

Eh! bien! voilà qu'on donne à Munich la triste « Alceste » de Schweitzer!... Ce qu'il y a de mieux (avec quelques débuts, milieux et conclusions de certains airs), c'est le commencement du récitatif : « O temps de la jeunesse!... » Et c'est Raaff qui vient de le rendre bon ; il l'a *ponctué* pour Hartig (qui joue le rôle d'Admète), et y a mis ainsi la véritable expression. — Mais ce qu'il y a de plus mauvais (outre la majeure partie de l'opéra), c'est certainement l'*ouverture*.

Pour les petits objets qui manquent dans le coffre, il est tout naturel que, dans de pareilles circonstances, quelque chose ait pu facilement se perdre, ou même être volé. La petite bague avec améthyste, j'ai dû la donner à la *garde* qui a veillé ma défunte mère, parce qu'elle aurait, sans cela, gardé la bague d'alliance. — ([2] L'encrier est trop plein et je suis trop vif en y plongeant ma plume, c'est ce que vous voyez fort clairement.) — Pour la montre, vous avez bien deviné, elle a été mise en gage,... mais je n'en ai pu tirer

1. Jean-Michel Demmler, organiste à la cathédrale d'Augsbourg.
2. Ici, un gros pâté d'encre dans l'original.

plus de 5 *louis d'or*, et encore c'est par considération pour les rouages qui étaient bons, car la *façon*, vous le savez vous-même, était ancienne et tout à fait démodée. Et puisque nous parlons de montres, je vous dirai que j'en apporte une qui est une vraie *parisienne*. Vous savez ce qu'était ma montre ornée de pierres fines?... comme les pierres avaient peu de valeur, et comme la *façon* en était lourde et inhabile!... Je n'aurais cependant fait aucune attention à tout cela, s'il ne m'avait fallu dépenser inutilement tant d'argent à la faire réparer et régler!... Et, malgré cela, un jour elle avançait d'une heure ou deux, et le jour suivant elle retardait d'autant... La montre du prince Électeur en faisait exactement de même, et, de plus, je ne puis vous dire à quel point elle était mal faite et fragile! — J'ai échangé ces deux montres avec leurs chaînes contre une parisienne de 20 *louis d'or*. Maintenant, au moins, je sais quelle heure il est, résultat auquel je n'avais pu arriver avec mes cinq montres, et sur quatre j'en ai enfin une à laquelle je puis me fier.

135

A SA COUSINE MARIE-ANNE MOZART,

A AUGSBOURG[1].

Kaisersheim, 23 décembre 1778.

Ma très chère cousine!

Je vous écris dans la plus grande hâte, avec la contrition, la douleur la plus parfaite et une inflexible résolution,... et je vous donne la nouvelle que je pars dès demain pour Munich. Chère cousine, ne raillez pas! je serais bien volontiers

1. Mozart arriva à Munich le 25, plein de joie à la pensée de revoir sa chère Aloysia. Il se croyait si sûr d'elle, et si près de son bonheur, qu'il écrivit la lettre suivante à sa cousine, pour l'inviter à venir, lui laissant entrevoir qu'elle aurait peut-être « un grand rôle à jouer », sans doute comme demoiselle d'honneur à son mariage (voy. Jahn, I, p. 515).

allé à Augsbourg, je vous assure, mais M. le prélat impérial ne m'a pas laissé partir, et je ne puis pas le haïr..., car ce serait contre la loi de Dieu et de la nature, et celui qui ne croit pas cela est un.... — Donc, il en est ainsi. Peut-être de Munich ferai-je un saut jusqu'à Augsbourg, mais cela n'est pas bien sûr. Si vous avez autant de joie de me voir que moi de vous voir,... venez à Munich, cette digne ville. Faites en sorte d'y être avant la nouvelle année, et alors je pourrai vous contempler sous toutes les faces, et vous promener de tous les côtés;... mais il y a une chose qui me chagrine, c'est que je puis pas vous *loger*, parce que je ne suis pas dans un hôtel, mais que j'habite chez... oui, où cela?... C'est ce que je voudrais savoir[1]. — Maintenant, *spassus à part*[2]..., c'est justement à cause de cela qu'il est très nécessaire pour moi que vous veniez; vous aurez peut-être un grand rôle à jouer. Ainsi venez, décidément. Je pourrai alors vous complimenter dans votre propre, noble personne,... vous baiser les mains,... vous *embrasser*,... vous payer tout ce que je vous dois par le menu... et faire retentir un vigoureux baiser. Et maintenant *adieu*, mon ange, mon cœur, je vous attends dans la douleur.

Votre sincère cousin,

W. A. MOZART.

Écrivez-moi donc tout de suite à Munich, *poste restante*, un petit billet de 24 pages; mais ne dites pas dedans où vous logerez, pour que nous ne puissions pas nous retrouver.

136 [M]

A SON PÈRE

Munich, 29 décembre 1778.

J'écris cette lettre dans la maison de M. Becke[3]. Je suis

1. Chez les Weber.
2. « Plaisanterie à part » (mot fabriqué de l'allemand *spass*).
3. Le flûtiste.

arrivé heureusement ici le 25, grâce à Dieu, mais il m'a été jusqu'à présent impossible de vous écrire. Je réserve tout ce que j'ai à vous dire pour le jour où j'aurai le bonheur et la joie de vous parler de nouveau de vive voix, car aujourd'hui je ne puis faire autre chose que pleurer[1]; j'ai vraiment le cœur trop sensible. — En attendant, je vous donne seulement la nouvelle que j'ai reçu exactement mes sonates, la veille du jour où je suis parti de Kaisersheim, et que, par conséquent, je les offrirai moi-même ici à la princesse Électrice. J'attendrai seulement que l'opéra[2] ait été donné, et puis je partirai immédiatement, à moins que je ne découvre qu'il serait très utile et très heureux pour moi de rester ici encore quelque temps; dans ce cas je sais très bien, je suis même absolument certain, que, non seulement vous en seriez content, mais que vous me le conseilleriez vous-même.

J'ai naturellement une mauvaise écriture, vous savez, car je n'ai jamais appris à écrire, mais de ma vie je n'ai écrit plus mal que cette fois-ci; c'est que je ne puis pas... mon cœur est trop disposé aux larmes. J'espère que vous m'écrirez bientôt et que vous me consolerez. Je crois que le mieux serait de m'écrire *poste restante;* je pourrais moi-même aller retirer la lettre. — Je demeure chez les Weber, mais il vaudrait mieux,... oui, le mieux serait que vous voulussiez bien adresser vos lettres chez notre ami Becke.

Je vais... (entre nous soit dit, et dans le plus grand secret) écrire ici une messe. Tous mes bons amis me le conseillent. Je ne puis vous décrire à quel point Cannabich et Raaff se montrent mes amis! Maintenant adieu, cher et excellent père! Écrivez-moi bientôt!

1. Son père, voyant ces nouveaux délais, lui avait récrit de la manière la plus pressante, lui enjoignant de partir dès les premiers jours de janvier, et le mécontentement de son père lui faisait craindre une mauvaise réception. Il s'en ouvrit à son ami Becke, qui le consola et écrivit au père en sa faveur. Le père répondit que Wolfgang n'avait rien à craindre et qu'il serait reçu à bras ouverts.

2. *Alceste*, de Schweitzer.

Une heureuse nouvelle année!... aujourd'hui, je ne puis en dire plus long.

137 (M)

A SON PÈRE

Munich, 31 décembre 1778. - 1er et 2 janvier 1879.

Je viens de recevoir votre lettre, par notre ami Becke. Je vous ai écrit avant-hier, chez lui, une lettre comme je n'en avais encore jamais écrit; car cet ami m'a tant parlé de votre affection paternelle si pleine de tendresse, de votre indulgence pour moi, de votre condescendance et de votre sagesse, quand il s'agit de contribuer à mon bonheur, que mon cœur était tout aux larmes. Mais maintenant, je ne vois que trop clairement, par votre lettre du 28, que M. Becke a été un peu exagéré dans sa conversation avec moi. — A présent, soyons nets et clairs : aussitôt que l'opéra « Alceste » aura été représenté, je me mettrai en route, quand même la voiture de poste partirait le jour suivant ou la nuit même. Que n'avez-vous parlé à Mme Robinig! peut-être aurais-je pu faire le voyage de retour avec elle. Maintenant, arrive que pourra! L'opéra sera représenté le 11,... et le 12 (si la *diligence* part ce jour-là) je pars! — Mon intérêt serait de rester un peu plus longtemps, mais je vous le sacrifie dans l'espoir que j'en serai doublement récompensé à Salzbourg.

Pour les sonates, vous n'avez pas eu la meilleure idée!... Ainsi, si je ne les avais pas, je devrais [quand même] partir immédiatement!... Ou peut-être même je ne devrais pas du tout me montrer à la cour?... Voilà ce que je ne pourrais faire, étant connu ici comme je le suis. Mais ne vous inquiétez pas : j'ai reçu mes sonates à Kaisersheim, et aussitôt qu'elles seront reliées, je les offrirai à S. A. Électorale.

A propos, qu'est-ce que cela signifie : des rêves amusants?... Je ne me moque pas des rêves, car il n'est pas de mortel, sur toute la surface du globe, qui ne rêve parfois.

Mais d'AGRÉABLES RÊVES, des rêves tranquilles, des rêves rafraîchissants et doux,... ce seraient des rêves qui, s'ils se réalisaient, me rendraient plus supportable une vie qui est plus triste que gaie!...

Le 1er [janvier]. — Je reçois à l'instant, par un *vetturino* de Salzbourg, une lettre de vous qui m'a véritablement fait ouvrir de grands yeux, au premier moment. Au nom de Dieu! croyez-vous donc que je puisse fixer dès maintenant le jour de mon départ.... ou vous imaginez-vous, par hasard, que je ne viendrai pas du tout?... Quand on est arrivé si près du but, on pourrait, il me semble, être tranquille!... Quand ce gaillard de voiturier m'a eu expliqué tout son itinéraire, il m'est venu un grand désir de partir avec lui, mais je ne le puis encore; ce n'est que demain ou après-demain que je pourrai offrir mes sonates à S. A. Élect., et puis il faudra bien, quelque diligence que l'on fasse, que j'attende quelques jours pour mon *présent*. Je vous promets sur l'honneur que, pour l'amour de vous, je me résoudrai à ne pas voir l'opéra et à partir dès le lendemain du jour où j'aurai reçu mon *présent;* mais j'avoue que cela me coûte beaucoup. Si pourtant vous regardez à quelques jours de plus ou de moins,... ainsi soit-il! — Répondez-moi tout de suite à ce sujet.

Le 2. — Je me réjouis de causer avec vous de vive voix; c'est alors seulement que vous saurez bien exactement comment vont mes affaires ici. Vous ne devez avoir aucune défiance, ni aucun chagrin par rapport à Raaff; c'est le plus honnête homme du monde; mais il n'aime guère à écrire des lettres. Toutefois, la principale cause [de son silence], c'est qu'il ne fait pas volontiers une promesse prématurée, quoiqu'il donne volontiers de l'espoir. Du reste, lui, comme aussi Cannabich, ont déjà travaillé pour moi des pieds et des mains.

138

PÉTITION A L'ARCHEVÊQUE DE SALZBOURG[1]

Janvier 1779.

A Sa Grandeur, monseigneur le prince du Saint-Empire romain, et très gracieux prince et souverain de ce pays.

Votre Grandeur m'a fait la haute faveur de daigner me prendre à son service après la mort de Cajetan Adlgasser. Je la prie donc très humblement de vouloir bien me nommer, par décret[2], organiste de la cour de Votre Grandeur.

De V. G., mon très gracieux souverain et seigneur,

Le très humble et très obéissant

WOLFGANG AMADE MOZART.

139 [M]

A SON PÈRE

Munich, 8 janvier 1779.

J'espère que vous avez reçu exactement ma dernière lettre; j'avais voulu vous l'envoyer par le cocher de louage, mais ayant manqué ce dernier, je l'ai remise à la poste. — Moi, j'ai reçu régulièrement toutes vos lettres par M. Becke, y compris la dernière du 31 décembre. Je lui ai fait lire ma lettre et il m'a fait lire la sienne.

Je vous assure, mon bien cher père, que je me réjouis maintenant complètement de vous revoir (mais non d'aller

1. Voy. pour cette seconde pétition la note ajoutée à la première (août 1777, p. 65). — Ces deux documents furent retrouvés et publiés dans les mêmes circonstances.

2. Cette pétition était motivée par la crainte que donnait à Mozart l'absence de toute promesse écrite.

à Salzbourg), car je suis sûr, à présent, par votre dernière lettre, que vous me connaissez mieux qu'auparavant. Il n'y a jamais eu d'autre cause, que ce doute, au long retard de mon retour à la maison et à la tristesse que je n'ai pu à la fin cacher plus longtemps, lorsque j'ai découvert tout mon cœur à mon ami Becke[1]. Quelle autre cause aurais-je pu avoir?... Je ne me sens coupable d'aucune chose qui puisse me faire craindre vos reproches; je n'ai commis aucune faute (car j'appelle faute, un acte qui ne convient pas à un chrétien et à un honnête homme). — En un mot, je me réjouis, et je me promets déjà, par avance, les jours les plus agréables et les plus heureux du monde, mais seulement en compagnie de vous et de ma sœur chérie. Je vous jure sur l'honneur que je ne puis souffrir Salzbourg et ses habitants (je parle des natifs de Salzbourg). Leur langue et leurs manières me sont tout à fait insupportables. Vous ne pouvez vous figurer ce que j'ai souffert pendant ma visite à Mme Robinig; il y a longtemps que je n'ai causé avec une pareille sotte! Et pour rendre mon malheur encore plus grand, ce niais, ce triple sot de Mosmayr se trouvait là aussi!...

Passons à autre chose : Hier, j'ai été chez la princesse Électrice, avec mon cher ami Cannabich, et j'ai offert mes sonates. La princesse est logée ici comme je le serai bien certainement un jour,... absolument comme un particulier peut être logé, d'une manière charmante et élégante, sauf la vue qui est misérable. Nous sommes restés chez elle une grande demi-heure, et elle a été très affable. J'ai déjà pris mes mesures pour lui faire insinuer que je pars dans peu de jours,... afin que mon affaire soit bientôt expédiée.

Vous n'avez pas lieu de vous inquiéter du comte Seeau, car je ne crois pas que la chose passe par lui, et quand

1. Il y avait une autre raison que Mozart passe sous silence : c'est qu'Aloysia Weber lui avait tourné le dos à son arrivée. Devenue une cantatrice recherchée, elle ne pensait plus à lui. Ce chagrin très vif pesa longtemps sur le cœur de Wolfgang.

même, il n'osera souffler mot. — Bref, croyez-moi, je brûle d'un ardent désir de vous embrasser tous deux, vous et ma chère sœur.... Si seulement ce n'était pas à Salzbourg?... Mais puisqu'il est impossible, pour le moment, de vous voir sans aller à Salzbourg,... eh! bien! alors j'y vais avec joie. — Il faut que je me dépêche, la poste part....

Ma cousine est ici; pourquoi?... Pour faire plaisir à son cousin?... C'est en effet la cause connue! Mais.... Bon! nous causerons de cela à Salzbourg et c'est pourquoi je désirerais bien qu'elle pût venir avec moi à Salzbourg. Vous trouverez, fixé sur la quatrième page, quelque chose de sa propre main. Elle viendrait volontiers; donc, si vous avez du plaisir à la recevoir chez vous, ayez la bonté d'écrire tout de suite à M. votre frère que la chose est arrangée. Quand vous la verrez et la connaîtrez, vous serez certainement content d'elle : tout le monde l'aime.

A la quatrième page, en effet, la cousine écrit ce qui suit (voy. Jahn, II, p. 670) :

Monsieur mon très cher oncle,

J'espère que vous vous portez bien, ainsi que *Mademoiselle* ma cousine. J'ai eu l'honneur de retrouver *Monsieur* votre fils en très bonne santé, à Munich. Sa volonté serait que j'allasse avec lui à Salzbourg, mais je ne sais pas encore si j'aurai l'honneur de vous voir.

Ici se trouve un pâté d'encre. C'est Mozart qui a saisi la plume par plaisanterie et l'a trempée dans l'encre avec sa vivacitée habituelle (on peu voir par la lettre 134 qu'il était contumier du fait). Il écrit près du pâte d'encre :

Portrait de ma cousine; elle écrit en manches de chemise....

Puis la cousine reprend la plume et ajoute :

Mais mon cousin un est vrai fou, comme vous voyez. Je vous souhaite *mon cher oncle*, une très bonne santé.

1000 compliments à Mademoiselle ma cousine. Je suis de tout mon cœur,

Monsieur,

Entre la phrase précédente et la signature de sa cousine, Marie-Anne Mozartin (nom féminisé suivant l'habitude allemande), Wolfgang s'amuse à intercaler les mots suivants, qui font allusion à la tache d'encre qu'il vient de faire :

Votre invariable cochon,

M. A. MOZARTIN.

140 [JAHN]

A SA COUSINE MARIE-ANNE MOZART,

A AUGSBOURG.

Salzbourg, 10 mai 1779.

O la plus chère,
la plus excellente,
la plus belle,
la plus aimable,
la plus séduisante
petite basse[1] ou petit
violoncelle, exaspérée
par un indigne cousin !

Si moi, *Johannes, Chrysostomus, Sigismundus, Amadeus, Wolfgangus Mozartus*, je serai vraiment capable d'apaiser, de tempérer ou d'adoucir la colère exaltée par le talon d'une bonne pantoufle, ... de votre ravissante beauté (*visibilia* et *invisibilia*), ... c'est une question !... Mais je veux y répondre. — Adoucir [*besänftigen*] c'est : 1° comme si on disait : qu'on porte doucement [*sanft*] quelqu'un dans une litière [*sänfte*]; — je suis très doux [*sanft*] par nature, ... et je mange aussi très volontiers de la moutarde [*senft*], surtout avec le bouilli.... Par conséquent, c'est une affaire

1. *Jeu de mots sur le diminutif Bäschen, petite cousine.*

réglée avec Leipzig, bien que M. Feigeirapée veuille absolument soutenir, ou plutôt donner sa tête à couper que le pâté ne réussira pas; et cela, il m'est impossible de le croire. — Du reste, ce ne serait pas la peine de se baisser pour cela!... Ah! si c'était une bourse pleine de kreutzers de convention, on pourrait bien finir par ramasser, soulever ou atteindre une chose de ce genre; c'est pourquoi, comme je l'ai dit, je ne pourrais le donner autrement : c'est le plus juste prix; je ne me laisserai pas marchander, car je ne suis pas une femme,... et ainsi... halte-là!... — Oui, mon cher petit violoncelle, c'est ainsi que les choses vont et se passent dans le monde : l'un a la bourse, l'autre l'argent; et celui qui n'a pas les deux à la fois, n'a rien, — et rien c'est autant que très peu, — et peu ce n'est pas beaucoup, de sorte que rien est toujours moins que peu, — et beaucoup est toujours plus que peu et.... c'est ainsi, ç'a été et ce sera toujours ainsi. — Mets un terme à ta lettre, ferme-la et envoie-la à sa destination et à son adresse.

Votre très respectueux et très obéissant serviteur.

Latus, — de l'autre côté, — *V[olti] S[ubito.]*

P. S. Les troupes de Bohême sont-elles déjà parties?... Dites-moi cela, ma très chère, je vous en supplie pour l'amour du ciel!... Ah! elles doivent être en train de s'exercer, n'est-ce pas? — Donnez-m'en la certitude! Je vous en conjure par tout ce qu'il y a de plus sacré! — Les Dieux savent que je suis sincère!... Thüremichel vit-il encore?... Comment Probst s'est-il comporté avec sa femme? Se sont-ils déjà pris au collet?... Ce ne sont que des questions.

UNE ODE TENDRE[1].

Ta douce image, ô petite cousine,
Voltige sans cesse autour de mes yeux;

1. Poésie imitée presque textuellement de Klopstock : « Ta douce image, Edone ».

Mais c'est avec de tristes larmes
Parce que ce n'est pas toi-même
Je la vois, quand le soir
Approche ; quand la lune
Brille sur moi ; je la vois... et je pleure,
Parce que ce n'est pas toi-même !
Par les fleurs de ce vallon
Que je veux lui cueillir,
Par ces branches de myrthe
Que je veux tresser pour elle
O fantôme, je t'évoque !
Lève-toi, transforme-toi ;
Transforme-toi, ô fantôme !
Et deviens... ma petite cousine elle-même.

Finis coronat opus.

S V
P T

Seigneur de la queue de truie.

Mes compliments et tous nos compliments à M. et Mme les auteurs de vos jours.

Adieu, ange ! mon père vous donne sa bénédiction d'oncle, et ma sœur, mille baisers de cousine. *Adieu.... Adieu....* ange !

Par le prochain courrier, j'en écrirai davantage, et ce sera quelque chose de bien raisonnable et de bien urgent. — Et là-dessus, il faut s'arrêter jusqu'à nouvel *ordre. Adieu... Adieu !...* ange[1] !...

1. Ces derniers mots sont écrits autour d'une figure en caricature.

VOYAGE DE MUNICH

8 novembre 1780. — 12 mars 1781.

141 (M)

A SON PÈRE.

Munich, 8 novembre 1780[1].

Mon arrivée ici a été heureuse et pleine de satisfaction : heureuse, parce que rien de contraire ne nous est survenu en route, et pleine de satisfaction, parce que nous pouvions à peine attendre le moment d'arriver à destination, tant notre voyage a été fatigant, quoique court ! Je vous assure qu'il n'a été possible à aucun de nous de dormir une seule minute pendant toute la nuit. Cette voiture vous pousse vraiment l'âme dehors ! Et les sièges ?... durs comme pierre !... Depuis Wasserbourg, j'ai réellement cru que je ne parviendrais jamais à apporter mon postérieur tout entier jusqu'à Munich !... Il était tout meurtri et, probablement, rouge comme du feu. Pendant deux relais entiers je suis resté les mains appuyées sur le coussin [de la banquette]. pour le tenir en l'air.... Mais en voilà assez sur ce sujet ; c'est passé maintenant !... En règle générale, il me sera toujours plus agréable d'aller à pied que de rouler dans une diligence.

A présent, parlons de Munich. — Le soir même (nous ne sommes arrivés ici qu'à une heure de l'après-midi !), j'ai été chez le comte Seeau, où j'ai laissé un billet parce qu'il n'était pas chez lui. Le lendemain matin j'y suis retourné avec Becke. Seeau a été fondu comme de la cire par les gens de Manheim[2]. — "Pour ce qui est du livret [d'Idoménée], le comte dit qu'il n'est pas nécessaire que l'abbé Varesco[3] le transcrive de nouveau pour nous l'envoyer,

1. Mozart avait été chargé de composer l'opéra d'*Idoménée* [K. 366] pour le carnaval, à Munich.

2. Évidemment le personnel musical venu de Manheim avec le nouveau prince Électeur.

3. J. B. Varesco, auteur du livret d'*Idoménée*, chapelain de la cour, à Salzbourg, depuis 1766.

puisqu'on va l'imprimer ici. Mais moi je serais d'avis qu'il réunît immédiatement le tout, sans oublier les petites annotations, et qu'il l'envoyât le plus tôt possible, ainsi que l'*argument*. Le nom des personnes qui chanteront est parfaitement inutile [à mettre]; cela se fera bien plus facilement ici. On introduira de loin en loin quelques petits changements, on raccourcira un peu les récitatifs; mais tout sera imprimé *.

J'ai maintenant une prière à faire à M. l'abbé : Je voudrais, pour l'usage que je compte en faire, que l'air d'Ilia fût un peu modifié : 2me scène du 2me acte : « *Se il padre perdei, in te lo ritrovo.* » Cette *strophe* ne saurait être meilleure; mais ensuite vient ce qui, — *N. B.*, dans un air, — m'a toujours paru très peu naturel, c'est-à-dire un *a parte*. Dans un *dialogue*, rien de plus simple : on dit bien vite deux mots en se détournant; mais dans un air, où l'on doit répéter les mêmes paroles, cela fait mauvais effet. Et quand ce ne serait pas, je souhaiterais avoir là un air (le commencement peut rester s'il lui convient, car il est charmant)... un air qui coule tout naturellement, que je puisse écrire tout couramment, n'étant pas si fort lié par les paroles;... car nous sommes convenus ensemble de placer là une *aria andantino*, avec quatre instruments à vent concertants, savoir : flûte, hautbois, cor et basson.... Et je le prie de faire en sorte que je l'aie le plus tôt possible.

Voici un méchant tour [qu'on me joue[1]]. — Je n'ai pas, il est vrai, l'honneur de connaître le héros, Del Prato, mais d'après la description, Ceccarelli serait presque meilleur!... car il est souvent hors d'haleine dès le milieu d'un air et, *nota bene*, il n'a encore paru sur aucun théâtre,... et Raaff[2] est une vraie *statue*. — A présent, figurez-vous un peu la scène du 1er acte!... Du moins quelque chose de bon, c'est

1. C'est de lui donner, pour chanter le rôle d'*Idamante*, le très médiocre sopraniste Del Prato.
2. Raaff (66 ans) chantait le rôle d'*Idoménée*.

que Mme Dorothée Wendling[1] est *arci-contentissima* de sa scène; elle a voulu l'entendre trois fois de suite.

Hier est arrivé ici le grand-maître de l'Ordre Teutonique. On a donné au théâtre de la cour « Essex » et un magnifique *ballet*. Le théâtre était tout illuminé. On a commencé par une *ouverture* de Cannabich que je ne connaissais pas parce que c'est une de ses dernières. Je vous assure que si vous l'aviez entendue, elle vous aurait autant charmé et ému que moi, et que, si vous ne l'aviez pas su d'avance, vous n'auriez sûrement pas cru qu'elle est de Cannabich. Venez donc bientôt pour l'entendre! Vous admirerez l'orchestre. — Je ne sais rien de plus, pour le moment. Ce soir, il y a grand concert : Mara[2] chantera trois airs.

Dites-moi s'il neige autant à Salzbourg qu'ici? — Mes compliments à M. Schikaneder[3]; je lui demande pardon de n'avoir pu encore envoyer l'air, mais je n'ai pu le terminer entièrement.

142 (M)

A SON PÈRE

Munich, 13 novembre 1780.

Je vous écris dans la plus grande hâte, car je ne suis pas encore habillé, et je dois aller chez le comte Seeau. Cannabich, Quaglio[4] et le maître de ballet, Le Grand, y dînent aussi, afin de convenir de tout ce qui est nécessaire pour l'opéra. — Hier, j'ai soupé avec Cannabich chez la comtesse Baumgarten, née Lerchenfeld. Mon ami est tout-puissant dans cette maison,... et moi aussi, par conséquent. C'est ici, pour moi, la meilleure et la plus utile des maisons.

1. Dorothée Wendling, née Spurni (43 ans), célèbre *prima donna*, femme du flûtiste, chantait le rôle d'*Ilia*.

2. Très célèbre cantatrice (voy. lettre 145).

3. Schikaneder, directeur d'une troupe d'acteurs ambulants, alors à Salzbourg, plus tard à Vienne. — C'est lui qui a composé le livret de la *Flûte enchantée*.

4. Peintre de décors.

C'est par elle que tout a bien marché pour moi, et continuera, si Dieu le veut, à bien marcher. La comtesse[1] est celle qui a la **F**aveur d'un **A**mi... et une **V**oyante chaîne pendue à son **O**reille,... et une **R**iche bague;..... je l'ai vue moi-même **I**ci... et je le dis, quand **T**ous les malheurs devraient fondre sur moi, pauvre malheureux sans **E**spoir!... *sapienti pauca.*

Maintenant, il faut que je m'habille; ainsi venons vite au plus urgent, à ce qui est, à vrai dire, le but principal de cette lettre: c'est de vous souhaiter, mon cher et excellent père, à l'occasion de votre fête,... tout ce qu'on peut se figurer [de meilleur]. De plus je me recommande à votre tendresse paternelle et vous assure de mon éternelle soumission. — La comtesse La Rosé vous envoie ses compliments ainsi qu'à ma sœur; et de même toute la famille Cannabich, les deux familles Wendling, Ramm, Eck père et fils, Becke et M. Del Prato †††, qui est justement auprès de moi †††[2]. — Hier, le comte Seeau m'a présenté à Son Altesse le prince Électeur, qui a été très affable pour moi. Si vous aviez maintenant à parler au comte Seeau, vous ne le reconnaîtriez plus, tant ces messieurs de Manheim l'ont retourné.

Je devrais, *ex commissione S. G.*, écrire en son nom une réponse en forme à M. l'abbé Varesco, mais je n'en ai pas le temps et ne suis pas du tout né pour être secrétaire. — Au premier acte, scène huit, M. Quaglio a fait la même objection que nous avions élevée dès le début: c'est que cela ne va pas bien que le roi soit tout seul dans le navire. Si M. l'abbé pense qu'on puisse raisonnablement le représenter comme abandonné de tout le monde, dans cette effroyable tempête, sans navire, nageant tout seul au milieu des plus

1. La comtesse Baumgarten était la maîtresse du prince Électeur. Mozart invente une phrase bouffonne où il met en gros caractères les lettres qui composent le mot de FAVORITE. La traduction exacte ne pouvant rendre cela avec les mêmes mots, nous nous sommes bornés à une imitation, gardant ce qui pouvait se garder.

2. Ces † sont des signes de croix de détresse que Mozart fait en pensant à l'insuffisance de Del Prato.

grands dangers,... tout peut rester tel quel; mais, *N. B.*, sans navire, car il ne peut être seul dans un navire. — Sinon, il faut qu'on voie débarquer avec lui quelques généraux, ses intimes (des *comparses*); mais alors aussi, il faudra que le roi ait au moins quelques paroles à dire à ses chers compagnons, par exemple : de le laisser seul,... ce qui serait tout naturel dans la triste *situation* où il se trouve actuellement.

Le second *duetto* est tout à fait supprimé, et vraiment c'est avec plus d'avantage que de dommage pour l'opéra; car vous verrez bien, si vous relisez la scène, qu'un air ou un duo la rend languissante et froide,... et c'est très *gênant* pour les autres *acteurs* qui doivent rester là, en scène;... et, en outre, ce combat de générosité entre Ilia et Idamante serait trop long et perdrait, par suite, toute sa valeur.

La Mara n'a pas eu du tout le bonheur de me plaire; elle en fait trop peu pour ressembler à une Bastardella[1] (car c'est là son emploi), et elle en fait trop pour toucher le cœur, comme une Weber, ou une cantatrice sérieuse.

P. S. — *A propos*, on traduit si mal ici, que le comte Seeau aurait envie de faire aussi *traduire* l'opéra à Salzbourg, les airs seulement en vers. [Dans ce cas] je devrais faire un contrat par lequel les honoraires du poète et du traducteur seraient acquittés en même temps. Donnez-moi bientôt une réponse à cet égard. *Adieu.*

Que devient le tableau de famille[2]?... Êtes-vous bien réussi?... Ma sœur est-elle aussi déjà commencée?... — L'opéra ne sera donné pour la première fois que le 20 janvier. Ayez donc la bonté de m'envoyer les deux partitions des messes que j'ai emportées[3], et la messe en si bémol [K. 275]. Le comte Seeau en touchera bientôt un mot au

1. Célèbre cantatrice italienne. Voir Lettre 10.

2. Ce grand portrait de famille, conservé aujourd'hui au *Mozarteum* de Salzbourg, à la place d'honneur, représente Mozart et sa sœur au piano, leur père derrière, le violon à la main, et le portrait ovale de la mère, accroché à la muraille du fond.

3. Sans doute : dont j'ai emporté les parties détachées....

prince Électeur; je voudrais qu'on apprît à me connaître aussi dans ce genre de composition. — Je viens d'entendre une messe de Grua[1]; de cette espèce-là on en peut facilement composer une demi-douzaine par jour!...

Si j'avais su que ce castrat[2] fût si mauvais, j'aurais vraiment recommandé Ceccarelli!

143 (M)

A SON PÈRE

Munich, 15 novembre 1780.

J'ai reçu exactement votre lettre ou plutôt tout le paquet; à présent, l'air est parfait. Maintenant il faudrait encore un changement, et c'est Raaff qui en est cause. Du reste, il a raison, et ne l'eût-il pas, on devrait à ses cheveux gris de faire quelque chose pour lui plaire. Hier il est venu chez moi; j'ai fait caracoler devant lui son premier air, dont il a été très satisfait. Seulement... le pauvre homme est âgé, et dans un air comme celui du second acte : « *Fuor del mar ho un mare in seno* », il ne peut plus se faire valoir. Comme, d'ailleurs, il n'a pas d'air au troisième acte (et que celui du premier acte, à cause de l'expression des paroles, ne peut pas être suffisamment *cantabile*), il voudrait, après ses dernières paroles « *O Creta fortunata! O me felice!* » un joli air, au lieu du quatuor. De cette manière, là aussi, se trouve retranché un morceau inutile, et le troisième acte fait, dès lors, un bien meilleur effet! — Maintenant, dans la dernière scène du deuxième acte, Idoménée chante, au milieu des chœurs, un air ou plutôt une espèce de cavatine. Ici, il vaudra mieux ne faire qu'un simple récitatif sous lequel les instruments pourront bien travailler; car dans cette scène, qui sera la plus belle de tout l'opéra (à cause du jeu de

1. Grua, né à Manheim, en 1754. Élève du P. Martini. Maître de chapelle à Munich depuis 1779.
2. Del Prato.

scène et des groupes que nous avons combinés récemment avec Le Grand), il y aura un tel bruit et une telle *confusion* sur le théâtre, qu'un air ferait mauvaise figure à cette place. En outre il y a un orage... qui, sans doute, ne cessera pas pour [permettre] à M. Raaff de chanter son air;... et puis l'effet d'un récitatif au milieu des chœurs est incomparablement meilleur.

Lisel Wendling[1] a aussi chanté ses deux airs, d'un bout à l'autre, une demi-douzaine de fois, et en est très contente. Je tiens d'une personne tierce que les deux Wendling ont fait beaucoup d'éloges de leurs airs. — Raaff est toujours mon meilleur et mon plus cher ami. — Quant à mon *molto amato castrato* Del Prato, il faut que je lui enseigne l'opéra tout entier; il n'est pas en état de commencer un air d'une manière qui ressemble à quelque chose, et il a une voix inégale!... Il n'est engagé que pour un an, et sitôt l'engagement fini, c'est-à-dire en septembre, le comte Seeau le remplacera. Ceccarelli pourrait alors essayer sa chance;... *sérieusement.*

Bon! pour un peu j'aurais oublié le meilleur. Dimanche dernier, après la messe, le comte Seeau m'a présenté *en passant* à S. A. E. le prince Électeur, qui a été très affable pour moi. Il m'a dit : « Je me réjouis de vous voir de nouveau ici. » — Et comme je disais que je mettrai tout mon zèle à obtenir l'approbation de S. A. Élect., il m'a frappé sur l'épaule en disant : « Oh! quant à cela, je n'ai pas le moindre doute que tout ira bien! *A piano, piano, si va lontano*[2]. »

Diable! voilà encore que je ne puis pas écrire tout ce que je voudrais! Raaff est venu à l'instant chez moi; il vous fait ses compliments, ainsi que toute la famille Cannabich et les deux familles Wendling; Ramm, également. — Il ne faut pas que ma sœur fasse la paresseuse, mais qu'elle

1. Elisabeth Wendling, née Sarvelli (34 ans), cantatrice distinguée, femme de Ch. W. le violoniste, chantait le rôle d'*Elettra*.

2. « A aller tout doucement on va loin. »

s'exerce courageusement, car on se réjouit déjà de l'entendre. Mon *logis* est dans la Burggasse[1], chez M. Fiat.

144 [M]

A SON PÈRE

Munich, 22 novembre 1780.

Voici enfin l'air pour M. Schikaneder, promis depuis si longtemps déjà[2]. Les huit premiers jours, je n'ai pu le terminer entièrement, à cause de mes autres affaires, pour lesquelles je suis ici; et dernièrement Le Grand, le maître de ballet, un féroce bavard et un *seccatore*[3], était justement venu chez moi et, par son babil, m'a fait manquer la poste.

J'espère que ma sœur est maintenant tout à fait remise. J'ai en ce moment un catarrhe, très à la *mode* ici, par cette température; mais je crois et j'espère qu'il va bientôt prendre la fuite, car les deux régiments de cuirassiers légers, le mucus nasal et la pituite, vont s'en allant peu à peu. — Dans votre dernière lettre se trouve à chaque instant: « O mes pauvres yeux!... Je ne veux pas écrire à me rendre aveugle!... A sept heures et demie du soir et sans lunettes!... » Mais pourquoi donc écrivez-vous la nuit? Et pourquoi sans lunettes? Je ne le comprends pas....

Je n'ai pu encore causer avec le comte Seeau, mais je lui parlerai aujourd'hui et vous donnerai des nouvelles dès le prochain courrier. A présent, très probablement, tout restera tel quel[4]. M. Raaff est venu me voir hier, dans la matinée, et je lui ai adressé vos compliments à tous deux, ce qui lui a fait le plus grand plaisir. Quel digne homme et foncièrement honnête! Avant-hier, Del Prato a chanté au concert... que c'était une honte! Je parierais bien que le

1. On a posé sur cette maison une plaque commémorative en marbre.
2. Voy. K. Suppl. 11 a. On ignore quel peut être cet air.
3. « Un importun, une *scie.* »
4. Pour le livret de l'opéra.

personnage ne soutiendra pas une seule fois l'épreuve des répétitions, et encore moins de la représentation. Ce gaillard n'a rien de sain dans tout son intérieur...

Entrez! — M. Panzacchi[1]. Il m'est déjà venu voir trois fois et vient de m'inviter à dîner pour dimanche. Il faut espérer qu'il ne m'arrivera pas ce qui nous est arrivé à tous deux pour le café. — Il demande très humblement s'il ne pourrait pas chanter, au lieu de : « *se la sà* », « *se co là*[2] »... ou même peut-être « *ut*, *ré*, *mi*, *fa*, *sol*, *la* »?

Je serai tout à fait content que vous m'écriviez très longuement chaque fois, pourvu que ce ne soit pas la nuit, et surtout sans lunettes. Mais il faut que vous me pardonniez si, moi, je n'écris pas beaucoup, car chaque minute m'est précieuse. C'est du reste le soir seulement que je puis écrire la plus grande partie [de mon opéra], parce que le jour vient tard. Il faut aussi se faire habiller, et le commis de magasin, chez Weiser, vous obsède son monde! — Quand le castrat arrive, il faut que je lui chante son rôle, car il est obligé de l'apprendre entièrement, comme un enfant, et n'a pas pour un kreutzer de *méthode*.

La prochaine fois, je vous en écrirai plus long. Où en est donc le portrait de famille? — Ma sœur pourrait bien (si parfois elle s'ennuie) m'écrire sur un papier le titre, au moins, des meilleures comédies qui ont été jouées depuis mon départ. Schikaneder fait-il toujours de bonnes recettes? — Mes compliments à tous nos bons amis et amies, ainsi qu'au[3]... de Catherine Gilofsky. — Donnez à Pimperl[4] une prise de tabac d'Espagne, une bonne rôtie au vin et trois petits bécots. — Est-ce que je ne vous manque pas?... 1000 compliments de tous à tous... tous. *Adieu.* Je vous baise 1000 fois

1. Domenico Panzacchi (47 ans), excellent chanteur, élève de Bernacchi. chargé du rôle d'*Arbace*. Peu de temps après il prit sa retraite et retourna à Bologne, sa patrie, avec une grande fortune. Son caractère était très estimé.

2. On voit sur la partition que Mozart a mis, en effet « *se co là* ».

3. Probablement au prétendu ou au frère de Catherine. Franz et Catheri Gilofsky étaient amis de Wolfgang à Salzbourg.

4. Pimperl, la petite chienne.

les mains, j'embrasse ma sœur de tout mon cœur et j'espère qu'elle sera bientôt mieux.

145 (M)

A SON PÈRE

Munich, 24 novembre 1780.

Je vous prie de présenter mes très humbles respects à Mlle Catherine Gilofsky de Urazowa, et de lui faire, en mon nom, les plus beaux souhaits pour sa fête. Je lui souhaite surtout que ce soit la dernière fois qu'on la fête comme *Mademoiselle.* Ce que vous me dites au sujet du comte Seinsheim est arrivé depuis longtemps; tout se tient ainsi comme par une chaîne. J'ai déjà dîné une fois chez lui, deux fois chez Baumgarten et une fois chez Lerchenfeld, dont Mme Baumgarten est la fille. Il n'y a pas de jour qu'une de ces personnes, au moins, ne vienne chez Cannabich. — Soyez sans inquiétude pour mon opéra, mon très cher père; j'espère que tout ira parfaitement bien. Il se produira bien une petite cabale, mais qui tournera probablement d'une manière très comique, car j'ai pour moi les plus considérables et les plus riches familles de la *noblesse;* et les premiers d'entre les musiciens sont tous pour moi. Je ne puis vous dire à quel point Cannabich est mon ami... si actif, si utile! En un mot, il est toujours aux aguets lorsqu'il s'agit de faire du bien à quelqu'un.

Pour ce qui est de l'histoire de la Mara, je veux vous la raconter tout entière. Si je n'en ai jamais rien dit, c'est parce que je pensais que, si vous n'en connaissiez rien, vous l'apprendriez bien ici vous-même, et que, si vous en saviez quelque chose, il serait toujours temps de vous écrire toute la vérité, car il est fort probable qu'on aura quelque peu amplifié les faits; dans cette ville-ci, du moins, on les a racontés de bien des façons! Mais je puis les connaître mieux que personne, puisque j'y étais et que, par conséquent, j'ai été spectateur et auditeur de toute l'*affaire*. La première symphonie terminée, ce fut à Mme Mara de chanter. Je vis alors monsieur son époux se glisser furtivement derrière elle, un violoncelle à la main, et je crus qu'il s'agissait d'un air avec accompagnement de violoncelle obligé. Or le vieux Danzi, un très bon *accompagnateur*, est ici premier violoncelle. — Tout à coup, le vieux Toeschi (qui est aussi chef d'orchestre, mais qui n'a aucun ordre à donner lorsque Cannabich est présent) dit à Danzi (son gendre, *N. B.*) : « Levez-vous[1] et laissez Mara s'asseoir à votre place! » Quand Cannabich entend et voit cela, il lui crie : « Danzi, restez assis; le prince aime à ce que ce soient ses musiciens qui accompagnent. » Là-dessus l'air commença et Giov. Mara resta debout derrière sa femme, le violoncelle à la main, dans l'attitude d'un pauvre pécheur.

Dès leur entrée dans la salle, ils m'ont déjà paru insupportables, tous les deux, car ce n'est pas souvent qu'on voit une telle effronterie! Vous en serez persuadé par ce qui suit. L'air avait une seconde partie; Mme Mara, sans avoir trouvé bon de prévenir d'avance l'orchestre, descendit [de l'estrade] pendant la dernière ritournelle, avec son *air d'effronterie* inné, pour faire son compliment aux princes. Pendant ce temps, son mari commença de faire une scène à Cannabich. Je ne puis tout écrire, ce serait trop long;... en un mot, il insulta l'orchestre et le caractère[2] de Cannabich. Naturellement Cannabich se mit en colère, le saisit par le bras et lui dit : « Ce n'est pas ici le lieu de vous répondre ». Mara voulut encore parler, mais il le menaça, s'il ne se taisait, de le faire mettre dehors. Tout le monde était indigné de l'impertinence de Mara. — Vint ensuite un concerto de Ramm, et pendant ce temps les deux chers époux allèrent se plaindre au comte Seeau; mais ils trouvèrent là, comme auprès de tout le monde, qu'ils avaient tort. Finalement, Mme Mara fit

1. La phrase allemande est encore plus sèche, car elle est à la troisième personne, ce qui ne se fait que vis-à-vis d'un inférieur.
2. Le caractère de chef d'orchestre.

la *sottise* de descendre pour en appeler au prince Électeur lui-même, tandis que son mari disait d'un air arrogant : « Ma femme se plaint en ce moment au prince Électeur ; ce sera la ruine de Cannabich, j'en suis fâché. » Mais on se moqua de lui de la belle manière ! — Le prince répondit à la plainte de Mme Mara : « Madame, vous avez chanté comme un ange, bien que ce ne soit pas votre mari qui vous ait accompagnée. » Et comme elle voulait *pousser* sa réclamation plus loin, il dit : « Ah ! ce n'est pas moi que cela regarde ; c'est le comte Seeau. » — Quand ils virent qu'il n'y avait rien à faire de ce côté, ils partirent, quoiqu'elle eût encore deux airs à chanter. C'est ce qui s'appelle, en bon allemand, *affronter* le prince Électeur ; et je sais bien que si l'archiduc et beaucoup d'autres étrangers n'avaient pas été là, on les aurait traités tout autrement ; mais dans cet état de choses, le comte Seeau fut inquiet et envoya aussitôt après eux, et ils revinrent. Mme Mara chanta ses deux airs sans être accompagnée par son mari. Au dernier air (je crois toujours que M. Mara l'a fait exprès) il manquait trois mesures, et *N. B.* seulement dans la copie d'après laquelle jouait Cannabich. Quand on en fut là, Mara arrêta Cannabich par le bras ; celui-ci s'y retrouva aussitôt, mais frappant de son archet sur le pupitre, il cria tout haut : « Ici, tout est fautif ! » — Quand l'air fut terminé, il dit : « Monsieur Mara, je veux vous donner un conseil ; tenez-vous-le pour dit : n'arrêtez jamais le bras d'un chef d'orchestre, car, autrement, vous pourriez être assuré de recevoir une demi-douzaine de soufflets. » Mais Mara avait alors complètement baissé le ton ; il demanda pardon et s'excusa de son mieux.

Le plus honteux, dans toute cette *affaire*, c'est que Mara (un misérable violoncelle, à ce que tout le monde dit ici) n'aurait pas du tout pu se faire entendre à la cour sans l'intervention de Cannabich, qui s'est donné de la peine pour cela. Dans le premier concert — quand je n'étais pas encore ici, — il joua un concerto, accompagna sa femme, s'assit à la place de Danzi, sans rien dire à Danzi, ni à personne, et on le laissa faire. Le prince Électeur ne fut nullement content de sa manière d'accompagner et dit qu'il préférait que ses musiciens accompagnassent. Cannabich, qui le sut, le dit au comte avant le commencement du concert, [ajoutant] que Mara pourrait bien jouer avec eux, assis du côté opposé, mais qu'il fallait que Danzi jouât aussi; et quand Mara arriva, il l'en avertit, et c'est malgré cela que ce dernier fit cette *impertinence*. Si vous les connaissiez, ces deux personnages! On lit sur leur visage l'arrogance, la grossièreté et une vraie *effronterie!*

J'espère que ma sœur est maintenant rétablie. Je vous en prie, ne m'écrivez plus de lettre si triste, car j'ai besoin en ce moment de conserver de la sérénité, une tête libre et du plaisir au travail, et on n'a pas tout cela quand on est triste!... Je sais, et, mon Dieu! je sens bien, comme vous mériteriez du repos d'esprit! Mais est-ce moi qui suis un obstacle à cela? je voudrais ne pas l'être, et malheureusement je le suis! Ah! si j'atteins mon but, et que je puisse réussir à me faire ici une position importante, il faudra que vous quittiez Salzbourg immédiatement. Cela n'arrivera pas, direz-vous; — du moins ce ne sera pas faute d'ardeur et d'efforts de ma part. Faites seulement en sorte de venir bientôt près de moi.... [1]Ah! si l'**A**ne qui **R**ompt un anneau, et qui, dans sa violente **C**olère, se donne une **H**ernie telle que je l'entends braire comme un damné **E**t qui caresse de sa **V**ieille **E**t longue oreille la **QU**Eue de renard.... Ah! s'il n'était pas si!...

Nous pourrons demeurer tous ensemble. J'ai dans ma première chambre une grande alcôve à deux lits; voilà qui sera tout à fait *charmant* pour vous et pour moi. Quant à ma sœur, il n'y aura pas d'autre moyen que... de faire placer un poêle dans l'autre chambre : *affaire* de 4 à 5 florins[2]. Car, lors même qu'on chaufferait [la première chambre] à

1. Même jeu que dans la lettre 142 (voy. la note). Ici le mot est « ARCHEVÊQUE ».
2. 9 à 11 francs.

faire éclater le poêle, en laissant la porte de communication ouverte, il ne ferait pas supportable [dans cette autre chambre] : elle est d'un froid terrible. — Demandez donc à l'abbé Varesco si on ne pourrait pas terminer le chœur du deuxième acte : « *Placido è il mare* », après sa seconde répétition, et à la suite de la première strophe d'Elettra, ou au moins après la seconde strophe, car c'est vraiment trop long. — Voilà deux jours que je garde la maison à cause de mon rhume, et heureusement que je n'ai pas grand appétit, car, à la longue, je serais fort embarrassé pour le payement de ma nourriture. Mais j'ai écrit, à ce sujet, un billet au comte; il m'a fait dire qu'il en causerait avec moi. Pardieu ! je ne payerai pas un kreutzer ! Il devrait rougir au fond de son âme !

146 [NISSEN]

A SON PÈRE[1]

Munich, 29 novembre 1780.

L'air pour Raaff, que vous m'avez envoyé, me plaît, mais ne lui plaît pas du tout. Je ne veux rien dire du mot « *era* », qui est toujours une faute dans un pareil air; Métastase [il est vrai] l'emploie quelquefois, mais extrêmement rarement, et encore ces airs-là ne sont-ils pas ses meilleurs ;... d'ailleurs, quelle nécessité y a-t-il à s'en servir? — De plus, cet air n'est pas du tout ce que nous avions désiré, c'est-à-dire qu'il ne devrait exprimer que calme et contentement, tandis que ces sentiments ne se montrent que dans la seconde partie seulement. Et vraiment nous avons assez vu, entendu et ressenti, pendant tout l'opéra, les malheurs qu'Idoménée a eu à supporter; c'est de sa situation présente qu'il peut bien parler ici ! Nous n'avons d'ailleurs nullement besoin d'une

1. Cette lettre ne se trouve que dans Nissen; mais Jahn en cite un passage.

seconde partie;... cela n'en vaudra que mieux. Dans l'opéra *Achille in Sciro* de Métastase, il y a un air de ce genre, et c'est comme cela que Raaff en voudrait avoir un :

Or che mio figlio sei,
Sfido il destin nemico;
Sento degl'anni miei
Il peso alleggierir.

Dites-moi, ne trouvez-vous pas que le discours de la voix souterraine est trop long? Examinez bien cela. Représentez-vous le théâtre : La voix doit être effrayante,... elle doit pénétrer jusqu'au fond de l'âme; il faut qu'on croie que c'est véritable. Or, comment cet effet peut-il se produire si le discours est trop long, et que sa longueur permette aux auditeurs de se convaincre de plus en plus que ce n'est qu'une illusion? — Si, dans *Hamlet*, le discours du spectre n'était pas si long, l'effet n'en serait que meilleur.... Ce discours-ci est d'ailleurs très facile à abréger; il y gagnera plus qu'il n'y perdra.

Maintenant, j'ai besoin, pour la marche du deuxième acte, qu'on entend de loin, de sourdines pour les trompettes et les cors, et on n'en trouve pas ici. Voudriez-vous m'en envoyer une de chaque espèce, par la prochaine diligence, afin que je puisse en faire faire de semblables ici.

147 (M)

A SON PÈRE

Munich, 1er décembre 1780.

La répétition a extraordinairement bien réussi; il n'y avait en tout que six violons, mais tous les instruments à vent. En fait d'auditeurs, on n'avait admis personne que la sœur de Seeau et le jeune comte Seinsheim. D'aujourd'hui en huit, nous en ferons une seconde, et alors nous aurons douze violons pour le premier acte; puis on répétera le deuxième acte (comme on a répété le premier, la dernière fois). — Je ne puis vous dire à quel point tout le monde était dans la joie et l'étonnement! Moi, je ne m'attendais pas à autre chose, et je vous assure que je suis allé à cette répétition le cœur aussi calme que si je m'étais rendu n'importe où, à une *collation*. Le comte Seinsheim m'a dit : « Je puis vous affirmer que j'avais attendu beaucoup de vous, mais vraiment pas à ce point-là! »

Les Cannabich et tous ceux qui les fréquentent sont réellement des amis pour moi. Quand, après la répétition, je rentrai avec Cannabich chez lui (car nous avions eu encore beaucoup à causer avec le comte), Mme Cannabich accourut à ma rencontre et m'embrassa, toute joyeuse de ce que la répétition avait si bien réussi; car Ramm et Lang étaient rentrés comme fous. L'excellente femme, ma vraie amie, restée seule à la maison avec Rose qui est malade, avait eu, pendant tout le temps, mille inquiétudes à mon sujet. Ramm m'a dit (et si vous le connaissiez, vous verriez que c'est un vrai Allemand, qui vous dit tout en pleine figure, comme il le pense) : « Je puis bien vous avouer que jamais aucune musique ne m'a fait une telle *impression*, et je vous assure que j'ai bien pensé cinquante fois à Monsieur votre père et à la joie qu'il aura quand il entendra cet opéra! »

En voilà assez sur ce sujet. Mon rhume a un peu augmenté à cette répétition, et, ma foi! on s'échauffe quand l'honneur et la réputation sont en jeu,... quelque sang-froid qu'on ait au début! J'ai usé de tous les remèdes que vous m'avez prescrits; cela va bien lentement, et c'est vraiment bien gênant pour moi, en ce moment, car la composition n'est pas pour guérir le rhume, et il faut pourtant bien écrire. Aujourd'hui, j'ai commencé à prendre du sirop de figues et un peu d'huile d'amandes douces, et je ressens déjà quelque soulagement; je viens de passer encore deux jours à la maison.

Hier, dans la matinée, M. Raaff est revenu me voir, pour entendre l'air du deuxième acte. Ce brave homme est aussi épris de son air que pourrait l'être, pour sa belle, un jeune homme plein de feu. Il le chante la nuit, avant de s'endormir, et le matin quand il s'éveille. Il a dit à M. de Viereck, le grand écuyer, et à M. de Kastel (je le savais de bonne source et maintenant je le tiens de lui-même) : « Jusqu'ici j'étais toujours habitué à me tirer d'embarras [en modifiant] mes rôles, aussi bien dans les récitatifs que dans les airs, mais ici tout est resté tel que c'était écrit; je ne saurais trouver une note qui ne me convînt pas, etc. » *Enfin*, il est content comme un roi. — Il est vrai qu'il aimerait, ainsi que moi, qu'on changeât un peu l'air que vous m'avez envoyé. Le [mot] « *era* » ne lui va pas non plus; et puis nous désirerions avoir, en cet endroit, un air calme et heureux, et quand il n'aurait qu'une partie, ce serait encore mieux; il faut toujours que la seconde partie soit englobée dans le tout et elle me cause souvent de l'embarras. — Dans *Achille in Sciro* il y a un air de ce genre : « *Or che mio figlio sei* », etc.

Je remercie mille fois ma sœur de la liste de comédies qu'elle m'a envoyée. C'est bien singulier pour la comédie « Vengeance pour vengeance! » Ici, elle a été donnée fréquemment et avec beaucoup de succès, et encore tout dernièrement; mais je n'y suis pas allé.

Mes compliments très respectueux à Mlle Thérèse de Barisani. Si j'avais un frère, je l'aurais prié de lui baiser très humblement les mains, mais comme j'ai une sœur, c'est encore bien mieux et je la prie de l'*embrasser* bien affectueusement en mon nom. *A propos*, écrivez donc une fois à Cannabich; il le mérite et cela lui fera un plaisir extrême. Qu'est-ce que cela fait s'il ne répond pas? Il n'a pas l'intention [de négligence] qui paraît au dehors : il en fait de même pour tout le monde; il faut le connaître.

148 [M]

A SON PÈRE

Munich, 5 décembre 1780.

La mort de l'Impératrice[1] ne nuit en rien du tout à mon opéra, car aucun théâtre n'est fermé; les comédies continuent comme auparavant, et le deuil tout entier ne durera pas plus de six semaines : or, mon opéra ne sera pas représenté avant le 20 janvier. Maintenant je vous prie de faire brosser et battre comme il faut mon habit noir, de lui donner le meilleur air possible et de me l'envoyer par la prochaine diligence, car, dès la semaine qui vient, tout le monde prendra le deuil, et moi, qui vais de côté et d'autre, il faut bien que je pleure aussi.

..... Puis je vous ai aussi écrit, au sujet du dernier air de Raaff, que nous désirerions, tous deux, avoir là quelque chose de plus agréable et de plus suave encore, comme paroles. Le mot « *era* » est affecté. Le commencement [de l'air] serait bien, mais « *gelida massa* » est de nouveau dur. Bref, les mots recherchés ou extraordinaires sont toujours maladroits dans un air gracieux. Et puis je voudrais que cet air n'exprimât que paix et contentement; et s'il n'avait qu'une seule partie ce serait aussi bien : je l'aimerais même presque mieux. — Je vous ai également écrit au sujet de Panzacchi. Il faut bien faire quelque chose pour ce digne vieillard. Il voudrait seulement qu'on allongeât de quelques vers son récitatif du troisième acte, qui sera d'un bon effet à cause du *chiaroscuro*[2] et parce qu'il (Panzacchi) est bon *acteur*. Par exemple, après la strophe : « *Sei la città del pianto, e questa reggia quella del duol*[3] », une petite lueur d'espérance, et

1. Marie-Thérèse, morte le 29 novembre. Son fils Joseph II lui succéda. Depuis 1765 il portait le titre d'Empereur, mais ne régnait pas.

2. Effet de « clair-obscur », de demi-teinte, faisant contraste avec les sentiments passionnés qui suivent.

3. « Tu es la cité des pleurs, et ce royaume celui de la douleur. »

ensuite : « Insensé que je suis! où s'égare ma douleur! *Ah! Creta tutta io vedo*[1].... » — L'abbé Varesco n'a pas besoin pour cela de recopier l'acte à nouveau; cela peut facilement s'intercaler. — Puis je vous ai encore écrit... que le discours souterrain me paraît trop long (à moi, comme à d'autres) pour faire de l'effet. Examinez cela.

Maintenant il faut que je termine parce que j'ai énormément à écrire. — Je n'ai pas vu le baron Lehrbach et je ne sais pas non plus s'il est encore ici ou non. Je n'ai pas le temps de courir de côté et d'autre; il m'est facile d'ignorer s'il est ici, tandis que lui sait positivement que j'y suis. Si j'étais une fille, il serait, bien sûr, déjà venu me voir. — Pour ce qui est de la chère, jeune, belle, habile et intelligente Mlle Louise Lodron, je suis très peiné qu'elle tombe en partage à un pareil ventru. Il est probable qu'elle pourra parfaitement jouer avec lui le commencement de la seconde partie du menuet de Bach que je lui ai appris :

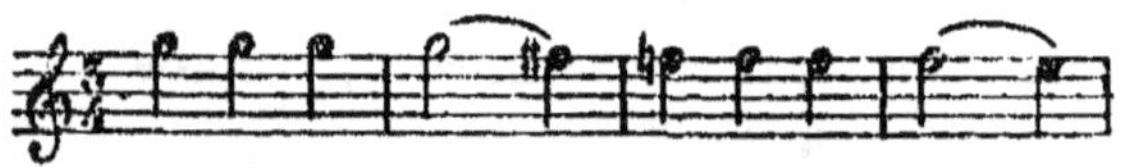

Mais pour la fin, il ne sera pas d'un grand secours et, au moins, très incommode. Mes compliments à Pepperl Lodron; je lui fais de tout cœur mes condoléances de ce que sa sœur lui a enlevé du bec le bon morceau. — Allons, *adieu!*...

Je reçois à l'instant votre lettre du 4 décembre. Il faudra bien vous habituer un peu à embrasser; exercez-vous toujours, en attendant, sur la Maresquelli, car ici, toutes les fois que vous irez chez Dorothée Wendling (où tout est encore à moitié sur un pied français), vous serez obligé d'embrasser la mère et la fille; mais *N. B.* sur le menton, pour que leur fard ne bleuisse pas. — J'en écrirai plus long la prochaine fois. *Adieu.*

P. S. — Ne pas oublier mon habit noir; il faut que je

1. « Ah! je vois toute la Crète.... »

l'aie; sans cela on se moquerait de moi, ce qui ne fait jamais plaisir.

149 [M]

A SON PÈRE

Munich, 13 décembre 1780.

..... Vos deux dernières lettres m'ont paru vraiment trop courtes, et j'ai fouillé toutes les poches de l'habit noir pour voir s'il n'y avait pas quelque chose de fourré dedans. — Ainsi, à Vienne et dans toutes les terres impériales, les spectacles recommencent dans six semaines?... c'est très sagement décidé, car un deuil trop prolongé apporte moins d'avantage au défunt ou à la défunte que de préjudice à beaucoup de gens. — M. Schikaneder[1] restera-t-il à Salzbourg? Dans ces circonstances il pourrait peut-être bien arriver à voir et à entendre mon opéra. Ici on ne peut comprendre, — et avec raison, — que le deuil doive durer trois mois; il n'a été que de six semaines pour le pieux prince Électeur[2]. Du reste, le théâtre continue [ses représentations].

Vous ne me dites pas comment M. Esser[3] a accompagné mes sonates. Bien?... mal?... — La comédie : « Comment on se figure la chose, ou Les deux nuits blanches », est *charmante;* je l'ai ici,... non, non, pas vue, mais lue, car on ne l'a pas encore donnée, et, en outre, je ne suis allé qu'une seule fois au théâtre, faute de temps, le soir étant toujours mon meilleur moment pour travailler.

Si sa Grâce la toute intelligente et gracieuse[4] Mme de Robinig ne daigne pas, cette fois-ci, remettre à un peu plus tard l'époque de son gracieux voyage à Munich, sa Grâce ne

1. Étant directeur de la troupe actuellement à Salzbourg, il avait été obligé d'interrompre ses représentations pendant le deuil.

2. Maximilien III, prince Électeur de Bavière, mort en 1778.

3. Esser, violoniste en renom.

4. « *Gnädig* », *gracieux*, toujours pris dans le sens d'une faveur accordée par un supérieur, un sentiment d'affabilité, de condescendance. Ici, c'est une moquerie.

pourra rien entendre de mon opéra. Mais je pense que sa Grâce, souverainement judicieuse, daignera gracieusement, pour plaire à son gracieux seigneur fils, y séjourner un peu plus longtemps. — On doit avoir maintenant enfin commencé à vous peindre dans le tableau [de famille]?... Et ma sœur aussi, bien sûr?... Quelle tournure cela prend-il? — N'avez-vous pas reçu de réponse de Wetzlar[1],... de notre mandataire de là-bas?... Je ne sais plus son nom,... Fuchs, à ce que je crois,... au sujet du duetto pour deux pianos, veux-je dire. Il n'y a rien de plus beau que de s'expliquer clairement!... Et les airs écrits de la main d'Æsopus sont toujours sur la table,... tout prêts?... Envoyez-les-moi par la diligence et je les remettrai à M. de Dummhoff lui-même, qui les lui enverra *franco*.... A qui? Eh! bien! à Heckmann! C'est un homme tout à fait gentil, n'est-ce pas?... et un amateur passionné de musique, M. Singer!

Aujourd'hui encore c'est, comme toujours, à la chose principale que j'arrive en dernier lieu; je n'en fais pas d'autres! Récemment, en sortant de dîner chez Lisel Wendling, je suis allé, avec Le Grand, chez Cannabich, en voiture (parce qu'il avait horriblement neigé); en voyant Le Grand par la fenêtre, tous crurent réellement que j'arrivais avec vous. Je ne savais pourquoi Charles et les enfants venaient à notre rencontre jusque sur l'escalier et pourquoi, lorsqu'ils virent Le Grand, ils ne dirent plus mot et firent une figure toute *décontenancée*, jusqu'à ce qu'en haut, on nous eût expliqué la chose. — Maintenant, je ne veux plus rien écrire, puisque vous m'avez si peu écrit. Rien... si ce n'est que M. Eck[2], qui vient de se glisser furtivement par ma porte pour chercher son épée, oubliée à sa dernière visite, fait mille compliments à Thresel, à Pimperl, à la jeune Mitzerl, à Katherl Gilofsky, à ma sœur et enfin à vous.

1. Ville de la Province rhénane, alors ville impériale et siège de la Chambre impériale.

2. Violoniste de grand talent, faisant partie de l'orchestre de la cour, et alors âgé de quatorze ans.

Embrassez [pour moi] Thresel,... et, si cela vous est impossible, que ce soit le chapelier qui s'en acquitte. — 1000 bécots à Pimperl. *Adieu.*

150 [M]

A SON PÈRE

Munich, 16 décembre 1780.

Hier M. Esser est venu me voir pour la première fois. Circulait-il à pied, à Salzbourg?... ou bien en voiture, comme il le fait toujours ici?... Je crois bien que sa petite somme d'argent salzbourgeois ne voudra pas rester dans sa bourse. Dimanche nous dînerons ensemble chez Cannabich, et alors il faudra qu'il nous fasse entendre ses *solos* sages et fous. Il dit qu'il ne donnera pas de concert ici; il ne veut pas non plus se produire à la cour. Il ne le recherchera pas, mais si le prince Électeur veut l'entendre : « *Eh! bien!* je suis là; ce sera une faveur pour moi, mais je ne lui ferai pas annoncer [ma présence]. » Du reste, c'est peut-être un bon fou... Ah! diable!... c'est chevalier[1] que je voulais dire. Il m'a déjà demandé pourquoi je ne ne portais pas l'éperon d'or? Je lui ai répondu que j'avais déjà assez lourd à porter avec celui que j'avais dans la tête. Il a eu la bonté de me brosser un peu mon habit sur le corps, en disant : « Un chevalier peut en servir un autre. » — Et avec tout cela, cette même après-midi,... par oubli, bien sûr,... quand il vint chez Cannabich, il avait laissé son éperon à la maison (je veux dire l'extérieur, le visible...) ou, du moins, il avait si bien su le cacher, qu'on n'en voyait pas le plus petit bout.

Maintenant, bien vite, de peur de l'oublier encore : les cous de Mme et de Mlle Cannabich commencent à devenir de plus en plus gros, à cause de l'air et de l'eau d'ici. Cela pourrait bien finir par tourner au goître. Dieu nous assiste! Elles prennent bien une certaine poudre,... que sais-je!...

1. Esser était, comme Mozart, chevalier de l'Éperon d'or.

Ce n'est pas ce nom-là, non, mais cela ne réussit pourtant pas à leur *contentement*. Aussi j'ai pris la liberté de recommander les pilules dites anti-goîtreuses, avançant (pour relever le mérite de ces pilules) que ma sœur a eu trois goîtres plus grands les uns que les autres,et que cependant, grâce à ces merveilleuses pilules, elle en a été enfin complètement délivrée. — Si on peut les préparer ici, je vous prie de m'envoyer la recette; mais s'il faut qu'elles soient fabriquées chez nous, je vous prie de m'en adresser ici, contre argent comptant, quelques quintaux, par la prochaine diligence. Vous savez mon domicile.

Aujourd'hui, dans l'après-midi, il y aura de nouveau, chez le comte, répétition du premier et du second acte; et puis nous ne répéterons plus en chambre que le troisième acte, et tout de suite après nous irons sur la scène. — C'est à cause des copistes que la répétition a toujours été remise, ce qui a mis le comte Seinsheim dans une colère furieuse.

* Pour ce qui est de la copie de la partition [1], je n'ai pas eu du tout à user de finesse, et j'en ai parlé tout ouvertement au comte. A Manheim (où le maître de chapelle était certainement bien payé), l'usage a toujours été de lui rendre son manuscrit original*.

Ne prenez aucun souci de ce que vous appelez le *populaire :* il y a dans mon opéra de la musique pour toutes les catégories de personnes, excepté pour les longues oreilles. — *A propos*, où en sommes-nous avec l'archevêque?... Lundi prochain, il y aura six semaines que j'ai quitté Salzbourg. Vous savez, mon très cher père, que ce n'est que pour l'amour de vous que je suis en...; pour Dieu! si cela ne dépendait que de moi, j'aurais jeté le dernier engagement au cabinet, avant de partir!... Car, sur mon honneur, c'est, non pas Salzbourg même, mais le prince et toute cette orgueilleuse *noblesse* qui me deviennent tous les jours plus

1. Son père lui avait écrit : « Que deviendra ta partition? Il faut y veiller. « Pour un prix comme celui [qu'on te donne] on ne peut abandonner une par-« tition. »

insupportables! De sorte que j'attendrais avec plaisir qu'il me fît écrire qu'il n'a plus besoin de moi; et, grâce à la haute *protection* dont je jouis ici actuellement, je serais assuré pour le présent et pour l'avenir,... sauf le cas de mort, dont personne ne peut se porter garant, mais qui ne peut apporter aucun dommage à un homme de talent, célibataire. — Pourtant,... tout au monde pour l'amour de vous! Mais cela semblerait plus facile si l'on pouvait, quelquefois au moins, s'en aller pour un peu de temps, afin de reprendre haleine. Vous savez combien il a été difficile, cette fois-ci, de partir?... Sans un motif important il n'y a pas à y songer!... C'est à en pleurer quand on y réfléchit!... Ainsi, laissons cela. *Adieu.*

Venez bientôt me rejoindre à Munich; venez entendre mon opéra,... et puis vous me direz si j'ai tort d'être triste quand je pense à Salzbourg! *Adieu.*' Je vous baise 2000 fois les mains et j'embrasse ma sœur de tout mon cœur, et suis pour toujours votre fils obéissant.

151 (M)

A SON PÈRE

Munich, 19 décembre 1780.

La dernière répétition a très bien réussi, comme la première, et l'orchestre, ainsi que tous les auditeurs, ont découvert avec plaisir qu'ils s'étaient trompés [en croyant] impossible que le second acte pût être plus fort, comme expression et comme originalité, que le premier. — Samedi prochain, nous répéterons de nouveau les deux actes, mais dans une grande salle de la Cour,... ce que nous désirions depuis longtemps, car c'est par trop petit chez le comte Seeau! Le prince écoutera (*incognito*) dans une chambre voisine. « Cette fois, par exemple, m'a dit Cannabich, il faudra qu'on s'y mette corps et âme! » — A la dernière répétition il était ruisselant de sueur!

M. le chef d'orchestre Cannabich, dont c'est aujourd'hui la fête, et qui est justement en ce moment près de moi, m'a grondé parce que je ne voulais pas achever d'écrire ma lettre,... et à cause de cela il vient de repartir immédiatement. — Pour [ce que désire] Mme Duschek[1], il est vrai que c'est actuellement impossible, mais l'opéra une fois terminé, oui,... et avec plaisir. En attendant, je vous prie de lui écrire mes compliments, et quant à la dette, nous serons bien vite d'accord si jamais elle revient à Salzbourg. — Cela me ferait plaisir si je pouvais avoir comme le vieux Czernin [la clientèle de] quelques gentilshommes; ce serait toujours une petite ressource annuelle; mais pas à moins de 100 florins par an,... du reste, le genre de concert qu'on voudrait.

J'espère que, grâce à Dieu, vous êtes maintenant complètement remis. Oh! quand on se fait frictionner par une Thérèse Barisani[2], il n'en saurait être autrement! — Vous aurez remarqué, par mes lettres, que je suis bien portant et content. C'est qu'on est joyeux quand on est délivré d'un si grand et si laborieux travail!... Et délivré avec honneur et réputation. Or je le suis presque, car il ne manque plus que trois airs et le dernier chœur du troisième acte, l'*ouverture* et le ballet; et *adieu partie!*

A propos, le plus nécessaire,... car je dois me hâter : La scène entre le père et le fils, au premier acte, et la première scène du second acte, entre Idoménée et Arbace, sont toutes deux trop longues; elles *ennuieront* bien certainement, d'autant plus que dans la première scène les deux *acteurs* sont mauvais, et que dans la seconde, l'un des deux l'est. Et puis toute la scène n'est qu'un récit de ce que les spectateurs ont déjà vu de leurs propres yeux. — Les scènes seront imprimées telles qu'elles sont; je désirerais seulement que M. l'abbé voulût bien m'indiquer comment on

1. Joséphine Duschek, pianiste et cantatrice, femme de Franz Duschek, pianiste à Prague. Tous deux amis de Mozart. Il s'agissait probablement d'un air pour Mme Duschek.

2. Fille du médecin, ami de la famille Mozart.

peut les raccourcir, et le plus possible, car autrement je serai obligé de le faire moi-même. Les deux scènes ne peuvent rester ainsi,... pour la musique, s'entend.

Je reçois à l'instant votre lettre qui n'est pas datée, ma sœur l'ayant commencée. Mille compliments à Thresel, ma future bonne d'enfant en chef et en second. — Je le crois bien que Katherl[1] viendrait volontiers à Munich!... Si vous voulez la faire manger avec vous à ma place (voyage non compris), *eh! bien!* je trouverai bien à me tirer d'affaire. Elle peut loger dans la chambre de ma sœur.

152 [M]

A SON PÈRE

Munich, 27 décembre 1780.

J'ai reçu exactement l'opéra tout entier, la lettre de Schachtner, votre billet et les pilules. — Pour les deux scènes qui doivent être abrégées, ce n'est pas d'après ma proposition, mais seulement avec mon *consentement*[2], et si je me suis rendu aussitôt à cet avis, c'est que Raaff et Del Prato chantent le récitatif d'un bout à l'autre sans intelligence et sans feu, et d'une façon tout à fait monotone, et que ce sont les plus misérables *acteurs* que les planches aient jamais portés.... Quant à l'inconvenance, le manque de naturel et presque l'impossibilité de cette suppression, je me suis dernièrement chamaillé en diable à ce sujet avec Seeau. C'est assez que tout soit imprimé,... ce qu'il ne voulait *absolument* pas accorder, mais à quoi il a fini par se rendre, parce que je l'ai rudement rabroué.

La dernière répétition a été splendide; elle a eu lieu dans une grande salle de la Cour, et le prince Électeur y assistait. Cette fois on a répété avec l'orchestre complet (le personnel

1. Catherine Gilofsky.
2. Le père avait blâmé qu'on abrégeât ces deux scènes.

de l'opéra s'entend). — Après le premier acte, le prince m'a crié très haut : *Bravo!* et quand je suis allé lui baiser la main, il m'a dit : « Cet opéra sera *charmant;* il vous fera certainement honneur. » — Comme il ignorait s'il pourrait rester là tout le temps, on dut exécuter pour lui l'air concertant et l'orage qui est au commencement de l'acte. Après quoi, il m'exprima de nouveau, et de la manière la plus amicale, son approbation, et dit en riant : « On n'imaginerait jamais que quelque chose d'aussi grand pût se cacher dans une aussi petite tête! » Le matin suivant, au *Cercle*, il a aussi vivement loué mon opéra. — La prochaine répétition aura probablement lieu au théâtre.

A propos, Becke m'a dit, ces jours-ci, qu'il vous avait de nouveau écrit, après l'avant-dernière répétition, et [vous avait dit] entre autres choses que l'air de Raaff, au second acte, était composé dans un sentiment contraire au texte : « C'est [du moins] ce qu'on m'a dit, ajouta-t-il,... moi, je comprends trop peu l'italien.... Est-ce vrai? » — « Vous auriez dû m'interroger d'abord et n'écrire qu'après!... Je dois vous avertir que celui qui vous a dit cela sait aussi trop peu l'italien. L'air est parfaitement composé pour les paroles : on entend la « *mare* » et la « *mare funesto* », et les traits sont placés sur « *minacciar* » et expriment complètement le « *minacciar* »... une situation menaçante ». — Et puis enfin, c'est le plus magnifique air de l'opéra et il a eu un succès général.

Est-il vrai que l'Empereur soit malade? Est-il vrai que l'archevêque doive venir à Munich? — Écoutez! Raaff est le meilleur et le plus brave homme du monde, mais... engoué des vieilles routines à vous faire suer le sang!... de sorte que c'est très difficile d'écrire pour lui;... c'est facile aussi, si vous voulez, si l'on consentait à ne composer que des airs ordinaires, comme *par exemple* le premier air : « *Vedrommi in torno* ». Quand vous entendrez cet air... il est bon et beau, mais, si je l'avais écrit pour Zonca[1], je l'aurais en-

1. Célèbre ténor au théâtre de Munich.

core mieux adapté au texte. C'est que Raaff aime par trop les nouilles toutes coupées, et ne s'inquiète pas de l'*expression*. — Pour le quatuor, il m'a vraiment mis en peine. Plus je me représente ce quatuor sur le théâtre et plus il me fait d'impression, et il a plu également à tous ceux qui l'ont entendu au piano. Raaff, seul, pense qu'il ne fera aucun effet; seul, il m'a dit : « *Non c'è da spianar la voce*[1],... c'est un cadre trop étroit.... » Comme si dans un quatuor, il ne fallait pas bien plutôt parler que chanter! ... Il ne comprend rien du tout à ces choses-là!... J'ai simplement répondu : « Très cher ami, si je savais dans ce quatuor une seule note à changer, je le ferais immédiatement; mais dans tout l'opéra il n'y a pas un morceau dont je sois plus satisfait que de ce quatuor, et quand vous en aurez une fois entendu l'ensemble, vous parlerez tout différemment. Je me suis donné toutes les peines du monde pour vous bien contenter dans vos deux airs ; j'en ferai de même pour le troisième, et j'espère y réussir; mais pour ce qui regarde les trios et les quatuors, il faut laisser au compositeur toute sa liberté. » — Cela l'a tranquillisé. Récemment il était tout dépité contre ce mot de son dernier air : « *Rinvigorir* et *ringiovenir...* » et surtout « *Vienmi a rinvigorir* » cinq *i!* C'est vrai qu'à la fin d'un air, c'est très désagréable.

153 [M]

A SON PÈRE

Munich, 30 décembre 1780.

Bien heureuse nouvelle année! Pardonnez-moi si je vous écris très brièvement cette fois-ci; je suis enfoncé dans le travail jusque par-dessus la tête. Je n'ai pas encore tout à fait terminé le troisième acte, et, comme il n'y a pas de *ballet-extra*, mais seulement un *divertissement* faisant partie de

1. « Il n'y a pas moyen de développer la voix.... »

l'opéra, j'ai aussi l'honneur d'en composer la musique [K. 367]. J'en suis du reste très aise, car, de cette façon, la musique sera toute du même maître. — Le troisième acte réussira au moins aussi bien que les deux premiers, et même, à ce que je crois, infiniment plus, et [j'estime] qu'on pourra dire avec raison : « *finis coronat opus* ». — Le prince Électeur a été si content, à la dernière répétition, que le lendemain matin, comme je vous l'ai écrit, il a vivement loué mon opéra au *Cercle*, et le soir, de nouveau, à la Cour ; et puis je sais, en outre, par une voie très sûre, que le soir même de la répétition il a parlé de ma musique à tous ceux qui sont venus le voir, en se servant de ces expressions : « J'ai été tout à fait *surpris ;* aucune musique ne m'a encore causé tant d'impression ! C'est une musique *magnifique !* »

Avant-hier, nous avons fait une répétition des récitatifs, chez Mme Wendling, et nous avons aussi répété le quatuor ensemble. Nous l'avons redit six fois, et maintenant enfin, il va bien. La pierre d'achoppement a été Del Prato ; ce garçon ne sait vraiment rien ! Sa voix ne serait pas trop mauvaise, s'il ne la tirait pas du fond de son gosier et de sa gorge ; du reste il n'a ni *intonation*, ni *méthode*, ni sentiment. mais il chante à peu près comme le meilleur des jeunes garçons qui se font entendre pour être engagés dans une maîtrise. — Raaff a découvert avec satisfaction qu'il s'était trompé, et à présent lui aussi ne doute plus de l'effet que le quatuor fera. Je suis, au sujet de son dernier air, dans une perplexité dont il faut que vous m'aidiez à me tirer. Il ne peut pas digérer le « *rinvigorir* » et le « *ringiovenir* », et pour ces deux mots il a déjà pris en grippe l'air tout entier !... Il est vrai que « *mostrami* et *vienmi* » ne sont pas bons non plus, mais le pis c'est encore ces deux mots de la fin ; et j'ai dû, au premier « *rinvigorir* » mettre le trille sur *o* pour éviter l'*i*. — Eh bien ! Raaff a trouvé, — je crois que c'est dans *Il Natal di Giove*[1], qui est en réalité fort peu

1. Poème de Métastase.

connu, — un air qui conviendrait à cette même situation. Je crois que c'est la *Licenz-Arie*[1] « *Bell'alme al ciel dilette* », et il veut que je lui écrive cet air-là. « On ne le connaît pas, dit-il, et nous ne dirons rien. » — Il sait fort bien qu'on ne peut pas exiger de M. l'abbé qu'il change cet air pour la troisième fois, et pourtant, tel qu'il est, il ne veut pas le chanter ! Je vous prie donc de m'envoyer une prompte réponse. — Allons ! il faut que je termine, car j'en ai par-dessus la tête à écrire ! Tout est déjà composé, mais tout n'est pas écrit.

Mes compliments à la chère Thresel ; la servante qui me sert dans cette maison-ci, s'appelle aussi Thresel, mais, bon Dieu ! quelle différence avec Thresel Linzer, comme beauté, vertu, charme... et mille autres qualités ! — Vous devez déjà savoir que le bon castrat Marquesi... *Marquesius di Milano*... a été empoisonné à Naples ; mais comment ?... Il était amoureux d'une duchesse ; l'*amant* en titre a été *jaloux* et lui a envoyé trois ou quatre drôles qui lui ont donné le choix entre boire un verre [de poison], ou être *massacré*. Il a choisi la première alternative ; mais comme c'était un poltron d'Italien, il est mort tout seul,... et a laissé vivre en paix messieurs ses assassins ! Eh ! s'il fallait mourir, j'en aurais au moins (sans quitter ma chambre) emmené deux avec moi dans l'autre monde !... C'est bien dommage !... un si excellent chanteur !... — *Adieu !*

154 (M)

A SON PÈRE

Munich, 3 janvier 1781.

Mon très cher père !

Ma tête et mes mains sont tellement occupées du troisième acte que ce ne serait pas merveille si j'étais moi-même

1. C'est un air avec récitatif, qui se chantait à la fin d'un opéra, dans des occasions de fêtes de grands seigneurs, et était comme une sorte de compliment directement adressé à celui qu'on fêtait.

changé en un troisième acte!... Ce seul acte-là me coûte plus de peine qu'un opéra tout entier, car il ne s'y trouve pas une scène qui ne soit extrêmement intéressante. — L'*accompagnement* de la voix souterraine ne consiste qu'en cinq instruments : trois trompettes et deux cors de chasse, qui sont placés à l'endroit même d'où part la voix. L'orchestre tout entier est muet à ce moment.

La répétition générale est irrévocablement fixée au 20, et la première représentation au 22. — Vous n'avez besoin d'emporter, tous les deux, qu'un vêtement noir;... plus un autre pour tous les jours, quand vous n'irez que chez de bons amis où l'on ne fait pas de cérémonies,... afin de ménager un peu le costume noir;... et enfin, si vous voulez, une jolie toilette pour aller au bal et à l'*académie masquée*.

M. de Robinig est déjà ici; il vous fait, à tous deux, ses compliments. J'entends dire que les deux Barisani viendront aussi à Munich; est-ce vrai?... — Rendons grâce au ciel de ce que la coupure au doigt de l'archevêque n'ait pas eu de suites!... Dieu juste!... Combien n'ai-je pas été effrayé, tout d'abord!... — Cannabich vous remercie de votre *charmante* lettre; il vous envoie ses compliments; toute sa famille également; il m'a dit... que vous aviez écrit d'une façon très amusante et que vous deviez être de bonne humeur à ce moment-là.

Nous aurons encore, sans doute, beaucoup d'observations à faire sur le troisième acte, au théâtre;... comme, par exemple, scène VI, après l'air d'Arbace, il y a [dans le livret]: *Idomeneo*, *Arbace*, etc.... Comment ce dernier peut-il être tout de suite revenu?[1] Heureusement qu'il peut rester absent; mais, pour être plus sûr de mon affaire, j'ai fait une *introduction* un peu plus longue au récitatif du grand prêtre. — Après le chœur de deuil, le roi et tout le peuple s'en vont,... et dans la scène suivante on lit : « *Idomeneo in ginocchione*

1. Il y a eu un changement de décoration après l'air d'Arbace.

nel tempio[1]. » C'est impossible! Il faut qu'il arrive avec toute sa suite, et alors une *marche* est absolument nécessaire : j'en ai fait une toute simple, jouée *à mezza voce* par deux violons, alto, basse et deux hautbois, pendant laquelle arrivent le roi et les prêtres qui préparent les choses nécessaires au sacrifice; à ce moment le roi s'agenouille et commence la prière. — Dans le récitatif d'*Elettra*, après la voix souterraine, il faut aussi mettre : « *Partono*[2] ». J'ai oublié de regarder sur la copie donnée à l'impression si ce mot s'y trouve et comment il est placé. Cela me paraît si sot que ces gens se dépêchent tant de s'en aller, rien que pour laisser Mlle *Elettra* toute seule!

Je reçois à l'instant vos cinq lignes du 1er janvier. En ouvrant la lettre, je la tenais de telle façon qu'il ne m'est d'abord tombé sous les yeux que du papier blanc;... à la fin j'ai trouvé!... — Je suis bien content d'avoir l'air pour Raaff[3], car il voulait *absolument* me faire mettre celui qu'il avait indiqué. Je n'aurais pu arranger autrement les choses (*N. B.* avec un Raaff) qu'en laissant imprimer l'air de Varesco, tandis que c'est celui de Raaff qui aurait été chanté. — Maintenant il faut que je termine, sans cela je perdrais trop de temps. — Je remercie vivement ma sœur pour ses souhaits du nouvel an, et je les lui adresse tous en retour. J'espère que nous pourrons bientôt nous bien amuser tous ensemble. *Adieu.*

Mes compliments à tous nos bons amis et amies, sans oublier Kuscherl[4]. Le jeune Eck lui envoie un bécot... sucré, s'entend.

1. « Idoménée à genoux dans le temple. »
2. « Ils partent. »
3. L'abbé Varesco s'était décidé à écrire une troisième poésie pour cet air.
4. Son petit chien.

155 (M)

A SON PÈRE

Munich, 10 janvier 1781.

Une grande nouvelle,... c'est que l'opéra est encore retardé de huit jours. La répétition générale sera le 27 (*N. B.* mon jour de naissance)... et la première représentation le 29. — Pourquoi?... Probablement pour que le comte Seeau puisse épargner quelques centaines de florins. Quant à moi, j'en suis content, car cela permettra de répéter plus souvent et avec plus de soin. — Les Robinig ont fait la grimace, quand je leur ai annoncé la nouvelle; Louise et Sigmund resteront très volontiers aussi longtemps ici, et la maman serait assez facile à persuader, mais Lise... LA MISÈRE QUI RÔDE PARTOUT... a une si sotte langue salzbourgeoise que c'est à vous rendre fou!... Peut-être, cependant, cela s'arrangera-t-il. Je le souhaite pour Louise. — J'ai eu, outre beaucoup d'autres petits différends, une violente querelle avec le comte Seeau, au sujet des trompettes. J'appelle cela une violente querelle, parce que j'ai dû faire la grosse voix avec lui, sans quoi je n'en serais jamais venu à bout. — Samedi prochain, les trois actes seront répétés en chambre.

J'ai reçu exactement votre lettre du 8, et je l'ai lue avec le plus grand plaisir; le *burlesque* m'amuse beaucoup.

Permettez-moi, pour cette fois-ci seulement, de vous écrire très peu et de terminer; car, premièrement, la plume et l'encre ne valent rien, comme vous voyez; et, secondement, j'ai encore quelques morceaux à écrire pour le dernier ballet. — Mais j'espère bien que vous ne m'écrirez plus une lettre de trois ou quatre lignes, comme la dernière!

156 [M]

A SON PÈRE

Munich, 18 janvier 1781.

Pardonnez-moi si je vous écris très peu aujourd'hui, car je dois à l'instant même (il est dix heures... du matin, bien entendu) aller à la répétition. C'est aujourd'hui la première fois qu'on répète les récitatifs au théâtre. Je n'ai pu me mettre à écrire plus tôt parce que j'avais encore et toujours à m'occuper de ces maudites danses!... *Laus Deo!* maintenant j'en suis quitte! — Ainsi, rien que le plus nécessaire : la répétition du troisième acte a parfaitement réussi; on a trouvé qu'il dépassait encore de beaucoup les deux premiers. Seulement le poème y est bien trop long, et, par suite, la musique aussi (comme je l'ai toujours dit). C'est pourquoi nous avons supprimé l'air d'Idamante : « *Nò, la morte io non pavento*[1]... », qui est du reste maladroitement placé là,... mais les personnes qui en ont entendu la musique le déplorent; — et aussi le dernier air de Raaff,... ce qui fait encore plus soupirer; mais il faut faire de nécessité vertu. — La sentence de l'oracle est encore bien trop longue aussi! Je l'ai abrégée[2]; Varesco n'a besoin de rien savoir de tout cela, car tout sera imprimé tel qu'il l'a écrit.

Mme de Robinig emportera ses honoraires et ceux de Schachtner[3]. M. Gschwender m'a dit qu'il ne pouvait pas emporter d'argent. Dites toujours à Varesco, de ma part, qu'il n'obtiendra pas du comte Seeau un kreutzer de plus que ce qui a été stipulé, car c'est pour moi, et non pour le

1. « Non je ne crains pas la mort. »

2. C'était la troisième fois que Mozart la recommençait pour la faire plus courte.

3. Vieil ami des Mozart qui avait été chargé de traduire le poème en allemand.

comte, qu'il a fait des changements,... et même il doit m'en être reconnaissant, puisque ç'a été dans l'intérêt de sa gloire. Il y aurait encore bien des choses à changer; et je puis l'assurer qu'il n'aurait trouvé aucun autre compositeur aussi accommodant que moi. Je me suis donné assez de peine pour l'excuser!...

Pour ce qui est du poêle, rien à faire... cela reviendrait trop cher. Je ferai placer un lit de plus dans la même chambre où est l'alcôve; il faut s'arranger comme on peut.

N'oubliez pas d'emporter ma petite montre. J'espère que nous irons à Augsbourg, et on pourrait alors faire régler cette canaille!... Je désire aussi que vous apportiez l'*opérette* de Schachtner[1] [K. 344]. Il vient dans la maison des Cannabich, des gens à qui il ne serait pas *mal à propos* de faire entendre quelque chose de ce genre. — A présent il faut que j'aille à la répétition. *Adieu*[2].

1. *Zaïde*, mise en musique par Mozart et à peu près terminée à son départ pour Munich.

2. Le 24 janvier, Léop. Mozart et sa fille arrivèrent à Munich. La première représentation d'*Idoménée* eut lieu le 29 janvier.

Personnages :

IDOMENEO, tenore............ ...	RAAFF.
IDAMANTE, sopranista.........	DEL PRATO.
ILIA, prima donna...	DOROTHÉE WENDLING.
ELETTRA, soprano..	ÉLISABETH WENDLING.
ARBACE, basso................ .	PANZACCHI.
GRAN SACERDOTE, tenore.......	GIOV. VALESI.

SÉJOUR A VIENNE

1781

157 [M]

A SON PÈRE

Vienne, 17 mars 1781.

Hier, 16, grâce à Dieu, je suis arrivé ici[1], complètement seul dans une chaise de poste. J'allais oublier de vous dire l'heure : neuf heures du matin. — Le jeudi 15, à sept heures du soir, je me suis arrêté à Saint-Pölten, fatigué comme un chien; je me suis couché et j'ai dormi jusqu'à deux heures du matin, puis j'ai repris mon voyage tout droit jusqu'à Vienne. — Et où suis-je pour vous écrire?... Au jardin de Mesmer (Landstrasse[2]). La noble vieille dame n'est pas à la maison, mais Mlle Franzl d'autrefois, devenue à présent Mme de Lensch, y est. — Écoutez! sur mon honneur, je l'aurais à peine reconnue, tant elle est devenue grosse et grasse! Elle a trois enfants, deux demoiselles et un jeune monsieur. L'aînée des demoiselles s'appelle Nannerl; elle a quatre ans et on jurera qu'elle en a six; le jeune monsieur en a trois et on lui en donnerait déjà sept; enfin l'enfant de neuf mois peut certainement passer pour avoir deux ans,... tant ils sont tous forts et vigoureux dans leur croissance.

Maintenant, parlons de l'archevêque. J'ai une *charmante* chambre dans la maison même où il demeure... [tandis que] Brunetti et Ceccarelli logent dans une autre maison,... *che distinzione!* J'ai pour voisin M. de Kleinmayrn[3] qui, à mon arrivée, m'a comblé de politesses; et, dans le fait, c'est un homme *charmant*. — Dès onze heures, — malheureusement

1. L'archevêque, s'étant rendu à Vienne, y avait appelé une partie de son personnel musical. Mozart était encore à Munich quand il reçut l'ordre de partir immédiatement.

2. Mesmer (Dr Anton), botaniste. — La *Landstrasse* (littéralement « grande route ») se trouvait dans un faubourg qui a pris son nom et forme maintenant un quartier de la ville.

3. Kleinmayrn, directeur des Archives à Salzbourg.

un peu trop tôt pour moi, — nous nous mettons à table pour dîner; là prennent place messieurs les deux valets de chambre du corps et de l'âme, M. le contrôleur, M. Zetti[1], le pâtissier, MM. les deux cuisiniers, Ceccarelli, Brunetti et... ma Petitesse. *N. B.* Messieurs les deux valets de chambre sont placés au haut bout de la table. J'ai, du moins, l'honneur d'être assis avant les cuisiniers. Bon!... je crois vraiment être à Salzbourg!... A table, on fait de grossières et stupides plaisanteries; mais personne n'en fait avec moi parce que je ne dis pas un mot, et quand je suis forcé de dire quelque chose, je parle toujours avec la plus grande gravité. Dès que j'ai fini de manger, je passe mon chemin. — Le soir, nous n'aurons pas la table, mais chacun recevra 3 ducats[2];... avec cela on peut sauter loin! — M. l'archevêque a la bonté de se faire gloire de ses gens; il leur dérobe leurs services et ne les paye pas pour cela.

Hier, à quatre heures, nous avons déjà eu concert; il y avait là, bien certainement, vingt personnes de la plus haute *noblesse*. Ceccarelli a déjà dû chanter chez Palfy[3]. — Aujourd'hui, nous devons aller chez le prince Gallizin[4], qui était là aussi, hier. — Maintenant, j'attends de savoir si je ne recevrai rien. Si je ne reçois rien, j'irai à l'archevêque et je le lui dirai tout net : s'il ne veut pas que je gagne quelque chose, il faut qu'il me paye de telle sorte que je ne sois pas obligé de vivre de mes propres deniers. — A présent, il faut que je termine, car je vais mettre, en passant, ma lettre à la poste, et je dois, de ce pas, allez chez le prince Gallizin.

P. S. J'ai été chez les Fischer[5];... je ne puis vous décrire la joie de ces braves gens. Toute la maison vous fait ses compliments. — Eh! bien!... j'apprends qu'on donne des

1. Kölnberger, contrôleur; Zetti, fourrier de la chambre.
2. 35 fr. 46.... pour la durée du séjour à Vienne, évidemment.
3. Le comte Palfy, beau-frère de l'archevêque.
4 Ambassadeur de Russie.
5. Fischer, célèbre basse, avait épousé l'excellente cantatrice Mlle Strasser.

concerts à Salzbourg?... C'est affreux, ce que je perds là! — *Adieu!*

Mon adresse : Maison allemande, Singerstrasse.

158 [M]

A SON PÈRE

Vienne, 24 mars 1781.

J'ai reçu exactement votre lettre du 20, où j'ai vu avec plaisir que vous êtes heureusement arrivés[1] et que vous vous portez bien tous deux. — Vous devrez vous en prendre à ma mauvaise encre et à ma mauvaise plume, si vous êtes obligé d'épeler plutôt que de lire cette lettre!... *Basta!* il faut pourtant qu'elle soit écrite! et M. mon tailleur de plumes, M. de Lirzer, m'a fait, cette fois, faux bond. — Je ne puis pas vous dire autre chose de ce dernier, — que vous connaissez probablement mieux que moi, — sinon qu'il est, à ce que je crois, Salzbourgeois, et que je ne l'ai jamais vu de ma vie que quelquefois chez les Robinig, au concert dit de onze heures. Mais il est venu immédiatement me rendre visite et il me paraît être un jeune homme très gentil et très poli (puisqu'il m'a taillé mes plumes). Je crois qu'il est secrétaire. — Quelqu'un qui m'a aussi surpris par sa visite, c'est Gilofsky, le frère de Katherl. Pourquoi surpris?... Parce que j'avais complètement oublié qu'il fût à Vienne. Comme d'être en pays étranger peut tout de suite former un homme! Celui-ci est certainement devenu un très loyal et très brave homme, aussi bien dans son *métier* que dans sa conduite extérieure[2].

Ce que vous m'écrivez de l'archevêque est fondé en ce point que son amour-propre est agréablement chatouillé pour ce qui concerne ma personne;... mais à quoi tout cela me

1. Léop. Mozart et sa fille avaient quitté Munich en même temps que Wolfgang, pour retourner à Salzbourg.

2. Il était devenu docteur en médecine et chirurgie.

sert-il?... Ce n'est pas avec cela qu'on vit! Soyez bien persuadé qu'il n'est ici pour moi qu'un écran. Quelle *distinction* m'accorde-t-il donc? MM. de Kleinmayrn et Bönike[1] ont une table à part avec Monseigneur le comte Arco; si j'étais à cette table, ce serait une *distinction*,... mais non pas d'être avec les valets de chambre, qui, après avoir quitté leur place d'honneur à table, allument les lustres, ouvrent les portes et doivent rester dans l'antichambre pendant que je suis au salon,... et avec messieurs les cuisiniers!... — Et puis, si nous sommes appelés quelque part, pour un concert, M. Angerbauer[2] doit attendre dehors jusqu'à ce que MM. les Salzbourgeois arrivent, et les faire ensuite introduire par un laquais, pour qu'ils puissent entrer. — Quand Brunetti nous a raconté cela, dans le courant de la conversation, je me suis dit à part moi : Attendez seulement que ce soit à moi d'y aller!

Dernièrement, lorsque nous dûmes aller chez le prince Gallizin, Brunetti me dit, de sa manière aimable : « [3]*Toi, il faut que tu sois ici ce soir, vers sept heures, pour que nous allions ensemble chez le prince Gallizin ; l'Angerbauer nous conduira.* » *J'ai répondu* : « *Très bien!... Mais si, par hasard, je n'étais pas ici, à sept heures, allez toujours; inutile de m'attendre; je sais où c'est et j'arriverai certainement.* » Mais comme je rougis d'entrer quelque part avec eux, je fis exprès d'y aller tout seul. — Quand je fus monté, M. Angerbauer était déjà là, prêt à dire à monsieur le domestique de m'introduire. Mais je ne fis attention ni à monsieur le valet de chambre, ni à monsieur le domestique, et j'allai tout droit à travers les appartements jusqu'à la salle de concert, car toutes les portes étaient ouvertes,... et là je m'avançai immédiatement vers le prince à qui je fis mon compliment, et près de qui je restai, causant tout le temps avec lui. J'avais complètement oublié mon Ceccarelli et mon Bru-

1. Secrétaire intime et membre du conseil de l'archevêque.
2. L'un des deux valets de chambre.
3. En italien.

netti, ... car on ne les voyait pas : ... ils étaient fourrés tout derrière l'orchestre, adossés au mur, et n'osaient faire un pas en avant.

Quand un gentilhomme ou une dame parle à Ceccarelli, il se met toujours à rire,... et si quelqu'un s'adresse à Brunetti, il devient rouge et fait une réponse des plus sèches. — Oh! j'aurais bien à faire si je voulais décrire toutes les scènes qui se sont déjà passées, depuis que je suis ici et avant mon arrivée, au sujet de l'archevêque, de Ceccarelli et de Brunetti!... Je m'étonne seulement que l'archevêque ne soit pas honteux de Brunetti; j'en ai honte pour lui!... Et comme ce garçon est ici à regret!... Tout est bien trop *noble* ici pour lui!... ainsi c'est à table, je crois, qu'il passe ses heures les plus agréables.

Aujourd'hui le prince Gallizin a fait demander Ceccarelli pour chanter chez lui; la prochaine fois, ce sera probablement mon tour. — Je vais ce soir, avec M. de Kleinmayrn, chez un de ses bons amis, le conseiller à la cour Braun, dont tout le monde me dit que c'est le plus grand amateur de piano qui existe. — J'ai déjà dîné deux fois chez la comtesse Thun, et j'y vais presque tous les jours : c'est la plus charmante et la plus aimable dame que j'aie jamais vue, et je jouis aussi de beaucoup de crédit auprès d'elle. Son mari est toujours le même gentilhomme original, mais bien pensant et droit. — J'ai aussi dîné chez le comte Cobenzl[1], grâce à la comtesse de Rumbeck, sa cousine,... la sœur de ce Cobenzl qui est parmi les pages,... celle qui est venue à Salzbourg avec son mari.

Maintenant mon principal dessein ici c'est d'arriver, d'une belle manière, à me faire présenter à l'Empereur, car je veux *absolument* qu'il apprenne à me connaître. J'aurais du plaisir à parcourir vivement devant lui mon opéra, et puis à lui jouer des fugues... là, comme il faut! car c'est ce qui lui va. Oh! si j'avais su que je viendrais à Vienne pour le

1. Vice-chancelier de la Cour et de l'État.

carême, j'aurais composé un petit oratorio et je l'aurais donné au théâtre à mon bénéfice, ce que tout le monde fait ici. Il m'eût été facile de l'écrire d'avance, car je connais toutes les voix. — Que j'aimerais à donner un concert public, comme c'est l'usage ici! Mais... cela ne me sera pas permis, je le sais avec certitude. En effet, figurez-vous!... vous savez qu'il y a ici une société qui donne des concerts au profit des veuves des musiciens; tout ce qui s'appelle musicien joue là gratis. L'orchestre comprend 180 personnes : aucun virtuose, ayant seulement un peu l'amour de son prochain, ne refuse d'y jouer quand il est invité par la société, car on se concilie ainsi la faveur de l'Empereur et celle du public. — Starzer[1] a été chargé de m'inviter et j'ai immédiatement consenti; seulement il me fallait d'abord consulter l'agrément de mon prince,... dont je ne doutais nullement, puisque c'est une manière toute religieuse, et sans frais, de contribuer à une bonne œuvre : ... IL NE ME LE PERMET PAS! — Toute la *noblesse* d'ici lui en a voulu. Quant à moi, voici pourquoi cela me fait de la peine : l'Empereur est toujours présent dans la loge d'avant-scène (et la comtesse Thun m'aurait prêté, pour l'occasion, son beau piano de Stein);... je n'aurais pas joué de concerto, mais préludé tout seul, puis joué une fugue et ensuite les variations « *Je suis Lindor* ». [K. 354.] Partout où j'ai fait ainsi, en public, j'ai eu le plus grand succès, parce que ce sont des [genres de compositions] qui contrastent très bien entre eux,... et puis il y en a pour tous les goûts. Mais... *pazienza!*

Fiala vaut deux mille fois plus à mes yeux, puisqu'il refuse de jouer pour un ducat. Ma sœur n'a-t-elle pas encore été invitée [à jouer]?... J'espère bien qu'elle en demandera deux!... Je n'aimerais pas que nous, qui nous distinguons tous tellement de tous les musiciens de la Cour, nous ne le fissions pas aussi dans ce cas-là; car, si les gens

1. Starzer, violoniste et maître de chapelle.

ne veulent pas [ma sœur], eh ! bien ! qu'ils s'en passent!... mais s'ils veulent l'avoir, qu'ils y mettent le prix, par Dieu! — J'irai ces jours-ci chez Mlle Rosa, et vous serez certainement content de votre habile ambassadeur;... je veux traiter la chose aussi délicatement que Weiser quand on sonnait le glas pour la mère de sa femme.

A propos?... où en sommes-nous pour le *présent* du prince Électeur?... A-t-il envoyé quelque chose?... Avez-vous été chez la Baumgarten avant votre départ?

28 mars. — Je n'ai pas terminé ma lettre, parce que M. de Kleinmayrn est venu me chercher en carrosse pour le concert du baron Braun,... de sorte que je puis maintenant vous écrire que l'archevêque m'a permis de jouer dans le concert pour les veuves; car Starzer est allé au concert chez Gallizin, et lui, ainsi que toute la *noblesse*, ont tant tourmenté l'archevêque qu'il a fini par accorder l'autorisation. Que je suis content!... — Depuis mon arrivée ici, je n'ai dîné que quatre fois à la maison;... c'est trop tôt pour moi et on mange par trop mal! Je ne reste à la maison que lorsque le temps est trop mauvais, comme aujourd'hui, *par exemple*.

Écrivez-moi donc ce qui se passe de neuf à Salzbourg, car on m'a terriblement interrogé à cet égard!... Ces messieurs ont plus de désir d'apprendre les nouvelles de Salzbourg que moi! — La Mara est ici;... elle a donné un concert au théâtre; son mari a dû ne pas se laisser voir, sans cela l'orchestre n'aurait pas consenti à accompagner, parce qu'il a fait imprimer dans les journaux que, dans tout Vienne, il n'y a pas un homme en état de jouer avec lui.

M. de Moll est venu me voir, aujourd'hui. Demain ou après-demain, j'irai déjeuner chez lui et j'emporterai mon opéra. — Dès que le temps sera meilleur, j'irai chez M. de Aurnhammer et Mlle sa corpulente fille. — Le vieux prince Colloredo[1] (chez qui nous avons donné un concert) nous a

1. Père de l'archevêque de Salzbourg.

gratifiés chacun de 5 ducats[1]. — J'ai pour élève la comtesse de Rumbeck. — M. de Mesmer (l'inspecteur de l'école normale) vous fait ses compliments, ainsi que sa noble femme et son fils. Son fils a un jeu *magnifique*, seulement il est paresseux parce qu'il s'imagine en savoir déjà assez. Il a aussi beaucoup d'aptitude pour la composition, mais il est trop indolent pour s'y livrer... ce qui ne plait pas à son père. *Adieu.*

159 [M]

A SON PÈRE

Vienne, 4 avril 1781.

Vous voulez savoir ce que nous devenons à Vienne,... ou plus exactement, j'espère, ce que moi je deviens; car je ne compte pas avec moi les deux autres[2]. — Je vous ai déjà écrit la dernière fois que l'archevêque m'est ici un grand obstacle; il me fait tort au moins de 100 ducats[3] que je pourrais gagner à coup sûr en donnant un concert au théâtre. En effet, les dames se sont déjà offertes d'elles-mêmes à me placer des billets. — Hier, je puis le dire, j'ai été bien content du public de Vienne! J'ai joué au concert pour les veuves, au théâtre de Kärnthnerthor. J'ai dû jouer une seconde fois, parce qu'on n'en finissait pas d'applaudir. Que ne ferais-je pas, maintenant que le public me connaît, si je donnais un concert à mon bénéfice! Ne le pensez-vous pas?... Mais notre archevêque ne le permet pas; il ne veut pas que ses gens puissent avoir des *profits*,... non!... rien que des pertes! Mais il n'en viendra pas à bout avec moi; car, si j'arrive à avoir ici deux élèves, je serai dans une meilleure position qu'à Salzbourg,... et je n'ai pas besoin de son *logis* et de sa nourriture!

Maintenant, écoutez un peu : Brunetti nous a annoncé

1. 59 francs.
2. Brunetti et Ceccarelli.
3. 1180 francs.

aujourd'hui à table que Arco lui avait dit, de la part de l'archevêque, de nous prévenir que nous allions recevoir le prix de notre diligence et que, d'ici à dimanche, il nous faudrait être partis; que, du reste, si l'un de nous voulait rester, — ô sagesse! — il le pouvait, mais en vivant à ses propres frais, sans plus recevoir de lui ni table, ni logement. — Brunetti, *qui ne demande pas mieux* [que de partir], s'en est léché les dix doigts; Ceccarelli, qui resterait volontiers ici, mais qui n'est pas si connu que moi et ne sait pas si bien les usages, veut tâcher d'obtenir quelque chose;... sinon, mon Dieu, il partira, car, dans tout Vienne, il n'a ni un *logis*, ni une table où il ne soit obligé de payer. — Quand on me demanda ce que, moi, j'avais résolu de faire, je répondis : « *J'ignore* encore, quant à présent, que je doive partir, car tant que le comte Arco ne me l'aura pas dit à moi-même, je ne le croirai pas; et ensuite, c'est à lui que je découvrirai mes desseins. » — Bonne réponse! — Bönike était là, qui riait sous cape.

Oh! je veux jouer un tel tour à l'archevêque... que ce sera un vrai bonheur!... et cela avec la plus grande *politesse*, car il ne réussira pas à me faire sortir des gonds. — Suffit!... je vous en écrirai plus long dans la prochaine lettre. Soyez sûr que bien certainement je ne resterai pas ici si je ne m'y sens pas sur une base solide et si je n'y vois pas clairement mon avantage. Mais si je puis l'avoir, [cet avantage], n'en profiterai-je donc pas? — En attendant, vous toucherez doubles appointements et vous n'aurez plus à me nourrir. Si je reste ici, je vous certifie que je pourrai bientôt vous envoyer de l'argent : je parle sérieusement; — et, si je ne le puis pas, je reviendrai à la maison. — Maintenant, *adieu*. Au prochain courrier, davantage et tout.

P. S. Je vous assure que cet endroit-ci est excellent, et le meilleur du monde pour mon *métier;* c'est ce que chacun vous dira. J'y suis volontiers, c'est pourquoi j'en profite autant que je le puis. Soyez certain que mon seul but est de gagner autant d'argent que possible, car, après la santé, c'est ce qu'il y a de meilleur. — Ne pensez plus à ma folie[1];... il y a longtemps que je m'en suis vivement repenti!... Le dommage éprouvé enseigne la prudence;... et puis, j'ai maintenant bien d'autres choses en tête! *Adieu;* prochainement, davantage et tout.

160 .M.

A SON PÈRE.

Vienne, 8 avril 1781.

J'ai commencé pour vous une lettre plus raisonnable et plus longue,... mais j'y ai écrit trop de choses sur Brunetti, et j'ai craint qu'il ne l'ouvrît peut-être, par une indiscrète curiosité, (parce que Ceccarelli est auprès de moi.)[2] — Je vous enverrai cette lettre par le prochain courrier, et je pourrai alors vous en dire plus long que cette fois-ci.

Je vous ai écrit les applaudissements que j'ai reçus au théâtre; je dois seulement ajouter que ce qui m'a le plus réjoui et surpris, ç'a été, d'une part, le prodigieux *silentium*... et puis les cris de *bravo* dans les intervalles des morceaux. Pour Vienne, où il y a tant et de si bons pianistes, c'est certainement beaucoup d'honneur. — Aujourd'hui, — j'écris à onze heures du soir, — nous avons eu un concert où on a joué trois morceaux de moi,... des nouveaux, bien entendu. Un rondo de concerto [K. 373], pour Brunetti; pour moi, une sonate avec accompagnement de violon [K. 372], que j'ai composée hier soir, entre onze heures et minuit:... seulement, afin de pouvoir la terminer à temps, je n'en ai écrit que l'accompagnement pour Brunetti, tandis que je gardais ma partie dans ma tête; ... et enfin, un rondo pour Ceccarelli [K. 374], qu'il a dû bisser.

1. Son amour pour Aloysia Weber, alors engagée au théâtre de Vienne et mariée à l'acteur J. Lange.

2. Brunetti retournait à Salzbourg et Mozart voulait lui confier cette lettre. On verra au commencement de la lettre suivante la phrase sur Brunetti. Ceccarelli ayant été complice, Mozart a peur qu'il ne le trahisse.

Maintenant, je vous demande en grâce une lettre le plus tôt possible, et un conseil paternel, par conséquent,... des plus affectueux, sur ce qui suit : — On dit, à présent, que nous devons repartir pour Salzbourg dans quinze jours. Moi, je puis rester ici, non seulement sans aucun dommage, mais avec profit. J'ai donc l'intention de prier l'archevêque de m'autoriser à rester encore ici. Mon père chéri, je vous aime certainement beaucoup; vous en avez la preuve en ce que, pour l'amour de vous, je renonce à toutes mes aspirations, mes ardents désirs... car si ce n'était pour vous, je vous jure sur mon honneur que, sans perdre un moment, je quitterais immédiatement mon service,... je donnerais un grand concert,... je prendrais des élèves, et, d'ici à un an, je parviendrais certainement à gagner, à Vienne, mes mille thalers[1], au moins, par an. — Je vous assure qu'il m'est souvent bien pénible d'être obligé de mettre ainsi de côté mon bonheur!... Je suis encore jeune, comme vous le dites; c'est vrai; mais c'est bien triste, et c'est aussi... une perte, que de traîner ainsi ses jeunes années dans un pays de misère, et dans l'inaction! — Je vous demande donc, là-dessus, votre conseil paternel et bienveillant, mais bientôt... car il faut que je me déclare. Du reste ayez pleine confiance en moi : ... je pense maintenant d'une manière plus raisonnable. Adieu.

161 (M)

A SON PÈRE.

Vienne, 8-11 avril 1781.

Te Deum laudamus, puisque ce grossier et sale Brunetti est enfin parti, lui qui est une honte pour son maître, pour lui-même et pour tout l'orchestre!... Ainsi parle Ceccarelli, ... et moi aussi. — Toutes les nouvelles [qu'on vous

1. 6000 francs.

a données] de Vienne sont des mensonges, excepté que Ceccarelli chantera l'opéra du carnaval prochain à Venise. Tonnerre de Dieu! mille diables et à l'infini!... J'espère pourtant bien que je ne viens pas de jurer, car il me faudrait, sans cela, retourner bien vite à confesse,... et j'en viens justement, parce que demain, Jeudi-Saint, l'archevêque donnera, de ses augustes mains, la communion à toute sa cour. Ceccarelli et moi, nous sommes donc allés aujourd'hui, après le repas, chez les Théatins, pour voir le père Froschauer, parce qu'il sait l'italien. Mais un *pater*, ou un *frater*, qui était debout sur l'autel, en train d'épousseter les chandeliers, nous assura que ni lui, ni un autre père qui sait l'italien, n'avaient dîné au couvent et qu'ils ne seraient de retour qu'à quatre heures. Donc, pour cette fois, je ne me préoccupai que de moi seul, et me fis conduire en haut dans la chambre d'un de ces messieurs, tandis que Ceccarelli m'attendait en bas, dans la cour. — Ce qui m'a fait plaisir, c'est que lorsque j'ai dit à l'ecclésiastique, épousseteur de chandeliers, que j'avais joué un concerto de violon dans ce chœur, il y a huit ans[1], il m'a tout de suite nommé par mon nom. — Mais maintenant, pour en venir à mon juron de tout à l'heure,... ce n'est qu'un *pendant*[2] à ma dernière lettre. J'espère avoir une réponse à cette lettre par le prochain courrier.

A présent, en deux mots : De dimanche prochain en huit, c'est-à-dire le 22, Ceccarelli et moi nous devons partir pour Salzbourg. Quand je pense que je dois quitter Vienne sans emporter au moins mille florins[3], j'en ai vraiment le cœur malade!... Ainsi, à cause d'un prince mal intentionné qui m'assomme tous les jours avec ses misérables quatre cents florins, il faudra que je repousse du pied mille florins?... car c'est la recette que je ferais certainement si je donnais un concert. Quand nous avons eu ici, à la maison, notre premier

1. Août 1773.
2. « Une phrase dépendante de. »
3. 2180 francs

grand concert, l'archevêque a envoyé quatre ducats à chacun de nous trois. Et je n'ai rien reçu pour le dernier concert, où j'ai composé un nouveau rondo pour Brunetti, une nouvelle sonate pour moi, et aussi un nouveau rondo pour Ceccarelli. Mais ce qui m'a presque désespéré, c'est que, le même soir où nous avons eu ce maudit concert, j'étais *invité* chez la comtesse Thun et que je n'ai pu y aller;... et qui se trouvait là?... L'Empereur! — Adamberger[1] et la Weigl[2] y étaient et ont reçu, chacun, cinquante ducats[3]!... Et quelle occasion!... Je ne puis pourtant pas faire dire à l'Empereur que, s'il veut m'entendre, il faut qu'il se dépêche, parce que, dans tant de jours, je pars : il faut toujours attendre, pour une chose de ce genre. Et je ne puis, ni ne veux rester ici que si je donne un concert. Il est vrai qu'avec deux élèves seulement, je suis ici dans une meilleure situation que chez nous; mais... quand on a mille ou douze cents florins dans le sac, on peut se faire un peu plus prier et par conséquent mieux payer. — Et voilà ce qu'il ne permet pas, cet ennemi des hommes!... il faut que je l'appelle ainsi, car il l'est, et toute la *noblesse* lui donne ce nom.

Assez là-dessus. — Oh! j'espère que le prochain courrier me dira si je dois continuer à enterrer ma jeunesse et mon talent à Salzbourg, ou s'il m'est permis de faire ma fortune quand j'en ai l'occasion,... ou s'il faut que j'attende jusqu'à ce qu'il soit trop tard! — Il est vrai que je ne puis la faire en quinze jours ou trois semaines, pas plus qu'à Salzbourg en mille ans!... Mais enfin, il est toujours plus agréable de l'attendre avec mille florins par an qu'avec quatre cents!... car j'en suis déjà arrivé là, si je veux : je n'ai qu'à dire que je reste ici.... Et mes compositions ne sont pas comptées dans cette somme. — Et puis Vienne... et Salzbourg!...

1. Célèbre ténor, élève de Valesi, pour qui Mozart écrivit plus tard le rôle de Belmont (*Enlèvement au sérail*).
2. Mme Weigl, première chanteuse du théâtre allemand à Vienne, et mère du compositeur Joseph Weigl.
3. 590 francs.

— Si Bono[1] vient à mourir, c'est Salieri[2] qui sera maître de chapelle; et c'est Starzer qui dirigera les répétitions de l'orchestre au lieu de Salieri;... et à la place de Starzer,... on ne sait pas encore. *Basta!*... Je m'en rapporte entièrement à vous, mon excellent père.

[Vous me demandez] si j'ai été chez Bono?... Mais c'est là que nous avons répété pour la seconde fois ma symphonie! Voilà encore une chose que j'ai oublié dernièrement de vous écrire : c'est que la symphonie a marché [d'une façon] *magnifique* et a eu tout le *succès* possible. Il y avait 40 violons, tous les instruments à vent doublés, 10 altos, 10 contrebasses, 8 violoncelles et 6 bassons. — Tout le monde, chez Bono, vous fait ses compliments. Ils ont une vraie joie de me revoir, et lui, c'est toujours le même brave et digne vieillard. — Mlle Nannette est mariée; j'ai déjà dîné deux fois chez elle; elle demeure dans mon voisinage. Mille compliments de la part des Fischer; je viens d'aller chez eux en sortant de chez les Théatins. Portez-vous bien,... et, en outre, pensez que votre fils n'est préoccupé que d'une chose, c'est de *s'établir;* car... quatre cents florins, il peut les gagner partout! *Adieu.*

P. S. Ayez donc la bonté de dire à M. d'Yppold que je lui répondrai par le prochain courrier, et que j'ai exactement reçu la lettre de son bon ami. *Adieu.*

Mes compliments à tout ce qui n'est pas trop Salzbourgeois. Le conseiller à la cour Gilofsky a joué, lui aussi, à Katherl, un tour à la Salzbourgeoise!

1. Bono, maître de chapelle de la Cour, alors très âgé.
2. Salieri, célèbre compositeur d'opéras, maître de chapelle de la Cour, directeur du théâtre.

162 (M)

A SON PÈRE

Vienne, 18 avril 1781.

Cette fois-ci encore je ne puis en écrire long, parce qu'il va être six heures et qu'il faut que je donne tout à l'heure ma lettre à Zetti. — Je reviens à l'instant de chez M., Mme et Mlle de Aurnhammer, où j'ai dîné et où nous avons tous bu à votre santé. — Je ne puis répondre autre chose à la longue lettre que vous savez, sinon que vous avez raison et... pas raison; mais ce en quoi vous avez raison l'emporte de beaucoup sur ce en quoi vous n'avez pas raison; par conséquent... je viendrai bien certainement et avec la plus grande joie, étant tout à fait persuadé que vous ne m'empêcherez jamais de faire ma fortune. — Jusqu'à présent, je ne sais pas encore du tout quand je partirai. Ce ne sera certainement pas dimanche, car j'ai dit tout de suite, et dès l'origine, que je n'irai pas par la diligence; que, quant à moi, j'irai par l'*ordinaire*.... Si Ceccarelli veut me tenir *compagnie*, tant mieux : nous prendrons une voiture de poste extra. Toute la différence (dont tout le monde se rit) se réduit à quelques florins; car je voyagerai jour et nuit, et ainsi je dépenserai très peu de chose pour la nourriture. J'ai remarqué que cela coûte presque plus cher avec la diligence, ou, du moins, cela revient certainement au même, car il faut toujours défrayer le conducteur.

A Linz, il n'y aura probablement rien à faire : Ceccarelli m'a dit qu'il n'avait pas pu y ramasser plus de 40 florins[1] et qu'il a dû en donner 30 et quelques à l'orchestre. Et puis, dans une si petite ville!... cela ne contribue pas à la réputation; et surtout ce n'est pas la peine [de s'arrêter] pour une pareille *bagatelle*; ainsi, mieux vaut aller rapidement en

1. Environ 88 francs.

avant;... à moins que la *noblesse* ne réunisse une somme suffisante pour compenser la peine.... Vous pourriez toujours me procurer les adresses.

Maintenant il faut que je termine; sans cela je manquerais le *paquet.* — Rien à faire pour l'opérette de Schachtner, et cela... pour la même raison que je vous ai dite si souvent. Stephanie le jeune me donnera une nouvelle pièce, et une bonne, à ce qu'il dit; il me l'enverra, si je ne suis plus là. Je n'ai pas pu lui donner tort; je lui ai seulement dit que la pièce [de Schachtner] est très bonne, sauf les longs *dialogues* qui sont, du reste, faciles à changer,... mais pas pour Vienne, où on aime mieux les pièces comiques.

Portez-vous bien.

163 (M)

A SON PÈRE

Vienne, 28 avril 1781.

Vous m'attendez avec joie, mon très cher père!... C'est bien aussi la seule chose qui puisse me décider à quitter Vienne. — J'écris tout ceci en simple allemand[1], parce que le monde entier peut et doit savoir que l'archevêque de Salzbourg ne doit qu'à vous, mon excellent père, de ne m'avoir pas perdu hier pour toujours (j'entends pour lui-même). — Hier, il y avait grand concert chez nous, probablement le dernier. Le concert a très bien réussi, et malgré tous les obstacles apportés par Sa Grâce archiépiscopale, j'ai pu réunir un meilleur orchestre que Brunetti. Ceccarelli vous le dira, car j'ai eu tant de désagréments pour cet *arrangement!*... Oh! cela peut mieux s'expliquer de vive voix que par écrit!... Mais si pareille chose devait de nouveau se représenter... (je veux espérer que non), je puis vous assu-

1. La poste de Salzbourg ouvrant parfois les lettres, la famille Mozart avait pris l'habitude de se servir, pour sa correspondance intime, d'un chiffre inventé par elle. C'est Jahn qui a déchiffré tous ces passages des lettres.

rer que je n'aurais plus la même patience, et vous me le pardonneriez certainement. — Et je vous supplie, mon père chéri, de me permettre de faire le voyage de Vienne au carême prochain, à la fin du carnaval;... cela ne dépend que de vous, et non de l'archevêque, car s'il me refuse son autorisation, j'irai quand même; ce ne sera pas un malheur pour moi, non, bien certainement! Oh! s'il pouvait lire ceci, que j'en serais aise!... Mais il faut que vous me fassiez cette promesse dans votre prochaine lettre, car... je ne reviendrai à Salzbourg qu'à cette condition;... et que ce soit une promesse absolue, pour que je puisse donner ici ma parole aux dames. — Stephanie va me donner un opéra allemand à composer. J'attends donc votre réponse à ce sujet.

Je ne puis pas encore vous écrire quand et comment je partirai. C'est pourtant triste qu'on ne puisse rien savoir [de positif] avec ce seigneur! Un beau jour, ce sera : « *Allons, filez!* » — Tantôt on nous dit qu'on est en train de fabriquer une voiture dans laquelle le *contrôleur*, Ceccarelli et moi, nous retournerons à la maison;... tantôt, que nous prendrons de nouveau la diligence,... et tantôt qu'on donnera à chacun le prix de la diligence, et qu'il pourra faire le voyage comme bon lui semblera;... ce qui, dans le fait, me serait le plus agréable; — puis, c'est pour dans huit jours,... ou dans quinze,... ou dans trois semaines,... ou, de nouveau, plus tôt. Oh! Dieu! on ne sait plus où on en est, et on ne peut s'aider en rien soi-même.

J'espère cependant, par le prochain courrier, pouvoir vous dire quelque chose d'*à peu près* certain.

Maintenant, il faut que je finisse, car je dois aller chez la comtesse Schönborn. Hier, après le concert, les dames m'ont retenu toute une heure au piano; je crois que j'y serais encore si je ne m'étais esquivé furtivement. Il me semblait que j'avais joué bien assez longtemps pour rien!

164 (M)

A SON PÈRE

Vienne, 9 mai 1781.

Je suis encore tout rempli de colère!... Et vous, étant mon cher et excellent père, vous le serez, bien sûr, comme moi! On a mis si longtemps ma patience à l'épreuve,... qu'à la fin elle a fait naufrage. Je n'ai plus le malheur d'être au service de Salzbourg!... Aujourd'hui est l'heureux jour [de ma délivrance]. Écoutez!

Trois fois déjà, ce..., je ne sais vraiment pas comment le qualifier,... m'a dit en pleine figure les plus grosses *sottises*, les plus grandes *impertinences;* je n'ai pas voulu vous les écrire, afin de vous ménager, et si je ne m'en suis pas vengé sur l'heure, c'est que je vous avais toujours devant les yeux, mon très cher père. Il m'a appelé polisson, débauché,... m'a dit d'aller me promener;... et moi,... j'ai tout supporté! Je sentais bien que non seulement mon honneur, mais le vôtre, en étaient atteints; mais vous le vouliez,... je me suis tu. Maintenant, écoutez! — Il y a huit jours, le courrier [de l'archevêque] arrive à l'improviste et me dit de vider les lieux à l'instant même. Tous les autres ont été prévenus du jour, moi seul je ne l'ai pas été. Je me hâtai donc de rassembler mes effets dans ma malle, et la vieille Mme Weber[1] fut assez bonne pour m'ouvrir sa maison. J'ai là une jolie chambre et je suis auprès de gens serviables qui m'assistent en ces choses qu'on a souvent besoin d'avoir bien vite et qu'on ne peut se procurer quand on est seul.

J'avais fixé mon départ, par l'*ordinaire*, à mercredi (c'est-à-dire à aujourd'hui, 9); puis, n'ayant pu réunir dans ce court espace de temps tout l'argent qui m'était dû, j'avais

1. M. Weber était mort, sa femme et ses filles étaient venues à Vienne lors de l'engagement d'Aloysia à l'opéra allemand.

reculé mon voyage jusqu'à samedi. — Quand je me suis montré là-bas, aujourd'hui, les valets de chambre m'ont dit que l'archevêque voulait me remettre un *paquet* à emporter. Je demandai si cela pressait; ils me répondirent que oui, et que c'était d'une haute importance. — « Eh ! bien ! alors je regrette de ne pouvoir accepter l'honneur de rendre ce service à Sa Grandeur; car il m'est impossible (pour la cause indiquée plus haut) de partir avant samedi. Je suis hors de cette maison, il me faut vivre à mes propres dépens; il est donc tout naturel que je ne puisse partir avant d'être en mesure de le faire,... car personne ne saurait exiger ce qui me serait préjudiciable. » — Kleinmayrn, Moll, Bönike et les deux valets de chambre me donnèrent pleinement raison. Quand je me présentai devant l'archevêque.... (*N. B.* Je dois vous dire que Schlaucka, l'un des valets de chambre, m'avait conseillé de donner pour *excuse* que l'*ordinaire* était déjà entièrement retenu, et que ce motif aurait plus de poids auprès de lui)... donc, quand j'entrai chez lui, son premier mot fut : « Eh ! bien ! garçon ! quand part-on? » — Moi : « Je voulais partir cette nuit, mais la place est déjà prise. » — Alors, tout d'une haleine, il se mit à dire que j'étais le drôle le plus débauché qu'il connût, que personne ne le servait si mal que moi ; qu'il me conseillait de partir dès aujourd'hui, sans quoi il écrirait chez lui qu'on supprimât mon traitement.... Impossible de placer un mot; cela allait comme un incendie. J'écoutai tout avec calme. Il m'a menti en pleine figure, prétendant que j'avais 500 florins de traitement[1],... m'a appelé gueux, parasite, crétin !... Oh ! je ne pourrais pas tout vous écrire ! — A la fin, lorsque mon sang fut par trop en ébullition, je lui dis : « Ainsi, Votre Grandeur n'est pas contente de moi? » — « Quoi ! est-ce qu'on veut me menacer? Crétin !... oh ! le crétin !... Voilà la porte, la voilà ! Je ne veux plus rien avoir à

1. C'était le prix qui avait été convenu dans l'engagement, mais Mozart ne recevait que 400 florins.

faire avec un pareil misérable ! » — Je répondis enfin : « Eh ! bien ! ni moi non plus avec vous ! » — « Alors, filez !... » — Et moi, en me retirant : « Qu'il en soit ainsi ; demain, vous recevrez [ma démission] par écrit. »

Dites-moi un peu, mon bien cher père, si je n'ai pas dit ceci plutôt trop tard que trop tôt?... Maintenant, écoutez !... Mon honneur m'est plus cher que tout et je sais qu'il en est ainsi pour vous, également. Ne vous tourmentez aucunement de moi : je suis tellement certain de mon affaire, ici, que j'aurais quitté [l'archevêque] sans la moindre cause ; mais puisque j'ai une bonne raison pour cela, et qu'elle s'est renouvelée trois fois, je n'ai plus rien à gagner. *Au contraire*, j'ai agi deux fois comme un lâche ; — je ne pouvais vraiment plus l'être la troisième fois.

Aussi longtemps que l'archevêque sera encore ici, je ne donnerai pas de concert. C'est une erreur complète de votre part, de croire que [cette affaire] me placera sur un mauvais pied vis-à-vis de la *noblesse* et de l'Empereur lui-même. L'archevêque est détesté ici, et surtout par l'Empereur. Sa colère vient justement de ce que l'Empereur ne l'a pas invité à venir à Laxenbourg. — Je vous enverrai un peu d'argent par la prochaine diligence, pour vous convaincre que je ne meurs pas de faim, ici. Du reste je vous supplie d'être gai, car c'est à présent que commence mon bonheur, et j'espère que mon bonheur sera aussi le vôtre.... Écrivez-moi secrètement que vous êtes content de ce [qui s'est passé] — et vraiment vous avez bien sujet de l'être, — mais, en public, grondez-moi bien, afin qu'on ne puisse rien vous reprocher. Si, malgré cela, l'archevêque devait vous faire la moindre *impertinence*, venez aussitôt à Vienne avec ma sœur ; nous pourrons y vivre tous les trois, je vous le jure sur mon honneur.... Pourtant je préférerais que vous pussiez attendre encore un an.

Ne m'adressez plus aucune lettre à la Maison allemande[1].

1. C'était l'hôtel de l'archevêque, et « le paquet » était sans doute son courrier spécial.

ni par le *paquet;* je ne veux plus avoir rien de commun avec Salzbourg. Je hais l'archevêque jusqu'à la frénésie !... Écrivez simplement : A remettre, place Pierre, à « l'Œil de Dieu », 2e étage.

Faites-moi connaître bientôt votre satisfaction, car cela seul manque encore à mon bonheur présent.

165 (M)

A SON PÈRE

Vienne, 12 mai 1781.

Vous savez, par ma dernière lettre, que j'ai demandé mon congé au prince... parce qu'il me l'a lui-même ordonné. Déjà, dans les deux premières audiences, il m'avait dit : « Allez au diable, si vous ne voulez pas me servir convenablement ! » ... Il le niera sans doute, mais cela n'empêche pas que ce ne soit aussi vrai que Dieu est au ciel. Quoi d'étonnant ensuite si, après avoir été mis complètement hors de moi par ces expressions, si honorables dans la bouche d'un souverain : gamin, coquin, drôle, polisson et autres semblables, j'ai enfin pris au sérieux le : « Allez au diable ! » — Le jour suivant, je remis au comte Arco une supplique pour Sa Grandeur, ainsi que l'argent du voyage, consistant en 15 florins 40 kreutzers pour la diligence et 2 ducats pour frais de nourriture en route.... Il n'accepta ni l'un ni l'autre, et prétendit, au contraire, que je ne pouvais nullement quitter ma place sans avoir votre consentement, mon père. — « C'est votre devoir », m'a-t-il dit. Sur quoi je l'assurai que je connaissais aussi bien, et peut-être mieux que lui, mon devoir envers mon père, et que je serais bien fâché d'avoir à l'apprendre de lui pour la première fois. — « Alors c'est bon !... s'il vous approuve, vous pourrez demander votre congé ; sinon... eh ! bien !... vous pourrez le demander également. » — Belle *distinction !*

Tout ce que l'archevêque m'avait dit d'édifiant dans ses

trois audiences, notamment dans la dernière,... et ce que cet excellent homme de Dieu (le comte Arco) venait encore de me conter de nouveau, a fait sur ma santé une si admirable impression, que, le soir, j'ai dû quitter l'opéra au milieu du premier acte, pour rentrer me coucher; car j'étais tout échauffé,... je tremblais de tout mon corps et je chancelais dans la rue comme un homme ivre. Je suis resté la journée du lendemain (qui était hier) à la maison, et au lit pendant toute la matinée, parce que j'avais pris de l'eau de tamarin.

M. le comte a eu aussi l'obligeance d'écrire de moi toutes sortes de belles choses à M. son père[1], et vous aurez sans doute été déjà obligé de les avaler. Il doit s'y trouver quelques passages fabuleux,... mais quand on écrit une comédie il faut bien, si l'on veut avoir du succès, *outrer* un peu les choses et ne pas rester trop exactement fidèle à la vérité des événements;... et il faut bien aussi que vous sachiez quelque gré à ce monsieur pour son empressement à me servir. — Je veux seulement, sans trop m'animer,... car ma santé et ma vie me sont trop chères (et cela me fait assez de peine d'y être contraint!)... je veux donc seulement indiquer ici le reproche principal qu'on m'a adressé sur mon service : — Je ne savais pas que je fusse un valet de chambre,... et c'est cela qui m'a perdu! J'aurais dû, tous les matins, gaspiller quelques heures à faire antichambre. Il est vrai qu'on m'a dit bien souvent que je devrais me faire voir, mais je n'ai jamais pu me rappeler que ce fût là mon service, et je venais seulement bien exactement dès que l'archevêque me faisait appeler.

Maintenant je veux vous confier, très brièvement, ma résolution irrévocable, mais cela de façon que le monde entier puisse l'entendre : Quand même je pourrais obtenir de l'archevêque de Salzbourg 2000 florins d'appointements, et seulement 1000 florins dans un autre endroit, j'irais dans

1. Grand chambellan de l'archevêque de Salzbourg.

cet autre endroit, — car pour les 1000 florins [en moins], je jouirais de la santé et du contentement d'esprit. — J'espère donc, au nom de tout l'amour paternel que vous m'avez témoigné à un si haut degré depuis mon enfance, et pour lequel je ne pourrai de ma vie vous témoigner assez de reconnaissance (mais c'est à Salzbourg que cela me serait le moins possible)... j'espère que vous ne m'écrirez pas un mot sur toute cette affaire et que vous l'ensevelirez tout entière dans le plus profond oubli,... si vous voulez voir votre fils bien portant et heureux; car un mot à ce sujet serait déjà assez pour me remuer de nouveau la bile... ainsi qu'à vous-même, avouez-le !

Maintenant, adieu et réjouissez-vous de n'avoir pas pour fils un misérable.

166 [M]

A SON PÈRE

Vienne, 12 mai 1781.

Dans la lettre que vous avez reçue par la poste [1], j'ai parlé avec vous comme si nous étions en présence de l'archevêque. Mais maintenant je vais causer tout seul avec vous, mon bien cher père. — Sur tout le tort que l'archevêque m'a fait depuis le commencement de son gouvernement jusqu'à ce jour,... sur ses continuelles insultes, sur toutes les *impertinences* et les *sottises* qu'il m'a jetées à la face, sur le droit incontestable que j'ai de le quitter, nous garderons le silence, car il n'y a rien à objecter à tous ces faits. — Je veux vous parler à présent de ce qui, sans aucun motif de vexation, m'aurait engagé à le quitter.

J'ai ici les plus belles et les plus utiles *connaissances;* je suis aimé et apprécié dans les plus grandes maisons; on me témoigne tout l'honneur possible;... et on me paye par-dessus

1. Voir la lettre précédente, écrite le même jour. Celle-ci fut envoyée par une occasion sûre.

le marché.... Et j'irais, pour 400 florins, languir à Salzbourg?... languir sans payement [suffisant], sans encouragement, sans pouvoir vous être utile en rien; tandis qu'ici, je le puis certainement?... Et à quoi tout cela aboutirait-il?... Ce serait toujours la même chose; je devrais me laisser insulter à en mourir, ou quitter de nouveau. — Je n'ai pas besoin de vous en dire plus,... vous le savez bien vous-même! — Encore ceci, seulement : Toute la ville de Vienne sait déjà mon histoire; toute la *noblesse* me dit que je ne dois plus me laisser duper. Père chéri, on va venir bientôt à vous avec de bonnes paroles,... mais ce sont des serpents, des vipères!... toutes les âmes viles sont ainsi : tantôt hautaines et altières, à donner des nausées,... puis, de nouveau, rampantes;... c'est affreux! — Les deux valets de chambre voient clair dans toute cette vilenie. Schlaucka, surtout, a dit à quelqu'un : « Quant à moi,... en tout cela je ne peux donner tort à Mozart;... il a parfaitement raison. J'aurais voulu voir que l'archevêque me traitât ainsi!... Il l'a mis dehors comme un gueux,... je l'ai entendu!... c'est infâme! »

L'archevêque reconnaît tout le tort qu'il a eu. Mais n'a-t-il pas déjà eu bien souvent l'occasion de le reconnaître?... s'est-il amendé pour cela?... Non!... Eh bien alors, que cela finisse. — Si je n'avais pas craint que peut-être la chose ne tournât pas à votre plus grand avantage, il y a longtemps que tout serait changé! Mais sur le point essentiel, que peut-on faire contre vous?... Rien. — Quand vous saurez que tout marche bien pour moi, vous pourrez facilement vous passer des bonnes grâces de l'archevêque : il ne peut pas vous retirer votre traitement, puisque vous remplissez toutes vos obligations; et pour moi, je vous garantis que tout ira bien, sans cela je n'aurais pas fait ce pas décisif, à présent,... bien que je doive avouer qu'après un tel outrage... je serais parti... et cela quand il me faudrait mendier. Car enfin, qui donc se laisserait ainsi vilipender?... et surtout, alors qu'on peut trouver mieux?

Donc si vous craignez pour vous, faites en apparence

comme si vous étiez fâché contre moi ;... grondez-moi bien dans votre lettre. Il suffit que nous sachions tous deux ce qu'il en est réellement. Mais, seulement, ne vous laissez pas tromper par des cajoleries !... Soyez sur vos gardes ! — Le portrait, les rubans et le fichu, et tout le reste, vous arriveront par la prochaine occasion. *Adieu.*

167 (M)

A SON PÈRE.

Vienne, 16[1] mai 1781.

Je n'ai jamais pu m'attendre à autre chose, sinon que, le coup étant trop saisissant pour vous (alors que vous comptiez déjà avec certitude sur mon retour)... vous m'écririez, dans le premier mouvement de vivacité, tout ce que j'ai été obligé de lire. Mais maintenant vous avez réfléchi davantage à la chose,... vous ressentez l'offense plus vivement et en homme d'honneur,... vous savez et vous voyez que ce que vous pensiez n'est plus à faire, mais est déjà arrivé. — A Salzbourg, c'est bien plus difficile de s'affranchir. Là-bas, il est le maître, tandis qu'ici... il n'est qu'un... crétin[2]... comme je le suis à ses yeux. — Et puis, croyez-moi bien, je vous connais et je connais mon dévouement pour vous... Si l'archevêque m'avait donné 200 florins de plus, j'aurais accepté..., et la vieille histoire aurait recommencé.

Croyez bien, mon excellent père, que j'ai besoin de toute ma force virile pour vous écrire ce que la raison me commande. Dieu sait combien il m'est pénible de me séparer de vous ! Mais quand il me faudrait mendier, je ne voudrais plus servir un pareil maître,... car ce qui s'est passé, je ne pourrai plus l'oublier, de toute ma vie,... et je vous en prie.

1. Date rectifiée d'après Jahn.

2. *Fex.* C'est Jahn qui traduit ainsi en français cette expression du patois salzbourgeois. On a vu que l'archevêque l'avait plusieurs fois jetée à la face de Mozart.

je vous en conjure pour tout au monde, fortifiez-moi dans cette résolution, au lieu de chercher à m'en détourner. Vous me réduisez à l'inaction!.... En effet, mon désir, mon espoir, c'est de gagner honneur, réputation et argent,... et j'ai la ferme espérance que je pourrai vous être plus utile à Vienne qu'à Salzbourg. — La route de Prague m'est [aussi] moins fermée maintenant que si j'étais à Salzbourg.

Quant à ce que vous écrivez au sujet des Weber, je puis vous certifier qu'il n'en est rien. J'ai été un fou en ce qui concerne Mme Lange, c'est vrai; mais que n'est-on pas quand on est amoureux!... Je l'aimais réellement, et je sens qu'elle ne m'est pas encore indifférente,... et que c'est un bonheur pour moi que son mari soit follement jaloux et ne la laisse aller seule nulle part, parce qu'ainsi j'ai rarement occasion de la voir. Croyez-m'en : la vieille Mme Weber est une femme très serviable, et je ne puis lui témoigner ma reconnaissance à *proportion* de son obligeance, faute de temps.

Maintenant, j'attends avec un ardent désir une lettre de vous, mon excellent et bien cher père. Consolez votre fils, car il n'y a que la pensée de vous mécontenter qui puisse le rendre malheureux au milieu des circonstances favorables [où il se trouve]. *Adieu.* Portez-vous mille fois bien! — Renseignez-vous si, par hasard, vous vous imaginez que je ne reste ici que par haine pour Salzbourg, ou par un amour déraisonnable pour Vienne! M. de Strack, qui est mon très bon ami, vous écrira certainement la vérité, en honnête homme.

168 (M)

A SON PÈRE.

Vienne, 19 mai 1781.

Je ne sais par où commencer ma lettre, mon bien cher père, car je ne puis encore revenir de mon étonnement, et jamais je ne le pourrai si vous continuez de penser et d'écrire de même. — Je dois vous avouer que je ne reconnais mon père dans aucune ligne de votre lettre!... C'est bien un père,... mais non le meilleur des pères, le plus affectueux, le plus soucieux de son honneur et de l'honneur de ses enfants; en un mot, ce n'est pas MON père!... Mais tout cela n'a été qu'un songe; vous êtes réveillé, maintenant,... et vous n'avez besoin d'aucune réponse de moi sur vos divers points d'accusation, pour être plus que convaincu que — maintenant moins que jamais, — je ne puis renoncer à ma résolution.

Il faut pourtant que je réponde à quelques-unes de vos accusations, car en divers passages [de votre lettre], mon honneur et mon caractère sont attaqués de la manière la plus sensible. — [Ainsi vous dites que] vous ne pourrez jamais approuver que j'aie donné ma démission à Vienne?... Il me semble que, quand on en a déjà le désir (bien que je ne l'eusse pas pour le présent,... sans cela je l'aurais fait dès la première fois), c'est dans le lieu où l'on est bien posé et où l'on a devant soi les plus belles perspectives du monde, qu'il est le plus raisonnable de le faire. Que vous ne puissiez l'approuver au point de vue de l'archevêque, c'est possible; mais à mon point de vue, vous ne pouvez que m'approuver. — Vous dites que je ne puis sauver mon honneur qu'en abandonnant ma résolution!... Comment pouvez-vous donc avoir une idée si contraire à la vérité? Vous ne songiez pas, quand vous avez écrit cela, qu'en revenant ainsi sur mes pas, je serais le drôle le plus méprisable du monde. Tout Vienne sait que j'ai quitté l'archevêque,... et sait pourquoi On sait que c'est pour mon honneur blessé... et blessé pour la troisième fois!... Et je devrais maintenant prouver publiquement le contraire?... me faire tenir, moi, pour un misérable, et l'archevêque, pour un bon prince!... La première de ces deux choses, nul ne le peut, et moi... moins que personne; et quant à la seconde,... Dieu seul le peut, s'il veut l'éclairer.

Ainsi, je ne vous ai encore montré aucune affection?... et

c'est maintenant que je dois commencer à le faire?... Pouvez-vous dire cela! — Moi, je ne voudrais rien vous sacrifier de mes plaisirs?... Mais quels plaisirs ai-je donc ici?... est-ce de penser avec difficulté et souci à [remplir] ma bourse? — Vous croyez, à ce qu'il me semble, que je nage dans les satisfactions et les distractions; oh! comme vous vous trompez!... c'est-à-dire pour le présent. Actuellement, je n'ai que juste ce qu'il me faut; mais la souscription pour mes six sonates marche et cela me rapportera de l'argent. Pour l'opéra aussi [1], tout est déjà arrangé; et puis, pendant l'Avent, je donnerai un concert; et ainsi cela ira toujours de mieux en mieux; car, en hiver, on peut gagner ici une jolie somme. — Si cela s'appelle du bonheur d'être débarrassé d'un prince qui ne vous paye pas et qui vous vilipende à en mourir,... oh! alors, c'est vrai, je suis heureux; car quand je devrais, du matin au soir, ne faire autre chose que méditer et travailler, je m'y soumettrais volontiers, ne fût-ce que pour ne pas vivre de la charité d'un .. je ne puis l'appeler par son vrai nom! — J'ai été forcé de faire ce pas décisif; maintenant je ne puis plus reculer de l'épaisseur d'un cheveu;... c'est impossible! — Tout ce que je peux vous dire, c'est que je suis très fâché (à cause de vous,... rien qu'à cause de vous, mon père) qu'on m'ait poussé à cette extrémité,... et que je souhaiterais que l'archevêque eût agi d'une manière plus judicieuse, rien que pour pouvoir continuer à vous consacrer toute mon existence. Pour vous faire plaisir, mon excellent père, je sacrifierais mon bonheur, ma santé et ma vie;... mais mon honneur... est pour moi, et doit être pour vous, au-dessus de tout.

Faites lire ceci au comte Arco [2] et à tout Salzbourg : — Après cette offense,... après cette triple offense,... l'archevêque en personne me proposerait 1200 florins, que je ne les prendrais pas; je ne suis ni un drôle, ni un polisson!... et si ce n'avait été pour vous, je n'aurais pas attendu qu'il pût

1. *L'Enlèvement au sérail.*
2. Comte Arco, le père.

me répéter une troisième fois : « Allez au diable! » sans me le tenir pour dit. Que dis-je : attendu!... C'est moi, moi qui l'aurais dit... et pas lui! — Ce qui m'étonne seulement, c'est que l'archevêque ait pu agir si inconsidérément dans un endroit comme Vienne! Il doit voir comme il s'est trompé! — Le prince Breuner et le comte Arco ont besoin de l'archevêque, mais moi pas Et s'il en vient au point d'oublier tous les devoirs d'un prince, et d'un prince de l'Église, venez me rejoindre à Vienne : vous trouverez partout 400 florins. Comprenez-vous, s'il agissait ainsi, de quelle honte il se couvrirait vis-à-vis de l'Empereur,... qui d'ailleurs le déteste?

Pour ma sœur aussi, les choses iraient mieux ici qu'à Salzbourg;... il y a beaucoup de grandes maisons où l'on hésite à prendre un professeur homme,... mais où une femme serait très bien payée. — Tout cela peut encore s'arranger.

Par la prochaine occasion, si M. de Kleinmayrn, ou Bönike, ou Zetti va à Salzbourg, je vous enverrai quelque chose pour payer ce que vous savez. — M. le contrôleur, qui est parti aujourd'hui, apportera à ma sœur le fichu.

Cher, excellent père, exigez de moi ce que vous voudrez,... tout, excepté cela!... Rien que d'y penser me fait déjà trembler de colère!... *Adieu.*

169 (M)

A SON PÈRE

Vienne, 26 mai 1781.

Vous avez parfaitement raison, mon très cher père,... comme, moi aussi, j'ai parfaitement raison. — Je sais, je connais tous mes défauts; mais un homme ne peut-il donc pas se corriger?... Ne peut-il pas s'être déjà corrigé? — De quelque façon que je considère la chose, je vois que c'est en restant à Vienne que je pourrai le mieux me tirer d'affaire pour tout, et vous venir en aide, mon excellent père, à vous et à ma chère sœur. On dirait que la fortune veut me faire ici bon accueil, et je me sens comme contraint de rester. Et ceci, je l'ai éprouvé dès que j'ai quitté Munich. J'étais extrêmement joyeux de partir pour Vienne, sans savoir pourquoi.

Il faut que vous ayez encore un peu de patience, et bientôt je pourrai vous montrer d'une manière effective combien Vienne nous est utile à tous. Soyez convaincu que je suis tout à fait changé.... Après ma santé je ne connais rien de plus nécessaire que l'argent. Je ne suis certes pas un avare,... ce me serait bien difficile de devenir un avare !... pourtant ici les gens me considèrent comme plus porté à la lésinerie qu'à la prodigalité ; et c'est assez pour commencer ! — Quant aux élèves, je puis en avoir autant qu'il me plaira, mais je n'en veux pas beaucoup ;... je veux être mieux payé que les autres... et alors je préfère en avoir moins. Il faut, dès le début, se faire un peu valoir, sans cela, c'est fini à tout jamais !... et on devra ensuite courir toujours sur la grande route avec les autres. — Pour la souscription, tout est en règle ; et quant à l'opéra, je ne vois pas pourquoi je resterais sur la réserve ?... Le comte Rosenberg[1], auquel j'ai rendu visite deux fois, m'a reçu de la manière la plus polie, et a entendu mon opéra[2] chez la comtesse Thun avec Van Swieten[3] et M de Sonnenfels. Et comme Stephanie est mon bon ami, tout va bien.

Croyez-m'en bien : ce n'est pas l'oisiveté que j'aime, mais le travail. — A Salzbourg, oui, c'est très vrai, cela me coûtait beaucoup d'efforts, et je ne pouvais presque pas m'y résoudre. Pourquoi ?... Parce que mon esprit n'était pas satisfait. Vous m'avouerez bien vous-même qu'à Salzbourg — au moins pour moi — il n'y avait pas pour un kreutzer d'amusement ? Il y a beaucoup de gens que je ne veux

1. Intendant du théâtre.
2. *Idoménée*.
3. Le baron Gottfried Van Swieten, ancien ambassadeur en Prusse, était un amateur passionné de musique et un chaud admirateur de Mozart.

pas fréquenter, ... et, pour la plupart des autres, je suis de trop basse lignée. — Aucun encouragement pour mon talent!... Quand je joue, ou qu'on exécute quelque chose de ma composition, c'est exactement comme s'il n'y avait pour auditeur que des fauteuils et des tables. Si, au moins, il se trouvait là un théâtre qui en valût la peine!... car c'est en cela que consiste toute ma distraction ici. — A Munich, il est vrai, je me suis, sans le vouloir, placé sous un faux jour à vos yeux : je me suis trop amusé là-bas. Et pourtant je puis vous jurer sur mon honneur que, avant que mon opéra eût été représenté, je n'avais été à aucun théâtre et nulle part ailleurs que chez les Cannabich. — Que ce soit au dernier moment que j'aie eu à faire la plus considérable et la plus difficile partie de mon travail, c'est très exact, mais ce n'est pas par suite de paresse ou de négligence; je suis resté quinze jours sans écrire une note, parce que cela m'était impossible. J'écrivais, il est vrai, mais rien de définitif : c'était donc du temps perdu; mais je ne m'en repens pas. — Si, ensuite j'ai été trop gai, c'est folie de jeunesse : je me disais à moi-même : « Où vas-tu aller?... à Salzbourg?... donc amuse-toi bien! » — Il est certain qu'à Salzbourg, je soupire après cent distractions, et ici... après aucune; car d'être à Vienne est déjà une assez grande distraction.

Ayez toute confiance en moi; je ne suis plus un fou, et vous croirez encore moins, j'espère, que je suis un fils impie et ingrat. Ainsi confiez-vous entièrement à mon jugement et à mon bon cœur,... vous ne vous en repentirez certainement pas. — Où donc aurais-je pu apprendre à estimer l'argent?... j'en ai eu encore trop peu entre les mains. Je me souviens qu'un jour que j'avais reçu 20 ducats, je me croyais déjà riche. Le besoin seul apprend à apprécier l'argent. — Portez-vous bien, mon bien cher et excellent père. Mon devoir est maintenant de bien faire mon affaire ici en y mettant tous mes soins et mon activité, et de vous dédommager de ce que vous croyez avoir perdu par cet événement. C'est ce que je ferai certainement et avec mille joies! *Adieu.*

P. S. Aussitôt que quelqu'un des gens de l'archevêque ira à Salzbourg, vous recevrez le portrait. — [1]*J'ai fait écrire l'adresse par un autre, exprès, parce qu'on ne peut pas savoir....* Il ne faut pas se fier à un coquin.

170 (M)

A SON PÈRE

Vienne, fin mai 1781.

Avant-hier le comte Arco m'a fait dire que je devrais bien venir le voir, à midi; qu'il m'attendrait. Il m'a déjà souvent envoyé pareil message, ainsi que Schlaucka; mais comme je déteste les entretiens où presque chaque mot qu'il faut écouter est un mensonge, je me suis fidèlement... abstenu d'y aller, et j'en aurais fait autant cette fois-ci, s'il ne m'avait pas fait dire en même temps qu'il avait reçu une lettre de vous. J'y allai donc à l'heure dite. — Il me serait impossible de reproduire toute la conversation, qui s'est maintenue sur un ton tout à fait calme et sans vivacité (car cela avait été ma première prière). En résumé, il m'a représenté toutes choses de la manière la plus amicale; on aurait juré que cela lui partait du fond du cœur. Mais je ne pense pas que, de son côté, il pourrait jurer que, moi aussi, cela me partait du cœur! — Avec tout le calme et toute la politesse possibles,... et enfin de la meilleure façon du monde, j'ai répondu à ses discours, vrais, en apparence,... par la plus pure vérité; et lui... il n'a pu me contredire en rien. La conclusion a été que j'ai voulu lui remettre mon *mémorial* et l'argent du voyage (que j'avais tous deux sur moi). Mais il m'a affirmé que c'était trop triste pour lui de se mêler de cette affaire;... je n'avais qu'à don-

1. En italien.

ner le mémorial à un des valets de chambre, et quant à l'argent, il ne le prendrait que quand tout serait fini.

L'archevêque exprime ici son mécontentement contre moi au monde entier, et il n'a pas assez de jugement pour s'apercevoir que cela ne lui fait pas honneur ; car on m'estime plus que lui. On le connaît pour un prêtre arrogant et présomptueux qui méprise tout ce qui est ici,... et moi, on me connaît pour un homme obligeant. C'est vrai que je suis fier quand je vois que quelqu'un veut me traiter avec mépris et *en bagatelle* : et c'est ainsi que l'archevêque est vis-à-vis de moi. Mais avec de bonnes paroles, il ferait de moi ce qu'il voudrait. C'est ce que j'ai dit au comte ; et je lui ai dit aussi, entre autres choses, que l'archevêque n'est pas du tout digne que vous pensiez à lui avec tant de bienveillance. Et, pour conclusion : ... « A quoi servirait que je consentisse à retourner maintenant à la maison, puisque, également, dans quelques mois d'ici (sans [nouvelle] offense) je demanderais mon congé?... car pour de pareils appointements je ne puis... ni ne veux plus servir. » — « Mais pourquoi donc? » — « Parce que, ai-je répondu, je ne pourrai jamais vivre heureux et content dans un endroit où je suis payé de telle sorte que je ne pourrais m'empêcher de penser sans cesse : Ah! si j'étais là!... ou là!... Mais quand je serai payé de manière à n'avoir plus besoin de songer à un autre endroit, alors je pourrai être content ; et si l'archevêque me paye ainsi, je suis prêt à partir dès aujourd'hui. » — Mais que je suis content que l'archevêque ne me prenne pas au mot! car c'est certainement mon intérêt et le vôtre que je reste ici ; vous le verrez!...

Et maintenant, portez-vous bien, mon bien cher et excellent père ; tout ira bien!... Je n'écris pas dans un rêve, car mon propre bonheur y est attaché. *Adieu.*

171 (M)

A SON PÈRE

Vienne, 2 juin 1781.

Vous aurez appris, par ma dernière lettre, que j'ai causé moi-même avec le comte Arco. Dieu soit loué de ce que tout se soit si bien passé! Soyez sans inquiétude, vous n'avez pas la moindre chose à redouter de l'archevêque, car le comte Arco ne m'a pas dit un seul mot de nature à me faire penser qu'il en pût résulter quelque dommage pour vous. Et quand il m'a dit que vous lui aviez écrit et que vous vous plaigniez de moi, je l'ai aussitôt interrompu en disant : « Et à moi... vous croyez qu'il ne s'est pas plaint?... Il m'a écrit de telle sorte que j'ai souvent cru en devenir fou!... Mais j'ai beau considérer la chose comme je veux, je ne puis certes pas,... etc. » — Quand il me dit : « Croyez-moi, vous vous laissez trop éblouir ici; ici la célébrité d'un homme dure bien peu! Au début, on obtient toutes les louanges et on gagne aussi beaucoup d'argent, c'est vrai! Mais combien de temps [cela dure-t-il]?... Après quelques mois, les Viennois veulent du nouveau. » — « Vous avez raison, Monsieur le comte, repris-je; mais croyez-vous donc que je resterai à Vienne?... Eh! parbleu! je sais bien où j'irai!... Si cette rupture s'est faite précisément à Vienne, c'est l'archevêque qui en est cause et non moi. S'il savait comment on se conduit avec des hommes de talent, ce ne serait pas arrivé. Monsieur le comte, je suis le meilleur garçon du monde... pourvu qu'on le soit avec moi! » — « Eh! bien! l'archevêque, reprit-il, vous tient pour un homme pétri d'orgueil. » — « Je le crois bien, dis-je, je le suis en effet, vis-à-vis de lui. Tel on est avec moi, tel je suis aussi avec les gens.... Quand je vois que quelqu'un me méprise et fait peu de cas de moi, je deviens aussi fier qu'un babouin. » — Entre autres choses, il me demanda si je ne croyais pas qu'il eût bien souvent, lui aussi, de mauvaises paroles à avaler?... Je haussai les épaules et dis : « Vous avez sans doute vos raisons pour le supporter, et moi j'ai mes raisons pour... ne pas le supporter. » — Le reste, vous le savez par ma dernière lettre.

N'en doutez pas, mon cher et excellent père, c'est certainement pour mon bien, et par conséquent, c'est aussi pour le vôtre. Les Viennois sont bien gens à faire volontiers couler bas quelqu'un,... mais seulement au théâtre; et ma spécialité est trop en faveur ici pour que je ne puisse pas me *soutenir;* c'est vraiment bien ici le pays du piano! — Et puis, même en admettant ce cas, il ne se produirait que dans quelques années et sûrement pas plus tôt. En attendant, je me serai fait de l'honneur et de l'argent;... et ensuite, il y a encore d'autres endroits,... et qui sait quelle occasion peut se présenter d'ici là? — Je vous ferai parvenir quelque argent par M. de Zetti, auquel j'en ai déjà parlé;... pour cette fois il faut vous contenter de peu : je ne puis vous envoyer que 30 ducats[1]. Si j'avais prévu la catastrophe, j'aurais pris tout de suite les élèves qui se présentaient. Mais je croyais toujours partir dans huit jours;... et maintenant ils sont à la campagne. — Le portrait va aussi vous arriver.

172 [M]

A SON PÈRE

Vienne, 9 juin 1781.

Eh bien! le comte Arco a joliment réussi à arranger les choses!... Ainsi voilà comment on s'y prend? On cherche à persuader les gens, à les attirer à soi;... par une sottise innée on refuse de recevoir les requêtes, et par manque de courage et amour de la flagornerie, on ne dit pas un seul mot au maître;... on berce quelqu'un d'illusions pendant

1. 364 francs.

quatre semaines, et finalement, quand ce quelqu'un se voit contraint de présenter lui-même sa pétition, au lieu de lui permettre au moins d'entrer, on le jette violemment à la porte avec un coup de pied au ...! — Ainsi voilà ce qu'il est, ce comte qui (d'après votre dernière lettre) a tant de cœur!... et voilà la cour où je servais!... où quelqu'un qui désire présenter une pétition, au lieu de s'en voir faciliter la remise, est ainsi traité!... Cela s'est passé dans *l'antichambre*, de sorte qu'il n'y avait pas moyen de faire autre chose que de s'arracher de là et de s'enfuir,... car je ne voulais pas oublier le respect dû à l'appartement du prince,... quoique le comte Arco l'eût oublié! — J'ai rédigé trois mémoires, je les ai remis cinq fois et ils m'ont toujours été renvoyés. Je les ai soigneusement conservés, et qui le voudra pourra les lire et se convaincre qu'ils ne contiennent pas le moindre propos offensant.

En dernier lieu, mon mémoire me fut renvoyé le soir, par M. de Kleinmayrn (qui est, ici, préposé à cela), et, comme le départ de l'archevêque était pour le lendemain, je fus tout hors de moi de colère : je ne pouvais le laisser partir ainsi,... d'autant que j'avais appris d'Arco (du moins il me l'a dit) que l'archevêque ne savait rien de tout cela,... et alors combien ne pourrait-il pas être fâché contre moi de ce qu'après être resté si longtemps ici, je ne venais qu'au dernier moment avec une pareille requête! — Je fis donc un autre mémoire, où je lui découvrais que, depuis quatre semaines déjà, ma pétition était prête, et que m'étant vu, je ne sais pourquoi, toujours éconduit, je me trouvais contraint de la lui remettre à lui-même, et justement au dernier moment. — Eh! bien! en réponse à ce mémoire, j'ai reçu mon congé de la plus belle façon du monde!... car qui sait si ce n'est pas sur l'ordre de l'archevêque que la chose s'est passée ainsi?... M. de Kleinmayrn, — s'il veut continuer son rôle d'honnête homme, — et les domestiques de l'archevêque, sont témoins que son ordre a été exécuté! Je n'ai plus besoin, maintenant, d'envoyer aucune requête,... tout est fini!

Je ne veux plus rien écrire sur toute cette *affaire*, et quand l'archevêque me donnerait maintenant 1200 florins d'appointements, je n'accepterais pas, après un pareil traitement!... Avec quelle facilité on aurait pu me persuader!... mais avec de bons procédés, et non avec des manières hautaines et grossières! — J'ai fait dire au comte Arco que je n'avais pas à m'entretenir avec lui... parce qu'il m'avait fort rudoyé la première fois et mis dehors comme un coquin, ce qui n'est nullement dans ses attributions. Et pardieu,... comme je vous l'ai déjà écrit,... je ne serai pas non plus allé chez lui la seconde fois, s'il ne m'avait fait dire en même temps qu'il avait une lettre de vous. Maintenant, pour cette dernière fois, en quoi cela le regarde-t-il si je veux obtenir mon congé?... Et s'il était vraiment si bien intentionné pour moi, il fallait me persuader par de bonnes raisons, ou bien laisser aller les choses d'elles-mêmes, ... mais non vous bousculer en vous traitant de rustre et de manant, et vous jeter à la porte avec un coup de pied dans le.... — mais j'ai oublié que c'est peut-être d'après un auguste commandement!

Je ne répondrai que très brièvement à votre lettre; car je suis si fatigué de toute cette affaire que je souhaiterais n'en plus du tout entendre parler. — Après toutes les raisons qui m'ont fait *quitter* (et que vous connaissez si bien), il ne viendrait à l'idée d'aucun père d'être fâché contre son fils pour cela; ce serait bien plutôt s'il ne l'avait pas fait! D'autant moins que vous saviez que j'en avais déjà le désir, indépendamment de tout autre motif;... et il est impossible que vous soyez sérieusement fâché; seulement vous êtes obligé de dissimuler à cause de la cour. Pourtant, je vous en supplie, mon excellent père, ne rampez pas trop, car l'archevêque ne peut rien faire contre vous. Et quand il le ferait?... Je le souhaiterais presque!... Ce serait là un fait, un fait nouveau qui lui donnerait le coup de grâce auprès de l'Empereur; car l'Empereur, non seulement ne peut le souffrir,... il le déteste! Si, par suite d'un pareil traitement, vous veniez à Vienne et racontiez l'histoire à l'Empereur, vous recevriez de lui les mêmes appointements, au moins, car, en pareilles occasions, l'Empereur est vraiment à vénérer.

Je suis bien surpris que vous me mettiez *en comparaison* avec Mme Lange, et j'en ai été affligé toute la journée. — Cette jeune fille a été à la charge de ses parents tant qu'elle n'a rien pu gagner par elle-même. A peine le moment est-il venu où elle aurait pu se montrer reconnaissante envers eux (*N. B.* son père est mort avant qu'elle eût seulement touché ici un kreutzer), elle a abandonné sa pauvre mère, s'est accrochée à un acteur, l'a épousé... et sa mère n'a pas reçu d'elle le moindre secours... Mon Dieu!... mais mon seul but à moi, Dieu le sait, est de vous venir en aide à vous et à nous tous! Faut-il donc que je vous l'écrive cent fois, que je vous serai plus utile ici qu'à Salzbourg?

Je vous en prie, mon bien cher et excellent père, ne m'écrivez plus de pareilles lettres; je vous en conjure!... car elles ne servent qu'à m'échauffer la tête et à me troubler le cœur et l'esprit. Et moi... qui ai maintenant constamment à composer, j'ai besoin d'avoir l'esprit serein et le cœur tranquille. — L'Empereur n'est pas ici. Le comte Rosenberg, non plus. Ce dernier a chargé Schröder[1] (l'éminent acteur) de s'informer d'un bon livret d'opéra et de me le donner à composer.

M. de Zetti a reçu, contre toute conjecture, l'ordre de partir de si grand matin, que ce n'est que demain en huit que je pourrai envoyer, par la diligence, le portrait, les rubans pour ma sœur et ce que vous savez.

173 (M)

A SON PÈRE

Vienne, 13 juin 1781.

O le meilleur des pères! de quel cœur ne voudrais-je pas

1. Fréd. Louis Shcröder, célèbre acteur tragique et auteur dramatique.

continuer à vous sacrifier mes meilleures années dans un endroit où l'on est mal payé... si cet inconvénient fâcheux était le seul!... Mais être mal payé et, par-dessus le marché, persiflé, méprisé et vilipendé, c'est vraiment trop!... J'ai composé ici, pour les concerts de l'archevêque, une sonate à jouer par moi, et des rondos pour Brunetti et Ceccarelli. A chaque concert j'ai joué deux fois, et la dernière fois, quand tout était fini entre nous, j'ai encore joué, une heure durant, des variations sur un thème donné par l'archevêque, et cela avec une approbation si générale que, si l'archevêque avait tant soit peu de cœur, il aurait dû sûrement en éprouver de la joie. — Eh! bien! au lieu de m'en témoigner au moins sa satisfaction et son approbation, ou, — si vous voulez, — de ne rien témoigner du tout, il me renvoie comme un gamin des rues, me dit en pleine figure de m'en aller au diable et qu'il en trouvera cent qui le serviront mieux que moi! Et pourquoi?... Parce que je n'ai pu partir le jour même qu'il s'était mis dans l'esprit!... Je me suis vu obligé de quitter sa maison, de vivre à mes frais,... et je n'aurais pas eu la liberté de partir quand ma bourse me le permettrait?... et cela quand je n'étais pas nécessaire à Salzbourg et que toute la différence consistait en deux jours?

L'archevêque m'a dit deux fois les plus grosses *impertinences*, et je n'ai pas répondu un seul mot. Bien plus : j'ai joué chez lui avec le même zèle, la même application que si de rien n'était; et au lieu de reconnaître mon empressement à le servir et mes efforts pour lui plaire, c'est précisément au moment où je pouvais me promettre quelque chose d'autre, que, pour la troisième fois, il en use avec moi de la façon la plus abominable du monde! — Et, pour que je n'aie aucun tort, pour me donner complètement raison,... il semble qu'on ait voulu me mettre de force dehors. Eh! bien! si l'on ne veut pas de moi, c'est tout ce que je désire! — Le comte Arco pouvait prendre ma pétition, ou me procurer une audience, ou me conseiller de l'envoyer directement, ou me persuader de laisser tomber la chose et d'y mieux réfléchir, ou enfin... ce qu'il eût voulu. Non; il me jette à la porte et me donne un coup de pied au.... Eh! bien! cela veut dire, en bon allemand, que Salzbourg n'est plus fait pour moi, à moins d'une bonne occasion de rendre à M. le comte Arco son coup de pied au... et cela, quand ce devrait être en pleine rue. — Je ne demande aucune *satisfaction* à l'archevêque, car il ne serait pas en état de me la donner telle que j'entends la prendre moi-même; mais j'écrirai au premier jour à M. le comte ce qu'il a positivement à attendre de moi, dès qu'une heureuse chance permettra que je le rencontre n'importe où, excepté dans un endroit que je doive respecter.

Soyez sans inquiétude pour le salut de mon âme, mon excellent père! Je suis un jeune homme faillible comme tous les autres; mais, ma consolation, c'est que je puis souhaiter qu'ils le soient tous aussi peu que moi.... Vous croyez peut-être de moi des choses qui ne sont pas. Mon principal défaut, c'est que je n'agis pas toujours — en apparence — comme je devrais. — Il n'est pas vrai que je me sois vanté de manger de la viande tous les jours de jeûne; j'ai dit seulement que cela m'était égal et que je ne considérais pas cela comme un péché, parce que jeûner, c'est, selon moi, se priver, manger moins que d'ordinaire. — J'entends la messe tous les dimanches et jours de fête et les jours de semaine aussi, quand c'est possible; vous le savez bien, mon père. — Toute ma fréquentation avec cette personne de mauvaise réputation [dont vous me parlez] a consisté à la voir au bal, et cela longtemps avant que je susse qu'elle était mal famée; et je ne l'ai invitée qu'afin d'être sûr d'avoir une danseuse pour la contredanse. Ensuite je ne pouvais, sans lui en dire la raison, rompre tout d'un coup avec elle; qui donc dirait ainsi les choses à la face des gens? Ne l'ai-je pas, à la fin, souvent plantée là pour danser avec d'autres? C'est pour cela que j'ai été si content de voir arriver la fin du carnaval. Du reste, personne ne pourra dire, sans passer pour un menteur, que je l'aie vue quelque part ailleurs, ou que je sois allé chez elle. — Enfin, soyez persuadé que j'ai vraiment de la religion... et si j'avais le malheur (dont Dieu me préservera) de jamais me fourvoyer hors du droit chemin, je n'aurais rien à vous reprocher, mon excellent père; c'est moi seul qui serais un misérable, car je vous dois tout ce qui est bon pour mon salut et mon bonheur temporel et spirituel.

174 (M)

A SON PÈRE

Vienne, 16 juin 1781.

Le portrait et les rubans pour ma sœur partiront demain dans un paquet cacheté. Je ne sais pas si les rubans seront à son goût, mais je puis lui certifier qu'ils sont tout à fait à la mode. Si elle en veut davantage, ou bien si elle en veut qui ne soient pas peints, elle n'a qu'à me le faire savoir, et, en général, si elle a envie de quelque chose qu'elle croie possible d'avoir plus beau à Vienne, elle n'a qu'à l'écrire. J'espère qu'elle n'aura pas payé le fichu, car il est déjà payé : j'ai oublié de l'écrire, parce que j'avais toujours à parler de cette infâme *affaire*. — J'expédierai l'argent de la manière que vous m'avez indiquée.

Enfin, je puis vous dire de nouveau quelque chose sur Vienne ! Jusqu'à présent il fallait toujours remplir mes lettres de cette histoire immonde.... Dieu soit loué que ce soit fini !

La *saison* actuelle est la plus mauvaise pour quelqu'un qui veut gagner de l'argent, vous le savez de reste ! Les familles les plus distinguées sont à la campagne ; par conséquent il n'y a pas autre chose à faire que de travailler d'avance pour l'hiver, où l'on a moins de temps. — Aussitôt que les sonates seront terminées, je chercherai une petite cantate italienne et je la composerai pour être donnée au théâtre, pendant l'Avent, à mon bénéfice, bien entendu. Il y a un petit artifice au moyen duquel je pourrai la donner deux fois avec le même avantage : c'est, la seconde fois, de jouer [en outre] quelque chose sur le piano. En ce moment je n'ai qu'une seule élève, Mme la comtesse Rumbeck, la cousine de Cobenzl. Il est vrai que je pourrais en avoir plus si je consentais à diminuer mes prix, mais sitôt qu'on agit ainsi, on perd tout son crédit. Mon prix est de 6 ducats pour 12 leçons[1], et encore je laisse entendre que je ne le fais que par complaisance. J'aime mieux avoir trois élèves qui me payent bien que six qui me payent mal. Avec cette unique élève je puis pourvoir à mon entretien, et cela me suffit en attendant. Je vous écris ceci uniquement pour que vous n'alliez pas croire que c'est peut-être par égoïsme que je ne vous envoie pas plus de 30 ducats. Soyez sûr que je me dépouillerais complètement si seulement j'avais l'argent. Mais cela viendra !... Il ne faut jamais laisser voir aux gens sa position.

Maintenant parlons théâtre. Je vous ai écrit dernièrement, je crois, que le comte Rosenberg, à son départ, a chargé Schröder de se mettre en quête d'un livret d'opéra pour moi. Eh ! bien ! c'est déjà trouvé, et Stephanie (le jeune)[2], comme *inspicient*[3] de l'Opéra, l'a entre les mains. Bergobzoomer[4], étant un bon et véritable ami de Schröder et de moi, m'a immédiatement glissé la chose [à l'oreille]. Je suis donc allé aussitôt chez Stephanie, *en forme de visite*. Nous pensions qu'il pourrait bien agir faussement à mon égard, à cause de sa partialité pour Umlauf[5] ; mais ce soupçon était dénué de fondement, car j'ai entendu dire, après coup, qu'il avait chargé quelqu'un de me prier de venir le voir, parce qu'il avait à causer de quelque chose avec moi. Dès que j'entrai, il me dit : « Oh ! vous arrivez comme appelé ! » — Mais voilà ! L'opéra a quatre actes, et, comme il le dit lui-même, le

1. 70 fr. 85, à peu près 6 francs par leçon.
2. Célèbre acteur, et auteur dramatique comme Schröder.
3. Inspecteur.
4. Auteur et acteur dramatique.
5. Musicien de la Cour et compositeur dramatique. Il devint plus tard chef d'orchestre de l'Opéra allemand.

premier acte est incomparable, ensuite cela devient beaucoup plus faible. Si Schröder permet qu'on l'arrange comme on voudra, on en pourra tirer un bon livret[1]; tel qu'il est, Stephanie ne peut pas du tout le remettre à la *Direction* avant d'en avoir parlé avec Schröder, car il sait bien d'avance qu'on le lui rendrait. Il faut donc qu'ils arrangent la chose entre eux deux. — D'après ce que Stephanie m'en a dit, je n'ai exprimé aucun désir de lire ce livret; car s'il ne me plaît pas, il faudra bien que je le dise, sans cela c'est moi qui en serais la dupe,... et je ne veux pas me rendre Schröder défavorable, alors qu'il est plein de considération pour moi. De cette façon, je puis toujours m'excuser en disant que je ne l'ai pas lu.

Maintenant, il faut que je vous explique pourquoi nous avions des soupçons à l'égard de Stephanie. Cet homme, — et cela me fait beaucoup de peine, — a dans tout Vienne la pire *renommée*; [on le considère] comme un homme grossier, faux et calomniateur, qui fait aux gens les plus grandes injustices; moi je n'entre pas là dedans. Cela peut être vrai, puisque tout le monde en exprime son mécontentement; mais, d'ailleurs, il jouit de tout crédit auprès de l'Empereur, et à mon égard il a été très affectueux dès la première entrevue et m'a dit : « Nous sommes déjà de vieux amis, et je serai très content si je puis être en état de vous servir en quelque chose. » Je crois — et je le souhaite aussi — qu'il écrira lui-même un opéra pour moi. Maintenant, qu'il fasse ses comédies seul ou avec de l'aide, qu'il les pille furtivement chez les autres ou les invente lui-même,... toujours est-il qu'il comprend le théâtre, et que ses comédies plaisent toujours. Je viens de voir deux nouvelles pièces de lui qui sont certainement très bonnes; l'une : « Le trou dans la porte », et l'autre : « Le grand-bailli et les soldats ». — En attendant, je m'en vais écrire la cantate; car, quand même j'aurais déjà un livret, je ne prendrais pas encore la plume,

1. Ce livret, dont on ignore le nom, était probablement de Schröder. On n'en put tirer parti.

parce que le comte Rosenberg n'est pas ici, et si, en fin de compte, il ne trouvait pas le livret bon, j'aurais eu l'honneur de composer inutilement : aussi je m'en garde prudemment. Quant au succès, je ne m'en fais nul souci, pourvu que le livret soit bon.

Croyez-vous donc que j'écrirai un *opéra comique* de la même façon qu'un *opera seria?* Autant il faut, dans un *opera seria*, d'érudition et de sagesse, avec peu de badinage, autant, dans un *opera buffa*, il faut de badinage et de gaieté, avec peu d'érudition. Si l'on veut aussi de la musique légère dans un *opera seria*, je n'y puis rien. Mais ici, on fait très bien la distinction entre les deux genres. Ma foi ! je trouve que la farce n'est pas encore extirpée de la musique, et les Français ont raison en cela.

J'espère bien [d'après ce que vous me dites] recevoir exactement mes vêtements par la prochaine diligence. Je ne sais quand elle part, mais je crois pourtant que cette lettre-ci vous arrivera encore auparavant ; aussi je vous prie de garder ma canne pour l'amour de moi. Ici on a des cannes, mais pour quel usage ? ... pour se promener, et alors la moindre petite canne suffit. Ainsi, appuyez-vous dessus à ma place, et portez-la constamment, si c'est possible. Qui sait si elle ne pourra pas, entre vos mains, venger son ancien maître sur Arco ? ... mais d'une façon fortuite et par hasard, s'entend ! — Mon *discours* bien clair ne fera pas défaut à cet âne affamé, fallût-il attendre vingt ans ; car le voir et lui envoyer mon pied dans le ..., c'est tout un, à moins que je n'aie la malechance de le voir d'abord dans un lieu saint.

175 [M]

A SON PÈRE

Vienne, 20 juin 1781.

. . . .

Je n'ai pas de peine à croire que les courtisans vous regardent de travers ; mais qu'avez-vous à démêler avec cette misérable valetaille ? — Plus ces gens-là vous sont hostiles, plus vous devez les considérer avec fierté et mépris. Quant à Arco, je ne dois prendre conseil que de ma raison et de mon cœur, et je n'ai, dès lors, besoin d'aucune dame ni d'aucune personne de haut rang pour faire ce qui est juste et bien[1], ... et qui n'est ni trop, ni trop peu. C'est le cœur qui ennoblit l'homme, et si je ne suis pas comte, j'ai peut-être plus d'honneur dans l'âme que bien des comtes ; et valet ou comte, du moment qu'il m'insulte, c'est une canaille. — Je commencerai par lui représenter bien raisonnablement comme il a mal et méchamment agi, mais, en finissant, il faut que je lui donne l'assurance écrite qu'il doit positivement s'attendre à recevoir de moi un coup de pied au ..., ainsi qu'une paire de soufflets. Car quand quelqu'un m'offense, il faut que je me venge ; et si je ne lui en faisais pas plus qu'il ne m'en a fait, ce ne serait qu'un rendu et non une correction. De plus, ce serait me mettre à son niveau, et je suis vraiment trop fier pour m'égaler à un si sot animal.

Je ne vous écrirai plus que tous les huit jours, à moins qu'il ne survienne quelque chose de nécessaire à dire, parce que je suis trop occupé en ce moment. Je finis, car j'ai encore des variations à terminer pour mon élève.

176 (M)

A SON PÈRE

Vienne, 27 juin 1781.

Je dois vous dire, au sujet de Mme Rosa, que j'ai été trois fois chez elle avant d'avoir le bonheur de la rencontrer. Vous la reconnaîtriez à peine, tant elle est maigre. Quand je lui ai demandé le portrait, elle a voulu aussitôt

1. L. Mozart, très effrayé des suites que cette affaire menaçait d'avoir, avait insinué que tout pouvait s'apaiser par le moyen de hautes influences. Il dissuadait son fils d'adresser au comte d'Arco une lettre de provocation, comme il en avait l'intention. (Voir lettre 178.)

m'en faire présent, ajoutant qu'elle n'en avait pas tant besoin que cela, et qu'elle me l'enverrait le jour suivant. Trois semaines se passèrent, aucun portrait ne vint. Je retournai de nouveau trois fois chez elle, en vain; puis enfin j'y allai un matin, de très bonne heure; elle était encore à déjeuner avec son paysan de mari. Mais alors de « vouloir m'en faire présent » elle ne fit qu'un saut jusqu'à « ne plus vouloir le prêter du tout ». — Il me vint à l'esprit qu'en pareil cas il faut être un peu rude avec les Italiens, et je lui dis qu'elle n'avait pas perdu son impétuosité, [d'autrefois], mais que je ne voulais pas, moi, — par suite de son défaut de caractère, — jouer auprès de mon père le rôle d'un sot qui dit aujourd'hui noir et demain blanc, et que je pouvais l'assurer que, quant à moi, je n'avais que faire du portrait. Alors elle me donna de bonnes paroles et promit de l'envoyer le jour suivant, ce qu'elle fit, en effet; mais il faudra que vous le renvoyiez, à votre convenance[1].

J'arrive à l'instant de chez M. de Hippe, secrétaire intime du prince Kaunitz; c'est un très aimable homme et un très bon ami à moi. Il m'a fait, de lui-même, la première visite, et je lui ai alors joué du piano. — Nous avons deux pianos dans la maison que j'habite : l'un est pour jouer la *galanterie*[2]; et l'autre a une machine qui est partout à l'unisson avec l'octave grave, comme celui que nous avions à Londres, et, par conséquent, comme un orgue. C'est donc sur celui-là que j'ai improvisé et joué des fugues. — Je vais presque tous les jours après dîner chez M. de Aurnhammer. La demoiselle[3] est un monstre de laideur, mais elle joue du piano à ravir; seulement, dans le *cantabile*, le sentiment vrai et délicat du chant lui manque : elle joue tout avec afféterie.

1. Nous n'avons pu trouver aucune explication au sujet de ce portrait, auquel Mozart fait allusion dans toutes les lettres précédentes. Avait-il été fait par Mme Rosa lorsqu'elle habitait Salzbourg? (on trouve son nom dans les premières lettres, mais nous ne savons qui elle était...) Le lui avait-on donné?.. Représentait-il Mozart?...

2. Voir la note, p. 157.

3. Joséphine de Aurnhammer, pianiste distinguée.

— Elle m'a découvert son plan (qui est un secret), c'est qu'elle veut étudier consciencieusement pendant deux ou trois ans encore, puis aller à Paris et s'en faire une profession; car elle dit : « Je ne suis pas belle; au contraire je suis laide. Je n'ai pas envie d'épouser quelque héros de chancellerie[1] à 3 ou 400 florins d'appointements, et je ne trouverai pas d'autre mari; j'aime donc mieux rester comme je suis et vivre de mon talent. » Et en cela elle a raison. — Elle m'a donc prié de l'aider à mener son plan à bien; mais elle désire n'en parler d'avance à personne.

Je vous enverrai l'opéra[2] aussitôt que possible; la comtesse Thun l'a encore, et elle est en ce moment à la campagne. Faites-moi donc copier la sonate *à 4 mains* en si bémol [K. 358] et les deux concertos pour deux pianos [K. 365, 242], et envoyez-les-moi le plus tôt possible. Je serais bien aise [aussi] d'avoir peu à peu mes messes.

Gluck a eu une attaque, et on ne dit rien de bon de l'état de sa santé. Écrivez-moi s'il est vrai que Becke de Munich a été mordu par un chien, presque à en mourir. Maintenant il faut que je finisse, car je dois aller souper chez Aurnhammer. *Adieu.*

La Bernasconi[3] est ici, et elle reçoit 500 ducats[4] d'appointements parce qu'elle chante tous les airs d'un bon *comma*[5] trop haut. Mais c'est vraiment chez elle un art, car elle reste exactement dans le ton. Maintenant elle promet de chanter même d'un quart de ton plus haut si on lui double ses appointements. *Adieu.*

1. Ironie, pour dire quelque petit greffier ou employé de la chancellerie.
2. « Idoménée ».
3. Antonia Bernasconi, prima donna très appréciée de Gluck. Elle était fille d'un valet de chambre du duc de Wurtemberg, Wagele; puis, adoptée par Andrea Bernasconi, maître de chapelle à Munich, elle reçut de lui son éducation musicale. Elle chanta à Milan le *Mitridate* de Mozart (décembre 1770).
4. 5900 francs.
5. Un huitième de ton.

177 (M)

A SON PÈRE

Vienne, 4 juillet 1781.

Je n'ai pas écrit au comte Arco, et je ne lui écrirai pas, puisque vous l'exigez pour votre repos. Je m'étais bien figuré déjà que vous aviez trop peur,... et pourtant vous ne devez rien craindre ; car enfin vous-même,... vous êtes offensé, aussi bien que moi ! Je ne vous demande pas de faire du bruit ni de porter plainte le moins du monde ; mais c'est l'archevêque et toute sa valetaille qui doivent craindre de vous parler de cette affaire : car vous, mon père, vous pouvez dire librement et sans la moindre crainte (si on vous y amène) que vous rougiriez d'avoir élevé un fils capable de se laisser ainsi insulter sans façons par une aussi infâme canaille que Arco. Et vous pourriez assurer chacun que, si j'avais aujourd'hui la chance de le rencontrer, je le traiterais comme il le mérite, et qu'il se souviendrait sûrement de moi sa vie durant. Voilà ce que je demande, et rien de plus : c'est que chacun voie bien que vous n'avez rien à craindre. Se taire,... mais, s'il le faut, parler, et parler de telle sorte que ce soit une fois pour toutes. — L'archevêque a fait proposer, sous main, 1000 florins à Kozeluch[1] ; mais celui-ci s'est excusé en ajoutant : qu'il a ici une meilleure situation, et qu'il ne partira jamais à moins de trouver mieux. Mais il a dit à ses amis : « *L'affaire* de Mozart m'effraye plus que tout le reste ; s'il laisse aller un pareil homme, combien plus en ferait-il de même avec moi ! » — Voyez donc comme il me connaît et apprécie mes talents !

Si M. Marchal, ou le syndic du chapitre, vient à Vienne, vous me feriez beaucoup de plaisir de vouloir bien m'en-

1. Compositeur et pianiste des plus aimés à Vienne, et bientôt l'adversaire acharné de Mozart.

voyer ma montre favorite; je voudrais vous renvoyer la vôtre, si de votre côté vous m'envoyiez la petite, et j'en serais très aise. — Pour ce qui est des messes, je vous ai déjà écrit récemment. J'aurais absolument besoin des trois cassations, mais surtout, en attendant, de celles en fa [K. 247] et en si bémol [K. 287]. Pour celle en ré [K. 334], vous pourriez, à l'occasion, la faire copier et me l'envoyer, car ici les frais de copie montent vraiment trop haut et l'on écrit par trop mal.

Maintenant il faut que je vous écrive bien vite tout ce que je sais au sujet de Marchand[1]. Le plus petit [de ses fils], un jour que son père le réprimandait à table, a pris un couteau et a dit : « Voyez-vous, papa, si vous dites un seul mot, je me couperai le doigt et vous aurez alors un estropié que vous serez obligé de faire manger. » Tous les deux ont aussi très souvent mal parlé de leur père aux gens.... Vous vous souvenez bien de Mlle Boudet, qui habite dans leur maison?... Le vieux la voit volontiers,... et les deux polissons parlent de cela d'une manière infâme. Hennerle, quand il avait huit ans, dit un jour à une certaine jeune fille : « Je dormirais certes mieux entre vos bras que si, m'étant réveillé, j'avais un oreiller pour me rendormir. » Il lui a fait aussi une déclaration d'amour et une demande de mariage en règle, ajoutant : « A vrai dire, je ne puis pas vous épouser maintenant, mais quand mon père sera mort, j'aurai de l'argent, car il n'est pas sans le sou, et alors nous vivrons très heureux ensemble. En attendant, nous nous aimerons et nous jouirons complètement de notre amour; car ce que vous me permettez maintenant, vous ne pourrez pas me le permettre plus tard. » Je sais aussi qu'à Manheim personne

1. Marchand, directeur d'une des meilleures troupes jouant les pièces allemandes, avait été appelé à Manheim en 1775. L. Mozart, n'ayant plus son fils chez lui, prit comme pensionnaire Heinrich (Hennerle), l'un des fils de Marchand, et plus tard sa fille Margaretha, pour faire leur éducation musicale. Le fils avait douze ans et la fille quatorze. Disons tout de suite que la bonne direction donnée par Léop. Mozart porta ses fruits sous tous les rapports.

ne laissait plus aller ses garçons là où se trouvaient ceux de Marchand, car on les a surpris ensemble....

Au reste, c'est bien dommage pour ce garçon; mais vous, mon père, vous pourrez, à ce que je crois, le transformer tout à fait; car, le père et la mère étant comédiens, [les enfants] n'entendent toute la journée que parler et lire tout haut : amour, désespoir, meurtre et mort. Et puis le père est encore un peu trop faible pour son âge, de sorte qu'ils n'ont chez eux aucun bon exemple.

178 (O. Jahn)[1]

A SA SŒUR

Vienne, 4 juillet 1781.

Ma très chère sœur,

Je suis bien content que les rubans aient été de ton goût; je m'informerai de ce qu'ils coûtent, peints ou non peints, car, pour le moment, je ne le sais pas, parce que Mlle de Aurnhammer, qui a eu la bonté de me les procurer, non seulement n'en a pas accepté le payement, mais m'a prié en outre de t'adresser de sa part, bien quelle te soit inconnue, mille choses aimables, avec l'assurance qu'il lui sera toujours très agréable de pouvoir te faire quelque plaisir. Je lui ai déjà fait tes compliments en retour. — Sœur chérie, j'ai déjà écrit à notre père, dernièrement, que si tu désires quelque chose de Vienne, n'importe quoi, je te le procurerai certainement avec une vraie joie : je te le répète maintenant et j'ajoute que cela me vexerait beaucoup si j'entendais dire que tu donnes des commissions, à Vienne, à quelque autre qu'à moi.

Écris-moi souvent,... quand tu n'as rien de mieux à faire, s'entend; j'aimerais extrêmement à lire de temps en temps

1. Cette lettre n'est plus au Mozarteum et ne nous est connue que par les fragments suivants, copiés par Jahn. Elle a dû être envoyée à Salzbourg en même temps que la précédente

quelques nouvelles, et tu es le *protocole* vivant de Salzbourg, car tu écris tout ce qui se passe[1]; pour me faire plaisir, écris-le donc une seconde fois pour moi.

Ma seule distraction, c'est le théâtre. Je te souhaiterais de voir ici une tragédie! D'une façon générale, je ne connais pas de théâtre où l'on représente parfaitement tous les genres de spectacles à la fois, mais ici il en est ainsi. Chaque rôle, le plus infime, le plus ingrat même, est bien rempli et bien doublé.

Je pense que le banquet des tireurs aura bientôt lieu? Je demande *solemniter* qu'on boive à la santé d'un fidèle tireur. S'il m'échoit un jour de nouveau d'être le *bestgeber*, je te prie de me l'écrire, je ferai peindre une cible[2].

Maintenant, je voudrais bien savoir où les choses en sont entre toi et le bon ami que tu sais[3]? Écris-moi donc à ce sujet. Ou bien... ai-je perdu ta confiance à cet égard?

... Puis j'ai composé trois airs avec variations[4]; je pourrais, il est vrai, te les envoyer; mais cela n'en vaut pas la peine : j'aime mieux attendre qu'il y ait quelque chose de plus.

179 (M)

A SON PÈRE

[Reisenberg près] Vienne, 13 juillet 1781.

Je ne puis vous écrire longuement, parce que M. le comte Cobenzl va partir à l'instant pour la ville, et il faut que je lui donne ma lettre à emporter si je veux qu'elle soit remise

1. Marianne tenait un journal, sur le désir de son père.

2. Voy. la note de la page 137.

3. Il s'agit de Franz d'Yppold, capitaine de l'Empire, qui était à Salzbourg, conseiller au ministère de la guerre (Hofkriegsrath). Sa position de fortune insuffisante ne lui permit pas d'épouser Marianne, mais il resta toujours l'ami dévoué de la famille. (Voy. Jahn, II, 601.)

4. Köchel, à propos de la sonate pour piano et violon 378, dit que Mozart y fait allusion dans la lettre du 4 juillet 1781 à sa sœur et lui rappelle qu'elle la connaît. Köchel a donc vu cette lettre comme Jahn. C'est sans doute à la suite de cette phrase que Mozart ajoute celle-ci, citée par Jahn

à la poste. Je vous écris d'un endroit appelé Reisenberg[1], situé à une heure de Vienne. Une fois déjà j'y ai passé la nuit, mais maintenant je vais y rester quelques jours. La petite maison n'est rien, mais la contrée, la forêt, où le comte a fait construire une grotte qui paraît naturelle, tout cela est superbe et très agréable.

J'ai reçu votre dernière lettre. — Il y a déjà longtemps que je songe à quitter la maison des Weber, et je le ferai certainement. Je vous jure que j'ignorais complètement que j'eusse dû demeurer chez M. de Aurnhammer. J'aurais pu me *loger* chez Mesmer[2], c'est vrai; mais j'aime encore mieux être chez les Weber. Mesmer loge chez lui Righini[3], et il est son grand ami et son protecteur, mais la noble dame l'est encore plus. — Tant que je ne découvrirai pas un bon logement, bon marché et commode, je ne m'en irai pas;... et puis il faudra que je fasse quelque conte à l'excellente femme[4], car je n'ai vraiment aucun motif pour m'en aller. — M. de Moll est une mauvaise langue; je ne sais pourquoi, et cela m'étonne de sa part. Il a dit qu'il espérait que je rentrerais en moi-même et que je m'en retournerais à Salzbourg, car je trouverais difficilement mes convenances ici comme à Salzbourg;... et que je ne reste ici que pour la demoiselle du logis. C'est Mlle de Aurnhammer qui me l'a dit; mais il reçoit partout de drôles de réponses à ce sujet.... Je me figure bien à peu près pourquoi il parle ainsi : c'est un grand protecteur de Kozeluch. Oh! que c'est niais!

L'histoire de M. de Mölk m'a bien surpris; je l'aurais cru capable de tout, mais jamais d'être un coquin! Je plains de tout mon cœur sa pauvre famille!

1. Propriété du comte Cobenzl.
2. Le Dr Mesmer, botaniste, habitant la Landstrasse.
3. Ténor à l'Opéra, et plus tard compositeur; élève de Bernacchi et du P. Martini.
4. Mme Weber.

180 (M)

A SON PÈRE

Vienne, 25 juillet 1781.

Je vous répète que depuis longtemps déjà, je songe à prendre un autre *logis*, et cela uniquement à cause des commérages du monde, et je suis fâché d'y être contraint par d'absurdes bavardages, où il n'y a pas un mot de vrai. Je voudrais pourtant bien savoir quelle joie certaines gens peuvent éprouver à parler ainsi, à tort et à travers, sans aucun fondement! Parce que j'habite chez les Weber, cela veut dire que j'épouse la fille!... Il n'est pas question de savoir si j'en suis amoureux; c'est un détail par-dessus lequel on saute; mais je loge dans la maison,... donc j'épouse. — S'il est une époque de ma vie où je n'aie pas songé au mariage, c'est certainement celle-ci! Il est vrai que je ne souhaite rien moins qu'une femme riche; mais quand même je pourrais réellement en ce moment fonder ma fortune par un mariage, il me serait impossible de faire ma cour, car j'ai bien d'autres choses en tête! Dieu ne m'a pas donné mon talent pour que je le suspende à une femme et que je passe ainsi ma jeunesse dans l'inaction. Je commence seulement à vivre, et j'irais moi-même gâter mon existence? Je n'ai certainement rien contre le mariage; mais en ce moment, ce serait une chose fâcheuse pour moi.

Eh! bien! donc, puisqu'il n'y a pas moyen de faire autrement, et quoique ce ne soit pas vrai,... je dois éviter jusqu'à l'apparence, bien que cette apparence ne repose sur rien, si ce n'est que j'habite dans la maison. Et quiconque ne fréquente pas la maison ne peut pas même dire si j'ai avec elle[1] autant de rapports qu'avec toutes les autres créatures du bon Dieu, car les jeunes filles sortent rarement; elles ne

1. Constance Weber.

vont nulle part, qu'à la *comédie*, et je n'y vais jamais avec elles, parce que, la plupart du temps, je ne suis pas à la maison à l'heure du spectacle. Nous avons été quelquefois au *Prater*[1] : la mère était avec nous, et moi, habitant leur maison, je ne pouvais refuser d'aller avec elles; et, à cette époque, je n'avais encore entendu aucun de ces sots discours. Puis, je dois dire aussi qu'on ne me permettait de payer que mon écot. — La mère, ayant [maintenant] entendu elle-même quelques-uns de ces propos, et en connaissant d'autres par moi, il faut que je dise qu'elle-même ne veut plus que nous allions nulle part ensemble, et qu'elle m'a conseillé de prendre un logement ailleurs, pour éviter des désagréments ultérieurs; car elle dit qu'elle ne voudrait pas être la cause involontaire de mon malheur. — Voilà donc la seule raison pour laquelle j'avais depuis longtemps (c'est-à-dire depuis qu'on jase ainsi) songé à déménager; je n'en ai aucun motif en réalité, mais j'en ai à cause des mauvaises langues. Et si ce n'était ces propos, j'aurais grand'peine à partir; car il me sera sans doute facile d'avoir une plus belle chambre, mais difficile de trouver la même *commodité* et des personnes aussi amicales et aussi complaisantes.

Je ne veux pas dire non plus que je sois raide, à la maison, avec cette demoiselle qu'on me fait déjà épouser, et que je ne lui parle pas; mais je n'en suis pas amoureux. Je badine et fais des plaisanteries avec elle quand j'en ai le temps (ce qui n'arrive que le soir, lorsque je *soupe* à la maison, car le matin j'écris dans ma chambre, et l'après-midi j'y suis rarement)... et rien de plus. Si je devais épouser toutes les jeunes filles avec lesquelles j'ai plaisanté, j'aurais facilement deux cents femmes !

Maintenant, venons à la question d'argent. Mon élève est restée trois semaines à la campagne ; je n'avais donc rien à recevoir, tandis que les dépenses allaient leur train : c'est pourquoi je n'ai plus pu vous envoyer 30 ducats,

1. Célèbre jardin public de Vienne.

mais 20. Comme j'avais de l'espoir pour les souscriptions[1], j'ai voulu attendre afin de pouvoir vous envoyer la somme promise; mais voilà maintenant que la comtesse Thun me dit qu'avant l'automne il ne faut pas penser aux souscriptions, parce que toutes les personnes qui ont de la fortune sont à la campagne. Elle n'a encore actuellement que dix souscripteurs, et mon élève, sept. En attendant, je fais graver six sonates : j'en ai déjà parlé au graveur de musique Artaria[2]; dès qu'elles seront vendues et que j'en aurai l'argent, je vous l'enverrai.

A présent, il faut que je demande pardon à ma chère sœur de ne pas l'avoir félicitée pour sa fête; la lettre est restée commencée dans mon tiroir. Samedi, au moment où je me mettais à écrire, le domestique de la comtesse Rumbeck est venu me dire que tout le monde partait pour la campagne, et me demander si je ne voulais pas y aller aussi. Comme je ne veux rien refuser à Cobenzl, j'ai laissé la lettre de côté, j'ai rassemblé à la hâte mes effets, et je suis parti avec eux. J'ai pensé que ma sœur ne m'en voudrait pas. — Je lui souhaite, dans l'octave de sa fête, tout ce qu'on peut imaginer de bon et d'avantageux, tout ce qu'un frère, qui aime sa sœur de tout son cœur et bien sincèrement, peut désirer pour elle, et je l'embrasse aussi tendrement que possible. — Aujourd'hui je suis revenu ici en voiture, avec le comte, et demain je repars avec lui.

Portez-vous bien, cher et excellent père; ayez foi et confiance en votre fils, qui est certainement dans les meilleurs sentiments à l'égard de tous les gens de bien : et pourquoi donc ne le serait-il pas à l'égard de son père chéri et de sa sœur? Ayez foi et confiance en lui plus qu'en de certaines personnes qui n'ont rien de mieux à faire que de calomnier les honnêtes gens.

1. Mozart faisait graver par souscription six sonates pour piano et violon, K. 296 et 376 à 380.

2. Grand éditeur de musique à Vienne.

181 (M)

A SON PÈRE

Vienne, 1er août 1781.

Je suis allé immédiatement chercher la sonate à quatre mains, car Mme Schindl[1] demeure juste en face de « l'Œil de Dieu ». — Si par hasard Mme Duschek est déjà à Salzbourg, je vous prie de lui présenter mes plus affectueux compliments et de lui demander en même temps si peut-être, avant son départ de Prague, il n'est pas venu chez elle un monsieur qui lui a apporté une lettre de moi. Sinon, j'écrirai tout de suite à ce monsieur d'envoyer la lettre à Salzbourg. C'est Rossi, de Munich; il m'a prié de lui venir en aide par une lettre de recommandation, et il en a emporté d'ici quelques autres très bonnes, pour Prague. S'il n'était question que de lui dans ma lettre, je le laisserais volontiers en disposer à sa guise, mais j'y ai aussi prié Mme Duschek de m'aider dans ma souscription pour les six sonates. — J'ai été d'autant plus disposé à faire ce plaisir à Rossi, que c'est lui qui m'a écrit le poème de la cantate[2] que je veux faire exécuter à mon *bénéfice* pendant l'Avent.

Voilà que Stephanie le jeune m'a donné avant-hier un livret à composer. Je dois reconnaître que, quelque méchant qu'il puisse être, à cause de moi, vis-à-vis des autres, — ce que j'ignore, — il se montre, pour moi, un excellent ami. Le livret est tout à fait bon. Le *sujet* est turc et la pièce s'appelle : « Belmont et Constance », ou « l'Enlèvement au sérail ». — Je composerai, en musique turque[3], l'ouverture,

1. Une dame, venant de Salzbourg, qui avait apporté la sonate demandée à son père par Wolfgang. — « L'Œil de Dieu » est, nous l'avons vu, la demeure de Mme Weber.

2. On pense que cette cantate est « Davidde penitente », mais elle ne fut exécutée à Vienne qu'en 1785. (K. 469.)

3. Par musique turque, Mozart comprend un orchestre spécial : fifres, tambours, cymbales, triangles, etc.

le chœur du premier acte et le chœur final. C'est Mme Cavalieri, Mlle Teyber, MM. Fischer, Adamberger, Dauer et Walter qui chanteront. Je me réjouis tant de composer sur ce livret, que déjà le premier air de la Cavalieri, celui d'Adamberger, et le trio qui termine le premier acte sont achevés. Le temps est bien court, il est vrai, car il faut que l'opéra soit représenté dès le milieu de septembre; mais le concours des circonstances qui se rencontreront au moment où il sera donné, et tous les autres points de vue en général, surexcitent tellement mon inspiration, que c'est avec le plus grand désir que je cours à ma table à écrire et que j'y reste assis [à travailler].

Le grand-duc de Russie va venir ici, et c'est pour cela que Stephanie m'a prié, si c'est possible, de composer l'opéra dans ce court espace de temps; car l'Empereur et le comte Rosenberg vont bientôt revenir, et aussitôt on demandera s'il y a quelque chose de nouveau en préparation; alors Stephanie aura la satisfaction de pouvoir dire que Umlauf va avoir terminé son opéra (en train depuis longtemps), et que j'en écris un, *extra*, pour la circonstance,... et il me fera certainement un mérite d'avoir, pour un semblable motif, entrepris de le composer en si peu de temps. Personne ne le sait, qu'Adamberger et Fischer; car Stephanie nous a priés de n'en rien dire, parce que le comte Rosenberg n'est pas encore ici et qu'il en pourrait résulter beaucoup de bavardages. Stephanie tient énormément à ce qu'on ne le considère pas, dans cette affaire, comme étant un trop bon ami pour moi, mais bien plutôt comme faisant tout cela parce que c'est la volonté du comte Rosenberg qui, en effet, lui a positivement ordonné avant son départ de chercher un livret d'opéra.

Maintenant je ne vois plus rien à vous écrire, car je ne sais absolument rien de nouveau. On prépare la chambre où je dois m'établir. De ce pas, je vais aller emprunter un piano, car je ne puis habiter cette chambre avant qu'il ne s'y trouve un piano, ayant pour le moment beaucoup à composer et pas une minute à perdre. — Je vais manquer de bien des *commodités* dans mon nouveau *logement*, surtout pour les repas. Ici, lorsque j'avais, de toute nécessité, à écrire, on attendait aussi longtemps que je voulais, pour servir, et je pouvais continuer à composer, sans faire toilette, et ensuite je n'avais qu'une porte à ouvrir pour aller manger, le soir comme à midi. Dorénavant, si je ne veux pas dépenser d'argent en me faisant apporter mes repas dans ma chambre, je perdrai au moins une heure à m'habiller (ce qui était auparavant l'occupation de l'après-midi), et il faudra que je sorte, surtout le soir. Vous savez que je compose ordinairement jusqu'à ce que j'aie faim : or les bons amis chez qui je pourrais *souper* mangent dès huit heures ou huit heures et demie au plus tard ; et ici nous ne nous mettions pas à table avant dix heures. — Allons, *adieu!* Je termine, car il faut que je m'enquière d'un piano.

182 (M)

A SON PÈRE

Vienne, 8 août 1781.

Il faut que je me dépêche d'écrire, parce que je viens de terminer le chœur des janissaires[1],... qu'il est déjà midi passé... et que j'ai promis de partir, à deux heures précises, en voiture avec les Aurnhammer et la Cavalieri, pour Mingendorf, en passant par Laxenbourg[2], où se trouve actuellement le camp. — Adamberger, la Cavalieri et Fischer sont extrêmement contents de leurs airs. — Hier, j'ai dîné chez la comtesse Thun, et j'irai encore y dîner demain ; je lui ai fait entendre ce qui est terminé, et, à la fin, elle m'a dit qu'elle oserait bien se porter garante sur sa vie que ce que j'ai écrit plaira certainement. Pour ce qui est de cela, je ne

1. Dans l'*Enlèvement au sérail*, acte I.
2. Résidence d'été de l'Empereur.

m'en rapporte ni à la louange ni au blâme de qui que ce soit, avant qu'on ait entendu et vu l'œuvre dans son ensemble, et je suis absolument mon propre sentiment. Seulement, vous pouvez voir, par ces paroles, combien elle a dû être satisfaite pour parler ainsi.

Comme je n'ai, pour le moment, rien d'important à vous écrire, je veux vous communiquer une affreuse histoire que vous connaissez peut-être déjà et qu'on appelle ici l'histoire des Tyroliens. Elle m'intéresse d'autant plus que je connais très bien, pour l'avoir vu à Munich, celui qu'elle touche si malheureusement,... et qu'il vient maintenant nous voir tous les jours : c'est un gentilhomme, M. de Wiedmer. Il y a quelques mois, il a entrepris, je ne sais si c'est par suite de revers de fortune ou par un attrait naturel pour le théâtre, de former une troupe avec laquelle il est allé à Inspruck. Un dimanche, à midi, cet excellent homme allait tout tranquillement par la rue; quelques gentilhommes se mettent à le suivre. L'un d'eux, qui se nomme le baron Buffa, ne cesse d'insulter l'*impresario*, en disant par exemple : « L'imbécile devrait d'abord apprendre à marcher à sa danseuse, avant de la produire sur le théâtre »..., ajoutant toutes sortes d'autres épithètes injurieuses. — M. de Wiedmer, après avoir longtemps écouté, finit naturellement par se retourner. Alors Buffa lui demande pourquoi il le regarde! A quoi Wiedmer répond très justement : « Eh bien! mais vous aussi, vous me regardez. La rue est libre, on peut bien regarder autour de soi, comme on veut. » Et il poursuit son chemin. Mais le baron Buffa continue toujours de l'injurier. A la fin, cela paraît trop fort à ce digne homme, et il lui demande à qui donc il en a? — « A toi, canaille! » et un vigoureux soufflet, telle fut la réponse.... Mais M. de Wiedmer le lui rend aussitôt avec d'autres aménités. Aucun d'eux n'avait une épée, sans cela il ne lui aurait certainement pas répondu par la pareille. — Il retourne ensuite tout tranquillement chez lui pour se faire arranger un peu les cheveux (car le baron Buffa l'avait aussi saisi par là), et il voulait porter l'affaire devant le président (le comte Wolkenstein). Mais déjà la garde avait envahi sa maison, et on le conduisit au poste principal. Il eut beau dire, cela ne servit de rien, et il fut condamné à recevoir 25 coups sur le .... — Il dit alors : « Je suis gentilhomme, je ne me laisserai pas frapper injustement; j'aime mieux me faire soldat pour pouvoir prendre ma *revanche.* » Car il paraît qu'il règne à Inspruck un absurde usage tyrolien, d'après lequel personne ne peut frapper un gentilhomme, quelque bonne raison qu'il ait de le faire. Sur ces paroles, on le conduisit à la maison de correction, et là il dut subir, non pas 25, mais 50 coups. Avant de s'étendre sur le banc, il dit tout haut : « Je suis innocent, et maintenant j'en appelle publiquement à l'Empereur. » — Mais le caporal lui répondit d'un ton moqueur : « Que Monsieur reçoive seulement d'abord ses cinquante coups, et Monsieur pourra en appeler. » — En deux heures, toute l'affaire fut terminée, c'est-à-dire à deux heures. Au cinquième coup, le pantalon était déjà en lambeaux. Je m'étonne vraiment qu'il ait pu supporter cela; il est vrai qu'on l'a emporté sans connaissance et qu'il est resté trois semaines au lit. Dès qu'il a été guéri, il est venu directement à Vienne, où il attend maintenant avec impatience l'arrivée de l'Empereur, qui est déjà informé de toute l'affaire, non seulement par [les gens] d'ici, mais par sa sœur, la grande-duchesse Élisabeth, qui est à Inspruck. Wiedmer, lui-même, a une lettre d'elle pour l'Empereur.

La veille du jour où tout cela s'est passé, le président avait reçu *ordre* de n'infliger aucun châtiment à personne, quel que fût l'individu ou le motif, sans en avertir ici, auparavant. Cela rend l'affaire encore plus mauvaise [pour lui]. Faut-il, pourtant, que ce président soit un stupide et méchant butor !... Mais comment pourra-t-on donner à Wiedmer une *satisfaction* suffisante?... les coups de bâton lui resteront toujours !... Si j'étais lui, je demanderais à l'Empereur la *satisfaction* suivante : que le président reçoive, à la même place, 50 coups de bâton, et cela en ma présence; et en outre qu'il me remette 6000 ducats; et si je ne pouvais obtenir cette *satisfaction*, je n'en voudrais aucune autre, mais à la première bonne occasion, je lui passerais mon épée au travers du cœur. *N. B.* on lui a déjà offert 3000 ducats pour ne pas aller à Vienne et tenir l'affaire secrète. Les habitants d'Inspruck disent de M. de Wiedmer : « Celui qui a été flagellé pour nous, nous délivrera[1]. » — Personne ne peut souffrir le président; depuis ce temps, sa maison a toujours été gardée; on récite ici tout un évangile sur son compte et l'on ne parle pas d'autre chose que de cette affaire. Le pauvre Wiedmer me fait beaucoup de peine, car il n'est jamais tout à fait bien; il a toujours mal à la tête et se plaint beaucoup de la poitrine.

183 (M)

A SON PÈRE

Vienne, 22 août 1781.

Je ne puis pas encore vous donner l'adresse de ma nouvelle demeure, puisque je n'en ai pas encore!... Pourtant je suis en discussion de prix pour deux logements, et certainement je retiendrai l'un des deux, car je ne pourrai plus rester ici le mois prochain :... donc il faut que je déménage. Il paraît que M. de Aurnhammer vous a écrit que j'ai déjà un logement[2]?... Il est vrai que j'en ai eu un [à ma disposition], mais quel logement!... bon pour des rats et des souris, et non pour des hommes! A midi, il fallait chercher l'étroit escalier avec une lanterne. La chambre aurait pu être appelée un petit cabinet; on y arrivait par la cuisine, et il y avait une petite fenêtre à la porte. Il est vrai qu'on me promettait d'y mettre un rideau, mais, en même temps,

1. C'est-à-dire que par suite de l'injuste et cruel traitement qu'il avait subi, M. de Wiedmer obtiendrait la révocation de ce président, odieux à tous.

2. Chez M. de Aurnhammer lui-même, qui aurait trouvé commode d'avoir ainsi Mozart à sa disposition. (Voir Jahn, I, p. 629.)

on me priait de le rouvrir aussitôt que je serais habillé, parce que, sans cela, on n'y voyait clair, ni dans la cuisine, ni dans une autre chambre contiguë. La dame elle-même appelait la maison « le nid aux rats »; en un mot, c'était effroyable à voir. Quelle *noble* demeure c'eût été pour moi,... quand tant de personnes de distinction viennent me voir! Certes, le brave homme n'a pas pensé à autre chose qu'à [son avantage] et à celui de sa fille, qui est bien la plus grande *seccatrice*[1] que je connaisse.

Comme j'ai lu dans votre dernière lettre un *éloge* du comte Daun sur cette maison, il faut pourtant que je vous en dise quelque chose. Tout ce que vous allez lire, je l'aurais passé sous silence, considérant que cela ne fait ni chaud ni froid, puisque c'est une *seccature privée*, pour moi seul. Mais comme je découvre par votre lettre que vous avez confiance en cette famille, je me vois contraint de vous en dire sincèrement le bien et le mal. — Lui, c'est le meilleur homme du monde,... trop bon, même, car c'est sa femme, la plus sotte et la plus folle de toutes les bavardes, qui porte les culottes; si bien que quand elle parle, il n'ose pas dire un mot. Dans les promenades que nous avons souvent faites ensemble, il m'a prié de ne pas dire devant sa femme que nous avions pris un *fiacre* ou bu de la bière. Eh bien! il m'est impossible d'avoir confiance dans un pareil homme; je le trouve trop nul au point de vue de la direction de sa maison. C'est un très honnête homme et un bon ami pour moi; je pourrais dîner très souvent chez lui, mais j'ai coutume de ne jamais faire payer mes actes de complaisance. Il est vrai qu'ils ne seraient pas payés par une soupe de midi,... et cependant des gens comme eux croient faire merveille en faisant cela. — Ce n'est pas pour mon utilité que je vais dans leur maison, mais pour la leur; je n'y vois, quant à moi, aucun avantage, et je n'ai encore jamais rencontré chez eux une seule personne qui fût digne d'être même mentionnée

1. La plus grande *scie*.

sur ce papier. Braves gens, du reste; mais c'est tout;... des gens qui ont assez d'intelligence pour voir combien ma liaison avec eux est utile à leur fille, dont le talent, — comme le disent tous ceux qui l'ont entendue auparavant, — s'est complètement transformé depuis que je vais chez elle.

Je ne ferai aucune description de la mère; il suffit de dire qu'à table, tout ce qu'on peut faire c'est de se retenir de rire;... *basta!*... vous connaissez Mme Adlgasser? Eh bien! ce *meuble* est encore pis, car elle est en outre *médisante*, donc à la fois sotte et méchante. — Mais parlons de sa fille : si un peintre voulait représenter le diable bien au naturel, il lui faudrait recourir à sa figure. Elle est grosse comme une maritorne, ce qui la fait suer à vous donner des nausées, et elle est si peu vêtue qu'on peut lire clairement sur toute sa personne : « Je vous en prie, regardez-moi! » — Il est vrai qu'il suffit de la voir pour désirer devenir aveugle, mais si par malheur on a tourné les yeux de son côté, oh! alors on en est bien puni pour toute la journée, et on aurait besoin d'une dose de tartre, tant c'est affreux, dégoûtant, épouvantable!... Fi!... au diable!...

Maintenant, je vous ai dit comment elle joue du piano; je vous ai dit pourquoi elle m'a prié de lui prêter mon assistance. C'est avec beaucoup de plaisir que je rends service aux gens, mais il ne faut pas que cela devienne une scie.... Elle n'est pas contente des deux heures que je passe chaque jour avec elle; il faudrait que je restasse assis là toute la journée!... Et puis elle veut faire l'aimable!... Bien plus! elle est *sérieusement* amoureuse de moi : je prenais cela pour une plaisanterie, mais maintenant je le sais avec certitude. Quand je le remarquai, — car elle prenait des libertés, comme par exemple : de me faire de tendres reproches lorsque j'arrivais un peu plus tard que d'habitude, ou que je ne pouvais rester longtemps, ou encore d'autres choses de ce genre, — je me vis forcé, pour ne pas me moquer d'elle, de lui déclarer poliment la vérité. Mais cela n'a servi de rien, elle s'est éprise chaque jour davantage. A la fin, j'ai pris le parti d'être toujours très poli avec elle, excepté quand elle commençait ses niaiseries : alors je devenais bourru; mais elle me saisissait la main et me disait : « Cher Mozart, ne vous fâchez donc pas ainsi ! Vous direz tout ce que vous voudrez, je vous aimerai quand même. » Par toute la ville on dit que nous nous marions, et on s'étonne que je puisse accepter une telle figure.

Elle m'a dit que, lorsqu'on lui en avait parlé, elle en avait toujours ri; mais je sais par une certaine personne qu'elle a dit que c'était vrai, ajoutant que nous voyagerions ensuite ensemble. Cela m'a mis hors de moi. Je lui ai donc déclaré énergiquement, en dernier lieu, ma façon de penser, en l'avertissant de ne pas abuser de ma bonté. Et maintenant je ne vais plus chez elle tous les jours, mais tous les deux jours, et cela se rompra ainsi peu à peu. — Elle n'est pas autre chose qu'une folle amourachée, car, avant même de me connaître, elle a dit au théâtre, après m'avoir entendu : « Demain, il viendra me voir, et je lui jouerai ses variations avec le même sentiment. » — A cause de cela, je n'y suis pas allé, car c'était une parole orgueilleuse et elle avait menti : j'ignorais complètement que je dusse aller chez elle le lendemain. — Allons, *adieu*, mon papier est rempli.

Le premier acte de l'opéra est à présent terminé.

184 [M]

A SON PÈRE

Vienne, 29 août 1781.

A présent je vais répondre à vos questions. — Mme Bernasconi reçoit 500 ducats de la Direction ou, si vous voulez, de l'Empereur, mais seulement pour un an. — *N. B.* elle se plaint, elle voudrait être partie depuis longtemps, mais ce n'est que *furberia italiana*, et ce sont justement ses gronderies qui la feront rester; sans cela, il n'est guère probable qu'elle serait venue de Londres à Vienne,... car elle est venue, on n'a su ni comment, ni pourquoi. Je crois que le comte Dietrichstein (le Grand-Écuyer), son *protecteur*, le savait d'avance, et que Gluck y a aussi contribué, afin de pouvoir donner en allemand ses opéras français. Il est certain qu'on l'a régulièrement imposée à l'Empereur et que le grand essaim de la *noblesse* est très *porté* pour elle, — mais non pas l'Empereur... au fond du cœur, (aussi peu du reste que pour Gluck) et le public non plus. Il est vrai que pour jouer les grands rôles de tragédies, elle restera toujours la Bernasconi; mais, dans les petites *opérettes*, elle ne mérite pas d'être vue, car ce genre ne lui convient plus du tout. Et puis, comme elle l'avoue elle-même, elle est plus italienne qu'allemande; elle parle, sur le théâtre, avec un accent viennois aussi fort que dans la conversation ordinaire;... représentez-vous un peu cela!... Et si, parfois, elle veut se contraindre, c'est comme si on entendait une princesse d'un théâtre de marionnettes se mettre à déclamer; et son chant est à présent si mauvais que personne ne veut écrire pour elle. — Afin que ce ne soit pas pour rien qu'elle touche ses cinq cents ducats, l'Empereur s'est laissé persuader (à grand'peine) de faire représenter l' « Iphigénie » et l' « Alceste » de Gluck; la première, en allemand, et la seconde, en italien.

Je ne sais rien des heureux succès du *signor* Righini; il se fait beaucoup d'argent en donnant des leçons, et, au dernier carême, il a réussi avec sa cantate, car il l'a donnée deux fois de suite et toujours avec une bonne recette. Il écrit très joliment; il n'est pas impénétrable, car c'est un grand plagiaire, et il livre ses rapines au public avec une telle profusion et en quantité si prodigieuse que les gens peuvent à peine les digérer.

Le grand-duc de Russie ne viendra qu'en novembre, de sorte que je puis composer mon opéra avec plus de réflexion; j'en suis très content. Je ne le laisserai pas représenter avant la Toussaint, car c'est là le meilleur moment;

tout le monde revient alors de la campagne. — J'ai maintenant, sur le Graben[1], une chambre très jolie et très bien arrangée. Quand vous lirez ces lignes, j'y serai déjà installé. C'est exprès que je ne l'ai pas choisie donnant sur la rue, afin d'avoir plus de tranquillité. — Pour ce qui est de la Duschek, je lui ai déjà indiqué dans ma lettre le prix des sonates : c'est trois ducats.

185 (M)

A SON PÈRE

Vienne, 5 septembre 1781.

Je vous écris dans ma nouvelle chambre, sur le Graben, n° 1175, au 3me étage. — D'après la manière dont vous avez pris ma dernière lettre, je vois avec peine que (comme si j'étais un scélérat fieffé ou un imbécile, ou tous les deux à la fois) vous vous fiez plus aux commérages et aux méchants griffonnages d'autres gens, qu'à moi-même, et que, par suite, vous n'avez aucune confiance en moi. Mais moi je vous assure que tout cela ne me fait rien du tout; les gens peuvent écrire jusqu'à s'en faire sortir les yeux de la tête, et vous pouvez leur donner votre assentiment tant que vous voudrez, je ne me changerai pas pour cela d'un cheveu et je resterai le même honnête garçon qu'avant. Et je puis bien vous jurer que si ce n'était pas vous qui eussiez exigé que je prisse un autre logement, je n'aurais certainement pas déménagé; car c'est pour moi comme si je quittais ma propre berline de voyage, bien commode, pour me mettre dans une diligence.

Mais silence là-dessus, puisque cela ne sert de rien et que les mauvaises plaisanteries, que Dieu sait qui vous a fourrées dans la tête, l'emportent toujours et quand même sur mes bonnes raisons à moi! Je vous prie seulement [de con-

1. Grande place très longue au centre de la ville ancienne.

sidérer que] lorsque vous m'écrivez sur quelque chose qui ne vous convient pas dans ma conduite, et que je vous réponds en vous exprimant mes pensées à ce sujet, je compte toujours que c'est dit entre père et fils et, par conséquent, secret, et non pas de ces choses que d'autres doivent savoir aussi. Ainsi, je vous en prie, restez-en là, et ne vous adressez pas à d'autres qu'à moi; car, pardieu! je ne rends compte de mes faits et gestes à personne, ne fût-ce que de la longueur d'un doigt,... et quand ce serait l'Empereur lui-même. Ayez toujours confiance en moi, car je le mérite. J'ai assez de soucis et de tourments ici pour mon entretien; avoir des lettres chagrinantes à lire n'est donc pas du tout mon affaire. — J'ai dû, dès le commencement de mon séjour ici, vivre de mes seules ressources, de ce que j'ai pu gagner par mes propres efforts : les autres ont, pendant ce temps, continué de toucher leur traitement. Ceccarelli a gagné plus que moi, mais il s'est mis ici rondement à sec; si j'avais agi comme lui, je n'aurais nullement été en état d'abandonner ma position.

Mon excellent père, si vous n'avez encore reçu de moi aucun argent, ce n'est certes pas ma faute, mais c'est à cause de la mauvaise *saison* actuelle; ayez seulement patience!... il faut bien que j'en aie, moi aussi! Et Dieu sait que je ne vous oublierai pas. — Lorsque l'affaire avec l'archevêque arriva, je vous écrivis pour avoir mes vêtements, car je n'avais emporté que mon habit noir. Le deuil était fini, il commençait à faire chaud, les habits ne venaient pas,... j'ai donc dû m'en faire faire d'autres, ne pouvant circuler dans Vienne déguenillé comme un pauvre, surtout dans les circonstances actuelles. Mon linge faisait pitié; pas un valet, ici, qui eût des chemises d'une toile aussi grossière que les miennes; et c'est certainement ce qu'il y a de plus affreux pour un homme comme il faut : de là, nouvelles dépenses. — Je n'avais qu'une seule élève; elle a été absente trois semaines : autre perte pour moi. Et puis, il ne faut pas déroger; c'est un principe capital; sans cela on gâte ses affaires pour toujours; c'est le plus *impertinent* qui emporte les préférences.

Je vois dans toutes vos lettres que vous croyez que je ne fais pas autre chose que de *m'amuser*. En cela, vous vous trompez joliment! Je puis bien dire que je n'ai aucun plaisir, aucun absolument, si ce n'est que je ne suis plus à Salzbourg. Cet hiver, j'espère que tout ira bien, et alors je ne vous oublierai certainement pas, mon excellent père. — Si je vois que tout marche bien, je prolongerai mon séjour ici; sinon j'ai dans l'idée d'aller tout droit à Paris; je vous demande votre avis à ce sujet.

P. S. — Mes compliments aux Duschek. Je vous prie aussi de m'envoyer, par une occasion, l'air que j'ai composé pour la Baumgarten [K. 369], le rondo pour la Duschek [K. 272] et celui pour Ceccarelli [K. 374].

186 (M)

A SON PÈRE

Vienne, 12 septembre 1781.

La sérénade de Rust[1] doit avoir très bien passé,... donnée sur le théâtre de pierre[2]; surtout parce que les chanteurs étaient assis et chantaient musique en main. Dans une chambre ou dans une salle, ce ne serait pas faisable. — Je ne puis m'empêcher de rire... on parle toujours ici des concerts qu'on donnera en l'honneur du grand-duc de Russie, et le grand-duc arrivera un beau jour,... et nous n'aurons pas de théâtre de pierre! — M. Lipp[3] doit avoir

1. Rust, musicien de Salzbourg.

2. Ce théâtre se voit encore dans le parc du château de plaisance de Hellbrunn, à une heure de Salzbourg. Il est taillé dans le roc. Sous les archevêques, on y a plusieurs fois représenté des pastorales et des opéras, et donné des concerts. — La phrase suivante montre que Mozart se moque, comme au reste dans tout le commencement de la lettre.

3. Lipp et Michel Haydn étaient organistes. On se rappelle que Haydn avait un jour joué de l'orgue étant ivre (Voy. p. 218).

fait un bel effet devant ces grands seigneurs! un peu plus mauvais encore que Haydn, si c'est possible! La vaillance que Haydn a montrée dans la forêt de Lazareth n'a pas été d'un petit profit pour ma santé[1].

Je plains vraiment de tout mon cœur les pauvres malheureux [incendiés] de Redstatt.... Et, puisque nous parlons de feu, il y a eu ici un incendie, qui a duré toute cette nuit, dans la chapelle de la Madeleine à l'église Saint-Étienne. A cinq heures du matin, la fumée a réveillé le gardien de la tour; jusqu'à cinq heures et demie, pas une âme n'est venue pour éteindre le feu, et ce n'est qu'à six heures, au moment où l'incendie était le plus violent, qu'on a apporté de l'eau et des pompes. Tout est consumé : l'autel avec ses accessoires, les chaises et tout ce qui était dans la chapelle. On a rossé les gens pour les obliger à éteindre le feu et à aider, et comme presque personne ne voulait s'y mettre, on a vu des gens en vêtements chamarrés et en habits brodés prêter leur concours. — On dit que, depuis que Vienne existe, il n'y a pas eu plus mauvaise organisation que cette fois-ci. L'Empereur n'est justement pas ici.

Ah! si seulement Daubrawaick arrivait bientôt, pour que je pusse avoir ma musique! Mlle de Aurnhammer me tourmente horriblement pour le concerto à deux pianos [K. 365]. — Il y a, maintenant, répétitions sur répétitions au théâtre. Le maître de ballet, Antoine, a été mandé de Munich, et on recrute des *figurants* dans Vienne et dans tous les faubourgs. Il y a bien encore un triste reste du [corps de ballet] de Noverre[2], mais qui n'a pas remué les jambes depuis huit ans et dont, par conséquent, la plupart des sujets sont raides comme des bâtons. — Je vous ai déjà écrit dernièrement, je crois, que l'« Iphigénie », de Gluck va être donnée en allemand, et l'« Alceste » en italien. Si on ne montait que

1. Cette vaillance était sans doute un acte de poltronnerie, qui avait fait du bien à Mozart... en le faisant rire.

2. Noverre avait dirigé les ballets à Vienne jusqu'au moment où la reine Marie-Antoinette l'appela à Paris (1776).

l'« Iphigénie », ou l'« Alceste » cela me conviendrait parfaitement, mais toutes les deux, c'est très ennuyeux pour moi; je vais vous en dire la raison. Celui qui a traduit « Iphigénie » en allemand est un excellent poète[1], et j'aurais bien aimé lui donner à traduire mon opéra de Munich. J'aurais complètement changé le rôle d'Idoménée en l'écrivant en voix de basse pour Fischer, et j'aurais fait encore d'autres modifications afin d'accommoder davantage l'opéra à la manière française. La Bernasconi, Adamberger et Fischer auraient chanté les rôles avec le plus grand plaisir; mais maintenant qu'ils ont deux opéras à étudier, et si laborieux, il faut que je les en dispense; d'ailleurs un troisième opéra serait de trop[2].

187 [M]

A SA SŒUR

Vienne, 19 septembre 1781.

Ma très chère sœur,

J'ai appris, par la dernière lettre de notre cher père, que tu es malade, ce qui ne me cause pas peu de souci et de chagrin. Et il y a quinze jours déjà que tu suis une cure de bains!... Ainsi tu étais malade depuis longtemps et je n'en savais pas le premier mot!... Eh bien! je veux t'écrire en toute sincérité, et précisément au sujet de ces indispositions qui te reviennent continuellement. Crois-moi, sœur chérie, très sérieusement le meilleur remède pour toi serait un mari, et c'est justement parce que cela a beaucoup d'influence sur ta santé que je souhaiterais de tout mon cœur que tu pusses bientôt te marier. — Tu ne m'as encore que trop peu grondé dans ta dernière lettre! J'en rougis quand

1. Alxinger. Il s'agit d'*Iphigénie en Tauride*.
2. Ce désir de Mozart ne fut malheureusement jamais réalisé. En mars 1786, l'opéra fut représenté, à Vienne, par un groupe d'amateurs. Pour s'accommoder à la voix des chanteurs Mozart fit, à cette occasion, divers changements dont le principal fut de mettre en voix de ténor le rôle d'Idamante. (Voir Jahn, II, p. 710.)

j'y pense, et je n'ai pas une seule autre excuse à mettre en avant, si ce n'est que j'ai commencé de t'écrire dès que j'ai reçu ton avant-dernière lettre, puis, que ma lettre étant restée en train, j'ai fini par la déchirer,... parce que le temps n'est pas encore venu où je pourrai te consoler avec plus de certitude. J'espère pourtant que ce moment viendra sûrement. Maintenant écoute mes idées :

Tu sais que j'écris en ce moment un opéra. Ce qui en est déjà terminé a obtenu partout un succès extraordinaire, car je connais mon public,... et j'espère que tout tournera bien. Si cela réussit, je serai aimé ici pour la composition comme pour le piano. Eh! bien! quand j'aurai passé cet hiver, je verrai plus clair dans ma situation, et je ne doute pas qu'elle ne devienne bonne. D'Yppold et toi, vous trouverez difficilement,... je suis même sûr que vous ne trouverez aucune ressource, à Salzbourg. D'Yppold ne pourrait-il donc se procurer quelque position ici? Il ne doit pas être sans avoir au moins quelque idée pour lui-même. Interroge-le à cet égard, et s'il pense que ce soit chose qui puisse se réaliser, qu'il m'en indique seulement le moyen; je ferai sûrement l'impossible, car je prends le plus vif intérêt à toute cette affaire. — Si ceci était arrangé, vous pourriez vous marier avec sécurité; car, crois-moi, tu gagnerais assez d'argent ici, par exemple en jouant dans des concerts privés;... et, quant aux leçons, on te solliciterait vivement et on te payerait bien. Mais il faudrait que mon père quittât sa position et vînt aussi avec toi;... et alors nous pourrions de nouveau vivre bien heureux ensemble. Je ne vois pas d'autre moyen, et, même avant de savoir que c'est tout à fait sérieux entre d'Yppold et toi, j'avais déjà pensé à quelque chose comme cela pour toi. — Notre cher père est le seul obstacle; car je voudrais qu'il vînt en toute tranquillité et qu'il n'eût à se tourmenter et à se préoccuper de rien. Mais de cette façon, tout pourrait s'arranger : avec le revenu de ton mari, avec le tien et le mien nous nous en tirerions bien! et nous lui donnerions le repos et une vie heureuse. Parle donc vite à d'Yppold et donne-moi tout de suite une direction; car plus tôt on commencera à poursuivre l'affaire, mieux cela vaudra. C'est par les Cobenzl que je puis faire le plus; mais il faut que d'Yppold m'écrive comment, et ce qu'il veut.

M. Marchal te fait ses compliments et particulièrement à d'Yppold, et il lui envoie encore une fois ses plus affectueux remerciements pour la grande preuve d'amitié qu'il en a reçue à son départ. — Maintenant il faut que je termine, car j'ai encore à écrire à papa. Adieu, sœur chérie; j'espère lire, dans la prochaine lettre de papa, de meilleures nouvelles de ta santé et en être bientôt complètement persuadé par ta propre écriture. *Adieu*, je t'embrasse mille fois et suis toujours ton frère qui ne change pas et t'aime de tout son cœur.

188 [Nissen]

A SON PÈRE

Vienne, 26 septembre 1781.

L'opéra commençait par un *monologue;* j'ai prié M. Stephanie d'en faire une petite ariette, puis de mettre un duetto après ce petit air d'Osmin, au lieu de faire bavarder ensemble les deux personnages. Nous avons destiné le rôle d'Osmin à M. Fischer, qui a certainement une excellente voix de basse, bien que l'archevêque m'ait dit qu'il chantait trop bas pour une basse : sur quoi je lui ai affirmé qu'il chanterait plus haut prochainement. Il faut utiliser un pareil chanteur, d'autant plus qu'il a tout le public d'ici pour lui. Mais Osmin, dans le livret original, n'a que cet unique petit air à chanter,... et puis plus rien en dehors du trio et du finale. Il va donc avoir, en plus, un air dans le premier acte et un autre dans le deuxième acte. J'ai entièrement fourni l'idée de cet air à M. Stephanie..., et la musique en était déjà complètement terminée dans sa partie principale avant qu'il en sût un mot. Je vous en envoie seulement le début, et la fin qui doit être d'un bon effet;... la colère d'Osmin tournera au comique, parce que j'y emploie la musique turque. — Dans le développement de l'air, j'ai fait briller les belles notes graves de Fischer. Le passage : « *D'rum, beim Barte des Propheten*[1] », est dans la même mesure, il est vrai, mais avec des notes rapides, et comme sa colère augmente toujours, — et qu'on s'imagine que l'air est déjà près de finir, — l'*allegro assai*, qui est d'un tout autre rhythme et dans un ton différent, doit faire le meilleur effet, car un homme emporté par une aussi violente colère dépasse toute règle, toute mesure et toutes bornes; il ne se connaît plus;... et de même, il faut que la musique, elle aussi, ne se connaisse plus. Mais comme les passions, qu'elles soient violentes ou non, ne doivent jamais être exprimées jusqu'au dégoût, et que la musique, même dans la situation la plus terrible, ne doit jamais offenser l'oreille, mais, là encore, la charmer, et enfin rester toujours de la musique, je n'ai pas choisi pour cet allegro un ton étranger à celui de fa (qui est le ton de l'air), mais un ton voisin; non pas le plus voisin, celui de ré mineur, mais le plus éloigné, celui de la mineur.

Maintenant, savez-vous comment j'ai rendu l'air de Belmont en la majeur : « *O wie ängstlich, o wie feurig*[2] ? »... Le cœur qui bat est déjà annoncé d'avance par les violons en octaves. C'est l'air favori de tous ceux qui l'ont entendu,... de moi aussi,... et il est tout à fait écrit pour la voix d'Adamberger. On y voit le tremblement, l'irrésolution; on voit se soulever le cœur gonflé, ce qui est exprimé par un crescendo; on entend les chuchotements et les soupirs, rendus par les premiers violons en sourdine et une flûte, à l'unisson. — Le chœur des Janissaires est, dans son genre, tout ce qu'on peut désirer, court et gai, et tout à fait écrit pour les Viennois. Quant à l'air de Constance, je l'ai un peu sacrifié

1. « Donc, par la barbe du Prophète... ».
2. « Oh! avec quelle anxiété, avec quel brûlant désir.... bat mon cœur plein d'amour! »

au gosier agile de Mlle Cavalieri : « *Trennung war mein banges Loos, und nun schwimmt mein Aug' in Thränen*[1]. »... Voilà ce que j'ai cherché à exprimer autant que peut le permettre un air de bravoure à l'italienne. J'ai changé le mot *hui* en *schnell*[2]; ainsi donc : « *Doch wie schnell schwand meine Freude....* » — Je ne sais pas à quoi pensent nos poètes allemands! Quand même ils ne comprendraient rien au théâtre et à ce qui convient pour des opéras, ils devraient, au moins, ne pas faire parler les gens comme s'ils avaient des pourceaux devant eux.

Voyons maintenant le trio, c'est-à-dire le finale du premier acte. Pedrillo a fait passer son maître pour un architecte, afin de lui procurer l'occasion de se rencontrer au jardin avec sa Constance : Le pacha l'a pris à son service. Osmin, son intendant, qui ignore ce fait et qui est un rustre grossier, ennemi juré de tous les étrangers, se montre *impertinent* et ne veut pas laisser Belmont et Pedrillo pénétrer dans le jardin. Cette première partie, que je viens d'indiquer, est très courte et, comme le texte y prête, j'ai pu l'écrire assez bien pour trois voix. Puis, tout de suite après, vient le *major pianissimo*, qui doit aller très vite, et la fin doit faire beaucoup de bruit.... Et c'est tout ce qui convient pour la conclusion d'un acte : plus il y a de bruit, mieux cela vaut..., plus c'est court, mieux cela vaut..., afin que les gens ne se refroidissent pas dans leurs applaudissements. — L'*ouverture* est très courte et passe sans cesse du *forte* au *piano*, la musique turque revenant à chaque *forte;* elle module constamment d'un ton à un autre, et je crois qu'on ne pourra pas s'y endormir, quand même on aurait passé toute une nuit sans sommeil.

Maintenant, je suis comme le lièvre dans le poivre. Il y a

1. « La séparation devint mon sort plein d'angoisses, et maintenant mes yeux sont noyés de larmes. »

2. *Hui* veut dire en un clin d'œil. Mozart trouve que c'est un mot à faire fuir un troupeau de pourceaux, car il se prononce *houi* en faisant sonner l'*h*. Il le remplace par *schnell*, vite. « Mais comme ma joie s'est vite évanouie! »

plus de trois semaines que le premier acte est fini, ainsi qu'un air du deuxième acte et le duetto à boire, qui n'est autre chose que ma *Retraite turque*[1]; mais je ne puis rien faire de plus, parce que, pour le moment, toute l'histoire est bouleversée, et cela sur ma demande : au commencement du deuxième acte il y a un *charmant* quintette qui est plutôt un finale, et j'aimerais mieux l'avoir comme conclusion du deuxième acte. Pour en venir à bout, il faut faire un grand changement et même toute une nouvelle *intrigue*, et Stephanie a du travail par-dessus la tête.

Mon très cher père[2],

Pardonnez-moi si vous êtes obligé, cette fois, de payer un peu plus pour la lettre... J'ai voulu vous donner au moins une *idée* du premier acte, afin que vous puissiez juger par là de [ce que sera] l'ensemble,... et je n'aurais pu le faire en moins de mots. J'espère que vos vertiges vont se dissiper. Quant à ma sœur, vous m'avez assez effrayé à son sujet. C'était si inattendu!... J'espère qu'elle va maintenant aller mieux. Je l'embrasse 1000 fois et vous baise 100 fois les mains; je suis pour toujours votre fils très obéissant.

189 [M]

A SON PÈRE

Vienne, 6 octobre 1781

On a prétendu que l'archevêque allait arriver ce mois-ci (et même avec une *suite* nombreuse), et puis maintenant, voilà de nouveau qu'on le nie. — Quant à Ceccarelli, je pense

1. Allusion à un morceau composé antérieurement et qu'on n'a pas retrouvé. (Voy. Jahn, I, 679, note.)

2. Ce qui suit est un post-scriptum dont l'autographe a été retrouvé sur une feuille détachée. Au revers de la page, Constance Weber a copié les paroles de l'air de *Constance* dont parle Mozart, — ce qui, comme le fait remarquer Nohl, indique déjà une assez grande intimité entre Mozart et Constance.

bien qu'il sera nommé, car vraiment pour cette somme-là je ne crois pas qu'on puisse avoir mieux. — Vous savez peut-être déjà ce qui est arrivé aux *Alumni*[1], dans leur voyage à Strasbourg? Lorsqu'ils sont parvenus là-bas, on ne voulait pas du tout leur ouvrir la porte de la ville, parce qu'ils avaient l'air de mendiants et même de filous. M. de Aurnhammer m'a dit que le cousin de la personne à qui ils étaient adressés lui avait raconté que cette personne leur avait dit : « Écoutez, mes chers messieurs, il va falloir maintenant que vous restiez quatre ou cinq jours chez moi, afin que je puisse, avant tout, vous faire habiller, car vous ne pouvez sortir en cet état sans courir le risque que des gamins vous poursuivent dans la rue et vous jettent de la boue. » Bel honneur pour Sa Grandeur!

Maintenant, j'ai une question à vous faire, *ex commissione*, c'est-à-dire dans les termes mêmes où elle m'a été posée : qu'étaient, au juste, les comtes de Klesheim?... et que sont-ils devenus? — Schmidt (le pauvre malheureux *adorateur* de la cousine), qui est actuellement dans la librairie Trattner, m'a prié très instamment de lui procurer des renseignements à cet égard.

Ah! je vais bientôt perdre patience, de ne plus pouvoir rien écrire pour mon opéra! Il est vrai qu'en attendant je compose d'autres choses, mais ma *passion* est maintenant de ce côté et je n'aurais besoin que de quatre jours pour faire ce qui m'en demanderait quinze ordinairement. J'ai composé, en un seul jour, l'air en la d'Adamberger, celui en si bémol de la Cavalieri, et le trio, et je les ai écrits en un jour et demi. Il est vrai que, quand même l'opéra serait déjà entièrement terminé, cela ne servirait à rien; il faudrait le laisser de côté jusqu'à ce que les deux opéras de Gluck fussent en état [d'être représentés], et ils ont encore joliment à y travailler! — Umlauf, lui aussi, est obligé d'attendre pour son opéra terminé, qu'il a mis un an à composer.

1. Des pupilles ou pensionnaires de l'archevêque.

Mais (soit dit entre nous) n'allez pas croire que cet opéra soit bon parce qu'il y a employé toute une année! Moi je l'aurais toujours considéré (mais ceci bien entre nous) comme un travail fait en 14 ou 15 jours..., car ce qu'il faut que cet homme ait appris par cœur d'opéras!... Il n'a plus ensuite eu besoin que de s'asseoir pour écrire...; et c'est ainsi qu'il a fait certainement, cela s'entend de reste! — Il faut que vous sachiez qu'il m'a invité de la façon la plus polie (*c'est-à-dire*, de sa façon à lui) à venir chez lui, pour me faire entendre son opéra, et il a ajouté : « Ne croyez pas que cela vaille la peine que vous l'entendiez; je ne suis pas si habile, je fais aussi bien que je peux. » J'ai su, après coup, qu'il a dit : « Ce Mozart a sûrement un démon dans la tête, dans le corps et dans les doigts; il m'a joué mon opéra (qui est si mal écrit qu'à peine je puis le lire moi-même) comme si c'était lui qui l'eût composé. »

Maintenant *adieu*. J'espère que ma chère sœur, que j'embrasse de tout mon cœur, va se rétablir peu à peu. Quant à vous, mon cher père, mettez de la graisse à essieux de voiture dans un petit papier et portez-le sur la poitrine; mettez aussi dans un papier l'osselet impérial d'une longe de veau et pour un kreutzer de doronic[1] et portez cela dans votre poche. J'espère que cela vous fera sûrement du bien. Adieu.

190 [M]

A SON PÈRE

Vienne, 13 octobre 1781.

Mlle de Aurnhammer et moi, nous vous remercions pour les concertos. — Hier, dans la matinée, M. Marchal a amené chez moi le jeune M. de Mayern, et l'après-midi, je suis allé avec une voiture chercher mes affaires[2]. M. Marchal a l'espoir

1. « Racine à vertiges. »
2. Sa musique, etc.... apportée de Salzbourg, sans doute par M. de Mayern.

d'entrer comme intendant chez le comte Jean Esterhazy; le comte Cobenzl lui a donné une lettre de recommandation pour lui. Il m'a dit : « *J'ai donné une lettre à monsieur votre protégé;* » — et quand il a eu occasion de parler de nouveau à M. Marchal, il lui a dit : « *D'abord que j'aurai de réponse, je le dirai à M. Mozart, votre protecteur.* »

Parlons, maintenant, du texte de l'opéra[1]. — Pour ce qui concerne le travail de Stephanie, vous avez raison, il est vrai; pourtant la poésie est tout à fait adaptée au [caractère] du sot, grossier et méchant Osmin. Je sais bien que la versification n'en est pas des meilleures, mais elle s'est trouvée si bien d'accord avec les idées musicales (qui auparavant déjà trottaient dans ma tête) que, nécessairement, elle devait me plaire, et je parierais bien qu'à l'exécution on ne regrettera rien... Quant à la poésie de la pièce en général, je ne saurais vraiment pas la mépriser. L'air de Belmont : « *O wie ängstlich...* » ne pourrait guère être mieux écrit pour la musique. L'air [de Constance] n'est pas mal non plus, surtout la première partie,... excepté le « *Hui* » et « *Kummer ruht in meinem Schooss*[2] » (car le tourment ne peut reposer...). Et... je ne sais..., mais dans un opéra, il faut absolument que la poésie soit la fille obéissante de la musique. Pourquoi donc les opéras italiens plaisent-ils partout, malgré toute la pauvreté de leurs livrets?... et cela, même à Paris, comme j'en ai été témoin? — Parce que la musique y règne en souveraine et fait oublier tout le reste.

Un opéra doit, évidemment, plaire d'autant plus que le plan de la pièce sera bien composé, mais que les paroles auront été écrites uniquement pour la musique, et qu'on n'y aura pas introduit çà et là des mots, ou même des strophes entières, capables de gâter toute l'idée du compositeur,...

1. Léopold Mozart avait trouvé la versification faible et avait fait des objections aux changements projetés. (Voy. Jahn, I, 663.)

Depuis cet endroit, toute la lettre est reproduite d'après Nissen, qui la met à la suite de la lettre du 26 septembre 1781.

2. « Le tourment repose dans mon cœur. » — Pour le mot « Hui », voy. la note p. 404.

et cela pour l'amour d'une malheureuse rime qui, — quelle qu'elle soit, mon Dieu! — n'ajoute absolument rien au mérite d'une représentation théâtrale et lui nuit, plutôt! — A la vérité, les vers sont tout à fait indispensables à la musique, mais la rime pour la rime, c'est ce qui lui est le plus préjudiciable. Ces messieurs, qui se mettent à l'œuvre avec tant de pédantisme, se perdront toujours, eux et la musique. — Ce qu'il y a de mieux, c'est lorsqu'un bon compositeur, qui comprend le théâtre et est lui-même en état de donner des indications, rencontre ce vrai phénix : un poète intelligent. C'est alors qu'on n'a pas à s'inquiéter de l'approbation des ignorants! — Les poètes me font presque l'effet des trompettes avec leurs farces de métier! Si, nous autres compositeurs, nous voulions toujours suivre à la lettre nos règles (fort bonnes autrefois quand on n'en savait pas plus long), nous ferions d'aussi mauvaise musique qu'ils font de mauvais poèmes.

Allons, il me semble que je vous ai raconté assez de sornettes; et il faut que je m'informe, à présent, de ce qui me tient le plus au cœur, c'est-à-dire de votre santé, mon excellent père. Dans ma dernière lettre, je vous ai proposé deux genres de remèdes contre les vertiges qui, si vous ne les connaissez pas, ne vous auront peut-être pas paru utiles. Cependant on m'a affirmé qu'ils produiraient un bon résultat, et la joie [que j'éprouverais] de vous savoir bien portant me rendait cette assurance si vraisemblable et si certaine qu'il m'a été impossible de me retenir de vous les proposer, par affection, — et cela avec les vœux les plus ardents pour que vous n'ayez pas besoin d'y recourir, mais, au cas contraire, pour qu'ils amènent un complet rétablissement. J'espère que ma sœur va aller mieux, de jour en jour.

191

A SA COUSINE MARIE-ANNE MOZART

Vienne, 21 octobre 1781.

Ma très chère cousine!

J'ai été, tous ces temps-ci, bien désireux de recevoir une lettre de vous, ma chère cousine,... [me demandant] comment elle serait?... Eh bien! elle a été telle que je me la figurais d'avance. — [Quant à moi] ayant laissé passer trois mois [sans écrire], je n'aurais plus pu le faire, quand même le bourreau eût été derrière moi, l'épée nue,... car je n'aurais vraiment su comment, quand, où, pourquoi,... et quoi dire. J'ai dû nécessairement attendre une lettre.

Pendant ce temps, comme vous devez bien le savoir, il s'est passé pour moi beaucoup de choses importantes qui ne m'ont pas peu donné à penser et m'ont occasionné beaucoup de désagréments, de contrariétés, de chagrins et de soucis,... et cela peut vraiment me servir d'excuse pour expliquer mon long silence. — Quant à tout le reste, je dois vous dire que les bavardages, que les gens aiment à faire courir sur mon compte, sont en partie vrais et en partie... faux. Je ne puis en dire davantage pour le moment; j'ajoute seulement, pour votre tranquillité, que je ne fais rien... sans motifs,... et même sans des motifs bien fondés. Si vous m'aviez témoigné plus d'amitié et de confiance, et si vous vous étiez adressée directement à moi (et non à d'autres... et certes!... mais silence!...) si donc vous vous étiez directement adressée à moi, vous en sauriez sûrement plus que tout le monde... et, si c'était possible, plus que moi-même!

Pourtant... Ah! pour que je ne l'oublie pas,... ayez donc la bonté, très chère et excellente cousine, de porter vous-même, immédiatement, la lettre ci-jointe à M. Stein; et priez-le de m'y répondre tout de suite, ou au moins de vous dire ce que vous devez m'écrire à ce sujet; car j'espère, chère cousine, que notre correspondance va maintenant continuer régulièrement. Si vous voulez bien, comme je l'espère, m'honorer d'une réponse, ayez la bonté de m'adresser votre lettre, comme la dernière fois : place Pierre « à l'Œil-de-Dieu » deuxième étage. — Je n'y demeure plus, il est vrai, mais, à la poste, cette adresse est déjà si connue que quand une lettre est envoyée directement à mon domicile, je ne la reçois qu'un ou deux jours plus tard.

Et maintenant adieu, très chère et excellente cousine! Conservez-moi votre amitié qui m'est si précieuse; vous êtes bien assurée de la mienne. Je suis pour toujours,

Ma très chère cousine,

votre très sincère cousin et ami,

Wolfgang Amadé Mozart, *m. p.*

Mme Weber vous fait ses compliments, ainsi que ses trois filles, et vous demande une complaisance : M. Bartholomei, le libraire (que vous devez certainement connaître), a demandé le portrait d'Aloysia[1] — aujourd'hui Mme Lange — pour le faire graver. Or, au mois de mars prochain, il y aura déjà deux ans qu'on n'a entendu parler ni du portrait ni de son paiement;... et on avait promis de le rendre au mois de mars dernier. — Mme Weber vous prie donc de vous en informer un peu, car elle voudrait bien savoir où elle en est à cet égard. — *N. B.* C'est le même portrait que le baron Yöth a eu [chez lui] à Munich;... je crois que vous l'avez vu aussi. C'est donc très mal à lui de l'avoir livré entre des mains étrangères sans en avoir rien fait savoir. — *Adieu, ma chère*, écrivez bientôt.

1. On ignore ce qu'est devenu ce portrait.

192 [M]

A SON PÈRE

Vienne, 3 novembre 1781.

Je vous demande pardon de ne pas vous avoir, par le dernier courrier, accusé réception des cadences[1], dont je vous remercie respectueusement; mais c'était justement le jour de ma fête. Le matin, de bonne heure, j'ai donc fait mes dévotions, et, au moment où je voulais me mettre à écrire, il m'est tombé sur le dos une foule de gens qui venaient me complimenter. — A midi, je suis allé en voiture à Léopoldstadt, chez la baronne Waldstädten[2], où j'ai passé mon jour de fête. La nuit, à onze heures, j'ai eu une sérénade de ma composition, pour 2 clarinettes, 2 cors et 2 bassons [K. 375]. Je l'avais écrite le jour de la sainte Thérèse, pour la sœur de Mme de Hickl, autrement dit la belle-sœur de M. de Hickl (le peintre de la cour), et c'est alors qu'elle a été jouée pour la première fois. Les six messieurs, qui l'ont exécutée[3], sont de pauvres diables; toutefois ils jouent très joliment ensemble, surtout le premier clarinettiste et les deux cors. — Mais mon principal motif, pour composer cette sérénade, était de faire entendre quelque chose de moi à M. de Strack[4] (qui vient tous les jours chez M. de Hickl), et c'est pourquoi je l'ai écrite un peu raisonnablement. Elle a eu un plein succès; dans la nuit de la sainte Thérèse, on l'a jouée dans trois endroits différents; dès que les musiciens avaient fini, on les emmenait ailleurs et on les payait pour cela. — Eh! bien! [cette nuit] ces

1. Il existe [K. 624] 35 cadences composées par Mozart pour ses concertos.

2. La baronne de Waldstädten (née de Schäfer) était une des pianistes les plus distinguées de Vienne et une protectrice ardente de Mozart. C'est elle qui a favorisé son inclination pour Constance Weber.

3. *Exequiren* a le sens d'une exécution à mort.

4. Valet de chambre de l'Empereur; il jouait le violoncelle dans son quatuor, et avait une grande influence sur lui, surtout en matière de musique.

Messieurs se sont fait ouvrir la porte cochère de la maison, et après s'être rangés au milieu de la cour,... au moment où j'allais me déshabiller, ils m'ont surpris de la manière la plus agréable, par le premier *accord* en mi bémol.

Ce serait bien bon si mon opéra était terminé, car Umlauf ne peut pas donner le sien en ce moment, Mlle Weiss et Mlle Schindler étant malades. — Il faut que j'aille tout de suite chez Stephanie parce qu'il a dit, enfin, qu'il avait quelque chose de prêt.

Je ne sais rien de neuf à vous écrire, car les bagatelles ne peuvent vous intéresser, et les choses d'importance, vous devez les connaître déjà, aussi bien que nous autres Viennois. Qu'il y ait maintenant un Dauphin[1] au monde, c'est, pour le moment du moins, une petite chose en attendant que cela en devienne une grande. Je n'ai écrit ceci que pour ne pas laisser au *duc d'Artois* tout seul l'honneur d'un *bon mot;* car un jour que la reine, pendant sa grossesse, se plaignait que le Dauphin l'incommodait beaucoup, ajoutant : « *Il me donne des grands coups de pied au ventre,* » il a répondu : « *O Madame, laissez-le venir dehors, qu'il me donnera des grands coups de pied au cul*[2]. » — Eh ! bien ! le jour où la nouvelle est arrivée, tous les théâtres et salles de spectacle ont été gratuits... et maintenant... trois heures sonnent; il faut, par conséquent, que je me dépêche d'aller chez Stephanie, sans cela je ne le trouverai plus, et alors il me faudra peut-être encore attendre !

J'espère que vous vous porterez chaque jour de mieux en mieux, ainsi que ma chère sœur que j'embrasse de tout mon cœur.

1. Fils de Louis XVI et de Marie-Antoinette.

2. Le mot est du comte d'Artois, plus tard Charles X, que la naissance d'un Dauphin devait écarter du trône.

193 [M]

A SON PÈRE

Vienne, 16 novembre 1781.

Je vous fais mille remerciements pour vos souhaits de bonheur à l'occasion de ma fête et vous envoie les miens, en échange, pour la saint Léopold. Cher, excellent père! Je vous souhaite tout le bonheur imaginable, tout ce qu'on peut souhaiter,... et pourtant, non, je ne vous souhaite rien, je me souhaite tout à moi-même. Je ME souhaite donc que vous restiez toujours bien portant et que vous viviez encore d'innombrables années pour mon bonheur et ma plus grande joie;... je ME souhaite que tout ce que je fais et entreprends puisse être selon vos désirs et à votre satisfaction,... ou plutôt que je ne puisse rien faire qui ne doive tourner à votre plus grande joie; et j'espère bien qu'il en sera ainsi, car ce qui peut contribuer au bonheur de votre fils doit naturellement vous être agréable, à vous aussi! — M. de Aurnhammer, la noble dame et les deux demoiselles (chez qui je suis en train d'écrire) vous font aussi leurs souhaits de fête.

On attend aujourd'hui le duc de Wurtemberg, et à cause de cela il y aura *redoute* demain. Puis, le 25, il doit y avoir une *redoute* gratuite à Schönbrunn[1] : mais on est dans un grand *embarras* à ce sujet; car, d'après le dire général, le grand-duc de Russie ne doit rester ici que dix jours et la sainte Catherine (qui est l'occasion de ce bal) ne tombe, dans le calendrier grec, que le 6 décembre! On ne sait donc pas encore ce qu'on fera.

Encore une histoire comique : Il a été signifié aux *acteurs*, de la part de l'Empereur, que chacun eût à se chercher un rôle pour se produire devant le grand-duc. — Lange a alors

1. Château bâti par Marie-Thérèse, à 6 kil. de Vienne, avec jardin botanique, ménagerie, etc. C'est là qu'a vécu et est mort le duc de Reichstadt, fils de Napoléon.

demandé pour lui le rôle d'Hamlet; mais le comte Rosenberg, qui ne peut souffrir Lange, a déclaré que cela ne pouvait pas être parce que c'est Brockmann qui a joué ce rôle tous ces temps-ci. Quand on a répété la chose à Brockmann, il est allé chez Rosenberg et lui a dit qu'il ne pouvait pas non plus le jouer, et même que la pièce ne pourrait pas être donnée ; et pourquoi ? — Parce que le grand-duc est Hamlet lui-même !... L'Empereur (dit-on,... dit-on,... dit-on...) aurait envoyé 50 ducats pour cela à Brockmann. — Maintenant je ne sais plus rien de neuf.

194 (M)

A SON PÈRE

Vienne, 17 novembre 1781.

Pour Ceccarelli, c'est impossible, quand même il ne s'agirait que d'une seule nuit, car je n'ai qu'une unique chambre qui n'est pas grande et qui est si bien remplie par l'armoire, la table et le piano, que je ne sais où l'on pourrait encore installer un lit. Et quant à dormir dans le même lit, c'est ce que je ne ferai avec personne qu'avec ma future femme. — Mais je lui chercherai un logement aussi bon marché que possible dès que je saurai avec certitude quand il vient.

Je n'ai pas vu la comtesse Schönborn[1], tous ces temps-ci. Je ne me suis pas senti le courage d'y aller et je ne l'ai pas encore, actuellement. Je la connais : elle me dirait bien certainement quelque chose que je n'empocherais peut-être pas sans y répondre, et il est toujours préférable d'éviter pareille chose. Il suffit qu'elle sache que je suis ici ; .. et si elle veut m'avoir, elle le peut. — Avec tout cela Czernin n'a pas su deviner l'histoire des Mölk, de sorte qu'il a demandé en pleine table à Mölk s'il n'avait pas de nouvelles de son frère, le conseiller à la cour ? — Mölk a été tout saisi et n'a

1. Sœur de l'archevêque de Salzbourg.

pu rien répondre. Moi, je lui aurais certainement répondu : Il s'est perdu dans une maison que vous avez beaucoup fréquentée.

Enfin, j'ai de nouveau quelque chose à faire pour mon opéra !... Ah ! si on voulait toujours croire ces gens qu'on appelle délateurs et se fier à eux !... comme on se ferait souvent du tort ! Je ne puis dire à quel point on a cherché à m'exciter contre Stephanie le jeune : cela m'avait fait positivement peur. Eh ! bien ! si j'avais agi comme les gens me le conseillaient, d'un bon ami je me serais fait, sans aucun motif, un ennemi qui aurait pu me nuire beaucoup.

Hier, à trois heures de l'après-midi, l'archiduc[1] Maximilien m'a fait mander auprès de lui. En arrivant, je le trouvai dans la première chambre, debout, près du poêle, et m'attendant. Il vint aussitôt à ma rencontre et me demanda si je n'avais rien à faire : « Rien du tout, V. A. R., et quand même, ce serait toujours une faveur pour moi que d'être agréable à Votre Altesse Royale. » — « Non, je ne veux gêner personne. » — Il me dit alors qu'il avait l'intention de donner le soir même un concert aux seigneurs wurtembergeois ; que je devrais bien y jouer quelque chose et accompagner les airs ;... et, pour cela, revenir à six heures, les musiciens devant tous se réunir à cette heure-là. J'ai donc joué hier chez lui. — Celui à qui Dieu confie une charge, il lui donne aussi l'intelligence ; c'est ainsi qu'il en est vraiment pour l'archiduc ! Quand il n'était pas encore prêtre, il était beaucoup plus spirituel ; il parlait moins, mais avec plus de bon sens. Si vous le voyiez maintenant !... La sottise lui sort par les yeux ; il parle et discourt perpétuellement et toujours en voix de fausset ; il se rengorge ; ... en un mot, on dirait que le personnage est complètement retourné. — Le duc

1. Maximilien, archiduc d'Autriche (1756-1801), dernier fils de Marie-Thérèse. C'est en son honneur que Mozart avait composé *Il Rè pastore*. Il commanda des troupes dans la guerre de juillet 1778 et devint plus tard prince Électeur de Cologne et évêque de Munster. En 1781, il était coadjuteur du prince Electeur de Cologne.

de Wurtemberg, au contraire, est un homme *charmant;* la duchesse et la jeune princesse[1] aussi sont charmantes; mais le jeune prince est une perche de dix-huit ans,... un vrai veau. — Allons, il faut que je termine. Portez-vous bien, et soyez aussi gai que possible.

195 [M]

A SON PÈRE

Vienne, 24 novembre 1781.

Hier, j'étais justement au concert donné chez Aurnhammer, lorsque Ceccarelli a apporté votre lettre; il ne m'a donc pas trouvé; c'est pour cela qu'il a laissé la lettre chez les Weber qui me l'ont aussitôt envoyée. — Au concert, il y avait la comtesse Thun (que j'avais invitée), le baron de Swieten, le baron Gudenus, Vezlar le riche juif converti, le comte Firmian et M. de Daubrawaick avec son fils. — Nous avons joué le concerto *a due* [K. 365], et une sonate à quatre mains [K. 381] que j'avais composée tout exprès pour la circonstance, et qui a eu un plein succès. Je vous enverrai cette sonate par M. de Daubrawaick, qui a dit qu'il serait fier de l'avoir dans sa malle. C'est le fils qui a dit cela, et *N. B.* un Salzbourgeois!... Quant au père, il m'a dit tout haut, en s'en allant : « Je suis fier d'être votre concitoyen,..., vous faites grand honneur à Salzbourg. J'espère que les circonstances finiront par changer de telle sorte que l'on pourra vous avoir de nouveau,... et alors nous ne vous laisserons certainement plus partir. » — A quoi j'ai répondu : « Ma patrie a toujours les premiers droits sur moi.... »

Voilà la bête curieuse,... le grand-duc de Russie, arrivée. Demain, à Schönbrunn, on donne « Alceste » (en italien),... puis bal public et gratuit. — Je me suis procuré des airs favoris russes pour pouvoir jouer des variations dessus.

1. La princesse Élisabeth, fiancée à l'archiduc François; et le prince Ferdinand.

Mes sonates ont enfin paru; je vous les ferai tenir par la prochaine occasion [K. 296, 376 à 380].

Ceccarelli va certainement vouloir donner un concert avec moi; mais il n'en sera rien, car je ne suis pas partisan des partages. Tout ce que je puis faire, c'est de le laisser chanter dans le concert que je donnerai en carême,... et puis de jouer gratuitement dans le sien.

Il faut que je cesse, car je dois aller chez Mme de Trattnern.

196 [M]

A SON PÈRE

Vienne, 5 décembre 1781.

Je n'ai pas de lettre de vous aujourd'hui; je vais donc vous écrire ce que je sais en fait de nouvelles. Il est vrai qu'il y en a bien peu, et que ce peu est faux, en grande partie,... et voilà justement la raison pour laquelle je ne vous en écris aucune... c'est que j'ai à craindre que cela ne tourne à ma honte; comme, par exemple, lorsqu'on a dit que le général Laudon était bien certainement mort,... et puis le voilà ressuscité (heureusement pour la maison d'Autriche).

Le grand-duc reste ici jusqu'au nouvel an, et maintenant l'Empereur est inquiet de savoir comment il pourra l'amuser pendant ce long espace de temps. Mais, pour ne pas trop se casser la tête,... il ne l'amuse pas du tout. C'est bien assez qu'il amuse sa femme, et, pour cela, il suffit à lui tout seul.

Il y a eu une horrible *confusion* au bal de Schönbrunn; et comme, grâce aux excellentes dispositions prises, il n'était pas possible, sans être sorcier, de voir la fête, le seigneur *Ego* n'y est pas allé, attendu qu'il n'est pas amateur de bousculades, de coups dans le dos et de coups de bâton, fussent des coups impériaux! — L'intendant de la chambre[1],

1. *Kammerfourier.*

Strobel, était chargé de distribuer les billets; il y en avait pour 3000 personnes. On annonça publiquement que chacun pouvait se faire inscrire chez le susdit Strobel; alors, tout le monde d'y courir, et Strobel... d'inscrire; ensuite on n'avait plus qu'à faire chercher les billets. A quelques personnes très connues, ils furent envoyés, et la *commission* en fut donnée aux premiers gamins venus. De sorte qu'il arrivait qu'un de ces gamins, rencontrant quelqu'un sur l'escalier, lui demandait s'il ne portait pas tel ou tel nom; l'autre, par plaisanterie, disait oui, et le gamin... lui remettait un billet. Je sais deux maisons où, grâce à ce mauvais arrangement, on n'a pas reçu de billets; on était inscrit, on envoya chez Strobel... et Strobel fit répondre qu'il avait envoyé les billets depuis longtemps. De cette manière, le bal s'est trouvé rempli de *friseurs* et de femmes de chambre. — Mais voici, maintenant, le plus joli, dont la *noblesse* s'est bien moquée : L'Empereur circulait, ayant toujours à son bras la grande-duchesse de Russie. Il y avait deux groupes de *contredanses* formés par la *noblesse* : les Romains et les Tartares[1]. Il arriva que la populace viennoise, toujours fort grossière, se pressa si fort autour d'un de ces groupes, qu'elle arracha la grande-duchesse du bras de l'Empereur... et la poussa brusquement au milieu des danseurs. L'Empereur commença alors à frapper du pied, à jurer comme un *lazzarone*, repoussa toute une cohue de peuple, jouant des bras à droite et à gauche. Quelques-uns de la garde hongroise voulaient toujours l'accompagner pour faire faire place, mais il les renvoyait. Il n'a donc eu que ce qu'il méritait; car ce n'est pas le bon moyen.... La populace est toujours populace.

Je reçois à l'instant votre lettre du 27 novembre. Il est très certain que l'Empereur est allé en voiture au-devant du duc de Wurtemberg, et cela pour l'amour de la princesse. Personne ici n'en fait mystère; seulement on ignore si c'est un

1. La noblesse catholique autrichienne et la noblesse russe.

petit morceau pour lui-même ou pour un prince de Toscane. C'est la dernière supposition qui est la plus vraisemblable; mais l'Empereur est vraiment trop tendre pour elle; il lui baise sans cesse les mains l'une après l'autre, et souvent les deux à la fois. Ce qui m'étonne, seulement, c'est qu'elle est, pour ainsi dire, encore une enfant. Mais si c'est vrai et si ce qu'on dit arrive, alors je croirai de nouveau moi-même « qu'il a la chemise plus près du corps que l'habit[1] », car la princesse doit passer ici deux ans dans un couvent; et probablement,... si les sorcières n'existent plus,... elle deviendra mon élève pour le piano.

Le basson, qu'on veut colloquer à l'archevêque, je le connais bien!... c'est le second de Ritter, à l'Opéra. — Vous m'écrivez que je ne dois pas vous oublier.... Que vous ayez de la joie de ce que je ne vous oublie pas, cela me fait certainement le plus grand plaisir. Mais si vous pouviez croire qu'il me serait possible de vous oublier,... cela me causerait une vive douleur. — [Vous ajoutez que] je dois penser que j'ai une âme immortelle!... Non seulement je le pense, mais je le crois. Où serait donc, sans cela, la différence entre l'homme et la brute?... C'est justement parce que je ne le sais et ne le crois que trop bien, que je n'ai pu accomplir tous vos désirs, tels que vous les aviez rêvés. — Maintenant, adieu.

197 [M]

A SON PÈRE

Vienne, 15 décembre 1781.

Je reçois, en ce moment, votre lettre du 12. — De votre côté, vous recevrez, par M. de Daubrawaick, la présente lettre, la montre, l'opéra de Munich, les six sonates gravées, la sonate pour deux pianos et les cadences. — C'est déjà une affaire manquée entre la princesse de Wurtemberg et moi!

1. Proverbe.

L'Empereur m'a gâté la chose,... car pour lui, il n'y a que Salieri !... L'archiduc Maximilien m'a proposé à la princesse ;... elle lui a répondu que, si cela avait dépendu d'elle, elle n'aurait jamais pris d'autre maître que moi ; mais que l'Empereur lui avait proposé Salieri, à cause du chant,... qu'elle en était bien fâchée. Quant à ce que vous m'avez écrit de la maison de Wurtemberg et de vous, il n'est pas impossible que cela puisse m'être utile.

Cher père ! vous me demandez l'explication des mots que j'ai écrits à la fin de ma dernière lettre ! — Oh ! que volontiers je vous aurais depuis longtemps ouvert mon cœur ! mais le reproche que vous pouviez me faire de penser en temps inopportun à une chose de ce genre, m'a retenu... quoique d'y penser, seulement, ne soit jamais inopportun. — Mes efforts tendent, pour le moment, à trouver quelque chose de certain, si peu que ce soit ;... avec cela, et avec l'aide de ressources éventuelles, on peut vivre ici très convenablement ;... et alors... me marier ! — Vous vous effrayez à cette idée... mais je vous en prie, cher et excellent père, écoutez-moi !... J'ai dû vous découvrir ma préoccupation ; permettez-moi aussi maintenant de vous découvrir mes raisons qui sont réellement très fondées : la nature parle aussi haut en moi qu'en tout autre, et peut-être plus haut qu'en beaucoup de grands et vigoureux lourdauds. Il m'est impossible de vivre comme la plupart des jeunes gens d'aujourd'hui. — D'abord j'ai trop de religion, ... secondement, j'ai trop d'amour du prochain et des sentiments trop honnêtes pour pouvoir séduire une innocente jeune fille, ... et en troisième lieu, j'ai trop d'horreur et de dégoût, de répulsion et de crainte des maladies, et je tiens trop à ma santé, pour consentir à.... Aussi je puis faire le serment que je n'ai encore jamais eu de rapports avec une créature de cette espèce. Si cela m'était arrivé, je ne vous le cacherais pas : car enfin, faillir est toujours assez naturel à l'homme, et faillir une seule fois ne serait qu'une simple faiblesse,... bien que je n'osasse me promettre que j'en resterais là si je me laissais aller une seule fois sur ce point. Mais, à cet égard, je puis vivre et mourir [tranquille].

Je sais bien que cette raison (quelque forte qu'elle soit toujours) n'est pourtant pas suffisamment importante... mais pour ma nature, plus attirée vers la vie tranquille et le foyer domestique que vers le bruit,... pour moi qui, depuis mon enfance, n'ai jamais été habitué à veiller à mes affaires, blanchissage, vêtements et ce qui s'ensuit,... je ne puis rien imaginer de plus nécessaire qu'une femme. — Ah! je vous assure!... que de dépenses inutiles je fais bien souvent, parce que je ne prends garde à rien!... Je suis tout à fait persuadé que si j'avais une femme, avec le même revenu que j'ai pour moi tout seul, je me tirerais mieux d'affaire que je ne le fais;... et que de dépenses inutiles tomberaient du coup!... Il est vrai qu'il vous en vient d'autres à la place, mais... on les connaît, on peut se régler dessus, et, en un mot, on mène une vie régulière. — A mes yeux, un célibataire est un homme qui ne vit qu'à moitié :... je le vois ainsi, je ne puis faire autrement;... j'y ai bien songé, bien réfléchi,... et je persiste toujours à le penser.

Mais maintenant, quel est l'objet de mon amour?... N'allez pas vous effrayer de cela non plus, je vous en prie! — Ce n'est pourtant pas une Weber? — Si, c'est une Weber!... mais pas Josepha,... ni Sophie,... mais Constance, celle qui est au milieu. — Dans aucune famille je n'ai rencontré une telle dissemblance de caractères : L'aînée[1] est une personne paresseuse, vulgaire et fausse, qui a beaucoup plus de malice qu'on ne pense.... La Lange est fausse et a de mauvais sentiments, et c'est une *coquette*; ... la plus jeune[2]... est encore trop jeune pour pouvoir être quelque chose; ce n'est qu'une bonne créature mais trop étourdie!... que Dieu la préserve de se laisser entraîner au mal! — Mais, celle qui est au milieu, c'est ma bonne et chère Constance,... la martyre de la

1. Josepha Weber, plus tard Mme Hofer.
2. Sophie Weber, plus tard Mme Haibl.

maison et, peut-être précisément à cause de cela, celle qui a le meilleur cœur et le plus d'adresse,... en un mot celle qui vaut le mieux de toutes. Elle a soin de tout dans la maison, et pourtant elle ne fait rien de bien [au gré des autres].... O mon excellent père, je pourrais remplir des pages entières si je voulais vous décrire les scènes qu'on nous a faites à tous deux dans cette maison!... mais, si vous le désirez, je le ferai dans ma prochaine lettre.

Avant de vous tenir quitte de mon bavardage, il faut pourtant que je vous fasse connaître un peu mieux ce qu'est ma chère Constance. — Elle n'est pas laide, mais cependant rien moins que belle;... toute sa beauté consiste en deux petits yeux noirs et en une belle tournure. Elle n'a pas de vivacité d'esprit, mais assez de bon sens pour pouvoir remplir ses devoirs d'épouse et de mère. Elle n'est pas portée à la dépense, ceci est foncièrement faux;... au contraire, elle est habituée à s'habiller très simplement,... car le peu que la mère a pu faire pour ses enfants, elle l'a fait pour les autres, mais pour elle, jamais. Il est vrai qu'elle aimerait à être gentiment et proprement vêtue, mais pas avec recherche, et elle sait se confectionner elle-même la plupart des choses dont une femme a besoin. C'est elle-même aussi qui se frise tous les jours; elle s'entend à tenir un ménage,... elle a le meilleur cœur du monde,... je l'aime et elle m'aime de tout son cœur.... Dites-moi si je pourrais désirer une meilleure femme?

De plus, il faut que je vous dise qu'au moment où j'ai quitté [ma position de Salzbourg] l'amour n'était pas encore venu, mais il est né de ses tendres soins et de ses services quand j'habitais la maison. — Je ne souhaite donc plus rien que d'obtenir quelque petite ressource assurée (et j'en ai réellement l'espoir, grâce à Dieu!), et puis je ne cesserai de vous supplier de me permettre de sauver cette pauvre fille,... et d'être tout de suite heureux avec elle... et, je puis le dire,... de nous rendre tous heureux. Car enfin vous l'êtes aussi quand je le suis?... et la moitié des ressources assurées que j'aurai, vous en jouirez, mon bien cher père! — Maintenant que je vous ai ouvert mon cœur et expliqué mes paroles,... je vous prie, à votre tour, de m'expliquer celles de votre dernière lettre : « Tu n'aurais pas cru que je pusse savoir une proposition qui t'a été faite, et à laquelle, — à l'époque où je l'ai appris, — tu n'avais rien répondu? » — Je n'y comprends pas un mot; je n'ai entendu parler d'aucune proposition. — Maintenant, ayez pitié de votre fils! Je vous embrasse mille fois les mains, et suis pour toujours votre fils obéissant.

198 [M][1]

A SA SŒUR

Vienne, 15 décembre 1781.

Ma très chère sœur,

Voici les six sonates gravées, et la sonate à deux pianos; je souhaite qu'elles te plaisent. Il n'y en a que quatre qui soient nouvelles pour toi. Le copiste n'a pu terminer les variations; je te les enverrai prochainement.

Chère sœur!... il y a là, à côté de moi, une lettre commencée pour toi; mais j'ai écrit si longuement à papa, que je ne puis plus t'écrire; aussi je te prie, pour cette fois, de te contenter de cette enveloppe, et je t'écrirai par le prochain courrier. — *Addio*, porte-toi bien; je t'embrasse mille fois et suis toujours ton frère sincèrement dévoué.

1. Ces quelques mots ont été écrits dans l'enveloppe de la lettre précédente, c'est-à-dire (puisque les enveloppes sont d'invention récente) sur le papier qui couvrait la lettre. — Les Allemands ont conservé le mot d'alors, *couvert*, pour les enveloppes actuelles.

199 [M]

A SA SŒUR

Vienne, 15 et 22 décembre 1781.

Ma très chère sœur,

Je te remercie de toutes les nouvelles que tu m'as écrites. Voici mes six sonates; il n'y en a que quatre de nouvelles pour toi. Quant aux variations, il n'y a pas eu moyen, parce que les copistes ont trop à faire; mais sitôt que ce sera possible, je te les enverrai....

22 Déc. — Depuis [que j'ai commencé cette lettre], tu as reçu l'enveloppe qui recouvrait la lettre à mon père. — M. de Daubrawaick m'a renvoyé l'opéra[1], de sorte qu'il me faut chercher une autre occasion. — Ceccarelli aurait été bien en peine, il est vrai, si tu avais accepté sa proposition; car je lui en ai parlé et il m'a dit aussitôt : « *Certo, l'avrei preso meco subito*[2]. » Et comme je lui demandais pourquoi, alors, il ne t'avait pas amenée avec lui, il n'a pas trouvé de meilleure raison que : « Mais où donc aurais-je pu la déposer ici? » — « Oh! quant à cela, dis-je, je n'en serais pas en peine; je connais assez d'endroits où on la recevrait avec joie. » — Et c'est très vrai, aussi! Si tu trouves une bonne occasion pour venir passer quelque temps ici, écris-le-moi seulement d'avance.

N'est-ce pas que « le Trou dans la porte » est une bonne comédie? Mais il faudra que tu la voies jouer ici. — « Les Dangers de la séduction » est aussi une bonne pièce. — Celle : « le Secret au grand jour » n'est acceptable que considérée comme pièce italienne, car la condescendance de la princesse envers son valet est tout à fait inconvenante et contre nature. Ce qu'il y a de meilleur dans la pièce est certainement... ce secret au grand jour; notamment la façon

1. L'opéra d'*Idoménée*, que M. de Daubrawaick devait rapporter à Salzbourg.
2. Certainement je l'aurais prise avec moi immédiatement. »

dont les deux amoureux se font comprendre l'un de l'autre, — mystérieusement, il est vrai, — mais en public.

Je ne puis rien t'écrire de neuf, ma chère sœur, parce que je ne sais rien pour le moment. Quant à ce qui est de nos anciennes connaissances, je veux te dire tout de suite que je n'ai été qu'une seule fois dîner, hors la ville, chez Mme de Mesmer. La maison n'est plus ce qu'elle était. Lorsque je désire manger sans dépense, je n'ai pas besoin pour cela d'aller en voiture dans la Landstrasse; j'ai assez d'endroits dans la ville où je puis me rendre à pied. — Les Fischer habitent au fin fond du Graben, où je n'ai presque jamais occasion d'aller. Mais pourtant, lorsque mon chemin m'y conduit, je leur fais une visite d'un instant, car je ne pourrais supporter longtemps cette petite chambre chaude et le vin qu'on apporte sur la table. Je sais bien que, pour les gens de leur espèce, c'est en cela que consiste la plus grande marque d'honneur, mais je n'aime pas cette marque d'honneur et, encore moins, de pareilles gens.

Au sujet de ma caisse du tir[1], je ne sais pas, moi non plus, ce qu'il faut faire. Cela doit pourtant être l'intérêt des 100 florins?... Ma foi! il faudra que j'en vienne là. Peut-être serai-je plus heureux l'année prochaine. Quant à la cible....

Dieu!... à l'instant, je reçois une lettre de mon cher, excellent père!... Comment donc peut-il exister de pareils monstres d'hommes!... Patience!... Je suis si plein de colère et de rage que je ne puis rien écrire de plus,... si ce n'est que je répondrai à mon père par le prochain courrier,... et je lui prouverai qu'il y a des gens qui sont pires que des démons!... En attendant, il peut être tranquille : son fils est plus digne de lui qu'il ne le croit, peut-être.

1. Ceci se rapporte à la petite société salzbourgeoise du Tir, dont nous avons parlé, p. 137.

200 [M]

A SON PÈRE

Vienne, 22 décembre 1781.

Je suis encore tout plein de colère et de rage au sujet des infâmes mensonges de cette canaille de Winter[1];... mais tranquille et calme, parce qu'ils ne m'atteignent pas,... content et satisfait de mon inappréciable, excellent et cher père!... Du reste, pouvais-je jamais attendre autre chose de votre raison, de votre tendresse et de votre bonté pour moi? — Vous devez maintenant avoir reçu ma dernière lettre et, avec elle, l'aveu de mon amour et de mes intentions, et vous aurez vu par là que je ne suis pas assez sot, à vingt-six ans, pour me marier étourdiment, sans avoir quelque chose d'assuré, ... et que mes motifs pour me marier le plus tôt possible sont très bien fondés; que la jeune fille, — comme je vous l'ai dépeinte, — me sera une femme fort utile. Car, telle je vous l'ai décrite, telle elle est : ... pas d'un cheveu meilleure, ni pire. — Quant au contrat de mariage, je veux aussi vous faire la confession la plus sincère, bien persuadé que vous me pardonnerez sûrement cette démarche, attendu que si vous vous fussiez trouvé dans mon cas, vous eussiez très certainement agi de même. Je vous demande seulement pardon de ne vous avoir pas tout écrit depuis longtemps. Je vous en ai déjà fait mes excuses dans ma dernière lettre, et je vous ai dit la raison qui m'avait retenu. J'espère donc que vous me pardonnerez, personne n'en ayant été plus tourmenté que moi. Et quand même, dans votre dernière lettre, vous ne m'auriez pas donné occasion de vous

1. Compositeur, élève de Vogler et auteur du *Sacrifice interrompu*. Adversaire acharné de Mozart, il avait répandu dans Salzbourg, au retour d'un voyage fait à Vienne avec le basson Reiner, les plus odieuses calomnies sur ses rapports avec Constance; et cette conduite était d'autant plus indigne, que Mozart, à titre d'ancienne connaissance, leur avait fait, à tous deux, le meilleur accueil. (Jahn, I, 695.)

en parler, je vous aurais tout écrit et tout découvert ; car [me taire] plus longtemps,... plus longtemps,... mon Dieu ! je ne pouvais plus le supporter !

Maintenant, pour en venir au contrat, ou, bien plutôt, à la promesse écrite de mes intentions loyales vis-à-vis de la jeune fille, vous savez que le père n'étant plus de ce monde (malheureusement pour ma Constance et pour moi), il y a un tuteur[1]. Il faut croire qu'à ce dernier (qui ne me connaît pas du tout) des messieurs aussi obligeants et aussi outrecuidants que M. Winter et consorts, auront crié dans les oreilles toutes sortes de jolies choses sur mon compte :... qu'il faut prendre des précautions avec moi,... que je n'ai aucune ressource assurée,... que j'ai des relations très suivies avec elle,... que peut-être je la planterai là, et qu'elle sera ensuite malheureuse, etc. — Tout cela commença de gribouiller dans le nez de M. le tuteur,... car la mère, qui me connaît et qui connaît ma loyauté, laissait aller les choses et ne lui en parlait pas. En effet, toutes mes relations consistaient simplement en ce que j'habitais chez eux,... et qu'ensuite j'y allais tous les jours. Hors de la maison, personne ne m'a vu avec elle.

Le tuteur assourdit si longtemps de ses représentations les oreilles de la mère, qu'elle finit par me le dire et me pria de lui parler de tout cela à lui-même, et qu'il avait l'intention de venir tel jour. Il vint, je causai avec lui. Comme je ne m'étais pas expliqué avec lui aussi clairement qu'il l'aurait voulu, le *résultat* fut qu'il dit à la mère de m'interdire toute relation avec sa fille jusqu'à ce que j'eusse arrangé la chose avec lui par écrit. La mère répondit : « Toutes ses relations se réduisent à ce qu'il vient dans ma maison, et... je ne puis pas lui fermer ma maison,... c'est un très bon ami et un ami auquel j'ai beaucoup d'*obligations*. Moi, je suis satisfaite, j'ai confiance en lui,... démêlez-vous avec

1. M. de Thorwarth, reviseur et inspecteur de la garde-robe du théâtre, ce qu'il faut sans doute entendre de tout le matériel du théâtre.

lui. » — Là-dessus, il me défendit tous rapports avec elle, si je ne lui signais un engagement. Dès lors, quelle ressource me restait-il? donner une *légitimation* écrite, ou abandonner la jeune fille. Mais quelqu'un qui aime sincèrement et solidement peut-il abandonner sa bien-aimée?... Et la mère, et la bien-aimée elle-même, ne pourraient-elles interpréter cela de la plus vilaine manière?... Tel était mon cas. — Je rédigeai donc l'écrit en ces termes : Je m'engageais à épouser Mlle Constance Weber dans le délai de trois ans; et, dans le cas où, par impossible, je devrais changer mes intentions, elle aurait 300 florins par an à tirer sur moi. — Rien au monde ne m'était plus facile à écrire, car je savais bien que jamais je n'en viendrais à ce payement de 300 florins,... attendu que je ne l'abandonnerai jamais. Et si j'étais assez malheureux pour arriver à changer de sentiments, je m'estimerais bien content de pouvoir me dégager au prix de 300 florins;... d'ailleurs Constance, telle que je la connais, serait trop fière pour se laisser vendre. — Mais que fit cette céleste jeune fille, dès que le tuteur fut parti? Elle demanda l'écrit à sa mère et me dit : « Cher Mozart, je n'ai besoin, de votre part, d'aucun engagement écrit; j'ai tant de confiance en votre parole que.... » Et elle le déchira. Ce trait me rendit ma bien-aimée Constance encore plus chère; et, par cette annulation de l'écrit,... et par la promesse sur *parole d'honneur*, du tuteur, de garder pour lui toute cette affaire, je me suis trouvé, en partie, tranquillisé par rapport à vous, mon excellent père. Car, pour ce qui est d'avoir, en son temps, votre consentement au mariage (comme c'est une jeune fille à laquelle il ne manque que de l'argent), je n'en étais pas inquiet; je connais votre sage manière de voir en cette matière. Me pardonnerez-vous?... Je l'espère!... je n'en doute pas!

Maintenant je vais (malgré ma répugnance) parler de ces misérables. — M. Reiner, à ce que je crois, n'a pas eu d'autre maladie que le cerveau détraqué. Je l'ai vu par hasard au théâtre, où il m'a remis une lettre de Ramm. Je lui ai demandé où il demeurait, mais il m'a dit qu'il ne saurait me nommer ni la rue ni la maison, et il s'est mis à exprimer son mécontentement de s'être laissé persuader de venir ici. Je lui ai offert de le conduire chez la comtesse et partout où j'ai *entrée*, l'assurant que s'il ne pouvait parvenir à donner aucun concert, je réussirais certainement à le présenter au grand-duc de Russie; mais il répondit : « Bah!... il n'y a rien à faire ici, je vais repartir tout de suite. » — « Ayez seulement un peu de patience. Puisque vous ne pouvez pas me dire votre *logis*, je vous dirai le mien ; il est facile à trouver. » — Mais je ne l'ai pas revu; je me suis informé de lui,... et quand je suis parvenu à découvrir sa trace, il était déjà parti. Voilà pour ce Monsieur. — Quant à Winter, s'il méritait le nom d'un homme posé (car il est marié), ou tout au moins, d'un homme quelconque, je pourrais dire qu'il a toujours été mon plus grand ennemi, et cela à cause de Vogler. Mais comme il n'est qu'une brute dans sa manière de vivre, et un enfant dans le reste de sa conduite et dans toutes ses actions, je rougirais vraiment d'écrire seulement un mot à son sujet; car il mérite absolument le mépris de tout honnête homme. Je ne veux donc pas (en échange de ses infâmes mensonges) dire de lui d'infâmes vérités; je me contenterai de vous donner des renseignements sur mes faits et gestes.

Tous les jours, dès six heures du matin, mon *friseur* arrive et me réveille. — A sept heures, je suis complètement habillé, et je compose jusqu'à dix heures. — A dix heures, j'ai ma leçon de Mme de Trattnern, et à onze heures, celle de la comtesse Rumbeck : chacune d'elles me donne six ducats pour douze leçons, et j'y vais tous les jours,... excepté quand on me fait prévenir, ce qui ne m'est jamais agréable. Je suis maintenant convenu avec la comtesse qu'elle ne me contremanderait jamais; quand je ne la trouve pas, je reçois tout de même mon cachet;... mais Mme de Trattnern est trop économe pour cela.

Je ne dois pas un kreutzer à personne. — J'ignore complètement ce que c'est que « ce concert d'amateurs où il y en avait deux qui jouaient admirablement du piano »... et, du reste, je vous le dis sincèrement, je ne considère pas que cela vaille la peine de répondre à toutes les ordures que peut avoir dites un pareil vaurien, un si piètre imbécile; il ne fait, par là, que se rendre lui-même ridicule. — Si vous croyez que je suis détesté de la cour et de tout ou partie de la *noblesse*, écrivez donc à M. de Strack,... à la comtesse Thun, à la comtesse Rumbeck, à la baronne Waldstädten, à M. de Sonnenfels, à Mme de Trattnern, *enfin* à qui vous voudrez. En attendant, je vous dirai seulement que dernièrement, à table, l'Empereur a fait de moi le plus grand *éloge*, ajoutant ces mots : « *C'est un talent décidé* » ... et avant-hier, 24, j'ai joué à la cour. — Il est venu ici un pianiste de plus,... un Italien; il s'appelle Clementi, et avait été aussi invité à venir jouer. — Hier, on m'a envoyé, pour cette soirée, 50 ducats dont j'ai tout à fait besoin en ce moment.

Mon cher et excellent père!... vous verrez que peu à peu tout ira en s'améliorant pour moi. A quoi sert un tapage effroyable,... une fortune rapide?... tout cela n'a pas de durée. *Chi va piano, va sano*. Ma foi! il faut s'accommoder aux circonstances!... — Parmi toutes les vilenies qu'a dites Winter, rien ne m'irrite plus que de l'entendre appeler ma chère Constance une personne artificieuse [1]. Je vous l'ai dépeinte telle qu'elle est; si vous voulez avoir l'avis d'autres personnes, écrivez à M. de Aurnhammer, chez qui elle a été quelquefois et où elle a une fois dîné; — écrivez à la baronne Waldstädten, qui l'a eue chez elle (pendant un seul mois, malheureusement), parce qu'elle (la dame) est tombée malade,... et que maintenant la mère ne veut plus la laisser s'éloigner d'elle. — Dieu veuille que je puisse l'épouser bientôt!

Ceccarelli vous fait ses compliments; il a chanté hier à la

1. Selon Nohl, l'expression de « Luder » aurait ce sens-là dans l'Allemagne du Sud.

cour. — Pour Winter, il faut seulement que je vous raconte encore ceci : Il m'a dit une fois, entre autres choses : « Vous n'êtes guère avisé si vous songez à vous marier !... Vous gagnez assez d'argent, et vous avez bien le moyen de prendre une *maîtresse !*... Qu'est-ce qui vous retient donc?... Ce petit brin de d... religion?... » — Maintenant, croyez ce que vous voudrez. *Adieu.*

SÉJOUR A VIENNE

1782.

201 [M]

A SON PÈRE

Vienne, 9 janvier 1782.

Je n'ai pas encore reçu de réponse à ma dernière lettre, et c'est pour cela que je ne vous ai pas écrit par le dernier courrier. — J'espère pourtant recevoir aujourd'hui encore une lettre de vous. Et comme déjà (sans le savoir) j'ai répondu par avance, dans ma dernière lettre, à une partie de votre lettre du 28 décembre, il faut maintenant que j'attende une [nouvelle] lettre avant [d'écrire].

Pour le moment, je vous apprendrai que le Pape[1] doit venir ici; toute la ville est pleine de cette nouvelle. Mais moi, je ne le crois pas, car le comte Cobenzl m'a dit que l'Empereur n'agréera pas cette visite. — Le 5, la cour de Bavière est repartie.

Eh! bien! je viens d'aller moi-même chez Peisser[2] pour voir s'il n'y avait pas quelque lettre de vous.., et j'avais déjà renvoyé voir.... Il va être cinq heures. Je ne comprends pas que je ne reçoive pas de lettre! Seriez-vous donc à ce point fâché contre moi? — Vous pouvez l'être et avec raison de ce que je vous ai caché si longtemps la chose; mais, après avoir lu mes explications, [il me semble] que vous pouvez bien me pardonner! Vous ne sauriez pourtant être fâché parce que j'ai envie de me marier.... Je crois même que c'est ce qui a pu le mieux vous faire reconnaître mon esprit de religion et mes bons sentiments. — Oh! je pourrais vous répondre bien des choses sur votre dernière lettre, et vous donner bien des explications!... mais c'est ma *maxime*, que ce qui ne m'atteint pas, je ne le considère pas comme valant la peine d'en parler;... je ne puis faire

1. Pie VI.
2. Maître de poste.

autrement, c'est ainsi que je suis. J'ai réellement honte de me défendre quand je me vois faussement accusé ;... je me dis toujours que la vérité ne peut manquer de se faire jour.

Maintenant, je ne puis vous écrire rien de plus sur cette affaire, parce que je n'ai pas encore de réponse à ma dernière lettre. — Je ne sais rien de neuf... ainsi, adieu!... Je vous demande encore une fois pardon,... et vous supplie d'avoir pour moi indulgence et compassion.... Je ne puis vivre heureux et satisfait sans ma Constance chérie,... et sans votre contentement, je ne le serais qu'à moitié; rendez-moi donc complètement heureux, mon bien cher et excellent père! je vous en prie!...

202 (M)

A SON PÈRE

Vienne, 12 janvier 1782.

J'ai commencé une réponse à votre dernière lettre du 7 de ce mois, mais il m'est impossible de la terminer... parce qu'un domestique de la comtesse Rumbeck vient d'arriver pour me demander si je puis me rendre à un petit concert chez elle. — Il faut donc que je me fasse friser et que je m'habille de pied en cap;... de sorte que (tout en ne voulant pas vous laisser sans nouvelles de moi), je ne puis vous écrire longuement.

Clementi joue bien, quant à l'*exécution* de sa main droite;... sa *force* est dans les passages en tierces;... mais, du reste, il n'a pas pour un kreutzer de sentiment et de goût; en un mot, c'est un simple mécanicien.

Le *friseur* est là;... il faut que je finisse : j'en parlerai plus au long, par le prochain courrier. — Je vous en prie, rendez-moi heureux par votre satisfaction!... Je vous en supplie!... Je suis bien sûr que vous arriverez à aimer ma chère Constance!... Adieu.

203 [M]

A SON PÈRE

Vienne, 16 janvier 1782[1].

Je vous remercie de votre lettre bien intentionnée et affectueuse. Si je voulais vous répondre à tout en détail, il me faudrait remplir toute une main de papier!... Comme c'est impossible, je ne répondrai que le plus nécessaire. Le tuteur s'appelle M. de Thorwarth; il est inspecteur de la garde-robe au théâtre,... en un mot c'est par lui que doit passer tout ce qui aboutit au théâtre; — c'est aussi par lui que m'ont été envoyés les 50 ducats de l'Empereur; c'est avec lui que j'ai parlé de mon concert au théâtre, parce que c'est en grande partie de lui que cela dépend,... et qu'il a beaucoup d'influence sur le comte Rosenberg et le baron Kienmayr. — Je dois vous l'avouer, j'avais pensé qu'il vous découvrirait toute l'affaire sans m'en dire mot.... Qu'il ne l'ait pas fait et qu'en revanche, malgré sa parole d'honneur, il ait mis toute la ville de Vienne au courant, cela a de beaucoup diminué la bonne opinion que j'avais de lui.

Je vous concède bien volontiers que Mme Weber et M. de Thorwarth aient pu faillir par excès de précautions pour eux-mêmes, bien que *Madame* ne soit plus sa maîtresse et qu'elle soit obligée, dans ces questions-là surtout, de s'en remettre complètement au tuteur; et ce dernier (ne me connaissant pas du tout) ne me doit vraiment pas sa confiance. — Pourtant, il a été trop pressé d'exiger un engagement écrit,... c'est incontestable; d'autant plus que je lui ai dit que vous n'en saviez rien encore et qu'il m'était impossible de vous le découvrir [actuellement]... mais que je le priais de patienter quelque temps jusqu'à ce que mes affaires eussent pris une autre tournure; qu'alors je vous écrirais

1. Commencée le 12, suivant ce que dit la précédente lettre.

tout, et qu'aussitôt tout marcherait régulièrement. — Mais... allons, c'est fini!... et l'amour doit être mon excuse.

M. de Thorwarth a eu tort, c'est vrai;... pas cependant au point que Mme Weber et lui dussent être condamnés à balayer les rues, enchaînés et portant au cou un écriteau avec ces mots : « Séducteurs de la jeunesse ». Ceci est vraiment trop exagéré! — Et quand il serait vrai, comme vous l'écrivez, qu'on m'a ouvert toutes les portes, petites et grandes, qu'on m'a laissé toute liberté dans la maison et procuré toutes les occasions possibles pour [capter] mon amour, le châtiment serait encore trop signalé;... mais je n'ai pas même besoin de vous dire qu'il n'en est rien. La seule supposition que vous pouvez croire votre fils capable de *fréquenter* une maison où les choses se passeraient ainsi, me fait assez de mal!... Je vous dirai seulement que c'est précisément le contraire que vous devez croire.... En voilà assez là-dessus.

Parlons maintenant de Clementi. C'est un bon pianiste,... voilà tout ce qu'on peut dire. Il a beaucoup d'habileté dans sa main droite,... ses principaux traits sont en tierces;... mais, à côté de cela, il n'a pas pour un kreutzer de goût, ni de sentiment;... c'est un simple mécanicien. — L'Empereur (après que nous nous fûmes fait suffisamment de compliments) décida que ce serait lui qui commencerait à jouer : « *La santa Chiesa catlolica* [1] », dit-il, parce que Clementi est Romain. — Il préluda et joua une sonate, puis l'Empereur me dit : « *Allons*, en avant! » — Je préludai également et jouai des variations. — Ensuite, la grande-duchesse [de Russie] posa sur le piano des sonates de Paisiello (misérablement copiées par lui-même) [2] et je dus jouer les *allegro* et lui les *andante* et les *rondo*. — Enfin nous y primes un thème et le développâmes sur deux pianos. Il est bon de remarquer que j'avais emprunté pour moi le piano

1. « La sainte Église catholique », comme s'il eût voulu, en faisant commencer Clementi, Romain, faire honneur à l'Église de Rome.

2 Paisiello les avait composées pour la grande-duchesse.

de la comtesse Thun, et que je n'ai joué dessus que quand je jouais seul,... parce que l'Empereur l'a voulu ainsi; et... *N. B.* l'autre n'était pas d'accord et avait trois touches qui ne marchaient pas : « Cela ne fait rien! » a dit l'Empereur. — Je prends la chose du côté le plus favorable et je me dis que c'est parce que l'Empereur connaît déjà mon talent et ma science de la musique, et qu'il a seulement voulu faire les honneurs à l'étranger. Du reste, je sais de très bonne main qu'il a été très satisfait. Il a été très affable pour moi et a causé avec moi de beaucoup de choses intimes;... il m'a aussi parlé de mon mariage. — Qui sait?... peut-être... qu'en pensez-vous?... On peut toujours essayer. — La suite à la prochaine lettre. Adieu.

204 [M]

A SON PERE

Vienne, 23 janvier 1782.

Rien n'est plus ennuyeux que d'être obligé de vivre ainsi dans l'incertitude, sans savoir ce qui arrivera; — tel est mon cas, actuellement, à l'égard de mon concert,... et c'est celui de quiconque veut en donner un. — L'année dernière, déjà, l'Empereur était disposé à laisser continuer les spectacles pendant tout le carême;... peut-être cette fois-ci, cela va-t-il se faire. *Basta!...* Je suis du moins assuré du jour (si on ne joue pas); ce sera le troisième dimanche de carême. — Pourvu que je le sache seulement quinze jours d'avance, d'une façon certaine, je serai content; car autrement toutes mes combinaisons échoueraient,... ou bien je me mettrai en dépenses pour rien. — La comtesse Thun, Adamberger et d'autres bons amis me conseillent de prendre les meilleures parties de mon opéra de Munich[1] et de les faire exécuter au théâtre, et de ne jouer, en dehors de cela, qu'un

1. *Idoménée.*

concerto et, pour finir, une fantaisie. Moi aussi j'avais déjà eu cette idée, et maintenant j'y suis tout à fait décidé, d'autant plus que Clementi va donner aussi un concert; de cette façon, j'aurai sur lui un petit *avantage*,... surtout parce que je pourrai peut-être donner mon concert deux fois....

Maintenant, je veux vous dire ma pensée au sujet des petites ressources fixes [possibles]. — J'ai ici trois positions en vue : la première n'est pas certaine, et le fût-elle... ce ne serait probablement pas grand'chose. La seconde serait la meilleure [des trois]... mais Dieu sait si elle se réalisera!... — Et la troisième... ne serait pas à dédaigner;... c'est dommage, seulement, que cela ne puisse être que pour l'avenir et non pour le présent!

La première : — c'est le jeune prince de Liechtenstein... (mais il ne veut pas qu'on le sache encore) qui désire organiser chez lui un orchestre d'instruments à vent pour lequel je devrais composer les morceaux. Le profit ne serait pas grand, à la vérité,... mais au moins ce serait quelque chose d'assuré,... et puis je ne conclurais le traité que si c'était à vie. — Ma seconde idée, — qui est pour moi la première — c'est l'Empereur lui-même.... Qui sait?... je veux en parler à M. de Strack; je ne doute pas qu'il ne fasse pour cela ce qui dépendra de lui, car il se montre un très bon ami pour moi;... cependant il ne faut jamais se fier aux courtisans. Les paroles que l'Empereur m'a dites m'ont donné quelque espérance.... Il y a des grands seigneurs qui, bien loin de tenir eux-mêmes de semblables propos, ne les entendent même pas volontiers; ils doivent toujours s'attendre à ce qu'on leur mette le couteau sur la gorge[1],... et du reste ce sont là des choses qu'ils savent très gentiment esquiver. — Ma troisième idée,... c'est l'archiduc Maximilien. Je puis dire que j'ai tout crédit auprès de lui; il me met en avant en toute occasion,... et j'oserais dire presque avec certitude,

1. A ce que, encouragé par leurs bonnes paroles, on ne fasse un appel à leur bourse ou à leur faveur.

que s'il était déjà prince Électeur de Cologne, je serais déjà aussi son maître de chapelle. C'est bien dommage que ces messieurs-là ne veuillent rien faire d'avance! Une simple promesse, je me ferais fort de l'arracher dès à présent; mais à quoi cela me servirait-il pour le moment?... de l'argent comptant vaut mieux. — Cher, excellent père, si je pouvais avoir de notre bon Dieu une promesse écrite que je resterai en bonne santé et ne tomberai pas malade,... oh! c'est dès aujourd'hui que je voudrais épouser ma chère et fidèle jeune fille!

J'ai maintenant trois élèves; je reçois donc 18 ducats par mois,... car je ne règle plus par douze leçons, mais par mois. J'ai expérimenté, à mes dépens, que souvent ces dames interrompent leurs leçons des semaines entières; mais maintenant, qu'elles les prennent ou non, chacune devra me donner six ducats. Dans ces conditions-là, j'en accepterai plusieurs encore; cependant il ne m'en faut plus qu'une : avec quatre j'en aurai assez, car cela fera 24 ducats, soit 102 florins 24 kreutzers. Cela suffit ici pour s'en tirer avec une femme (en vivant sans bruit et tranquilles comme nous le désirons). Mais si je tombe malade... nous n'aurons plus un kreutzer à toucher. — Il est vrai que je puis écrire, chaque année, un opéra au moins;... je puis donner tous les ans un concert,... je puis faire graver des morceaux, en faire paraître par souscription; — il y a aussi d'autres concerts où l'on est payé, surtout quand on séjourne longtemps dans un endroit et qu'on y est déjà apprécié. Mais je voudrais pouvoir ne considérer toutes ces ressources-là que comme des éventualités et non des nécessités.... Pourtant.... Eh bien! si cela ne va pas, tant pis!... j'aime mieux en courir le risque dans ces conditions-là, que d'être obligé d'attendre longtemps. — Pour moi, les choses ne peuvent pas aller plus mal; au contraire, elles doivent aller de mieux en mieux. Mais la raison pour laquelle je ne puis plus attendre longtemps... ne m'est pas uniquement personnelle; c'est surtout... pour elle; il faut que je la sauve le plus tôt possible.... Je vous écrirai à ce sujet dans ma prochaine lettre.

205 [M]

A SON PÈRE

Vienne, 30 janvier 1782.

Je vous écris en toute hâte et à dix heures et demie du soir;... je voulais d'abord remettre à samedi pour vous écrire, mais comme j'ai quelque chose de très nécessaire à vous demander, j'espère que vous ne m'en voudrez pas si je vous écris très brièvement. — Je vous prie donc de m'envoyer (avec votre prochaine lettre) un exemplaire du livret d'« Idoménée » (peu importe que ce soit avec ou sans la traduction allemande). J'en ai prêté un à la comtesse Thun,... mais elle a déménagé et ne le retrouve plus;... il est probablement perdu. — Mlle de Aurnhammer a eu mon autre exemplaire;... elle l'a cherché, mais ne l'a pas encore trouvé. Peut-être le retrouvera-t-elle,... mais, si elle ne le retrouve pas, en ce moment surtout où j'en ai besoin,... me voilà bien attrapé!... Donc, pour jouer à coup sûr, je vous prie de me l'envoyer tout de suite, à quelque prix que ce soit, car il me le faut immédiatement pour organiser mon concert... qui aura lieu dès le troisième dimanche de carême. — Ainsi je vous en supplie, envoyez-le-moi sans délai.

Je mettrai mes sonates à la poste pour le prochain départ. L'opéra ne dort pas, seulement... il a été retardé à cause des grands opéras de Gluck et aussi à cause de beaucoup de modifications très nécessaires [à introduire] dans le poème, mais il sera donné aussitôt après Pâques. — Maintenant il faut que je termine.... Encore ceci, seulement (car autrement je ne pourrais dormir tranquille) : ne supposez donc pas de si mauvais sentiments à ma chère Constance!... Croyez bien que, si elle en avait de tels, je ne pourrais pas l'aimer. Elle et moi,... tous les deux, nous avons depuis longtemps remarqué les intentions de la mère;... mais elle se berce de grandes illusions, assurément!... Elle désirerait (quand nous serons mariés) nous loger chez elle, parce qu'elle a des logements à louer, mais il n'en sera rien; moi, je n'y consentirai jamais, et ma Constance encore moins,... *au contraire*, elle a le dessein de se montrer très peu chez sa mère, et je ferai tout mon possible pour qu'elle ne s'y montre pas du tout.... Nous la connaissons!... — Cher, excellent père, tout ce que je souhaite, c'est que nous soyons bientôt unis, afin que vous la voyiez et... l'aimiez!... car... vous aimez les bons cœurs, je le sais bien!

206 (M)

A SA SŒUR

Vienne, 13 février 1782.

Ma très chère sœur,

Je te remercie du livret que tu m'as envoyé; je l'attendais, en effet, avec le plus vif désir! — J'espère qu'au reçu de cette lettre tu auras déjà de nouveau près de toi notre cher, excellent père. — Il ne faut pas que tu conclues, de ce que je ne te réponds pas, que tu me sois à charge avec tes lettres!... Je recevrai toujours avec le plus grand plaisir l'honneur d'une lettre de toi, chère sœur; si mes occupations (si nécessaires à mon existence) m'en laissaient le temps, Dieu sait si je te répondrais!... Ne t'ai-je donc jamais répondu? — Ainsi, ce ne peut être oubli de ma part,... ni négligence, et, par conséquent, cela ne vient que d'empêchements immédiats,... de véritable impossibilité! Est-ce que je n'écris pas bien peu aussi à mon père?... C'est bien mal, — diras-tu! — mais, mon Dieu! vous connaissez pourtant Vienne tous les deux!... Un homme qui n'a pas un kreutzer de revenu assuré n'a-t-il pas, dans un pareil lieu, assez à penser et à travailler, jour et nuit? — Notre père, quand il a expédié son service à l'église, et toi, tes quelques élèves, vous pouvez tous deux faire, le reste du jour, ce que vous voulez, et écrire des lettres qui renferment des litanies tout entières,... mais moi, pas. — J'ai déjà écrit dernièrement à mon père le programme de ma vie et je veux te le redire.

Dès six heures du matin, en tous temps, on me frise, et à sept heures je suis complètement habillé. Alors je compose jusqu'à neuf heures. De neuf heures à une heure j'ai mes leçons; puis je mange, quand je ne suis pas invité quelque part où on dîne à deux et même à trois heures, comme aujourd'hui chez la comtesse Zichi, et demain chez la comtesse Thun.... Je ne puis pas travailler avant cinq ou six heures du soir, et souvent j'en suis empêché par un concert; sinon, je compose jusqu'à neuf heures. Je vais alors chez ma chère Constance,... où le plaisir de nous voir est généralement empoisonné par les aigres discours de sa mère... comme je l'expliquerai à mon père dans ma prochaine lettre,... et c'est à cela que faisait allusion mon désir de la délivrer et de la sauver le plus tôt possible. — A dix heures et demie ou onze heures, je rentre chez moi: cela dépend de l'impétuosité de sa mère et de mes forces à l'endurer. — Comme je ne puis compter régulièrement sur le travail du soir, à cause des concerts qui surviennent et de l'incertitude où je suis d'être appelé tantôt ici, tantôt là, j'ai l'habitude (surtout quand je reviens de meilleure heure à la maison) de composer encore un peu avant d'aller dormir,... et alors je m'attarde souvent à écrire jusqu'à une heure du matin,... et puis... je me relève à six heures.

Sœur chérie, si tu crois que je puisse jamais vous oublier, mon cher, excellent père et toi, oh! alors!... mais chut!... Dieu le sait... et c'est pour moi une suffisante consolation;... qu'il me punisse si je le puis!... *Adieu.*

207 [M]

A SON PÈRE

Vienne, 23 mars 1782.

Je suis bien fâché d'avoir appris hier seulement, qu'un fils de Leitgeb part pour Salzbourg en chaise de poste et que, par conséquent, j'aurais eu là la plus belle occasion du monde de vous envoyer, sans frais, beaucoup de choses. Mais, dans l'espace de deux jours, il était impossible d'arriver à copier les variations;... aussi je n'ai pu donner à emporter que les deux exemplaires de mes sonates. — Je vous envoie en même temps le dernier rondo [K. 382] que j'ai composé pour le concerto en ré [K. 175] et qui fait tant de bruit ici; — mais je vous prie de le serrer comme un bijou et de ne le donner à jouer à qui que ce soit,... pas même à Marchand et à sa sœur[1]. Je l'ai composé tout spécialement pour moi,... et personne que ma chère sœur ne doit le jouer, en dehors de moi. — Je prends aussi la liberté de vous offrir une tabatière et une couple de cordons de montre. La tabatière est très gentille, et la peinture représente une histoire anglaise; — les cordons de montre n'ont pas une valeur extraordinaire, mais c'est la très grande mode en ce moment. — J'envoie à ma chère sœur deux bonnets à la dernière mode de Vienne;... tous deux sont l'ouvrage de ma chère Constance!... Elle vous présente respectueusement ses compliments et vous baise les mains; et elle embrasse ma sœur bien affectueusement et lui demande pardon de ce que les bonnets ne sont pas parfaitement réussis :... elle a eu trop peu de temps. — Je vous prie de renvoyer la boîte à bonnets par la prochaine diligence, car je l'ai empruntée; mais pour que la pauvre créature ne soit pas obligée de voyager ainsi toute seule, ayez donc la bonté d'y remettre le rondo (après

1. Élèves de L. Mozart habitant chez lui (voy. p. 379).

que vous l'aurez fait copier) et... (si c'est possible)... la dernière scène écrite pour la comtesse Baumgarten et quelques partitions de mes messes,... *enfin* ce que vous trouverez et que vous jugerez pouvoir m'être bienvenu. — Maintenant, il faut que je termine. — Encore ceci seulement : c'est qu'hier, dans l'après-midi, à trois heures et demie, le pape est arrivé ici : c'est une joyeuse nouvelle. Mais en voici une triste : Mme de Aurnhammer a enfin tué, à force de tracasseries, son pauvre, bon mari ;... il est mort hier au soir, à six heures et demie. Depuis quelque temps, il était toujours souffrant,... mais pourtant on n'aurait pu supposer sa mort si proche; il a passé en un moment. Que Dieu soit miséricordieux pour son âme; c'était un homme bon et serviable.

A présent, il faut que je finisse, car Leitgeb attend déjà ma lettre. — Je vous recommande sérieusement ce garçon, mon cher père; [son père] voudrait bien le placer dans une maison de commerce ou dans une librairie; aidez-le donc un peu, je vous en prie.

Voilà justement ma chère Constance qui vient me demander si elle peut prendre la hardiesse d'envoyer un petit souvenir à ma sœur;... mais il faut que je vous présente ses excuses,... elle n'est qu'une pauvre fille, n'ayant rien à elle,... et ma sœur ne doit considérer que sa bonne volonté. — La petite croix n'a pas une grosse valeur, seulement c'est la grande mode à Vienne; mais le petit cœur percé d'une flèche est plus conforme au cœur percé d'une flèche de ma sœur[1]... et par conséquent, lui plaira davantage. — Maintenant, portez-vous bien.

1. Allusion à l'amour malheureux de Nannerl.

208 [M]

A SON PÈRE

Vienne, 10 avril 1782.

J'ai vu, par votre lettre du 2, que vous avez tout reçu bien exactement, et je me réjouis que vous ayez été si content des cordons de montre et de la tabatière, et ma sœur, des deux bonnets. Je n'ai acheté ni la tabatière ni les cordons de montre, mais je les ai reçus en présent du comte Zapara. — J'ai transmis à ma chère Constance vos compliments à tous deux. Elle vous baise les mains, en retour, mon père, et embrasse ma sœur de tout son cœur, avec le désir de pouvoir devenir son amie. Elle a été toute joyeuse quand je lui ai dit comme ma sœur est contente des deux bonnets, car c'était tout son désir. — L'*appendix* concernant sa mère n'est fondé qu'en ceci : c'est qu'elle boit volontiers, et plus, à la vérité, qu'une femme ne devrait boire. Pourtant,... je ne l'ai pas encore vue ivre ; je mentirais si je le disais. — Les enfants ne boivent que de l'eau,... et quoique la mère veuille presque les forcer à boire du vin, elle ne peut y arriver ; de sorte qu'il y a souvent les plus grandes discussions à ce propos.... Peut-on se figurer une pareille querelle de la part d'une mère !

Ce que vous écrivez du bruit qui court que je vais sûrement entrer au service de l'Empereur, est précisément la raison pour laquelle je ne vous en ai rien dit ;... car, quant à moi,... je n'en sais pas le premier mot. — Il est bien certain que toute la ville en est pleine et qu'une foule de gens m'en ont déjà félicité,... et je veux bien croire qu'on en a également parlé chez l'Empereur, et qu'il puisse peut-être en avoir l'idée, — mais jusqu'à ce jour je n'en sais pas un mot. Les choses en sont venues à ce point que l'Empereur en a l'intention et cela.... sans que j'aie fait un pas pour cela. — Je suis allé quelquefois chez M. de Strack (qui est certainement mon très bon ami), pour me faire voir, et parce que je le fréquente volontiers,... mais pas souvent, de peur de lui devenir importun et de lui donner occasion de croire que j'ai des desseins [intéressés] en y allant. Et, s'il veut parler en homme d'honneur, il devra dire qu'il n'a pas entendu un seul mot de moi qui puisse seulement lui faire penser que je voudrais rester ici, et, à plus forte raison, parvenir auprès de l'Empereur.... Nous n'avons causé d'autre chose que de musique. — Ainsi c'est de son propre mouvement, et nullement par intérêt, qu'il parle si avantageusement de moi à l'Empereur. — Si donc l'affaire est allée si loin sans que je m'en mêle, elle pourra se conclure de même. — Dès qu'on se remue, on n'obtient plus que des appointements moindres, car l'Empereur est un avare. S'il veut m'avoir, il faut qu'il me paye!... l'honneur seul de lui appartenir ne me suffit pas. L'Empereur m'offrirait 1000 florins, et un comte, 2000,... que je ferais mon *compliment* à l'Empereur... et j'irais au comte,... avec garanties, s'entend.

A propos, je voulais vous prier, quand vous me renverrez le rondo, de m'envoyer en même temps les six fugues de Händel et les toccates et fugues d'Eberlin; je vais tous les dimanches, à midi, chez le baron van Swieten, .. et on n'y joue que du Händel et du Bach. — Je me fais, justement en ce moment, une *collection* des fugues de Bach, aussi bien de celles de Sébastien que de celles d'Emmanuel et de Friedemann Bach,... et puis aussi des fugues de Händel, et il ne me manque plus que celles-là. — Je voudrais faire également entendre au baron celles d'Eberlin. — Vous devez savoir déjà que le Bach d'Angleterre est mort;... quel dommage pour le monde musical!

209 [M]

A SA SŒUR

Vienne, 20 avril 1782.

Sœur bien chérie !

Ma chère Constance a enfin pris le *courage* de suivre l'inspiration de son bon cœur,... c'est-à-dire de t'écrire, ma chère sœur. Si tu veux bien lui faire l'honneur d'une réponse (et le fait est que je le désire, pour lire sur le front de cette bonne créature le plaisir qu'elle en aura), je te prie seulement d'insérer ta lettre dans celle que tu m'enverras. — Je ne le dis que par précaution, afin que tu saches que sa mère et ses sœurs ignorent qu'elle t'a écrit.

Je t'envoie, ci-joint, un prélude et une fugue à trois parties. C'est là la raison pour laquelle je ne t'ai pas répondu immédiatement. Je n'ai pu terminer plus tôt, à cause du travail laborieux qu'il faut pour écrire de si petite notes. C'est maladroitement écrit.... le prélude doit venir d'abord, puis la fugue;... mais c'est parce que j'avais déjà composé la fugue et que je l'ai écrite pendant que je méditais le prélude[1] [K. 394]. Tout ce que je souhaite, c'est que tu puisses la lire, car c'est écrit bien petit, et puis... que cela te plaise. Une autre fois, je t'enverrai quelque chose de mieux pour le piano. — La cause de la venue au monde de cette fugue, c'est, en réalité, ma chère Constance. Le baron Van Swieten, chez qui je vais tous les dimanches, m'a permis d'emporter chez moi toutes les œuvres de Händel et de Sébastien Bach (après que je les lui ai eu toutes jouées). Lorsque Constance a entendu les fugues, elle en a été tout à fait éprise; elle ne veut entendre que des fugues, mais surtout (en ce genre) celles de Händel et de Bach. —

1. John (II, 113) signale ce fait extraordinaire, que Mozart pouvait composer un morceau nouveau, tandis qu'il en écrivait un autre, déjà composé dans sa tête,... et une fugue !

Comme elle m'a souvent entendu improviser des fugues, elle m'a demandé si je n'en avais pas encore écrit?... Et quand je lui ai répondu que non, elle m'a vivement grondé de ne pas vouloir écrire précisément ce qu'il y a de plus artistique et de plus beau en musique, et elle ne m'a pas donné de cesse que je ne lui aie composé une fugue,... et ainsi fut-il. — J'ai mis exprès dessus : *Andante maestoso*, afin qu'on ne la joue pas vite; car lorsqu'une fugue n'est pas jouée lentement, on ne peut saisir nettement et clairement les entrées du sujet qui ne produit dès lors aucun effet. Avec le temps et l'occasion favorable, j'en ferai cinq autres et je les offrirai au baron Van Swieten, qui a un trésor de bonne musique, très considérable, il est vrai, par sa valeur, mais très petit par le nombre;... et c'est pour cela que je te prie de ne pas manquer à ta parole et de ne montrer cette fugue à personne. Apprends-la et joue-la par cœur; ce n'est pas si facile de jouer une fugue après une simple audition! — Si papa n'a pas encore fait copier les œuvres d'Eberlin, j'en serai bien aise,... car je les ai eues entre les mains et... je ne m'en souvenais plus,... mais j'ai reconnu qu'elles sont malheureusement par trop médiocres et qu'elles ne méritent vraiment pas une place entre Händel et Bach. Tout mon respect pour ses compositions à quatre voix, mais ses fugues pour piano ne sont que des *verzetti*[1] tirés en longueur.

Maintenant, adieu. Je suis bien content que les deux bonnets te plaisent.

LETTRE DE CONSTANCE WEBER

(Faisant suite à celle de Mozart.)

Très chère et très estimable amie !

Je n'aurais jamais eu la hardiesse de me laisser ainsi aller tout simplement à mon attrait et à mon envie de vous écrire, très chère amie, si Monsieur votre frère ne m'avait assuré que vous ne m'en voudriez pas

1. Ce sont les *versets* ou *répons* joués par l'orgue pendant les offices.

de cette démarche provoquée par un trop grand désir de causer, au moins par écrit, avec une personne qui, quoique inconnue pour moi, m'est bien chère par le nom de Mozart qu'elle porte. — Pourriez-vous être fâchée contre moi de ce que j'ose vous dire que, sans avoir l'honneur de vous connaître personnellement, et uniquement parce que vous êtes la sœur d'un... de votre si digne frère,... je vous considère comme au-dessus de tout,... et je vous aime,... et je me hasarde à... vous demander votre amitié? — Je puis dire, sans orgueil, que je la mérite à moitié... et que je m'efforcerai de la mériter tout à fait. Oserai-je vous offrir, en échange, la mienne (que depuis longtemps je vous ai donnée secrètement dans mon cœur)?... Oh! oui!... je l'espère!... et dans cet espoir je reste, très chère et très estimable amie,

Votre obéissante servante et amie,

CONSTANCE WEBER, m. p.

Je baise la main à Monsieur votre père.

210[1]

A CONSTANCE WEBER

Vienne, 28 avril 1782.

Chère et excellente amie!

Vous me permettrez bien de vous donner encore ce nom, n'est-ce pas?... Vous n'allez pas me détester au point qu'il ne me soit plus permis d'être votre ami, et que vous ne soyez plus... mon amie? Et... si vous ne voulez plus l'être, vous ne pouvez pourtant pas me défendre de vous vouloir du bien, mon amie, comme j'y suis habitué depuis long-

1. Jahn (I, 698) dit, à propos de cette lettre de Mozart à Constance, que la situation du pauvre Wolfgang, déjà si pénible par suite du mécontentement de son père et des scènes causées par les caprices et la méchante humeur de Mme Weber, était encore aggravée par les emportements passionnés de Constance qui mettaient son amour à une rude épreuve.

L'incident, dont il est ici question, s'était passé dans un salon où, après avoir joué à divers jeux, on avait délivré des *gages*. L'un de ces gages consistait à se laisser mesurer le mollet avec un ruban. Mozart avait trouvé la chose très inconvenante et avait blâmé Constance, qui s'était fâchée et avait déclaré qu'elle rompait avec lui. — On ne peut rien imaginer de plus gracieux et de plus affectueux que la manière dont Mozart la ramène à lui et l'apaise, sans reprendre néanmoins les sages paroles qu'il lui avait dites.

temps. Considérez bien ce que vous m'avez dit aujourd'hui. Malgré toutes mes prières, vous m'avez trois fois dit que vous rompiez avec moi, et vous m'avez déclaré, en plein visage, que vous ne vouliez plus avoir, en rien, affaire à moi. — Mais moi, à qui cela n'est pas aussi indifférent qu'à vous d'oublier l'objet de mon amour, je ne suis pas assez emporté, assez irréfléchi et déraisonnable pour accepter mon congé. Je vous aime trop pour en venir là. Je vous prie donc, encore une fois, de bien réfléchir, de bien considérer la cause de tout ce chagrin; cette cause, c'est que je vous ai blâmée d'avoir été assez peu réservée et assez irréfléchie pour dire à vos sœurs,... *N. B.* en ma présence, que vous vous étiez laissé mesurer les mollets par un *chapeau*[1]. — C'est ce que ne doit faire aucune femme qui tient à son honneur. La *maxime* de faire comme les autres, en *compagnie*, est fort bonne; encore faut-il tenir compte de bien des circonstances accessoires : (par exemple), si la réunion n'est composée que de vos bons amis et connaissances,... si vous êtes une enfant, ou déjà une fille à marier,... bien plus, si vous êtes une fiancée!... et plus particulièrement encore s'il n'y a là que des gens de votre condition, ou inférieurs à vous, mais surtout au-dessus de vous.

Si la baronne[2], elle-même, s'est vraiment laissé faire cela, son cas est tout à fait différent, parce qu'elle est déjà une femme sur le retour (qui ne peut plus faire d'impression),... et puis surtout qui aime les *et cetera*.... J'espère bien, chère amie, que, quand même vous ne voudriez pas devenir ma femme, vous n'auriez jamais le désir de mener une vie comme la sienne. Si vous n'avez pu résister au penchant de faire comme les autres — bien que cette manière de faire comme les autres ne convienne pas toujours à un homme,... et encore moins à une femme, — mais enfin s'il vous a été impossible de résister, alors, pardieu, vous

1. Un monsieur.

2. La baronne de Waldstädten ne jouissait pas d'une excellente réputation.

deviez prendre le ruban et vous mesurer vous-même les mollets (ainsi que toutes les femmes d'honneur l'ont fait devant moi, en pareil cas), et non vous laisser faire par un *chapeau*. Moi.... moi-même, je ne vous l'aurais jamais fait en présence d'autres personnes!... Je vous aurais présenté le ruban;... par conséquent vous deviez encore moins vous laisser faire par un étranger qui ne vous est rien. — Mais c'est passé,... et un petit aveu de votre part, que votre conduite là-bas a été un peu irréfléchie, eût tout raccommodé, et... si vous ne le trouvez pas mauvais, bien chère amie,... peut encore tout arranger. Voyez par là combien je vous aime!... Je ne me mets pas en ébullition comme vous,... je pense,... je réfléchis et je sens.... Sentez... ayez du sentiment... et je suis sûr que, tranquillisé dès aujourd'hui, je pourrai dire : Constance est la bien-aimée, vertueuse, jalouse de son honneur, raisonnable et fidèle, de l'honnête et affectionné

MOZART.

211 (M)

A SON PÈRE

Vienne, 8 mai 1782.

J'ai reçu bien exactement votre dernière lettre du 30 avril, ainsi que celle de ma sœur, hier, avec la lettre incluse pour ma chère Constance, à qui je l'ai immédiatement remise en mains propres; elle en a ressenti un vrai bonheur et prendra bientôt la liberté de lui écrire de nouveau. — En attendant, comme il m'est impossible de trouver aujourd'hui le temps d'écrire moi-même à ma sœur, je suis chargé de lui demander, par vous, au nom de Constance, si on porte des franges à Salzbourg,... si ma sœur en porte déjà,... et si elle sait, oui ou non, se les faire elle-même? Constance vient de se garnir ainsi deux robes de *piqué*; c'est la plus grande mode ici. Comme elle sait maintenant les faire, elle voudrait en offrir à ma sœur, qui n'aurait qu'à lui désigner la couleur; car on les porte de toutes les nuances, blanches, noires, vertes, bleues, *puce*, etc. — Une robe de satin ou de soie brochée, comme elle en a une aussi, doit évidemment être garnie de franges de soie; mais une robe ordinaire, en beau *piqué* de Saxe, fait très bien, garnie de franges de fil (qu'on ne peut presque pas distinguer des franges de soie, lorsqu'on n'y touche pas); et puis, ce qui est bien commode, c'est qu'on peut les faire laver avec la robe.

Écrivez-moi donc, je vous en prie, quel succès l'opéra de Salieri a eu à Munich. Je crois que vous aurez pu encore l'entendre [1], sinon vous devez bien savoir comment il a été accueilli. — Je suis allé deux fois chez le comte Daun, sans jamais le rencontrer; mais j'ai fait chercher la musique. On ne peut le trouver que le matin, et, à cette heure-là, non seulement je ne sors pas, mais je ne m'habille même pas, parce que j'ai, de toute nécessité, à composer. Cependant j'essayerai, dimanche prochain. Peut-être pourra-t-il, avec les variations, emporter aussi l'opéra de Munich.

Hier, j'ai été chez la comtesse Thun et j'ai fait caracoler devant elle mon second acte, dont elle n'est pas moins satisfaite que du premier. — Il y a longtemps que j'ai fait copier l'air de Raaff et que je l'ai remis à Fischer qui en avait reçu de sa part la *commission*. — Vous avez écrit une fois que vous aimeriez à avoir la musique composée pour Robinig;... mais qui donc l'a?... Moi, je ne l'ai pas. Il me semble bien que Eck vous l'a rendue; moi-même je vous l'ai demandée dans une lettre, ainsi que les morceaux en fa et si bémol [2]. — Je vous en prie, envoyez-moi bientôt la scène écrite pour la Baumgarten [K. 369].

Cet été, il y aura tous les jours concert dans l'*Augarten* [3]. Un certain M. Martin [4] a fondé, l'hiver dernier, une société

1. On trouve, lettre 207, une allusion à ce voyage du père.
2. Ce sont probablement les cassations ou divertissements dont il est question p. 379.
3. Jardin public de Vienne.
4. M. Martin, entrepreneur de toute espèce de réjouissances publiques.

musicale d'amateurs qui donnait des concerts tous les vendredis, au « Mehlgrube[1] ». Vous savez fort bien qu'il y a ici une quantité d'amateurs,... et de très bons, aussi bien des dames que des messieurs; seulement, jusqu'ici, cela n'a pas encore été parfaitement organisé. — Maintenant, ce M. Martin a obtenu par un décret de l'Empereur — et même avec l'assurance de sa plus haute approbation — la permission de donner douze concerts dans l'*Augarten* et quatre grands concerts nocturnes sur les plus belles places de la ville. L'*abonnement*, pour tout l'été, est de deux ducats. Vous pouvez dès lors vous figurer si nous aurons des souscripteurs!... d'autant plus que je m'en mêle et que je me suis associé à l'entreprise. En admettant le cas où nous ne trouverions que cent abonnés (et quand même les frais iraient jusqu'à 200 florins, ce qui est impossible), chacun de nous aurait encore 300 florins de profit. Le baron Van Swieten et la comtesse Thun s'y intéressent vivement. L'orchestre n'est composé que d'amateurs, sauf les bassons, les trompettes et les timbales.

Clementi repartira demain, à ce que j'entends dire. Ainsi vous avez vu ses sonates? — Quant au pauvre Leitgeb[2], ayez encore un peu de patience, je vous en prie! si vous connaissiez sa situation, et si vous voyiez comme il a de la peine à se tirer d'affaire, vous auriez certainement compassion de lui! Je lui parlerai, et je sais avec certitude qu'il vous payera, au moins peu à peu. — Allons, adieu.

P. S. J'embrasse mille fois ma chère sœur. Mes compliments à Katherl. Je salue Thresel; dites-lui qu'il faudra qu'elle devienne bonne d'enfants chez moi; seulement, il est nécessaire qu'elle s'exerce assidûment à chanter. *Adieu.* Une prise de tabac d'Espagne à Pimperl[3].

1. Cette salle fait maintenant partie de l'hôtel Muntsch, sur le nouveau marché.

2. En 1777, L. Mozart lui avait prêté une somme d'argent pour monter un petit commerce de fromages à Vienne. A côté de cette industrie Leitgeb, autrefois à l'orchestre de Salzbourg, continuait à jouer du cor, et il n'avait pu encore rembourser sa dette. Il avait du talent, et Mozart a composé plusieurs morceaux pour lui.

3. Le petit chien.

212 [M]

A SON PÈRE

Vienne, 25 mai 1782.

Cette fois-ci, il faut vraiment que je dérobe le temps pour ne pas vous laisser attendre une lettre trop longtemps. Car demain nous donnons notre premier concert dans l'*Augarten*. Martin doit venir à huit heures et demie avec une voiture; et nous avons encore six visites à faire. A onze heures, il faut que je les aie terminées, car je dois aller chez Mme de Rumbeck. Puis je dînerai chez la comtesse Thun, *N. B.*, dans son jardin. — Ce soir, répétition du concert; on exécutera une symphonie de Van Swieten et une de moi. Mlle Berger, une *dilettante*, chantera; un jeune garçon, du nom de Turk, jouera un concerto de violon, et Mlle de Aurnhammer et moi, nous jouerons mon concerto à deux pianos, en mi bémol [K. 365].

Constance Weber poursuit[1] :

Votre cher fils vient d'être appelé chez la comtesse Thun et n'a pas le temps, par conséquent, de terminer sa lettre à son cher père, ce qui lui fait beaucoup de peine; il m'a chargée de vous le dire, parce que c'est le jour du courrier et qu'il ne veut pas vous laisser sans lettre de lui. La prochaine fois il en écrira plus long à son cher père. Je vous demande bien pardon de vous écrire, ce qui ne vous sera pas si agréable que ce que Monsieur votre fils vous aurait écrit. Je suis votre sincère servante et amie,

CONSTANCE WEBER.

Je vous prie de faire mes compliments à Mademoiselle votre aimable fille.

1. Cette lettre est criblée de fautes d'orthographe.

213 (M)

A SON PÈRE

Vienne, 29 mai 1782.

J'ai été complètement empêché, l'autre jour, de terminer ma lettre, et c'est pourquoi j'ai prié ma chère Constance de vous en faire mes excuses; elle s'y est longtemps refusée, craignant que vous ne vous moquiez de son orthographe et de son style, et elle ne me donne pas de cesse que je ne vous en aie adressé ses excuses.

Le premier concert des amateurs a parfaitement réussi. L'archiduc Maximilien y était, ainsi que la comtesse Thun, Wallenstein, le baron Van Swieten et une foule d'autres personnes. — Je soupire avec ardeur après la prochaine diligence qui doit m'apporter de la musique. — Pour ce qui est de la musique de Robinig, je puis bien vous affirmer que je ne l'ai pas emportée et que Eck doit encore l'avoir;... car quand je suis parti de Munich il ne l'avait pas encore rendue.

L'entrepreneur du concert d'amateurs, M. Martin, connaît très bien M. l'abbé Bullinger; il était en même temps que lui au séminaire de Munich. C'est un très bon jeune homme qui s'efforce de faire son chemin par sa musique, sa belle écriture, et surtout son habileté, sa bonne tête et sa forte intelligence. Quand il est arrivé ici, il s'est trouvé dans une grande gêne et a dû vivre pendant quinze jours avec un demi-florin. Adamberger (qui le connaît de Munich) lui a fait ici beaucoup de bien. Il est né à Ratisbonne; son père était médecin du prince de Taxis.

Demain, je dîne avec ma chère Constance chez la comtesse Thun, et je ferai parader devant elle le troisième acte[1]. Pour le moment, je n'ai que du travail rebutant,... c'est-à-

1. De l'*Enlèvement au sérail*.

dire... à corriger. C'est lundi prochain que nous ferons la première répétition. Je me réjouis vivement de cet opéra, je dois l'avouer.

A propos! j'ai reçu, il y a quelques jours, une lettre.... — De qui? — De M. de Fugele. — Et le contenu? — Il est amoureux. — Et de qui?... de ma sœur? — Point. De ma cousine!... Mais en voilà un qui attendra longtemps avant de recevoir une réponse de moi! Vous savez combien j'ai peu de loisir pour écrire. Je suis seulement curieux de savoir ce que cela durera de temps avec celui-là!

Voici encore quelque chose que j'ai découvert, par hasard, et qui me fâche bien contre le comte Kunburg! Mlle de Aurnhammer m'a dit hier que M. de Moll lui a demandé si elle ne voudrait pas entrer à Salzbourg, dans une maison seigneuriale, avec 300 florins d'appointements, et que le seigneur se nommait Kunburg[1]. — Comment trouvez-vous cela? Ainsi ma sœur est comptée pour rien?... Faites bon usage de cette information. Il n'est resté qu'un jour ici, mais s'il revient, je trouverai bien l'occasion de lui en parler. — Maintenant, adieu. — J'envoie quelques baisers à Mlle Marchand (ma chère Constance me l'a permis).

P.-S. Ma chère Constance vous baise les mains et embrasse ma sœur comme sa véritable amie et future belle-sœur.

214 (M)[2]

A SON PÈRE

Vienne, 20 juillet 1782.

J'espère que vous aurez reçu exactement ma dernière lettre

1. Le grand écuyer, comte Kunburg, homme d'esprit et très érudit, très bienveillant pour Mozart; Marianne Mozart donnait sans doute des leçons à ses filles, depuis que Wolfgang avait quitté Salzbourg.

2. Entre le 29 mai et le 20 juillet, il manque plusieurs lettres qui ont été *détournées* du Mozarteum... C'est ce qui a été dit à Nohl en 1877.

où je vous annonçais le bon succès de mon opéra[1]. Hier on l'a donné pour la seconde fois. Auriez-vous pu supposer que la cabale[2] serait encore plus forte hier que le premier soir?... Tout le 1er acte a été sacrifié, mais ils n'ont pourtant pu empêcher les cris de bravo au milieu des airs. Mon espoir était dès lors dans le trio final,... et le malheur a voulu que Fischer se trompât, ce qui a fait manquer aussi Dauer (Pedrillo)... et Adamberger ne pouvait pourtant pas remplacer toutes les parties! De sorte que l'effet fut entièrement perdu et que, cette fois, le trio ne fut pas bissé. J'étais dans une telle rage que je ne me connaissais plus; — Adamberger aussi; — et j'ai tout de suite déclaré que je ne laisserais plus donner l'opéra sans faire une petite répétition préalable (pour les chanteurs). — Au 2e acte, les deux duos ont été bissés comme la première fois, et, de plus, le rondo de Belmont : « *Wenn der Freude Thränen fliessen*[3] ». — La salle était presque plus pleine encore que la première fois. Dès la veille on ne pouvait plus trouver même un strapontin, ni au *noble parterre*, ni au 3e étage, et pas une seule loge. — L'opéra a rapporté, en deux jours, 1200 florins....

Je vous envoie, ci-joint, la partition originale et deux livrets. Vous y trouverez beaucoup de ratures; — c'est parce que je savais que la partition serait immédiatement copiée ici; alors j'ai donné un libre essor à mes idées, et ce n'est qu'avant de les livrer à la copie que je faisais çà et là mes changements et mes coupures; et l'opéra a été exécuté tel que vous l'avez là. Il manque, par-ci par-là, les trom-

1. Personnages de *l'Enlèvement au sérail* :

BELMONTE	Adamberger.
OSMIN...........	Fischer.
PEDRILLO.........	Dauer.
CONSTANZA	Mlle Cavalieri.
BLONDCHEN	Mlle Teyber.

2. La cabale était si forte, en effet, qu'il fallut un ordre exprès de l'Empereur pour que l'opéra ne fût plus retardé. La première représentation eut lieu le 12 juillet. Le succès fut immense.

3. « Quand des larmes de joie coulent.

pettes et les timbales, les flûtes, les clarinettes, la musique turque, parce que je n'ai pu trouver du papier contenant assez de lignes. Ces parties sont écrites sur des feuilles annexes; le copiste les aura sans doute perdues, car il n'a pu les retrouver. Le 1er acte est malheureusement tombé dans la boue, un jour que je voulais le faire porter je ne sais plus où; c'est pourquoi il est si sali.

Maintenant je n'ai pas un petit travail à faire! De dimanche en huit il faut que mon opéra soit réduit pour instruments à vent, sans cela quelqu'un me devancera et en aura le profit au lieu de moi; — et puis vous voulez encore que je fasse une nouvelle symphonie![1]... Comment ce sera-t-il possible? Vous n'imaginez pas comme c'est difficile de réduire ainsi quelque chose pour les instruments à vent, de manière que cela leur convienne bien et que cependant l'effet n'y perde rien![2]. Eh! bien! soit!... Il faudra que je prenne la nuit pour cela! Il n'y a pas moyen de m'en tirer autrement, et je fais ce sacrifice pour vous, mon très cher père! — Vous recevrez sûrement quelque chose par chaque courrier; je travaillerai aussi rapidement que possible,... et j'écrirai aussi lisiblement que la hâte me le permettra..

A l'instant, le comte Zichi m'envoie quelqu'un pour me dire que je devrais bien l'accompagner en voiture à Laxenbourg, afin qu'il puisse me présenter au prince Kaunitz. Il faut donc que je termine, pour m'habiller, car lorsque je n'ai pas le dessein de sortir, je reste toujours dans mon *négligé*. Voilà le copiste qui vient de m'envoyer les parties supplémentaires. — *Adieu.*

P.-S. Ma chère Constance vous envoie à tous deux ses

1. La famille Haffner avait commandé une sérénade à L. Mozart qui en chargea son fils, en le priant de faire vite parce que l'occasion, pour laquelle on demandait cette musique, était proche. C'était alors l'usage de jouer des symphonies nocturnes aux occasions de noces, fêtes, etc... devant la maison des personnes fêtées.

2. Quant à une réduction pour piano et chant, nous savons, par une lettre de L. Mozart à sa fille (1786), qu'il en parut une à Augsbourg avant que le pauvre Mozart eût pu faire paraître la sienne, que Toricella de Vienne était en train de graver,... et par conséquent sans aucun profit pour lui (voy. Jahn, I, 654).

compliments. — * Je vous baise 2000 fois les mains et j'embrasse ma sœur de tout mon cœur, et suis pour toujours... etc.

215 [M]

A SON PÈRE

Vienne, 27 juillet 1782.

Vous allez me faire les gros yeux, en ne voyant arriver que le premier allegro;... mais il ne m'a vraiment pas été possible de faire autrement; j'ai dû composer en toute hâte une sérénade [K. 388], mais seulement pour instruments à vent (sans cela j'aurais pu l'utiliser pour vous aussi). — Mercredi 31, je vous enverrai les deux menuets, l'andante et le dernier morceau; si je puis, j'enverrai aussi une marche, sinon il faudra que vous preniez celle [K. 249] de la sérénade de Haffner [K. 250] (qui est fort inconnue).

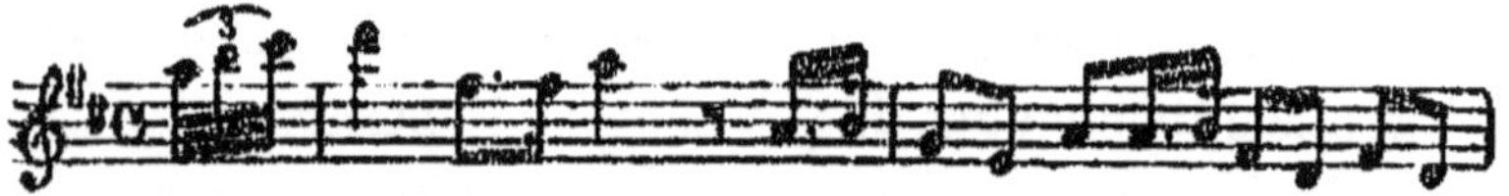

Je l'ai faite en ré majeur, puisque vous le préférez.

Mon opéra a été donné hier, en l'honneur de toutes les *Nannerl* [1], pour la troisième fois et avec un plein succès, et, de nouveau, la salle regorgeait de monde, malgré une chaleur effroyable. — Vendredi prochain, on le redonnera encore; mais j'ai protesté, parce que je ne veux pas le laisser jouer ainsi et comme pour s'en débarrasser. Le public, je puis le dire, est vraiment fou de cet opéra. Cela fait tout de même du bien, un pareil succès! — J'espère que vous aurez reçu exactement la partition originale.

Cher, excellent père, il faut que je vous supplie, mais que je vous supplie pour tout au monde, donnez-moi votre con-

1. 26 juillet, fête de sainte Anne.

sentement, afin que je puisse épouser ma chère Constance! Ne croyez pas que ce soit seulement pour le mariage en lui-même; si ce n'était que cela, je consentirais encore bien volontiers à attendre. Mais je vois que c'est absolument nécessaire à mon honneur, à l'honneur de ma fiancée, à ma santé, à ma situation d'esprit. Mon cœur est agité, ma tête est en confusion; comment, avec cela, penser et travailler d'une manière raisonnable? — A quoi tout cela mène-t-il? La plupart des gens croient que nous sommes déjà mariés; cela met la mère en colère, et la pauvre fille et moi, nous sommes tourmentés à en mourir! Ce serait si facile de remédier à cela!

Croyez-moi, dans ce Vienne si cher, on peut vivre aussi facilement que n'importe où; il ne faut pour cela que de l'économie et de l'ordre,... et c'est là ce qu'on ne trouve jamais chez un jeune homme, surtout quand il est amoureux. Celui qui acquiert une femme, comme celle que je vais avoir, doit certainement être heureux. Nous vivrons bien modestement, bien tranquillement, et cependant nous serons contents. Et ne soyez pas en peine, car si (Dieu m'en préserve!) je devais tomber malade dès aujourd'hui, je parierais bien (surtout si j'étais marié) que les premiers d'entre la *noblesse* me viendraient puissamment en aide; je puis le dire avec conviction. Je sais ce que le prince Kraunitz a dit de moi à l'Empereur et à l'archiduc Maximilien! — J'attends votre consentement avec un ardent désir, mon bien cher père; je l'attends avec certitude : mon honneur et ma réputation y sont attachés. Ne remettez pas à trop loin le bonheur de serrer dans vos bras votre fils et sa femme.

P.-S. J'embrasse ma sœur de tout mon cœur. Ma Constance vous fait ses compliments à tous deux. *Adieu.*

216

A LA BARONNE DE WALDSTÄDTEN

Fin de juillet 1782.

Très honorée madame la baronne[1],

J'ai reçu ma musique par la servante de Mme Weber et j'ai dû lui en donner un reçu par écrit. — La servante m'a confié une chose qui, bien que je ne croie pas qu'elle puisse arriver, parce que ce serait un déshonneur pour toute la famille, est cependant possible quand on connaît la sotte Mme Weber, et, par conséquent, cela me met bien en peine! Sophie est sortie [de la chambre] en pleurant,... et comme la servante lui en demandait la cause, elle lui a répondu : « Dites donc secrètement à Mozart qu'il fasse en sorte que Constance revienne à la maison, car... ma mère veut *absolument* la faire chercher par la police. » — Est-ce que, ici, les agents de police peuvent ainsi s'introduire dans toutes les maisons? Peut-être aussi n'est-ce ce qu'un piège pour la ressaisir et la ramener au logis.... Mais si pareille chose pouvait réellement arriver, je ne verrais pas de meilleur moyen que d'épouser Constance demain matin,... et dès aujourd'hui, si c'est encore possible. Car je ne voudrais pas exposer ma bien-aimée à cet outrage, et on ne pourrait en agir ainsi vis-à-vis de ma femme.

Encore une chose : Thorwarth a été mandé là-bas aujourd'hui.... Je prie Votre Grâce de nous donner un bienveillant conseil... et de nous venir en aide, à nous, pauvres créatures! — Je suis toujours à la maison. — En toute hâte.... Constance ne sait rien encore. M. de Thorwarth est-il allé chez Votre Grâce? Est-ce nécessaire que nous allions tous deux chez lui, aujourd'hui après dîner?...

1. La baronne, qui favorisait le mariage de Mozart avec Constance, avait invité Constance à passer quelque temps chez elle. — Elle écrivit au père en faveur de ce mariage et leva les obstacles qui s'y opposaient.

A SON PÈRE

Vienne, 31 juillet 1782.

Vous voyez que l'intention est bonne : mais quand on ne peut pas,... on ne peut pas. — Je ne veux rien faire en barbouillant; ainsi ce n'est que par le prochain courrier que je pourrai vous envoyer toute la symphonie [K. 385]. J'aurais pu vous envoyer le dernier morceau, mais j'aime mieux réunir le tout, cela n'occasionnera qu'une seule dépense; ce que j'ai expédié m'a déjà coûté 3 florins.

J'ai reçu aujourd'hui votre lettre du 26; mais une lettre si indifférente, si froide! Vraiment je n'aurais jamais pu en attendre une pareille après la nouvelle que je vous ai envoyée de l'accueil favorable fait à mon opéra! — Je croyais (d'après ce que j'éprouvais moi-même) que vous pourriez à peine ouvrir le *paquet*, dans votre ardent désir de voir bien vite l'œuvre de votre fils qui (bien loin d'être tombée à plat) fait tant de bruit à Vienne qu'on ne veut rien entendre d'autre, et que le théâtre fourmille toujours de spectateurs. Hier, on l'a donnée pour la quatrième fois, et vendredi on la redonnera encore. Mais.... vous n'aviez pas le temps!... Le monde entier assure [dites-vous] que par mes rodomontades et mes critiques je me suis fait des ennemis des *professori* de la musique et d'autres personnes encore!... Quel est ce monde-là? Sans doute, le monde de Salzbourg; car quiconque habite ici, voit et entend de reste que c'est juste le contraire;... et ce sera toute ma réponse.

Vous avez dû, depuis, recevoir ma dernière lettre, et je ne doute nullement que j'aie, avec votre prochaine lettre, votre consentement à mon mariage. Vous ne pouvez rien avoir à objecter contre, et en réalité vous n'objectez rien; vos lettres me le prouvent. Car c'est une honnête et brave jeune fille, née de bons parents;... je suis en état de lui gagner son pain;... nous nous aimons et nous nous voulons. Tout ce que vous m'écrivez de nouveau là-dessus, et tout ce que vous pourriez encore m'écrire, ne saurait être considéré qu'à titre de bienveillant conseil,... qui, quelque beau et bon qu'il puisse être, comme toujours, ne peut pourtant plus convenir à un homme déjà si avancé avec une jeune fille! — Il n'y a donc plus à différer. Mieux vaut mettre ses affaires bien en règle et agir en honnête garçon; c'est ce que Dieu récompensera toujours. Je ne veux rien avoir à me reprocher. — Maintenant, portez-vous bien; je vous baise mille fois les mains.

218 (M)

A SON PÈRE

Vienne, ce 7 d'août 1782.

Mon très cher père!

Vous vous êtes bien trompé sur le compte de votre fils si vous avez pu croire qu'il serait capable de commettre une mauvaise action [1]. Ma chère Constance, qui est bien réellement ma femme, maintenant, Dieu soit loué! savait déjà par moi, et depuis longtemps, ma position et tout ce que j'ai à attendre de vous; mais son amitié et son amour pour moi étaient si grands qu'elle a sacrifié volontiers et avec la plus grande joie toute son existence future à ma propre destinée. — Je vous baise les mains et vous remercie, avec toute la tendresse qu'un fils ait jamais éprouvée pour son père, de l'autorisation et de la bénédiction paternelle que vous avez bien voulu me donner. Je pouvais, du reste, y compter absolument,... car vous savez que je n'ai pu voir que trop bien, moi-même, tout... tout ce qu'on peut toujours objecter à une

1. L. Mozart avait averti son fils que comme il ne pourrait plus, désormais, aider à acquitter les dettes contractées dans son intérêt, il n'avait rien à attendre de lui, ni pour le présent, ni pour l'avenir, et qu'il devait en prévenir loyalement sa fiancée.

semblable démarche;... mais vous savez aussi que, sans blesser ma conscience et mon honneur, je ne pouvais agir autrement; par conséquent je devais avec certitude compter sur votre consentement.... De là vient, qu'après avoir attendu en vain une réponse, par deux courriers,... le mariage étant déjà fixé pour le jour où je devais évidemment connaître [vos intentions]... comme j'étais bien assuré de votre consentement et plein de confiance,... je me suis marié, devant Dieu, avec ma bien-aimée Constance[1]. Le lendemain, j'ai reçu vos deux lettres à la fois.

Maintenant, c'est une affaire faite! Je ne vous demande plus que de me pardonner ma confiance trop prématurée en votre amour paternel. Par cet aveu sincère, je vous donne une preuve nouvelle de mon amour de la vérité et de mon horreur du mensonge. — Au prochain courrier, ma chère femme demandera à son bien cher et excellent beau-père de lui accorder sa bénédiction paternelle, et à sa belle-sœur aimée, de lui continuer toujours sa précieuse amitié.

Personne n'assistait au mariage, que la mère et la plus jeune sœur, M. de Thorwarth, en qualité de tuteur et de témoin pour les deux mariés, M. de Zetto (conseiller provincial) témoin de la mariée, et Gilofsky, mon témoin. Quand on nous maria, ma femme et moi nous fondîmes en larmes, ce qui toucha tout le monde, y compris le prêtre; tous pleuraient en voyant l'émotion de nos cœurs. Toute notre noce a consisté en un *souper* que nous a donné Mme la baronne de Waldstädten,... *souper* qui, par le fait, était plus digne d'un prince que d'un baron. — Ma chère Constance se réjouit maintenant cent fois plus de faire le voyage de Salzbourg!.... Et je parie,... je parie que vous vous réjouirez de mon bonheur quand vous aurez appris à la connaître, si toutefois à vos yeux, comme aux miens, une femme pleine de bons sentiments, droite, vertueuse et complaisante, est un bonheur pour son mari!

1. Le mariage fut célébré le 4 août. Le lendemain arrivait le consentement du père, et une lettre de sa fille.

Je vous envoie ci-joint une petite marche[1]. Tout ce que je souhaite, c'est que cela arrive encore à temps et soit de votre goût. Le premier allegro doit être joué avec beaucoup de feu; le dernier, aussi vite que possible. — Mon opéra a été redonné hier (et cela à la demande de Gluck). Gluck m'en a fait beaucoup de compliments. Je dîne demain chez lui... Vous voyez [à mon écriture] comme je suis obligé de me hâter! *Adieu*. Ma chère femme et moi, nous vous baisons mille fois les mains.

219 (M.)

A SON PÈRE

Vienne, 17 août, 1782.

J'ai oublié, la dernière fois, de vous écrire que ma femme et moi nous avons été ensemble faire nos dévotions chez les Théatins, le jour de la fête de la Portioncule. Quand même il serait vrai que nous n'y eussions pas été poussés par un sentiment de piété, nous aurions pourtant été obligés de le faire à cause du billet [de confession] sans lequel nous n'aurions pu être mariés. Mais il y a déjà longtemps que [quoique] non mariés, nous allions toujours ensemble, aussi bien entendre la sainte messe que nous confesser et communier; ... et j'ai trouvé que jamais je ne priais avec tant de ferveur, jamais je ne me confessais et ne communiais avec autant de dévotion qu'à ses côtés;... et il en était de même pour elle. En un mot, nous avons été créés l'un pour l'autre, et Dieu qui dispose toutes choses — et qui, par conséquent, a aussi dirigé celle-là — ne nous abandonnera pas. Nous vous remercions tous deux très respectueusement de votre bénédiction paternelle. J'espère que, depuis, vous aurez reçu ma lettre.

A l'égard de Gluck, j'ai la même pensée que celle que

1. Jahn pense que c'est celle en *ré* majeur (K. 445), destinée à compléter la musique promise pour Haffner (voy. lettre du 27 juillet).

vous me communiquez, mon bien cher père; seulement je vous dirai encore quelque chose : Messieurs les Viennois (parmi lesquels il faut avant tout comprendre l'Empereur) ne doivent pas croire que je sois au monde uniquement pour Vienne. Il n'y a pas de monarque au monde que je ne servisse plus volontiers que l'Empereur, mais je ne veux mendier aucune position. Je crois être en état de faire honneur à n'importe quelle cour. Si l'Allemagne, ma chère patrie, dont je suis fier (comme vous savez) ne veut pas m'accueillir, eh! bien! par Dieu! il faudra que la France ou l'Angleterre s'enrichisse de nouveau d'un habile Allemand de plus!... et cela, à la honte de la nation allemande!... Vous savez bien que, dans presque tous les arts, ce sont les Allemands qui ont excellé; mais où ont-ils trouvé fortune et réputation?... Pas en Allemagne, bien sûr! — Même Gluck, est-ce l'Allemagne qui en a fait un si grand homme?... Malheureusement non!

La comtesse Thun, le comte Zichi, le baron Van Swieten et même le prince Kaunitz sont très mécontents de l'Empereur,... de ce qu'il n'estime pas davantage les gens de talent et les laisse échapper à sa domination. Le prince Kaunitz a dit tout récemment à l'archiduc Maximilien (comme il était question de moi) : « que de tels hommes ne venaient au monde qu'une fois en cent ans, et qu'on ne devrait pas les chasser de l'Allemagne,... surtout quand on est assez heureux pour les posséder déjà dans la capitale. » — Vous ne pouvez vous figurer comme le prince Kaunitz s'est montré bienveillant et poli pour moi, quand j'ai été chez lui!... A la fin [de la visite] il m'a encore dit : « Je vous suis obligé, mon cher Mozart, d'avoir pris la peine de venir me voir, etc. » Vous ne sauriez croire, non plus, comme la comtesse Thun, le baron Van Swieten et d'autres grands personnages se donnent de peine pour me garder ici!... Mais... je ne puis pourtant pas attendre si longtemps,... et attendre qu'on me fasse la charité, non vraiment je ne le VEUX pas!.. Je trouve aussi que je n'ai pas de toute nécessité besoin de la faveur de l'Empereur.... tout Empereur qu'il soit!

Mon idée est d'aller à Paris, au prochain carême; mais pas comme cela, tout droit,... bien entendu! J'ai déjà écrit à ce sujet à Le Gros, et j'attends sa réponse. — J'ai dit cela ici,... dans des conversations,... particulièrement aux grands seigneurs. Vous savez qu'on peut souvent jeter ainsi, dans la conversation, quelque chose de ce genre, et que cela fait plus d'effet quė quand on le déclame magistralement. — Pourvu que je puisse m'*engager* avec le *concert spirituel* et le *concert des amateurs!*... et puis je ne manquerai pas d'élèves,... et maintenant que j'ai une femme, je pourrai m'en occuper plus facilement et plus assidûment;... ensuite, les compositions, etc.... mais avant tout, pour moi, c'est l'opéra! Ces derniers temps, je me suis tous les jours exercé dans la langue française,... et j'ai déjà pris trois leçons d'anglais. Dans trois mois, j'espère pouvoir lire et comprendre très passablement les livres anglais. — Allons, portez-vous bien.

220 (M)

A SON PÈRE

Vienne, 24 août 1782.

Vous ne vous êtes pas figuré autre chose que ce que j'avais vraiment l'intention de faire[1],... et que j'ai encore; et je dois également vous avouer la vérité, c'est que ma femme et moi, nous avons attendu de jour en jour une nouvelle certaine concernant l'arrivée des princes russes, pour savoir si nous devions entreprendre, ou différer notre voyage projeté; — et comme à l'heure qu'il est, nous ne savons encore rien de positif à cet égard, je ne pouvais rien vous en écrire. Quelques-uns disent qu'ils arriveront le 7 septembre,... puis d'autres disent qu'ils ne viendront pas du tout. Dans ce dernier cas, nous serions à Salzbourg dès

1. Il s'agit d'un voyage à Salzbourg.

le commencement d'octobre. Mais s'ils viennent, non seulement (suivant le conseil de mes bons amis) c'est absolument nécessaire que je sois ici, mais, de plus, mon absence serait un vrai triomphe pour mes ennemis et me ferait, par suite, le plus grand tort. — Ensuite, si je suis nommé maître de piano de la princesse de Wurtemberg (comme cela arrivera vraisemblablement) je pourrai facilement obtenir un congé pour aller voir mon père.... Si ce voyage devait être ajourné, personne n'en éprouverait plus de chagrin que ma chère femme et moi,... car nous pouvons à peine attendre le moment de serrer dans nos bras notre cher et excellent père et notre sœur chérie.

Pour ce qui est de la France et de l'Angleterre, vous avez parfaitement raison !... Cette démarche sera toujours à ma disposition ; il vaut mieux que j'attende encore un peu ici [les événements]. Les choses peuvent se modifier, sur ces entrefaites, dans ces pays-là.

Mardi dernier, mon opéra a été redonné avec un plein succès (après une interruption de quinze jours, Dieu merci !)

Je me réjouis bien vivement que la symphonie [K. 385] soit réussie à votre goût. — *A propos !...* Vous ne savez pas du tout (mais peut-être que si) où je demeure ?... Où croyez-vous que ce soit ? — Dans la même maison que nous avons habitée, il y a quatorze ans, sur le Grand Pont, maison Grunwald ; mais maintenant, elle s'appelle maison Grosshaupt, n° 387.

Stephanie le jeune est arrivé hier. Je suis allé le voir aujourd'hui. Mme Élisabeth Wendling est aussi déjà arrivée. — Maintenant il faut que vous me pardonniez de terminer déjà ; mais je me suis attardé à bavarder chez M. de Strack. — Je souhaite au fond du cœur que les princes n'arrivent pas, afin que je puisse avoir bientôt le bonheur de vous baiser les mains. Ma femme pleure de joie quand elle pense au voyage de Salzbourg. Adieu.

Vos enfants très obéissants,

W. A. Mozart.

Le mari et la femme ne font qu'un.

221 (M)

A SON PÈRE

Vienne, 31 août 1782.

Vous ne savez pas comment je puis me flatter de devenir le *maestro* de la princesse?... c'est que Salieri n'est pas en état de lui enseigner le piano!... A moins qu'il ne s'efforce de me faire du tort dans cette affaire [en proposant] quelqu'un d'autre,... ce qui pourrait bien être!... — Du reste, l'Empereur me connaît; l'autre fois, déjà, la princesse aurait volontiers pris des leçons de moi[1];... et je sais que dans le livre où sont inscrits les noms de tous ceux qui sont destinés à son service, le mien se trouve aussi.

Vous dites que je ne vous ai pas écrit à quel étage nous demeurons?... Il faut vraiment que ce soit resté dans ma plume!... Je vous écris maintenant que j'habite le deuxième étage. — Mais comment vous en êtes venu à penser que madame ma très honorée belle-mère pourrait aussi demeurer là, c'est ce que j'ignore;... car le fait est que je n'ai pas épousé si tôt ma chérie, pour vivre dans les vexations et la discorde, mais pour jouir du repos et du bonheur!... et cela ne pouvait arriver qu'en s'arrachant de cette maison. Depuis notre mariage, nous lui avons fait deux visites;... mais, à la seconde, il y a eu de nouveau des querelles et des disputes, si bien que ma pauvre femme s'est mise à pleurer;... aussi ai-je immédiatement coupé court à la discussion, en lui disant qu'il était temps de partir, et depuis, nous ne sommes plus retournés là-bas, et nous n'y retournerons plus qu'aux jours de naissance ou de fête de la mère ou des deux sœurs.

Mais quant à ce que vous me dites, que je ne vous ai pas écrit quel jour nous avons été mariés,... je vous demande

1. Voy. lettre 197. — Salieri, en effet, proposa et fit accepter, à la place de Mozart, un obscur maître de piano qui ne pouvait lui porter aucun ombrage.

bien pardon ;... ou bien, cette fois-ci, votre mémoire vous trompe, et alors vous n'avez qu'à prendre la peine de rechercher parmi mes lettres celle du 7 août, et vous y trouverez très clairement et très nettement dit que nous avons été nous confesser le vendredi, fête de la Portioncule, et que le dimanche suivant, 4, nous avons été mariés ; — ou bien vous n'avez pas reçu cette lettre, ce qui n'est guère possible puisque vous avez reçu la marche qui y était jointe, et que vous m'avez, en outre, répondu à différentes choses [qui s'y trouvaient].

Maintenant j'ai une prière à vous faire : la baronne Waldstädten va partir,... et elle voudrait avoir un bon petit piano. Je ne sais plus le nom du facteur de pianos de Zweibrücken[1] ; je vous prierais donc de lui en commander un vous-même ;... mais il faudrait qu'il fût terminé dans le délai d'un mois, ou de six semaines au plus, et au même prix que celui de l'archevêque. — Puis je voudrais vous demander aussi de m'envoyer des langues de Salzbourg, par la prochaine occasion, ou par la diligence (si c'est possible avec la douane). J'ai beaucoup d'obligations à Mme la baronne, et un jour qu'on parlait précisément de langues, elle a dit qu'elle aimerait bien, une fois, en goûter ;... je me suis aussitôt offert à lui en faire hommage. — S'il y avait, par hasard, quelque autre chose encore qui pût être une rareté pour elle, et que vous voulussiez bien me l'envoyer, vous m'obligeriez vraiment beaucoup : je souhaiterais vivement lui faire un plaisir de ce genre. Je puis vous rembourser par Peisser, ou réserver cela pour le moment de notre réunion.

Ne pourrais-je avoir des *schwarzreuter*[2] ?

P. S. Si vous écrivez un de ces jours à la cousine, je vous prie de lui transmettre nos compliments à tous deux. *Addio.*

---

1. Ou *Deux-Ponts*, ville de la Bavière rhénane
2. Truites des Alpes, fumées.

222 [M]

A SON PÈRE

Vienne, 11 septembre 1782.

Je vous remercie bien vivement des langues que vous m'avez envoyées. J'en ai donné deux à Mme la baronne, et j'ai gardé les deux autres, et demain nous les savourerons. Ayez la bonté de m'écrire comment vous voulez que le payement en soit réglé. — Si vous pouviez aussi me procurer, à l'occasion, des *schwarzreuter*, vous me feriez vraiment beaucoup de plaisir.

La juive Eskelès aura certes été un très bon et très utile instrument pour amener une rupture d'amitié entre l'Empereur et la cour de Russie!... car elle a été bien réellement conduite à Berlin, avant-hier, pour gratifier le roi du plaisir de sa présence. C'est donc une maîtresse-coquine;... car c'est elle aussi qui a été l'unique cause du malheur de Gunther,... si toutefois c'est un malheur que d'être tenu aux arrêts, deux mois, dans une belle chambre (en gardant avec soi tous ses livres et son piano, etc.) et de perdre sa position précédente, pour être ensuite installé dans une autre, avec 1200 florins d'appointements;... car il est parti hier pour Hermannstadt. — Pourtant,... une pareille affaire fait toujours souffrir un honnête homme et rien au monde ne peut réparer cela. Seulement, vous devez voir par là qu'il n'a pas commis un si grand crime; tout son crime est... de l'*étourderie*, de la légèreté... et, par suite, trop peu de rigoureuse réserve, ce qui est, à la vérité, une grande faute pour un membre du conseil privé. — Quoiqu'il n'ait rien confié d'important à personne, ses ennemis, dont le principal est l'ex-gérant de l'État, comte de Herberstein, ont su si bien et si habilement arranger les choses, que l'Empereur — qui avait en lui une confiance telle, qu'il allait et venait des heures entières avec lui, bras-dessus, bras-dessous, —

en a conçu une méfiance d'autant plus grande. — Pour renchérir sur le tout, est arrivée l'infâme Eskelès (une ancienne maîtresse de Gunther) qui l'a accusé plus fort que tous les autres;... mais l'instruction de l'affaire a abouti d'une manière très sotte pour ces messieurs. Le grand tapage était déjà passé ; [seulement] les grands seigneurs ne veulent jamais avoir tort,... de là, le malheur du pauvre Gunther, que je plains de tout mon cœur parce qu'il était un très bon ami pour moi et que (si les choses étaient restées comme auparavant) il aurait pu me rendre de bons services auprès de l'Empereur. — Représentez-vous maintenant combien tout cela a été étrange et inattendu pour moi et m'a touché de près : Stephanie, Adamberger et moi, nous étions à *souper* le soir, chez lui, et le lendemain il était arrêté. Il faut à présent que je termine, car la poste pourrait prendre sa course et m'échapper.

Ma femme entre dans sa 91e année[1].

223 (M)

A SON PÈRE

Vienne, 25 septembre 1782.

J'ai reçu très exactement votre lettre du 20 de ce mois, et j'espère que, vous aussi, vous aurez reçu mes quatre lignes (où vous n'avez pu voir que notre bonne santé à tous deux). Un hasard vraiment comique!... mais que peut-on contre les choses qui se rencontrent [à l'improviste] ou peuvent survenir? — M. Gabel, qui est arrivé ici depuis quelques jours, est en effet chez moi, et il attend que j'aie fini ma lettre pour m'accompagner mes sonates sur son violon, dont il sait bien jouer, à ce qu'il dit. — Il m'a déjà sonné du cor, et pour moi,... c'est moins que rien. Je ne manquerai pas de faire pour lui tout ce que je suis en position de faire,... il suffit

1. 19e année. Toujours les plaisanteries chères à Mozart.

pour cela que je sois votre fils. — Il vous fait ses compliments à tous deux.

Que ces inutiles représentations, cette quantité d'ex-voto, et toute cette musique instrumentale, etc... (qui se font ici) soient déjà passés de mode chez vous, voilà qui est nouveau pour moi : l'archevêque croit sans doute s'insinuer, par là, dans les bonnes grâces de l'Empereur, mais j'ai peine à croire que cette politique, à lui, puisse être bien efficace.

Ah!... je ne puis voir personne m'attendre... et je n'attends pas volontiers moi-même. Il faut donc que je réserve, pour la prochaine fois, la description de la baronne de Waldstädten et que je vous fasse maintenant une prière très urgente.... Mais je vous demande de garder entre nous ce qui va suivre, à cause de l'endroit où je suis. — L'ambassadeur de Prusse, Riedesel, m'a fait dire qu'il était chargé par la cour de Berlin de lui envoyer mon opéra de l'*Enlèvement au sérail*; qu'en conséquence, je devais le faire copier, et que le payement de la musique ne tarderait pas à suivre. J'ai immédiatement promis de le faire copier. Or, comme je n'ai pas la partition de l'opéra, il me faudrait l'emprunter au copiste, ce qui serait fort incommode, attendu que je ne pourrais avoir la certitude de la garder trois jours entiers, l'Empereur l'envoyant souvent chercher (ce qui est arrivé pas plus tard qu'hier); et puis on donne l'opéra très souvent, puisque voilà déjà dix fois, depuis le 16 août, qu'on l'a donné. — Mon idée serait donc de le faire copier à Salzbourg, où cela pourrait s'exécuter plus secrètement et à meilleur marché[1]. — Ainsi je vous prie de le faire tout de suite copier proprement, en partition,... mais en toute hâte;... et si (lorsque vous me l'enverrez) vous voulez bien me dire les frais de copie, ils vous seront immédiatement remboursés par M. Peisser.

1. On se rappelle que Mozart avait envoyé à son père le manuscrit original.

224

A LA BARONNE DE WALDSTÄDTEN[1]

Vienne, 2 octobre 1782.

Très ravissante, très excellente, très belle,
dorée, argentée, sucrée,
très digne, très honorée
et très noble madame
la baronne!

J'ai l'honneur de vous adresser ci-joint le *rondeau* en question, ainsi que les deux volumes de comédies et le petit volume de contes. — J'ai commis hier une lourde bévue!... Il me semblait toujours que j'avais encore quelque chose à vous dire, mais cela n'est pas revenu à la mémoire de mon stupide cerveau!... et c'était de remercier Votre Grâce de s'être donné tout de suite tant de peine pour ce bel habit,... et de la faveur [qu'elle m'a faite] de m'en promettre un pareil! — Mais cela ne m'est pas TOMBÉ dans l'esprit,... comme c'est mon habitude. Aussi je me repens souvent de n'avoir pas appris l'architecture, au lieu de la musique, car j'ai souvent entendu dire que le meilleur architecte est celui qui ne laisse rien TOMBER[2].

Je puis dire que je suis un homme bien heureux... et bien malheureux!... Malheureux depuis le jour où j'ai vu Votre Grâce au bal, si bien frisée!... car... toute ma tranquillité est désormais perdue!... plus rien que des soupirs et des gémissements!... Tout le reste du temps que j'ai passé au bal, je n'ai plus pu danser,... je sautais! le *souper* était déjà servi,... je n'ai pas mangé,... j'ai dévoré!... puis tout le

1. L'adresse de Mozart porte : « *à Madame, Madame la Baronne de Waldstætten, née de Scheffer, à Léopoldstadt.* » (Léopoldstadt est un quartier de Vienne situé près du jardin public, « l'Augarten ».)

2. Entre les mains duquel rien ne tombe, ne s'écroule. Jeu de mots difficile à rendre et à saisir en français.

long de la nuit, au lieu de dormir paisiblement et tranquillement,... j'ai dormi comme un loir et ronflé comme un ours!... Et (sans vanité) je parierais presque qu'il en a été de même *à proportion* pour Votre Grâce .. Vous souriez?... vous rougissez?... Oh! oui!... Que je suis heureux!... Ma fortune est faite!... Mais... ah! mon Dieu! qui donc me frappe sur l'épaule?... qui donc regarde ce que j'écris?... Malheur! malheur! malheur!... ma femme! — Eh bien! au nom de Dieu, puisque je l'ai maintenant, il faut bien que je la garde!... Que faire?... Il faut que je fasse son éloge... et que je me figure que c'est vrai!

Je suis bien heureux de n'avoir pas besoin d'une Aurnhammer[1] pour écrire à Votre Grâce, comme M. de Taisen, ou n'importe comment il s'appelle (je voudrais qu'il n'eût pas de nom!) car j'avais quelque chose à adresser à Votre Grâce elle-même. — Et en dehors de cela j'aurais eu encore une autre raison pour écrire à Votre Grâce; mais vraiment je n'ai pas le courage de la dire;... et pourtant... pourquoi pas?... Ainsi donc, *courage!* — Je voudrais prier Votre Grâce de... eh! fi!... que diable! ce serait grossier! — *A propos* Votre Grâce ne connaît-elle pas la chanson?

Une dame et de la bière
Comment les faire rimer?
La dame a de bonne bière,
Elle veut bien m'en donner :
Voilà qui les fait rimer.

N'est-ce pas que j'ai bien réussi à amener cela? — Maintenant, *senza burle*[2], si Votre Grâce pouvait m'en faire parvenir une cruche pour ce soir, elle m'octroierait une grande faveur,... car ma femme est,... est,... est,... et elle a des envies,... et tout ce qu'elle désire, c'est de la bière préparée à la manière anglaise!... A la bonne heure, petite femme! Enfin je m'aperçois que tu es bonne à quelque chose!

1. Mozart avait réussi à placer Mlle de Aurnhammer chez la baronne.
2. « Sans plaisanterie ».

Ma femme, qui est un ange de femme, et moi, qui suis un modèle de mari, nous baisons tous deux mille fois les mains de Votre Grâce et sommes pour toujours vos fidèles vassaux,

MOZART *Magnus, corpore parvus*
et
CONSTANTIA *omnium uxorum pulcherrima*
et prudentissima[1].

Pas de compliments à Mlle Aurnhammer, je vous prie.

225 [M]

A SON PÈRE

Vienne, 5 octobre 1782.

Moi aussi, je ne puis vous répondre que sur la chose principale, parce que je viens seulement de recevoir votre lettre, où j'ai été forcé, malheureusement, de constater le contraire de ce que je pouvais supposer[2]. J'ai été moi-même chez M. le baron de Riedesel qui est un homme *charmant*, et je lui ai promis (ayant pleine confiance que l'opéra était déjà à la copie) de le lui livrer à la fin de ce mois, ou, au plus tard, au commencement de novembre. Je vous prie donc de veiller à ce que je puisse l'avoir dans ce délai. Mais pour lever toutes vos inquiétudes et tous vos scrupules — que j'honore avec un cœur très reconnaissant, comme étant une preuve de votre amour paternel, — je ne puis rien vous dire de plus fort si ce n'est que je suis très obligé à M. le baron de m'avoir demandé l'opéra, à moi, plutôt qu'au copiste dont il

1. « Mozart le grand, petit de corps, et Constance, la plus belle et la plus sage entre toutes les épouses. »

2. L. Mozart, toujours méfiant, avait élevé des objections à faire faire cette copie : son fils en avait-il bien le droit ? (Il oubliait ce qu'il lui avait dit pour la partition d'*Idoménée* : que pour un si bas prix il ne devait pas faire l'abandon de tous ses droits.) — Pourquoi Wolfgang s'en cachait-il ?... pourquoi faisait-il faire la copie à Salzbourg ?... Ne se ferait-il pas des ennemis par là ?... et enfin était-il bien certain d'être payé ?... — Bref, il n'avait pas donné la copie à faire (voy. Jahn, I, 651).

aurait pu l'avoir, à toute heure, contre argent comptant; en outre, je serais bien fâché que mon talent pût être payé en une seule fois,... surtout avec 100 ducats[1] !

Je ne dirai rien [de cette affaire] à personne, pour le moment,... uniquement parce que ce n'est pas nécessaire. Si l'opéra est représenté [à Berlin], comme c'est parfaitement certain (et c'est bien là aussi ce qui me plait le plus dans l'affaire), on ne manquera pas de le savoir; — mais mes ennemis ne se moqueront pas de moi pour cela, ils ne me traiteront pas de mauvais drôle, et ils ne m'en donneront que plus volontiers un opéra à composer, pourvu que je le veuille;... mais j'aurai de la peine à le vouloir!... J'écrirai un opéra, oui! mais pas pour voir, avec mes 100 ducats, le théâtre en gagner quatre fois autant en quinze jou s!... Je ferai exécuter mon opéra à mes frais, je gagnerai 1200 florins, au moins, en trois représentations, et ensuite la direction pourra l'acquérir pour 50 ducats; — si elle n'en veut pas, je serai déjà payé [par les représentations] et je pourrai le placer partout ailleurs. — Du reste, j'espère que vous n'avez encore jamais remarqué chez moi aucune trace d'inclination à commettre une mauvaise action! Il ne faut pas être un méchant drôle... mais pas un sot non plus, qui laisse tirer aux autres tous les profits d'un travail lui ayant coûté tant d'études et de peine, et qui renonce pour l'avenir à tous ses droits à cet égard!

Le grand-duc de Russie est arrivé hier. — Eh bien! voilà donc l'illustre professeur de piano de la princesse, nommé! Il suffit que je vous dise son traitement pour que vous en puissiez facilement conclure la force du maître : 400 florins comptant! Il s'appelle Summerer. — Si cela pouvait me contrarier, je ferais tout mon possible pour ne pas le laisser voir; mais, grâce à Dieu, je n'ai pas été forcé de dissimuler, car c'est le contraire, seulement, qui aurait pu me contrarier; j'aurais dû, naturellement, faire une réponse

1. Jahn tient pour certain que Mozart n'en a même touché que 50, du théâtre de Vienne.

négative, ce qui est toujours désagréable quand on est dans le cas fâcheux de la faire à un grand seigneur. — Je vous prie encore une fois de hâter les choses le plus possible pour la copie de mon opéra.

P. S. Ma chère femme vous baise les mains. — Nous avons vu la croix que ma sœur a reçue de la baronne de Waldstädten, la veille du jour où elle a été envoyée. — Je vous ai adressé aujourd'hui, par la diligence, cinq mains de papier à douze portées. — Si, et quand... la baronne ira à la campagne, c'est ce que nous ne savons pas, — et elle-même non plus, peut-être. Mais je vous l'écrirai aussitôt que je le saurai. *Adieu.*

226 (M)

A SON PÈRE

Vienne, 12 octobre 1782.

Si j'avais pu prévoir que les copistes de Salzbourg avaient tant à faire, je me serais, malgré tout, décidé à faire copier mon opéra ici. Maintenant, il faut que j'aille chez monsieur l'ambassadeur pour lui découvrir la vraie raison [de ce retard]. Pourtant je vous supplie de faire tout votre possible pour que je reçoive bientôt cette copie. Le plus tôt sera le mieux. — Vous croyez qu'aucun copiste de Vienne ne me l'aurait livrée dans un si court espace de temps?... Et moi, je me ferais fort de l'avoir, par le copiste du théâtre, dans le délai de huit jours, ou de dix, au plus.

Que cet âne de Gatti[1] ait prié l'archevêque de lui PERMETTRE de composer une sérénade,... voilà qui le rend bien digne de porter ce nom,... et cela me fait présumer qu'on pourrait aussi l'appliquer à sa science en musique.

Vous m'écrivez que 400 florins d'assurés par an ne sont pas à dédaigner. — C'est parfaitement certain si, à côté de cela, j'avais pu bien faire mon chemin et regarder ces 400 florins

1. Compositeur et librettiste, à Salzbourg.

comme un secours accessoire; mais ce n'était malheureusement pas le cas ici. Mon principal revenu eût été ces 400 florins,... et tout ce que j'aurais pu gagner en dehors, j'aurais dû le considérer comme une aide supplémentaire,... et aide très incertaine, par conséquent très minime; — car vous pensez bien qu'on ne peut en user avec une élève, princesse, comme avec une autre dame. Si une princesse n'est pas disposée, pour le moment, [à prendre sa leçon], on a l'honneur d'attendre. Elle demeure au couvent des Salésiennes, dans le quartier du Wieden. Si l'on ne veut pas y aller à pied, on a l'honneur de dépenser au moins un *zwanziger* pour aller et revenir. Ainsi, sur mon traitement, il ne me serait resté que 304 florins,... *N.-B.* en ne donnant que trois leçons par semaine. — Donc, suis-je obligé d'attendre, je néglige pendant ce temps-là mes autres élèves, ou d'autres travaux avec lesquels je pourrais facilement me faire plus de 400 florins. Si je veux rentrer ensuite chez moi, il faut que je dépense double somme, puisque je serai obligé de sortir de nouveau; — si je reste dehors,... et que ce soit dans la matinée (comme ce n'est pas douteux)... l'heure du dîner arrive... et j'ai encore l'honneur de manger à grands frais et mal dans un restaurant. — En négligeant mes autres leçons, je puis les perdre,... attendu que chacun tient à son argent autant que la princesse au sien;... et je puis perdre, en outre, le temps et la disposition d'esprit nécessaires pour me faire, par compensation, plus d'argent en composant.

Le service d'un grand seigneur (quel que soit du reste l'emploi exercé) exige un traitement qui vous mette en état de ne servir que votre maître... et de n'être pas contraint de s'assurer contre le besoin, par des gains en dehors. Il faut être, au moins, à l'abri du besoin. — Seulement, n'allez pas croire que je sois assez sot pour dire à personne ce que je vous écris. Mais soyez bien convaincu aussi que l'Empereur sent lui-même sa ladrerie,... et que c'est là seule raison pour laquelle il m'a évité. Si j'avais sollicité, j'aurais certainement été nommé; mais pas avec 400 florins!... et pas non plus avec les appointements qui seraient justes. — Mais je ne cherche pas d'élèves, car j'en puis avoir autant que je veux,... et deux élèves, sans me causer le moindre embarras ni la moindre entrave, me donnent autant que... la princesse à son maître, lequel n'a pas d'autre perspective, à côté de cela, que de ne pas mourir de faim le reste de ses jours. Vous savez bien comment les services sont ordinairement récompensés par les grands seigneurs! — Maintenant il faut que je termine, car la poste part.

227 (M)

A SON PÈRE

Vienne, 19 octobre 1782.

Il faut, cette fois encore, que je vous écrive en toute hâte. Je ne comprends pas :... ordinairement je recevais régulièrement le vendredi, après dîner, une lettre de vous;... maintenant j'ai beau envoyer tant que veux [à la poste], je ne la reçois pas avant le samedi soir. — Pour mon opéra, je suis bien fâché que cela vous donne tant de peine.

Certainement que j'ai appris la victoire des Anglais[1],... et cela avec la plus grande joie, car vous savez bien que je suis un Anglais achevé! — Aujourd'hui, la cour de Russie est repartie; dernièrement on lui a donné mon opéra, et j'ai jugé bon d'aller de nouveau au piano et de diriger, — en partie pour réveiller l'orchestre, tombé quelque peu dans l'assoupissement, et en partie (puisque je suis ici) pour me montrer, aux seigneurs présents, comme le père de mon enfant.

Mon bien cher père! je dois vous avouer que je puis à peine attendre le moment de vous revoir et de vous baiser les mains; et, par suite de cet ardent désir, je voudrais bien me trouver à Salzbourg le 15 novembre, pour votre

1. A Gibraltar, en septembre.

fête, mais... c'est à présent que commence ici la saison la plus favorable. La noblesse revient de la campagne et prend des leçons; les concerts recommencent aussi. Il faudrait, quand même, que je fusse de retour à Vienne aux premiers jours de décembre. Que ce prompt retour serait dur pour ma femme et pour moi! Nous aimerions bien mieux jouir plus longtemps de la présence de notre cher père et de notre sœur chérie! Maintenant, cela dépend de vous,... si vous préférez nous avoir pour un temps long ou court?... Nous penserions passer le printemps chez vous. Je n'ai qu'à prononcer à ma chère femme le nom de Salzbourg pour qu'elle soit toute hors d'elle de joie! — Le barbier de Salzbourg (et non de Séville) est venu chez moi et m'a fait de beaux compliments de votre part, et de celle de ma sœur et de Katherl.

228 (M)

A SON PÈRE

Vienne, 26 octobre 1782.

Malgré tout le désir que j'aurais de prendre la poste et de m'envoler à Salzbourg *alla*[1] Wolfgang Mozart, c'est pourtant réellement impossible, attendu que je ne puis pas (sans me perdre de réputation) partir d'ici avant le 3 novembre, car Mlle de Aurnhammer (que j'ai fait admettre dans la maison de la baronne Waldstädten, où elle reçoit le vivre et le logement) donne, ce jour-là, un concert au théâtre et j'ai promis de jouer avec elle. L'extrême désir que nous avons, ma femme et moi, de vous baiser les mains et d'embrasser notre sœur, nous fera faire tout notre possible pour pouvoir jouir, dans le plus bref délai, de ce bonheur et de cette joie. Enfin je ne puis rien dire de plus, d'avance, si ce n'est que

1. « A la manière de » (expression employée en musique).

le mois de novembre ne sera pas favorable aux Salzbourgeois qui, d'aventure, ne peuvent supporter ma présence. J'ai aussi à causer avec vous, mon bien cher père, de beaucoup de choses ayant trait à la musique.

Cela m'est égal que l'opéra soit broché ou relié; moi, je le ferais relier avec du papier bleu. Vous conclurez, d'après mon écriture, que je suis obligé de me dépêcher horriblement. Il est déjà sept heures, et malgré tous mes envois à la poste, je reçois à l'instant seulement votre lettre. — Maintenant *adieu;* ma chère femme et moi, nous vous baisons mille fois les mains.

229 [M]

A SON PÈRE

Vienne, 13 novembre 1782.

Nous nous trouvons dans un assez grand embarras. Je ne vous ai pas écrit, samedi dernier, parce que je croyais bien certainement partir lundi. Mais dimanche, un orage si épouvantable a fondu sur nous, que les voitures pouvaient à peine circuler dans la ville. Lundi, je voulais partir quand même, l'après-midi; mais, à la poste, on m'a dit que, non seulement on mettrait quatre ou cinq heures pour atteindre un relais, mais qu'on ne pourrait même pas du tout avancer et que, par conséquent, il faudrait revenir. La diligence, avec ses huit chevaux, n'a pas atteint le premier relais et a dû rétrograder. — Enfin, je voulais partir demain,... mais ma femme a aujourd'hui un violent mal de tête, et bien qu'elle veuille à toute force partir, je n'ose me risquer avec elle par un pareil temps. Je vais donc attendre encore une lettre de vous; d'ici là, j'espère que le temps deviendra plus favorable pour voyager, et alors... tout de suite en route! Car le plaisir de vous embrasser de nouveau, mon bien cher père, passe pour moi avant tout. Mes élèves peuvent bien m'attendre trois ou quatre semaines!... Les comtesses Zichi et Rumbeck sont cependant revenues de la campagne et m'ont déjà envoyé chercher;... mais il n'est pas à croire qu'elles prennent, pendant ce temps-là, un autre maître. — Comme je n'ai pas été assez heureux pour aller vous faire de vive voix mes souhaits de fête, je vous les offre par écrit, ainsi que ma chère femme et votre futur petit-fils ou petite-fille. Nous vous souhaitons longue et heureuse vie, santé et joie,. . et tout ce que vous vous souhaitez à vous-même.

230 (M)

A SON PÈRE

Vienne, 20 novembre 1782.

Je vois bien, malheureusement, qu'il me faut remettre au printemps le bonheur de vous embrasser, car mes élèves ne veulent *absolument* pas me laisser partir;... et puis, le fait est que la température est à présent trop froide pour ma femme; tout le monde me supplie de n'en pas courir le risque. Au printemps (et en calculant d'après mes affaires, j'appelle printemps le mois de mars, déjà,... ou, au plus tard le commencement d'avril) nous pourrons bien certainement aller à Salzbourg, car ce n'est pas avant le mois de juin que ma femme attend ses couches. — Aujourd'hui, donc, je défais mes paquets; j'avais tout laissé emballé jusqu'au moment où je pourrais recevoir des nouvelles de vous, parce que, si vous aviez exigé que nous vinssions,... vite en route!... sans rien dire à personne,... pour vous montrer que [le retard] n'est pas de notre faute. M. et Mme Fischer, ainsi que la vieille dame, sont ceux qui peuvent le mieux témoigner de la peine que cela m'a causée de ne pouvoir faire ce voyage maintenant.

Hier, la princesse Élisabeth a reçu de l'Empereur (à l'occasion de sa fête) un *présent* de 90 000 florins, avec une montre d'or ornée de brillants, et elle a été reconnue archiduchesse d'Autriche; elle sera donc désormais appelée : Votre Altesse Royale. — L'Empereur a été repris de la fièvre Je crains qu'il ne vive plus bien longtemps, et souhaite me tromper! — Mme Zeisig, née de Luca, qui était avec son mari à Salzbourg et jouait le *salterium*[1] au théâtre, est ici et donne des concerts privés. Elle m'a adressé une invitation par écrit, et m'a prié de parler en sa faveur, mon amitié étant pour elle de la plus grande importance.

231 [M]

A SON PÈRE

Vienne, 21 décembre 1782.

Autant était grand mon désir de pouvoir lire de nouveau une lettre de vous, après trois semaines de silence, autant j'ai été saisi en voyant son contenu;... en un mot, nous nous sommes trouvés tous les deux dans la même inquiétude! — Vous saurez que j'ai répondu, le 4 décembre, à votre dernière lettre, et, par conséquent, je m'attendais à une réponse huit jours après; .. rien n'est venu. — Bon! j'ai cru alors que le temps vous avait manqué, et comme j'avais lu dans votre lettre quelque chose d'un peu... agréable pour nous, nous pensions déjà, presque, que vous alliez venir! — Le jour de poste suivant, il n'y eut, de nouveau, rien pour moi;... je voulais écrire quand même,... mais je fus appelé à l'improviste chez la comtesse Thun, ce qui m'en a empêché; c'est alors que notre inquiétude a commencé! Nous nous consolions pourtant par cette pensée que quelqu'un, au moins, aurait écrit de vos nouvelles [en cas de malheur].... Enfin, aujourd'hui est arrivée votre lettre, où je vois que

1. Le psaltérion, probablement.

vous n'avez pas reçu ma dernière lettre. Il ne me paraît pas croyable qu'elle puisse avoir été perdue à la poste; il faut donc que ce soit la servante qui ait mis l'argent dans sa poche!... Mais pardieu, j'aimerais mieux faire cadeau des six kreutzers à une pareille *canaille*, que de perdre si *mal à propos* ma lettre!... et il n'est pas toujours possible d'aller soi-même à la poste. Mais nous avons maintenant une autre servante à qui j'ai déjà fait tout un sermon à ce sujet.

Ce qui me vexe le plus là dedans, c'est que vous en ayez tous deux tant souffert,... et puis que je ne me rappelle plus bien exactement ce que j'avais écrit. Je sais que je suis allé le même soir au concert de Gallizin;... que je vous ai dit, entre autres choses, que ma pauvre petite femme est obligée de se contenter, pour le moment, d'un petit portrait de vous à la *silhouette*, qu'elle porte toujours sur elle, dans sa poche, et baise vingt fois par jour;... que si vous trouviez une occasion, vous ayez la bonté de m'envoyer la nouvelle symphonie que je vous ai composée pour Haffner [K. 385]. Il suffit que je l'aie pour le carême, car je voudrais bien la faire exécuter à mon concert. — [Je disais aussi] que vous étiez peut-être curieux de savoir ce que c'est que ce petit portrait à la *silhouette?*... Oui?... et que moi je voudrais bien savoir aussi de quelle chose si nécessaire vous vouliez causer avec moi? — et puis,... à propos du printemps;... et voilà tout ce dont je me souviens. — Maudite soit cette créature! .. car je ne puis savoir s'il n'y avait pas encore dans la lettre quelque chose qu'il ne me serait pas agréable de voir tomber en d'autres mains. Mais je ne le crois pas, et j'espère que non; et je suis seulement bien joyeux et bien content que vous vous portiez bien, tous deux. Ma femme et moi nous nous portons parfaitement bien, grâce à Dieu.

Est-ce vrai que l'archevêque viendra à Vienne après le jour de l'an? — La comtesse Litzow est ici depuis trois semaines déjà, et je ne l'ai appris qu'hier; c'est le prince Gallizin qui me l'a dit. Il m'a engagé pour tous ses concerts : je suis, chaque fois, cherché et ramené dans son *équipage*, et traité chez lui de la manière la plus distinguée. — Le 10, on a redonné mon opéra avec plein succès, et pour la quatorzième fois; la salle était aussi pleine que la première fois, ou plutôt que... toujours. — Le comte Rosenberg m'a dit lui-même, chez Gallizin, que je devrais bien écrire un opéra italien. J'ai déjà donné *commission* pour avoir d'Italie les livrets d'*opere-buffe* les plus nouveaux, afin d'y faire mon choix, mais je n'ai encore rien reçu. J'ai écrit moi-même pour cela à Ignace Hagenauer. A Pâques, il viendra ici des chanteuses et des chanteurs italiens. Je vous prie de m'envoyer l'adresse de Lugiati, à Vérone; je voudrais faire aussi une tentative de ce côté.

Dernièrement, on a représenté un nouvel opéra, ou plutôt une comédie avec ariettes, de Umlauf, intitulée : « Quelle est la meilleure nation? » ... Une misérable pièce que j'aurais pu composer, mais que j'ai refusée, en ajoutant que celui qui en composerait la musique, sans la faire complètement changer, courrait le risque d'être sifflé. Si ce n'avait pas été Umlauf, la pièce aurait certainement été sifflée;... mais elle n'a été que huée. Rien d'étonnant, du reste, car même avec la plus belle musique du monde on ne pourrait la supporter; mais, par-dessus le marché, la musique en est aussi tellement mauvaise que je ne sais pas lequel, du poète ou du musicien, doit remporter le prix du pitoyable. — La pièce a été donnée une seconde fois, pour sa honte mais je crois que maintenant ce sera *punctum satis*[1].

232 [M]

A SON PÈRE

Vienne, 28 décembre 1782.

Il faut que je vous écrive avec la plus grande hâte, parce

1. « Un point, c'est tout. »

qu'il est déjà cinq heures et demie et que j'ai engagé des musiciens pour six heures, afin de donner un petit concert ici.... En général, j'ai tant à faire que, souvent, je ne sais pas où donner de la tête. Toute la matinée, jusqu'à deux heures, se passe en leçons; ensuite nous dînons. Après le repas, il faut bien que j'accorde à mon pauvre estomac une petite heure pour la *digestion;* et enfin c'est seulement le soir que je puis composer un peu, et encore ce n'est pas sûr, parce que je suis souvent invité à des concerts. — Il manque encore deux de mes concertos [publiés] par souscription [K. 413 à 415][1]. Ces concertos tiennent précisément le milieu entre le trop difficile et le trop facile; ils sont très *brillants*, agréables à l'oreille, naturels, sans tomber dans la pauvreté. Il y a, çà et là, des passages dont les connaisseurs seuls auront de la *satisfaction*, mais ils sont cependant faits pour que les non-connaisseurs en doivent nécessairement être contents, sans savoir pourquoi. Je distribue des billets [de souscription] à raison de 6 ducats comptants. — Je termine aussi, maintenant, la réduction pour piano de mon opéra, qui va être gravée, et, en même temps je travaille à quelque chose de très difficile : un chant de Barde, de Denis, sur [la prise de] Gibraltar[2]. Mais ceci est un secret; c'est une dame hongroise qui veut faire cet honneur à Denis. — L'ode est élevée, belle, tout ce que vous voudrez, mais trop boursouflée pour mes oreilles délicates. Que voulez-vous?... La mesure, le vrai en toutes choses, on ne les connaît, on ne les estime plus. Pour avoir du succès, il faut écrire des choses qui soient si compréhensibles qu'un *fiacre* pourrait les chanter, ... ou si incompréhensibles qu'elles plaisent précisément parce qu'aucun homme raisonnable n'y peut rien comprendre.

Ce n'est pas de cela que je voulais parler,... mais j'ai

1. Mozart les publiait en copies. — Ils ne furent gravés que plus tard (Jahn, I, 732).

2. K. supplément n° 25. — Michel Denis (1729-1800), né en Bavière, poète, auteur des « Odes d'Ossian ».

envie d'écrire un livre, une petite critique musicale, avec exemples,... *N. B.* pas sous mon nom. — Ci-inclus un mot de la baronne Waldstädten : elle aussi craint qu'il ne se soit perdu une seconde lettre d'elle, car vous n'ayez pas dû recevoir sa dernière lettre puisque vous n'en avez fait aucune mention.

SÉJOUR A VIENNE

1783-1785.

233 (M)

A SON PÈRE

Vienne, 4 janvier 1783.

Il m'est impossible d'écrire longuement, parce que nous venons seulement de rentrer de chez la baronne Waldstädten et qu'il faut que je m'habille des pieds à la tête, étant invité à un concert chez M. le conseiller aulique Spielmann.

Nous vous remercions tous deux de vos souhaits de nouvelle année et nous avouons de bonne grâce être de vrais butors pour avoir complètement oublié nos devoirs;... nous arrivons donc après coup, et ce ne sont plus des souhaits de nouvel an que nous vous présentons, mais les vœux que nous faisons chaque jour pour vous,... et nous nous en tenons à ces vœux.

Pour la messe [1], cela a parfaitement sa raison d'être et ne m'est pas tombé de la plume sans dessein; je l'ai réellement promis dans mon cœur, et j'espère bien le tenir. Quand j'ai fait ce vœu, ma femme était encore souffrante, et comme j'étais fermement résolu à l'épouser bientôt après sa guérison, je pouvais facilement le faire. Le temps et les circonstances ont fait manquer notre voyage, comme vous le savez bien vous-même, mais la partition de la moitié de ma messe peut servir de preuve à la réalité de mon vœu : elle est toujours là, donnant les meilleures espérances.

Aujourd'hui, j'ai acquis, comme élève, la comtesse Palfy aînée, fille de la sœur de l'archevêque; mais je vous prie de garder cela aussi pour vous seul, car je ne puis savoir avec certitude si on serait bien aise de le faire connaître.

1. Mozart avait fait vœu, s'il obtenait de mener Constance à Salzbourg comme sa femme, d'y faire exécuter une nouvelle messe. — Cette messe, en ut mineur (K. 427), fut célébrée le 25 août 1783, dans l'église Saint-Pierre, à Salzbourg. Constance y chantait la partie de soprano-solo, ce qui indique chez elle l'existence d'un vrai talent.

Cela m'est égal d'avoir en partition, ou en copies séparées, la symphonie faite en dernier lieu pour Haffner, celle que j'ai composée à Vienne, attendu qu'il faudra, quand même, que je la fasse recopier plusieurs fois pour mon concert. Je voudrais aussi avoir les symphonies suivantes, et cela le plus tôt possible [K. 183, 201, 204[1]].

Et puis il y a aussi les [cahiers] de contrepoint d'Eberlin, sur petit papier relié en bleu, et quelques morceaux de Haydn[2] que j'aimerais à avoir, à cause du baron van Swieten chez qui je vais tous les dimanches, de midi à deux heures. — Dites-moi, y a-t-il des fugues importantes, soit dans la dernière messe, soit dans les vêpres de Haydn,... ou dans les deux compositions?... En ce cas, vous m'obligeriez fort si vous me les faisiez copier en partition, peu à peu.

Vous devez avoir reçu exactement ma dernière lettre avec l'incluse de la baronne. Elle ne m'a pas dit ce qu'elle vous a écrit, mais simplement qu'elle vous avait demandé quelque chose concernant la musique; — elle me le dira certainement, dès que j'y retournerai, parce qu'elle a vu que je n'ai aucune curiosité indiscrète à ce sujet, .. et qu'elle a toujours beaucoup d'expansion. Mais j'ai appris par un tiers qu'elle voudrait un homme à elle[3], parce qu'elle va partir pour un voyage. Eh bien! je veux seulement vous *avertir*, afin que, si c'est vrai, vous vous teniez un peu sur vos gardes : elle est changeante comme le vent et il est probable, malgré ce qu'elle se figure... qu'elle aura de la peine à quitter Vienne; car elle est sur le point de partir... depuis que j'ai l'honneur de la connaître.

1. Mozart donnait probablement à part les thèmes de ces symphonies, puisque Jahn a pu les déterminer.

2. Michel Haydn, de Salzbourg.

3. Un professeur de musique (voy. la lettre suivante). Mozart se sert du mot *Mensch* dans un sens un peu méprisant.

234 [M]

A SON PÈRE

Vienne, 8 janvier 1783.

Si ce n'était à cause du pauvre Fink, je serais obligé, en vérité, de vous demander pardon pour aujourd'hui, et de remettre ma lettre au prochain jour de poste, car il faut que je termine ce soir, pour ma belle-sœur Lange, un rondo [K. 416] qu'elle chantera, samedi, dans un grand concert au « Mehlgrub ».

Vous avez dû, maintenant, recevoir ma dernière lettre et vous y aurez vu que je ne savais rien de la *commission* de la baronne, mais que je me l'étais à peu près imaginée, et aussi, que je l'avais apprise sous main;... en conséquence, comme je connais parfaitement cette dame, je vous ai averti de vous tenir un peu sur vos gardes. Je dois vous dire, en premier lieu, que Fink ne lui convient pas du tout, car elle veut un maître de musique[1] pour elle et non pour ses enfants. Vous voyez, dès lors, qu'il s'agit plutôt de goût, de sentiment et d'un jeu *brillant*,... et que la science de la basse générale et du prélude à la manière d'orgue ne servirait en rien à Fink [auprès d'elle]. — Et puis il faut aussi que vous compreniez que dans l'expression ci-dessus « pour elle »... bien des choses sont sous-entendues!... Elle a déjà eu souvent ainsi quelqu'un dans sa maison, mais cela n'a jamais duré longtemps. Vous pouvez, maintenant, en penser ce que vous voudrez... il suffit;... le résultat de pareilles allures, c'est qu'on parle d'elle d'une façon fort équivoque.... Elle est faible;... mais je n'en dis pas plus long, et le peu que j'ai dit est pour vous seul; car j'ai reçu d'elle trop de faveurs[2] pour que mon devoir ne soit pas de la défendre autant que possible,... ou au moins de me taire. — A pré-

1. Mozart se sert encore du mot *Mensch*.
2. A l'occasion de son mariage.

sent elle dit qu'elle va, dans quelques jours, partir pour Presbourg et s'y fixer; je le crois... et ne le crois pas. Si j'étais à votre place, je tâcherais, bien gentiment, de m'excuser de m'occuper de cette affaire.

Maintenant il faut que je m'arrête, sans cela l'air ne sera pas terminé. — Hier, mon opéra a encore été donné devant une salle comble, et avec le plus grand succès. — N'oubliez pas mes symphonies. *Adieu*. Ma petite femme, qui est toute ronde, et moi, nous vous baisons mille fois les mains.

235 (M)

A SON PÈRE

Vienne, 22 janvier 1783.

Pour les trois concertos [K. 413 à 415], vous n'avez nullement à craindre qu'ils soient trop chers[1]. Il me semble pourtant que je mérite bien un ducat pour chacun d'eux!... Et je voudrais bien voir que, pour un ducat, quelqu'un trouvât à se les faire copier!... [D'ailleurs], ils ne pourraient l'être, puisque je ne les livrerai pas avant d'avoir un certain nombre de souscripteurs. Voici la troisième fois, déjà, qu'ils sont annoncés dans le journal de Vienne (*Wiener Diarium*). Depuis le 20 de ce mois, on peut se procurer, chez moi, des billets de souscription, pour 4 ducats comptants, et, au mois d'avril, on viendra prendre les concertos contre remise de ces billets. — J'enverrai à ma chère sœur, par le prochain courrier, les cadences et les rentrées.... Je n'ai pas varié les rentrées dans le rondo, car quand je joue ce concerto, je fais toujours ce qui me vient à l'esprit. Je vous prie de m'envoyer les symphonies le plus tôt possible : j'en ai réellement besoin.

Et maintenant, encore une prière, car ma femme ne me

1. Sur l'avis de son père, Mozart avait baissé à 4 ducats le prix de ses concertos, et le père les trouvait encore trop chers. On se rappelle que Mozart les livrait copiés, et non gravés.

laisse pas de repos à ce sujet. Vous savez, sans aucun doute, que nous sommes en temps de carnaval et qu'on danse ici, aussi bien qu'à Salzbourg et à Munich;... et alors,... je voudrais bien (sans que personne le sût) me déguiser en arlequin, parce qu'il y en a beaucoup à la *redoute*,... mais tous des ânes. Donc je voudrais vous prier de me faire parvenir votre habit d'Arlequin; mais il faudrait que ce fût très promptement. Nous n'irons pas à la *redoute* auparavant, bien qu'elle soit déjà dans sa plus grande activité; nous aimons mieux les bals privés.

La semaine passée, j'ai donné un bal dans mon appartement, mais, bien entendu, les *chapeaux*[1] ont payé chacun 2 florins. Nous avons commencé à six heures du soir, et fini à sept heures. — Quoi! rien qu'une heure? — Non! non! à sept heures du matin! Mais vous n'allez pas comprendre que j'aie eu assez de place pour cela?... Bon! voilà qu'il me vient à l'idée que j'ai toujours oublié de vous écrire comme quoi, depuis un mois et demi, j'ai pris un autre *logis!*... mais il est aussi sur le grand-pont, quelques maisons seulement plus loin. Nous habitons donc : Petite maison Herberstein, nº 412, au troisième étage, chez M. Wezlar[2], un riche juif. — Eh! bien! j'ai là une chambre de mille pas de long sur un de large... et une chambre à coucher, puis une antichambre et une belle grande cuisine. A côté de nous, il y a, en outre, deux grandes belles pièces qui sont encore vacantes; ce sont elles que j'ai employées pour notre bal privé. Le baron et la baronne Wezlar y sont venus ainsi que la baronne de Waldstädten, M. d'Edelbach, Gilofsky le petit-maître, Stephanie le jeune *et uxor*[3], M. et Mme Adamberger, les Lange, etc. Il m'est impossible de vous les citer tous. — Maintenant il faut que je termine, parce que j'ai encore une lettre à écrire à Mme Wendling, à Manheim, pour mes concertos. Je vous prie de relancer Gatti, ce compositeur

1. Les messieurs.
2. Grand admirateur et ami de Mozart.
3. Et sa femme.

d'opéras, toujours prêt, au sujet des livrets d'opéras; je voudrais déjà les tenir! Allons, *adieu!*

236 (M)

A SON PÈRE

Vienne, 5 février 1783.

J'ai reçu exactement votre dernière lettre et j'espère que vous aurez, depuis, reçu aussi la mienne et lu ma prière au sujet de l'habit d'Arlequin. Je répète encore une fois ma demande, et j'ajoute que vous devriez bien avoir la bonté de me l'envoyer le plus tôt possible. — Et quant aux symphonies, je vous prie de les envoyer bientôt aussi, particulièrement la dernière, car mon concert aura lieu dès le troisième dimanche de carême, c'est-à-dire le 23 mars, et il faut que j'en fasse faire encore beaucoup de copies; c'est pour cela que j'avais pensé que, si elle n'est pas encore copiée, vous pourriez me la renvoyer simplement en partition, telle que je vous l'ai adressée; mais avec les menuets.

Ceccarelli n'est donc plus à Salzbourg?... ou bien n'a-t-il pas trouvé sa place dans la cantate de Gatti, puisque vous ne le mettez pas parmi les disputeurs et les querelleurs?... — Hier, on a donné mon opéra pour la dix-septième fois, avec le succès habituel et la salle pleine. — Vendredi prochain, c'est-à-dire après-demain, on représentera un nouvel opéra; la musique (un *galimatias*) est d'un jeune homme d'ici[1], élève de Wagenseil, qui s'appelle : *Gallus cantans in ardore sedens, gigirigi faciens*[2]. Il est probable que cet opéra n'aura pas beaucoup de succès, mais plus pourtant que son prédécesseur, un vieil opéra de Gassmann, *la Notte critica* (en allemand : « la Nuit agitée »), qui a eu de la peine à atteindre trois représentations. Et avant, il y avait eu l'*exécrable* opéra d'Umlauf, dont je vous ai parlé! Celui-là n'a pu se

1. Jos. Mederitch, surnommé *Gallus*.
2. « Un coq chantant, au soleil, en faisant kikiriki. »

nisser jusqu'à la troisième représentation. Il semblerait que cet opéra ait voulu égorger, avant le temps, l'opéra allemand qui devait déjà mourir après Pâques; et ce sont des Allemands eux-mêmes qui font cela! Fi!... au diable!

Je vous ai prié, dans ma dernière lettre, de relancer activement Gatti au sujet des livrets d'opéras italiens, et je le fais de nouveau. Il faut maintenant que je vous expose mon idée : Je ne crois pas que l'opéra italien puisse se *soutenir* longtemps, et moi je suis pour l'opéra allemand; quoique cela me donne plus de peine, j'aime encore mieux cela. Chaque nation a son opéra; pourquoi nous autres Allemands n'aurions-nous pas le nôtre? Est-ce que l'allemand n'est pas aussi facile à chanter que le français ou l'anglais, et plus que le russe? Eh! bien! j'écris maintenant un opéra allemand pour moi. J'ai choisi la comédie de Goldoni : « *il Servitore di due padroni*[1] », et le premier acte est déjà entièrement traduit. Le traducteur, c'est le baron Binder; mais tout cela est encore un secret jusqu'à ce que ce soit terminé. Eh! bien! qu'en pensez-vous? Ne croyez-vous pas que je pourrai bien faire mon affaire avec cela? — Maintenant il faut que je termine. Fischer est auprès de moi; il m'a demandé d'écrire en sa faveur à Le Gros, de Paris, parce qu'il retournera encore là-bas, ce carême-ci. On fait ici la folie de laisser partir un homme qui ne sera jamais remplacé!

[Sur le dos de la lettre on lit : *Gaetano Majorano*[2] *(Cafarelli) Amphion Theba, ego domum.*]

1. « Le serviteur de deux maîtres. »

2. Ce célèbre castrat venait de mourir, le 1er février, laissant une fortune énorme et la propriété ducale de Santo-Donato. Sur le palais qu'il s'était fait construire, se lisait l'inscription citée par Mozart. Elle signifie « ... Amphion a construit Thèbes, et moi, cette demeure. »

237

A LA BARONNE DE WALDSTÄDTEN

Vienne, 15 février 1783.

Très honorée Madame la Baronne,

Eh! bien! me voilà dans une belle situation!... M. de Tranner et moi, nous nous sommes entendus dernièrement pour demander une *prolongation* de quinze jours;... comme c'est une chose que tout marchand accorde, à moins d'être l'homme le plus *indiscret* du monde, j'étais bien tranquille, et j'espérais bien pouvoir d'ici là, si je n'étais pas en état de payer moi-même, trouver à emprunter la somme.

Maintenant, M. de Tranner me fait dire que cet individu ne veut *absolument* pas attendre, et que, si je ne paye pas d'ici à demain, il portera plainte. — Que Votre Grâce se représente quelle vilaine affaire ce serait pour moi! Je ne puis pas payer en ce moment,... pas même la moitié de la somme! Si j'avais pu me figurer que la *souscription* de mes concertos marcherait si lentement, j'aurais emprunté l'argent à plus longue échéance!... Je supplie Votre Grâce, au nom de Dieu, de m'aider à ne pas perdre mon honneur et ma bonne réputation. — Ma pauvre petite femme est un peu souffrante, c'est pourquoi je ne puis la laisser seule, sans cela je serais venu, moi-même, adresser de vive voix ma prière à Votre Grâce. Nous baisons mille fois les mains de Votre Grâce et sommes de Votre Grâce,

les très respectueux enfants,

W. A. ET C. MOZART.

De notre maison, 15 février 1783.

238 (M)

A SON PÈRE

Vienne, 15 février 1783.

Je vous remercie de tout mon cœur de la musique que vous m'avez envoyée. — Je suis bien fâché de ne pouvoir utiliser celle que j'ai composée pour « Thamos[1] ». Cette pièce, n'ayant pas plu, est reléguée ici parmi les pièces discréditées qui ne seront plus jouées. Il faudrait la donner uniquement pour la musique, et ce sera bien difficile!... C'est certainement dommage! — J'envoie à ma sœur les trois cadences pour le concerto en ré et les deux préludes pour celui en mi-si. — Je vous en prie, envoyez-moi donc tout de suite le cahier où se trouve le concerto pour hautbois [K. 293], fait pour Ramm, ou plutôt pour Ferlendi. Le hautbois du prince Esterhazi m'en donne trois ducats, et il me donnera six ducats ensuite, si je lui en fais un nouveau. Mais si vous êtes déjà à Munich, alors.... pardieu! il n'y a rien à faire, car Ramm lui-même, le seul auquel nous pourrions avoir recours, en ce cas, n'est pas là non plus. — J'aurais voulu être assis dans un coin, à Strasbourg!... et pourtant non! Je ne crois pas que j'eusse eu une nuit tranquille.

La nouvelle symphonie de Haffner [K. 385] m'a tout à fait surpris, car je n'en savais plus le premier mot; elle doit certainement faire bon effet. — Je crois que nous organiserons une mascarade dans les derniers jours du carnaval, et que nous jouerons une petite pantomime, mais, je vous en prie, ne nous trahissez pas. — Enfin j'ai été assez heureux pour rencontrer le chevalier Hipolity; il n'avait jamais pu me trouver. C'est un homme *charmant*; il est venu une

1. *Thamos, roi d'Égypte*, est un drame héroïque de *Gebler*, pour lequel Mozart a écrit, en 1779 ou 1780, des chœurs et des entr'actes (K. 345).

fois chez moi et reviendra prochainement avec un air, pour que je l'entende chanter.

Je dois m'arrêter, car il faut encore que j'aille au théâtre. Ma petite femme et moi nous vous baisons mille fois les mains.

239 [M]

A SON PÈRE

Vienne, 12 mars 1783.

J'espère que vous ne vous serez pas inquiété et que vous aurez compris la cause de mon silence : c'est que, ne pouvant savoir exactement combien de temps vous deviez rester à Munich, j'ignorais où je devais écrire ; c'est pourquoi j'ai remis à le faire jusqu'à présent où je puis conjecturer avec certitude que ma lettre vous trouvera à Salzbourg. — Hier, ma belle-sœur Lange a donné son concert au théâtre, et j'y ai joué un concerto ; la salle était très pleine, et j'ai été de nouveau reçu d'une manière si aimable par le public d'ici, que cela m'a causé une vraie joie. J'étais déjà sorti, mais on ne cessait d'applaudir et je dus [rentrer] et jouer une seconde fois le rondo ; alors ç'a été une vraie averse d'applaudissements. C'est d'un bon pronostic pour mon concert qui sera donné dimanche, 23 mars. J'ai fait exécuter, en outre, ma symphonie du *Concert spirituel* [K. 297] ; ma belle-sœur a chanté l'air : « *Non so d'onde viene* » [K. 294]. — Gluck avait la loge à côté de celle des Lange, où se trouvait aussi ma femme ; il ne pouvait assez louer la symphonie et l'air, et il nous a invités tous les quatre à dîner, pour dimanche prochain.

Que l'opéra allemand doive encore se maintenir, c'est possible,... mais on n'en sait rien. Ce qui est sûr, c'est que Fischer part dans huit jours pour Paris. — Quant au concerto de hautbois de Ramm, je vous prie bien fort de me l'envoyer très promptement. Par la même occasion, vous pourriez m'envoyer quelque autre chose encore, par exemple ma messe et mes deux *Vespera* en partition; tout cela, c'est seulement pour le faire entendre au baron Van Swieten. Il chante le premier dessus, moi l'alto (et je joue en même temps), Starzer, le ténor, le jeune Teyber, d'Italie, la basse. — Envoyez-moi le « *Tres sunt* » de Haydn, jusqu'à ce que vous puissiez m'envoyer quelque autre chose de lui. J'aimerais extrêmement faire entendre le « *Lauda Sion* ». Vous devez avoir le « *Tres sunt* » en partition, écrit de ma main. — La fugue : « *In te Domine, speravi* » a eu un succès complet, comme aussi l' « *Ave Maria* » et « *Tenebræ*[1] ». — Je vous en prie, réjouissez donc bientôt notre séance musicale du dimanche par quelque chose de vous.

Nous avons eu notre mascarade à la *redoute*, le lundi gras : elle a consisté en une pantomime qui a juste rempli la demi-heure d'interruption [du bal]. Ma belle-sœur[2] faisait Colombine, — moi, Arlequin, — mon beau-frère, Pierrot, — Merk (un vieux maître de danse), Pantalon, — un peintre (Grassi), le Docteur. L'invention et la musique de cette pantomime m'appartenaient toutes deux [K. 446]. Le maître de danse, Merk, a eu la bonté de nous diriger, et, je vous le dis à vous, nous avons joué très gentiment. Je vous envoie, ci-joint, le programme qu'un masque, costumé en postillon, distribuait à tous les masques. Les vers, même en tant que vers burlesques, pourraient être meilleurs. Ce n'est pas une production de moi; c'est le comédien Muller qui les a barbouillés. — Maintenant il faut que je termine, parce que je dois aller à un concert chez le comte Esterhazi. — Sur ce, portez-vous bien. Je vous en prie, n'oubliez pas la musique!

1. Tous ces morceaux sont de Michel Haydn.
2. Aloysia Lange.

240 [M]

A SON PÈRE

Vienne, 29 mars 1783.

Je crois qu'il ne sera pas nécessaire de vous dire grand'-chose sur le succès de mon concert; vous en avez peut-être déjà entendu parler. Il suffit [de noter] qu'il eût été impossible que le théâtre fût plus rempli; toutes les loges étaient occupées. Mais ce qui m'a fait le plus de plaisir, c'est que Sa Majesté l'Empereur y était aussi; et quelle haute approbation il m'a témoignée! C'est, chez lui, une habitude réglée d'envoyer l'argent à la caisse, avant d'arriver au théâtre, sans cela j'aurais été bien fondé à me promettre une somme plus forte, car sa satisfaction a été sans bornes. Il a envoyé 25 ducats. — Les morceaux étaient les suivants : 1° La nouvelle symphonie composée pour Haffner [K. 385]. — 2° L'air tiré de mon opéra de Munich « *Se il padre perdei* » (avec accompagnement de quatre instruments), chanté par Mme Lange [K. 366]. — 3° Le troisième de mes concertos de la souscription, joué par moi [K. 415]. — 4° La scène composée pour la Baumgarten, chantée par Adamberger [K. 369]. — 5° La petite symphonie concertante de mon dernier *Final-musik* [K. 320][1]. — 6° J'ai joué le concerto en ré [K. 175], si aimé ici, dont je vous ai envoyé le rondo [K. 382]. — 7° La scène « *Parto m'affretto* » de mon dernier opéra de Milan [K. 135][2], chantée par Mlle Teyber. — 8° J'ai joué une petite fugue[3] (parce que l'Empereur était là) et j'ai varié un air tiré d'un opéra appelé « les Philosophes[4] »; puis on m'a obligé à jouer encore, et j'ai varié l'air « *Unser*

1. Ce « Final-Musik » est une sérénade, composée sans doute pour clôturer quelque fête. Elle se compose de plusieurs morceaux, entre autres (n°s 3 et 4) une petite symphonie concertante où les instruments à vent se répondent.
2. *Lucio Silla.*
3. Fugue et variations improvisées.
4. Plus exactement : *Le prétendu philosophe*, de Paisiello.

dummer Pöbel meint », etc., tiré des « Pèlerins de la Mecque[1] ». — 9° Mon nouveau rondo, chanté par la Lange [K. 416]. — 10° Le dernier morceau de la 1re symphonie. — Demain Mlle Teyber donne un concert, où je jouerai aussi.

J'ai reçu exactement le *paquet* de musique et vous en remercie. Je vous prie de ne pas oublier le « *Lauda Sion* »; et ce que nous aimerions bien aussi à avoir, ce serait quelques-uns de vos meilleurs morceaux d'église, mon bien cher père, car nous aimons à cultiver tous les maîtres possibles, les anciens et les modernes. Je vous prie donc de nous envoyer bientôt quelque chose de vous.

241 [M]

A SON PÈRE

Vienne, 3 avril 1783.

Je vous envoie, ci-joint, l'opéra de Munich et les deux exemplaires de mes sonates; — pour les variations promises, je vous les enverrai à la prochaine occasion, car le copiste n'a pu les terminer. Voici aussi les deux portraits; tout ce que je souhaite, c'est que vous en soyez content. Il me semble qu'ils sont tous deux bien ressemblants, et tous ceux qui les ont vus sont du même avis.

En haut de la page, c'est un mensonge que vous avez lu, au sujet des deux exemplaires de mes sonates, mais ce n'est pas ma faute. Quand j'ai voulu les acheter, on m'a dit qu'on en manquait, que je pourrai les avoir demain ou après-demain; pour cette fois, c'est donc trop tard; je les enverrai avec les variations. Je vous adresse aussi le remboursement de ma dette pour la copie de l'opéra; quant au surplus, tout ce que je désire c'est que cela puisse vous venir en aide en quelque chose. Je ne puis, cette fois, me priver d'une plus

1. *Les Pèlerins de la Mecque*, de Gluck; variations improvisées. Plus tard Mozart en écrivit douze sur ce thème (1784. — K. 455).

grosse somme, parce que je prévois beaucoup de dépenses pour l'accouchement de ma femme qui aura lieu probablement à la fin de mai, ou au commencement de juin. — Maintenant il faut que je termine, parce que M. de Daubrawaick part de très bonne heure et que je dois lui envoyer la lettre à temps.

242 [M]

A SON PÈRE

Vienne, 12 avril 1783.

Je suis fâché que la diligence ne parte que dans huit jours et que, par conséquent, je ne puisse pas vous envoyer plus tôt les deux exemplaires de mes sonates ainsi que les autres choses. Je vous ferai parvenir aussi, par la même occasion, la partie de chant de l'air « *Non so d'onde viene* » que j'ai variée [1]. — De votre côté, si vous m'envoyez encore quelque musique, je vous prie de faire faire le voyage également au rondo pour contralto [2] (que j'ai composé pour ce castrat qui faisait partie de la troupe italienne à Salzbourg), et au rondo écrit à Vienne pour Ceccarelli [K. 374]. — Quand il fera plus chaud, je vous prierai de fouiller dans le grenier et de nous envoyer quelque chose de votre musique d'église. Vous n'avez aucune raison d'en rougir. Le baron Van Swieten et Starzer savent, aussi bien que vous et moi, que le goût se transforme sans cesse, et que cette transformation s'est étendue jusqu'à la musique d'église,... ce qui ne devrait pas être,... mais ce qui vient aussi de ce qu'on trouve la vraie musique d'église reléguée sous le toit et presque mangée des vers!... Si, comme je l'espère, je vais avec ma femme à Salzbourg, au mois de juillet, nous parlerons de cela plus longuement. — Lorsque M. de Daubrawaick est parti d'ici, il n'y a presque pas eu moyen de retenir ma

1. Mozart avait retouché ou varié cet air à l'occasion de son concert.
2. Composé pour le contraltiste Fortini en 1776 [K. 255].

femme; elle voulait *absolument* partir aussi, avec moi. Elle croyait que nous pourrions peut-être arriver à Salzbourg plus tôt encore que Daubrawaick; et si ce n'avait été que nous n'eussions pu rester près de vous qu'un si court espace de temps... que dis-je!... qu'elle serait certainement accouchée à Salzbourg,... si donc il n'y avait pas eu cette impossibilité, notre désir si ardent de vous embrasser, vous, mon excellent père et ma sœur chérie, serait maintenant satisfait! Quant à moi, j'aurais eu la confiance d'entreprendre ce petit voyage. Elle va si bien et s'est tant fortifiée, que toutes les femmes devraient remercier Dieu si elles étaient aussi heureuses dans leurs grossesses. — Aussitôt donc que ma femme, après sa délivrance, sera en état de voyager, nous arriverons bien certainement tout de suite à Salzbourg.

Vous aurez lu, dans ma dernière lettre, que je devais jouer encore dans un concert, celui de Mlle Teyber. L'Empereur y assistait aussi. J'ai joué le premier concerto [K. 415] que j'avais exécuté dans mon concert. On voulut me faire répéter le rondo; je me rassis donc, mais au lieu de recommencer le rondo, je fis enlever le pupitre pour jouer seul. — Ah! il aurait fallu que vous entendissiez comme cette petite *surprise* a réjoui le public! Non seulement on applaudissait, mais on criait : *bravo* et *bravissimo!* L'Empereur m'a écouté jusqu'au bout, et ce n'est que quand j'ai quitté le piano qu'il est sorti de sa loge,... ainsi il n'était resté que pour m'entendre de nouveau. — Je vous prie aussi, si c'est possible, de me faire parvenir le compte rendu de mon concert.

Je me réjouis du fond du cœur de ce que le peu [d'argent] que j'ai pu vous envoyer vous soit arrivé si fort à propos. J'aurais encore beaucoup de choses à vous écrire, mais j'ai peur que la poste ne parte; il est déjà huit heures moins le quart. Ainsi, adieu.

243 (M)

A SON PÈRE

Vienne, 7 mai 1783.

Encore une petite lettre!... Devant aller aujourd'hui à un oncert, je voulais réserver ma lettre pour samedi prochain, mais comme j'ai à vous dire quelque chose de très nécessaire pour moi, il faut bien que je dérobe le temps suffisant pour pouvoir vous écrire au moins ce petit mot. A l'heure qu'il est, je n'ai pas encore reçu la musique annoncée; je ne sais ce que cela signifie. — Voilà que l'opéra bouffe italien a fait ici sa réouverture et il plaît beaucoup. Le *buffo*[1] est particulièrement bon; il s'appelle Benucci. — J'ai bien parcouru cent livrets d'opéra,... et plus encore, mais je n'en ai presque pas trouvé un seul qui puisse me satisfaire;... du moins, il faudrait introduire, çà et là, beaucoup de changements, et quand même un poète consentirait à s'en charger, il lui serait plus facile de faire un livret tout neuf;... et vraiment le neuf vaut toujours mieux.

Nous avons ici, comme poète, un certain *abbate* da Ponte[2]; il a, en ce moment, un travail d'enragé pour la correction [des ouvrages] du théâtre; il doit *per obligo*[3] faire un nouveau livret pour Salieri; ce ne sera pas fini avant deux mois; mais ensuite, il m'a promis d'en faire un pour moi. Qui sait, à présent, s'il pourra alors tenir sa parole?... ou s'il le voudra?... Vous savez bien que messieurs les Italiens sont très aimables... en face! — Suffit! nous les connaissons. S'il s'entend avec Salieri, de ma vie je n'en obtiendrai un

1. Rôle comique, généralement tenu par une basse, *bassa buffo*; rarement par un ténor, *tenor buffo* (voy. Jahn, I, 205). — Benucci était *bassa buffo*. Mozart a écrit pour lui l'air [K. 584] destiné d'abord à l'opéra de *Cosi fan tutte*. Benucci a chanté, dans cet opéra, le rôle de *Guglielmo*.

2. C'est par erreur que Mozart l'appelle *abbé*. — On sait que Da Ponte est l'auteur des livrets des *Noces de Figaro* et de *Don Juan*.

3. « Par ordre. »

livret!... et je désirerais extrêmement me montrer aussi dans un opéra italien. C'est pourquoi j'ai pensé que si Varesco n'est plus fâché, au sujet de l'opéra de Munich, il pourrait me composer un nouveau livret avec sept personnages. *Basta!* c'est vous qui saurez le mieux si ce serait une chose à faire. Il pourrait, en attendant, jeter ses idées sur le papier, et, quand je serai à Salzbourg, nous les travaillerons ensemble. Mais le plus nécessaire, c'est que la pièce soit très comique dans son ensemble, et qu'on y introduise, si c'est possible, deux rôles de femme également importants. L'un devrait être *seria*, l'autre, *mezzo-carattere*, mais, comme valeur, il faudrait qu'ils fussent égaux; la troisième femme, au contraire, peut être tout à fait *buffa*, comme aussi tous les hommes, si c'est nécessaire. — Si vous croyez qu'il y ait quelque chose à faire avec Varesco, je vous prie de lui en parler bientôt. Mais ne lui dites pas que je viendrai moi-même au mois de juillet, sans cela il ne travaillerait pas; et puis je serais fort aise si je pouvais recevoir quelque partie de ce travail, étant encore à Vienne. Cela lui rapporterait ses quatre ou cinq cents florins assurés; car c'est l'usage ici que le poète touche toujours la troisième recette.

244 [M]

A SON PÈRE

Vienne, 21 mai 1783.

Je me suis tout de suite informé, chez le banquier Scheffler, d'un Rosa ou Rossi, mais maintenant lui-même est venu chez moi et, par conséquent, j'ai reçu exactement la musique. J'ai reçu aussi, par Gilofsky, le rondo de Ceccarelli, et je vous en remercie. Je vous envoie, ci-joint, la partie de chant de « *Non so d'onde viene* » et je souhaite que vous puissiez la lire. — Je regrette de tout cœur la bonne Mme de Robinig. Ma femme et moi nous avons aussi été sur le point de perdre un excellent ami à nous, le baron Raymond Wezlar, chez qui nous avons demeuré. Voilà seulement que je m'aperçois que, depuis tout ce temps déjà, je suis dans mon second logement et que je ne vous l'ai pas encore écrit! Le baron Wezlar a reçu une dame dans sa maison et alors, pour lui faire plaisir, nous nous sommes installés, sans attendre le terme, dans un mauvais *logis* sur le *Kohlmarkt*[1]. Mais, comme dédommagement, il ne nous a rien pris pour les trois mois que nous avons demeuré là-bas, et il s'est aussi chargé des frais de déménagement. Pendant ce temps, nous avons cherché un bon logement et nous l'avons trouvé sur la *Judenplatz*[2]; c'est là que nous sommes à présent. Le baron a tout payé également à la maison du *Kohlmarkt*. Voici donc notre adresse : « *Judenplatz*, maison Burg, n° 244, premier étage.

Maintenant, nous ne souhaitons plus que d'être bientôt assez heureux pour vous embrasser tous deux. Mais cela pourra-t-il se faire à Salzbourg ? Je crois malheureusement que ce sera difficile. Il y a déjà longtemps qu'une certaine idée me trotte par la tête ; comme vous ne l'avez jamais eue, mon très cher père, je l'ai repoussée, moi aussi. Mais voilà que M. d'Edelbach et le baron Wezlar m'y confirment de nouveau. N'y aurait-il pas à craindre, si je retournais à Salzbourg, que l'archevêque ne me fît arrêter, ou au moins?... *Basta!* — Ce qui me fait craindre le plus, c'est que je n'ai pas mon congé en règle. Peut-être l'a-t-on fait exprès pour me ressaisir plus tard? Suffit : vous saurez juger cela mieux que personne. Si vous êtes d'opinion contraire, nous viendrons certainement; mais si vous pensez comme nous, il faudra que nous choisissions un troisième lieu de réunion, Munich, peut-être ?... Un mauvais prêtre est capable de tout. *A propos*, n'avez-vous pas entendu parler de la fameuse querelle entre l'archevêque et le comte Daun ?... et de la

1. Marché au charbon.
2. Place des Juifs.

lettre insultante que l'archevêque a reçue du chapitre de Passau?

Je vous prie de bien relancer Varesco pour ce que vous savez : le plus important, c'est que ce soit comique; car je connais le goût des Viennois.

245

A SON PÈRE

Vienne, 7 juin 1783.

Dieu soit loué, je suis complètement rétabli; seulement ma maladie m'a laissé, comme souvenir, un catarrhe; ... c'est vraiment bien gentil de sa part.

J'ai reçu exactement la lettre de ma chère sœur. La fête de ma femme n'est ni en mars, ni en mai, mais le 16 février, et on ne la trouve même dans aucun calendrier. Ma femme vous remercie, quand même, tous deux, de vos bienveillants souhaits de bonheur; ils sont toujours à leur place, quoique en dehors d'un jour de fête. Elle aurait bien voulu écrire elle-même à ma sœur, mais dans l'état où elle se trouve actuellement il faut avoir de l'indulgence pour elle si elle est un peu... *commode;*... en bon allemand : si elle en prend un peu à son aise. — D'après l'examen de la sage-femme, elle aurait déjà dû accoucher le 4 de ce mois; mais je ne crois pas qu'il arrive rien avant le 15 ou le 16. Elle souhaite que ce soit le plus tôt possible; surtout pour avoir, d'autant plus vite, ainsi que moi, le bonheur de vous embrasser à Salzbourg, vous et ma chère sœur. Comme je ne croyais pas que la plaisanterie allait si vite tourner au sérieux, j'ai toujours différé, mon père chéri, de me jeter à vos genoux et, les mains jointes, de vous prier bien humblement d'être parrain. Mais, comme il en est peut-être encore temps, je le fais maintenant. En attendant (dans le confiant espoir que vous ne me refuserez pas)... et depuis le *visum repertum* de la sage-femme, j'ai eu soin de me pourvoir de quelqu'un qui tienne l'enfant sur les fonts, en votre nom, et qu'il soit *generis masculini* ou *feminini*, il s'appellera Léopold ou Léopoldine.

Maintenant, il faut que je dise deux mots à ma sœur, au sujet des sonates de Clementi. Qu'elles ne signifient rien, sous le rapport de la composition, c'est ce que sentira quiconque les jouera ou les entendra. Il n'y a aucun passage remarquable ou frappant, excepté les sixtes et les octaves, et pour ceux-là, je supplie ma sœur de ne pas trop s'en occuper, afin de ne pas gâter, par là, sa main calme et bien posée, et ne pas lui faire perdre sa légèreté naturelle, sa souplesse et son agilité; car, qu'y gagne-t-on, au bout du compte?... Qu'elle arrive à faire les sixtes et les octaves avec la plus grande rapidité (ce dont personne ne peut venir à bout, pas même Clementi)... elle aura exécuté un affreux cahotage, et rien de plus! — Clementi est un *ciarlattano* comme tous les Italiens! Il écrit sur une sonate *presto* et même *prestissimo* et *alla breve*, et il la joue *allegro* et à quatre temps. Je le sais bien, puisque je l'ai entendu! Ce qu'il fait très bien, ce sont ses passages en tierces; mais pour en arriver là, il a sué jour et nuit, à Londres. En dehors de cela, il n'a rien,... absolument rien, pas le moindre style, ni goût, et encore moins de sentiment[1].

A présent, parlons de M. de Aman. M. de Fichtl m'a dit que le conseiller aulique Aman a été enfermé comme complètement fou; cela m'a paru tout naturel, car il avait coutume d'errer de côté et d'autre d'un air tout *morose*. — Là-dessus j'ai dit : « Ce n'est sans doute pas l'excès de travail qui en est cause! » Ce qui n'a pas peu fait rire M. de Fichtl. — Quant à Basile Aman, cela me fait beaucoup de peine, et vraiment je n'aurais jamais supposé cela de lui; j'aurais plutôt cru qu'il était devenu plus raisonnable. Allons!

1. Clementi a avoué lui-même qu'à cette époque il cherchait surtout à briller par l'exécution, et que ce n'était que plus tard qu'il avait formé son goût, en écoutant de célèbres chanteurs. (Voy. Jahn, I, 639.)

peut-être qu'il voudra bien me prendre à son service, quand je serai à Salzbourg. J'irai certainement le voir et me rappeler à son souvenir. Si vous pouviez vous procurer un *lied* allemand de sa composition, ayez donc la bonté de me l'envoyer, afin que j'aie de quoi rire ; je veux en composer la musique.... Et pourtant, non !... je connais ici un fou, et c'est lui qui la composera.

Ne savez-vous rien encore au sujet de Varesco ? Je vous en prie, n'oubliez pas !... nous pourrions si gentiment y travailler pendant que je serai à Salzbourg, si nous avions un plan préparé !

246

A SON PÈRE

Vienne, ce 18 *de juin* 1783.

Mon très cher père !

Je vous félicite !... vous êtes grand-père !... Hier matin, 17, à six heures et demie, ma chère femme est heureusement accouchée d'un garçon grand, fort et dodu. — Les douleurs ont commencé à une heure et demie du matin,... de sorte que, pour cette nuit-là, c'en a été fait de notre repos et de notre sommeil à tous deux[1]. A quatre heures, j'ai envoyé cherché ma belle-mère,... puis la sage-femme, qui est arrivée en chaise à porteur, à six heures ;... et à six heures et demie, tout était fini. — Ma belle-mère compense maintenant tout le mal qu'elle a fait à sa fille avant son mariage, par tout le bien possible :... elle reste toute la journée auprès d'elle.

Ma chère femme, qui vous baise les mains et embrasse affectueusement ma chère sœur, se trouve,... autant que sa situation le permet,... parfaitement bien. J'espère de la

1. Constance a raconté que son mari avait composé, pendant cette nuit, le second des quatuors dédiés à Haydn (en ré mineur, K. 421). Il travaillait près d'elle, se levant et allant à elle pour la consoler et l'encourager chaque fois qu'elle gémissait, et, quand elle était plus calme, il retournait écrire. (Voy. Jahn, II, 113.)

bonté de Dieu que, comme elle se ménage bien, elle se remettra heureusement de ses couches. — Je suis préoccupé de la fièvre de lait, car elle a les seins déjà assez gonflés!

Voilà que l'enfant a une nourrice!... contre ma volonté... et pourtant avec mon consentement. Ma femme, qu'elle fût en état ou non de le faire, ne devait pas nourrir son enfant : ceci a toujours été ma ferme résolution;... et cependant mon enfant ne devait pas non plus avaler un autre lait.... Je voulais l'élever avec de l'eau, comme ma sœur et moi; mais la sage-femme, ma belle-mère et la plupart des gens d'ici m'ont supplié de n'en rien faire, pour cette seule raison qu'ici la majeure partie des enfants élevés à l'eau succombent, parce que les gens ne savent pas s'y prendre. Cela m'a déterminé... à céder,... car je ne voudrais pas qu'on pût me faire de reproche[1].

Maintenant, pour la question du parrain,... écoutez ce qui m'est arrivé!... J'ai fait annoncer tout de suite au baron Wezlar (comme à mon vrai et excellent ami) l'heureuse délivrance de ma femme. Aussitôt il est venu lui-même,... et s'est offert à être parrain. — Je ne pouvais pas le lui refuser,... et je me dis, en moi-même, que je pouvais quand même appeler mon fils Léopold;... mais tandis que je pensais cela, il s'est écrié plein de joie : « Ainsi, c'est un petit Raymond que vous avez! » et il a embrassé l'enfant. Que fallait-il faire après cela?... J'ai donc fait baptiser l'enfant [sous les noms] de Raymond Léopold. — Je vous avoue franchement que si vous ne m'aviez pas écrit dans une lettre votre opinion à ce sujet, je me serais trouvé dans un grand embarras .. et je n'oserais répondre que je n'eusse peut-être refusé [l'offre du baron]. Mais votre lettre m'inspire la confiance que vous ne serez pas mécontent de ma conduite! .. et puis l'enfant s'appelle quand même Léopold.

Il faut maintenant que je termine. Je vous baise, ainsi que mon accouchée, mille fois les mains, et nous embrassons

1. Ce premier enfant mourut au bout de quelques mois.

mille fois notre chère sœur, et sommes pour toujours vos enfants très obéissants,

W. et C. Mozart.

247 [Nissen][1]

A SON PÈRE

Vienne, 2 juillet 1783.

L'opéra[2] a été donné avant-hier, lundi, pour la première fois; rien n'y a plu, excepté les deux airs qui sont de moi, et il a fallu bisser le second qui est un *air de bravoure*[3]. — Maintenant, il faut que vous sachiez que mes ennemis ont été assez méchants pour répandre partout, par avance, le bruit que « Mozart prétendait *corriger* l'opéra d'Anfossi ». J'entendis parler de cela;... alors je fis dire au comte Rosenberg que je ne livrerais mes airs que si on imprimait dans le livret, en allemand et en italien, cet avertissement :

« Les deux airs, pages 36 et 102 [K. 418 et 419], ont été composés par M. le *maestro* Mozart, par complaisance pour *madame* Lange, et ne sont pas de M. le maître Anfossi. On fait connaître ceci pour l'honneur dudit [Mozart] sans vouloir le moins du monde porter atteinte à la considération et à la réputation du très célèbre Napolitain. »

L'avis a été imprimé, et j'ai livré les airs, qui m'ont fait un indicible honneur, ainsi qu'à ma belle-sœur; .. et messieurs mes ennemis sont tout attrapés! — Maintenant, voici un *tour* de M. Salieri, qui n'a pas fait autant de tort à moi qu'au pauvre Adamberger. Je crois que je vous ai écrit que j'ai composé aussi un rondo pour Adamberger [K. 420]. — Dans une petite répétition, et lorsque le rondo n'était pas encore copié, Salieri a pris à part Adamberger et lui a dit

1. On a pu déjà remarquer, comme nous l'avons dit dans l'Introduction, p. 1, que les lettres données uniquement par Nissen ne sont que des fragments.

2. *Il curioso indiscreto*, d'Anfossi.

3. Depuis la réouverture du théâtre italien, il n'était pas rare que les acteurs demandassent à Mozart quelque air qu'ils ajoutaient à leur rôle. (Jahn.)

que le comte Rosenberg ne verrait pas d'un bon œil qu'il introduisît un air [dans l'opéra], et qu'ainsi il lui conseillait en bon ami de ne pas le faire. Adamberger, furieux contre Rosenberg, et fier, à contre-temps, cette fois, ne sut pas se venger autrement que par une sottise, et dit : « Eh! bien! soit! Pour prouver qu'Adamberger a déjà sa réputation faite à Vienne et n'en est pas à avoir besoin de se faire de l'honneur avec une musique écrite exprès pour lui, il chantera ce qui est [dans l'opéra] et n'y ajoutera pas un air, de toute sa vie. » — Et qu'en est-il résulté? C'est qu'il n'a eu aucun succès; et du reste il ne pouvait en être autrement! Maintenant, il se repent, mais c'est trop tard; car s'il me demandait à présent de lui donner le rondo, je ne le lui livrerais pas. Je puis très bien l'employer dans un de mes opéras. — Le plus vexant là dedans, c'est que la prédiction de sa femme — et la mienne, — s'est vérifiée : le comte Rosenberg et la direction ne savent pas le premier mot [de l'incident] et ç'a été simplement une ruse de Salieri.

248

A SON PÈRE

Vienne, 12 juillet 1783.

Mon très cher père!

J'ai reçu exactement votre lettre du 8 de ce mois et j'y ai vu avec joie que vous vous portez bien tous deux, grâce à Dieu! — Si vous voulez appeler : mauvaise plaisanterie, ce qui, en réalité, est : obstacle, je ne puis pas vous en empêcher; on peut donner à toute chose une fausse appellation, si l'on veut, . . mais que ce soit vrai, .. c'est une autre question [1]. — Avez-vous jamais remarqué que je n'aie aucune envie, aucun désir de vous voir?... certes non!. . Mais il est vrai que je n'ai aucune joie à revoir Salzbourg et l'arche-

1. Pour comprendre les allusions de cette lettre, relire la lettre 244.

vêque.. . Et si nous nous réunissions dans un autre endroit, de qui donc se moquerait-on?... Ce serait de l'archevêque et non de vous! — J'espère qu'il est inutile de vous dire que je me soucie fort peu de Salzbourg et pas du tout de l'archevêque, et que je me ..... de tous deux, et que si vous et ma sœur vous n'étiez pas à Salzbourg, de ma vie il ne me viendrait dans la tête d'y faire un voyage *extra*. — C'est la préoccupation bienveillante de mes bons amis qui est cause de tout [ce que je vous ai dit], et ils ont pourtant, eux aussi, le sens commun!... et moi, je ne croyais pas agir avec tant de déraison, en vous consultant sur cette affaire pour pouvoir ensuite suivre votre conseil!... Toute l'appréhension de mes amis était que l'archevêque me fît arrêter, parce que je n'ai pas mon congé. Mais à présent, je suis tout à fait rassuré par vous, et nous viendrons en août,... ou en septembre au plus tard, bien certainement. — M. de Babius m'a rencontré dans la rue et est revenu avec moi à la maison. Il est parti aujourd'hui, et hier, s'il n'avait été déjà *engagé*, il aurait dîné chez moi.

Cher père! il ne faut pas que vous croyiez, parce que nous sommes en été, que je n'aie absolument rien à faire!... Tout le monde n'est pourtant pas à la campagne!... et j'ai encore quelques élèves qui me réclament. J'en ai un, à présent, pour la composition;... il aura un drôle d'air, celui-là, quand je lui annoncerai mon départ!

Il faut maintenant que je termine, car j'ai encore beaucoup à écrire. En attendant [notre arrivée], faites donc installer le jeu de boules dans le jardin [1], car ma femme a une grande passion pour cet amusement. Elle a toujours un petit souci, c'est de ne pas vous plaire, parce qu'elle n'est pas jolie;... mais je la rassure de mon mieux en lui disant que mon bien cher père ne tient pas tant à la beauté extérieure qu'à l'intérieure. — Maintenant, adieu! Ma femme et moi, nous vous baisons mille fois les mains et nous em-

1. L. Mozart habitait alors place Mirabell.

brassons affectueusement notre chère sœur. Nous sommes pour toujours vos enfants obéissants,

W. et C. MOZART

249[1]

Vienne, 19 juillet 1783.

Très honorée et très chère *Mademoiselle* ma belle-sœur !

Mon cher mari a reçu exactement votre lettre, et nous avons été joyeux, lui et moi, que vous désiriez tant nous voir. Mais ce qui lui a fait de la peine, c'est que vous nous soupçonniez de n'en avoir pas un aussi grand désir ; et, vraiment, j'en ai souffert moi-même ! Toutefois, pour vous montrer que nous ne sommes plus du tout fâchés, nous vous avouons que nous avons toujours eu le dessein d'arriver au mois d'août, mais que nous voulions seulement vous en faire une petite surprise ; maintenant cela ne pourra plus être une surprise pour vous, mais c'en sera une, au moins en partie, pour notre cher et excellent père... si vous... pouvez vous taire, ce que nous vous demandons instamment ; car ce n'est qu'à cette condition que nous vous découvrons la vérité. — Bref, vous nous avez extorqué notre secret par votre vilaine lettre ! Enfin, nous serons déjà satisfaits, si nous pouvons causer à notre cher père une joie inattendue ! Ainsi... de la discrétion... je vous en prie ! — C'est donc le 1er août que j'aurai le bonheur et la joie de vous embrasser et, en attendant, je reste avec respect,

ma très chère belle-sœur,

votre belle-sœur affectionnée,

MARIE-CONSTANCE MOZART.

Très chère Mademoiselle Marchand[2],

J'ai été bien contente de voir que vous vous souveniez de moi et que vouliez bien prendre la peine de m'écrire. — Soyez persuadée que j'ai autant de joie d'aller à Salzbourg, pour avoir le bonheur et la satisfaction d'apprendre à connaître personnellement mon cher beau-père et ma chère belle-sœur, et leur témoigner mon respect, que vous pou-

1. Les trois lettres suivantes, de Constance et de Mozart, sont écrites sur une même feuille.
2. Élève de L. Mozart, demeurant chez lui.

vez vous réjouir vous-même quand vous avez l'occasion de revoir vos chers parents ;... et puis *embrasser* ma chère Mlle Marguerite,... que j'ai déjà connue à Manheim et à Munich comme une jeune personne très habile, et qui, depuis, a été à même de se perfectionner de plus en plus ! — Quelle joie j'aurai à vous revoir, vous embrasser et admirer votre talent !... Je le pourrai le 1er août, s'il plaît à Dieu !... En attendant, je vous recommande la plus stricte discrétion et suis

votre amie et servante dévouée,

MARIE-CONSTANCE MOZART.

Excellente Mademoiselle Marchand, et chère sœur !

Ne croyez pas et ne crois pas un mot de tout ce que ma femme a griffonné ci-dessus. Comment donc pourrions-nous être à Salzbourg le 1er août si nous sommes encore ici le 26 ?... Mais si je ne suis pas absolument forcé d'être ici le 26, bien certainement nous serons chez vous le 1er août. — Je te souhaiterai alors ta fête en personne; je puis bien te la souhaiter encore dans l'octave ! — En attendant, portetoi bien, et vous aussi, excellente Mademoiselle, portez-vous bien. J'espère vous entendre bientôt chanter et jouer du piano. Il faudra que nous célébrions la fête par un concert. Portez-vous bien toutes les deux. Je t'embrasse de tout cœur, ma chère sœur, et suis pour toujours ton frère sincère,

W. A. MOZART, m. p.

250 [B. V.]

A SON PÈRE

Linz, 31 octobre 1783.

Nous sommes arrivés heureusement ici hier, 30 octobre, à neuf heures du matin. Le premier jour, nous avons passé la nuit à Vöcklabruck; le lendemain, nous sommes arrivés

1. Mozart venait de passer trois mois à Salzbourg et retournait, par étapes à Vienne.

dans la matinée à Lambach[1], juste à temps pour que j'aie pu accompagner l'*Agnus Dei* sur l'orgue, à la grand'messe. M. le prélat a eu la plus grande joie de me revoir[2], et il m'a aussi raconté l'*anecdote* [qui s'est passée] entre vous et lui, à Salzbourg. — Nous sommes restés là tout le jour et j'y ai joué sur l'orgue et sur un clavicorde. — Ayant entendu dire que le lendemain on devait représenter un opéra à Ebersberg, chez M. l'administrateur Steurer (dont la femme est sœur de Mme de Barisani), et que, par conséquent, tout Linz s'y trouverait réuni, je résolus de m'y trouver aussi, et nous y sommes allés en voiture. Là le jeune comte Thun (frère de celui de Vienne) vint aussitôt à moi et me dit que M. son père m'attendait depuis quinze jours déjà[3], et que je pouvais me faire conduire tout de suite chez lui, car c'était là que je devais loger. Je répondis que je descendrais dans une auberge; mais le lendemain, quand nous arrivâmes à la porte de Linz, un domestique s'y trouvait déjà pour nous conduire chez le vieux comte Thun, où nous logeons effectivement en ce moment. Je ne puis vous dire à quel point on nous comble de politesses dans cette maison. Mardi, 4 novembre, je donnerai ici un concert au théâtre, et comme je n'ai pris avec moi aucune symphonie, je me suis plongé jusque par-dessus la tête dans la composition d'une nouvelle symphonie qui doit être terminée d'ici là.

Maintenant, il faut que je cesse, parce qu'il est absolument nécessaire que je travaille. — Ma femme et moi, nous vous baisons les mains, nous vous demandons pardon de vous avoir causé un si long embarras et nous vous remercions bien fort, encore une fois, de tout ce que nous avons reçu de vous. Allons, adieu! Nous saluons cordialement Grethel et Henri dont nous avons déjà beaucoup parlé ici, et Hanni[4]. — Je vous charge tout particulièrement

1. Couvent de Bénédictins.
2. Mozart s'était arrêté à Lambach, avec son père, en 1767, allant à Vienne
3. A Linz.
4. Grethel (Marguerite) et Henri Marchand, et la petite Johanna Brochard,

de dire à Grethel de ne pas ressembler, — pour son chant, — à un flagorneur; car les friandises et les bécotages ne sont pas toujours agréables. Il n'y a qu'à des ânes imbéciles qu'on puisse en imposer par là. Moi, du moins, je supporterais plus volontiers un rustre, qui ne rougirait pas de ..... en ma présence, que je ne me laisserais prendre par d'aussi fausses simagrées,... et qui d'ailleurs sont si exagérées qu'on pourrait les saisir avec la main.

251

A SON PÈRE

Vienne, 6 décembre 1783.

Comme je ne pouvais supposer que vous m'écririez à Vienne avant que je ne vous eusse annoncé mon arrivée, ce n'est qu'aujourd'hui que je suis allé chez Peisser pour m'enquérir d'une lettre, et que j'y ai trouvé votre lettre du 21 novembre qui était là depuis douze jours déjà.

Vous vous souvenez que, lorsque vous êtes venu à Munich au moment où je composais mon grand opéra, vous m'avez présenté la lettre de créance des 12 *louis d'or* que j'ai empruntés de M. Scherz, à Strasbourg,... et vous m'avez dit ces paroles : « Ce qui me fâche seulement, c'est ton peu de confiance à mon égard !... Voilà maintenant que j'ai l'honneur d'avoir 12 *louis d'or* à payer ! » — Je partis pour Vienne, vous pour Salzbourg. D'après vos paroles je devais croire que je n'avais plus à m'inquiéter de cette dette; que, d'ailleurs, si ce n'eût pas été une affaire terminée, vous me l'auriez écrit, ou vous me l'auriez dit quand j'étais auprès de vous. Figurez-vous maintenant mon embarras et mon étonnement lorsque, avant-hier, un employé des bureaux de M. le banquier Œchsers est venu chez moi m'apporter une lettre de M. Haffner, de Salzbourg, avec une incluse de

âgée de neuf ans, fille de la célèbre actrice, tous élèves de L. Mozart et demeurant chez lui.

M. Scherz !... Comme il y a maintenant cinq années d'écoulées, on exige aussi les intérêts ;... mais, quant à cela, j'ai répondu carrément qu'il n'en serait rien, attendu qu'il ne s'agit que d'une lettre de change valable pour six semaines et, par conséquent, périmée. Je paierai cependant le capital, en considération de l'amitié de M. Scherz, mais aucun intérêt n'ayant été stipulé, je n'en dois aucun. — Tout ce que je vous demande, mon bien cher père, c'est d'avoir la bonté d'être ma caution pendant un mois vis-à-vis de Haffner ou plutôt de Triendl. Vous, qui êtes un homme d'expérience, vous pouvez aisément vous figurer qu'il me serait bien incommode de me mettre à sec, juste en ce moment.

Ce qui m'est le plus désagréable dans toute cette affaire, c'est que M. Scherz n'aura pas de moi la meilleure opinion ! ... preuve que le hasard, les cas imprévus, les circonstances, les malentendus, que sais-je !... peuvent souvent détruire l'honneur d'un homme innocent. Pourquoi M. Scherz n'a-t-il pas donné signe de vie depuis si longtemps ? Mon nom n'est pourtant pas si inconnu ! Mon opéra [1], représenté à Strasbourg, a dû au moins lui faire supposer que j'étais à Vienne. Et puis, sa *correspondance* avec Haffner, à Salzbourg !... S'il s'était présenté la première année, je l'aurais payé sur-le-champ et avec plaisir. Je le ferai encore, mais, pour le moment, je ne le puis pas.

Maintenant, quelque chose d'autre : Il ne me manque plus que trois airs, pour que le premier acte de mon opéra [2] soit terminé. Je puis dire que je suis tout à fait content de l'air bouffe, du quartette et du finale, et que j'en ai une vraie joie. Aussi serais-je bien fâché d'avoir composé inutilement une pareille musique,... c'est-à-dire, si ce qui est d'une nécessité absolue ne se fait pas. [Je m'explique] : Ni vous, ni l'abbé Varesco, ni moi, nous n'avons réfléchi que cela ferait très mauvais effet, et même que l'opéra tomberait infaillible-

1. *L'Enlèvement au sérail*, dit Nohl. Jahn n'en parle pas.
2. *L'Oca del Cairo*, K. 422 ; sept numéros seulement ont été composés. C'est cet opéra que Mozart avait demandé à Varesco.

ment si aucune des deux femmes principales ne descendait en scène avant le dernier moment, et qu'elles fussent, tout le temps, condamnées à se promener sur les bastions de la forteresse ou sur les remparts. Pour un seul acte, je crois les spectateurs capables d'avoir assez de patience, mais pour le second acte, c'est impossible qu'ils le supportent; cela ne peut pas être. Ce n'est qu'à Linz que j'ai fait cette *réflexion*;... et il n'y a pas moyen de s'en tirer autrement qu'en plaçant, au second acte, quelques scènes dans la forteresse... *camera della fortezza*. — Pour la scène où Don Pippo donne ordre de faire entrer l'oie dans la place, on peut représenter la chambre de la forteresse où se tiennent Celidora et Lavina. Pantea entre avec l'oie,... Biondello s'en échappe,... on entend Don Pippo arriver, Biondello redevient oie. Cela amène un bon quintette, d'autant plus comique que l'oie chantera aussi.

Du reste, je dois vous dire que, si je n'ai rien objecté à toute cette histoire d'oie, ce n'est que parce que deux hommes ayant plus de lumières que moi, — c'est-à-dire Varesco et vous, — n'avez rien vu contre. Mais il est encore temps de penser à d'autres combinaisons. Biondello a promis un jour qu'il parviendrait à entrer dans la tour; maintenant, comment il exécutera son projet, qu'il y pénètre au moyen d'une oie fabriquée, ou par toute autre ruse, c'est tout un. Il me semble qu'on pourrait représenter des choses bien plus comiques et plus naturelles si Biondello restait sous sa figure humaine. Par exemple, la nouvelle que Biondello, au désespoir de ne pouvoir entrer dans la forteresse, s'est jeté dans les flots, pourrait arriver juste au commencement du second acte. Il pourrait alors se déguiser en Turc, ou n'importe quoi, et présenter Pantea comme une esclave (une Mauresque). Don Pippo a envie d'acheter l'esclave pour sa fiancée. De cette façon le marchand d'esclaves et la Mauresque peuvent pénétrer dans la forteresse pour se faire voir, et Pantea a l'occasion de bafouer son mari et de lui faire mille impertinences; son rôle en devient meilleur, car plus l'opéra italien est comique, mieux cela vaut. — Maintenant, je vous prie de faire bien clairement comprendre ma pensée à M. l'abbé Varesco,... et dites-lui que je le prie d'être laborieux ;... j'ai travaillé assez vite, moi, pour ce court espace de temps! Et même j'aurais terminé tout le premier acte, si je n'avais encore besoin de changements dans les paroles de quelques-uns des airs,... mais je vous prie de ne pas le lui dire encore.

Mon opéra allemand, « l'Enlèvement au Sérail », a été représenté à Prague et à Leipzig, très bien et avec un plein succès. Je vous prie de m'envoyer, aussitôt que possible, mon « Idoménée », les deux duos de violon[1] et les fugues de S. Bach. J'ai besoin d' « Idoménée », parce que, ce prochain carême, je donnerai (outre mon concert au théâtre) six concerts par souscription, et je voudrais y faire entendre aussi cet opéra.

Maintenant, *adieu*. — Je vous prie de bien convaincre Varesco et de le presser vivement,... et puis de m'envoyer bientôt la musique. Nous embrassons Grethel, Henri et Hanni. J'écrirai à Grethel au prochain jour. Je fais dire à Henri[2] que j'ai déjà beaucoup parlé en sa faveur à Linz et ici. Il faut qu'il s'exerce bien dans le *staccato*, car c'est en cela, seulement, que les Viennois ne peuvent oublier La Motte[3]. — Adieu.

251 *bis*.

A SON PÈRE

Vienne, 10 décembre 1783.

L'existence de cette lettre, qui n'est plus au Mozarteum, nous est connue seulement par les allusions faites par Jahn. Voici ces allusions :

1. Duos pour violon et alto (K. 423, 424), composés dans le récent voyage de Salzbourg, pour rendre service à M. Haydn. (Voy. Jahn, II, 4.)
2. Le jeune Henri Marchand était devenu très habile violoniste.
3. Fr. La Motte, violoniste virtuose, né à Vienne (1751-1781).

Le fils premier-né, Léopold, « le pauvre gros et gras et cher petit garçon », comme on le dit dans une lettre du 10 décembre 1783, mourut la même année[1]. (II, p. 3.)

Mozart fut extrêmement content lorsque les Lange, auxquels un congé de plusieurs mois avait été accordé, choisirent pour leur représentation à bénéfice son *Enlèvement au Sérail*, et il ne négligea pas de le mander à son père le 10 décembre 1783. (II, p. 17.)

A propos de la composition de l'opéra *l'Oca del Cairo*, Jahn signale ce passage de la même lettre : « Faites votre possible pour que mon livret tourne à bien. Je voudrais bien pouvoir faire descendre les deux femmes de leur bastion dès le premier acte, quand elles chantent leurs airs, et ensuite je leur permettrais volontiers de chanter tout le finale en haut du bastion. » (II, p. 228.)

Enfin, à son retour de Salzbourg, 10 décembre 1783, Mozart prie son père de donner à Nannerl, en son nom et en celui de sa femme, « une paire de soufflets, de gifles, de taloches, etc.[2] » (II, p. 600.)

252 [B. V.]

A SON PÈRE

Vienne, 24 décembre 1783.

J'ai reçu exactement votre dernière lettre du 19 de ce mois, y compris l'incluse concernant l'opéra[3]. — Parlons de l'opéra, comme étant la chose la plus nécessaire : — M. l'abbé Varesco a écrit en marge de la cavatine de Lavina : « *A cui servira la musica della cavatina antecedente*[4] », c'est-à-dire de la cavatine de Celidora ; mais c'est impossible,... car dans la cavatine de Celidora le texte est très désolé et désespéré, tandis que dans celle de Lavina il est très consolant et plein d'espoir; et puis, d'ailleurs, c'est une mode très condamnée et qui n'est plus reçue, qu'un chanteur vienne bégayer l'air d'un autre, après lui! Tout au plus cela peut-il s'admettre d'une *soubrette* avec son amoureux, c'est-à-dire

1. Sans doute Mozart disait que l'enfant était souffrant.
2. Il y a six synonymes, plus ou moins vulgaires, du mot *soufflet*
3. *L'Oca del Cairo.*
4. « Pour laquelle servira la musique de la cavatine précédente. »

dans les *ultime parte*[1]. — Mon avis serait que la scène commençât par un beau duo, qui peut très bien aller avec le même texte, moyennant une petite *aggiunta*[2] pour la *coda*. Après le duo viendrait le dialogue, comme précédemment ; *e quando s'ode il campanello della custoda*[3], Mlle Lavina aura la bonté de se retirer, au lieu de Celidora, afin que Celidora, en qualité de prima donna, ait l'occasion de chanter un bel air de bravoure. — Il me semble que, de cette façon, tout irait mieux pour le compositeur, la chanteuse, les spectateurs et les auditeurs, et toute la scène en deviendrait infailliblement plus intéressante. De plus, on supporterait difficilement que le même air fût chanté par la seconde chanteuse, après l'avoir entendu chanter par la première.

Maintenant, je ne sais pas ce que vous voulez dire tous deux dans l'arrangement qui suit ; à la fin de la scène des deux dames, nouvellement intercalée dans le premier acte, M. l'abbé écrit : « *Segue la scena VIII che prima era la VII, e cosi cangiansi di mano in mano i numeri*[4]. D'après cette note, je dois supposer que, contre toute prévision, la scène qui suit le quatuor, et où les dames chantent l'une après l'autre leur petit air, à la fenêtre, doit rester?... C'est une chose impossible !... Par là, l'acte serait non seulement allongé sans aucun motif, mais rendu très insipide. — J'ai toujours trouvé très risible de lire : Celidora : « *Tu qui m'attendi, amica. Alla custoda farmi veder voglio ; ci andrai tu puoi.* » — Lavina : « *Si, dolce amica, addio!* » (*Celidora parte*)[5]. — Lavina chante son air. Celidora revient et dit : « *Eccomi! or vanne*[6], » etc., et Lavina s'en va,... et Celidora chante son air. Elles se relèvent l'une l'autre comme des sentinelles. — Il

1. Les derniers rôles.
2. Addition.
3. « Et lorsqu'on entend la clochette de la gardienne. »
4. « Suit ici la scène VIII qui était d'abord la scène VII, et ainsi tous les numéros sont changés de proche en proche. »
5. « Toi, amie, attends-moi ici. Je veux me faire voir à la gardienne ; tu iras ensuite. » — Lavina : « Oui, douce amie ; adieu ! » (Celidora part.)
6. « Me voici ! va maintenant.... »

est en outre beaucoup plus naturel, puisque dans le quatuor tout le monde est d'accord pour exécuter le complot projeté, que les hommes s'en aillent chercher les gens nécessaires, et que les deux femmes se rendent tranquillement dans leur clôture. Tout ce qu'on peut encore leur permettre, c'est quelques phrases de récitatif. — Je crois pourtant être bien sûr que l'intention n'a jamais été que cette scène restât, mais seulement qu'on a oublié d'indiquer qu'elle devait être supprimée.

Je suis très curieux de connaître votre bonne invention pour faire entrer Biondello dans la tour;... pourvu qu'elle soit comique, nous lui permettrons bien un peu d'invraisemblance. — Pour ce qui est d'un petit feu d'artifice, je n'en suis pas du tout en peine; il y a ici une si bonne installation contre le feu, qu'on n'a nulle crainte à avoir pour un feu d'artifice au théâtre. On donne ici bien souvent *Medea*, où, à la fin, la moitié du palais s'écroule, tandis que l'autre disparaît dans les flammes.

Demain, je chercherai à me procurer des livrets du « Ramoneur[1] ». Je n'ai pas encore pu consulter à ce sujet la *Contessina* (autrement dit la Comtesse). Si on ne peut les avoir, « Le Feu follet » ou « la Belle bergère », de Umlauf, ou « les Pèlerins de la Mecque », pourraient-ils peut-être convenir? — Les deux derniers opéras, surtout, sont faciles à monter. Kuhne les a probablement déjà. Je vous prie de lui faire, ainsi qu'à sa femme, nos compliments à tous deux.

J'espère que vous aurez reçu ma dernière courte lettre[2]. Je vous prie encore une fois de m'envoyer les deux duos et les fugues de Bach, et surtout *Idoménée;* vous savez pourquoi : il est très important pour moi que je puisse parcourir cet opéra au piano avec le comte Sickingen[3]. — Si vous pouviez, à l'occasion, me faire copier et m'envoyer les

1. Opéra de Salieri.
2. C'est probablement celle du 10 décembre, que Nohl ne donne pas.
3. Ambassadeur du prince Palatin, alors à Vienne, autrefois à Paris.

fugues (6, je crois) d'Emmanuel Bach, vous me feriez aussi un grand plaisir. J'ai oublié de vous le demander à Salzbourg. — Allons! portez-vous toujours bien! — Avant-hier, lundi, a eu lieu de nouveau le grand concert de la Société[1]; j'y ai joué un concerto, et Adamberger a chanté un rondo de moi [K. 431]. Hier, le concert a été redonné,... avec cette seule différence que c'est un violoniste qui a joué un concerto au lieu de moi. Avant-hier, le théâtre était plein,... mais hier, vide! — *N. B.* Le violoniste se faisait entendre pour la première fois.

253 [NISSEN]

A SON PÈRE

Vienne, 20 mars 1784.

Voici la liste de mes 174 souscripteurs[2]. J'en ai trente de plus, à moi seul, que Richter et Fischer[3] réunis;... car je donne trois concerts par *abonnement* à la salle Trattnern[4], les trois derniers mercredis de carême; ils ont commencé le 17 mars. Le prix est de 6 florins pour les trois concerts. — Je donnerai, cette année, deux concerts au théâtre; vous pouvez-vous figurer aisément, d'après cela, qu'il faut absolument que je joue du nouveau, et, par conséquent, que je compose. Or, toute la matinée est consacrée aux élèves, et presque tous les soirs je joue. Tenez, lisez la liste de tous les concerts où je dois jouer :

Jeudi, 26 février, chez Gallizin.
Lundi 1er mars, chez Joh. Esterhazy.
Jeudi 4 mars, chez Gallizin.
Vendredi 5 mars, chez Esterhazy.
Lundi 8 mars, chez Esterhazy.
Jeudi 11 mars, chez Gallizin.

1. Pour les veuves de musiciens.
2. Cette liste se trouve à la Bibliothèque de la Cour impériale de Vienne.
3. Richter, pianiste; Fischer, violoniste.
4. Belle salle de concerts, au Graben, chez le libraire Trattnern.

Vendredi 12 mars, chez Esterhazy.
Lundi 15 mars, chez Esterhazy.
Mercredi 17 mars, mon premier concert privé.
Jeudi 18 mars, chez Gallizin.
Vendredi 19 mars, chez Esterhazy.
Samedi 20 mars, chez Richter.
Dimanche 21 mars, mon premier concert au théâtre.
Lundi 22 mars, chez Esterhazy.
Mercredi 24 mars, mon second concert privé.
Jeudi 25 mars, chez Gallizin.
Vendredi 26 mars, chez Esterhazy.
Samedi 27 mars, chez Richter.
Lundi 29 mars, chez Esterhazy.
Mercredi 31 mars, mon troisième concert privé.
Jeudi 1er avril, mon second concert au théâtre.
Samedi 3 avril, chez Richter.

N'ai-je pas assez à faire? — Je ne crois pas que, de cette façon, je puisse me rouiller.

Maintenant, il faut que je vous explique encore bien vite comment il se fait que je donne ainsi des concerts dans une salle particulière. Le maître de piano, Richter, donne dans la salle susdite ses six concerts du samedi. La *noblesse* a souscrit, mais en faisant observer qu'elle n'en aurait aucun désir si je n'y jouais pas. — M. Richter m'a donc prié de venir : je lui ai promis de jouer trois fois et j'ai ouvert (de plus) une souscription pour trois concerts donnés par moi[1], auxquels tout le monde s'est abonné. — Mon premier concert, du 17 de ce mois, s'est très heureusement passé; la salle était pleine à étouffer, et le nouveau concerto [K. 450] que j'ai joué a extraordinairement plu; partout où l'on va, on entend louer ce concert. — C'est demain, 21 mars, que devait avoir lieu mon premier concert au théâtre; mais le prince Louis de Liechtenstein doit faire représenter un opéra chez lui, et non seulement il m'enlève la fleur de la *noblesse*,

1. Lettre 251, Mozart annonçait le projet de donner six concerts. Il explique ici comment ce projet se trouve modifié.

mais il me prive en outre des meilleurs artistes de l'orchestre. J'ai donc fait savoir, par un avis imprimé, que le concert était remis au 1er avril.

254 [NISSEN]

A SON PÈRE

Vienne, 10 avril 1784.

Je me suis fait beaucoup d'honneur avec mes trois concerts par souscription. Mon concert au théâtre a aussi très bien réussi. J'ai composé deux grands concertos [K. 450, 451], et un quintette [K. 452] pour hautbois, clarinette, cor, basson et piano, qui a eu un succès extraordinaire; moi-même je le considère comme ce que j'ai encore fait de mieux dans ma vie. Je voudrais que vous eussiez pu l'entendre! Et comme il a été bien exécuté!... Au reste, pour avouer la vérité, j'étais, vers la fin, fatigué de n'avoir fait que jouer, et ce n'est pas un petit honneur pour moi que mes auditeurs ne l'aient jamais été.

255 [NISSEN]

A SON PÈRE

Vienne, 24 avril 1784.

Nous avons ici actuellement la célèbre Mantouane Strinasacchi, excellente violoniste. Elle a beaucoup de goût et de sentiment dans son jeu. J'écris en ce moment une sonate [K. 454] que nous jouerons ensemble, jeudi, à son concert au théâtre[1]. — Et puis il vient de paraître des quatuors d'un

1. C'est pour cette sonate que Mozart accomplit le tour de force suivant : La veille du concert, pressé par Mlle Strinasacchi, il lui remit enfin la partie de violon, sans avoir eu le temps d'écrire celle de piano, ni de répéter avec elle; et le lendemain il la joua de mémoire, telle qu'il l'avait composée dans sa tête, sans aucune note devant lui (voy. Jahn, II, p. 125). — On se souvient qu'il fit la même chose pour une sonate composée pour le violoniste Brunetti (voy. p. 340).

certain Pleyel, élève de Joseph Haydn. Si vous ne les connaissez pas encore, tâchez de vous les procurer, cela en vaut la peine. Ils sont très bien écrits et très agréables. Vous y reconnaîtrez tout de suite son maître. Bonne et heureuse chose pour la musique, si Pleyel, en son temps, est en état de nous *remplacer* Haydn !

256

A SON PÈRE

Vienne, 28 avril 1784.

Il faut que je vous écrive en toute hâte. — M. Richler, le pianiste, fait une tournée [musicale] avant de rentrer en Hollande, sa patrie. Je lui ai donné une lettre de recommandation pour la comtesse Thun, à Linz. Comme il a aussi envie d'aller à Salzbourg, je lui ai remis quatre lignes seulement, pour vous, mon bien cher père. Je vous écris donc, à présent, qu'il ne tardera guère à arriver, après que vous aurez reçu cette lettre-ci. Il joue bien, pour ce qui est de l'*exécution*, mais, comme vous l'entendrez,... trop lourdement, trop péniblement,... et pas avec tout le goût et le sentiment [désirables]; — du reste le meilleur homme du monde,... sans le moindre orgueil. Quand je jouais devant lui, il regardait continuellement mes doigts, et disait tout le temps : « Mon Dieu !... que d'efforts ne faut-il pas que je fasse... jusqu'à en suer,... et pourtant je n'obtiens aucun succès !... et vous, mon ami, tout cela n'est qu'un jeu pour vous ! » — « Oui,... lui dis-je, mais j'ai dû me donner aussi beaucoup de peine pour arriver à n'avoir plus à m'en donner maintenant ! » *Enfin* c'est un homme qui compte, sans contredit, parmi les bons pianistes, et j'espère que l'archevêque l'entendra d'autant plus volontiers, peut-être, que c'est un pianiste... *en dépit de moi*;... mais ce *dépit*, je le souhaite vivement. — Pour ce qui est de Menzl, le violoniste, c'est très exact,... et probablement qu'il remettra à la voile dès dimanche. Vous recevrez encore de la musique de moi par cette voie. — Maintenant, portez-vous bien.

257 [M]

A SON PÈRE

Vienne, 8 mai 1784.

Mon très cher père!

Menzl est parti tout d'un coup, ne m'ayant plus trouvé chez moi, de sorte que je n'ai pu lui donner de lettre à emporter. — J'espère qu'il est déjà venu vous voir. C'est à dessein que je ne lui ai pas donné à emporter la musique que je vous avais promise; je ne voulais pas la lui confier parce que je suis beaucoup trop anxieux à cet égard. J'aime mieux vous l'envoyer par la diligence. — Peut-être mon bon ami Richter est-il à présent chez vous; s'il en est ainsi, présentez-lui donc, je vous prie, nos compliments.

Maintenant, il faut que je descende au 1er étage, pour un concert chez Mme de Trattnern,... où j'ai reçu la *commission* de tout organiser. Je ne puis donc rien écrire de plus,... si ce n'est que nous sommes tous deux fort bien portants et espérons que vous l'êtes tous deux aussi. — Voilà Paisiello de retour de Russie; il va écrire un opéra ici[1]. — Sarti[2] est attendu tous les jours; il passera par ici, allant en Russie. — Je me réjouis des boucles de souliers [que vous me promettez]. — Adieu, nous vous baisons tous deux les mains et nous embrassons notre chère sœur de tout notre cœur. Nous sommes pour toujours vos enfants obéissants.

1. *Il Rè Teodoro.*
2. Sarti, auteur de l'opéra *Fra due litiganti.*

258

A SON PÈRE

Vienne, 15 mai 1784.

Mon très cher père!

J'ai remis aujourd'hui, à la diligence, la symphonie [K. 425], que j'ai faite à Linz pour le vieux comte Thun, et quatre concertos. — Pour la symphonie, je ne suis pas anxieux, mais pour les concertos, je vous prie de les faire copier près de vous, dans votre maison; car il y a aussi peu de confiance à avoir dans les copistes de Salzbourg que dans ceux de Vienne. Je sais, d'une manière positive, que Hofstetter copie en double la musique de Haydn :... j'ai ses trois plus nouvelles symphonies! — Or, comme ces nouveaux concertos, personne autre ne les possède : ceux en si bémol [K. 450] et en ré [K. 451], que moi; ceux en mi bémol [K. 449] et en sol [K. 453], que moi et Mlle de Ployer[1] (pour qui ils ont été écrits),... ils ne pourraient tomber en d'autres mains que par suite d'une semblable fraude. Moi-même, je fais tout copier dans ma chambre, et en ma présence. — Je n'ai pas voulu confier la musique à Menzl, après y avoir mûrement réfléchi; de plus, j'ai cru et je crois encore que vous n'en pourrez faire que peu d'usage, attendu qu'excepté le concerto en mi bémol (qui peut être exécuté par le quatuor, en supprimant les instruments à vent), les trois autres concertos sont avec instruments à vent obligés, et vous ne faites que rarement de cette musique-là. — Du reste, j'ignore « ce que vous avez pensé en vous-même et n'avez pas voulu écrire »... et pour éviter tout désagrément, je vous envoie dans ce paquet tout ce que j'ai fait de nouveau.

Je ne sais rien de neuf à vous écrire, si ce n'est que l'Empereur voulait partir aujourd'hui pour Pesth, mais qu'une fluxion à l'œil l'en a empêché.

1. Élève de Mozart, pianiste très remarquable

259

A SON PÈRE

Vienne, ce 26 may 1784.

Mon très cher père!

Je sais à présent, par votre dernière lettre, que vous avez reçu exactement ma lettre et ma musique. — Je remercie ma sœur de sa lettre et, dès que le temps me le permettra, je lui écrirai bien certainement aussi; en attendant, je vous charge de lui dire que M. Richter s'est trompé de ton pour le concerto, ou bien je lis mal ce qu'elle écrit dans sa lettre. Le concerto, que M. Richter lui a tant vanté, est celui en si bémol [K. 450],... qui est le premier que j'aie composé, et dont il m'avait fait alors, déjà, de si grands éloges. Je ne saurais faire un choix entre ces deux concertos [K. 450 et 451]; je les tiens tous deux pour des concertos qui font suer!... Pourtant, au point de vue de la difficulté, celui en si bémol l'emporte sur celui en ré. Au reste, je suis très désireux de savoir lequel des trois : en si bémol, en ré et en sol [K. 453], plaît le mieux à ma sœur et à vous? — Celui en mi bémol [K. 449] n'a aucun rapport avec les autres; c'est un concerto d'un genre tout particulier et écrit plutôt pour un petit orchestre que pour un grand; aussi n'est-il question que des trois grands concertos. — Je suis curieux de savoir si votre jugement s'accorde avec celui de tout le monde ici, .. et avec le mien. Il est vrai qu'il est nécessaire, pour tous les trois, de les entendre avec tous les instruments, et bien exécutés. — J'attendrai bien volontiers, avec patience, le moment de les ravoir,... pourvu qu'ils ne tombent entre les mains de personne; car, aujourd'hui même, j'aurais pu avoir 24 ducats pour l'un d'eux; mais je trouve qu'il me sera plus avantageux de les garder, par devers moi, quelques petites années encore, et alors seulement de les faire connaître par la gravure.

Maintenant il faut que je vous dise quelque chose au sujet de Lofseri Schwemmer[1]. Elle a écrit à sa mère, et son *adresse* était faite de telle sorte qu'on l'aurait difficilement acceptée à la poste; car voici ce qu'elle portait :

> Cette lettre doit par-
> venir à ma très chère
> Mme ma mère, à Salzbourg,
> Barbari Schwemmerin.
> A remettre dans la
> rue des Juifs, dans la boutique
> de la maison Eberl
> 3e étage[2].

Aussi lui ai-je dit que je voulais lui faire une autre *adresse*. Par curiosité, et plutôt pour en lire un peu plus long de ce beau *concept*, que pour en pénétrer les secrets, j'ai ouvert la lettre.... Elle s'y plaint d'être obligée de se coucher trop tard et de se lever trop tôt; je crois pourtant que de onze heures à six heures, on a de quoi dormir à sa suffisance, car enfin cela fait sept heures !... Nous ne nous couchons, nous, qu'à minuit et nous nous levons à cinq heures et demie ou même cinq heures, parce que nous allons presque tous les jours, de grand matin, à l'*Augarten*.... Plus loin, elle se plaint de la nourriture, et avec ces *impertinentes* expressions : « Elle mourra de faim bien sûr !... A nous quatre, ma femme, moi, la cuisinière et elle, nous n'avons pas autant à manger que sa mère et elles en avaient pour elles deux !... » — Vous savez que je n'ai pris cette fille, actuellement, que par pure compassion, afin qu'elle eût un appui à Vienne où elle est une étrangère. Nous lui avons promis 12 florins par an, ce dont elle a été très contente bien qu'elle s'en plaigne maintenant dans sa lettre. Et qu'a-t-elle à faire ?... desservir la table, porter et remporter

1. Sa servante.
2. Cette adresse est en outre écrite avec des fautes d'orthographe et de langue.

les plats, aider ma femme à mettre ou à ôter une robe. Du reste, en dehors de sa couture, c'est la plus maladroite et la plus stupide personne du monde;... elle ne sait même pas faire du feu, bien loin de savoir seulement préparer le café!... et il faut cependant qu'une personne, qui prétend être femme de chambre, le sache. — Nous lui avons donné un florin : le lendemain déjà, elle demandait de nouveau de l'argent;... je l'obligeai alors à me rendre compte de sa dépense, et il se trouva que la plus grande partie avait passé à boire de la bière. — Il y a un certain M. Johannes qui a fait le voyage avec elle; mais celui-là ne devra plus se représenter chez moi!... Deux fois, pendant que nous étions sortis, il est venu ici, a fait apporter du vin, et la jeune fille, qui n'est pas habituée à boire du vin, se grisa si fort qu'elle ne pouvait plus marcher et était obligée de se retenir partout; et la dernière fois, elle a vomi plein son lit. — Quels sont les gens qui garderaient chez eux une créature de cette sorte?...

Je me serais contenté du sermon que je lui ai fait à ce sujet et ne vous en aurais rien écrit, mais j'y ai été amené par son *impertinence* dans la lettre à sa mère. Je vous prie donc de faire venir la mère et de lui dire que nous voulons bien la supporter encore quelque temps chez nous, mais qu'elle fasse en sorte de trouver du service quelque part ailleurs. Si je ne voulais pas faire des malheureux, je pourrais la renvoyer séance tenante. — Dans sa lettre il y a aussi quelque chose sur un certain M. Antoni,... peut être un monsieur futur époux.

Maintenant, il faut que je termine. Ma femme vous remercie tous deux de vos vœux pour sa grossesse et sa délivrance à venir, qui aura lieu sans doute dans les premiers jours d'octobre. Nous vous baisons tous deux les mains et nous embrassons cordialement notre chère sœur, et sommes pour toujours vos enfants très obéissants,

W. et C. Mozart.

P.-S. Je vous en prie, envoyez-moi donc par la prochaine diligence les boucles promises : je brûle du désir de les voir.

260

A SON PÈRE

Vienne, 9 et 12 juin 1784.

Vous devez certainement avoir reçu ma dernière lettre. De mon côté, j'ai reçu les boucles ainsi que votre lettre du 1er. Les boucles sont fort belles, mais beaucoup trop grandes ;... je vais tâcher de les placer avantageusement.

Voilà la cour qui part vendredi pour Laxenbourg ; elle y restera deux... et peut-être même trois mois. — Je suis allé, la semaine dernière, à Baden [1], avec Son Excellence le comte Thun, voir son père, venu de Linz pour faire une cure d'eaux. En revenant, nous avons passé par Laxenbourg et fait une visite à Leemann, qui est maintenant le commandant du château ; sa fille n'était justement pas à la maison, mais sa femme et lui ont eu une joie extraordinaire à me revoir.

Le 12. — J'ai été dérangé par des visites et n'ai pu terminer cette lettre, de sorte que, depuis, j'ai aussi reçu votre lettre du 8. — Ma femme fait ses compliments à ma sœur et lui enverra un beau fichu par la prochaine diligence ; mais elle le fera elle-même, parce que, de cette façon, ce sera un peu meilleur marché et beaucoup plus beau. — Quant à moi, je vous prie de lui dire qu'il n'y a d'*adagio* dans aucun des concertos ; mais que ce ne sont partout que des *andante*. C'est très vrai que dans l'andante du concerto en ré [K. 451], au solo en ut, il manque quelque chose ; je le lui ferai parvenir aussitôt que possible avec les cadences.

Demain, il y aura concert à la campagne, chez M. l'agent Ployer, à Döbling. Mlle Babette [2] y jouera son nouveau con-

1. Ville d'eaux peu distante de Vienne.
2. Mlle Barbara de Ployer.

certo en sol [K. 453], moi, le quintette [K. 452], et ensuite nous deux, la grande sonate à deux pianos [K. 448]. — J'irai chercher Paisiello avec la voiture, pour lui faire entendre mes compositions et mon élève. Si le *maestro* Sarti n'avait pas dû partir aujourd'hui, il y serait venu aussi avec moi. Sarti est un homme loyal et honnête[1]. Je lui ai joué beaucoup de choses, et en dernier lieu je lui ai composé des variations sur un air de lui, ce qui lui a fait un très grand plaisir. — Menzl est et reste un âne;... voici toute l'histoire : M. de Ployer m'a demandé si je ne connaissais pas un violoniste? J'en ai parlé à Menzl, qui en a été aussitôt plein de joie. Vous pouvez vous figurer ce que, en honnête homme, j'ai pu lui conseiller,... c'est-à-dire de bien s'assurer de sa position;... mais il ne s'est plus fait voir chez moi jusqu'au dernier moment. M. de Ployer m'a dit qu'il partait pour Salzbourg, moyennant 400 florins, et *N. B.* ce n'est qu'un habit à l'essai; — mais, à moi, Menzl a dit qu'il était nommé par décret et il a dit la même chose à tout le monde, ici. Maintenant on découvre qu'il est marié, ce dont personne au monde ne savait rien ici. Sa femme a déjà été trois ou quatre fois chez M. de Ployer.

Je viens de donner à graver, à Artaria, les trois sonates pour piano seul que j'ai autrefois envoyées à ma sœur : la première est en ut [K. 330], la seconde, en la [K. 331], et la troisième, en fa [K. 332]; — puis, à Toricella, trois autres sonates [K. 309 à 311] dont la dernière est celle en ré, faite à Munich pour Durnitz. Je fais graver aussi trois de mes six symphonies, et je les dédierai au prince de Furstenberg.

1. Le pauvre Mozart se trompait : Sarti a écrit sur lui une critique très méchante et très inepte.

261

A SA SŒUR

Vienne, 21 juillet 1784.

Sœur chérie!

Ma femme et moi nous te souhaitons, tous deux, beaucoup de bonheur pour ta fête... Ma femme aurait bien voulu t'écrire elle-même, mais rester longtemps assise lui devient par trop pénible, parce que le futur héritier du Majorat ne lui laisse aucun repos. Elle te souhaite donc, ainsi que moi, tout le bonheur possible, et nous te prions de nous garder toujours dans ton cœur fraternel. — Voici maintenant huit jours que le vieux Hampel est arrivé ici de Munich, avec son fils; ils partiront pour la Russie après-demain. Demain, ils dînent chez nous, et, le soir, nous aurons un petit concert. — J'espère que tu as bien reçu, par la diligence, tout ce que je t'ai envoyé; je t'aurais bien volontiers envoyé aussi les cadences des autres concertos, mais tu ne peux t'imaginer comme j'ai à faire!... Dès que j'aurai un moment à moi, je te le consacrerai certainement. Je suis très curieux de savoir, quand tu auras entendu les trois concertos, lequel te plaît le plus.

Je prie papa de ne pas oublier de m'envoyer, par la prochaine diligence, ce qu'il sait bien. S'il pouvait me faire parvenir aussi mon vieil *oratorium : Betulia liberata* [K. 118], j'en serais très aise. Je dois écrire cet *oratorium* pour la *société* d'ici;... peut-être bien pourrais-je en utiliser, çà et là, quelques fragments. — Je te prie de présenter mes compliments à Gretl[1] et de lui dire que je lui répondrai peut-être moi-même,... mais je n'ose le promettre, de peur de ne pouvoir tenir ma promesse; je suis trop occupé... Il faut qu'elle ait encore un peu de patience pour son air... mais ce que je lui conseille de faire, pour avoir sûrement et promp-

1. Marguerite Marchand.

tement cet *air*, c'est de se choisir un texte qui lui convienne et de me l'envoyer, car il m'est impossible de trouver le temps de parcourir tous les opéras. — Maintenant il faut que je termine, étant obligé d'aller vite donner ma leçon. — Ma femme et moi, nous t'embrassons mille fois et te chargeons de nos baisemains pour papa.

Nous sommes pour toujours tes sincères,

W. et C. Mozart.

262

A SA SOEUR

Vienne, 18 août 1784.

Ma très chère sœur!

Sapristi!... Il est grand temps que j'écrive si je veux que ma lettre te trouve encore une vestale!... Quelques jours plus tard... bonsoir!.. — Ma femme et moi, nous te souhaitons tout le bonheur et le contentement possibles dans ta nouvelle existence, et nous regrettons seulement de tout notre cœur de ne pouvoir être assez heureux pour assister à ton mariage[1]. Mais nous espérons fermement, au printemps prochain, quand tu seras devenue Mme de Sonnenburg, pouvoir t'embrasser, ainsi que M. ton mari, à Salzbourg ou à Saint-Gilgen. Nous ne plaignons que notre cher père, qui va être maintenant obligé de vivre tout seul! Il est vrai que tu ne seras pas très éloignée de lui et qu'il pourra souvent se promener en voiture jusque chez toi;... mais le voilà de nouveau attaché à cette maudite chapelle! — Si j'étais à la place de mon père, voici ce que je ferais : je prierais l'archevêque (en considération de mes très longs services) de m'accorder maintenant ma retraite,... et avec la pension que j'en recevrais, j'irais à Saint-Gilgen chez ma fille et j'y vivrais tranquille. — Si l'archevêque ne faisait

1. Marianne Mozart épousa Jean-Baptiste Berchthold de Sonnenburg, baron de l'Empire, conseiller de la Cour à Salzbourg et curateur de Saint-Gilgen, veuf et père de cinq enfants.

pas droit à ma requête, je lui réclamerais mon congé et j'irais chez mon fils, à Vienne : et voilà ce que je te demande surtout, c'est que tu veuilles bien prendre la peine de le persuader; je viens de lui écrire la même chose, aujourd'hui, dans la lettre qui est pour lui. Et maintenant, je t'envoie encore mille bons souhaits, de Vienne à Salzbourg, et, par-dessus tout, [je désire] que vous viviez tous deux aussi heureux ensemble que... nous deux. Accepte donc ce petit conseil tiré du compartiment poétique de ma cervelle :

Tu apprendras, dans le mariage, beaucoup de choses
Qui étaient pour toi des demi-énigmes.
Bientôt tu sauras, par expérience,
Comment Ève a dû s'y prendre autrefois
Pour mettre ensuite Caïn au monde.
Pourtant, ma sœur, ces devoirs du mariage,
Tu les rempliras de grand cœur.
Car, crois-moi, ils ne sont pas difficiles.
Mais toute chose a deux faces :
Le mariage apporte beaucoup de joies, il est vrai,
Mais il apporte aussi des soucis.
Ainsi lorsque, dans ses moments d'humeur,
Ton mari te fera de sombres mines,
Que tu ne croiras pas avoir méritées,
Pense : ce n'est là qu'une boutade d'homme!
Et dis : « Mon maître, que ta volonté se fasse
Le jour, et la mienne, la nuit. »

Ton frère bien sincère,

W. A. Mozart.

263 *bis*

A SON PÈRE

(FRAGMENT CITÉ PAR SON PÈRE)

Le 14 septembre 1784, Léop. Mozart écrit à sa fille :
Mon fils a été très malade à Vienne. Au nouvel opéra de Paisiello

[*Il rè Teodoro*], il a eu ses vêtements mouillés de transpiration, et ensuite il a dû sortir à l'air froid pour chercher le domestique qui gardait son pardessus, ordre ayant été donné, sur ces entrefaites, de ne laisser pénétrer aucun domestique par la porte principale. De cette manière, il a attrapé une fièvre rhumatismale qui, n'ayant pas été soignée tout de suite, a dégénéré en fièvre putride. Il écrit :

« Pendant quinze jours consécutifs j'ai eu à la même heure des *coliques* atroces qui s'annonçaient toujours par de violents vomissements. Maintenant il faut que je m'observe extrêmement. Mon docteur est M. Sigmund Barisani [1], qui, du reste, depuis qu'il est ici, est venu me voir presque tous les jours. On l'apprécie beaucoup ici ; il est très habile et vous verrez qu'il fera promptement son chemin. »

264 (O. JAHN)

A M. ANTOINE KLEIN [2]

A MANHEIM

Vienne, 21 mars 1785 [3].

Très honoré Monsieur le Conseiller secret,

J'ai été très coupable, je dois le reconnaître, en ne vous accusant pas immédiatement réception de votre lettre et du

1. Fils du docteur Barisani, de Salzbourg, médecin distingué, excellent ami et grand admirateur de Mozart. Il mourut le 3 septembre 1787. Mozart en conçut un vif chagrin, et écrivit les lignes suivantes au bas d'une poésie que Barisani lui avait adressée le 14 avril 1787 :

« Aujourd'hui 3 septembre de cette même année, j'ai eu le malheur de perdre subitement cet homme si noble, mon plus cher et meilleur ami, le sauveur de ma vie !... Lui, il est heureux !... mais moi !... mais nous !... mais tous ceux qui l'ont bien connu,... nous ne serons plus jamais heureux jusqu'au jour où nous aurons le bonheur de le retrouver dans un monde meilleur pour ne plus jamais nous séparer ! »

2. Du 10 février au 25 avril 1785, Léopold Mozart fit un petit séjour à Vienne, chez son fils. Un nouveau garçon, Charles, était né au mois d'octobre précédent ; un troisième fils, Léopold, naquit le 27 octobre 1786, mais ne vécut que quelques mois.

3. Ant. Klein avait été autrefois jésuite ; il a exercé une grande influence sur le mouvement patriotique allemand en faveur d'un opéra national, comme professeur de philosophie et de belles-lettres, et écrivain. Plus tard, il devint

paquet que vous me communiquez; mais que j'aie en outre reçu dans l'intervalle deux lettres de vous,... cela n'est pas. Dès la première lettre, j'aurais été immédiatement arraché à mon sommeil et je vous aurais répondu, comme je le fais aujourd'hui. — J'ai reçu vos deux lettres à la fois, par le dernier courrier;... moi-même j'ai déjà reconnu que j'ai eu tort de ne pas vous avoir tout de suite répondu. Mais, pour ce qui est de l'opéra, je ne vous en aurais pas pu écrire alors plus qu'à présent. — Cher Monsieur le Conseiller secret!... j'ai les mains si pleines d'occupations, que je ne trouve pour ainsi dire pas une minute à employer pour mon propre compte! Un homme d'une aussi grande intelligence et d'autant d'expérience que vous, sait mieux que moi qu'une telle œuvre doit être lue d'un bout à l'autre avec toute l'attention et la réflexion possibles, et cela non pas une, mais plusieurs fois. Jusqu'à présent je n'ai pas eu encore le temps de la lire une seule fois sans interruption. Tout ce que je puis dire actuellement, c'est que... je ne voudrais pas encore la laisser sortir de mes mains. Je vous prie donc de me confier ce livret quelque temps encore. — Dans le cas où l'envie me prendrait de le mettre en musique, je désirerais pourtant savoir d'avance si l'opéra est destiné à être représenté dans un endroit particulier,... car une pareille œuvre mérite, aussi bien sous le rapport de la poésie que de la musique, de n'être pas composée en vain. Je souhaite recevoir de vous quelque éclaircissement sur ce point.

Je ne puis, pour le moment, vous donner encore aucune nouvelle concernant le futur opéra allemand, attendu que, jusqu'à présent, les choses se passent fort secrètement, sauf la construction du théâtre de Kärnthnerthor[1] destiné à cet usage. Il doit être ouvert au commencement d'octobre.

conseiller secret. Il est l'auteur du poème de « Gunther de Schwarzburg », musique de Holzbauer. — Il venait d'envoyer à Mozart un poème d'opéra, *Rudolphe de Habsburg*. (Voy. Jahn, I, 370.)

1. Ou plutôt, la *réparation*; ce théâtre existait déjà.

Pour ma part, je ne lui promets pas beaucoup de succès. D'après les dispositions déjà prises, on chercherait plus, en réalité, à ruiner complètement l'opéra allemand, qui n'était peut-être tombé que pour un temps, qu'à l'aider à se relever et à se soutenir. Ma belle-sœur Lange, seule, est autorisée à faire partie de l'opéra allemand. La Cavalieri, Adamberger, Teyber,... tous des Allemands, dont l'Allemagne peut être fière, sont obligés de rester au théâtre italien... de lutter contre leurs propres compatriotes!... Les chanteuses et les chanteurs allemands sont faciles à compter pour le moment!... Et quand il y en aurait, en réalité, d'aussi bons que ceux que je viens de nommer, et même de meilleurs, ce dont pourtant je doute fort, la direction théâtrale d'ici me paraît avoir des vues trop économiques et trop peu patriotiques pour en faire venir d'étrangers, à grands frais, tandis qu'elle en a ici, sur place, de meilleurs,... ou au moins d'aussi bons,... et pour rien! — D'ailleurs la troupe italienne n'a nul besoin d'eux, quant au nombre; elle peut se suffire à elle-même pour ses représentations. L'idée actuelle est de se contenter pour l'opéra allemand d'*acteurs* et d'*actrices* qui ne chantent qu'en cas de besoin.

Pour notre plus grand malheur, les *directeurs* du [premier] théâtre [allemand], ainsi que ceux de l'orchestre, ont été conservés, eux qui, par leur ignorance et leur apathie, ont le plus contribué à faire tomber leur propre œuvre! S'il y avait un seul patriote en crédit, tout changerait de face!... Mais voilà! Peut-être qu'alors le théâtre national, qui commence à germer magnifiquement, arriverait à son épanouissement,... et ce serait une éternelle tache pour l'Allemagne si, nous autres Allemands, nous commencions sérieusement à penser,... à jouer en allemand,... à parler en allemand, et même... à chanter en allemand!...

Excellent Monsieur le Conseiller secret, n'allez pas vous formaliser si, dans mon ardeur, je suis peut-être allé un peu trop loin. Absolument persuadé que je suis, de parler à un véritable Allemand, j'ai donné un libre cours à ma langue.

Hélas ! cela ne peut se faire actuellement que si rarement, qu'après une pareille effusion de cœur, on pourrait hardiment se griser sans courir le risque de gâter sa santé.

265

A JOSEPH HAYDN

DÉDICACE[1] DE SIX QUATUORS

POUR INSTRUMENTS A CORDES [K. 387, 421, 428, 458, 464 et 465]

Vienne, 1er septembre 1785.

A mon cher ami Haydn.

Un père, ayant résolu d'envoyer ses fils dans le vaste monde, jugea qu'il devait les confier à la protection et à la direction d'un homme très célèbre de cette époque qui, par une heureuse fortune, se trouvait être, de plus, son meilleur ami. — De même, ô homme célèbre et ami bien cher, je te présente mes six fils. Ils sont, il est vrai, le fruit d'un long et laborieux travail, mais l'espérance que plusieurs amis m'ont donnée de le voir, au moins en partie, récompensé, m'encourage et me persuade que ces enfantements me seront un jour de quelque consolation. Toi-même, très cher ami, à ton dernier séjour dans cette capitale, tu m'en as exprimé ta satisfaction. Ce suffrage de ta part est ce qui m'encourage le plus à te les recommander, et ce qui me fait espérer qu'ils ne te sembleront pas tout à fait indignes de ta faveur[2]. — Qu'il te plaise donc de les accueillir avec bienveillance et d'être leur père, leur guide et leur ami. De ce

1. Cette dédicace est en italien.

2. L. Mozart a écrit à sa fille qu'à la suite d'une soirée où l'on avait joué les trois derniers quatuors, Haydn lui avait dit : « Je vous dis devant Dieu et en « honnête homme, que je considère votre fils comme le plus grand compositeur « que j'aie jamais entendu ; il a du goût et il possède les connaissances les « plus approfondies pour la composition. » — Stadler a répété cette parole de Haydn : c'est que quand Mozart n'aurait composé que ses quatuors et le *Requiem*, il serait encore immortel.

Dans une lettre du 22 janvier 1785 L. Mozart dit à sa fille que Wolfgang lui a écrit « avoir vendu ces quatuors à Artaria pour 100 ducats ».

moment, je te cède mes droits sur eux; c'est pourquoi je te supplie de regarder avec indulgence les défauts que l'œil partial d'un père peut m'avoir cachés, et de conserver, malgré ces défauts, ta généreuse amitié à celui qui l'apprécie tant, car je suis, de tout mon cœur, ton plus sincère ami,

W. A. Mozart.

266

A M. HOFFMEISTER

[20 novembre 1785.]

Cher Hoffmeister[1],

J'ai recours à vous et vous prie de bien vouloir me venir en aide en me prêtant quelque argent, car j'en ai absolument besoin pour le moment. Et puis, je vous prie de faire des efforts pour me procurer, aussitôt que possible, ce que vous savez. — Pardonnez-moi si je vous importune toujours, mais comme vous me connaissez, et que vous savez combien j'ai à cœur que vos affaires marchent bien, je suis très persuadé que vous ne m'en voudrez pas d'être si pressant, mais que vous me viendrez aussi volontiers en aide que je le ferais pour vous.

266 *bis*

FRAGMENTS DE LETTRES DE LÉOP. MOZART A SA FILLE[2]

11 novembre 1785.

« ..... Enfin (après un silence de six semaines) j'ai reçu une lettre de ton frère, du 2 novembre,... et une lettre de douze lignes ! Il s'ex-

1. Sur le dos de ce billet se trouve cette note : « Le 20 novembre 1785, avec 2 ducats. » — Mozart était en affaire avec Franz-Anton Hoffmeister, maître de chapelle et éditeur de musique. Les deux quatuors pour piano et instruments à cordes, en *sol* mineur, K. 478 (juillet 1785) et en *mi* ♭ majeur, K. 493 (juin 1786), étaient le commencement d'une publication établie par contrat. Mais le public ne les achetant guère, parce qu'il les trouvait trop difficiles à jouer, Hoffmeister refusa de poursuivre l'affaire.

2. Nous avons pensé que, pour combler un peu la lacune qui se trouve ici

ouse en disant qu'il est plongé jusqu'au cou dans l'opéra *le Nozze di Figaro* [K. 492] parce qu'il faut qu'il le termine. Afin de se conserver sa matinée libre pour écrire, il a remis tous ses élèves à l'après-midi.... »

18 avril 1786.

« C'est le 28 avril que *le Nozze di Figaro* doivent être données pour la première fois. Ce sera beaucoup si ton frère réussit, car je sais qu'il a contre lui d'effrayantes cabales ! Salieri, avec toute sa clique, va de nouveau chercher à remuer ciel et terre. Duschek m'a dit, récemment, que si ton frère a tant de cabales contre lui, c'est à cause de la grande considération que lui attirent son habileté et son extraordinaire talent[1].... »

dans la correspondance de Mozart, il serait intéressant de donner ces deux fragments de lettres. Ils se rapportent à la composition d'un de ses plus beaux opéras, et on ne peut trop regretter la perte des lettres où il en parlait à son père.

1. L'opéra ne put être représenté, pour la première fois, que le 1er mai 1786. De nouveau, il fallut un ordre de l'Empereur pour mettre fin aux cabales violentes qui s'y opposaient. Le succès fut éclatant.

Personnages :

Il conte Almaviva, basso.		Mandini.
La Contessa, soprano . .		Mme Laschi.
Suzanna, soprano... ...		Mme Nancy Storace.
Figaro, basso		Benucci.
Cherubino, soprano		Mme Bussani.
Marcellina, soprano.... .		Mme Mandini
Basilio.... / Don Curzio.	tenore.. ..	Kelly.
Bartolo.... / Antonio. ..	basso.	Bussani.
Barberina, soprano..		Mme Nanina Gottlieb.

SÉJOUR A VIENNE

1787-1791

VOYAGES DE PRAGUE

Janvier et octobre 1787.

VOYAGE DE PRAGUE, DRESDE ET BERLIN

Avril-mai 1789.

VOYAGE DE FRANCFORT ET MUNICH

Septembre-novembre 1790.

267

AU COMTE DE JACQUIN[1]

A VIENNE

Prague, 15 janvier 1787.

Très cher ami !

Enfin je trouve un moment pour vous écrire !... J'avais formé le projet, dès mon arrivée ici[2], d'écrire quatre lettres pour Vienne, mais c'est en vain !... Je n'ai pu en écrire qu'une seule (à ma belle-mère), et encore !... la moitié seulement; ma femme et Hofer[3] ont dû la terminer. Aussitôt notre arrivée (jeudi 11, à midi), nous avons eu à faire par-dessus la tête, afin d'être prêts à une heure, pour le dîner. — Après le repas, le vieux M. le comte Thun nous a régalés d'un concert exécuté par ses propres gens, et qui a duré une heure et demie. Je puis jouir chaque jour de ce véritable amusement. — A six heures, je suis parti en voiture, avec le comte Canal, pour le bal qu'on appelle de *Breitfeld*, où la fleur des beautés de Prague a coutume de se rassembler. Voilà qui eût été fait pour vous, mon ami !... Il me semble vous voir... vous croyez [que je vais dire] courir ?... non ! mais aller clopin-clopant après toutes les belles jeunes filles ou jeunes femmes ! — Moi, je n'ai ni dansé, ni fait la cour aux dames. Je n'ai pas dansé, parce que j'étais trop fatigué, et je n'ai pas fait la cour aux dames, à cause de ma timidité naturelle ; mais j'ai regardé, avec une satisfaction complète, tous ces gens-là tourner en sautant, dans la joie

1. Gottfried de Jacquin était le fils du célèbre botaniste de Jacquin, dont toute la famille était très aimée de Mozart. — Elle demeurait au Jardin botanique, dans le faubourg de la Landstrasse, où Mozart a habité quelque temps aussi.

2. Mozart avait été invité par le comte Jean-Joseph Thun à venir passer quelques jours chez lui, avec sa femme. Tel avait été l'enthousiasme excité par l'opéra des *Noces de Figaro*, donné à Prague, que l'orchestre tout entier et un grand nombre de personnes avaient envoyé à Mozart une pressante lettre d'invitation, accompagnée d'une poésie en son honneur. (Jahn, II, 299.)

3. Violoniste, mari de Josepha Weber et beau-frère de Mozart.

de leur cœur, aux sons de la musique de mon *Figaro*, transformée en contredanses et en Allemandes; car, ici, on ne parle d'autre chose que de... *Figaro;* on ne joue, on ne chante, on ne siffle que *Figaro;* aucun opéra n'attire, que *Figaro* et toujours *Figaro;* voilà, certes, un grand honneur pour moi!

Maintenant, revenons à la distribution de mes journées. — Comme je suis rentré tard du bal, et que, d'ailleurs, j'étais fatigué du voyage et que j'avais sommeil, il ne pouvait y avoir au monde rien de plus naturel pour moi que de dormir très longtemps;... et c'est justement ce qui est arrivé.... De sorte que toute la matinée suivante s'est de nouveau passée *sine linea*[1]. — Après le dîner, il n'est jamais permis d'oublier le concert de S. E. le comte, puis comme ce jour-là, précisément, on a mis dans ma chambre un très bon piano, vous pouvez aisément vous figurer que, le soir, je ne l'ai pas laissé inutile et sans être joué. Il va de soi que nous devions évidemment exécuter entre nous un petit quatuor *in caritatis camera*, et « *das schöne Bandl hammera* » [K. 441][2]... et que, de cette manière, toute la soirée se passerait encore *sine linea;*... et c'est justement ce qui est arrivé. — Maintenant, querellez-vous à mon sujet avec Morphée! Ce [dieu] *lare* nous est très favorable à tous deux, à Prague; quelle en est la raison? C'est ce que j'ignore; toujours est-il que nous nous sommes, tous deux, très gentiment oubliés à dormir. Cependant, dès onze heures du matin, nous avons été en état de nous présenter chez le Père Unger, et de passer en revue, du haut en bas, la Bibliothèque impériale et le Séminaire général. Après avoir regardé, à nous en faire presque sortir les yeux de la tête, il nous a semblé entendre au dedans de nous-mêmes une petite chanson de l'estomac; nous avons alors trouvé bon de nous faire conduire chez le comte Canal, pour dîner. Le soir nous a surpris plus promptement que vous ne pensez peut-être, .. bref, l'heure de l'opéra

1. « Sans écrire une ligne. »
2. Trio comique, en patois.

arriva ; et nous avons entendu « *le Gare generose* »[1]. Quant à ce qui regarde l'exécution de cet opéra, je ne puis rien dire de bien positif, parce que j'ai beaucoup bavardé ; mais pourquoi ai-je ainsi bavardé contre mon habitude? Cela peut bien tenir à ce que... *basta!* cette soirée-là fut encore dissipée *al solito*[2].

Aujourd'hui, enfin, j'ai été assez heureux pour trouver un moment où il m'est possible de venir m'informer de la santé de vos chers parents et de toute la maison Jacquin. J'espère, et le souhaite de tout mon cœur, que vous allez tous aussi bien que nous deux. Je dois vous avouer sincèrement que, bien que je jouisse ici de toutes les politesses et tous les honneurs possibles, et que Prague soit, en réalité, un endroit très beau et très agréable, je soupire pourtant ardemment après Vienne, et, croyez-moi, l'objet principal de ce désir, c'est certainement votre maison. — Quand je songe qu'à mon retour, je ne pourrai plus jouir que peu de temps du plaisir d'être en votre chère société, et qu'ensuite je serai privé de ce bonheur pendant si longtemps... et peut-être toujours... oh! c'est alors surtout que je sens toute l'affection et la considération que j'éprouve à l'égard de toute votre famille[3] !

Et maintenant, portez-vous bien, très cher ami!... Allons, adieu. — Vendredi prochain, 19, aura lieu mon concert au théâtre[4]; cela prolongera malheureusement mon séjour ici. Je vous prie de présenter mes respects à vos dignes parents, et d'*embrasser* mille fois pour moi M. votre frère. Je baise mille fois les mains de Mlle votre sœur[5], et je la prie de s'exercer assidûment sur son nouveau piano ;... mais cette recommandation est inutile, car je dois reconnaître que je

1. *Les Rivaux généreux*, opéra de Paisiello.
2. « Comme de coutume. »
3. Mozart songeait alors à partir, en février, pour l'Angleterre, avec ses amis Kelly et Nancy Storace; mais ce voyage n'eut pas lieu.
4. Mozart donna deux concerts qui excitèrent le plus vif enthousiasme et lui rapportèrent 1000 florins.
5. Franziska de Jacquin, plus tard Mme de Lagusius.

n'ai jamais eu une élève qui montrât autant d'assiduité et d'ardeur ;... je me réjouis réellement beaucoup de lui continuer mes leçons, selon ma petite capacité. — *A propos*, si elle veut venir demain chez moi, je serai certainement à la maison à onze heures.

Mais il serait temps de finir à présent !... n'est-ce pas ?... Il y a longtemps que vous devez le penser ! — Adieu, mon très cher... conservez-moi votre précieuse amitié. — Écrivez-moi bientôt,... mais bientôt ! et si, par hasard, vous êtes trop paresseux pour cela, faites venir Salzmann et dictez-lui la lettre ; mais ce qu'on n'écrit pas soi-même ne part jamais si bien du cœur. Allons ! je vais voir si vous êtes autant mon ami que je suis absolument le vôtre et le serai éternellement.

P. S. Mettez sur la lettre que vous m'écrirez... peut-être : « Au palais du comte Thun ». — Ma femme fait ses meilleurs compliments à toute la famille Jacquin ; M. Hofer, aussi. — Mercredi, je verrai et j'entendrai ici *Figaro*, si, d'ici là, je ne deviens pas aveugle et sourd.. . Peut-être ne le deviendrai-je qu'après l'opéra.

268 (M)

A SON PÈRE

Vienne, 4 avril 1787.

Mon très cher père,

Il est bien désagréable pour moi que, grâce à la maladresse de Storace[1], ma lettre ne soit pas parvenue entre vos mains. Je vous y exprimais, entre autres choses, l'espoir que vous aviez reçu ma dernière lettre,... mais comme vous ne faites aucune allusion à cette lettre (la seconde

1. Nancy Storace, excellente cantatrice anglaise, à laquelle Mozart avait remis une lettre pour son père, et qui, en arrivant à Salzbourg, n'avait pu la retrouver dans ses paquets. C'est elle qui avait chanté le rôle de Susanna dans *le Nozze di Figaro*, à Vienne (mai 1786).

datée de Prague), je ne sais pas ce que je dois penser. Il est très possible que quelque domestique du comte Thun ait trouvé bon d'empocher l'argent du port,... mais vraiment j'aimerais mieux payer double port que de savoir ma lettre entre des mains auxquelles elle n'était pas destinée !

Ramm et les deux Fischer, de Londres, — la basse et le hautbois, — passent ici le carême. Si le hautbois, à l'époque où nous l'avons connu en Hollande, ne jouait pas mieux que maintenant, il ne mérite certes pas la *renommée* qu'il a ! Mais ceci soit dit entre nous. A l'âge que j'avais alors, je n'étais pas en état de porter un jugement ;. . tout ce dont je puis me souvenir, c'est qu'il me plaisait extraordinairement, comme à tout le monde ;... il est vrai qu'on trouvera cela tout naturel si l'on admet que le goût s'est extrêmement modifié,... et qu'il joue d'après une ancienne école ; mais non !... Pour tout dire en un mot, il joue comme un pitoyable *scolar*[1] ; le jeune André, qui a appris chez Fiala, joue mille fois mieux ! — Et puis,... ses concertos !... de sa propre composition !... Chaque *ritournelle* dure un quart d'heure ; c'est alors que se montre mon héros !... Il lève l'un après l'autre un pied de plomb et le laisse lourdement retomber sur le sol. Son émission est tout à fait nasillarde, et ses notes tenues[2], un vrai trémolo d'orgue. Vous seriez-vous représenté cela ?... et, pourtant, ce n'est que la vérité, — mais une vérité que je ne dis qu'à vous.

J'apprends à l'instant une nouvelle qui m'accable beaucoup, d'autant plus que, d'après votre dernière lettre, j'avais pu supposer que vous vous portiez, grâce à Dieu, parfaitement bien : Maintenant on me dit que vous êtes vraiment malade ! Je n'ai pas besoin de vous dire avec quel ardent désir j'attends, de vous-même, une nouvelle consolante ;... et j'y compte avec certitude, bien que je me sois fait une habitude de me représenter, en toutes choses, le pire. — Comme la mort (à la considérer sérieusement) est

1. « Écolier. »
2. « Sa *tenute*, un vrai *tremulant* d'orgue. »

le vrai but final de notre vie, je me suis, depuis quelques années, tellement familiarisé avec cette vraie et meilleure amie de l'homme, que son image, non seulement n'a plus rien d'effrayant pour moi, mais est même, au contraire, très calmante et très consolante. Et je remercie mon Dieu de m'avoir accordé le bonheur et procuré l'occasion (vous me comprenez) d'apprendre à le connaître comme la clef de notre vraie félicité. Je ne me mets jamais au lit sans penser (si jeune que je sois) que le lendemain, peut-être, je ne serai plus ; et pourtant, aucun de ceux qui me connaissent ne pourra dire que je sois chagrin ou triste dans ma manière d'être. Je rends grâces tous les jours à mon Créateur de cette félicité,... et je la souhaite de tout mon cœur à mon prochain. — Dans la lettre que la Storace a si bien empaquetée, je vous avais déjà expliqué ma manière de voir sur ce point, à l'occasion de la triste mort de mon très cher, de mon meilleur ami, le comte de Hatzfeld; il avait juste trente et un ans, comme moi. Je ne le plains pas, lui!... mais je plains du fond du cœur, moi et tous ceux qui le connaissaient aussi intimement que moi.

Je souhaite, tandis que j'écris ces lignes, que vous vous trouviez mieux, et je l'espère; si pourtant, contre toute prévision, vous n'alliez pas mieux, je vous supplie par .....[1] de ne pas me le cacher, mais de m'écrire, ou de me faire écrire l'exacte vérité, afin que je puisse être dans vos bras aussi promptement qu'il sera humainement possible. Je vous en conjure par tout ce qui... nous est sacré. — Mais j'espère recevoir bientôt de vous une lettre bien consolante, et dans ce doux espoir je vous baise mille fois les mains, avec ma femme et Charles, et je suis pour toujours votre fils très obéissant.

1. Jahn suppose que les points et les allusions ont trait à la franc-maçonnerie, dont Mozart et son père faisaient partie depuis 1785 (et qui avait été organisée à Vienne en 1761)

269 (O. Jahn)

AU COMTE DE JACQUIN

Fin mai 1787.

* Je vous annonce qu'aujourd'hui, en rentrant à la maison, j'ai reçu la nouvelle de la mort de mon excellent père. Vous pouvez vous figurer ma situation [1]!...

270 (Nissen)

A SA SŒUR

Vienne, 16 juin 1787 [2].

Chère et excellente sœur,

Je n'ai pas du tout été surpris que tu ne m'aies pas annoncé toi-même la triste mort, si inattendue pour moi, de notre bien-aimé père, car il m'a été facile d'en deviner la raison. — Que Dieu l'ait avec lui! — Sois bien certaine, ma chérie, que si tu désires un bon frère qui t'aime et te protège, tu le trouveras bien sûr en moi, en toute occasion.

Ma bien chère et excellente sœur, si tu étais encore non établie, il n'y aurait pas besoin de tout cela [3]! Comme je l'ai pensé et dit mille fois, je t'abandonnerais tout avec un vrai bonheur; mais puisque cela t'est maintenant, pour ainsi dire, inutile, et qu'au contraire ce sera pour moi un très grand avantage, je considère comme mon devoir de penser à ma femme et à mon enfant.

1. Léop. Mozart était mort presque subitement, le 28 mai 1787.
2. Date donnée par Jahn.
3. Allusion probable à une lettre de sa sœur où il devait être question d'héritage.

371

AU COMTE DE JACQUIN

[1] Prague, 15, 21 et 25 octobre 1787.

Bien cher ami,

Vous croyez, sans doute, qu'actuellement mon opéra a été donné,... mais en cela vous vous trompez un peu! — D'abord, le personnel théâtral d'ici n'est pas, comme celui de Vienne, assez habile pour apprendre un pareil opéra dans un si court espace de temps. En second lieu, j'ai trouvé, à mon arrivée ici, si peu de préparatifs faits et de dispositions prises, que c'eût été tout simplement impossible de représenter l'opéra le 14, c'est-à-dire hier. — Hier donc, dans le théâtre tout illuminé, on a donné, à la place, mon *Figaro*,... et je l'ai moi-même dirigé.

A ce propos, il faut que je vous raconte une bonne plaisanterie. — Quelques-unes des premières dames d'ici (et particulièrement une du plus haut rang) ont daigné trouver très ridicule, inconvenant, et que sais-je encore? qu'on voulût représenter *Figaro* devant la princesse[2], « LA FOLLE JOURNÉE », comme il leur a plu de s'exprimer[3].... Elles n'ont pas réfléchi qu'aucun opéra au monde ne peut convenir pour une telle circonstance, s'il n'a pas été écrit tout spécialement dans ce but,... et qu'il était bien indifférent qu'on donnât tel ou tel opéra, pourvu qu'il fût bon et que la princesse ne le connût pas,... et ceci, au moins, était bien certain pour *Figaro* — Bref, l'instigatrice du complot a poussé

1. Mozart était à Prague depuis le mois de septembre, pour y faire représenter son *Don Giovanni* [K. 527]. Il habitait la maison « des Trois lions », place du « Marché-au-Charbon », n° 420, chez l'*impresario* du théâtre, qui lui devait le logement.

2. L'archiduchesse Marie-Thérèse de Toscane, nouvellement mariée au prince Antoine de Saxe, faisait son voyage de noces. De passage à Prague, elle en repartait le 15 octobre.

3. C'est le titre de la pièce de Beaumarchais, *la Folle journée, ou le Mariage de Figaro*.

la chose si loin, avec ses beaux discours, que le gouvernement a interdit à l'*impresario* de représenter cette pièce ce jour-là. C'est alors qu'elle triompha!... *Ho vinto!* cria-t-elle un soir, de sa loge; elle ne s'attendait bien sûr pas que le *ho* pourrait se changer en *sono*[1]. Mais le jour suivant, le *noble*[2]... arriva; il apportait un ordre de Sa Majesté, enjoignant, au cas où le nouvel opéra ne pourrait être donné, de représenter *Figaro*. Ah! mon ami! si seulement vous aviez pu voir le beau, le splendide nez qu'a fait cette dame!... cela vous aurait causé autant de plaisir qu'à moi!

Don Giovanni est maintenant annoncé pour le 24.

Ce 21. — Il était annoncé pour le 24, mais une des chanteuses, qui est tombée malade, est cause d'un nouvel ajournement. La troupe étant peu nombreuse, l'*impresario* en est réduit à vivre dans de continuelles inquiétudes et à ménager autant qu'il peut son personnel, de peur de se trouver, par suite d'une indisposition imprévue, dans la plus critique des positions critiques : celle de ne pouvoir donner aucun spectacle.

La raison pour laquelle tout tourne ici en longueur, c'est que les acteurs (par paresse) ne veulent pas étudier, les jours d'opéra, et que l'*entrepreneur* (par crainte et anxiété) ne veut pas les y contraindre. — Mais qu'est-ce que cela?... Est-ce possible?... Que voient mes oreilles? qu'entendent mes yeux!... Une lettre de ... J'ai beau me frotter les yeux au point de m'en faire presque mal.... C'est bien une lettre de... que le diable m'emporte! † Dieu nous soit en aide! †[3] de vous!... bien réellement! .. Si l'hiver n'était pas devant ma porte, j'enfoncerais le poêle!... Mais comme j'en ai souvent besoin, actuellement déjà, et que je pense en avoir encore plus besoin par la suite, vous me permettrez de contenir un peu ma surprise et de vous dire, en quelques mots seulement, que cela me cause un extrême plaisir de rece-

1. « *Ho vinto!* » j'ai vaincu! « *Sono vinta!* » je suis vaincue!.
2. Un garde-noble.
3. Signes de croix indiqués par Mozart.

voir des nouvelles de vous et de votre si chère famille.

Ce 25. — Voici aujourd'hui le onzième jour que je griffonne cette lettre. Vous verrez au moins, par là, que la bonne volonté ne me manque pas. Dès que je trouve un peu de temps, j'en peins un petit morceau de plus,... mais, je ne puis pas m'en occuper longtemps, parce que j'appartiens trop à d'autres personnes, et trop peu à moi-même ;... et je n'ai certes pas besoin de vous dire que ce n'est pas là mon genre de vie favori.

Lundi prochain, 29, l'opéra sera représenté pour la première fois. Dès le lendemain, vous recevrez de moi un *rapport* à ce sujet. — Quant à l'air (pour des raisons que je vous dirai de vive voix), il m'est décidément impossible de vous l'envoyer.

Je suis très content de ce que vous m'écrivez de Kathel[1] : qu'elle est en bonne santé et qu'elle sait maintenant se tenir en *respect* vis-à-vis des chats, et en amitié avec les chiens; si votre papa (auquel je présente mes meilleurs compliments) désire la garder, c'est tout comme si elle n'avait jamais été à moi. — Et maintenant, adieu. Je vous prie de baiser pour moi les mains de madame votre mère, de faire mes meilleurs compliments à mademoiselle votre sœur et à monsieur votre frère, et d'être bien assuré que je serai toujours

Votre sincère ami et serviteur.

272 [B. V.]

AU COMTE DE JACQUIN

Prague, 4 et 9 novembre 1787.

Cher et excellent ami,

J'espère que vous avez reçu ma lettre. — Le 29 octobre,

1. Chienne appartenant à Mozart, et confiée, en son absence, au comte de Jacquin.

mon opéra *Don Giovanni* est venu *in scena*[1], et cela avec le plus éclatant succès[2]. Hier, il a été donné pour la quatrième fois (et cette fois à mon *bénéfice*). — J'ai l'intention de partir d'ici le 12 ou le 13. Ainsi donc, dès mon retour, vous recevrez l'air [que vous désirez] chanter. — *N. B.* entre nous,... je souhaiterais à mes bons amis (particulièrement à Bridi[3] et à vous) d'être un seul soir ici, pour prendre part à ma joie! Peut-être, après tout, l'opéra sera-t-il joué à Vienne[4]?... je le souhaite. — On met ici tout en œuvre pour me persuader de rester quelques mois encore et d'écrire un nouvel opéra; mais je ne puis accepter cette proposition, si flatteuse qu'elle soit.

Et maintenant, bien cher ami, comment allez-vous? J'espère que vous êtes, tous, aussi bien et en aussi bonne santé que nous. Pour vous, cher ami, vous ne pouvez manquer d'être heureux, puisque vous possédez tout ce que vous pouvez désirer à votre âge et dans votre situation;... d'autant plus que vous paraissez maintenant tout à fait revenu de votre précédente manière de vivre,... quelque peu agitée. N'est-ce pas que vous êtes chaque jour plus convaincu de la vérité de mes petits sermons? Le plaisir d'un amour volage et capricieux n'est-il pas aussi distant que le ciel, de la félicité que donne un sincère et raisonnable amour?... Bien

1. Principaux personnages :

Don Giovanni, basso.......	Luigi Bassi.
Leporello, basso..........	Fel. Ponziani.
Don Ottavio, tenore.......	Ant. Baglioni.
Il Commandatore. / Mazetto......... } basso.	Gius. Lolli.
Donna Anna, soprano......	Teresa Saporiti.
Donna Elvire, soprano.....	Caterina Micelli.
Zerlina, soprano.........	Teresa Bondini.

2. On lit dans le *Journal de Vienne* (1787, n° 91), cité par Jahn, II, 309, que de l'avis des musiciens et des connaisseurs, on n'avait jamais rien exécuté, à Prague, de comparable. Mozart dirigeait l'orchestre. Son entrée et sa sortie furent saluées d'une triple salve d'applaudissements.

3. Jeune banquier de Roveredo qui avait une très jolie voix de ténor et un caractère charmant.

4. Il y fut représenté le 7 mai 1788. Aloysia Lange chantait le rôle de *Donna Anna*.

souvent, dans votre cœur, vous devez me remercier de mes avis! Vous allez me rendre tout à fait orgueilleux!... Allons! plaisanterie à part; vous me devez pourtant bien quelque reconnaissance si, en changeant, vous êtes devenu digne de Mlle N***, car je n'ai certes pas joué, dans votre amendement ou votre conversion, le rôle le plus insignifiant.

Mon arrière-grand-père avait coutume de dire à sa femme, mon arrière-grand'mère, — celle-ci à sa fille, ma grand'mère, — puis celle-ci à sa fille, ma mère, — et enfin celle-ci à sa fille, ma propre sœur, — que c'est un très grand art de parler sensément et en beau langage, mais un art non moins grand de savoir s'arrêter au moment opportun. Je vais donc suivre le conseil de ma sœur, qui le doit à ma mère, ma grand'mère et mon arrière-grand'mère,... et mettre fin, non seulement à mes divagations morales, mais à toute ma lettre.

Ce 9. — Je reçois, avec une joyeuse surprise, votre seconde lettre. S'il est encore nécessaire de vous prouver mon amitié par [l'envoi de] l'air *en question*, vous n'avez plus aucune raison d'en douter : le voici... [K. 530]. J'espère pourtant que, même sans cet air, vous êtes persuadé de ma véritable affection,... et dans cet espoir je demeure toujours votre sincère ami,

W. A. MOZART.

P.-S. — Je ne puis croire que vos parents, mademoiselle votre sœur et monsieur votre frère ne se soient nullement souvenus de moi?... Je mets cela entièrement sur le compte de votre négligence, mon ami,... et je me flatte que je ne me trompe pas.

Voici l'explication du double cachet : la cire rouge ne valait rien; j'ai donc cacheté par-dessus avec de la cire noire,... et quant à mon cachet ordinaire, je l'ai oublié à Vienne.

Adieu, j'espère vous embrasser bientôt. Nos compliments, de notre part à tous deux, à toute votre famille et à Nattorps.

272

A M. PUCHBERG

(Vienne, 16 ou 17 juin 1788[1].)

Très honorable confrère[2],
Cher et excellent ami!

La persuasion [où je suis] que vous êtes mon vrai ami et que vous me connaissez pour un honnête homme, m'encourage à vous ouvrir mon cœur tout entier... et à vous faire la demande suivante :

J'irai droit au fait, sans phrases et avec ma sincérité naturelle.

Si vous voulez avoir l'affection, l'amitié, de me venir en aide en me prêtant 1000 ou 2000 florins pour un ou deux ans, et contre intérêts, vous me tirerez d'affaire. — Vous devez sûrement considérer vous-même, comme une chose certaine et véritable, qu'il est fâcheux et même impossible de vivre, avec l'obligation d'attendre une recette après l'autre! Quand on n'a aucun capital devers soi, au moins le nécessaire, il n'est pas possible de mettre ordre à ses affaires;... avec rien, on ne fait rien.

Si vous me faites cette amitié, je pourrai : 1° (étant pourvu) payer mes dépenses indispensables en temps voulu, et, par conséquent, avec plus de facilité,... tandis qu'actuellement j'en diffère le payement, et qu'ensuite il me faut souvent donner d'un coup toute ma recette, et cela au moment le plus incommode. — 2° Je pourrai travailler avec un esprit plus libre et un cœur plus léger, et, par suite, gagner davantage.

En fait de garantie, je ne crois pas que vous ayez aucun doute. Vous savez à peu près quelle est ma situation[3] et

1. Cette date est donnée par la lettre du 27 juin, où Mozart rappelle qu'il est est installé depuis dix jours dans son nouveau logement.

2. *O.-B.*, c'est-à-dire *Ordens-Bruder*. M. Puchberg, grand négociant protestant de Vienne, faisait partie de la franc-maçonnerie. Il était amateur de musique et avait deux filles, dont l'une s'est distinguée comme pianiste.

3. Mozart avait été nommé, le 7 décembre 1787, musicien de la chambre impériale, avec 800 florins par an (2080 fr.).

vous connaissez ma façon de penser. Vous ne devez avoir aucune inquiétude au sujet de ma souscription; je la remets de quelques mois seulement, et j'ai l'espoir de trouver au dehors plus d'amateurs qu'ici.

Voici que je vous ai dévoilé mon cœur tout entier, dans une circonstance bien grave pour moi. Maintenant j'attends une réponse avec un ardent désir,.. mais une réponse agréable, bien sûr!... Et... je ne sais pas,... mais je vous connais comme un homme qui, de même que moi, voudra certainement assister son ami, son véritable ami... s'il le peut. — Si, par hasard, vous ne pouviez vous priver tout de suite d'une pareille somme, je vous prie de me prêter au moins, d'ici à demain, 200 florins, parce que mon propriétaire de la Landstrasse a été si *indiscret* que j'ai dû le payer sur-le-champ (afin d'éviter des désagréments), ce qui m'a mis absolument en désarroi[1]!

Nous couchons aujourd'hui, pour la première fois, dans notre nouveau logement, où nous resterons hiver et été; — je trouve cela, au fond, indifférent sinon meilleur, et je n'ai pas, après tout, grand'chose à faire en ville : je pourrai travailler plus à loisir, n'étant pas exposé à recevoir tant de visites; et si je suis obligé, pour raison d'affaires, d'aller en ville, ce qui, du reste, arrivera assez rarement, le premier fiacre venu m'y mènera pour 10 kreutzers. Et puis, le *logis* est meilleur marché, et sera plus agréable le printemps, l'été et l'automne, puisque j'ai aussi un jardin.

L'adresse est : « Währingergasse, aux cinq étoiles, n° 135. » Maintenant, prenez ma lettre... comme une vraie marque de mon absolue confiance en vous, et soyez toujours mon ami, comme moi je serai, jusqu'au tombeau, votre sincère et intime ami.

P.-S. Quand redonnerez-vous un petit concert chez vous?... J'ai composé un nouveau trio [K. 542].

1. Sur cette lettre, Puchberg a écrit : « 17 juin 1788, envoyé 200 florins ».

374 [O. JAHN]

A M. PUCHBERG

Vienne, 27 juin 1788.

Très honorable confrère,
Cher et excellent ami!

J'avais toujours pensé aller en ville moi-même, aujourd'hui, pour pouvoir vous remercier de vive voix de l'amitié que vous m'avez témoignée. Mais maintenant, je n'aurais pas même le courage de paraître devant vous, étant forcé de vous avouer franchement qu'il m'est impossible de vous rembourser tout de suite ce que vous m'avez prêté, et de vous prier d'avoir de la patience avec moi!... J'ai bien du souci de ce que les circonstances présentes soient ce qu'elles sont, et que vous ne puissiez me venir en aide selon mon désir!.... Ma position est telle que je suis dans la nécessité absolue d'emprunter de l'argent. — Mais, mon Dieu! à qui dois-je me confier?... A personne autre qu'à vous, mon très cher! Si, au moins, vous vouliez me faire l'amitié de me procurer de l'argent par une autre voie!... Je payerai bien volontiers les intérêts, et celui qui me prêterait serait, je pense, suffisamment garanti par mon caractère et mes appointements. —Cela me fait assez de peine de me trouver dans un pareil cas!... mais c'est justement pour en prévenir le retour que je souhaiterais avoir une somme un peu importante, à échéance de remboursement un peu plus éloignée. Très cher Fr., si vous ne m'aidez pas dans la situation où je me trouve, je perdrai mon honneur et mon crédit, ce qui est la seule chose que je tienne à conserver. Je me fie entièrement en votre loyale amitié et en votre amour fraternel, et j'espère fermement que vous me viendrez en aide par vos conseils et par vos actes. Si mon souhait se réalise, je pourrai reprendre librement haleine, car alors je serai en état de mettre mes affaires en ordre, et de les y maintenir.

Venez donc chez moi, me faire une visite; je suis toujours à la maison. — J'ai plus travaillé, en ces dix jours, depuis que je suis ici, qu'en deux mois dans mon autre logement; et, s'il ne me venait pas si souvent des idées noires (que je suis obligé de repousser avec effort), cela marcherait encore mieux pour moi, car je suis logé agréablement, commodément et à bon marché.

Je ne veux pas vous retenir plus longtemps avec mon bavardage, mais me taire et espérer. — Je suis toujours votre serviteur dévoué, votre vrai ami et confrère.

275

A M. PUCHBERG

Vienne, 17 juillet 1788.

Cher et excellent ami
et très honorable confrère,

Vous êtes sûrement fâché contre moi, puisque vous ne me donnez aucune réponse! Quand je mets ensemble vos témoignages d'amitié et ma demande actuelle, je trouve que vous avez pleinement raison. Mais quand je considère mes revers (qui ne sont certainement pas de ma faute)... et puis de nouveau vos sentiments d'amitié pour moi, je trouve que... je mérite d'être excusé. — Mon très cher, comme je vous ai écrit en toute sincérité, dans ma dernière lettre, tout ce que j'avais sur le cœur, il ne me resterait plus aujourd'hui qu'à faire des redites; j'ajouterai seulement : 1° que je n'aurais pas besoin d'une somme aussi considérable si je n'avais, en perspective, des dépenses excessives pour la cure de ma femme, surtout si elle doit aller à Baden [1]; — 2° comme je suis assuré d'être, à bref délai, dans une meilleure situation, il m'est très indifférent d'avoir une somme d'argent à rembourser, mais, pour le moment présent, je serais plus satisfait et plus tranquille si elle était forte; — 3° je suis

1. Ville d'eaux, près de Vienne.

contraint de vous conjurer, s'il vous est tout à fait impossible de me venir en aide en me prêtant toute la somme cette fois-ci, de vouloir bien avoir pour moi l'amitié et l'affection fraternelle de me secourir sur-le-champ [en m'envoyant] ce dont il vous sera possible de vous priver, car mon sort en dépend réellement. — Vous ne pouvez certes pas douter de ma loyauté, vous me connaissez trop bien pour cela. Vous ne pouvez pas non plus vous méfier de mes paroles, de ma conduite et de ma manière de vivre, puisque vous connaissez mon existence et mes habitudes;... donc pardonnez-moi de mettre ma confiance en vous. J'ai de vous cette persuasion absolue, qu'une impossibilité seule pourrait vous empêcher de venir en aide à votre ami. Si vous pouvez et si vous voulez me consoler entièrement, je vous remercierai, comme mon sauveur, jusqu'au delà de la tombe,... car ainsi vous m'aiderez à atteindre mon bonheur à venir; sinon... je vous supplie et vous conjure, au nom de Dieu, de m'accorder tel secours immédiat que vous voudrez, et aussi un conseil et une consolation [1].

Je suis toujours votre très obligé serviteur.

P.-S. Ma femme a été encore hier bien souffrante. Aujourd'hui, grâce aux sangsues, elle va de nouveau mieux, Dieu soit loué!... Que je suis malheureux!... toujours entre la crainte et l'espérance!... Et puis le docteur Closset est encore revenu hier ici!

276

A SA SŒUR, MADAME BERTHOLD DE SONNENBURG

Vienne,... août 1788 [2].

Bien chère sœur!

Tu pourrais, avec raison, être fâchée contre moi!... Mais le

1. On ignore la réponse qui fut faite à cette lettre navrante.

2. C'est par erreur — d'impression peut-être — que Jahn indique, pour cette lettre, l'année 1787. *Don Giovanni*, auquel il y est fait allusion, n'a été donné à Vienne pour la première fois qu'en mai 1788.

seras-tu encore lorsque tu recevras, par ce courrier, mes plus nouveaux morceaux pour piano?... Oh non!... J'espère que voilà qui va tout arranger.

Comme tu dois être bien persuadée que chaque jour, certainement, je te souhaite tout le bien possible, tu m'excuseras d'arriver, clopin-clopant, un peu tard avec mes vœux pour ta fête. — Sœur chérie! je te souhaite, de tout mon cœur et de toute mon âme, tout ce que tu crois toi-même t'être le plus avantageux,... et là-dessus,... un point.

Chère sœur! tu ne peux douter que j'aie beaucoup à faire; tu sais aussi très bien que je suis un peu paresseux pour écrire des lettres; ne m'en veuille donc pas si je t'écris rarement;... mais cela ne doit pas t'empêcher de m'écrire souvent. Autant j'aime peu écrire des lettres, autant j'ai de plaisir à en recevoir. — Tu as aussi plus de matière à écrire que moi, puisqu'il y a plus de choses qui m'intéressent à Salzbourg, que toi à Vienne.

Il faut maintenant que je te demande quelque chose : — Je voudrais bien que Haydn me prêtât, pour un temps, la partition des deux *tutti-messes* et du *graduel* qu'il a composés; je les lui renverrai avec tous mes remerciements. Il y a juste un an, à présent, que je lui ai écrit et que je l'ai invité à venir chez moi, mais il ne m'a pas répondu. En fait de réponses, il me paraît avoir beaucoup de ressemblance avec moi, n'est-il pas vrai?... Je te prie donc instamment d'arranger l'affaire pour moi, comme je te l'ai indiqué. — Invite-le chez toi et joue-lui de mes nouvelles compositions; le trio [K. 542] et le quartette ne lui déplairont pas.

Adieu, bien chère sœur!... Dès qu'il y aura de nouvelle musique accumulée, je te l'enverrai immédiatement.

Je suis toujours ton frère sincère.

P.-S. Ma femme te fait ses meilleurs compliments, et nous deux à monsieur notre cher beau-frère.

Pour te répondre sur le point concernant mes fonctions,

[je te dirai que] l'Empereur m'a attaché à sa musique de chambre, et, par conséquent, je suis nommé par décret en forme, mais, provisoirement, avec 800 florins seulement[1]; il est vrai que personne de la chambre n'en a autant. — Sur l'affiche, lorsqu'on a donné mon opéra de Prague, *Don Giovanni* (qui va être redonné justement aujourd'hui[2]) — et certainement, on n'y met rien de trop, puisque c'est la direction impériale du théâtre qui la rédige, — il y avait : « La musique est de M. Mozart, actuellement maître de chapelle au service de Sa Majesté Impériale. »

277

A M. DE HOFDÄMEL

A VIENNE

Vienne, [2 avril] 1789.

Bien cher ami,

Je prends la liberté de vous demander, sans façons, un service. — Si vous pouviez, ou si vous vouliez bien me prêter 100 florins jusqu'au 20 du mois prochain, vous m'obligeriez beaucoup. C'est le 20 qu'échoit le trimestre de mon traitement, et alors je vous rembourserai ma dette, avec tous mes remerciements.

J'ai trop compté sur 100 ducats que j'attends de l'étranger; mais comme, à l'heure qu'il est, je ne les ai pas encore reçus (quoique je les attende tous les jours), je me suis trop dégarni d'argent, de sorte que c'est à l'instant même qu'il m'en faut. Et voilà pourquoi je me confie en vous; car je suis absolument persuadé de votre amitié.

Nous allons bientôt pouvoir nous appeler d'un plus beau nom[3]!... Votre affaire est tout près d'aboutir.

MOZART.

1. Gluck, que Mozart remplaçait, avait 2000 florins.
2. C'était la troisième fois qu'on le donnait.
3. Celui de Frère... dans la franc-maçonnerie. — Mme de Hofdämel était élève de Mozart.

(On peut rapprocher de cette lettre le billet à ordre suivant qui semble bien s'y rapporter, et donne le nom du destinataire et la date.)

278

A M. DE HOFDÄMEL[1]

Vienne, 2 avril 1789.

A dato, je, soussigné, payerai la somme de 100 florins, je dis cent florins, à M. de Hofdämel, ou à son ordre, valeur que j'ai reçue comptant; j'en acquitterai le payement exact au moment de l'échéance [faute de quoi] je me soumets [à l'action] d'un tribunal impérial autrichien de commerce et échanges, contre moi seul.

WOLFGANG AMADEUS MOZART,
Maître de la chapelle impériale en service actuel.

279 (O. JAHN)

A SA FEMME

Prague, vendredi saint, 10 avril 1789[2].

Bien chère et excellente petite femme!

Nous sommes heureusement arrivés ici, cet après-midi, à une heure et demie. — J'espère que ces temps-ci, tu as reçu bien exactement mon petit mot de Budwitz. — Voici maintenant le *rapport* sur Prague : — Nous sommes descendus chez Einhorn ; dès que j'ai été barbifié, frisé et habillé, je suis parti en voiture, dans le dessein d'aller dîner chez Canal; mais comme il me fallait passer devant Duschek, j'ai d'abord été prendre de ses nouvelles,... et là j'ai appris que Mme Duschek est partie hier pour Dresde!!!... Ainsi, c'est là-bas que je la retrouverai. Lui, dînait chez

1. L'adresse porte : « à Monsieur. Monsieur de Hofdämel, chez lui. »
2. Mozart avait entrepris une tournée artistique avec son élève et ami le prince Ch. Lichnowsky, dans l'espoir d'améliorer sa position, de plus en plus désespérée.

Leliborn, où j'ai souvent dîné aussi; je m'y suis donc rendu tout droit. J'ai fait demander Duschek, comme si quelqu'un avait à lui parler; tu te figures sa joie!... Donc, j'ai dîné chez Leliborn. — Après le repas, je suis allé en voiture chez Canal et Pachta[1], mais je n'ai trouvé personne à la maison; puis chez Guardasoni[2], qui est à peu près convenu avec moi de me donner, l'automne prochain, 200 ducats pour un opéra, et 50 ducats de frais de voyage[3]. Ensuite je suis rentré, pour écrire tout cela à ma chère petite femme. — Quoi encore?... Ramm est reparti d'ici, il y a huit jours seulement, pour retourner chez lui; il venait de Berlin et a dit que le roi[4] lui avait demandé très souvent, et d'une manière pressante, si je viendrais sûrement, et comme je n'arrivais toujours pas, il a encore dit : « J'ai peur qu'il ne vienne pas! » Ramm en a été tout inquiet et a cherché à lui persuader le contraire. A en juger d'après cela, mes affaires n'iront pas mal.

Maintenant, je vais conduire le prince chez Duschek qui nous attend, et à neuf heures du soir nous partirons pour Dresde, où nous arriverons demain soir. — Chère petite femme, quel ardent désir j'ai de recevoir de tes nouvelles!... Peut-être trouverai-je, à Dresde, une lettre de toi?... O Dieu! réalise mes désirs! — Au reçu de cette lettre, il faudra que tu m'écrives à Leipzig, *poste restante*, bien entendu. — *Adieu* chérie, je dois m'arrêter, sans cela la poste partirait. Embrasse mille fois notre Charles; je t'embrasse de tout mon cœur et suis pour toujours

ton fidèle Mozart.

P.-S. Tous les compliments imaginables à M. et à Mme Puchberg. Il faut que je remette à Berlin d'adresser une lettre à M. Puchberg, pour le remercier aussi par écrit. —

1. Le comte Pachta et le comte Canal étaient des amis et protecteurs de Mozart.
2. Directeur du théâtre.
3. Ce projet n'eut malheureusement pas de suite.
4. Frédéric-Guillaume II.

Adieu, aimez-moi et gardez votre santé si chère et si précieuse à votre époux.

280 [O. Jahn]

A SA FEMME

Dresde, 13 avril 1789, sept heures du matin.

Chère et excellente petite femme,

Nous pensions être à Dresde samedi, après souper,... et puis nous ne sommes arrivés qu'hier, dimanche, à six heures du soir,... tant les routes sont mauvaises! — Je suis allé dès hier chez les Neumann[1], où demeure Mme Duschek, afin de lui remettre une lettre de son mari. C'est au troisième étage sur le passage, et, de la chambre, on voit tous ceux qui viennent. Quand j'arrivai à la porte, M. Neumann y était déjà; il m'a demandé à qui il avait l'honneur de parler? Je répondis : « Je vais vous dire dans un instant qui je suis; ayez seulement la bonté de faire appeler Mme Duschek, afin que ma plaisanterie ne soit pas gâtée. » Mais à ce moment même Mme Duschek se présentait devant moi; car elle m'avait reconnu de sa fenêtre et avait dit aussitôt : « Voilà quelqu'un qui ressemble à Mozart! » Alors, joie générale. — La compagnie était nombreuse et composée de dames fort laides, pour la plupart, mais qui rachetaient leur manque de beauté par leur amabilité. — Aujourd'hui, le prince et moi nous y déjeunons; puis nous irons chez Naumann[2], et de là à la chapelle. Demain ou après-demain, nous partirons pour Leipzig. — Au reçu de cette lettre, il faudra que tu m'écrives à Berlin, *poste restante*. J'espère que ma lettre de Prague t'est parvenue exactement. Les Neumann et Mme Duschek te

1. J. Léop. Neumann, poète et amateur de musique, secrétaire du conseil de guerre secret, s'était fait, à Dresde, une position considérée. Il traduisit, pour son ami Naumann, l'opéra de *Cora et Amphion*, et fonda en 1777 une académie musicale. Sa femme passait pour une excellente pianiste.

2. Naumann, maître de la chapelle royale de Saxe et compositeur.

font leurs compliments,... ainsi qu'à M. Lange et à madame ma belle-sœur.

Petite femme chérie, que n'ai-je, moi aussi, une lettre de toi!... Si je voulais te raconter tout ce que je fais avec ton cher portrait, tu rirais bien souvent! Par exemple, quand je le tire de sa prison, je lui dis : « Dieu te bénisse, petite Constance!... Dieu te bénisse, friponne!... tête ébouriffée,... nez pointu,... *bagatelle*,... *schluck und druck!*[1] Et puis, quand je le remets en place, je le fais glisser peu à peu, en disant tout le temps : « Allons!... allons!... allons!... allons! » mais avec l'énergie particulière que demande ce mot qui dit tant de choses!... et, pour finir, je dis bien vite : « Bonne nuit, petite souris!... dors bien! » — Je crois bien que je viens d'écrire là quelque chose de fort stupide (du moins pour le monde), mais, pour nous, qui nous aimons si tendrement, ce n'est pas précisément sot. Voilà le sixième jour que je suis loin de toi et, vraiment, il me semble qu'il y a déjà un an! — Tu dois avoir souvent de la peine à lire mes lettres, car j'écris en toute hâte et, par suite, assez mal. Adieu, mon unique bien-aimée; la voiture est là;... cela ne veut pas absolument dire que la voiture soit déjà là;... mais... *male*. — Adieu! aime-moi toujours comme je t'aime; je t'embrasse un million de fois aussi affectueusement que possible, et suis pour toujours ton époux qui t'aime tendrement.

P.-S. Comment notre Charles se conduit-il?... Bien, j'espère! Embrasse-le pour moi. — Mille choses aimables à M. et à Mme Puchberg. — *N. B.* Il ne faut pas que tu mesures tes lettres sur les miennes. Moi, je ne les écourte un peu que parce que je suis pressé; sans cela j'écrirais tout un cahier;... mais toi, tu as plus de loisir. *Adieu!*

1. Allusion aux paroles d'un canon bouffe composé par Mozart (K. appendice I, 5).

280 bis

A SA FEMME

Dresde, 16 avril 1789, onze heures et demie du soir.

Chère et excellente petite femme !

Comment!... encore à Dresde? — Oui, ma chérie; je vais tout te raconter par le menu :

Lundi, 13, après avoir déjeuné chez Neumann, nous sommes tous allés à la chapelle de la cour. La messe était de Naumann (qui la dirigeait lui-même).... très médiocre. — Nous étions placés dans un *oratoire*, en face de l'orchestre. Tout à coup Neumann me tira après lui et me conduisit auprès de M. de König, le *Directeur des plaisirs* (des tristes *plaisirs* du prince Électeur); il fut extrêmement aimable. Lorsqu'il m'a demandé si je ne voudrais pas me faire entendre à Son Altesse, j'ai répondu que ce serait, certes, une faveur pour moi, mais que, ne dépendant pas de moi seul, je ne pouvais prolonger mon séjour. — On en resta là. — Le prince, mon compagnon de voyage, invita à dîner les Neumann et Mme Duschek; pendant le repas, m'arriva l'avis que j'aurais à jouer à la cour, le lendemain mardi 14, à cinq heures et demie du soir. C'est quelque chose de tout à fait extraordinaire pour ici; car on y parvient très difficilement à se faire entendre, et tu sais que je ne comptais sur rien ici.

Nous avions *arrangé* entre nous, à l'*hôtel de Pologne*, un quatuor; nous l'avons exécuté dans la chapelle, avec Antoine Teyber (organiste ici, comme tu le sais), et avec M. Kraft, violoncelliste du prince Esterhazy, qui est ici avec son fils. J'ai joué, à ce petit concert, le trio que j'ai composé pour M. Puchberg [K. 542]; il a été exécuté d'une façon très convenable. Mme Duschek a chanté une quantité d'airs de *Figaro* et de *Don Juan*. — Le jour suivant, j'ai joué à la cour le nouveau concerto en ré [K. 537] et le lendemain, mercredi 15, avant midi, j'ai reçu une très belle tabatière. Nous avons ensuite dîné chez l'ambassadeur russe, où j'ai beaucoup joué.

Après le repas, on décida d'aller faire de la musique sur un orgue; la voiture nous y conduisit à quatre heures. Neumann était des nôtres. — Maintenant il faut que tu saches qu'il y a ici un certain Hässler (organiste d'Erfurt) qui était là aussi; c'est un élève d'un élève de Bach. Sa *force* est l'orgue et le piano.... Les gens d'ici s'imaginent que parce que je viens de Vienne, je ne connais nullement ce style et cette manière de jouer !... Je m'assis donc à l'orgue et je jouai. Le prince Lichnowsky (qui connaît bien Hässler) lui persuada à grand'peine de jouer aussi. La *force* de ce Hässler, en fait d'orgue, réside dans ses pieds, ce qui, ici, ne demande pas précisément d'être sorcier, les pédales étant graduées. En outre, il a appris par cœur des harmonies et des modulations du vieux Sébastien Bach, voilà tout; et il n'est pas capable de conduire une fugue dans les règles; son jeu n'est pas *solide*,... il est donc bien loin d'être un Albrechtsberger. — Après cela, on décida de retourner encore une fois à l'ambassade russe, afin que Hässler pût m'entendre au piano. Lui aussi, a joué. Eh! bien! sur le piano, je trouve Mlle de Aurnhammer aussi forte; dès lors tu peux te figurer que son prestige a pas mal baissé. — Ensuite nous sommes allés à l'opéra, qui est vraiment misérable. Mais sais-tu qui se trouve parmi les chanteuses?... Rosa Manservisi[1]. Tu te représentes sa joie! Au reste, la première chanteuse, la Allegrandi, est beaucoup meilleure que la Ferraresi[2], ce qui, il est vrai, n'est pas beaucoup dire.

Après l'opéra, nous sommes rentrés à la maison, et ici se place pour moi le plus heureux moment [de la journée] : j'ai trouvé une lettre de toi, attendue depuis si longtemps et

1. Elle avait été d'abord à Munich, où elle avait chanté le rôle de *Sandrina* dans *la Finta giardiniera*.

2 Ferraresi del Bene, prima-donna à l'opéra de Vienne. Mozart a écrit pour elle le rôle de *Fiordiligi* dans *Così fan tutte*.

avec un si ardent désir, ô la plus chérie et la meilleure!... Mme Duschek et les Neumann étaient là, comme d'habitude. Tout triomphant, j'allai aussitôt dans ma chambre, je baisai la lettre un nombre infini de fois avant de l'ouvrir, puis... je la dévorai, plutôt que je ne la lus. — Je suis resté longtemps dans ma chambre, car je ne pouvais me rassasier de la lire et de la baiser. Quand je revins vers la société, les Neumann me demandèrent si j'avais enfin reçu une lettre, et, sur ma réponse affirmative, ils me félicitèrent tous cordialement, car je me plaignais chaque jour de n'avoir reçu encore aucune nouvelle. Les Neumann sont d'excellentes gens.

Maintenant, parlons de la chère lettre; la suite [du récit] de mon séjour ici viendra dans ma prochaine lettre.

Chère petite femme, j'ai une foule de prières à t'adresser :

1mo Je te prie de ne pas être triste.

2do De veiller sur ta santé et de ne pas te fier à l'air du printemps.

3tio De ne pas sortir seule à pied, et, encore mieux, de ne pas sortir du tout à pied.

4to D'être bien assurée de mon amour. Je ne t'ai pas encore écrit une seule lettre, sans avoir devant moi ton cher portrait.

5to Je te prie de prendre garde, dans ta conduite, non seulement à ton honneur et au mien, mais même aux apparences. — Ne te fâche pas de cette prière. Tu dois m'aimer d'autant plus que je tiens à l'honneur.

6to *et ultimo*. Je te prie d'entrer dans plus de détails, dans tes lettres. Je voudrais bien savoir si notre beau-frère Hofer est venu [te voir] le lendemain de mon départ?... S'il vient souvent, comme il me l'a promis?... Si les Lange viennent de temps en temps?... Si l'on continue à travailler au portrait?... Comment ta vie est organisée?... toutes choses qui, naturellement, m'intéressent fort. — Maintenant adieu, la plus chérie et la meilleure!... Pense que toutes les nuits, avant de me mettre au lit, je cause une bonne demi-heure avec ton portrait, et de même en m'éveillant.

Nous partons après-demain, 18. — Écris à présent toujours à Berlin, *poste-restante*.

O stru! stri! Je t'embrasse et te serre dans mes bras 1.095.060.437.082 fois (voilà de quoi t'exercer à prononcer), et je suis pour toujours ton mari et ami bien fidèle,

W. A. MOZART.

La fin du récit de notre séjour à Dresde suivra dans la prochaine lettre. — Bonne nuit!

281 (O. JAHN)

A SA FEMME[1]

Berlin, 23 mai 1789.

Chère et excellente petite femme bien-aimée,

J'ai trouvé ici, avec un plaisir extrême, ta chère lettre du 13 ; mais ce n'est qu'à l'instant que j'ai reçu ta précédente lettre du 9, parce qu'elle a dû faire *retour* de Leipzig à Berlin. — Je vais d'abord te dire le compte de toutes les lettres que je t'ai écrites, puis ensuite de celles que j'ai reçues de toi.

Je t'ai écrit :

Le 8 avril, du relais de poste de Budwitz.

Le 10, de Prague.

Le 13 et le 17, de Dresde.

Le 22, une lettre en français, de Leipzig.

Le 28 et le 5 mai, de Postdam[2].

Le 9 mai et le 16, de Leipzig[3].

1. L'adresse de cette lettre porte :
A Madame Constance de Mozart, née de Weber. Vienne, sur le Haut-Marché, maison Malseck, chez M. de Puchberg.

2. Mozart habitait, à Postdam, chez le célèbre cor Thurschmidt, qu'il avait connu à Paris. Tout ce qui aimait la musique venait là, et Mozart était l'âme de ces réunions.

3. Mozart s'était laissé persuadé de retourner à Leipzig le 8 mai, pour y donner un concert. Il y obtint le plus grand succès, mais peu d'argent. Les billets

Le 19, de Berlin.

Et maintenant, le 23. — Cela fait donc onze lettres.

J'ai reçu de toi :

* Une lettre du 8 avril (le 15, à Dresde).

Une, du 13 avril (le 21 avril, à Leipzig).

Une, du 24 avril (le 8 mai, à Leipzig, à mon *retour*).

Une, du 5 mai (le 14 mai, à Leipzig).

Une, du 13 mai (le 20 mai, à Berlin).

Une, du 9 mai (le 22 mai, à Berlin).

Donc * six lettres. Entre le 13 et le 24 avril, il y a, comme tu vois, une lacune. Il faut donc qu'une lettre de toi se soit égarée !... C'est ce qui fait qu'il m'a fallu rester dix-sept jours sans lettres de toi !... Si, toi aussi, tu as été réduite à vivre dix-sept jours dans la même situation, c'est qu'une de mes lettres a dû être également perdue. — Dieu merci, nous en aurons bientôt fini de ces *fatalités !* Ce n'est que suspendu à ton cou, que je te raconterai bien exactement en quel état j'étais alors !... Pourtant... tu connais mon amour pour toi !

Où crois-tu que je t'écrive ceci ? A l'hôtel, dans ma chambre ? — Non ! C'est au Jardin zoologique, dans un restaurant (un cabinet de verdure avec une belle vue) où je dîne aujourd'hui solitairement, pour pouvoir m'occuper tout seul et uniquement de toi. — La reine veut m'entendre mardi ; mais il n'y a pas grand'chose à faire là. Je me suis fait annoncer seulement parce que c'est l'usage ici et qu'elle aurait trouvé mauvais que je ne le fisse pas.

Ma petite femme chérie, il faut qu'à mon retour tu te réjouisses plus de me revoir, que de l'argent [que j'apporterai]. 1° 100 frédérics d'or[1] ne font pas 900 florins, mais 700; du moins c'est ce qu'on m'a dit ici. — 2° Lichnowsky m'a prématurément quitté parce qu'il lui fallait se hâter, de sorte que j'ai dû vivre à mes dépens, dans ce quartier si cher de Postdam. — 3° J'ai été obligé de prêter 100 florins à X***

étaient à 1 florin, et Mozart, avec sa libéralité ordinaire, en avait distribué près de la moitié gratuitement.

1. Don du roi de Prusse (2078 francs).

parce que sa bourse baissait; je ne pouvais pas refuser tout net, tu sais pourquoi. — 4° Le concert de Leipzig a mal réussi, comme je l'avais toujours dit, de sorte que j'ai fait, pour y retourner, 32 lieues presque inutilement. C'est uniquement la faute de Lichnowsky, car il ne m'a pas donné de cesse que je ne revinsse à Leipzig,... mais le surplus, sur ce sujet, de vive voix. — Ici, 1°, il n'y a, pas grand'chose à faire, comme concert, et, 2°, le roi ne le verrait pas d'un bon œil. — Il faut que tu me saches déjà gré et que tu sois contente de ce que j'aie le bonheur d'être dans les bonnes grâces du roi.... Ce que je t'écris là doit rester entre nous.

Jeudi, 28, je partirai pour Dresde, où je passerai la nuit; le 1er juin, je coucherai à Prague, et le 4?... le 4?... près de ma petite femme chérie!... J'espère bien que tu viendras à ma rencontre jusqu'au premier relai; j'arriverai le 4, à midi. Hofer (que j'embrasse mille fois) y viendra bien aussi, j'espère!... Si M. et Mme Puchberg s'y trouvaient également, tous ceux que je souhaiterais seraient réunis. N'oublie pas Charles, non plus. — Mais le plus nécessaire, c'est que tu emmènes un homme de confiance, Salzmann ou quelque autre, qui aille à la douane avec ma voiture et mes bagages, afin que je n'aie pas ces inutiles ennuis, et que je puisse retourner à la maison en voiture avec vos chères personnes; — mais cela, sans faute!... — Allons, *adieu!* Je t'embrasse un million de fois et suis pour toujours ton mari bien fidèle.

283 (B. V.)

A SA FEMME

Prague, 31 mai 1789.

Chère et excellente petite femme!

J'arrive à l'instant!... J'espère que tu as reçu ma dernière lettre du 23. — Les choses restent ainsi convenues : Jeudi, 4 juin, entre onze heures et midi, j'arriverai exactement au dernier, au premier relai[1], où j'espère vous trouver. N'oublie pas d'emmener quelqu'un qui puisse ensuite aller à la douane à ma place. — *Adieu!*... Mon Dieu, que je me réjouis de te revoir! — En toute hâte.

283

A M. PUCHBERG

Vienne, [7 ou 8] avril 1790.

Vous avez raison, bien cher ami, de ne m'honorer d'aucune réponse!... mon importunité est trop grande! Je vous prie seulement de considérer ma situation sous toutes ses faces, d'avoir compassion de ma sincère amitié et de ma confiance en vous... et de me pardonner! — Mais si vous voulez bien et si vous pouvez m'arracher à un embarras actuel, faites-le pour l'amour de Dieu; quoi que ce soit dont vous puissiez vous priver, cela me sera toujours agréable. Oubliez tout à fait mon importunité si cela vous est possible, et pardonnez-moi!

Demain, vendredi, le comte Haddick[2] m'a prié de lui faire entendre le quintette de Stadler [K. 581][3] et le trio que j'ai composé pour vous; je prends la liberté de vous inviter. C'est Häring[4] qui jouera le trio [K. 562]. Je serais allé vous voir moi-même, pour m'expliquer avec vous de vive voix, mais ma tête est tout embobinée à cause de douleurs rhumatismales qui rendent ma situation encore plus pénible. — Encore une fois, aidez-moi selon votre pouvoir, pour cet instant seulement,... et pardonnez-moi!...

Toujours tout à vous,

MOZART[5].

1. Le dernier pour Mozart, le premier en venant de Vienne.
2. Feld-maréchal de l'Empire.
3. C'est-à-dire le quintette de Mozart, avec clarinette, composé pour Stadler, en décembre 1789. Stadler était un excellent clarinettiste qui a trop souvent exploité la facile générosité de Mozart.
4. Banquier et bon violoniste.
5. Puchberg a écrit au bas de cette lettre : « Le 8 avril 1790, envoyé 25 florins en billets de banque. »

284 [M]

PROJET DE PÉTITION[1]

Vienne, mai 1790.

Votre Altesse Royale,

J'ose supplier, avec tout le respect possible, Votre Altesse Royale de vouloir bien user de sa gracieuse intercession auprès de Sa Majesté le Roi, concernant mon humble pétition. — Le désir de la gloire, l'amour du travail et la conviction que j'ai de ma science, me pressent de me risquer (tout m'aiguillonne à le faire) à demander une seconde place de maître de chapelle ; d'autant plus que le très habile maître de chapelle, Salieri, ne s'est jamais consacré au style propre à la musique d'église, tandis que, depuis ma jeunesse, je me suis complètement rendu maître de ce style.

Le peu de célébrité que le monde m'a accordée à cause de mon jeu sur le piano, m'encourage aussi à solliciter la faveur que l'instruction musicale de la famille royale me soit confiée.

Bien persuadé que je suis de m'être adressé à l'intermédiaire (au protecteur) le plus digne, à celui qui m'est tout particulièrement favorable, je suis plein d'une ferme confiance, et je vais faire certainement tous mes efforts... (et j'espère le prouver en tout temps par mon activité, mon ardeur, ma fidélité)... etc.[2].

285

A M. PUCHBERG

Vienne, 17 mai 1790.

Bien cher ami et confrère,

Vous aurez sans doute appris, par vos gens, que je suis

1. Ce projet, qui se trouve au Mozarteum, est un brouillon rapidement écrit et couvert de ratures. — On suppose qu'il était adressé à l'archiduc François, avant que Léopold II eût été couronné empereur.
2. Cette pétition n'a été suivie d'aucune réponse favorable.

allé hier chez vous et que (sur votre autorisation) je voulais dîner chez vous, sans être invité. — Vous connaissez ma situation ; bref... je suis contraint, ne trouvant pas un seul ami véritable, d'emprunter de l'argent aux usuriers ; mais comme il faut du temps pour chercher et pour découvrir au moins les plus chrétiens de cette classe de gens qui ne le sont pas, je suis, pour le moment, tellement à sec que je me vois contraint, bien cher ami, de vous prier, pour tout au monde, de m'aider de votre superflu. — Si, comme je l'espère, j'ai l'argent dans huit ou quinze jours, je vous rembourserai immédiatement ce que vous m'aurez actuellement prêté. Quant à l'arriéré, que je vous dois depuis si longtemps déjà, il faut malheureusement que je vous demande d'avoir encore patience. — Si vous saviez quel tourment et quelle préoccupation tout cela me cause !... Cela m'a empêché tous ces temps-çi de terminer mes quatuors[1] [K. 575, 589, 590]. J'ai à présent très grand espoir du côté de la cour, car je sais positivement que l'Empereur n'a pas renvoyé ma supplique comme les autres [avec la mention] « agréée » ou « rejetée », mais qu'il l'a gardée;... c'est bon signe !

Samedi prochain, j'ai dessein de faire exécuter mes quatuors chez moi, et je vous y invite de la manière la plus pressante, ainsi que Mme votre femme. Cher et excellent ami et confrère, ne me retirez pas votre amitié à cause de mon importunité, et venez-moi en aide. Je m'en remets entièrement à vous et suis, pour toujours,

Votre très reconnaissant

MOZART.

P.-S. J'ai maintenant deux élèves ; je voudrais bien augmenter ce nombre jusqu'à huit. Tâchez de répandre partout que j'accepte de donner des leçons[2].

1. Pour le roi de Prusse.
2. Au bas de cette lettre, Puchberg a mis : « Le 17 mai, envoyé 150 florins. »

236

CERTIFICAT D'APTITUDE DÉLIVRÉ PAR MOZART A M. JOSEPH EYBLER[1]

Je, soussigné, certifie ici que j'ai reconnu le porteur de cet écrit, M. Joseph Eybler, pour un digne élève de son illustre maître Albrechtsberger, un solide compositeur, aussi exercé dans la musique de chambre que dans le style d'église, plein d'expérience dans l'art du chant, parfait exécutant sur l'orgue et sur le piano, — bref, un jeune musicien auprès duquel on n'a qu'un regret : c'est que ses pareils soient si rares.

Vienne, 30 mai 1790.

L. S.

WOLFGANG AMADÉ MOZART,

Maître de chapelle au service de l'Empereur.

237 [O. JAHN]

A SA FEMME

Francfort-sur-le-Mein, 29 septembre 1790[2].

Chère et excellente petite femme de mon cœur !

Nous arrivons à l'instant,... c'est-à-dire à une heure de l'après-midi. Nous n'avons donc mis que six jours, et nous aurions pu faire le voyage encore plus promptement si nous ne nous étions pas, trois fois, reposés un peu la nuit. — Nous sommes descendus, en attendant, dans un hôtel du faubourg

1. Devenu plus tard maître de chapelle.

2. Mozart était allé à Francfort pour le couronnement de l'empereur Léopold II (9 octobre). Un grand nombre d'étrangers y affluaient ; Mozart espérait donc y gagner quelque argent et sortir ainsi d'une situation de plus en plus critique. Son dénûment était tel, en effet, qu'il dut engager son argenterie pour faire les frais de ce voyage. Et cependant, toujours généreux, il emmenait dans sa voiture son beau-frère Hofer, violoniste, afin de le faire profiter des avantages espérés de ce voyage.

de Sachsenhausen, joyeux à mourir d'avoir mis la main sur une chambre. Pour le moment, nous ne savons pas encore notre destinée, si nous resterons ensemble ou si nous serons séparés;... si on ne me donne nulle part de chambre pour rien, et si je ne trouve pas l'hôtel trop cher, je resterai certainement ici. J'espère que tu auras reçu bien exactement ma lettre d'Efferding; je n'ai pu t'écrire davantage, en route, parce que nous ne nous sommes arrêtés que rarement, et seulement le temps de nous reposer.

Le voyage a été très agréable; nous avons eu beau temps, un seul jour excepté,... et ce seul jour ne nous a causé aucune incommodité, car ma voiture (je lui donnerais volontiers un baiser) est excellente. — A Ratisbonne, nous avons magnifiquement dîné; nous avons eu, pendant le repas, une musique divine,... un service à l'anglaise et un excellent vin de la Moselle. — A Nuremberg, nous avons déjeuné;... affreuse ville! — A Wurzbourg, nous avons réconforté notre précieux estomac avec du café;... belle et splendide ville! — La nourriture a été partout très supportable; ce n'est qu'à deux relais et demi d'ici, à Aschaffenbourg, qu'il a plu à M. l'aubergiste de nous empâter misérablement.

J'attends, avec un ardent désir, des nouvelles de toi, de ta santé, de nos affaires.... Je suis maintenant fermement résolu à faire mes affaires ici, aussi bien que possible, et ensuite je me réjouis de tout cœur de retourner près de toi. Quelle délicieuse vie nous mènerons!... Je veux travailler, mais travailler!.... afin de ne plus retomber, par suite de circonstances imprévues, dans une aussi *fatale* situation. — J'aimerais bien que, pour tout cela, tu pusses, par Stadler, faire venir auprès de toi X***. Sa dernière proposition a été ceci : Quelqu'un consent à donner l'argent sur l'endossement de Hoffmeister, seulement;... 1000 florins en argent comptant, et le reste en drap; — de sorte, que tout pourrait être payé, et encore avec excédent, et, à mon retour, je n'aurais plus rien à faire qu'à travailler. — Avec une *charta bianca*[1]

1. Blanc-seing.

de moi, toute l'affaire pouvait être conclue par l'entremise d'un ami. — *Adieu*, je t'embrasse mille fois.

Pour toujours ton

MOZART.

288 (O. JAHN)

A SA FEMME

Francfort-sur-le-Mein, 30 septembre 1790.

Petite femme bien-aimée de mon cœur! Si seulement j'avais une lettre de toi, tout serait pour le mieux. — J'espère que tu auras reçu mes lettres d'Efferding et de Francfort. Dans ma dernière, je t'ai dit de parler à X***. Pour raison de sécurité, je serais bien content si je pouvais obtenir 2000 florins sur l'endossement de Hoffmeister; mais il faut que tu prétextes quelque autre motif, par exemple que j'ai en tête quelque *spéculation* que tu ignores. — Ma chérie, je ferai, sans nul doute, quelque chose ici,... mais ce ne sera sûrement pas autant que toi et plusieurs de nos amis se le figurent. Je suis assez connu et considéré ici, c'est certain.... Enfin!... nous verrons. Mais j'aime, en toutes circonstances, à jouer à coup sûr; c'est pourquoi je voudrais bien conclure l'affaire avec Hoffmeister, parce que, ainsi, je recevrais de l'argent et je n'en aurais pas à payer; je n'aurais qu'à travailler, et c'est ce que je ferai bien volontiers pour l'amour de ma petite femme.

Où crois-tu que je demeure?... Chez les Böhm, dans la même maison; Hofer aussi. Nous payons 30 florins par mois et c'est encore extraordinairement peu; nous prenons aussi notre nourriture chez eux. — Qui penses-tu que j'aie rencontré ici?... La jeune fille qui a joué si souvent à la cachette avec nous, à « l'œil de Dieu [1] »; je crois qu'elle s'appelait Buchner; maintenant elle se nomme Mme Porsch et

1. Maison de la famille Weber, à Vienne.

elle est mariée pour la seconde fois. Elle m'a chargé de t'écrire mille choses aimables de sa part.

Comme je ne sais pas si tu es à Vienne ou à Baden, j'adresse encore cette lettre à Mme Hofer. — Je me réjouis comme un enfant de revenir près de toi; si les gens pouvaient voir dans mon cœur, je rougirais presque;... tout est froid pour moi... froid comme la glace!... Ah! si tu étais auprès de moi, je trouverais peut-être plus de plaisir dans les manières aimables des gens à mon égard,... mais comme cela, c'est si vide!... Adieu... chérie! Je suis ton Mozart qui t'aime toujours de tout son cœur.

P.-S. Quand j'ai écrit la page précédente, plus d'une larme est tombée sur mon papier!... mais maintenant, de la gaieté!... Attrape! il vole autour de toi une étonnante quantité de baisers... Comment, diable!... j'en vois aussi une foule... ah! ah!... j'en ai attrapé trois,... ils sont délicieux!

Tu peux encore me répondre à cette lettre, mais il faut que tu mettes sur l'adresse *à Lintz, poste restante*, c'est le plus sûr. Comme je ne sais pas encore avec une entière certitude si j'irai ou non à Ratisbonne, je ne puis rien fixer. Écris seulement, sur la lettre, qu'il faut la laisser là jusqu'à ce qu'on vienne la chercher. — Adieu... chère et excellente petite femme; prends garde à ta santé... et ne va surtout pas à pied dans la ville — Écris-moi donc comment tu te plais dans le nouveau logement. Adieu, je t'embrasse un million de fois.

269 [O. JAHN]

A SA FEMME

Munich, novembre 1790[1].

Chère et excellente petite femme de mon cœur!

Tu ne peux te figurer comme cela me fait de peine d'être obligé d'attendre jusqu'à Linz pour avoir des nouvelles de

1. Mozart avait donné son concert à Francfort le 14 octobre. — Il alla ensuite

toi! Patience!... quand on ne sait pas [d'avance] combien de temps on séjournera dans un même endroit, il n'est pas possible de prendre de meilleures dispositions. Je voulais ne passer qu'un jour ici, malgré le plaisir que j'aurais à rester longtemps avec mes vieux amis de Manheim[1],... et maintenant il faut que je prolonge jusqu'au 5 ou au 6, parce que le prince Électeur m'a invité à jouer dans un concert, à cause du roi de Naples[2]. C'est vraiment une *distinction!*... Quel bel honneur pour la cour de Vienne, que le roi soit obligé de m'entendre en pays étranger!

Tu peux te figurer comme je cause avec les Cannabich, *la bonne Ramm*, Marchand et Borchard[3], et comme il est question de toi, ma chérie!... Je me réjouis de te revoir, car j'ai beaucoup de choses à te dire. J'ai dans l'idée de refaire cette tournée à la fin de l'été prochain, avec toi, ma chérie, afin que tu essayes d'autres eaux, et puis la distraction, le mouvement, le changement d'air te feront du bien, de même qu'à moi cela me réussit parfaitement; je me réjouis vivement de ce projet et tout le monde s'en réjouit aussi.

Pardonne-moi si je ne t'écris pas autant que je le voudrais, mais tu ne peux te figurer comme on s'arrache ma personne! — Pour le moment, il faut que j'aille chez Cannabich, car on va répéter un concerto. *Adieu*, chère petite femme. D'après mon calcul, je ne puis espérer de réponse à cette lettre. Adieu, ma chérie, je t'embrasse un million de fois et je suis toujours ton Mozart qui t'aimera jusqu'à la mort.

P.-S. Grethel est maintenant mariée au frère de la Lebrun et s'appelle, par conséquent, Mme Danzi. Hannchen Bor-

à Mayence. Le 24 octobre, il arriva à Manheim pour la première représentation de son *Figaro;* et le 29 octobre, à Munich, où il logea chez son vieil ami Albert, l'aubergiste de « l'Aigle noir ».

1. Venus, comme on sait, à Munich avec le prince Palatin.

2. Le roi de Naples, Ferdinand, venait de faire un séjour à Vienne pour le mariage de ses filles Marie-Thérèse et Louise avec les archiducs François et Ferdinand (19 septembre 1790). Les plus grands musiciens avaient été appelés à produire leurs œuvres devant lui ; Mozart fut laissé de côté. — Léopold II ne lui fut jamais favorable. (Voy. Jahn, II, 467.)

3. Grethel Marchand et Hannchen Borchard.

chard a à présent seize ans, et la petite vérole l'a rendue laide; c'est dommage! Celle-là ne peut se rassasier de parler de toi. Elle joue très gentiment du piano.

290

A LA TRÈS LOUABLE ET TRÈS SAGE MUNICIPALITÉ DE VIENNE

Vienne, mai 1791.

Messeigneurs,

Lorsque M. le maître de chapelle Hofmann est tombé malade, je voulais prendre la liberté de solliciter sa place. Comme mes talents musicaux et mes œuvres, ainsi que ma science de la musique, sont connus à l'étranger, et que mon nom est partout honoré de quelque considération; que, depuis plusieurs années, j'ai la faveur d'être attaché comme compositeur à la très haute cour d'ici, j'espérais n'être pas indigne de cette position et mériter la bienveillance de la très sage municipalité.

Mais M. le maître de chapelle Hofmann est revenu à la santé; en cet état de choses, comme je souhaite et désire de tout cœur la prolongation de sa vie, j'ai pensé qu'il serait peut-être avantageux au service de la cathédrale et à vous, Messeigneurs, que je fusse adjoint à M. le maître de chapelle devenu vieux, — et cela, pour le moment, à titre gratuit seulement; par là j'aurais l'occasion d'aider ce digne homme dans son emploi, et, en même temps, de mériter la considération de la très sage municipalité, par un service actif, dont ma connaissance approfondie du style religieux me permet de me croire plus capable que d'autres.

Votre très obéissant serviteur

WOLFGANG AMADÉ MOZART,
Compositeur de la Cour impériale et royale[1].

1. Par décret du 9 mai 1791, la municipalité de Vienne accorda à Mozart sa demande, mais il mourut avant le vieux maître de chapelle Hofmann; par conséquent avant que ses nouvelles fonctions lui eussent apporté aucun profit.

291

A M. STOLL

A BADEN PRÈS VIENNE.

Juin 1791.

Très cher Stoll [1]!
(Ne soyez pas un *Schroll* [2]!)

1° Je voudrais bien savoir si Stadler est venu hier chez vous et vous a redemandé ma messe [K. 317].

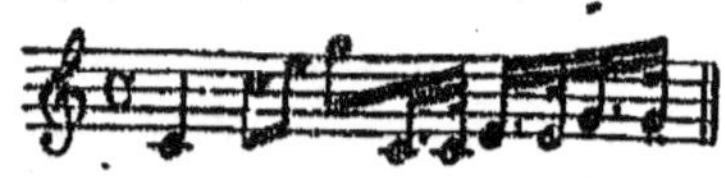

Oui? Alors j'espère la recevoir aujourd'hui encore; si non, je vous prie d'avoir la bonté de me l'envoyer tout de suite, *N. B.* avec toutes les parties. Je [vous] la restituerai bientôt.

2° Je vous prie de retenir un petit logement pour ma femme; elle n'a besoin que de deux chambres, ou bien d'une chambre et d'un petit cabinet; mais ce qu'il y a de plus nécessaire, c'est que ce soit au rez-de-chaussée. L'appartement que je préférerais, serait celui que Goldhahn a habité au rez-de-chaussée, chez Fleischhacker. Je vous prie d'aller voir d'abord là; peut-être est-il encore disponible. Ma femme partira samedi, ou lundi, au plus tard. Si nous ne pouvons avoir ce logement, il n'y a plus qu'à voir à en trouver un qui soit près des bains, mais avant tout au rez-de-chaussée. Chez le greffier de la ville, où M. de Alt a logé, au rez-de-chaussée, ce serait bien aussi, mais l'appartement de Fleischhacker serait préférable à tous les autres.

3° Je voudrais savoir si le théâtre est déjà ouvert, à Baden? — Et sur ces trois points, je demande une réponse et des

1. Maître d'école et *chorirегent* (directeur du chant, à l'église).
2. « Rustre » (pour rimer).

arrangements prompts. Mon adresse est : Rauhensteingasse, Kayserhaus, n° 970, au 1er.

P.-S. Voilà la plus sotte lettre que j'aie écrite de ma vie, mais pour vous, c'est justement ce qu'il faut.

292 [O. JAHN]

A SA FEMME[1]

Bonjour, chère petite femme, je souhaite que tu aies bien dormi, que rien ne t'ait troublée, que tu ne te lèves pas trop précipitamment, que tu ne te refroidisses pas, que tu ne te penches pas, que tu ne te détires pas, que tu ne te mettes pas en colère avec tes domestiques, que tu ne tombes pas sur le seuil de la chambre à côté. Épargne-toi tous les chagrins domestiques jusqu'à mon retour. Pourvu qu'il ne t'arrive rien ! — Je reviendrai à *** heures.

293

A SA FEMME

A BADEN

Vienne, 6 juin 1791.

Ma très chère épouse !

J'écris cette lettre dans la petite chambre au jardin, chez Leitgeb où j'ai couché cette nuit excellemment — et j'espère que ma chère épouse aura passé cette nuit aussi bien que moi. J'y passerai cette nuit aussi, puisque j'ai congédié Léonore, et je serai tout seul à la maison, ce qui n'est pas agréable. J'attends avec beaucoup d'impatience une lettre qui m'apprendra comme vous avez passé le jour d'hier; je tremble quand je pense au baigne de Saint-Antoine, car je crains toujours le

1. Pendant la maladie de sa femme, Mozart avait l'habitude, chaque matin dès cinq heures, de faire une promenade à cheval ; mais il ne partait pas sans laisser devant le lit de sa femme un petit billet comme celui-ci. (Voy. Jahn, I, 708.)

risque de tomber sur l'escalier en sortant et je me trouve entre l'espérance et la crainte — une situation bien désagréable! Si vous n'étiez pas grosse[1] *je craignerais moins — mais abandonnons cette idée triste! — Le ciel aura eu certainement soin de ma chère Stanza Maria.*

Mme de Schwingenscha m'a prié de leur procurer une loge pour ce soir au théâtre de Wieden, où l'on donnera la cinquième part d'Anlain, et j'étais si heureux de pouvoir les servir. J'aurai donc le plaisir de voir cet opéra dans leur compagnie.

A l'instant, je reçois ta chère lettre et j'y vois avec joie que tu es bien portante et en bonnes dispositions. — Mme Leitgeb m'a arrangé aujourd'hui ma cravate; mais comment, bon Dieu!... J'avais beau dire tout le temps : Voilà comme elle[2] l'arrange... cela ne servait de rien! — Je me réjouis que tu aies bon appétit; mais qui dévore beaucoup doit aussi beaucoup... non! je veux dire beaucoup marcher. Pourtant je n'aime pas que tu fasses de grandes promenades sans moi. Fais donc tout ce que je te conseille; cela part certainement du cœur.

Adieu chérie!... mon unique!... Attrape un peu en l'air; voilà 2999 baisers et demi, de moi, qui volent et attendent d'être happés. — Maintenant, que je te dise quelque chose à l'oreille.... Ainsi donc tu me.... A présent nous ouvrons et fermons la bouche, toujours de plus en plus,... et enfin nous disons.. que c'est à cause de Plumpi.... Strumpi! — Maintenant, tu peux en penser ce que tu voudras, et voilà justement ce qui est commode!

Adieu, mille tendres baisers.

Toujours ton

MOZART.

1. Wolfgang Amadé Mozart, dernier enfant de Mozart, est né le 26 juillet suivant, à Baden.
2. Constance.

294

A SA FEMME[1]

Vienne, 25 juin 1791.

Ma très chère épouse!

Je reçois à l'instant ta lettre qui me fait un plaisir extrême; et maintenant j'en désire déjà ardemment une seconde, pour savoir comment le bain t'a réussi. Je regrette de ne pas avoir été hier à votre beau concert, mais ce n'est pas pour la musique, c'est parce que j'aurais eu le bonheur d'être auprès de toi.

J'ai fait aujourd'hui une surprise à Mme N***[2]. — J'ai d'abord été chez X***. Sa femme envoya une de ses filles en haut pour l'avertir qu'il y avait là un bon vieil ami de Rome,... qui venait de courir toutes les maisons sans pouvoir le trouver!... Il me renvoya dire de vouloir bien l'attendre un peu, et, pendant ce temps, le pauvre fou endossa son plus bel habit, comme pour un dimanche, et se fit magnifiquement friser;... tu peux te figurer comme nous nous sommes moqués de lui ensuite! — Il faut vraiment toujours que je rencontre quelque toqué!... si ce n'est pas N***, c'est N***. *Snai!*

Où j'ai couché?... Mais, à la maison, bien entendu! — J'ai très bien dormi, seulement les souris m'ont honnêtement tenu compagnie. J'ai eu des discours en règle avec elles. Avant cinq heures j'étais déjà levé. — *A propos* je te conseille de ne pas aller demain à la messe; ces manants me semblent trop grossiers; — il est vrai que tu as un rude *compagnon*[3],... mais les paysans n'ont aucun *respect* pour lui,

1. L'adresse porte :
A Madame, Madame Constance de Mozart, à Baaden. A remettre chez M. le syndic.

2. Tous les noms indiqués par N*** sont effacés et rendus illisibles dans l'autographe; X*** est un nom qu'on ne peut déchiffrer (Nohl).

3. Le syndic (administrateur ou curateur de biens, homme d'affaires) chez qui logeait Constance.

perdant respectum, parce qu'ils voient tout de suite, à sa mine, que c'est un rapace usurier. *Snai!*

Je répondrai de vive voix à Sussmayer[1]; j'ai regret au papier.

Fais dire à Krugel ou Kligel que tu le pries de te donner une meilleure nourriture;... si tu pouvais peut-être, en passant, causer toi-même avec lui, ce serait encore mieux. C'est, d'ailleurs, un homme aimable qui a de la considération pour moi. — Demain, je suivrai la *procession* de Josephstadt, avec un cierge à la main!... *Snai!*

N'oublie pas mes recommandations au sujet de l'air du matin et du soir,... ou des bains trop longs, etc. — Mes compliments au comte et à la comtesse Wegensperg (?). — *Adieu*,... je t'embrasse 2000 fois, en pensée, et suis toujours ton

MOZART.

P.-S. Ce serait pourtant une bonne chose si tu donnais à Charles un peu de rhubarbe.

Pourquoi ne m'as-tu pas envoyé sa grande lettre?... Voici une lettre pour lui; je demande une réponse. — Attrape!... Attrape! .. bs... bs... bs... bs.... Ce ne sont que bécots volant dans l'air... pour toi!... bs .. en voilà encore un qui s'en vient trottinant après les autres!

A l'instant, je reçois la seconde lettre. — Ne te fie pas au bain!... Dors aussi davantage... et pas si irrégulièrement,... autrement je serai inquiet!... Je suis déjà un petit peu inquiet. *Adieu.*

295

A M. PUCHBERG

Vienne, 25 juin 1791.

Cher et excellent ami!
Très honorable confrère!

Je n'ai pu, à cause de mes occupations, avoir aujourd'hui

1. Élève de Mozart, compositeur; c'est lui qui a terminé le *Requiem* de Mozart.

le plaisir de vous entretenir de vive voix,... et j'ai [pourtant] une prière à vous faire. Ma femme m'écrit avoir remarqué qu'on voudrait bien (quoiqu'on n'ait [encore] rien à prétendre à cet égard) voir venir quelque argent, tant pour le logement que pour la pension et la nourriture; elle me demande donc de lui en envoyer. Moi, qui avais l'intention de régler tout à la fin, au départ, je me trouve dans un grand embarras. Je ne voudrais pas exposer ma femme à des désagréments,... et je ne puis me mettre entièrement à sec pour le moment. Si vous pouviez, très excellent confrère, m'aider de quelque argent que je pusse lui envoyer tout de suite, vous m'obligeriez extrêmement. — Il ne s'agit, du reste que de quelques jours, et vous toucherez, en mon nom, 2000 florins sur lesquels vous pourrez immédiatement vous rembourser.

Toujours votre

MOZART[1].

296

A SA FEMME

Vienne, 8 juillet 1791.

Chère et excellente petite femme!

J'ai reçu exactement la lettre du 7, avec la quittance du payement bien en règle; seulement j'aurais souhaité, pour ton plus grand bien, que tu eusses fait signer aussi un témoin, car si N*** ne veut pas être honnête, il peut aujourd'hui ou demain te faire quelques ennuis au sujet de l'authenticité et de la valeur [de la pièce]. Comme il n'y a dessus que soufflet[2], tout court, il peut, à l'improviste, t'expédier une demande légale [d'avoir à lui donner] un soufflet vigou-

1. Puchberg a écrit sur cette lettre : « *Eod. die*, envoyé 25 florins. »

2. On peut supposer que Constance avait écrit par plaisanterie sur la quittance de son propriétaire, « le rapace syndic », qu'elle lui devait aussi un soufflet, et que Mozart, toujours prêt à égayer sa femme, au milieu des préoccupations qui l'accablaient, s'est emparé de cette plaisanterie et l'a développée pour l'amuser. Il serait difficile de comprendre la lettre autrement.

reux, bien conditionné, ou aggio[1]; et que feras-tu alors?... Dans ces cas-là, il faut payer sur-le-champ, et souvent on ne le peut pas!... Mon avis serait de t'arranger à l'amiable avec ton adversaire, et de lui donner quelques soufflets vigoureux, trois, bien conditionnés, et un, *aggio*, et même plus, au cas où cela ne suffirait pas à le contenter; car je le dis, avec de la bonté tout s'arrange; une conduite généreuse et douce a souvent réconcilié les ennemis les plus acharnés; et si tu n'étais pas actuellement en état de payer toute ta dette, eh! bien! tu as des connaissances! Je ne doute nullement que, si tu en pries instamment N***, elle ne se charge de faire le payement comptant, sinon tout entier, du moins en partie.

Chère petite femme, j'espère que tu auras exactement reçu ma lettre d'hier; voilà que le moment, l'heureux moment de nous revoir, approche de plus en plus. Prends patience! Égaie-toi seulement le plus que tu pourras. Tu m'as tout à fait abattu par ta lettre d'hier; tellement, que j'avais presque repris la résolution de partir sans avoir rien conclu,... et ensuite qu'en serait-il résulté? — Que j'aurais dû revenir tout de suite, ou bien vivre dans l'anxiété, au lieu d'être content. Dans quelques jours, l'histoire doit avoir une fin : L*** me l'a promis si sérieusement et si solennellement[2]!... et alors je serai aussitôt près de toi. Mais si tu le veux, je t'enverrai l'argent nécessaire; tu payeras tout et tu reviendras ici. Quant à moi, cela me conviendra, très certainement; seulement je trouve que Baden, dans cette saison, peut être encore très agréable pour toi et utile à ta santé, à cause de ses magnifiques promenades. C'est ce dont tu dois te rendre compte mieux que personne; — si tu trouves que l'air et le mouvement te font du bien, reste encore; je viendrai ensuite pour te chercher, ou pour rester quelques jours

1. Modéré.

2. Il s'agissait sans doute d'un nouvel emprunt. Cela expliquerait les 2000 florins que Mozart dit à Puchberg (lettre du 25 juin) devoir toucher dans quelques jours.

avec toi, si cela te fait plaisir; — ou enfin, comme je te l'ai dit, tu peux, si tu le veux, revenir demain; écris-le-moi sincèrement.

Maintenant adieu, chère *Stanzi Marini;* je t'embrasse un million de fois et suis toujours ton

MOZART.

297

A M. STOLL

Vienne, 12 juillet 1791.

Très cher *Stoll!*
Excellent manant! (*knoll*)
Très grand rustre! (*schroll*)
Tu es tout étoilé! (*sternvoll*)
N'est-ce pas que le mode mineur (*moll*)
Te fait du bien? (*wohl*)

J'ai une demande à vous faire, c'est que vous ayez la bonté de m'envoyer tout de suite, par la première voiture de demain, ma messe en si bémol [K. 275], que nous avons exécutée dimanche dernier, ainsi que le *Graduale* en si bémol, de Michel Haydn, le *Pax vobis*, que nous avons également chanté; — pas la partition, bien entendu, mais les parties, parce qu'on m'a demandé de diriger une messe dans une église. Mais n'allez pas croire que ce soit un subterfuge pour rentrer en possession de ma messe; si je n'étais pas bien aise de la voir entre vos mains, je ne vous l'aurais jamais donnée. Au contraire, c'est un plaisir pour moi quand je puis vous rendre un service. — Je me fie entièrement à vous, car j'ai donné ma parole.

Vienne, 12 juillet 1791.

Très excellent Monsieur de Schroll[1]!

Ne nous mettez pas dedans, sans cela nous serions dans de beaux draps! — Ce cordial et tendre écrit de ma main atteste la vérité de ce

1. Cette apostille est de Sussmayer, l'élève de Mozart.

que M. de Mozart vous demande ; ainsi donc, la messe et le *Graduale* de Michel Haydn,... ou bien, de son opéra[1], point de nouvelles ! — Nous vous la renverrons tout de suite. — *A propos*, faites-moi le plaisir de baiser la main de ma part à ma chère Thérèse, autrement... inimitié éternelle ! Votre écriture en devra faire foi, comme la mienne ici présente. Ensuite, vous recevrez sans faute la messe de Michel Haydn, pour laquelle j'ai déjà écrit à mon père ; car un homme sait tenir parole !

Je suis votre vrai ami,

FRANZ SIESSMAYR.

398

A SA FEMME

Vienne, 14 octobre 1791[2].

Chère et excellente petite femme !

Hier jeudi, 13, Hofer et moi nous sommes allés prendre Charles[3] ; nous avons mangé là-bas, puis nous sommes rentrés en ville, en voiture. A six heures, j'ai été chercher, en voiture, Salieri et la Cavalieri et je les ai conduits dans ma loge, puis j'ai vite été chercher maman et Charles que j'avais laissés pendant ce temps chez Hofer. Tu ne peux te figurer comme Salieri et la Cavalieri ont été tous les deux aimables,... comme tout leur a plu, non seulement la musique, mais le livret, mais tout l'ensemble[4]. Tous deux ont dit que

1. *La Flûte enchantée* que Mozart était en train de composer.

2. Constance avait dû retourner à Baden ; sa sœur Sophie, Mme Haibl, était auprès d'elle pour la soigner.

3. Charles Mozart était en pension à Bernsdorf, près de Vienne.

4. L'opéra *la Flûte enchantée* (*Zauberflöte*) [K. 620] avait été donné pour la première fois le 30 septembre. Le succès fut inouï : 24 représentations en octobre ; — le 23 novembre 1792, Schikaneder (le directeur du théâtre, remplissant le rôle de Papageno) annonçait la 100e représentation, et la 200e eut lieu le 22 octobre 1795.

Principaux personnages :

SARASTRO, basso	GERL.
TAMINO, tenore	SCHACK.
LA REINE DE LA NUIT, soprano.	Mme HOFER.
PAMINA, soprano	Mlle GOTTLIEB.
PAPAGENO, basso	SCHIKANEDER.
MONOSTATOS, tenore	NOUSEUL.

c'est un opéra digne d'être représenté dans les plus grandes fêtes et devant le plus puissant *monarque* du monde, et que certainement ils viendraient bien souvent l'entendre, car jamais ils n'ont vu plus beau et plus agréable spectacle. — Salieri a écouté et regardé avec toute l'attention possible, et, depuis l'ouverture jusqu'au chœur final il n'est pas un morceau qui ne lui ait arraché un *bravo!* ou un *bello!* et tous deux ne pouvaient finir de me remercier pour le plaisir que je leur avais procuré. Ils avaient toujours eu l'intention d'aller hier à l'opéra, mais il leur aurait fallu être à leurs places dès quatre heures, tandis que, dans ma loge, ils ont pu voir et entendre bien tranquillement. Après le spectacle, je les ai fait reconduire chez eux en voiture, et j'ai soupé avec Charles chez Hofer. Puis je suis revenu à la maison avec lui, et nous avons, tous deux, parfaitement dormi.

Je n'ai pas rendu Charles peu joyeux en le menant à l'opéra!... — Il a une mine excellente; quant à la santé, il ne pourrait être dans un meilleur endroit; mais le reste est malheureusement... misérable! — Ils sont peut-être capables de faire un bon paysan,... mais!... suffit! comme ce n'est que lundi que commencent les grandes études (miséricorde!...) j'ai demandé de garder Charles jusqu'à dimanche, après le dîner. J'ai dit que tu voudrais bien le voir. Demain, dimanche, j'irai te voir avec lui, et ensuite tu pourras le garder, ou bien je le reconduirai chez Hecker, dimanche après le dîner. Réfléchis à cela; pour un mois [de perdu] cela ne peut pas le gâter, j'imagine! D'ici là, l'histoire des Piaristes[1] peut s'arranger; on y travaille sérieusement. — Au surplus, Charles n'est pas pire, à la vérité, mais il n'est pas non plus d'un cheveu meilleur qu'il n'a toujours été; il a toujours les mêmes mauvaises façons, aime à babiller comme autrefois, et apprend presque moins volontiers encore, parce qu'il ne fait pas autre chose là-bas que de courir dans le jardin, cinq heures le matin et

1. Ordre religieux enseignant.

cinq heures dans l'après-dîner, comme il me l'a lui-même avoué; — en un mot, les enfants ne font rien que manger, boire, dormir et se promener.

Leitgeb et Hofer sont en ce moment chez moi; le premier reste à dîner avec moi; je viens d'envoyer mon fidèle camarade *Primus* nous chercher un repas à « l'hôpital des bourgeois »[1]. — Je suis très content de ce garçon; il ne m'a fait faux-bond qu'une seule fois, ce qui m'a forcé d'aller dormir chez Hofer; j'en ai été très vexé, car ils dorment là-bas trop longtemps pour moi. C'est à la maison que je reste le plus volontiers, parce que j'y suis habitué à mon train de vie. Cette unique exception m'a mis tout à fait de mauvaise humeur. Hier, la journée entière a été employée au voyage de Bernsdorf, c'est pourquoi je n'ai pu t'écrire, — mais que toi tu aies passé deux jours sans m'écrire, c'est impardonnable! J'espère au moins fermement recevoir aujourd'hui des nouvelles de toi. et pouvoir demain te parler et t'embrasser de tout mon cœur. Adieu!

Toujours ton MOZART.

J'embrasse mille fois Sophie. Pour N***, fais ce que tu voudras.

299

A SA FEMME

[2] [5 novembre] 1791, samedi soir, dix heures et demie.

Bonne petite femme chérie,

C'est avec la plus grande satisfaction, le plus vif sentiment de joie, que j'ai trouvé ta lettre, en rentrant de l'opéra.

1. *Bürgerspital.*

2. Voici ce qui nous fait penser que la date du 5 novembre pourrait être assignée à cette lettre. — Dans la lettre précédente, Mozart insinue à sa femme qu'elle pourrait garder son fils près d'elle; que *pour un mois* il n'y aurait guère d'inconvénient. Or ce mois finissait le lundi 14 novembre, et Mozart annonce dans la présente lettre qu'il ira chercher sa femme le dimanche suivant.

Il mourut un mois après cette lettre, le 5 décembre 1791; mais déjà il était bien malade et se sentait perdu.

Bien que le samedi soit, en tout temps, un mauvais jour, parce que c'est celui de la poste, l'opéra a été représenté devant une salle comble, et au milieu des applaudissements et des *bis* accoutumés. Demain, on le donnera encore, mais il y aura relâche lundi ; par conséquent, c'est mardi qu'il faut qu'il nous amène Stoll [1],... quand on le redonnera pour la première fois. Je dis : pour la première fois, parce qu'il sera probablement donné encore plusieurs fois de suite. — Voici que je viens, à l'instant, de manger un excellent morceau de lièvre que m'a apporté Primus (mon fidèle valet de chambre), et comme mon appétit est assez éveillé aujourd'hui, je l'ai envoyé me chercher quelque chose de plus, si c'est possible... et dans cet intervalle je continue d'écrire. Ce matin j'ai composé avec tant d'assiduité que je m'y suis attardé jusqu'à une heure et demie [2]. Vite, j'ai couru en toute hâte chez Hofer (rien que pour ne pas manger tout seul), et j'y ai rencontré maman. En sortant de table, je suis tout de suite retourné à la maison et j'ai composé jusqu'à l'heure de l'opéra. — Leitgeb m'a prié de l'y conduire de nouveau,... ce que j'ai fait. Demain, j'y mènerai maman ; Hofer lui a donné le livret à lire d'avance ; avec elle il faut dire qu'elle voit l'opéra, mais non qu'elle l'entend.

Les NN*** avaient aujourd'hui une loge ; ELLE témoignait chaudement son approbation sur tout, mais LUI, cette girouette, se montrait si Bavarois, que je n'ai pu rester là, sans cela je n'aurais pu m'empêcher de le traiter d'âne. Malheureusement, j'étais justement dans la loge quand le deuxième acte a commencé,... et, par conséquent, au moment de la scène solennelle. Il s'est moqué de tout. Au commencement, j'ai eu la patience de chercher à attirer son attention sur quelques passages, mais il tournait tout en raillerie ; alors cela m'a paru trop fort ;... je l'ai appelé *Papageno* [3], et je suis parti,... mais je ne crois pas que l'imbécile

1. C'est-à-dire que Stoll vienne (de Baden) s'il veut le voir.
2. Il travaillait à son *Requiem*.
3. Le nom de *Papageno* rappelle celui de *Papagei*, perroquet, en allemand.

ait compris. Je suis ensuite entré dans une autre loge où se trouvaient Flamm et sa femme ; là, je n'ai eu que du plaisir et j'y suis resté jusqu'à la fin [de l'acte].

Plus tard je suis allé sur le théâtre, au moment de l'air de Papageno, avec carillon.., parce que j'avais aujourd'hui grande envie de jouer moi-même le carillon. Je fis alors la plaisanterie, à un endroit où Schikaneder s'arrête, d'exécuter un *arpeggio*;... il fut tout effrayé, regarda autour de la scène et m'aperçut ; la seconde fois, je ne fis rien ;... alors il resta immobile, ne voulant plus du tout continuer ; — je devinai sa pensée et fis de nouveau un accord ;... sur quoi il frappa le carillon en disant : « Tais-toi donc !... » et tout le monde de rire. Je crois que beaucoup de gens ont appris pour la première fois, grâce à cette plaisanterie, que ce n'est pas lui qui frappe l'instrument. — Tu ne peux t'imaginer de quelle façon charmante on saisit la musique, d'une loge qui est tout près de l'orchestre ! Bien mieux que de la galerie ! Dès que tu seras revenue, il faudra que tu en fasses l'essai.

Dimanche, sept heures du matin. — J'ai très bien dormi et j'espère que toi aussi, tu auras très bien dormi. J'ai savouré délicieusement la moitié d'un jeune chapon que l'ami *Primus* m'a rapporté. A dix heures, j'irai entendre la messe chez les *Piaristes*, parce que Leitgeb m'a dit que je pourrai ensuite causer avec le directeur, et j'y resterai pour dîner.

Primus m'a dit, hier soir, qu'il y a tant de gens malades à Baden !... Est-ce vrai ? Prends bien garde et méfie-toi de la température extérieure !...

Allons !... voilà *Primus* qui revient, avec une allure de bœuf, me dire que la voiture est partie aujourd'hui avant sept heures, et qu'il n'en part plus d'autre avant l'après-midi. Ainsi il ne m'a servi de rien d'avoir écrit toute cette lettre la nuit et de grand matin ; tu ne la recevras que ce soir, ce qui me contrarie vivement. — Je partirai bien certainement dimanche prochain ; nous irons tous ensemble au Casino et nous reviendrons lundi à la maison. —

Lechleitner est déjà retourné voir l'opéra; si ce n'est pas précisément un connaisseur, c'est du moins un véritable amateur,... et voilà ce que n'est pas N***! Ah! celui-là, c'est un vrai monstre! Il préfère un bon *dîner*. — Adieu, chérie, je t'embrasse un million de fois et suis pour toujours,

ton MOZART, m. p.

P.-S. Embrasse Sophie pour moi. — J'envoie à Sussmayr une paire de bonnes chiquenaudes et un large catogan. — Mille compliments à Stoll. *Adieu.*

L'heure sonne,... adieu!... nous nous reverrons!...

N. B. Tu as probablement envoyé au lavage les deux pantalons jaunes, d'hiver, qui vont avec les bottes,... car, Joseph et moi, nous les avons cherchés en vain. *Adieu.*

300

A M. DA PONTE[1]

A LONDRES.

Septembre 1791.

Très cher Monsieur,

Je voudrais suivre votre conseil, mais comment y réussir? J'ai la tête perdue, je suis à bout de forces et ne puis m'ôter des yeux l'image de cet inconnu[2]. Je le vois conti-

1. Cette lettre est en italien. On croit être certain qu'elle était adressée à Da Ponte, l'auteur du livret de *Don Giovanni*. — Il avait vivement engagé Mozart à l'accompagner à Londres et à y écrire un opéra dont il lui fournirait le livret. Mozart y était assez disposé, mais, tout occupé alors de la *Flûte enchantée*, il avait demandé un délai de six mois que Da Ponte n'accepta pas; et les choses en restèrent là. Cette lettre répond sans doute à de nouvelles instances.

2. Au mois de juillet, Mozart avait, un jour, reçu la visite d'un inconnu long, maigre, vêtu de gris, à l'air grave, qui lui avait remis une lettre anonyme où on lui proposait de composer une *Messe de Requiem* pour le prix qu'il désignerait, mais il ne devait pas chercher à connaître celui pour lequel il entreprendrait ce travail. — Mozart demanda 100 ducats (d'autres disent 50 ducats). — En même temps, les Etats de Prague le désignèrent pour composer l'opéra de *la Clemenza di Tito*, donné le 6 septembre pour les fêtes du couronnement de Léopold II (comme roi de Bohême). Au moment où Mozart montait en voiture

nuellement, qui me presse, me sollicite et me réclame impatiemment mon travail. Je continue, parce que la composition me fatigue moins que le repos. Au surplus, je n'ai plus à trembler; je le sens à quelque chose qui me prouve que l'heure sonne : je suis près d'expirer! J'ai fini avant d'avoir joui de mon talent! Et pourtant la vie était si belle! La carrière s'ouvrait sous des auspices si fortunés!... Mais on ne peut changer son propre destin. Nul n'est assuré de ses propres jours; il faut se consoler : il en sera ce qu'il plaira à la Providence. Je termine en ce moment mon chant funèbre, car je ne dois pas le laisser imparfait.

avec sa femme, pour se rendre à Prague, l'inconnu se présenta soudain et réclama le *Requiem*. Mozart, déjà malade, fut frappé de cette apparition enveloppée de mystère et se figura dès lors qu'il travaillait pour ses propres funérailles. — Or ce mystère venait de ce qu'un certain comte de Walsegg faisait travailler des auteurs en renom, sans leur révéler son nom, et donnait ensuite comme de lui, leurs compositions. Il avait perdu sa femme le 14 février et ce *Requiem* lui était destiné. (Voy. Jahn, II, 467.)

INDEX MUSICAL

DES ŒUVRES DE MOZART CITÉES DANS SES LETTRES

(Se référant au Catalogue thématique de Köchel [1])

---

1. Nous avons rectifié quelques détails d'après la seconde édition de Jahn (1867), postérieure de cinq ans au catalogue de Köchel.

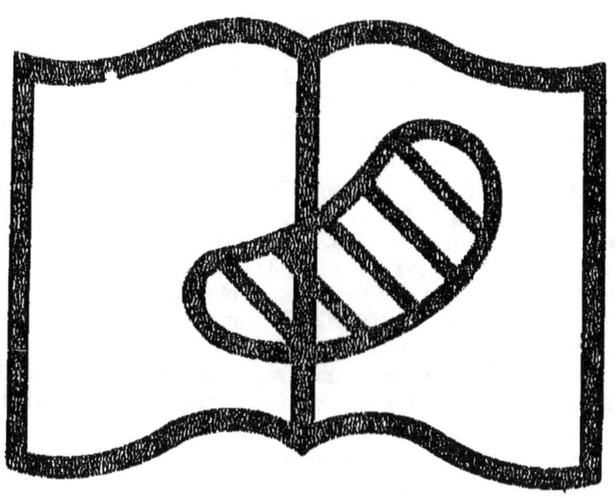

Original illisible
NF Z 43-120-10

493. **Quatuor** en mi ♭, pour piano, violon, alto et violoncelle. Vienne, 3 juin 1786. P. 546.
527. **DON GIOVANNI,** *opera buffa* en 2 actes, texte de L. da Ponte, 1re représentation à Prague, 29 octobre 1787, et à Vienne, 7 mai 1788. P. 558, 561, 568
530. **Air** avec accompagnement de piano : *Das Traumbild*. Prague, 6 novembre 1787, composé pour G. de Jacquin. P. 562.
537. **Concerto** en ré, pour piano. Vienne, 24 février 1788. P. 574.
542. **Trio** en mi, pour piano, violon et violoncelle, composé pour M. Puchberg. Vienne, 22 juin 1788. P. 564, 568, 574, 580.
575. **Quatuor** en ré, Vienne, juin 1789, composé pour le roi de Prusse, Frédéric Guillaume II. P. 582.
581. **Quintette** en la, pour clarinette et quatuor. Vienne, 29 septembre 1789, composé pour Stadler. P. 580.
584. **Air** pour basse, avec orchestre : *Rivolgete a lui lo sguardo*, composé pour Benucci. Vienne, décembre 1789. P. 508.
589. **Quatuor** en si ♭, Vienne, mai 1790, composé pour le roi de Prusse. P. 582.
590. **Quatuor** en fa, Vienne, juin 1790, composé pour le roi de Prusse. P. 582.
620. **LA FLUTE ENCHANTÉE (DIE ZAUBERFLÖTE),** opéra allemand en 2 actes, texte de Schikaneder. Vienne, 1re représentation, 30 septembre 1791. P. 597, 598, 600, 602. — Noms des personnages et des chanteurs. P. 597.
621. **LA CLEMENZA DI TITO,** Opera seria en 2 actes, texte imité de Métastase par Caterino Mazzola ; composé pour Prague et représenté pour la première fois le 6 septembre 1791. P. 602.
624. 35 **Cadences** pour les concertos de piano. P. 412, 496.
626. **Requiem** (Messe de). Décembre 1791. P. 602.

APPENDICE.

1. Chœurs avec soli et récitatifs composés pour compléter un **Miserere**, de Holzbauer, exécuté à Paris, 1778, au concert spirituel ; perdus. P. 197, 200.
2. **Air** : *Misero tu non sei*, Milan, 26 janvier 1770 ; perdu. P. 7.
3. **Air** composé pour Tenducci. Paris, 1778 ; perdu. P. 249.
5. **Canon** : à 4 voix : *Caro mio, Druck und Schluck* ; perdu. P. 573.
8. **Symphonie**. Paris, 1778, perdue. P. 260.
9. **Symphonie** concertante pour flûte, hautbois, cor et basson. Paris, 1778 ; perdue. P. 197, 201, 222, 231, 260.
10. **Ballet** *Les petits Riens*, de Noverre. Paris, 1778 ; retrouvé dans les Archives de l'Opéra par M. V. Wilder. P. 221.
11. **Semiramis**, mélodrame, texte de Otto de Gemmingen. Manheim, 1778 ; perdu. P. 274.
25. **Chant** de Barde de Denis, sur la prise de Gibraltar, inachevé. Décembre 1782. P. 489.
56. **Concerto** pour piano et violon avec orchestre, inachevé. Manheim, 1778 P. 270.

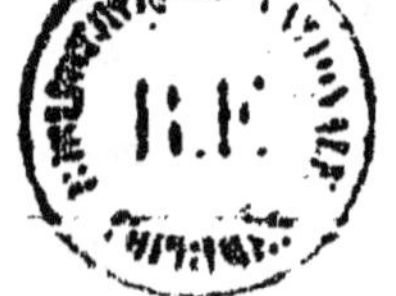
R.F.

TABLE ALPHABÉTIQUE DES NOMS[1]

1. Les renseignements contenus dans cette table sont tirés de divers ouvrages français et allemands. Dans l'obligation où l'on était de les abréger le plus possible, on n'a guère donné que ceux qui offraient quelque intérêt au point de vue de la vie et des lettres de Mozart.

RF

TABLE DES MATIÈRES

16700. — Imprimerie A. Lahure, rue de Fleurus, 9, à Paris

www.ingramcontent.com/pod-product-compliance
Lightning Source LLC
LaVergne TN
LVHW011241110826
845149LV00001B/22

* 9 7 8 2 0 1 2 7 3 8 5 0 8 *